高校教材

管理信息系统

（第三版）

许 鑫◎编 著

MANAGEMENT
INFORMATION
SYSTEM

华东师范大学出版社
·上海·

图书在版编目（CIP）数据

管理信息系统/许鑫编著.—3 版.—上海:华
东师范大学出版社,2023
ISBN 978-7-5760-4193-4

Ⅰ.①管… Ⅱ.①许… Ⅲ.①管理信息系统-高等学
校-教材 Ⅳ.①C931.6

中国国家版本馆 CIP 数据核字(2023)第 185972 号

管理信息系统（第三版）

编　著　许　鑫
责任编辑　李　琴　蒋梦婷
特约审读　程云琦
责任校对　庄玉玲　时东明
装帧设计　庄玉侠

出版发行　华东师范大学出版社
社　　址　上海市中山北路 3663 号　邮编 200062
网　　址　www.ecnupress.com.cn
电　　话　021-60821666　行政传真 021-62572105
客服电话　021-62865537　门市(邮购)电话 021-62869887
地　　址　上海市中山北路 3663 号华东师范大学校内先锋路口
网　　店　http://hdsdcbs.tmall.com

印 刷 者　常熟市文化印刷有限公司
开　　本　787 毫米×1092 毫米　1/16
印　　张　31.25
字　　数　820 千字
版　　次　2023 年 12 月第 1 版
印　　次　2023 年 12 月第 1 次
书　　号　ISBN 978-7-5760-4193-4
定　　价　65.00 元

出 版 人　王　焰

(如发现本版图书有印订质量问题,请寄回本社客服中心调换或电话 021-62865537 联系)

目 录

目　录

目　录

目　录

绪　论

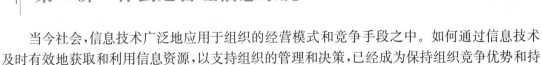

第 1 讲　什么是管理信息系统？

当今社会，信息技术广泛地应用于组织的经营模式和竞争手段之中。如何通过信息技术及时有效地获取和利用信息资源，以支持组织的管理和决策，已经成为保持组织竞争优势和持续发展的重大问题。

一、管理信息系统的定义

管理信息系统（Management Information System，MIS）一词最早出现在 1970 年，瓦尔特·肯尼万（Walter T. Kennevan）给它下了一个定义："以书面或口头的形式，在合适的时间向经理、职员以及外界人员提供过去的、现在的、预测未来的有关企业内部及其环境的信息，以帮助他们进行决策。"这个定义从管理学的角度入手，强调了用信息支持决策的重要性。到 20 世纪 80 年代，管理信息系统的创始人、明尼苏达大学卡尔森管理学院教授高登·戴维斯（Gordon B. Davis）给出了管理信息系统较为完整的定义："它是一个利用计算机硬件和软件，手工作业，分析、计划、控制和决策模型，以及数据库的用户-机器系统。它能提供信息支持企业或组织的运行、管理和决策功能。"这个定义指出了管理信息系统的目标、功能和组成，反映了在当时对管理信息系统所能达到的认识水平。它说明了管理信息系统的目标是在高、中、低三个层次（即决策层、管理层和运行层）上支持管理活动。

其后，管理信息系统的概念不断发展。起先，许多倡议者设想管理信息系统是一个单独、高度一体化的系统，它能实现企业或组织的所有功能。后来，有人认为，即使再先进的计算机系统，也无法解决定义不清楚的管理判断过程中的问题。随着时间的推移，人们发现这种高度一体化的单个系统显得过分复杂并难以实现，此时管理信息系统的概念转向各子系统的联合，即按照总体计划、标准和程序，根据需要开发一个个子系统。由此，一个组织不是只有一个包罗万象的系统了，而是依托于一些相关信息系统的集合。

管理信息系统的理论基础建立在管理科学、系统科学、信息科学和计算机科学等学科之上。管理信息系统最主要的目的是实现现代管理功能的需要，因而管理科学的思想是其底层理论基础，管理过程中的复杂性、系统性，以及伴随着现代信息技术的发展，计算机与通信技术在管理中的广泛应用，使得系统科学、信息科学和计算机科学等学科理论被相继引入，从而形成管理信息系统理论的学科基础。总体而言，广义的管理信息系统是指一个面向现代管理与决策需求，综合运用现代管理思想和信息技术而建立的人机结合的系统，是现代社会各类组织用以进行信息管理，辅助组织运行和决策，提高管理组织、管理方法和管理工作效率的重要组成部分。

二、管理信息系统的特点

管理信息系统可帮助企业实现对信息资源的管理，改善企业的组织结构、经营方式与业务流程，支持企业各个层次的管理与决策。那么具体而言，管理信息系统又具有哪些特点呢？

（一）面向管理决策

管理信息系统是继管理学的思想方法、管理与决策的行为理论之后的一个重要发展，它是一个为管理决策服务的信息系统,它必须能够根据管理的需要,及时提供相应的信息,帮助决策者做出决策。

(二) 综合性的系统

从广义上说,管理信息系统是一个对组织乃至整个供需链进行全面管理的综合系统。一个组织在建设管理信息系统时,可根据需要逐步应用个别领域的子系统,然后进行综合,最终达到应用管理信息系统进行综合管理的目标。管理信息系统综合性的意义在于产生更高层次的管理信息,为管理决策服务。

(三) 多学科的支撑

从学科发展的角度来看,管理信息系统也具有鲜明特色,其理论体系一直在不断发展和完善中。早期的研究者从管理学、计算机科学与技术、运筹学、应用数学等学科和系统论、控制论、信息论等理论中汲取养分,近期的研究者又将管理信息系统与社会学、心理学、传播学以及行为科学、数据科学、人工智能等领域研究结合,这些共同构成了管理信息系统的理论基础。

(四) 现代管理思想和技术手段相结合

人们在管理信息系统的应用实践中发现,如果只是简单地采用计算机技术提高处理速度,而缺乏先进的管理手段和方法,那么管理信息系统的应用就仅仅是用计算机系统仿真原手工管理系统,充其量只是减轻了管理人员的劳动,其发挥的作用十分有限。管理信息系统要发挥其在管理中的作用,就必须与先进的管理手段和方法结合起来。组织在开发管理信息系统时,通过业务流程重组和流程再造等方法,使自身的业务流程与信息系统的操作流程相适配,从而将现代化的管理思想和方法融入信息系统之中。

(五) 广泛应用场景下的人机系统

管理信息系统的目的在于辅助决策,而决策只能由人来做,因而管理信息系统必然是一个人机结合的系统。在管理信息系统中,各级管理人员既是系统的使用者,又是系统的组成部分。在管理信息系统开发过程中,要根据这一特点,正确界定人和计算机在系统中的地位与作用,充分发挥人和计算机各自的长处,使系统整体性能达到最优。目前,手工输入和智能语音交互等是最常见的人机交互方式。然而,随着神经管理学的提出,脑机接口(Brain-Computer Interface, BCI)等技术正走向现实,受到越来越多的关注。脑机接口是指通过在人脑神经与具有高生物相容性的外部设备间建立直接的连接通路,实现神经系统和外部设备之间信息交互与功能整合的技术,简而言之就是通过意念控制机器。相信未来脑机接口技术将会对管理信息系统的人机交互界面产生重要影响。

三、从四个维度看管理信息系统

狭义的管理信息系统是指用于支持组织管理与决策的计算机信息系统,信息系统本身就是信息、技术、组织和管理的融合产物。信息的需求为 MIS 的不断创新提供了发展的动力,技术的革新则为信息管理提供了实践的舞台,管理的不断创新对信息系统提出了越来越多的要求,而组织这一土壤,为信息技术的创新提供了广阔的实践舞台,组织是信息系统存在的环境。技术的革新、组织的发展以及管理思想的变化不断推动着信息系统向前发展。

(一) 信息系统与信息

企业中日积月累的大量信息驱动信息资源的管理与开发,为信息系统的发展提供驱动力。信息资源管理是企业日常运营的基础,信息系统是开发和利用信息资源有效的系统化手段,是实现信息资源管理的有效方式。企业信息化建设与规划成为当今信息社会的重要战略,信息系统能有效处理企业中结构化、半结构化甚至非结构化的数据,辅助管理者进行有效决策,对企业的运作机制及结构产生积极影响,协助企业整合内外部资源构建虚拟企业。企业信息系统应用的好坏将直接影响到信息资源管理的成效,影响到企业的竞争力。

(二) 信息系统与技术

虽然从信息系统原本的含义出发,它可以不涉及计算机等现代技术,甚至可以是纯人工的,但是随着现代通信与计算机技术的发展,信息系统已经离不开信息技术。信息技术是管理和处理信息所采用的各种技术的总称,主要是应用计算机科学和通信技术来设计、开发、安装和实施信息系统及应用软件。在组织当中,信息技术体系结构是一个为实现战略目标而采用并发展信息技术的综合结构,既包括管理的成分,又包括技术的成分,前者包含使命、职能与信息需求、系统配置和信息流程等,后者则包括用于实现管理体系结构的信息技术标准、规则等。

(三) 信息系统与组织

信息系统对当代企业的组织形态和组织文化产生了重大影响,成为左右组织变革的主要因素。从宏观角度来看,信息系统使组织的结构发生变化,由原来的比较陡峭的金字塔形结构趋向于扁平化结构。从微观角度来看,信息系统使组织的业务流程发生变化,某些部门被重组、撤销或合并,某些流程被不断优化、不断重组。信息系统的战略往往与组织的战略相连,信息系统可以帮助组织快速应对环境变化带来的挑战,但信息系统的工作方式也由组织的结构和工作流程决定,同时信息系统又会促使组织采用新的工作方式,甚至改变现存的组织结构,导致新的组织文化的诞生。

(四) 信息系统与管理

信息系统对管理理念和管理手段产生全面影响,帮助管理者创新管理理念与手段,延伸或强化原有的管理理念与手段,实现以往难以实现的管理目标。企业中各类与管理相关的信息资源有着不同的层次,面向战略层的信息资源支撑着企业的决策,并通过各类信息技术手段向企业管理各个层面渗透;面向管理层和作业层的企业信息则可以优化决策信息的流动,优化企业的业务流程,有效提高执行力,进而提高企业的效率和效益。

> **【拓展阅读】 是系统的错,还是管理的错?**
>
> 企业 A 和企业 B 是同行业中处于相似经营状况的两家公司,为了更好地提高公司的利润和完善公司的管理水平,它们在部署几项关键业务的同时,也开始使用同一个信息系统软件。两年后,企业 A 由于使用该信息系统得当,管理及利润等更上一层楼;企业 B 却因为新安装的信息系统软件套件出了问题,使公司停产一周,导致

了巨大的经济损失。

　　于是企业 B 找到该信息系统的供应商投诉，说花费了大量投资购买他们的产品，非但没能使企业受益，反而受损，使公司收入锐减 1.05 亿美元，利润减少了 7 000 万美元。信息系统供应商反驳说："我们的信息系统软件是世界首屈一指的，我们的系统帮助与你同行业的企业 A 在管理及营销上获得双丰收，足以证明我们的系统没有问题，而你们企业本身的管理与信息系统的使用有问题，这并非我们作为信息系统开发技术人员可以帮助你解决的问题。"

　　后来企业 B 又找到一位知名的研究管理学的教授，希望教授能从管理层面来帮助企业解决遇到的问题。可是这位教授称："我们或许可以从公司组织结构、行为及文化等方面做一点研究并给予一些参考意见，但这方面主要涉及的是信息系统应用所带来的管理方面的问题，并非传统管理学可以解决的问题，我们也无能为力。"

　　就这样，这个现实存在的问题，既非技术人员的问题，也非传统管理学的问题，那么到底应该找谁去解决这个问题呢？——这便是一个典型的 MIS 问题。

第 2 讲　为什么需要管理信息系统？

　　我们通常所说的管理信息系统，是一个由人和计算机组成的能进行信息收集、传输、加工和保存、维护和使用的集成化应用系统。伴随着党的二十大明确提出建设"数字中国"，管理信息系统的完善与发展，受到人们的进一步关注。尤其在现代商业环境下，管理信息系统也起着举足轻重的作用，企业的运行几乎离不开各类信息系统的支持。面对激烈的市场竞争，管理者要及时察觉战略环境的变化，识别企业经营环境中的机会与威胁，提高快速反应能力，也必须借助管理信息系统。

一、信息化发展的必然结果

　　20 世纪 70 年代至 90 年代，学者们对信息系统发展阶段理论进行了深入研究，比较著名的成果有诺兰模型、西诺特模型和米切模型等。这些信息系统发展阶段论模型通过对系统发展阶段的总结，探索了信息系统发展的基本规律，对信息系统发展起到了极大的促进作用。从企业信息化发展的角度看，管理信息系统是信息化发展的必然结果。

（一）诺兰模型

　　任何组织从手工管理向计算机信息系统发展的过程中，都存在着一条客观的发展道路和规律，即信息系统进化的"诺兰阶段模型"。美国管理信息系统专家理查德·诺兰（Richard L. Nolan）通过对 200 多个公司、部门信息系统发展的实践和经验进行总结，提出了著名的信息系统进化的阶段模型，即诺兰阶段模型（如图 1 所示）。1979 年，诺兰将计算机信息系统的发展道路划分为六个阶段，分别是：初始阶段、扩展阶段、控制阶段、集成阶段、数据管理阶段和成

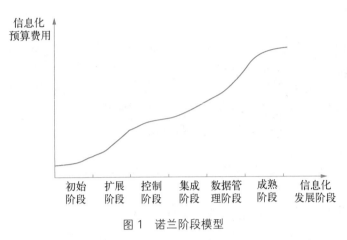

图 1 诺兰阶段模型

熟阶段。六阶段模型反映了企业计算机应用发展的规律性,前三个阶段具有典型的计算机时代管理特征,后三个阶段具有信息时代的特征。诺兰模型的这个预见,被其后国际上许多企业的计算机应用发展情况所证实。

1. 初始阶段

计算机刚进入企业,只作为办公设备来使用,通常用来完成一些报表统计工作,甚至大多数时候被当作打字机。在这个阶段,企业对计算机基本不了解,更不清楚 IT 可以为企业带来哪些好处,解决哪些问题。对 IT 的需求只被作为简单的改善办公设施的需求来对待,计算机采购量少,只有少数人使用,在企业内没有被普及。

2. 扩展阶段

企业对计算机有了一定了解,并利用计算机解决工作中的问题,比如进行更多的数据处理,为管理工作和业务带来便利。于是,随着应用需求增加,企业对 IT 应用开始产生兴趣,并对开发软件热情高涨,投入开始大幅度增加。但此时很容易出现盲目购买计算机和应用软件的现象,企业在这方面缺少计划和规划,因而应用水平不高,IT 的整体效用无法凸显。在扩展阶段,企业的数据处理能力得到迅速发展,然而,也出现许多新问题,比如数据冗余,数据不一致、难以共享等,计算机使用效率不高。

3. 控制阶段

在前一阶段盲目购买计算机和应用软件之后,企业管理者意识到计算机的使用超出控制,IT 投资增长快,但效益不理想,于是,开始从整体上控制计算机信息系统的发展,在客观上要求组织协调,解决数据共享问题。此时,企业 IT 建设更加务实,对 IT 的利用有了更加明确的认识和目标。在这个阶段,一些职能部门内部实现了信息化,如建立了财务系统、人事系统、库存系统等,但各应用系统之间还存在信息资源分散和不能共享等问题,系统和资源利用率不高。

4. 集成阶段

在控制的基础上,企业开始重新进行规划设计,建立基础数据库,并建成统一的管理信息系统。企业的 IT 建设开始由分散和单点发展到整体规划。此时,企业 IT 主管开始把企业内部不同的 IT 机构和系统整合到一个系统中进行管理,使人、财、物等资源信息能够在企业层面集成共享,更有效地利用现有的 IT 系统和资源。

5. 数据管理阶段

企业高层意识到信息战略的重要,信息成为企业的重要资源,企业的信息化建设也真正进入数据处理阶段。在这一阶段,企业开始选定统一的数据库平台、数据管理体系和信息管理平台,统一数据的管理和使用,各部门、各系统基本实现资源整合、信息共享,IT 系统的规划和资源利用更加高效。

6. 成熟阶段

到了这个阶段,从简单的事务处理到高效的管理决策,信息系统已经可以满足企业各个层

管理信息系统(第三版)

次的需求。企业真正把 IT 与管理过程结合起来,将组织内部、外部的资源充分整合和利用,从而提升了企业的竞争力和发展潜力。

(二)西诺特模型

1988 年,西诺特(W. R. Synnott)参照诺兰模型提出了一个新的模型,即西诺特模型。这是一个过渡性理论,考虑了信息随时代变迁的变量。西诺特用四个阶段的推移来描述计算机所处理的信息:第一阶段是"数据"阶段,表示计算机处理的是原始数据;第二阶段是"信息"阶段,表示计算机加工数据并将它们存储到数据库;第三阶段是"信息资源"阶段,开始把信息作为经营资源;第四阶段是"信息武器"阶段,开始将信息作为带来组织竞争优势的"武器"。当前,许多发达国家都接受了西诺特对诺兰模型的改善,将信息资源管理作为企业经营的重中之重。

(三)米切模型

诺兰模型和西诺特模型均把系统整合和数据管理分割为前后两个阶段,似乎可以先实现信息系统的整合再进行数据管理,但后来大量实践表明这种过程存在缺陷。20 世纪 90 年代,美国信息化专家米切(Mische)对此进行了修正,并提出信息系统整合与数据管理密不可分,系统整合期的重要特征就是做好数据组织的观点。此前的研究仅仅集中于数据处理组织机构管理和行为的侧面,而没有深入研究各种信息技术如何整合集成,忽视了将信息技术作为企业的发展要素并与经营管理相融合。米切的信息系统发展阶段论研究成果可以概括为具有"四阶段、五特征"的企业综合信息技术应用连续发展的"米切模型"。

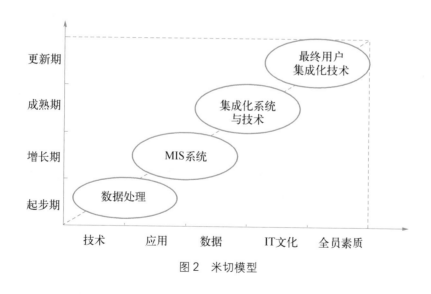

图 2 米切模型

二、现代商业运作的基础

在现代商业环境下,信息系统构成企业运行的物质基础。现代大中型企业开展全球化和跨地区运营,只有借助高效的管理信息系统,才能保证企业正常运营;而电子商务的兴起和线上线下融合发展,使得网络化、信息化交易已成为目前商业运行的基本特征。

（一）跨地区运营的必然选择

随着企业业务经营范围的扩大，跨区域运营已成为常态。跨区域运营使得企业管理环节众多，信息量大，上传下达时间长，管理者收集信息并将其用于决策所花费的时间比以往要多得多，而管理信息系统的运用，能够极大地加快信息传递的速度，从而大大提高管理者的决策效能。同时，总部能够及时掌控不同地区企业的计划执行情况，协调各方物质资源，保障企业高效运行。

（二）商业环境对管理的要求

电子商务的兴起，极大地提升了企业采购、销售和运营的效率，同时要求企业必须将电子商务平台的采购、销售信息与内部生产经营信息对接联通。随着经济的转型升级，以互联网为依托，运用大数据和人工智能等技术手段，对商品的生产、流通与销售过程进行升级改造和深度融合的新模式也渐入视野。面对不断变化的商业环境，管理信息系统成为支撑现代企业运营的基础。例如，很多电商销售企业都有多个仓储物流中心，消费者只需要在天猫等电商平台下单，企业电子商务系统在接收到用户订单信息后，就会根据用户的收货地址，自动选择最近的仓储中心发货，而当最近的仓储中心无货时，会就近调配货物。

三、企业获得竞争优势的需要

企业应用信息系统的一个重要目的就是获得企业的竞争优势，改善企业在市场经济环境当中的地位。信息系统在企业中正在发挥重大的战略作用，其主要表现为：为企业各职能提供支持；利用信息系统提高企业的敏捷性；利用信息系统加强企业与客户和供应商的联系；利用信息系统创建虚拟企业；利用信息系统建立知识创造型企业。

（一）为企业各职能提供支持

在对计划职能的支持方面，管理信息系统能实时获取企业的各种运行数据，对计划编制进行反复试算，并利用过去的数据预测未来，从全局出发辅助企业进行决策，帮助企业实现计划目标。

在对组织职能以及领导职能的支持方面，管理信息系统实现对企业内部各信息技术应用及相关部门、资源的集成化管理。一是使各信息系统及其应用数据趋于标准化，实现业务数据共享；二是能够根据业务流程和日常运营的需要，对资源进行统一分配；此外，管理信息系统使企业各个层级和部门之间的交流变得快捷，提高了各个层级的应变能力，降低管理成本。

（二）利用信息系统提高企业的敏捷性

企业的敏捷性是指在迅速变化的全球市场环境中，企业具备抓住稍纵即逝的机会及时向客户提供高质量、个性化的产品和服务的能力，从而使企业获得不断发展的潜力。敏捷企业在拓展产品范围、缩短生产周期、按任意批量安排订单的生产、维持高产量的同时可以为客户提供个性化产品等方面的服务。敏捷企业需要依赖 IT 强大的信息处理能力来整合、管理企业的业务流程和处理客户的大规模定制。例如，通过协作平台以及基于 Web 的供应链系统，使企业与供应商、分销商等结成合作伙伴，实时获取供应数据和销售数据，以最快的速度响应市场需求,从而抓住商业机会。

(三) 利用信息系统加强与用户和供应商的联系

企业一方面通过网络系统接收用户对产品信息的反馈,了解用户反馈意见,同时进一步了解客户需求,从而改进产品研发和实施个性化定制生产。例如,某品牌手机最初是从优化手机操作界面(MIUI)起家,在获得用户口良好的碑之后开始涉足手机制造,并且在后续发展过程中,一直通过论坛平台,与用户进行互动反馈。另一方面,企业运用客户关系管理系统(CRM)和大数据技术,挖掘用户需求,开展个性化推荐,并通过供应链管理系统(SCM)与供应商信息共享,及时掌控生产供应,降低生产成本,加强同供应商的联系。

(四) 利用信息系统创建虚拟企业

虚拟企业可以整合企业内外部资源,强化外部协作,最大限度地使用各联盟企业的资源。构建虚拟企业的原因是企业可以与联盟伙伴共享资源和分担风险、互补企业的竞争优势、增加市场覆盖面等。虚拟企业的运作需要跨企业信息系统的支持。在变幻莫测的全球商业环境中,建立虚拟企业是 IT 一项重要的战略性应用。

(五) 利用信息系统建立知识创造型企业

知识创造型企业是指不断创造新知识,在整个公司中广泛传播新知识,并且将新知识迅速用于新产品和新服务的企业。而知识管理是 IT 的一项重要战略性应用。企业可以通过知识管理系统来管理组织的知识创造和学习活动。随着组织不断学习,知识库不断扩展,学习型企业可以整合其知识、业务流程、产品、服务,加强创新性,使企业具有更强的竞争力。

【拓展阅读】 AMEC 的供应链系统

中微半导体设备(上海)股份有限公司(AMEC)是一家以中国为基地、面向全球的微观加工高端设备公司,为集成电路和泛半导体行业提供极具竞争力的高端设备以及高质量的服务。

由于 AMEC 专注于研发和运营管理,其生产和加工环节需要外包给供应商。AMEC 希望通过打造实时供应链系统,借助物联网关于生产设备和检测设备的信息,把收集到的数据进行实时同步,实时进行质量监控和工作进程跟踪。同时,打破企业间的信息沟通壁垒,对各个企业加以整合,实现实时信息共享和协调工作进程。由于之前与 SAP 建立了良好合作关系,AMEC 选择与 SAP 合作,打造实时供应链系统。

建成后的实时供应链系统能够大幅降低成本,极大地提高工作效率,使加工能力和工艺种类提高 3%～5%,产品检测合格率提高 2%～3%,质量成本降低 30%,并且避免出现因质量问题而耽误生产进度的情况。

资料来源:SAP 客户成功案例《全球成长型企业成功案例集锦》

第3讲 管理信息系统的前世今生

　　管理信息系统的历史可以追溯到计算机出现之前的岁月。工业社会诞生以来,人们就一直在尝试信息处理的自动化,IBM公司曾经发明一种穿孔卡片机,每分钟可以处理200张卡片,后来英国的巴贝奇(Charles Babbage)等人曾尝试研制机械式计算机。到20世纪30年代,巴纳德强调决策在组织管理中的作用。1946年世界上第一台电子计算机"ENIAC"问世,尽管当时数据处理还属于计算机科学的应用领域,但信息技术对企业管理的影响引起了管理学界的注意。20世纪50年代,西蒙提出管理依赖于信息和决策的概念,这为管理信息系统的发展奠定了理论基础。

一、管理信息系统的发展历程

　　一般认为管理信息系统的发展基本上经历了起步、发展、定型和成熟四个阶段。

(一) 起步阶段

　　这一阶段是指20世纪50年代中期至60年代中期。1954年美国通用电气公司安装的第一台商用数据处理计算机,开了信息系统应用于企业管理的先河。在这一时期,管理信息系统以商业企业中的单项事务子系统为主,主要利用电子计算机代替局部数据量大、操作方法简单的业务处理,如工资核算、物料管理等。其目的主要是单纯用计算机代替人的重复性劳动,减轻员工工作强度,提高工作效率,这也是管理信息系统发展的萌芽时期。这个阶段的主要特点是集中批处理。计算机的普及率很低,设备功能简单且运行效率低下,在软件上没有操作系统,应用软件是个空白,数据无法共享,对数据采用文件式的管理,没有现在意义上的数据库系统。

(二) 发展阶段

　　这一阶段是指20世纪60年代中期至70年代中期。在这一时期,计算机在商业、制造业以及其他领域中得到了较广泛的应用。管理信息系统的特点是以计算机为中心,采取分散管理和集中服务相结合的形式,针对不同的业务,建立以数据处理为基础的各种业务信息系统。这个阶段信息系统的处理方式是以实时处理为主。硬件方面有了很大的发展,出现了大容量的磁盘,数据以文件方式存储在磁盘上,实现了初步的数据共享,在软件方面也出现了操作系统。

(三) 定型阶段

　　这一阶段是指20世纪70年代中期至70年代末期。在这一时期,管理信息系统的特点是从以处理事务为主开始转向以管理控制为主。这一时期IBM公司开发的COPICS (Communication Oriented Production and Information Control System),是具有代表性的管理信息系统的成功范例之一。在这个阶段,计算机性能的提高和价格的进一步降低,为计算机的广泛使用铺平了道路,分布式处理技术的出现使操作系统更加完善,数据库、各类应用软件也逐渐兴起。同时,这个阶段也开始运用系统的理论和方法进行管理信息系统的开发。

(四) 成熟阶段

这一阶段自 20 世纪 80 年代至今。在这一时期,个人计算机更加普及,数据库技术有了很大的发展,网络技术得到普遍的应用,管理信息系统开发的基本理论、方法和手段也趋于完善,人们开始广泛地运用计算机网络和数据库技术,并注重运用数学模型进行预测和辅助决策。在这一发展阶段,管理信息系统的特点体现在更高水平的跨平台功能整合和重新分配关键计算任务的能力。例如数据存储、处理和提交报告,可以最大限度地利用商业战略机会。网络技术的发展促进了信息系统在组织中覆盖范围的扩大,信息系统边界不再受地理位置的局限,进一步打破了组织的边界,催生了各种形式的虚拟组织,形成了整个组织范围的集成化信息系统。人工智能技术为计算机提供一种类似于人的智能的能力,结合网络技术、数据库、数据仓库等技术,信息组织更加综合化,并能支持智能化和多角度查询与分析,形成了智能决策支持系统和群体决策支持系统,为组织提供更具智能分析能力的信息支持。在不断发展的过程中,管理信息系统结合了其他学科的发展,内涵更加丰富,可以说信息系统的应用在这个阶段已经达到一个相当高的水平。

21 世纪以来,随着云计算、物联网、大数据和人工智能等新的信息技术得到人们的关注,利用新一代信息技术来改变政府、企业和民众相互交流方式的理念越来越深入人心,指导着人们作出更明智的决策。在如今的组织中,管理信息系统已被看成是一种战略资源。随着人类社会信息化的不断推进,信息技术和管理信息系统的发展极大地促进了生产、经营活动,提高了管理效率和质量,但同时也向我们提出了许多带有根本性的问题,比如跨平台运行、支持多种应用系统数据交换、高可靠性以及安全性问题等。在发展管理信息系统的同时,要更深刻地认识到管理信息系统不仅是一个技术系统,同时也是一个社会系统;要提高科学管理水平,为信息系统的使用创造有利条件;并且要建设新型企业文化,培养新一代的工作人员,使之适应新技术应用和企业数字化转型的挑战。

二、管理信息系统的发展现状

管理信息系统经过几十年的发展,已经成为一套相对成熟的集技术、管理思想、系统等于一体的信息管理体系,并且成功地应用于各个领域。无论是在企业、政府、公共服务事业,还是在电力、电信、金融、航空等具体产业领域,管理信息系统都有不俗的表现。

随着技术更新和观念变革,企业需要管理信息系统能够随着环境的变化和应用领域的扩展而快速作出调整,不断地适应业务变化和扩展的需要。管理信息系统建设呈现出崭新和分层的视角,其发展现状可以归纳为以下几个方面。

(一) 管理思想与信息化的融合集成

管理信息系统,其实质就是各种管理思想的信息化实现,因此,有不同的管理思想,就有与之不同的对应的管理信息系统,这就使各种类型的管理信息系统层出不穷。管理信息系统蕴含的管理思想可以归纳为三种:面向企业功能(如办公自动化 OA)、面向企业生产过程(如MRP II)、面向产品生命周期(如 SCM)。随着管理信息化基本理念的成熟,管理信息系统会逐步发展成为一种融合各种管理思想的面向产品生命周期的集成系统。集成是未来管理信息系统最显著的特征。集成包括总体优化和总体优化前提下的局部优化问题。集成不同于简单的集合,集合只是各子部分的简单线性叠加,而集成必须解决集成过程中引起的各种冲突,并且新的整合系统要满足"1+1>2"的衡量准则。未来管理信息系统集成化趋势的另一个显著特点是集成的内容无比丰富,并极为错综复杂、难分彼此地交融在一起。集成可大致分为各应用子系统过程和功能上的集成,人、技术与管理的集成,甚至包括企业间的有关集成。

(二) 管理信息系统的职能级应用

管理信息系统的构成遍布企业的各个层面、各类职能,从管理层次来看,分布于战略层、战术层和作业层的各类管理信息系统,在目的上和功能上有所不同。管理信息系统在战略层的目的是支持企业的战略性决策,系统的功能主要为全局性、方向性,或关系到企业竞争能力的重要问题的分析与决策。战术层和作业层的主要目的分别是提高工作效用和工作效率,管理信息系统为战术层提供资源配置、运作绩效等经营状态的分析评估和计划落实的控制优化等功能,为作业层提供准确便捷的数据收集处理功能。管理信息系统的职能级应用,也就是任务级应用,通常情况下,它支持单项复杂任务的应用,如CAD(Computer Aided Design,计算机辅助设计)、仿真系统等;同时,它还支持单个职能部门的应用,如财务系统、人事管理系统、销售合同分析系统、订票系统、设备台账系统等职能部门的使用。

(三) 管理信息系统的平台化应用

随着企业建模思想的成熟,企业必然会在面向企业功能、面向企业过程以及面向产品生命周期等方面积累起各种企业模型,在这些企业模型的基础上,对这些模型按照行业进行分类,然后再按照行业大类、行业小类逐步进行细化,最后就可以建立面向行业、面向行业大类,以及面向行业小类的企业参考模型。在企业参考模型的基础上,再对每种模型所蕴含的管理思想进行自上而下的分解,随着各类模型库的丰富和面对特定对象(企业功能、过程、产品生命周期)构件的完善以及管理思想的日益成熟,就可以构建平台式的管理信息系统。它能够针对具体的企业,在参考模型的基础上,根据企业实际情况稍作修改,在大量的构件库中快速组装出具有个性化的企业管理信息系统。例如,在企业组织内跨部门的应用有企业资源计划、客户关系管理等;而跨组织的应用,则有供应链管理、电子商务等。

(四) 管理信息系统的网络化应用

网络技术尤其是互联网、移动互联网的发展,不仅为信息管理带来外在的技术形式的变化,更是触发管理模式思想上的根本变革。从数据通信的角度来看,信息处理将会向网络化方向发展,使得网络环境下的数据库建设和计算机决策支持系统变为可能。基于这一发展视角,管理信息系统将向着网络管理信息系统的方向发展。网络管理信息系统将更加依赖于计算机通信网络对各种信息进行管理,网络管理信息系统要支持互联网环境下的应用,要支持信息系统间"互联互访",要实现不同数据库间的数据交换和共享,甚至要考虑无线通信发展所带来的革命性的变化。网络管理信息系统还要具备处理更大量的数据以及为更多的用户提供服务的能力,要提供对长事务的有效支持,要提供对网络数据快速存取的有效支持。信息系统的网络化具有极为丰富的内涵,涉及管理过程、管理方法、管理范围、组织结构等方面,具体说来包括:组织结构由等级式的金字塔结构走向扁平化的网络结构;信息管理的对象范围由封闭走向开放;企业活动(包括管理过程)由完全的序列活动走向合理的并行活动。

（五）管理信息系统的应用新变化

管理信息系统出现的新变化主要是由技术、管理以及组织的变化所驱动。在技术领域出现了三类最主要的变化：云计算的发展、移动数字平台的出现和大数据商业应用的兴起。云计算的优势和移动数字平台的增长允许组织更多地依赖于电子工作、远程工作和分布式决策；而随着移动端的发展，越来越多的商业计算从个人电脑转移到移动设备上，管理者越来越多地使用这些移动设备协调工作、沟通员工，以及为决策提供信息，即所谓的"新兴的移动数字平台"；与此同时，随着大数据的发展，企业需要新的数据管理工具获取、存储和分析海量数据，并从中洞悉业务规律。在管理领域，管理者采用在线协作技术和社会化网络软件加强协调、协作和知识共享；商务智能应用加速也使得更强大的数据分析和交互界面可以把实时的绩效信息提供给管理者，用于提高管理决策水平；同时虚拟会议普及，管理者采用电话视频会议和网络会议技术，减少出差时间和成本，并改善合作与决策。在组织领域，企业利用社会化网络平台加强与员工、客户和供应商的联系，社会化商务增加；互联网、无线便携终端、智能手机以及平板电脑使得更多的人远离传统的办公室工作，远程办公更加普及化。

> **【拓展阅读】　新技术在管理信息系统中的应用层出不穷**
>
> 新技术的不断涌现，促使管理信息系统也在随之改变。射频识别(RFID)技术、地理信息系统(GIS)、面向服务的架构(SOA)，尤其是物联网、云计算、大数据、人工智能、区块链的应用，给管理信息系统带来了新的发展点。例如，RFID技术与管理信息系统结合用于冷库的仓储管理，能够做到对冷库内货物进行实时跟踪和精确定位，使得冷库的管理走向透明化和自动化；将GIS与管理信息系统结合应用于城建部门的配电网建设，能满足配电网"安全、经济、优质"的要求；SOA与管理信息系统结合应用于社区管理信息，使得系统具备了适合基层工作业务流程要求的能力，具有更强大的生命力；物联网与管理信息系统结合应用于逆向物流管理方面，解决了逆向管理信息系统中数据采集更新以及共享的难题；云计算与管理信息系统结合应用于高校资源管理，有利于降低教育信息化成本，加强信息的整合与共享；大数据时代的到来在给人们的生活带来方方面面影响的同时，也影响着管理信息系统的发展；此外，人工智能使得大量有规律可循的具体工作可以被机器人承担，而区块链在票据管理、货品溯源、征信服务等领域的应用也让管理信息系统如虎添翼。可以说，管理信息系统与新技术的结合给管理信息系统的发展带来了新的推动力。

第4讲　作为学科和作为课程的 MIS

1967年，美国明尼苏达大学率先开设了管理信息系统课程。在此后几十年的时间里，各国纷纷推出了管理信息系统课程。我国自 20 世纪 80 年代中期开始陆续开展管理信息系统的教学和研究，现已有数百所高校开设此类课程。从国际管理信息系统教学的发展趋势来看，这门课程已经逐渐从一门面向信息系统开发人员的课程转变为一门面向管理人员的课程，从一门技术类课程转变为一门讨论如何从管理者的角度认识与理解信息与信息技术的课程，从研究一个仅涉及管理系统的课程(狭义的 MIS)转变为讨论组织信息化进程中各种问题的课程。这一变化至今还在继续，并导致管理信息系统课程教材也处在不断变化之中。

一、作为学科的管理信息系统

管理信息系统不仅是一个应用领域，而且是一门学科，它涉及社会和技术两大领域，是一门边缘性、综合性、系统性的交叉学科。管理信息系统是在管理科学的基础上发展起来的，即管理科学向管理信息系统提出了要求，而现代技术尤其是计算机和数据通信技术为管理信息系统提供了最有力的支持，同时数学和运筹学的方法与模型为管理信息系统提供了预测和决策的功能。如图 1 所示。

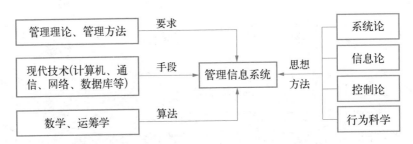

图 1　管理信息系统与相关学科之间的关系

管理信息系统运用管理科学的基本原理与经验，分析管理的逻辑功能以及各子系统之间逻辑功能的关系，以管理的逻辑功能作为出发点，提出管理信息的需求；它运用系统论、信息论、控制论及行为科学的基本思想与分析方法，研究管理信息系统中各子系统的划分及其相互关系，研究管理信息系统中的层次结构问题；它运用数学和运筹学的方法来研究管理信息系统中复杂的逻辑关系，以及运用这些原理提出优化的、可供求解的模型；它运用计算机科学的原理和实践，设计可以实现管理信息系统的一套软硬件配置，以及它们的通信设施，运用数据库技术与软件工程的原理，分析信息的结构。可见，管理信息系统是综合运用这些学科的概念、方法，融合提炼组成一套新的体系和方法。

二、管理信息系统与其他学科的关系

管理信息系统作为一门交叉学科，与多个学科领域之间既存在一定的联系又有一定的区别。各个学科之间相互融合、共同促进。

(一) 管理信息系统与管理科学的关系

随着经济全球化的到来，管理环境也在发生变化，科学技术的发展使得空间和距离对经济活动的影响日益弱化。管理科学是关于怎样建立目标，然后用最好的方法来达到目标的艺术。管理科学的艺术性体现在团队建设与项目沟通方面，团队是一组个体成员为实现一个共同目标而相互依赖、协同工作的项目组织。从系统的角度来看，管理科学是管理信息系统的基础，通过信息技术及计算机技术实现对管理工作的优化，遵从软件工程的原则，开发运行稳定、质量可靠、互动性好的 MIS 软件系统，配置合适的硬件环境，从而构建新的管理信息系统。

（二）管理信息系统与计算机科学的关系

随着计算机科学与技术的发展和普及，电子计算机日益成为现代管理信息系统的主要技术手段和重要的信息处理工具。这主要是因为它能提供高速度的主机、大容量的存储器、丰富的软件、良好的操作环境和友好的用户界面等条件，为管理信息系统的开发使用提供物质基础和技术保障。管理信息系统建设需要既懂管理又懂技术的复合型人才。一般来说，要成功开发和建设信息系统，计算机科学相关的技术技能是必备的。

（三）管理信息系统与运筹学、生产管理的关系

运筹学是一种适用于系统运行的方法和工具，它是一种科学方法，能为运营管理人员的问题提供最合适的解答。运筹学通过建立问题模型，大量运用数学方法，强调定量地寻找最优策略，解决管理问题。管理信息系统常用的模型如预测模型、决策模型、竞争模型、分配模型、库存模型、排队模型、更新模型、路线模型、运输模型、动态规划模型、搜索模型、模拟模型以及混合模型等，都出自运筹学。随着生产管理新理论的发展，管理信息系统与它们形成了紧密的联系，管理信息系统支持这些管理理念的发展，这些管理理念又融入系统的设计与开发中，如企业流程重组（Business Process Reengineering，BPR）、精益生产（Lean Production）、敏捷制造（Agile Manufacture）等等。

（四）管理信息系统与财务、会计学的关系

财务与会计是企业信息的重要组成部分，财务与管理信息系统的结合成为一种必然。会计工作的发生和发展，除了受社会经济环境影响外，还将受到信息技术的制约和冲击。这是由于社会化工作中所有的规则都应当与其他存在着的客观社会经济环境相适应，然而这些规则的建立和实施，却又不能超越其在信息技术上实现的可能性。反过来，信息技术的发展也为研制新的会计模型、会计规划创造了必要的环境。

会计信息系统具有以下特点：数量大、种类多、来源广；反映企业的综合管理状况；结构和处理逻辑的复杂性；客观性、真实性、公允性；全面性、完整性和一致性；安全性、可靠性；处理的及时性。基于以上特点，会计信息处理也由手工方式、机械化方式转化为电子计算机方式，这就引出了"会计信息系统"这一概念。会计信息系统是利用信息技术对会计信息进行采集、存储和处理，完成会计核算任务，并能提供为会计管理、分析、决策所用的辅助信息的系统。在信息社会，企业会计工作中常规的、可以程序化的任务将由会计信息系统处理，同时会计信息系统还将辅助会计人员完成其他管理与决策任务。信息系统的发展为会计学的发展和改革作出了很大的贡献。

（五）管理信息系统与人力资源管理、组织行为学的关系

由于市场竞争的需要，如何吸引和留住人才，激发员工的创造性、工作责任感和工作热情已成为关系到企业兴衰的重要因素，人才已成为企业最重要的资产之一。综观世界，在每个业

绩显著的企业背后,都有一个独特的人力资源管理系统在提供支持,并且人力资源信息系统从人力资源管理的角度出发,用集中的数据库将几乎所有与人力资源相关的数据(如薪资、福利、招聘、个人职业生涯的设计、培训、职位管理、绩效管理、岗位描述、个人信息和历史资料)统一管理,形成集成的信息源。友好的用户界面、强有力的报表生成工具、分析工具和信息的共享使得人力资源管理人员得以摆脱繁重的日常工作,集中精力从战略的角度来考虑企业人力资源规划和政策。人力资源信息系统积极发挥吸收、使用、评价、调整和发展劳动力的功能,有利于实现内外招聘的科学管理,提高管理水平。

组织行为学是越来越受到重视的一个研究领域,它探讨个体、群体以及结构对组织内部行为的影响,以便利用这些知识来改善组织的有效性。随着电子邮件、即时消息等手段日益取代面对面的交流,可以说,渗透到工作中的信息技术已经影响到了组织的行为,其对人们情感和精神上的影响也是相当大的。因此,研究信息技术对于组织行为的影响变得日益重要。

(六) 管理信息系统与营销科学的关系

随着客户日益成为企业的重要资产与争夺对象,越来越多的企业把经营活动的重点由生产转移到客户身上,这必然要求企业分析客户的具体特征,有针对性地开发产品并开展营销活动。没有数据库作为平台,这种大规模的客户分布、一对一的差异化营销是不可能完成的。客户的分类、客户的识别与服务、客户的维护与流失管理等更需要借助数据挖掘与数据仓库来开展。互联网的普及使电子商务成为企业另一个重要的商务平台,企业必须善于使用管理信息系统,开展网络营销与客户关系管理。

综合来看,管理信息系统是一门综合性、边缘性、系统性的学科。从事管理信息系统的工作除了要求具备相关基本知识、基本技能以外,还应有一些基本素质和修养。尤其是信息管理与信息系统专业的学生,只有深入一个领域(如财务、人事、生产、营销等)才能对信息化进行深度研究,从而更好地就业与发展。

三、作为课程的管理信息系统

目前,在商学院或管理学院的课程中,管理信息系统课程内容已不再仅仅围绕信息技术和系统开发,而是讨论技术、组织、人三者在系统中的职能与协调。一般认为,技术是手段、组织是主体、人是根本。

社会对信息技术人才的要求以及国外大学商学院的成功办学表明,商学院学生应从管理学的角度向技术逼近的方法学习管理信息系统。管理信息系统课程的目标是:让学生充分意识到信息系统、信息技术在信息化社会中的重要战略性作用;理解信息技术如何改变传统的工作方式和竞争策略;密切关注最新信息技术的发展并发现其内在的商业价值;知道如何参与信息系统的开发设计;熟悉各种应用信息系统的工作原理和方式;能从战略角度进行信息技术的规划和管理。

教学方法的非单一化,也让管理信息系统课程的教学工作能得到更好提升。对于这样一门管理与科学并重的课程,案例教学法已被证明是其最有效的教学方法。正如实验对理工科来说一样,案例分析是管理科学的重要组成部分。对国外大学的调查发现,案例教学在国外非常盛行。它已成为学生将理论付诸实践、增强工作能力的主要途径。

自 1980 年清华大学首次试办管理信息系统专业以来,管理信息系统专业在中国已经发展了 40 余年。后来,管理信息系统又成为一门课程,在国内各院校的管理专业、计算机专业等许多相关学科领域中均有开设。"管理信息系统"作为全国工商管理类的核心专业课程,对此教育部已经制定统一的教学大纲。商学院、经济管理学院的学生通过管理信息系统课程的学习,不仅掌握系统科学理论,而且还将具备利用信息技术对信息资源进行处理的能力,最终具备对某一行业技术和管理活动进行处理的能力。

作为一门课程,管理信息系统是经济管理类专业的必修课。课程的任务和教学目的是使学生掌握管理信息系统的概念、结构和建立管理信息系统的基础、管理信息系统开发方法学、管理信息系统开发过程各阶段的任务与技术、管理信息系统的开发环境与工具以及其他类型的信息系统等;使学生通过本课程的学习,了解管理信息系统在企业管理中的作用,并通过实践,培养学生综合运用知识和初步分析开发应用系统的能力。

第 5 讲　MIS 课程的整体性设计

管理信息系统是经济管理类专业的必修课,课程内容涉及管理科学、信息科学、系统科学、计算机科学和通信技术等学科知识。通过课程的学习,学生应掌握管理信息系统的概念、结构和建立管理信息系统的基础、管理信息系统开发方法学、管理信息系统开发过程各阶段的任务与技术,了解新兴技术和商业模式背景下的应用。为使课程内容有一个清晰的组织架构,课程从横向和纵向以及新技术、新模式等综合议题三个方面对知识点进行组织,形成"两翼"和"一体"的课程知识体系。

一、横向维度逻辑

管理信息系统是建立在 IT 基础设施之上的人机交互系统与信息、管理思想、组织设计的融合系统,内容涉及管理学、信息科学以及计算机和网络通信等多学科知识点。在横向维度组织上,课程从信息(数据)、组织、管理和技术四个维度展开。

(一)信息(数据)维度

从知识范式的角度,信息是一种资源,组织需要用管理信息系统去管理信息,而在大数据时代,数据被认为是企业最重要的资产,数据范式开始兴起。这部分内容,将介绍知识范式的DIKW(数据–信息–知识–智慧)体系、信息资源的管理与开发、组织从信息资源到知识资产观念的转变,以及大数据和人工智能等新兴技术背景下管理与决策的变化。

(二) 组织维度

信息时代,管理信息系统与组织之间的相互影响程度越来越高。信息时代的组织对管理信息系统的依赖程度更高,并且与传统时代的组织相比更趋于扁平化和敏捷化。要将组织管理与信息系统融为一体,组织在开发、运用管理信息系统进行管理时,需要审视自身业务流程是否适合信息系统处理流程,并开展业务流程重组和流程再造,以达到提升绩效的目的。管理信息系统的运用,深化了虚拟企业的运作,然而,互联网背景下的众包、众筹、众智等新型模式同时也在挑战组织形态。

(三) 管理维度

管理信息系统为组织识别机会与威胁、诊断方案与问题提供了信息支持。通过管理信息系统,组织大幅提升运营效率,提高决策科学性,形成组织竞争优势。管理信息系统在价值链上的集成,可以优化企业价值链,促进产业集聚。本部分将从管理信息系统对企业管理的影响这个角度进行介绍。

(四) 技术维度

狭义上的管理信息系统是建立在 IT 基础设施之上的应用信息系统,因此,在技术维度主要包括 IT 基础设施和企业应用系统两部分内容。IT 基础设施部分包括计算机的硬件系统和软件系统,以及网络技术设备和互联网体系结构等基础理论。企业应用系统部分重点介绍企业现有常用的应用信息系统,以及存在的问题和发展趋势。

二、纵向维度逻辑

课程从纵向维度上介绍企业信息化与管理信息系统的建立过程。企业信息化通常需要经历信息化需求调研、信息系统规划与架构、系统开发、运营维护和迭代优化以及贯穿其中的 IT 项目管理等一系列过程。

(一) 信息化需求调研

企业信息化首先需要开展的工作就是信息化需求调查,目的是了解企业信息化到底需要解决哪些问题,如何对现有业务流程进行优化或再造,从而使业务流程与管理信息系统操作流程相适应。因此,需要开展信息化需求调查,对企业组织和业务流程进行全面调研,掌握企业的真实需求。

(二) 信息系统规划与架构

信息系统规划和架构是指根据信息化需求调查的结果,对企业组织设计和企业组织架构重新规划,也是对信息系统业务功能范围和系统设计的架构进行规划。通过对企业业务流程和组织架构进行优化再造,使之与管理信息系统的标准化管理流程相适应,同时,对管理信息系统的功能范围进行确定,并根据企业发展和长远规划,选择可扩展、可维护的信息系统架构。

（三）系统开发与运维

系统开发和运维是管理信息系统实施的具体环节。系统开发是指根据软件工程的思想，对管理信息系统的具体功能进行系统分析、系统设计和实现的过程。这个过程需要遵循信息系统开发原则和方法，运用合适的开发方法和体系结构进行设计、实现。系统运维是指对管理信息系统的使用、二次开发以及运行维护。管理信息系统开发不是一步到位的，往往需要多次开发，不断完善，因此运维工作十分重要。

（四）IT 项目管理

IT 项目管理是信息系统开发过程中非常重要的一个环节。可以说，IT 项目管理成功与否，直接决定了信息系统开发的成败。项目管理首先是确定 IT 项目管理的范围，对信息系统项目进度、质量、时间和成本等进行管理，当然还包括整个过程中的风险管理等方面。

三、与时俱进的综合维度

新技术的演进，给企业发展带来新的机遇与挑战，也催生新的商业模式和业态。管理信息系统运用提升了社会信息化水平，同时也带来了一系列的信息安全问题。课程需要与时俱进地补充新内容，充实管理信息系统这一知识体系。

（一）新技术的机遇与挑战

近十年来，信息与通信技术迅猛发展，相继出现了一系列的新技术、新应用，包括 IPv6、5G、VR、AR 与 MR、传感器与物联网、人工智能、深度学习、区块链、云计算与边缘计算、大数据、工业 4.0 与数字孪生等。这些新技术不仅促进了社会信息化的进程，也带来了一系列社会综合议题，如用户隐私保护问题，个性化推荐和随之产生的信息茧房效应，信息化发展产生的数字鸿沟与信息公平问题，以及对技术中立论的广泛讨论。

（二）新产业、新业态与新商业模式

产业跨界、消费转型以及媒介变革对管理信息系统的发展产生了深远的影响，如何适应时代的变化，成为管理信息系统发展的方向。从产业跨界层面，互联网思维给传统企业运营带来了巨大影响，互联网企业跨界参与产业竞争与创新，"互联网＋"与"＋互联网"，成为我国产业转型的重要推动力。在消费转型方面，互联网 O2O 商业模式不断演变，消费理念逐渐从 B2C 向 C2B 式个性化定制转变，并要求管理信息系统在功能上提供支持。基于媒介变革视角，短视频的井喷发展，使传统品牌管理方式发生颠覆性变化，直播、电竞与共享经济等业态的发展，也给管理信息系统的发展带来新的挑战。

（三）道德、安全与控制

信息安全涉及信息基础设施的物理安全以及信息系统数据和运行安全，在安全控制上，需要从技术和管理两个方面着手。这部分内容将介绍信息道德概念、从业人员道德责任、信息安全的类型、云安全问题、计算机病毒、计算机犯罪等方面知识，也从技术方面介绍信息系统安全管理和控制措施，以及信息系统审计方法等。

（一）筑基础，夯实数字化转型技术支撑。

加快数字化转型共性技术、关键技术研发应用。支持在具备条件的行业领域和企业范围探索大数据、人工智能、云计算、数字孪生、5G、物联网和区块链等新一代数字技术应用和集成创新。加大对共性开发平台、开源社区、共性解决方案、基础软硬件支持力度，鼓励相关代码、标准、平台开源发展。

（二）搭平台，构建多层联动的产业互联网平台。

培育企业技术中心、产业创新中心和创新服务综合体。加快完善数字基础设施，推进企业级数字基础设施开放，促进产业数据中台应用，向中小微企业分享中台业务资源。推进企业核心资源开放。支持平台免费提供基础业务服务，从增值服务中按使用效果适当收取租金以补偿基础业务投入。鼓励拥有核心技术的企业开放软件源代码、硬件设计和应用服务。引导平台企业、行业龙头企业整合开放资源，鼓励以区域、行业、园区为整体，共建数字化技术及解决方案社区，构建产业互联网平台，为中小微企业数字化转型赋能。

（三）促转型，加快企业"上云用数赋智"。

深化数字化转型服务，推动云服务基础上的轻重资产分离合作。鼓励平台企业开展研发设计、经营管理、生产加工、物流售后等核心业务环节数字化转型。鼓励互联网平台企业依托自身优势，为中小微企业提供最终用户智能数据分析服务。促进中小微企业数字化转型，鼓励平台企业创新"轻量应用""微服务"，对中小微企业开展低成本、低门槛、快部署服务，加快培育一批细分领域的瞪羚企业和隐形冠军。培育重点行业应用场景，加快网络化制造、个性化定制、服务化生产发展，推进数字乡村、数字农场、智能家居、智慧物流等应用，打造"互联网＋"升级版。

（四）建生态，建立跨界融合的数字化生态。

协同推进供应链要素数据化和数据要素供应链化，支持打造"研发＋生产＋供应链"的数字化产业链，支持产业以数字供应链打造生态圈。鼓励传统企业与互联网平台企业、行业性平台企业、金融机构等开展联合创新，共享技术、通用性资产、数据、人才、市场、渠道、设施、中台等资源，探索培育传统行业服务型经济。加快数字化转型与业务流程重塑、组织结构优化、商业模式变革有机结合，构建"生产服务＋商业模式＋金融服务"跨界融合的数字化生态。

（五）兴业态，拓展经济发展新空间。

大力发展共享经济、数字贸易、零工经济，支持新零售、在线消费、无接触配送、互联网医疗、线上教育、一站式出行、共享员工、远程办公、"宅经济"等新业态，疏通政策障碍和难点堵点。引导云服务拓展至生产制造领域和中小微企业。鼓励发展共享员工等灵活就业新模式，充分发挥数字经济蓄水池作用。

（六）强服务，加大数字化转型支撑保障。

鼓励各类平台、开源社区、第三方机构面向广大中小微企业提供数字化转型所需的开发工具及公共性服务。支持数字化转型服务咨询机构和区域数字化服务载体建设,丰富各类园区、特色小镇的数字化服务功能。创新订单融资、供应链金融、信用担保等金融产品和服务。拓展数字化转型多层次人才和专业型技能培训服务。以政府购买服务、专项补助等方式,鼓励平台面向中小微企业和灵活就业者提供免费或优惠服务。

资料来源:国家发展改革委,中央网信办.《关于推进"上云用数赋智"行动,培育新经济发展实施方案》的通知(发改高技〔2020〕552号)[EB/OL]. (2020 - 04 - 07) [2023 - 04 - 01]. http://www.gov.cn/zhengce/zhengceku/2020 - 04/10/content_ 5501163.htm.

第一章　信息与信息系统

第6讲　DIKW体系过时了吗？

数据（Data）、信息（Information）、知识（Knowledge）与智慧（Wisdom）都是当前社会使用非常频繁的词汇，在哲学、经济学、管理学、图书情报学、信息科学、计算机学科等领域都有所涉及。对数据、信息、知识与智慧的概念与关系的探讨由来已久，其中，DIKW金字塔模型成为计算机与信息科学中认可度较高的概念模型，并且对其他领域产生了广泛的影响。

一、数据、信息、知识与智慧

我们以股市行情与K线图的场景来解释数据、信息、知识与智慧的定义。我们每天可以从网上和电视上看到股市行情，如：一个股票交易日从早上开盘起，各只股票随着时间的推移，股票行情千变万化。我们看到的这些仅仅是一些数据，它是未经加工的事实。但只要我们调出某股票的K线图，就会立即获得这只股票走势的具体信息。通过价格波动曲线显示，我们不仅可以清楚地看到这只股票的价格变化信息，而且通过K线图分析，可以预测其走势。以上实例中便包含了数据（股票涨跌等）、信息（股票走势）、知识（K线分析理论）和智慧（具体的K线分析）。

数据是对客观事物、事件的记录和描述，是未经加工处理的事实。它是离散的、互不关联的客观事实，如孤立的文字、数值和符号，缺乏关联性和目的性。

信息是数据所表达的客观事实。人们对数据进行系统组织、整理和分析，使其具有相关性，因此，数据是信息的载体，信息是数据的内容。当前，不同学科领域对信息和数据二者的概念与逻辑关系的认识仍存在诸多争议。

知识是人们对客观规律性的认识，是系统化、有价值、有用的信息。它是由信息加工和提炼而成，信息是加工知识的原材料，是现代社会的宝贵资源。在知识经济时代的今天，知识尤为重要。

智慧是激活了的知识，主要表现为收集、加工、应用、传播信息和知识的能力，以及对事物发展的前瞻性看法。

数据、信息、知识和智慧是人类认识客观事物过程中不同阶段的产物。从上述定义可知，从数据到信息到知识再到智慧，是一个从低级到高级的认识过程，随着层次提高，其外延、深度、含义、概念和价值不断增加。在数据、信息、知识和智慧中，低层次是高层次的基础和前提，没有低层次就不可能有高层次，数据是信息的源泉，信息是知识的"子集"或"基石"，知识是智慧的基础和条件。信息是数据与知识的桥梁，知识反映了信息的本质，智慧则是对知识的使用。

需要说明的是，随着数据向信息、知识、智慧发展，理解的深度在不断增加，需要考虑的范围也在扩大，数据从一开始分散的元素发展为综合运用的信息与知识来解决问题，进而获得智慧。数据、信息、知识依赖于语境、依赖于接收者本身，三者之间的区别并非泾渭分明。某些经过加工的数据对一部分人来说是信息，而对另外一部分人来说则可能还是数据；一个系统或一次处理所输出的信息，可能是另一个系统或另一次处理的原始数据。同时，在某个语境下是知识的内容，在另外的语境中，可能就是信息，甚至是无意义的数据。因此，在对数据、信息和知识进行研究与应用时，要与特定场景、特定语境结合才有意义，而不能简单片面地理解。

二、DIKW 金字塔模型

DIKW 层级模型是关于数据（Data）、信息（Information）、知识（Knowledge）及智慧（Wisdom）的体系模型，最早于 1982 年由哈蓝·克利夫兰（Harlan Cleveland）提出，后经米兰·瑟兰尼（Milan Zeleny）和罗素·艾可夫（Russell L. Ackoff）等不断扩展，2007 年由罗勒（Rowley. J）系统完善，形成 DIKW 层级模型，如图 1 所示。

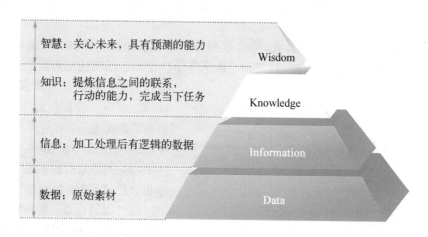

图 1　DIKW 层级模型图

DIKW 是数据、信息、知识、智慧四个英文单词的首字母缩写，将它们分成四级，形成一个金字塔形状：第一层是数据，为基础层；第二层是信息；第三层为知识；第四层是智慧，为顶层。DIKW 体系将数据、信息、知识、智慧纳入一种金字塔形的层次体系，每一层都比下一层多赋予了一些特质。对原始素材的观察、记录和描述，形成了数据；人们对数据进行系统组织、整理和分析，使其具有相关性，从而形成了信息；知识是人们对客观规律性的认识，而智慧是激活的知识，用于回答关于行动的为什么及什么时候的问题。这是一个金字塔的结构，从最底层的数据到信息、知识，再到最顶层智慧，即 DIKW 金字塔模型。

三、大数据背景下的 DIKW 体系

近年来，随着计算机和信息技术的飞速发展，尤其是大数据和人工智能技术的兴起，数据科学开始出现在公众视野，人们对数据的认识发生了转变，数据被认为是一种重要的资产，而不再是单纯的原始资源。在大数据和人工智能技术大发展的背景下，数据被赋予了直接应用和指导商业运营的价值，实现从数据到智慧的转变，而这背后则是数据科学的发展和演变。

"数据科学"（Data Science）一词起源于 20 世纪 60 年代，而大数据热潮引发了社会各界对数据科学的高度重视。目前，学术界已对数据科学的内涵基本达成共识——数据科学是一种以数据为中心的科学，其内涵主要包括以下四个方面：

（1）将现实世界映射到数据世界之后，在数据层次上研究现实世界的问题，并根据数据世界的分析结果，对现实世界进行预测、洞见、解释或决策；

（2）以数据尤其是大数据为研究对象，并以数据统计、机器学习、数据可视化等为理论基础，主要研究数据加工、数据管理、数据计算、数据分析和数据产品开发等活动；

（3）以实现从数据到信息、从数据到知识和（或）从数据到智慧的转化为主要研究目的，以

管理信息系统（第三版）

数据驱动、数据业务化、数据洞见、数据产品研发和(或)数据生态系统的建设为主要研究任务的独立学科;

(4) 以数据时代尤其是大数据时代面临的新挑战、新机会、新思维和新方法为核心内容,包括新的理念、理论、方法、模型、技术、平台、工具、应用和最佳实践在内的一整套知识体系。

数据科学中兴起了一种新的研究范式——数据范式,即根据问题找"数据",并直接用数据(在不需要把"数据"转换成"知识"的前提下)解决问题,从现象上看,是实现了从数据直接到智慧的转变,而越过了从数据中提炼信息,根据信息形成知识的范式。这一现象,是否违背了信息科学中的 DIKW 体系模式呢?

大数据分析的基本流程是:首先,确定数据分析的需求和目标;其次,根据需求收集各种来源的数据,包括移动互联网数据、社交网络数据等结构化和非结构化的海量数据;然后,对采集到的原始数据进行数据清理、数据集成、数据转换、数据规约等一系列操作,提高数据质量,并对所采集的数据进行存储;最后,运用机器学习和可视化等技术,对杂乱无章的数据进行萃取、提炼和分析,得到预期的模型和结果。整个过程可以简化成:数据输入—大数据分析—商业应用,如图 2 所示。

图2　大数据分析系统示意图

在这个过程中,不同来源的各类数据进行关联和有序化处理,就是从数据提炼为信息;而在进一步运用机器学习和可视化等技术处理时,则是人们早已发现的统计学和计算机处理知识的运用,只不过这一系列过程通过计算机程序来实现,而不是传统的手工操作和专家分析。因此,从本质上来说,数据科学的发展并没有超出信息科学的 DIKW 体系模型。

【拓展阅读】　"信息"与"数据"的争议

DIKW 模型是从计算机学科角度观察、概括出来的,由于各个学科对数据和信息都有不同的归纳和表述,且数据-信息-知识-智慧之间也未必就是简单的线性关系。近几十年来,国内外有关数据与信息的定义不下百种,例如《图书馆·情报与文献学名词》对"信息"的概念描述为:广义的信息是指客观事物存在、运动和变化的方式、特征、规律及其表现形式,而狭义的信息是指用来消除随机不确定性的东西。不同学科背景的人对二者的认知有不少差异,因此,也就有了"信息"与"数据"概念范围的争议。

1. 数据大于信息说

此说以 DIKW 金字塔模型为代表。DIKW 体系将数据、信息、知识、智慧纳入一种金字塔形的层次体系,每一层都加了不同的内涵,内涵越大,外延越小。数据是事实或观察的结果,信息增加了"时间和空间",或"进行过加工处理",或是"有意义、有价值、有关联"的数据;知识则增加了"如何使用信息";智慧又增加了"怎样使用知识"。该模型认为,数据、信息、知识和智慧之间的关系是:数据外延最大,信息次之,知识再次之,智慧最小。

2．信息大于数据说

此说在国内外信息管理学科、图书情报学科亦有广泛影响。相关学者认为，信息是事物存在的方式和运动状态的表现形式，与物质、能量并列，是本体论层次的信息，主体所感知或表述的事物存在的方式和运动状态则是引入了"人"这个主体后的认识论信息的定义。显然，这种观点认为数据作为主体对事实或观察的结果，小于认识论信息，更小于本体论信息。

3．数据与信息等同说

此种观点认为，大数据的兴起，使得数据一词的外延变大，不仅是数值型数据，而且指非数值型数据。数据也逐渐成为数字、文本、图片、视频等的统称，也即信息的代名词。在计算机领域，人们把能够被计算机加工的对象，或者说能够被计算机输入、存储、处理和输出的一切信息都叫作数据。随着大数据的广泛应用，数据一词的泛化，这种观点的影响面会有所扩大。

4．数据与信息相对说

持这种观点的人认为二者关系是相对的，有时数据大，有时信息大。例如：我们讲"信息处理"，或讲"数据处理"，二者差别不大，但讲"我们进入了信息社会"，如果说成"我们进入了数据社会"恐怕就不合适了。某种产品对生产该产品的厂家来说是产成品，而对另一个厂家而言，就可能是原材料。数据与信息亦如此，均因时因地因人而异。

第7讲　从数据到大数据

数据是信息资源的原始素材，是对客观事物、事件的记录和描述，以字段的形式存储在信息系统中。在传统的管理信息系统时代，数据经过一定规则的序化和提炼，成为企业需要的信息资源，管理人员运用专业知识，对原始信息进行分析，从而形成有价值的情报，为企业决策服务。随着互联网技术的发展与应用，数据的类型更加多样化，数据生成量更是呈海量增长，大数据应运而生。大数据时代，企业面临的不仅是"大"数据，更是对待数据视角的转变，以及从数据到大数据研究范式的改变。

一、大数据的产生背景

21世纪是信息化时代，信息技术通过信息交换网络渗透到了社会的各个领域。信息技术使世界越来越小，而互联网的发展又将使企业发展的空间无限扩展。一般性的技术和变革都会对信息资源管理产生重要而间接的影响，而更加专门的技术及其变革则会产生更加直接的影响。几乎没有一项技术能够像互联网那样有如此快速的发展并被人们普遍使用。

在以互联网为基础的移动互联网、云计算和物联网等新趋势及新技术推动下，信息技术的发展及创新正使各个产业发生改变。智能设备的普及、物联网的广泛应用、存储设备性能的提高、网络带宽的不断增长，为大数据的产生提供了存储和流通的物质基础。随着互联网商业模式和数字化应用渗透各行各业,每天都有海量数据生成。大数据正是在这样的背景下应运而生的。

2010年2月,美国《经济学人》杂志发表了封面文章《数据洪流》(*The Data Deluge*),文章指出,今天世界上的信息数量正以恐怖的速度递增,随着这股信息洪流不断增加,分析这些数据,提取并存储有用信息将变得更加困难。2011年6月麦肯锡咨询公司发布《大数据:下一个竞争、创新和生产力的前沿领域》研究报告,报告指出,数据正渗透到当今每一个行业和业务职能领域,成为重要的生产因素。各行各业海量数据的挖掘和运用,预示着新一波生产率增长和消费者盈余浪潮的到来,"大数据"时代已经降临。

二、大数据的特征

大数据时代的到来,也给信息分析工作带来了更大的机遇和挑战。大数据本身是一个比较抽象的概念,单从字面来看,它表示数据规模的庞大。但是仅仅从数量上的庞大显然无法看出大数据这一概念和以往的"海量数据""超大规模数据"等概念之间有何区别。对于大数据尚未有一个公认的定义,不同的定义基本上从大数据的特征出发,通过对这些特征的阐述和归纳试图给出其定义。在这些定义中,比较有代表性的是3V定义,即认为大数据须满足3个特点:规模性(Volume)、多样性(Variety)和高速性(Velocity)。除此之外,还有提出4V定义的,即尝试在3V的基础上增加一个新的特性——真实性(Veracity)。后来IBM在4V的基础上又提出了第5个"V",即价值性(Value)。目前仍有研究者向5V体系中添加更多大数据的特点,但5V仍然是当下最被接受的大数据特征总结。

维基百科对大数据的定义简单明了:大数据是指利用常用软件工具捕获、管理和处理数据所耗时间超过可容忍时间的数据集。结合常说的几种特性来审视大数据的话,可以发现:

(1) Volume,数据体量大。大型数据集动辄若干TB甚至若干PB,这在以前是无法想象的,在此类情况下已经无法用传统的数据库工具对其内容进行抓取、管理和处理,更不用说用传统的人工分析了。

(2) Variety,数据多样性。数据来自多种数据源,数据种类和格式日渐丰富,已冲破以前所限定的结构化数据范畴,囊括了半结构化和非结构化数据,信息分析也面临着多源数据的处理和文本数据的语义分析等挑战。

(3) Velocity,处理速度快。一方面是数据量庞大,另外一方面是客观应用又有实时性需求,以前平衡二者之间的矛盾经常采用的方式是抽样,现在看来也越来越不适用了,一方面抽样本身需要耗时,另一方面大数据分析中希望分析的是全部数据,而非抽样数据,只有这样才能保证数据的完整和挖掘的可信。

(4) Veracity,数据的真实性,指保证数据的质量、完整性、可信性以及准确性,当下大数据往往来源于多种渠道,因此在使用数据进行相关业务分析之前,需要对数据的真实性进行查验。

(5) Value,数据的价值性,对数据价值性的理解存在两种说法。一种说法强调大数据具有高价值,认为不管是大数据分析还是一般意义上的数据分析,都是为了能够创造价值,尤其需要强调的是人们在大规模数据的基础上可以做的事情,可能是以前在小规模数据的基础上所无法实现的。换句话说,大数据环境下的信息分析将使得分析者能够获得有巨大价值的产品和服务,或者是深刻的洞见,并最终形成变革之力。这种说法以IBM为代表。而另一种说法则认为,大数据的价值性是指大数据价值密度相对较低。随着互联网以及物联网的广泛应用，信息感知无处不在，信息海量，但价值密度较低，如何结合业务逻辑并通过强大的机器算法来挖掘数据价值，是大数据时代最需要解决的问题。

三、大数据视角下的信息系统

随着信息化水平的提升，企业内建设的信息系统逐渐增多，为企业日常运作带来了便利，提高了企业的管理效率。企业内管理的数据格式一般包括结构化数据和非结构化数据两种。其中结构化数据一般指有统一格式、有固定字段、能基于关系型数据库定义的数据。另外一种是非结构化数据，这种数据没有固定的格式，或者其格式经常发生变化，不能用一些固定的方法进行格式化。非结构化的数据总体上具备分布广泛、格式多样化以及数据量大等特征。因而，企业信息系统的数据管理偏重于结构化数据的管理。然而，随着信息化系统的持续运行，企业的数据在不断积累，逐渐形成了大数据的环境。IDC 的调查报告显示，现在企业的结构化数据只占全部数据量的 20%，剩下的 80% 是以文件形式存在的非结构化和半结构化数据，这些非结构化数据每年增加 60%。因此，企业信息系统应当关注企业中存在的大量非结构化数据，利用大数据技术挖掘其中的商业价值。

大数据技术是在信息系统环境下，将数据结构比较复杂、关联性比较强的海量数据进行数据挖掘与加工处理的技术集合，是客观世界与虚拟世界沟通的桥梁。大数据技术是系统科学、通信技术、决策支持系统等领域在发展运行过程中对海量数据及增量数据使用的经验挖掘。理解并使用好大数据，应从以下两方面入手：一方面从信息系统建设的数据源着手，用数据提炼模型的基础技术和运筹学的基础原理解决现实世界的有规律事务，并对事务进行客观描述和应用；另一方面需要遵循结构化开发方法的基础原则，坚持"自顶向下"及"自底向上"相结合的原则，在信息系统运行中不断采集及挖掘数据，对不同职能的信息数据以及相关信息数据的主要特征进行归纳并整理。企业信息化发展到如今的大数据阶段，必然面临如何处理日益增长的大数据的问题，企业亟须管理和增值这部分数据，通过采集、存储、搜索、聚合、分析和展现等手段给企业带来更多价值。整合企业流程与商业决策的关键在于信息系统。

随着大数据分析技术不断完善，未来对信息系统建设的海量数据挖掘及加工处理手段会越来越多样化，对数据只重管理而忽略技术分析的传统观念也会转变。大数据要充分体现其使用价值，只有将信息系统建设及信息产业发展的核心转移到市场上才能发挥其主体作用，挖掘纷繁复杂数据的意义，产生巨大的社会经济价值。

四、大数据分析及其商业应用

大数据已经不再是简简单单的数据量大的事实了，最重要的现实是对大数据进行分析，只有通过分析，才能获取智能、深入、有价值的信息。大数据时代的到来对传统的信息分析工作造成了很大的冲击，同时也对信息分析研究工作拓宽服务对象、采用现代化研究手段、提高从业人员业务素质和研究水平等方面提出了更高的要求。大数据分析主要有以下五个层面。

（1）可视化分析。大数据分析的使用者有大数据分析专家，还有普通用户，他们对于大数据分析最基本的要求就是可视化分析，因为可视化分析能够直观地呈现大数据的特点，同时非常容易被读者所接受，就如同看图说话一样简单明了。

（2）数据挖掘算法。大数据分析的理论核心就是数据挖掘算法，各种数据挖掘的算法基于不同的数据类型和格式才能更加科学地呈现出数据本身所具备的特点，也正是因为这些被全世界统计学家所公认的各种统计方法，才能深入数据内部，挖掘出公认的价值。大数据环境对各种数据挖掘方法提出了许多新的挑战。

（3）预测性分析。大数据分析最重要的应用领域之一就是预测性分析，从大数据中挖掘出特点，科学地建立模型，之后便可以通过模型代入新的数据，从而预测未来的情况。

（4）语义引擎。非结构化数据的多元化给数据分析带来新的挑战，我们需要一套工具系统地去分析、提炼数据。语义引擎需要足够智能，可以从数据中主动地提取信息。

（5）数据质量和数据管理。大数据分析离不开数据质量和数据管理。无论是在学术研究还是在商业应用领域，高质量的数据和有效的数据管理都能保证分析结果的真实性和价值性。

随着大数据应用的爆发式增长，大数据已经衍生出了自己独特的架构，而且直接推动了存储、网络以及计算技术的发展。当然，硬件的发展最终也还是由软件需求推动的，在政务管理、科学研究、商业应用等诸多方面产生了大量的大数据分析需求。以商业应用为例，"大数据"可以为企业提供精准的价值主张。（1）洞悉消费者的真实需求。消费者的真实需求具有隐蔽性、复杂性、易变性和情境依赖性，"大数据"使企业获得消费者的真实需求成为可能。例如网友在网络中的点击、浏览、评论等行为能直接反映消费偏好和意愿。（2）消费者精准细分。根据消费者的网络和使用行为数据，可以对消费者精心"精准画像"，从而运用于消费市场细分和精准营销等领域。（3）产品实时分析。大数据的实时个性化以及多来源、多格式数据的快速综合对比分析能力，使数据的收集、整理、分析、反馈、响应可以在瞬间完成，使企业随时随地精准圈定用户群，并满足他们的真实需求和潜在需求。零售业就是一个典型的数据驱动定制化的行业，目前在线零售商利用实时数据提供精准的商品推介已经十分普遍。

【拓展阅读】　农夫山泉大数据系统的应用

关于运输的数据场景到底有多重要呢？将自己定位成"大自然搬运工"的农夫山泉，在全国有十多个水源地。农夫山泉把水灌装、配送、上架，一瓶超市售价2元的550 ml饮用水，其中3毛钱花在了运输上。在农夫山泉内部，有着"搬上搬下，银子哗哗"的说法。如何根据不同的变量因素来控制自己的物流成本，成为问题的核心。

基于上述场景，SAP团队和农夫山泉团队开始共同基于"饮用水"这个产业形态，进行运输环境的数据场景开发。他们将很多数据纳入了进来：高速公路的收费、道路等级、天气、配送中心辐射半径、季节性变化、不同市场的售价、不同渠道的费用、各地的人力成本，甚至突发性的需求。在采购、仓储、配送这条线上，农夫山泉特别希望大数据能够解决三个顽症：首先是解决生产和销售的不平衡，准确获知该生产多少，送多少；其次，让400家办事处、30个配送中心能够纳入体系中来，形成一个动态网状结构，而非简单的树状结构；最后，让退货、残次等问题与生产基地能够实时连接起来。

2011年，SAP推出了创新性的数据库平台SAP Hana，农夫山泉成为全球第三个、亚洲第一个上线该系统的企业。利用这些大数据，农夫山泉计算出一套最优的仓储运输方案，使各条线路的运输成本、物流中心设置最佳地点等信息及时呈现；将全国十多个水源地、几百家办事处和配送中心整合到一个体系之中，形成一个动态网状结构，进行即时的管控。让退货、残次等问题与生产基地能够实时连接起来，通过大数据准确获知该生产多少,送多少。农夫山泉最终解决了采购、仓储、配送这条线上的顽症,实现产品运输决策的智能化、物流成本的精准化、运输资源配置的合理化。

有了强大的数据分析能力做支持后,农夫山泉运用大数据技术,销售、市场费用、物流、生产、财务等数据的计算速度从过去的 24 小时缩短到了 0.67 秒,几乎做到实时计算,极大地提高了销售额和市场份额。并且,精准地管控物流成本将不再局限于已有的项目,也可以针对未来的项目。农夫山泉董事长只要将手指放在一台平板电脑显示的中国地图上,随着手指的移动,建立一个物流配送中心的成本就随之显示出来。

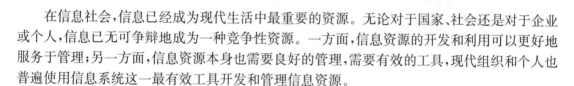

第 8 讲　用信息资源进行管理和对信息资源进行管理

在信息社会,信息已经成为现代生活中最重要的资源。无论对于国家、社会还是对于企业或个人,信息已无可争辩地成为一种竞争性资源。一方面,信息资源的开发和利用可以更好地服务于管理;另一方面,信息资源本身也需要良好的管理,需要有效的工具,现代组织和个人也普遍使用信息系统这一最有效工具开发和管理信息资源。

一、信息与信息资源

(一) 什么是信息

1948 年香农(Claude Elwood Shannon)创立信息论,并赋予信息以量的概念。他将信息理解为"传递的消息中使概率发生变化的东西"。这一定义中,"概率"指消息接收者对某一事物的了解程度。如果消息接收者对某一事物有了完全了解,则任何消息对他而言不再有信息量;事物的可能性越多,则有关该事物的信息量越大。

在信息技术领域,尽管人们对"信息"这一概念的使用并不严格,但总体上还是认为有"数据—信息—知识"这样由低到高的层次。在决策中,信息的作用是消除决策的不确定性,任何形式的决策都意味着对具有不确定性结果的未来作出判断,对各种可能的方案作出选择。一般情况下,决策者需要各种决策信息,以便更加准确地作出判断,所以在决策活动中,信息是能降低决策风险的,也能随着决策的价值而产生重大价值。

(二) 作为资源存在着的信息

当信息对于社会、组织或个人的价值大到人们无法忽视的阶段时,便产生了一个新的名称——信息资源。首先什么是资源呢? 联合国环境署对资源的定义是:自然资源是指在一定时间、地点条件下能够产生经济价值,以提高人类当前和将来福利的自然环境因素和条件,如阳光、空气、水、土地、森林、草原、动物、矿藏等;社会资源是指一切能用来创造财富的社会因素和条件,如人力资源、信息资源以及劳动创造的物质财富。《大英百科全书》对资源的定义为:

人类可以利用的自然生成物及生成这些成分的环境。

对信息作用的认识逐渐形成了信息资源论。管理、决策、预测、设计、研发、计划、调度、人际沟通、教育培训等,都离不开对信息资源的开发与利用。信息成为资源的条件,有充分和必要两个方面,如表1所示。

表1   信息成为资源的条件

充分条件	经过有序化处理,信息真实、准确	必要条件	信息可以为人类创造财富和提供福利
	从资源开发利用角度来说,信息须具备一定的富集度		通过人类活动信息可以被识别或检测

不能成为资源的信息主要有以下两种情况:(1)过时的信息、不真实的信息或者垃圾信息;(2)针对特定用户的信息需求,不具有有用性和价值的信息。此外,不同的用户、不同的时间和地点、不同的问题和任务,对信息的需求也不相同,同样的信息其有用性和价值也可能不同。所以,信息能否成为资源也受上述因素的影响。因此,要对信息进行采集、识别、挑选、分类、编码、组织、存储、传递、分析、理解、积累、维护,才能使之成为可利用的资源。

(三) 信息资源的分类

信息资源是指在人类活动各个领域中所产生的有使用价值的信息集合,包括信息的各种来源、载体、表示方式、渠道、场合和用途等,它们都可以构成信息资源。信息资源的类型是多种多样的,从对信息资源进行管理的角度出发,通常将信息资源划分为记录型信息资源、实物型信息资源、智力型信息资源、零次信息资源;按运营机制和政策机制划分,信息资源可分为政府信息资源、商业性信息资源、公益性信息资源;按所有权划分,信息资源可分为公共信息、私有信息(专有信息)、个人信息。除上述划分方式之外,信息资源还可以根据记录介质、记录状态、增值状况等多个维度进行划分。

二、信息资源在管理中的作用

信息资源与物质资源、能量资源一起被称为当今社会三大资源,成为人类社会开发的重点。信息资源本身不能产生价值,但经过人们的开发利用,就能发挥其社会作用,尤其在管理领域,具有巨大的社会效益和经济效益。

(一) 信息是计划的基础

制定合理的计划是管理的首要任务,而信息是计划的基础。首先,在制定计划前,必须收集大量的信息。它们可以是量化的数据或非量化的资料,就其内容而言,包括系统外部的信息和系统内部的信息。真实、准确的信息是制定计划的可靠依据。

其次,为制定计划就必须对未来的发展趋势进行科学的预测,而预测仍是以信息为基础的,预测的过程就是收集、开发和利用信息的过程,因此信息在计划的制定过程中不仅为分析预测提供了原料,还提供了分析预测的技术。

第三,当计划付诸实施后,通过反馈信息,不断纠正、调整有关措施,以保证计划的实现。因此,计划职能的发挥离不开信息,计划的过程是信息转换的过程。

（二）信息是决策的依据

决策的正确与否与许多因素有关,但其中最重要的因素就是信息的拥有量以及对信息开发利用的程度。事实上,决策的每一个环节都离不开信息。

信息是确定目标的基础。任何决策都是从发现问题开始的,人们要通过各种渠道以不同的方式收集、综合研究信息,从中发现新情况、新问题,从而进行正确的决策,以有效地解决问题。

信息是拟定目标得以实现的保证。首先,当目标确定以后,就要拟定几个可供选择的方案,此时的工作事实上就是对所收集到的大量信息进行综合研究、加工处理,信息就成为拟定方案的原料。其次,在对众多的方案进行评估和可行性分析时,足够的、准确的信息是评判方案优劣的依据,如果信息量不足、信息不够准确,分析就难以进行。第三,方案确定之后,在进入试验阶段时,仍必须运用信息双向流动的功能,及时地将实施情况的有关信息反馈回来,以便决策者及时发现情况,解决问题。

（三）信息是联结组织的纽带

通过信息的传递,做到上传下达,互相沟通,把管理系统的各个层次、各个环节都协调于系统整体之中,否则组织像一盘散沙,管理就失去了活力。

沟通是信息的一大功能,而信息沟通是成功管理的前提。无论是哪一个管理职能的发挥,良好的信息沟通都是关键因素。上下级之间的信息沟通可以大大增强组织的凝聚力。员工之间的信息沟通,可以增强人与人之间的信任感和协作精神,有利于提高工作效率。管理者必须为员工和各个部门之间的信息沟通提供有利条件,以保证信息沟通的连续性、及时性和准确性。

（四）信息是控制的工具

在管理过程中,管理者实际上是一个"信息转换器",管理者可通过信息反馈,实现管理的控制职能。通常人们所说的信息反馈,是指由控制系统把信息输送出去,又把其作用的结果返送回来再输出;控制系统对信息的再输出将产生影响,以期实现预期的目标,从而达到控制的目的。这三个阶段是一个不断反复的过程,即把决策信息输送出去、执行、反馈、再决策、再输送出去、再执行、再反馈,使管理过程日趋完善、不断进步。

三、信息资源管理的概念与原则

信息资源管理(Information Resource Management,IRM)是基于信息资源的一种管理模式,它综合应用现代信息技术和管理技术,对信息资源涉及的各个要素(信息、技术、人员、设备、资金、规范、机构等)进行计划、组织、协调和控制,以确保信息资源的有效利用,满足经济社会的各种信息需求。

信息资源管理的内容包括三个方面:数据和信息、管理功能、整合。(1)数据和信息是指对组织的数据应当持有一种全局性观点,这种数据的管理应当首先面向组织的目标,然后才是个人和操作层的需求。(2)管理功能是指应当设置在组织管理结构的高层,将首席信息官(Chief Information Officer,CIO)职能定位于组织高层规划者,CIO应当将技术和管理相结合,以一种现实的方式来平衡二者间的关系,实现协调和平衡。(3)整合是指将信息处理技术、管理功能和数据整合在一起，以协调各方需求。

由于信息资源涉及信息、设备、人员、政策、法律、技术和经济等多种因素，并且广泛渗透到社会、政治、经济、军事、文化及科技等领域，所以它是一项十分复杂的管理活动。做好信息资源管理，必须遵循一定的原则，包括共享原则、系统原则、科学原则及安全原则等。

（一）共享原则

信息交流活动本身的社会化和集约化，要求对全社会的信息资源进行共享。信息资源利用越广泛，其"资源"作用就发挥得越充分。共享原则要求信息资源管理将建立完备的、社会化的信息资源保障体系和高效率的信息流通、传播与应用体系作为其重要内容，通过有效的管理，保证信息资源最大限度地为人们利用。

（二）系统原则

按照系统论的观点，信息资源管理涉及信息、设备、人员、政策、法律、技术、经济等多种因素，其中任何一个要素都不可能单独存在并发挥作用，必须把它们按一定的规则加以配置，组成一个有效的系统，才能显示出其价值。具体而言，应按照系统科学的要求，使全社会的信息资源形成一个相互联系、相互作用的系统，即形成一个上下畅通、纵横交错，既有分工又有协作、互惠互利的整体，这样才能真正发挥"资源"的作用。

（三）科学原则

科学原则是指信息资源管理要遵循信息运动的客观规律，体现信息资源管理的特殊性。信息的效能和生命就在于它能准确和真实地反映客观事物运动变化的特征和差异，信息资源管理要真正使信息服务于社会，就必须要求从信源到信息的收集、处理、存储、传递、利用乃至反馈都必须是真实、准确和可靠的。信息又具有很强的时效性，过了一定的期限，其效用就会减少、丧失甚至成为负值，信息资源管理只有抓住升值期的信息，并且在时间上有一个提前期，才能在激烈的竞争中立于不败之地。

（四）安全原则

安全原则要求对信息安全问题从一个崭新的高度予以关注和进行治理。随着信息资源共享，尤其是数据和程序共享的推进，信息安全问题日益引人注目，也日益成为信息资源管理所面临的重要问题。信息安全问题涉及的领域广泛、因素众多，单从技术上以传统的密码学为基础的计算机安全防护措施已显得力不从心，需寻求新的途径、运用新的手段、从全新的角度进行综合防范和治理。

四、如何开发利用信息资源管理

信息资源需要开发才能发挥其效用。信息资源的开发不同于森林、矿产等物质资源的开发，不会因过度开发而导致资源枯竭。因此，加大信息资源开发力度，是提升国家、组织和个人竞争力的有效途径。开发信息资源可以从以下四个方面着手。

（一）强化信息意识

信息意识是人们自觉利用信息解决各种问题的心理准备与心理冲动。现代社会是一个科技与经济高度发达的社会,决策中所需要的信息,常常可以通过社会信息服务得到解决。具有良好信息意识的人知道,什么问题是应该通过信息的方法去解决的,面对问题自己有多少可用信息,有多少可从别处获取的信息,以及从什么地方、用什么方法获取,如何处理、如何分析。进一步,他还应该判断各种信息方法之间谁的成本更低。

(二) 有效收集信息

获取决策中所需的信息资源,最常见的方法是信息收集。信息收集可分为公开信息的收集和非公开信息的收集。一般而言,通过收集公开信息解决决策问题是一种经济且安全的方式。掌握信息收集的技能包括:尽可能多地了解信息源,熟悉各种信息收集方法或技巧。

(三) 加强信息处理

信息处理工作是信息系统最基本也是最重要的工作。收集到的信息必须经过处理,才能够成为决策最需要的信息。作为机构,收集到的原始信息经过信息处理,能够成为计算机数据库或数据仓库中保存良好、结构合理、能满足特定决策需求的信息。作为个人,收集到的信息只有经过处理,才能在自己需要时有效地获取。

(四) 信息分析与挖掘

信息分析是发掘信息中隐性内容的过程。通俗地说,信息分析是通过一套科学的方法,从一些看来没有价值的原始信息中找到、发现或发掘出有价值的信息,或者使一些很难理解、不容易利用的原始信息变成容易利用的信息产品。决策中所需的关于对手的信息,有时只能通过信息分析的方法来获取。

【拓展阅读】 大数据背景下的信息资源管理

大数据具有容量大、存取速度快、类型多、真实性和价值性高等特征,并且大数据采集、存储管理和分析等技术的进步,给传统信息资源管理带来思维、理念和方式的转变。因此,大数据背景下的信息资源管理,既要从理念上融入大数据的思维,也要在具体的管理内容、管理手段、管理过程上融入大数据的时代特征。大数据背景下信息资源管理的特征表现为以下方面。

(1) 新特征。信息资源体量更大,数据量已从 TB 级转向 PB 级,甚至是 YB 级。信息资源的结构变得更加复杂,信息源更多,类型更多样化,信息资源的空间结构分布更加扁平化。信息资源生成和处理的速度更快,大数据需要在变化的过程中进行分析。

(2) 新价值。与传统结构化数据信息相比,大数据的价值更大,大数据带来新的发展机遇,通过大数据分析能从庞大的数据中发现稀疏而有高价值的知识和规律,为预测和决策提供相关支持。

(3) 新范式。大数据背景下,出现了一些新的范式。在经济与社会层面,经济与社会系统的运行、政府决策、政策评估等更加依赖于数据在各社会主体之间的流动和利用;在行业层面,行业内外部大数据的融合对众多传统行业均造成了冲击,甚至

管理信息系统(第三版)

重构出新的商业模式;在组织与个人等个体层面,线上与线下的行为日益走向高频互动和广泛联系。

(4)新理念。大数据时代,信息与数据不仅仅是一种"资源",而是已成为"资产"。应将信息资源作为一种"资产"来管理,而不能仅仅停留在"资源"层次的管理,因为资产具有法律权属、劳动增值、财物价值和可直接市场交易等属性。

资料来源:杜占河,原欣伟《企业信息资源管理与大数据的融合与变革》(《情报科学》)

第 9 讲　新时代的管理与决策

随着信息与通信技术的发展,企业的生产与经营环境发生了深刻的变化,智能移动设备的普及,极大拓展了用户消费场景,移动商务、O2O(Online to Offline)、在线支付等商业模式的迅猛发展,使得用户的消费行为时刻都在产生。同时,移动互联网、大数据技术的运用,使用户网络行为信息和交易产生的海量数据成为企业重要的资产。因此,新时代对企业数据和信息资源的管理提出了更高的要求,企业管理信息系统的功能由传统单纯的管理与决策支持,正转为集成面向前端的交易支持、中端生产运营决策和面向后端的个性服务挖掘功能。新时代的企业管理与决策,更加依赖于信息系统和大数据、人工智能技术的支持。

一、新时代的商业环境变化

移动互联网和社交网络时代,移动商务快速发展,商业模式不断创新,企业商业环境表现出用户交易移动化、企业数据海量化、消费产品个性化等特征。

(一)用户交易移动化

移动互联网普及之前,用户交易通常分为线下交易和线上交易。线下交易,即买卖双方通过面对面的交流、谈判,进而达成交易。线下交易的前提条件是买卖双方以及中介场所三者同时存在,方能完成交易;线上交易跨越了物理中介场所,通过网络平台和计算机在线完成交易,一旦离开计算机和网络平台,就无法完成交易。之前的线上和线下交易存在交易场所受限等固有的缺陷,而移动互联网时代,智能设备和高速移动网络的普及,移动支付技术快速发展,线上到线下的 O2O 模式应运而生。随着用户移动消费习惯的养成,用户可以通过移动 APP 客户端、小程序、二维码等方式完成订单实时交易,而社交电子商务、短视频、视频直播等新业态,也在不断激发新的消费场景。

(二)企业数据海量化

随着网络和信息系统的发展,尤其是移动互联网的运用,使企业的各类数据呈海量增长,除了传统的企业数据之外,还可以通过外部网络系统,获取所需的网络数据、消费者行为数据,以及其他具有商业价值的各类结构化和非结构化数据。大数据时代,数据成为企业至关重要的资产,企业越来越重视自身拥有的交易数据、客户数据以及用户行为等数据,并且音频、视频、日志、文档、网页等非结构化数据也逐步成为企业内容生产的主体,非结构化数据蕴藏的价值也被越来越多的企业所重视。

(三)消费产品个性化

随着互联网和电子商务的发展,消费产品个性化趋势越来越明显,一些中小企业往往凭借"爆款"个性化产品,迅速一跃成为行业领先企业。究其原因,电子商务的发展和社会生产水平的提升,极大地拓展了消费者产品或服务可选择的范围,因而品牌化和个性化产品成为企业和消费者共同的需求。一方面,消费者拥有丰富的产品或服务选择范围,并且希望获得能够满足兼具品质与个性的产品;另一方面,企业也逐渐关注到消费者的个性化需求,不断改变生产和经营模式,因此,以满足客户个性化需求服务的 C2B、C2F 以及 C2B2C 等模式不断出现。从企业的角度,这些商业模式的核心内容都是在于通过互联网等途径,了解消费者的个性化消费需求,从而提供个性化和定制化的产品。

二、新时代的企业管理方式变化

信息技术的发展催生了企业内部管理方式的更新与变革。技术的利用,包括信息系统的使用,促使企业的计划、组织、决策、领导、控制等发生巨大的变化。信息技术催生的新型管理方式如即时管理、柔性制造系统、敏捷制造、协同商务、ERP 系统等都是其体现。

(一)即时管理(Just In Time,JIT)

即时管理也叫即时制,是日本丰田公司在 20 世纪中叶开始实行的,综合了单件生产和批量生产的优点,是以恰当数量的物料,在正好需要的时间生产所需产品,追求最小库存的生产管理方式。

(二)柔性制造系统(Flexible Manufacturing System,FMS)

FMS 是由统一的信息控制系统、物料储运系统和一组数字控制加工设备组成,能适应加工对象变换的自动化机械制造系统。FMS 能够适应中小批量、多品种的柔性生产方式,并将手工操作量减少到最低,具有很高的自动化特征,是一种技术复杂、高度自动化的系统,解决了机械制造高自动化与高柔性化之间的矛盾。

(三)敏捷制造(Agile Manufacturing,AM)

美国的敏捷制造研究组织 Agility Forum 将敏捷制造定义为:能在不可预测的持续变化的竞争环境中使企业繁荣和成长,并具有面对由顾客需求的产品和服务驱动的市场作出迅速响应的能力。敏捷制造是在具有创新精神的组织和管理机构、先进制造技术(以信息技术和柔性智能技术为主导)、有技术有知识的管理人员三大类资源支柱下得以实施的,通过所建立的共同基础结构,对迅速改变的市场需求和市场进度作出快速响应。

(四)协同商务(Collaborative Business,CB)

协同商务的基本思想最早是由高德纳(Gartner)咨询公司在 1999 年提出的,它认为协同商务是将具有共同商业利益的合作伙伴整合起来的一种商业战略,主要是通过共享商业周期所有阶段的信息来实现。协同商务的目标是在满足不断增长的顾客需求的同时增强获利能

管理信息系统(第三版)

力。"协同"有两层含义：一是企业内部资源的合作共享，包括各部门之间的业务协同、不同的业务指标和目标之间的协同以及各种资源约束的协同；二是指企业内外资源的协同，也即整个供应链内和跨供应链的各种业务合作。

（五）ERP（Enterprise Resource Planning）系统

ERP系统是企业资源计划的简称，是指建立在信息技术基础上，集信息技术与先进管理思想于一身，以系统化的管理思想，为企业员工及决策层提供决策手段的管理平台。本书后续还会涉及，在此不再赘述。

三、新时代的管理与决策要求变化

面对商业环境的不断变化，企业的管理与决策也需要适应新的变化。新时代，企业要形成快速反应的能力、网络办公能力、智能决策能力和个性化服务能力，从而在新的商业环境中，增强风险抵抗能力，保持竞争优势。

（一）快速反应能力

方便面市场下滑的事实，相信普通人都有感受。统计数据显示，从2013年到2016年，我国方便面销量减少了80亿包左右，而同期国际市场方便面销量并无大幅度变化。然而，除了市场消费理念的转变，谁能想到在方便面销量急剧下滑的背后，对手不是竞品方便面而是败给了外卖电商！新时代，跨界竞争、新型商业模式不断涌现，企业面临的商业环境更加复杂多变，企业需要有快速反应能力，以应对环境的变化。

组织结构保障以及强大的信息系统支持，是企业快速反应能力的基础。企业应根据外界环境变化和内部实际情况，打造灵活、柔性的组织结构，形成学习型组织和创新型企业文化，适时转变管理理念与管理方式，不断适应新时代的变化。强大的信息系统，是企业高效运行的保障，支撑着企业实时的业务流程和交易需求；同时，信息系统有助于企业管理者及时发现生产运营中的数据变化，分析内外部环境，辅助管理者开展决策，提高科学决策效率。因此，企业快速反应能力的形成，需要组织结构的保障，更需要利用信息系统，打造快速反应能力。例如，企业利用信息系统，打造快速反应供应链，及时满足顾客的服务需求，运用商业智能技术，辅助商业决策，提高市场反应和科学决策能力。

（二）网络办公能力

网络信息时代，竞争更加激烈，企业对管理和决策信息的时效性要求更高，同时也对管理信息系统的实时处理功能提出新的要求，而满足实时处理的前提就是企业管理信息系统的网络化和移动化。管理信息系统的网络化，可以体现在信息系统软件架构从传统的客户端/服务器(C/S)模式转变为基于网络的浏览器/服务器(B/S)模式，B/S架构克服了信息系统对客户端硬件要求的依赖，并且可以通过网络实时处理业务流程。管理信息系统的移动化，是指信息系统的移动版本适配与开发，通过移动APP版本客户端，以及服务公众号、小程序等轻应用，共享业务数据，管理业务流程，实现随时随地办公的需求。

此外，基于云服务的SaaS(Software-as-a-Service，软件即服务)模式，很大程度上满足了中小企业信息化管理的需求，赢得众多中小企业的青睐。SaaS提供商为企业搭建信息化所需要的所有网络基础设施及软件、硬件运作平台，并负责所有前期的实施、后期的维护等一系列服务,企业无需购买软硬件即可通过互联网使用信息系统。然而,企业网络办公能力的形成,在实现信息系统的网络化与移动化基础之外,还需要对信息系统进行集成,整合营销管理、客户服务以及生产决策等业务流程,从而形成网络化、集成化和协同办公的能力。

(三)智能决策能力

在智能设备、移动互联网、云计算和大数据等技术的推动下,企业获取数据的方式日益丰富,数据开始赋能企业运营,从而进入一个创造数据、获取数据和运用数据的"数据时代",数据逐渐成为企业最重要的资产。例如,销售平台可以根据客户的浏览、点击和收藏等行为记录作出精准推送,以提高销量;制造企业通过分析生产流水线数据,对生产情况及时作出调整以提高生产效率,家居公司通过分析客户的生活习惯数据,创造"智慧家庭",提高服务质量……种种数据应用场景,展示出数据被有效挖掘、整合后可能产生巨大的价值,而这种数据价值的背后,是企业智能决策系统的支持。

企业的智能决策能力需要借助于商业智能与大数据分析等技术。商业智能(BI)技术,是指利用数据仓库技术、线上分析处理技术、数据挖掘和数据展现等技术,对企业的历史业务数据进行分析和展示,并在报告、摘要、仪表板、图表和地图中提供分析结果,为企业提供关于业务状态的详细情报。商业智能技术主要面向历史业务数据和结构化数据,大数据分析技术则是企业对互联网的海量动态结构化和非结构化数据进行收集、存储、清洗和分析,从而对复杂业务问题作出自动识别、判断并进行推理,提供前瞻和实时决策。因此,智能决策能力是新时代企业管理与决策最重要的能力。

(四)个性化服务能力

面对消费者越来越高的个性化需求,企业需要利用网络信息系统和智能决策技术,"被动"和"主动"地不断提升个性化服务能力。一方面,通过消费者调研、网络系统以及客户关系管理系统等途径,获取消费者反馈,了解当前客户群体的核心诉求,从而提升客户个性化服务能力;另一方面,利用商业大数据分析技术,对消费者行为数据进行分析,主动发现消费者潜在需求,从而实施精准化和个性化服务。例如,运用大数据技术开展用户画像分析,从而为企业提供精准化营销决策支持,或进一步利用网络信息系统开展个性化推荐,从而提升企业销售业绩。

【拓展阅读】 企业信息资源管理者——CIO

对信息资源的管理涉及人员、方法等诸多问题。对于信息资源管理者,人们比较多地把企业信息资源管理领导者描述为一名企业主管(经理),他位于企业的核心,负责有效地管理企业的信息系统和记录。理想的信息资源管理者是具有信息意识、懂得行政管理、精通技术和预算的多面手,并且要在规划、协调和组织业务方面有着一定经验。

首席信息官(CIO)是指负责制定公司信息政策、标准,并对全公司的信息资源进行管理和控制的高级行政管理人员。随着时代的进步和公司作用的发展,信息主管的地位、职责和作用也在逐步加强。现代CIO在公司中的职责主要有以下四项:
(1) 作为高层管理者,CIO运用信息优势,有效参与公司的重大决策,帮助公司制定

管理信息系统(第三版)

发展战略;(2) 作为统管全公司信息资源或信息资产的最高负责人,有效地管理和开发利用这些信息资源,使这些资源和公司的目标、计划相衔接;(3) 作为分管信息技术部门和信息服务部门的最高负责人,正确规划公司信息化和信息基础建设策略,同时负责信息费用的预算,以及信息资产资本化;(4) 作为资源管理专家,指导公司中高级管理人员更有效地利用信息资源,为各部门信息管理人员提供咨询服务。

第二章　组织与信息系统

第 10 讲　信息时代的组织

　　21世纪,新的信息技术和网络环境改变了社会经济的运行模式和企业组织的生产管理模式。值得注意的是,全球范围内发生了三大巨变——全球经济联系日益密切、信息和知识服务成为经济发展关键、竞争环境的改变导致企业重大变革,这三大巨变改变了企业经营环境。面对这三大挑战,管理过程不再仅仅是面对面的个人艺术,而是要在全球范围内协调整个组织的运行。目前大多数组织的生存和发展已经离不开信息系统的支持,信息系统将会成为未来信息社会中组织生存的必备工具。为此,管理人员必须了解信息系统与组织间的相互作用,掌握组织发展与信息系统实施之间的联系,让组织适应时代变化,让新技术赋能组织。

一、组织的定义与特征

　　组织的技术性定义认为,组织(organization)是一种正式而稳定的结构形态,它从周围的环境中获取资源,如资金、劳动力等,经过处理生产产品或服务,输出到环境中,经过消费者消费后又成为组织的输入。行为学派关于组织的概念是这样描述的:在组织中工作的人们建立了习惯性的工作方式;人们依附于现有的关系;人们同下属和上司商定和安排工作方式、工作量、工作条件,这些安排和感受在正式书面规定中大多数是找不到的。根据行为学派的相关描述,可以认为组织是权力、特权、义务和责任的集合,是通过冲突和冲突的解决而在一段时期形成的微妙的平衡状态。

　　组织的技术性定义给了我们重要的启示,引进新技术会改变输入与输出之间的结合方式或处理过程。通过资本和劳力之间的简单互换,企业是永远可塑的,新技术可以不受限制地得到应用。但若单纯按照技术性定义理解组织,则在信息系统应用的设计中就会遗漏适合组织的信息系统所必需的重要因素,如组织文化和组织权力。

　　行为学派的组织定义认为,建立新信息系统或改建旧系统绝不是对机器或人工的技术性再安排。技术变化需要在信息的所有权和控制权、谁有权使用和修改信息、谁作决策等方面作出改变。例如,加拿大的泛加拿大(Pan Canadian)石油公司中,地质专家和工程师得到了组织体制赋予其在野外决定钻井位置的决策权后,他们才可以在勘探现场利用公司信息系统提供的信息进行钻井选址,而以前选址是由公司总部决策的。

　　组织的技术性定义和行为学定义是互相补充的。技术性定义告诉我们竞争的市场中众多公司是如何将资本、劳力以及信息技术结合在一起的,而行为学模型让我们深入到个别的公司中去,审视特定的公司实际上是如何使用资本和劳力去提供产品的。

　　任何组织都有标准化的运作程序、自身的政治和文化等共同特征。这些组织特征是影响组织与信息技术之间关系的中介因素,各组织在标准化运作程序、组织政治与组织文化上具有共同特征。除此之外,不同的组织也有不同的类型、结构、目标、人员、领导风格、服务对象及环境,这些构成了某组织区别于其他组织的个体特征。

二、信息系统与组织的相互作用

　　信息系统和组织之间的相互关系非常复杂,受许多中间因素的影响,包括组织的结构、标

管理信息系统(第三版)

准操作程序、政策、文化、周围环境和管理决策。管理者必须清楚的是,信息系统可以显著地改变组织的生命,不了解组织,就不可能成功地设计新的系统或者理解现存系统,而信息系统也必须符合组织要求,为组织中重要的群体提供所需信息。

具体从两个方面来分析二者之间的互动关系:一方面,组织及其管理模式影响着信息技术和信息系统的应用,组织重组、人员调整、业务转型、协调关系和机制变化等无疑将对系统结构和系统功能等诸多方面产生影响;另一方面,信息系统的应用带来了组织结构和行为上的变化,使得组织的金字塔结构趋于扁平,促使领导职能和管理职能发生转变,并改变员工完成日常工作的基本手段,形成更高程度的流程化和规范化,同时信息系统带来劳动生产率的提高,这也会导致组织中人力资源结构的变化和调整。

三、组织对信息系统的影响

(一)组织对信息系统采纳的影响

组织的经济类型、规模、现有信息系统基础设施、组织环境等对组织信息系统采纳会有不同程度的影响。信息系统的引入过程是一个技术与组织项目互相调整的变革过程,在研究信息系统引入和采纳时,应将组织以及环境的考察作为重点因素。

一般来说,政府部门比非政府部门更倾向于采纳信息技术;大规模企业比小规模企业更倾向于采纳信息技术;组织跨越的地域范围越大,越倾向于采纳信息技术。另外,组织高层人员的态度对于信息系统的采纳也有重要影响。不同类型的领导对信息和信息系统的需求、控制和使用是不一样的。相对集权的领导,民主的领导更希望信息和信息系统能支持下级的决策,愿意使数据和计算能力贴近下属单位。

(二)组织采用信息系统动因的影响

对于多数组织来说,信息系统已不仅是提高效率和增加效益的工具,而且是获取竞争优势的战略武器。组织应用信息系统并不是单方面的原因,改善决策、提高客户期望值、响应环境变化、进行组织创新、控制人事和费用等都可能影响信息系统的选择、开发和运行。

(三)组织结构影响信息系统的设计

不同组织结构对信息技术和信息系统的要求不同。从管理幅度角度来说,幅度较窄、层次较多的组织更依赖于正式的管理控制,更多地要求正式的信息。从分权角度来说,具有严格层次关系、高度规范程序化、正式沟通渠道和集权决策特点的组织宜采用集中式管理,如集中式主机、集中式数据库和刚性数据库等。

信息系统的建立往往使组织采用新的工作方式,现存的组织结构对信息系统的采用成功与否会产生直接影响,而且IT的使用往往改变着组织的结构。例如虚拟企业的出现,使企业间的界限变得愈加模糊。

四、信息系统对组织的影响

(一)信息系统影响传统组织结构

对于简单直线结构而言,信息技术在一定程度上有助于消除信息淤积现象,避免由于组织的扩大所带来的决策延滞问题。

对于常见的直线职能结构而言，信息技术扩大了控制跨度。在信息技术条件下，由于通信、监控、分析手段的加强，这一控制跨度可以得到显著的扩大。跨度的扩大可以相应地减少管理层级，使得组织结构趋于扁平化。

对于事业部结构，信息系统和信息技术有助于消除总部与事业部之间的信息不对称，使得总部可以更加及时、全面地获取事业部的运营信息，并进行深入的分析，从而使战略决策更具合理性。同时，事业部之间的横向沟通与联系也可以得到加强，从而有可能提高事业部的协同性。此外，在信息技术的支持下，总部有可能将一些职能性分工从事业部中抽取出来，合并到总部，向着矩阵式的结构转换，从而在一定程度上消除机构重叠的问题。

在信息技术条件下，矩阵式结构变得更具可行性，因为电子化、系统化的沟通和控制手段有助于克服由于双重监督而带来的混乱情况，项目经理和职能经理之间可以实现更为有效的沟通，从而更大限度地发挥职能部门化和产品部门化两种形式的优势互补。目前，在信息系统应用较为深入的组织如软件企业和管理咨询企业中，矩阵式结构的应用比较广泛且成熟。

(二) 信息系统影响新型组织结构

从 20 世纪 80 年代开始，在信息技术的支持下，一些组织设计并应用了一些新型的组织结构以增强组织的竞争力，其中最重要的包括团队结构、虚拟组织和无边界组织。

无边界组织(boundaryless organization)是通用电气公司总裁杰克·韦尔奇(Jack Welch)提出的概念，用来描述他理想中的通用电气公司的形象。无边界组织的核心思想是尽可能消除组织内部垂直的边界和水平界限，减少命令链，对控制跨度不加限制，取消各种职能部门，代之以授权的团队。在理想状况下，这种组织主要通过互助协调机制来实现运作，就像赛场上的足球队一样，整体战略的执行依靠员工之间的互助协调（而不是层级指挥）来实现。计算机网络是无边界组织得以正常运行的基础。在新技术的支持下，人们能够超越组织的界限进行交流。例如电子邮件使得成百上千的员工可以同时分享信息，并使公司的普通员工可以直线与高层主管交流。团队结构(team structure)和虚拟组织(virtual organization)的有关内容后文也会有所涉及。

(三) 增加企业业务再造的成功率

由于企业外部环境众多因素在快速变化，企业若要能够适应其动态变化，就必须考虑工作方式及管理过程等方面的彻底重新设计，其中最重要的就是对组织结构的重新设计，也就是现在比较熟知的企业业务流程再造(Business Process Reengineering, BPR)的概念。信息系统除了对企业管理效率的提高和成本的降低具有显著作用外，还有更深层次的促进企业运作方式和管理过程变革等作用。信息系统的实施对 BPR 起到了关键作用，它是 BPR 的技术基础，也是 BPR 成功的保证。信息系统的建设与 BPR 是同步交错的，信息系统可以明显地提高 BPR 的成功率。

(四) 促进新型专业人才的培养

信息系统建设是一个系统工程，信息系统应用以及工作流程、企业结构的变化使企业对新型员工的需求越来越大，它需要信息人员不仅懂得计算机知识，同时也应该具备管理、数学等知识。因此，企业必须培养或吸收技术支持人员、应用操作人员和新型的各级管理人员，以消化、吸收、处理信息知识,参与新型管理,适应管理信息系统带给企业的一系列变化。

【拓展阅读】 组织的变革管理与海尔的组织变革

组织的变革管理是信息时代组织经常面临的挑战,是变革领袖领导变革团队迎接挑战的举措。变革领袖是能够领导变革团队实现技术变革、业务流程变革、工作内容和组织结构变革的负责人,其中变革团队由企业员工和企业风险共担者组成。变革领袖还应该能够向大家宣传变革的益处,能够领导企业实施新的全面培训计划。有很多变革管理模型设计了衡量员工业绩的方法,通过物质激励员工及风险承担者在变革工作中进行必要的协作。或者通过建立互联网、内部网和外联网的讨论组,为员工和企业利益相关者构建兴趣社区,鼓励在组织内形成新的电子化企业文化,这种兴趣社区可以使企业的利益相关者参与到变革中来,而且更易于接受由于实施新的信息系统而引发的企业变革。图 1 是一个变革管理模型。

图 1 变革管理模型

海尔诞生于 1984 年,作为老牌的知名中国家电制造商,位于全球家电制造商前列。三十多年来,随着时代与技术的变迁,海尔的企业组织结构也历经数次转型,且最终转型成效较为成功。2007年，海尔集团宣布转型为服务型企业，此后提出以自主经营体为载体的"人单合一"模式，即每个员工都直接面对用户、创造用户价值，不再受岗位层级的束缚。2012年起，随着信息化步伐加快，海尔提出了新的口号："企业平台化、员工创客化、用户个性化"，形成了信息时代下新的平台组织形式，至2017年已基本趋向成熟。

目前海尔拥有"平台＋小微企业"的独特组织结构。以海尔平台为基础，一个个小微企业结合成利益共同体，拥有独立的会计责任、企业决策权与雇佣权，满足客户的定制化需求与全流程体验，海尔集团则负责提供平台，为小微企业提供大量曝光度、客户群以及各种支持性资源。海尔不再是传统的层级分明的结构，而是以用户需求为核心，建立了一个无层级的多方共赢生态圈。

第11讲　信息系统促进组织扁平化敏捷化

组织扁平化趋势是指组织充分利用信息技术的发展，通过减少管理层、增大管理幅度，实现组织结构从金字塔形向圆筒形的转变。扁平化组织（horizontal organization）是让员工打破现有的部门界限，绕过原来的中间管理层次，直接面对顾客，并向公司总体目标负责，从而以群体和协作优势赢得市场主导地位的组织。

一、扁平化组织的概念与特征

顾名思义，扁平化组织的组织结构形式是扁而平的，与之相对应的是金字塔式组织结构，这两类组织结构可以通过组织的管理幅度和管理层次来区分。管理幅度是指组织内管理者直接领导下级人员的数量；管理层次是指组织纵向划分的管理层级数目。因此，对于一个人员固定的组织而言，管理幅度和管理层次成反比，管理幅度越大，管理层次越小，反之亦然。

扁平化组织呈现管理幅度大，管理层次小的组织结构，一个管理者可以管理多位下属，纵向的组织层次较少。由于不同的组织规模和结构定义不尽相同，因此没有明确的定义规定扁平化组织的管理幅度和层次具体值。扁平化组织结构的特征主要表现在以下几个方面。

（1）竞争与效率。在组织结构上每一个层次必须巩固和提高自己现有的竞争能力，这是因为组织结构上层次的减少，意味着每一个分支更加具备独立性，具备操作性，只有不断地提高自己的竞争能力，才可能使工作效率进一步提高。

（2）经济与合理。增加或减少层次，都要经过反复考察规划，每设置一个层次都要具有合理性，都是为企业的最终目标服务的；同时也要考虑组织的经济性，在降低成本的基础上获取最大收益。

（3）层次简单和幅度适当。权力的层级划分应尽可能少一些，即从最高决策者到基层执行者中间应尽可能减少环节，每一层级的管理幅度要控制得当，使其与组织体系的性质、规模，尤其是管理者的能力相适应。

（4）信息畅达。必须保证上下左右之间、体系内外之间的信息畅通,这是保证组织体系正常、高效运行的基本条件。同时扁平化组织形式为成员的工作提供了最大限度的自由,鼓舞士气并提高效率,为顾客提供更好的服务。当然,信息技术和电子技术发展又为这种扁平化的组织结构提供了物质保证,使信息的上传下达更加通畅。

二、扁平化组织的模式类型

（一）矩阵式结构

矩阵式结构由二维组成,一维是直线组织,另一维是任务,这个任务可以是产品或者项目,其组织结构如图 1 所示。矩阵式结构实现了多元化的领导,一些上下级之间的直接领导关系变成了指导关系;而同级之间由过去的统一领导下的配合关系变成了相互协调关系。多元化的领导必然意味着权力的下放、决策的下放,这样下级才能主动地工作。随着信息技术的发展,管理的幅度可以扩大,过去一个领导者所能直接领导的下属数量是 7 至 8 个,否则很难深入领导,现在幅度可以扩大到 30 个左右,因而组织呈现了扁平化的趋势。

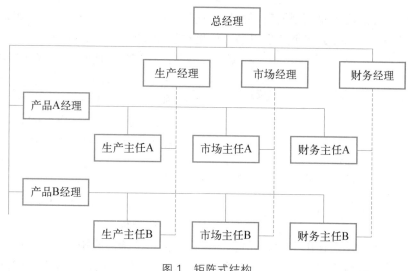

图 1 矩阵式结构

事业部制结构是矩阵式组织在更大范围即大公司范围的实现。其组织结构如图 2 所示。事业部制结构一般是按产品来划分的,如某大型通信设备公司分为程控交换机部、无线寻呼台部等。事业部有较大的自主权,自己下设市场部、生产部等,但下设各事业部不是完全独立于公司,主要表现在两方面:一是部分事务由公司统一管理,如有的大公司实行后勤的统一支持,有的实行财务系统的统一处理,当然信息基础的统一更是其特点;二是它有为整个公司服务或工作的义务。如交换机事业部有为全公司作通信规划和指导实现的义务,有为全公司通信设备提供维修服务的

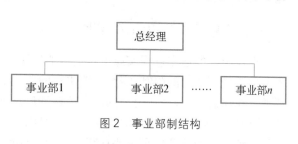

图 2 事业部制结构

义务。但它在发展自身产品方面有绝对的决策权,当然它又不能重复生产别的事业部的产品。

（二）团队组织结构

团队组织是一种为了某一目标而由相互协作的个体所组成的正式群体。团队型组织中以自我管理团队（self-managed team）为基本的构成单位。自我管理团队是以响应特定的顾客需求为目的，掌握必要的资源和能力，在组织平台的支持下，实施自主管理的单元。一个个战略单位经过自由组合，挑选自己的成员、领导，确定其操作系统和工具，并利用信息技术来制定它们认为最好的工作方法。

为满足顾客需求，有效减少成本、降低风险、缩短开发时间，自我管理团队必须大量依赖与其他团队或外部组织广泛的横向合作；自我管理团队能够独立完成价值增值的一个或多个环节，更为其在组织内部或组织间与其他团队实现多方合作奠定了基础。在市场需求驱动的新型组织中，自我管理团队是其基本构成单位，这种组织的形态必将是扁平的。在小公司中，团队结构可以作为企业组织结构的形式，但对于大企业来说，团队结构主要是作为职能结构的补充，以提高企业的灵活性和员工的工作效率。

（三）网状组织

无论是矩阵式结构或职能制结构，对组织顶层来说均是只有一个"头"的组织，"多头"只表现在中间层，如多个事业部、多个项目组等。如果在组织中引入外部的"头"，组织就发展成为含有"多头"的结构。网状组织就是以某一个核心组织为主体，通过一定的目标，利用一定的手段，把一些相关的组织联结起来，形成一个合作性的企业组织群体。在这个组织群体中，每个组织都是独立的，通过长期契约和信任，与核心组织联结在一起，其结构如图3所示。

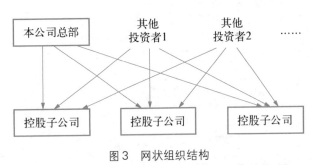

图3　网状组织结构

不同结构的组织在信息系统应用上存在着很大的区别。金字塔形结构组织往往会在信息系统应用上作出全面的规划，逐步进行信息系统的应用，但一般在财务、会计、计划和行政管理等方面应用得比较多。事业部制组织的各个分部通常生存在不同环境下，这使得此类组织中信息系统应用比较复杂，一方面必须支持中心总部的财务计划和报表生成，另一方面又必须能支持各分部的运行。网状结构的组织中，多根据项目的需要采用一些非常先进、功能很强的信息系统。

三、信息系统与组织扁平化

企业组织的运作过程实质上是信息的传递、处理过程。在工业经济时代，由于信息传递技术及信息处理能力的限制，需要设置更多的职能部门及管理层次传递信息，并分担信息的处理任务。在信息时代，企业组织的信息传递和信息处理能力大大提高，其结构呈现出扁平化的特征，管理层次比等级制组织要少得多。这是因为在等级制组织内，有关竞争者、顾客和业务运作的详细信息即业务信息主要存在于组织的底层，即"活动发生的地方"。底层管理者和员工了解他们的那部分具体业务的动态特征，他们在决策中总是更多考虑这些业务信息，并在此基础上制定局部最优的决策。相反，有关整体战略方向和前景的信息以及企业整体的动态特性即企业的战略信息,主要存在于组织的顶层。因此,高层制定的决策虽然考虑整体的动机和战略方向,但可能由于对经营业务了解不够深入而使决策出现偏差。业务信息与战略信息在企业组织各层级的分布状况如图4所示。

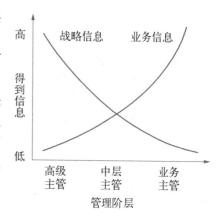

图4 信息在组织各层级的分布状况

为此,在传统的等级制组织里,为了能够充分地使决策者获取两方面的信息,根据信息均衡原理,许多大企业将决策制定和管理职责授权给中层管理者,他们所处的位置使他们既能得到具体业务信息,又能获得整体的战略信息(见图5)。由此可见,在工业经济时代的等级制中,从有利于企业作出正确决策的角度来看,大量的中层管理者有其存在的必要性。另外,在工业经济时代的等级制企业组织中,随着企业规模的扩张,由于信息传递技术的限制,每个管理者的管理幅度受到限制,这样就不得不设置相应的主要用于传递上下各层信息的中间层级。但是,这样一种组织安排本质上是存在缺陷的。因为这样一来,来自组织高层和底层的关键信息可能会丢失或失真。而且,通过中级管理层来交换信息所浪费的时间严重影响了企业运作的速度。在信息经济时代,网络信息技术使得信息传递具有全通道的特性,在信息化后的企业,信息传递的阻碍已经不存在。因此,无论是企业的业务信息还是战略信息都可以很迅速地传递到需要者的手中,这意味着所有的决策者,不管他们处在哪个组织层次,都能得到有利于作出灵敏、及时决策的信息,信息化后企业各层级组织获取信息及处理信息的能力大大提高。

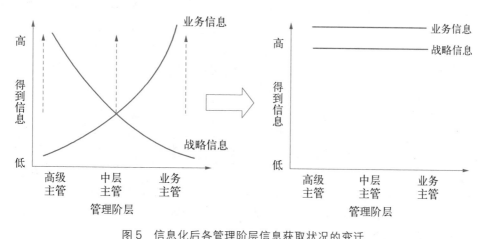

图5 信息化后各管理阶层信息获取状况的变迁

网络信息技术的发展,使企业组织结构扁平化成为可能。因此,企业实施组织结构扁平化的关键就是进行企业的信息化建设,构建企业内部及企业内部与外部相连接的网络信息系统,实现信息的集成与共享。

如此一来,组织决策的权力就可以有两种安排:一种是直接由高层决策,从而降低由授权所带来的代理费用;另一种是由"活动发生的地方"即组织底层直接进行决策,从而降低信息成本。这两种安排都能使企业内部的交易费用降低。由此可见,在信息时代,从决策权力的分配角度即信息处理的角度来看,信息技术应用的结果将使企业组织的中层显得多余。另一方面,由于企业计算机技术及互联网技术的应用,使企业内外的信息传递更加方便、直接,大量原有组织内采取分析、评价和传递上下各层次信息的中间组织可以删除。可见,由于信息技术的特性,使企业组织信息传递和信息处理的能力大大加强,使企业组织内大量中间组织(如信息传递、中继、监督等)的职能萎缩甚至消亡,这样就减少了管理层次,使组织扁平化成为可能。当然,信息技术仅仅为企业组织扁平化提供了技术保证,企业要真正实现扁平化,还必须"因地制宜"设计相应的企业组织制度。

【拓展阅读】 HN石油分公司信息系统助力组织扁平化改革

HN石油分公司现有组织结构主要有"省公司-市分公司-县分公司-加油(气)站"四个管理层级,公司根据职能工作设有19个部门,下属19个市级分公司。市级分公司组织结构对应省公司设立零售部、人力资源科、综合办公室、发展规划科、财务科、安全数质量科、政工科、综合业务部等部门。目前HN石油分公司组织结构存在以下几个问题:一是组织结构是典型的科层制,管理层级多,管理链条长,工作职责存在一定的交叉和重叠;二是权力集中,由省公司制定各项政策方针,层层传递至基层加油站;三是各层级设立了较多的机关部门及人员,内部存在较强的官僚主义。针对此情况,HN石油分公司对其组织结构进行了变革,使其朝扁平化方向发展。

1. 营销管理扁平化

将非油品、零售中心、商业客户的营销职能全部进行梳理,合并成立营销中心,实施一体化营销管理。利用整合营销信息平台,将原有分散管理的微信营销、APP营销等人员全部整合进入新营销中心,同时强化互联网专业人才的补充,重点整理原有现金客户、持卡客户、微信客户、APP客户,统一梳理建立以APP平台为主,微信、支付宝为辅,后台数据库一体化的客户营销平台,打通线上、线下商品销售障碍,实施整合营销。

2. 仓储物流管理扁平化

在原有电子铅封、二次物流等系统的基础上,在油库、加油站建设物联网化的油品数量监控设备,深化日常油品一次和二次配送大数据分析,建立由省公司统一控制的一体化配送平台。同时接入第三方物流平台,直接通过液位仪系统分析配送到单个油站的油罐,全面减少原有计量、入库、出库等人工,大幅节约物资运转成本,在物流仓储环节直接实现"省公司-加油站"的二级结构,实行直配到站,为企业经营建立高效的物流生命线。

3. 建立人力资源共享中心

建立人力资源共享中心,为企业和员工提供统一、专业和标准化的人力资源共享服务,执行职能类工作,如薪酬发放、员工招聘、人事档案管理、员工社保、劳动合同等。建设人力资源共享中心将提高对员工的服务效率,降低服务成本,减少违规操作,提高服务质量,改善用户体验,促进管理更加合规;同时也减少了基层人员原有较多的人力资源职能工作,减轻工作负担,促进企业人力资源管理组织结构持续优化。

4. 改革财务管理体系

HN 石油分公司财务管理体系随着企业的发展经历了一系列的变革,伴随企业市县一体化—省市专业化—集团集中管理这一改革进程,先后结合财务管理系统—浪潮财务管理系统—ERP 系统等信息化系统的应用,管理更加专业和高效。随着企业扁平化变革的实施,需要进一步统筹优化配置全公司财务资源,建立高效统一的财务系统,建立财务共享中心,将日常费用报销和营业款收缴全部外包。

5. 改革物资管理体系

对企业物资业务运作模式优化,基于企业自建的易派客在线交易平台、电子商务系统、合同管理系统、资产管理系统等,构建包括物资采购计划、招标、合同、验货售后、质量监督、供应商关系、资金管理等业务的管理体系,借助标准化、专业化、信息化等技术手段,统一业务标准和规范,大幅提升集中采购效率与效益。同时对采购资产、物资进行电子化一体化管理,采用二维码技术自动识别,大幅节约采购、库存、维护成本。

从 HN 石油分公司组织结构扁平化改革来看,企业组织扁平化发展离不开信息系统与信息技术的支持。营销系统、仓储物流管理系统、人力资源管理系统、财务管理系统以及物资管理系统这些内部及企业内部与外部相连接的网络信息系统的构建,使信息实现了集成与共享,信息传递与处理能力得到了极大提高,无论是企业的业务信息还是战略信息都可以很迅速地传递到需要者的手中。于是,大量原有组织内采取分析、评价和传递上下各层次信息的中间组织便可以裁撤,这样一来,管理层次逐渐减少,使组织扁平化成为可能。

资料来源: 李洋《"互联网＋"背景下的国有石油公司组织结构扁平化变革研究》

第 12 讲 BPI、BPR 与管理信息系统

业务流程再造(Business Process Reengineering,BPR)又被称为业务流程重组,是 20 世纪 90 年代初由美国学者迈克尔·哈默(Michael Hammer)和詹姆斯·钱皮(James Champy)等提出的一种观念。BPR 是对企业的经营过程作根本性的重新思考和彻底翻新,以便使企业在成本、质量、服务、速度等表征企业业绩的重大特征上获得显著改善,并强调充分利用信息技术使企业业绩取得提高。简而言之,就是对企业的业务流程进行根本性的再思考和再设计,以提升企业经营业绩。但是从根本上考虑和彻底重新设计企业的流程,将彻底改变企业多年来的工作习惯,结果导致很多失败案例,所以,很多学者认为 BPR 过于激进。因此,一些企业在实施业务流程变革过程中,不是对现有流程进行全新设计,而是对现有流程进行柔和的、循序渐进式的改进,使之符合变革目标的需要,这就是常被提及的业务流程优化(Business Process Improvement,BPI)的思想。

一、业务流程优化

业务流程优化的目的是以企业现有业务流程的问题为指向,对现有流程进行调研、分析、

管理信息系统(第三版)

梳理、完善和改进,利用 IT 和其他配套支持手段,在满足业务和管理需要的前提下,打破部门之间的壁垒,按照最简单、最直接的方式运作企业业务流程,提升企业敏捷性及适应环境变化的能力,尽可能减少无效或不增值的活动,减少等待时间、协调工作量和重复工作等。例如,审批类流程要考虑审批的分级分类,重在审批规则、审批要素、预算控制和授权体系,减少审批层级和时间等等。其主要步骤如下。

（1）组建领导小组。业务流程优化是一项系统而复杂的工作,在进行业务流程优化前,应该成立由企业高层、中层、业务骨干、咨询顾问组成的流程优化小组,对流程优化工作进行分工,确定流程优化的实施计划。咨询顾问应对流程优化小组成员进行流程管理专业知识培训,确保小组成员掌握流程梳理、流程分析、流程设计、流程图绘制、流程说明文件编制和流程实施等专业知识和技能。

（2）流程调研。流程优化小组应首先对企业现有业务流程进行系统、全面的调研,分析现有流程存在的问题,确定流程优化后要达到的目标。

（3）流程梳理。对现有的业务流程调研后应进行流程梳理。流程梳理往往有着庞大的工作量,其成果一般包括一系列的流程文档,包括业务流程图、流程说明文件等。流程梳理工作本身的价值在于对企业现有流程的全面理解以及实现业务操作的可视化和标准化,同时,应明确现有业务流程的运作效率和效果,找出这些流程存在的问题,从而为后续的流程优化工作奠定基础。

（4）流程分析。在对现有流程梳理后应进行分析,清晰原有流程的关键节点和执行过程,找出原有流程的问题所在,并考察优化过程中可能涉及的部门。同时,应征求流程涉及的各岗位员工意见,说明原流程有哪些弊端,新流程应如何设计使之具有可操作性。

（5）设计新的流程。经过流程分析后,根据设定的目标以及流程优化原则,改善原有流程或者重新设计新的流程,简化或合并非值流程,减少或剔除重复、不必要流程,构建新的流程模型。

（6）评价新的流程。根据设定的目标与企业的现实条件,对优化设计后的新流程进行评估,主要是针对新流程开展使用效率和最终效果的评估。

（7）流程实施与持续改进。业务流程经过使用效率和最终效果评估后,应该进行流程的运行实施,在实施业务流程的过程中,进行总结完善、持续改进。所以,流程优化是一个动态循环的过程。

二、业务流程再造

企业业务流程一旦形成,就成为组织的一个部分,因而通常企业业务流程具有稳定性。但进入信息时代后,管理信息化却迫使企业主动对自己的业务流程进行变革。而今,组织变革成为一种急剧、持续的企业行为。在今天,很多企业已经非常熟悉"创造性破坏"这些管理术语。创造性破坏对于企业的业务流程来讲,就是企业业务流程重构、再造或重组。如果在信息系统建立时对业务过程进行再造,那么企业将会从信息技术投资中获得很大的潜在效益。其主要步骤如下。

（1）确定基本方向。确定业务流程再造的总目标、总方向、总思路。这需要明确企业的战略目标,将目标分解,确定业务流程再造的基本方针,并进行初步的可行性分析。

（2）启动再造工作。先建立工作队伍,再确认具体目标。一般而言,有五种角色直接从事业务流程再造的工作:领导者、工程总监、项目主任、团队成员、指导委员会成员。队伍组织就绪后,就应该确认具体目标,以便将来能评价再造工程项目的成效,使再造后新过程的绩效能够度量,并且能够与将来的过程进行对比。再造过程的效果可以从时间、成本、差错三个方面来度量。

（3）选择有待再造的流程。这一步要决定新系统和企业流程在哪里才能产生最大的战略影响力,了解企业哪部分的流程需要改进是公司最重要的战略决策之一。当系统被用于加强错误的企业模式或者企业流程,就会花去企业一笔可观的开销和时间,但是公司的绩效和收入几乎没有提升。选择需要再设计的流程时,一般从三个方面考虑:一是迫切性,即哪些流程遇到了最大的困难;二是重要性,即哪些流程对客户的影响最大;三是可行性,即哪些流程可以成功地进行再设计。

(4) 对需要重新设计的流程进行诊断。可以采取与流程中的工作人员交谈的方式来了解情况,了解信息是怎么流通和连接的,采用一些可视化工具来描述流程,以此来评价现有过程,发现潜在的病症。而对于潜在病症的发现,要着眼于是否有重复、无用、形式与格式上不一致的相互矛盾的处理过程或者重复多余的上下不一致的报表文件,不合理的规章制度等。一种有效的方法是对全过程的活动逐项考察,看它在成本、时间上逐步增加多少,有无瓶颈式的阻塞延迟,在它上面使用的人力资源情况,并把情况制成图表,然后进行分析评判。这种记录还可以保存下来,用于与再造后的流程对比。同时,还应该注意问题是存在于某个流程之内还是在流程之间的关系上。由于企业的各种流程实际上都存在相互制约、相互影响的关系,所以应该特别注意相互之间的作用与匹配,使它们彼此协调,保证管理流程与经营流程之间相互协同。

(5) 进行再设计。由于上一步已经发现许多可以改造、置换或改进的地方,任务组成员要打破过去对组织机构和工作过程的传统理解,通过广泛的讨论,集思广益,构想出一些新的思路,使流程在生产率、质量、成本、时间诸方面均有很大改进。

(6) 进行再造的构筑工作。这一步包括业务流程的变更、信息技术设施的建设。由于流程再造影响到组织的改组工作,要注意实现从现有组织到新建组织的平稳过渡,可能涉及人员的精简、调动,留用人员也会有职权的改变。在这种情况下,需要对人员进行业务以及信息技术方面的培训。

(7) 对新建流程进行检测。验证原定目标的各项指标方面是否真的有所改进,有没有达到预定水平。

三、BPI 与 BPR 的区别与联系

(一) 两者的联系

作为流程变革的两种方式,BPI 与 BPR 有着许多共同特性,包括:(1) 建立面向客户的流程,强化和提升与客户满意度有关的业务流程,剔除对客户无价值的流程,以更低的成本、更快的速度提交让客户满意的产品和服务;(2) 强调流程变革应以适应企业发展为目标,提高业务运行效率,降低运行成本和经营风险,二者都强调使用质量、成本、灵活性、满意度等指标来进行评价;(3) 强调系统分析和团队合作;(4) 在业务流程改造过程中,均需要考虑变革后的业务流程对企业文化的影响。

(二) 二者的区别

二者的区别主要包括:(1) 范围不同。BPI 强调是在部门内部、小范围的变革。而 BPR 强调跨职能部门的流程再造,是一种大范围、涉及面广的变革。(2) 变革的程度不同。BPI 强调一种渐进性、逐步的变革方式,BPR 强调一种革命性、跳跃性的变革方式。(3) 变革的性质不同。BPI 强调在原有的基础上进行改进,BPR 强调彻底的、围绕目标进行重新设计的变革。(4) 管理者的角色不同。BPI 强调一种自下而上的参与方式,领导者在整个变革过程中注重

参与,BPR强调在变革中发挥领导者的作用,通过组织高层自上而下进行推动。(5)风险不同。BPI风险相对来说比较低,而BPR的风险比较高。(6)变革的对象不同。BPI变革的对象是尚未对企业发展构成严重阻碍的一般流程;而对于那些已经形成企业发展"瓶颈"的业务流程,BPI——在原有基础上进行修改已经不可能解决问题,此时就需要使用BPR。

四、BPI、BPR与管理信息系统的关系

业务流程重组作为一种现代管理思想,在企业管理中具有重要意义,是信息化建设的基础和前提,同时它的实现也往往离不开管理信息系统的支持与推动,只有二者恰当充分地结合才能让企业有效地完成改革与优化。

一方面,管理信息系统的实施,必须以业务流程改造或优化为基础。管理信息系统是企业实现信息化管理的系统工程。早期企业的信息化进程中,大部分为人工经验型管理。如果不能够首先对这些不合理的流程进行改造、优化,而仅仅是在原来的基础上用计算机代替已有的手工操作,将信息技术应用在陈旧、现有的管理流程上,仅靠信息技术并不能提升非增值作业的价值,只会用电子方式去重复过去无效的流程,信息一致性与共享机制也难以形成,达不到企业信息化想要的效果。

另一方面,业务流程重组或优化的成果必须用信息化流程给予固化。虽然实施BPR/BPI可以理顺业务流程,但由于BPR/BPI需要大量的信息交换,在缺少信息技术支持的情况下,BPR/BPI的成果难以实现,并且即使实现了也很难维持,最终必然会影响BPR/BPI的效果甚至导致项目的失败。业务流程优化提出的解决方案是与信息化特点紧密结合的,没有信息化系统的支持,实现新的业务流程几乎是不可能的。

【拓展阅读】 福特公司的应付款系统

福特公司的应付款系统有多达500人,原因在于涉及的部门太多。采购部门首先给卖方开出一张采购订货单,送一副本给财务部门。当供应商运来货物时,收货部门首先完成一份收货文件并送给财务部门,应付账款部门收到供应商的发票后,将发票与采购部门的订单副本和收货文件核对。如果三份文件不一致,将有更多的人介入这一流程,如图1。

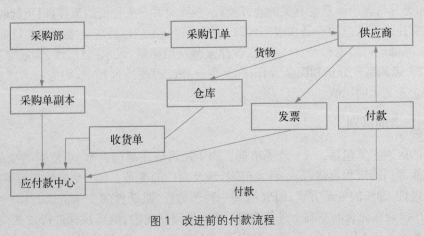

图1 改进前的付款流程

改进后的流程：采购部门发出订单,同时将订单内容输入联机数据库;供货商发货,验收部门核查来货是否与数据库中的内容相吻合,如果吻合就收货,并在终端上通知数据库,计算机会自动按时付款,如图2。

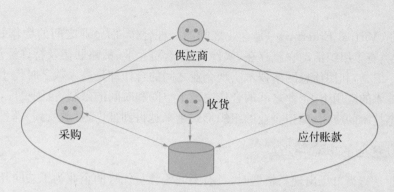

图 2　改进后的付款流程

福特公司流程重建的启示：(1) 面向流程而不是单一部门,若福特公司仅仅重建应付款一个部门,那将会发现是徒劳的,正确的重建应该将注意力集中于整个"物料获取流程",包括采购、验收和付款部门,这才能获得显著改善;(2) 大胆挑战传统原则,福特公司的旧原则是当收到发票时付款,而新原则是当收到货物时付款。旧原则长期支配着付款活动,并决定了整个流程的组织和运行,从未有人试图推翻它,而 BPR 的实施就是要求我们要大胆质疑,大胆反思,而不能禁锢于传统。

结合 BPR 的定义,可以进一步理解 BPR 重点关注如下四个方面：

(1) 再造的内容是业务流程。现在企业的业务活动一般被组织机构分割,而流程的界限划分不甚清晰,通常不被人所熟悉,流程再造可能会导致企业组织发生变化,再造过程会使得企业完成工作所真正需要的组织机构变得明确、清晰,企业原有部门、科室的分工将会改变。

(2) 根本性的思考。在企业实施流程再造的最初阶段,不需要任何条条框框的限制,同时抛弃一般认可的习惯和假设,需要关注的是"为什么要做现在的事,为什么以现在的方式做事,现在的工作方式有什么不足,有没有别的工作方式",而不是"如何把现在的事情做得更好"。

(3) 彻底的重新设计。企业流程与企业的运行方式、协调合作、组织管理、新技术的应用和融合密切相关,企业流程再造是彻底的全方位的再造,包括观念的再造、流程的再造和组织的再造、以新型企业文化代替旧的企业文化、以新的企业流程代替旧的企业流程、以扁平化的企业组织代替金字塔形的企业组织等。其中的信息技术应用是流程再造的核心,它既是流程再造的出发点,同时也是流程再造最终目标的体现。

(4) 巨大业绩。进行企业流程再造不是为了获得小的改善,而是取得业绩的巨大进步。当企业需要彻底改变时,才可以实行企业流程再造。

资料来源：MBA 智库(http://www.mbalib.com)

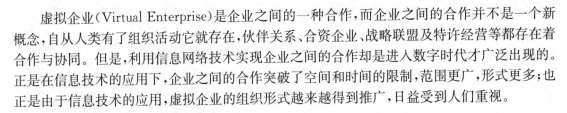

第 13 讲　管理信息系统支持虚拟企业运作

虚拟企业（Virtual Enterprise）是企业之间的一种合作，而企业之间的合作并不是一个新概念，自从人类有了组织活动它就存在，伙伴关系、合资企业、战略联盟及特许经营等都存在着合作与协同。但是，利用信息网络技术实现企业之间的合作却是进入数字时代才广泛出现的。正是在信息技术的应用下，企业之间的合作突破了空间和时间的限制，范围更广，形式更多；也正是由于信息技术的应用，虚拟企业的组织形式越来越得到推广，日益受到人们重视。

一、虚拟企业的概念与形式

虚拟企业是指当市场出现新机遇时，具有不同资源与优势的企业为了共同开拓市场，共同应对其他竞争者而组织，建立在网络信息技术基础上共享技术与信息、分担费用、联合开发、互利合作的企业联盟体。虚拟企业的"虚拟"是相对于实体企业组织而言的。在一个虚拟企业中，传统企业所具有的主要功能和为完成功能而设置的职能部门都通过利用外部资源而"虚拟化"了。虚拟企业不是法律意义上完整的经济实体，不具备独立的法人资格，它是在企业之间出现的、以信息技术为连接和协调手段的临时性动态联盟形式的虚拟组织。它可以把不同地区的现有资源迅速组合成一种没有围墙、超越时空约束、依靠信息网络手段联系和统一指挥的经营实体，以最快的速度推出高质量、低成本的产品或服务。

虚拟企业以信息技术和通信技术为基础，依靠高度发达的网络，将供应商、生产企业、消费者甚至竞争对手等独立的企业连接成临时网络，目的是共享技术，共担费用，联合开发。虚拟企业没有固定的组织层次和内部命令系统，但具有开放的组织结构，由于没有实体存在，因而它高度依赖通信技术，是以互联网为基础的。虚拟企业的一个比较突出的特点就是：在信息充分的条件下，虚拟企业可以从网上众多的伙伴中精选出合作者，并通过整合外部资源来完成单个企业难以承担的市场功能，从事虚拟开发、虚拟生产、虚拟销售等生产经营活动。

虚拟企业有组织虚拟化、功能虚拟化、地域虚拟化等形式。

（1）组织虚拟化。即没有成形的组织层次结构、没有固定办公地点，通过信息网络将不同位置的资源链接起来，任务完成时组织解散，有新项目时再根据新要求重新组合。网上的销售公司、旅游公司等就是组织虚拟化的例子。

（2）功能虚拟化。指企业本身只有核心功能的组织，运作所需要的完整功能，如生产、设计、财务等则借助外部企业来实现。如耐克公司只生产气垫系统，并将大部分精力专注于附加值最高的设计与营销，生产则由亚太地区的制造商来完成。

（3）地域虚拟化。指企业将功能分布在不同地点，产品的研究、开发、设计、制造、服务可以分别在不同的地方，形成位于世界各地的产品设计中心、制造中心、顾客服务中心等。

二、虚拟企业的特点

虚拟企业与传统企业相比，具有明显的不同，但它又是在传统企业的基础上经过彻底改造而产生的。虚拟企业是网状组织的一种极端形式，它和网状组织的结构类似，但虚拟企业连接的企业范围更广，甚至将竞争者也链接进来。网状组织的成员间的合作关系维持得比较长久，成员之间有着长期的共同目标,而虚拟组织所建立的成员之间的合作关系是短期的,很难说有共同目标。概括起来,虚拟企业包括如下特点:

(1)专长化。虚拟企业只保留自己的核心专长及相应的功能,将其他非专长能力及相应功能舍弃。旧的实体组织有完整的功能和资源能力,但会造成某些情况之下资源的闲置和浪费,而虚拟企业的专长可以避免这一点。

(2)合作化。虚拟企业由于不具备完整的功能与资源,在完成一个项目时,必须利用外部市场资源或与其他人形成互补关系的企业合作。而且这种合作网络并不是固定不变的,而是要根据所需要的资源状况选择合适的合作企业。

(3)离散化。虚拟企业本身在空间上不是集中、连续的,它的功能和资源是以离散状态分布在世界不同的地方,彼此间通过信息网络连接在一起。由于信息的高速传递,虚拟企业超越了时间和空间的障碍。

(4)中介网络化。虚拟企业通过网络代替市场的中介功能,工作效率更高,交易成本更低,流程运作时间更短。

(5)产销对称化。虚拟企业根据信息网络中的消费者需求来生产和供给产品,生产的产品结构、数量、价格、质量、外观较符合消费者的需求。

(6)反应及时化。虚拟企业将一项经济活动的各部分分解给具备这方面核心专长的企业去完成,企业间再合作,这样可以使各企业能力组合最优,节约时间。

三、虚拟组织、虚拟企业与虚拟经营

虚拟组织(Virtual Organization)是指两个以上具有不同资源与优势的组织,为了共同开拓市场,应对其他竞争者而组织,建立在信息网络基础之上的共享技术与信息、分担费用、联合开发、互利合作的组织联盟体。虚拟组织不具有法人资格,没有固定的组织层次和内部命令系统,是一种开放的组织结构,可以在拥有充分信息的条件下,从众多组织中通过竞争招标或自由选择等方式精选出合作伙伴,迅速形成各专业领域中的独特优势,实现对外部资源的整合利用,从而以强大的结构成本优势和机动性,完成单个组织难以承担的市场功能,如产品开发、生产和销售。

虚拟企业是一个临时的企业联盟,通过计算机网络和信息系统,一起共享核心能力和资源,以便更好地应对商业机会,是虚拟组织中的一个特殊案例。

虚拟经营是指企业在有限的资源下,为了取得竞争中的最大优势,仅保留最关键的职能,而将其他的功能虚拟化,通过各种外力进行整合互补,其目的是在竞争中最大效率地利用企业有限的资源。虚拟经营是一种动态的企业经营策略和观念,它是以内外部资源的合理整合与利用为宗旨、以内部机构的精简和外部协作的强化为目标的新型企业管理方式。虚拟经营的基本运作方式有五种,即虚拟生产、虚拟共生、策略联盟、虚拟销售网络和虚拟行政部门。虚拟企业主要采取虚拟经营方式开展生产,而实体企业也可以采取虚拟经营方式,整合利用外部资源。

需要注意的一点是,虚拟企业与企业的全产业链战略是不同的。全产业链实质上是企业经营的纵向一体化,是指企业向产业链上下游延伸,将原料供应、生产和产品销售等各环节都纳入同一企业组织内部的经济行为。全产业链是指企业通过组织内部的管理协调来替代市场机制进行商品交换和资源配置的方式。全产业链的主体通常具有独立的法人地位,并且通过组织内部管理,实现对产业链上下游业务的延伸,信息技术在其中发挥了重要的管理支撑作用,因此,其本质上是区别于虚拟企业的。

四、信息系统在虚拟企业中的作用

虚拟企业与传统企业在组织特点与管理模式上存在显著差别,使得虚拟企业的管理信息系统具有很大的特殊性和复杂性,例如它需要考虑多个企业信息系统的集成与资源共享等问题。总的来说,虚拟企业的信息系统除了具有传统企业信息系统所具有的信息处理功能外,还应当具备以下特有功能,才能实现虚拟企业的管理目标。

(1)组织风险管理。对组织面临的风险进行检测和控制,尽可能减少意外事故造成的损失,重点要对管理风险、合作伙伴的不稳定性、核心能力及商业机密泄露的风险、违约风险进行控制。

(2)组织合作收益的分配。与传统企业信息系统中的财务管理相比,虚拟企业的合作收益分配是否公平,直接关系到合作的稳定性和持久性。合作收益分配不仅包括有形收益的分配,而且包括无形收益的分配。

(3)成员分类评价。指对潜在的合作伙伴进行分类评价,根据不同的市场机遇类别建立稳定的合作伙伴关系,对市场机遇所需资源进行分析,构建基于供应链的虚拟企业,对供应链进行有效的控制与管理。

(4)成员企业核心竞争力的形成。对虚拟企业成员核心竞争力进行评价,确定各个成员在组织中的地位,并对合成后的组织竞争能力进行评价分析。对构成核心竞争力的主要决定因素进行分析,给出选择合作伙伴的标准。

(5)成员企业敏捷性评价。对成员企业的敏捷性及虚拟企业组织整体的敏捷性进行评价,通过对敏捷性评价的反馈,总结经验与不足,找出改进的办法。

虚拟企业发展离不开信息系统的支持,信息系统的进步也促进了虚拟企业的发展和虚拟运营的开展。虚拟企业是信息时代的产物,通过信息网络进行信息沟通是虚拟企业运作的基础。虚拟企业信息系统必须具备 RRS 特性,即可重构性(Reconfigurable)、可重用性(Reusable)和可扩充性(Scalable);能解决各子系统的异构性问题;能面向企业资源共享与优化合作,提供全球的供应链接口,实现信息的无缝传送等功能。虚拟企业中的各成员企业是相互独立的企业实体,在加入虚拟企业之前都有一套行之有效的信息管理系统,而各成员企业大都来自不同地区甚至全球范围,这种地域上的分散性和文化上的差异性可能会带来成员企业间信息系统的相互不兼容,使得信息集成难度加大,因此,虚拟企业管理信息系统的构建是一项复杂的系统工程。随着现代网络通信技术和信息系统开发的发展,虚拟企业信息系统开发逐渐走向标准化、规范化,而网络技术的普及、电子商务的发展和企业管理信息系统的完善,为虚拟企业的形成和跨越时空的合作创造了条件,这些都促进了虚拟企业发展。

【拓展阅读】 虚拟企业的五大优势

虚拟企业与实体企业相比,有以下几个方面的优势,如图 1 所示。

1. 高效的管理

与实体企业相比,虚拟企业没有实体企业组织架构中那些烦琐的中间部分,管理层次少,使管理呈扁平化。扁平化管理使企业内部成员拥有较大的自由度和独立性,大大调动了员工的积极性,且由于信息的传递是直接的,因此能确保企业及时获取市场信息,快速解决问题,从而提高工作效率。

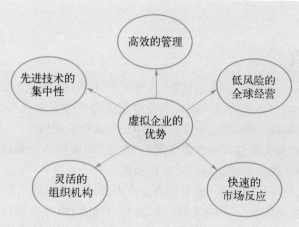

图 1　虚拟企业的优势

2. 低风险的全球化经营

因为主要是通过通信网络在全球开展经营活动,虚拟企业就无须面对各国复杂的法律法规和政府政策,所受的约束和管制相对而言会比较小。同时,虚拟市场的扩张也是利用网络应用程序进行的,这也避免了人员与场地的高成本投入。最重要的一个方面就是,虚拟企业由于能及时捕捉各地的信息,出现风险时能迅速采取对策,作出反应。

3. 快速的市场反应

由于以网络技术为基础,虚拟企业在收集信息、捕捉市场机会、满足消费者个性化需求等方面明显比实体企业有优势,它可以与市场保持高度同步,及时高效地满足市场需求。

4. 灵活的组织机构

虚拟企业的本质就是一个动态的联合体,联合体的各方因项目的合作而聚,项目完成时就散,灵活性很大,不会出现组织中某个部分难以脱离另一个部分的问题。但实体企业就不一样了,即便企业发现某个部门没有存在的必要,也不会轻易调整,因为人员变动、职位调整等会引发内部矛盾,这些对于实体企业来说是不利的。

5. 先进技术的集中性

在完成某个项目的过程中,虚拟企业往往会将项目分解为相对独立的工作模块,各个模块的负责人都是该模块最"厉害"的人,会充分运用各自最先进的技术去完成任务,因而很少出现核心技术被泄露的问题。而实体企业则往往受制于技术保密原则,无法使多种先进技术用于同一项目。

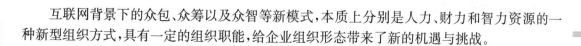

第 14 讲　众包与众筹挑战组织形态

互联网背景下的众包、众筹以及众智等新模式,本质上分别是人力、财力和智力资源的一种新型组织方式,具有一定的组织职能,给企业组织形态带来了新的机遇与挑战。

一、众包

(一) 众包的定义

"众包"(Crowdsourcing)这一概念是 2006 年 6 月由美国《连线》杂志记者杰夫·豪(Jeff Howe)在一篇文章中正式提出的,是指"一个公司或机构把过去由员工执行的工作任务,以自由自愿的形式外包给非特定的(而且通常是大型的)大众网络的做法"。而在 2005 年中国刘锋曾提出"威客"一词,侧重从信息技术方面来阐释"众包"商业模式。众包是在全球互联网信息技术飞速发展过程中出现的一种新兴的互联网模式。

众包主要是指运用互联网技术,把本应由企业内部员工完成的工作外包出去,交给有能力的互联网用户完成,从而实现企业内外部资源的有效整合,由此来提高企业的生产效率。如今,越来越多的企业选择众包模式,从管理者变为"甲方",在节省管理成本的同时,借助互联网开放、共享、互动,甚至免费的各类资源,优化组织结构,重构生产流程,重新定义产品和服务,最终打破、重组原有机制,形成新的生产方式。网络化协同的众包创新,也让企业更具有动力和活力。众包利用互联网的联系将分散的人力资源进行聚集,以较低的成本、较高的效率跨越各类局限与壁垒,完成组织或个人的目标,也可以说众包的本质就是共享经济。在众包模式下,需要任务发起方和平台提供严谨的执行标准和交付标准,否则松散的任务分发很难凝聚用户。

(二) 众包的主体

众包模式下至少包括三类市场主体:发包方、接包方、中介机构(又称平台方)。

1. 发包方

发包方通常是企业或者拥有工作任务需要解决的个人,发包方发布任务的方式有两种:一种是在公司网站上直接发布,以悬赏的方式吸引众多的网民来参与解决问题,这种方式避开了中介机构从而使问题解决的成本更低;另一种方式,就是通过网站社区、协会等中介机构,发包方与新型网络用户签订合约,合约中包括需要解决的问题、价格和售后服务条款等。

2. 接包方

接包方是数量众多的互联网用户,即通常所说的"威客"。他们既可以是专业人士,也可以是非专业的兴趣爱好者,全球范围内有兴趣和能力研究该难题的人或团队,通过在中介机构上注册,认可有关优胜解决方案的选择、悬赏兑现以及知识产权处理办法等协议,成为"解题者",实施解题活动,借助互联网递交解决方案。

3. 中介机构

中介机构是沟通发包方和接包方的桥梁。拥有任务的企业或个人与中介机构签订合约,并缴纳保证金,在中介平台发布需要解决的任务、课题及其相关要求。"威客"通过注册的方式进入任务库寻找适合自己的课题并投标,课题完成后提出的解决方案由中介反馈到发包方,发包方对方案进行筛选并审核通过后,中介机构兑现奖金,若没通过则返回到任务库,进入下一个任务解决过程。

(三) 众包与外包

众包和外包都是企业整合、利用外部资源,从而达到降低成本、提高效率,以充分发挥自身核心竞争力和增强企业应对外界环境能力的管理模式。二者的主要区别在于工作被完成的机制。外包强调的是高度专业化，是专业化作用下规模经济的产物，外包的对象通常是专业化的机构和人士，主张让专业的人干专业的事，企业"有所为、有所不为"。与之相反，众包倡导的是社会多样化、差异化所激发的创新潜力，是范围经济的产物，依靠的是社会大众，相信"劳动人民的智慧是无穷的"，只有当工作是面向大众分配时，以大众合力完成工作的过程，才是真正意义上的众包，才能实现众包的优势。当然，一些特殊任务，特别是传统的现场性专业任务，现阶段是难以依靠众包完成的。

众包是对外包模式的创新和补充，众包是互联网力量发展的产物，是社会差异性、多元性带来的创新潜力，众包强调从外部吸引人才的参与，使他们参与到组织的创新与合作过程中。另一方面，众包拓展了组织创新的边界，众包模式通过互联网平台和"草根"的力量，吸引外部专业人才参与到组织创新与合作之中，整合社会资源为己所用，可以提升组织创新与合作能力。

二、众筹

(一) 众筹的概念

众筹(Crowdfunding)是众包模式的一种，通常是指创意者或小微企业等项目发起人，通过众筹平台向公众介绍项目的情况，并向公众募集小额资金或寻求其他物质支持的一种商业模式。众筹具有低门槛、多样性、依靠大众的力量和注重创新的特征。筹资难是我国中小企业发展普遍面临的问题之一，而众筹模式恰恰为中小企业破解资金难题提供了新的解决途径。中小企业掌握着众筹的核心——众筹项目，可借此利用众筹平台筹集企业发展资金，以支撑企业长远发展。

众筹模式由项目发起人(筹资人)、公众(出资人)和中介机构(众筹平台)三个部分组成。

(1) 项目发起人通常是需要筹集资金的创意者或小微企业的创业者，并且拥有对项目完全的自主权，项目发起人要与众筹平台签订合约，明确双方的权利和义务。

(2) 出资人通常是数量庞大的互联网用户，他们利用在线支付方式对自己感兴趣的创意项目进行小额投资。投资的项目成功实现后，对于出资人的回报不一定是资金，也可能是一个产品样品。出资人资助创意者的过程就是其消费资金前移的过程，通过众筹模式生产出原本依靠传统投融资模式无法推出的新产品，既提高了生产和销售等环节的效率，也满足了出资人作为用户的小众化和个性化的消费需求。

(3) 中介机构是众筹平台的搭建者，既是项目发起人的监督者和辅导者，也是出资人的利益维护者，是众筹模式的核心主体。一方面，中介机构利用网络技术建立互联网平台，将项目发起人的创意和融资需求信息发布在平台上，中介机构须在项目上线之前进行细致的实名审核，确保项目内容完整、合法，具有可执行性和价值性。另一方面，在项目筹资成功后负责对发起人进行监督、辅导，把控项目的顺利展开；当项目无法执行时，众筹平台有责任和义务督促项目发起人退款给出资人。众筹模式的基本框架如图1所示。

(二) 众筹的特点与商业模式

众筹的特点表现在：(1) 低门槛。无论身份地位，只要有想法，有创造能力都可以发起项目。(2) 多样性。众筹的方向具有多样性，在国内众筹网站上的项目类别包括设计、科技、音乐、影视、食品、漫画、出版、游戏、摄影等。(3) 依靠大众力量。支持者通常是普通的"草根"民

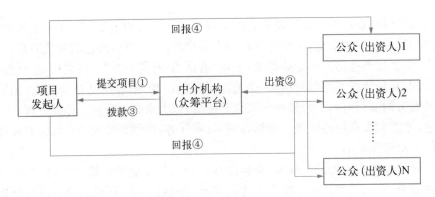

图 1 众筹模式的基本框架

众,而非公司、企业或风险投资人。(4)注重创意。发起人必须先将自己的创意(设计图、成品、策划等)达到可展示的程度,才能通过平台的审核,而不单单是一个概念或者一个点子,要有可操作性。

众筹商业模式依据其运行的复杂程度,以及涉及的利益相关者数量和法律环境,可划分为捐赠与赞助、预售以及借贷与股权投资三种典型的商业模式。

1. 捐赠与赞助

捐赠与赞助模式是无偿的投资模式。大众通过网站直接选择捐赠或者赞助小额的现金,一些公益机构的网站允许直接在网络上捐款,通过网络来扩大捐款的来源,公益机构的管理者或组织公益活动的个人也利用自身在网络社区和社交网站中的影响力,发起资金赞助。

2. 预售

预售模式是得到普遍应用的模式。首先,筹资人发起筹资需求,把筹资项目的内容发布到众筹平台上,每个项目必须在发起人预设的时间内获得超过目标金额的投资,否则就会被下架并且不能获得任何资金。投资者选择自己感兴趣的项目,并投资小额的现金,项目成功后,平台将监督项目发起人执行项目,并确保项目完成后筹资人发放实物报酬。

3. 借贷与股权投资

该模式与预售模式有许多相同之处,根本上的不同是回报方式,由于报酬是现金或者公司股权,该模式更加适合中小企业融资。

(三) 众筹模式的优势与风险

众筹模式的优势表现在:(1)成本低,效率高。众筹项目一般都是通过互联网进行发布和推介,不仅降低了营销成本,而且提高了投资者与融资者双方的沟通。(2)回报多样性。众筹投资者的投资回报多样,包括资金、股权、实物产品等多种形式,回报形式的多样性,能够满足不同投资者的需求。(3)降低融资门槛,促进创新创业。众筹模式为每个"草根"发起人提供了获取资金、市场和人脉等资源的平台,有利于促进创新创业。

众筹模式的潜在风险包括法律风险、信用风险和经济风险。(1)法律风险。目前,我国关于众筹的法律监管仍不够完善,对于众筹的合规监管尚属空白,在实际运作中,众筹平台很容易触碰非法集资的红线。(2)信用风险。众筹模式通过网络平台集资,虚拟环境下如何保证诚信,是任何一个投资者首先需要解决的问题。由于缺乏成形的规范,缺乏监督资金使用的标准,因而众筹项目存在一定的信用风险。(3)经济风险。因非法风险和信用风险产生的损失,最后往往体现在投资者投资的"失败",而项目发起者因项目实施的失败也会面临一定的经济风险。

三、人工智能时代的众智

2015年9月16日,国务院总理李克强主持召开国务院常务会议,提出要利用"互联网+",积极发展众创、众包、众扶、众筹等新模式,促进生产与需求对接、传统产业与新兴产业融合,有效汇聚资源,推进分享经济成长,助推"中国制造2025",形成创新驱动发展新格局。尤其是在新一轮人工智能浪潮下,也常有人把"人工智能"称为"人工"+"智能",机器学习离不开人工标引,机器智能也要和人类智慧相结合,众包和众筹中的专业要素和群体智慧也在被不断放大,众智模式也被广泛提及。

众智模式的核心本质即是集体智慧,众创空间和网络众创平台的发展,使得企业或创业团队可以运用互联网平台,集聚各类创新资源和人才,共同参与创意的设计与创造,拓展就业新空间。很多创业计划都停留在想法之上,而没能真正付诸实施,一方面可能是资金不够,另一方面是缺少共同志趣的人才资源。众筹模式可以为创意项目的实施提供资金的支持,而网络众创平台的出现,为聚集这种创意想法实施的人力资源提供了可能。由于众智模式对参与项目的所有股东都有一定的要求,因此可以更大程度地提高团队的智慧力量,降低参与创新的门槛,更大程度地解决资金和人才的短缺问题,从而让创业的成功性和学习价值都有很大提高。

企业在信息化建设中,要掌握众包、众筹的优势和使用方法,重点发展和做好本企业能创造特殊价值、比竞争对手更擅长的IT关键性工作,而将自己并没有绝对优势的IT工作进行众包,结合一切优质资源去创新、发展。

【拓展阅读】 "十四五"规划编制工作的网上征求意见

"十四五"时期是我国全面建成小康社会、实现第一个百年奋斗目标之后,乘势而上开启全面建设社会主义现代化国家新征程、向第二个百年奋斗目标进军的第一个五年,做好"十四五"规划编制工作意义重大。习近平总书记对"十四五"规划编制工作作出重要指示,强调要把加强顶层设计和坚持问计于民统一起来,齐心协力把"十四五"规划编制好。

网上意见征求活动分别在人民日报、新华社、中央广播电视总台所属官网、新闻客户端以及"学习强国"平台开设"十四五"规划建言专栏,广大网民可进入相关页面建言献策。网上意见征求的有关意见建议将汇总整理后提供给中央决策参考。

"十四五"规划编制工作于2020年8月16日至29日开展网上征求意见。广大人民群众踊跃参与,留言100多万条,有关方面从中整理出1000余条建议。最终,文件起草组逐条分析各方面意见和建议,做到了能吸收的尽量吸收,对建议稿增写、改写、精简文字共计366处,覆盖各方面意见和建议546条。这是我国党内民主和社会主义民主的生动实践,也是众智模式的典型应用。

第三章 管理与信息系统

第 15 讲　信息技术影响管理决策与企业战略

开展管理与决策,是大小组织中各个层次管理者的主要任务。目前存在的各类信息技术与各种信息系统都改善和增强了企业的管理与决策功能,深刻地影响着企业管理者的战略决策。

一、信息技术对管理决策的影响

几乎每个人都相信 IT 已经在更好的管理决策上作出了贡献,IT 对管理决策的正面影响通常是通过生产率的测量和公司总体性能(获利性)以及对股票市场的分享价值推断来实现的。制定决策是管理者最具挑战性的工作,信息技术和信息系统帮助管理者沟通与分配信息。对决策制定的了解,有助于我们更好地认识 IT 如何影响管理决策。

(一)决策制定程序

决策制定可依组织层次来划分,即战略层、管理层、作业层及知识层。战略决策制定(Strategic Decision Making)决定组织的长期目标、资源与政策;管理控制(Management Control)的决策主要涉及如何有效地使用资源,以及作业单位如何顺利运作;作业控制(Operational Control)的决策制定决定如何完成战略与中央决策者所分配的特定工作;知识层决策制定(Knowledge-Level Decision Making)主要是评估产品与服务的新构想,沟通新知识的方法,以及分配信息到组织各单位的方法。

在各个阶层的决策制定中,研究者将决策分为结构化与非结构化两类。非结构化决策(Unstructured Decision)需要决策者对于问题的定义提出自己的判断、评估或见解。这些决策常常是新的、重要的与非例行的,而且没有建构清楚或一致的程序去制定这种决策。相反,结构化决策(Structured Decision)为重复的、例行的,并且有定义清楚、可接受的程序与答案。

(二)决策制定阶段

制定决策包含几个不同的活动,赫伯特·西蒙(Herbert Simon)描述了决策制定的四个阶段:情报、设计、选择与执行。

(1)情报包括确认组织中发生的问题,了解问题为什么发生,在何处发生,导致了什么影响。传统的管理信息系统可提供详细的信息帮助管理者分辨问题,特别是当系统可以报告例外情况时。

(2)在解决方案设计中,个人设计问题可能的解决方案。一些小型决策支持系统很适合在这个阶段的决策制定中使用,因为它们使用一些简单的模型,可以很快地开发出来,而且可以在有限的数据下使用。

(3)选择包括挑选所有可能的方案。在此,决策制定者可能需要一个大型的决策支持系统来为各种方案及复杂的模型或数据分析工具提供更为广泛的数据,从而计算所有的成本、结果和机会。

(4)当决策落实后,就开始执行。管理者可以使用日常管理报表的报告系统来报告这个解决方案的执行程度。支持系统包括从大型 MIS 系统到小系统,一直到在 PC 上运作的项目管理软件。

一般而言,决策制定阶段不一定要依据此线性的路径。在决策制定过程中的任一点,你都可能会回到先前阶段。例如,某人可能提出若干可行方案,但不确定这些方案设计能否满足某个特殊问题的需求。在这种情况下需要再度回到情报阶段的工作。又如,某人可能正在执行一项决策,结果发现该决策无效。在此情况下,他被迫返回重复设计或选择阶段。

(三) 信息技术影响决策

信息技术为管理者提供了工具去执行他们的传统角色与新角色,使得他们能够更精确快速地监控、规划与预测,并且加快他们对于运营环境改变的反应。管理者的主要责任是必须针对企业、其他公司和产业不同战略层次,找出适合使用信息技术的方法以实现竞争优势。除了确认企业流程、核心竞争力以及和业界其他公司之间的关系可由信息技术来加强外,管理者必须监控社会技术变革以实现战略系统。

信息技术提供组织工作和使用信息的新方式,可以提升组织的生存能力。信息系统对于管理者决策和企业来说都是相当有帮助的。科技可以用来使现有产品实现差异化、创新产品及服务、培养核心竞争力,以及降低运营成本等。当今所有的决策都要考虑 IT 的应用,其实最主要的决策就是管理者应当选择适当的科技运用在公司的竞争战略中。

二、信息技术、信息系统对战略转变的影响

有关企业战略的这类系统一般需要体现经营目标变化、与客户及供应商关系上的变化、内部运作变化和信息体系变化。影响着组织的社会构成和技术构成的这些社会技术变化被认为是战略转变,即社会技术系统不同水平之间的过渡。

社会技术变化的程度取决于具体的时境。然而,组织的战略和其内部结构之间的确存在一种联系。当公司开始把信息系统作为公司总体战略的一部分时,公司的内部结构也必须作出变化以反映这些新的发展。为增强公司的竞争力而努力的经理们将重新设计各种组织运作过程,以有效地利用处于科技前沿的信息技术。

信息系统实在是太重要了,因此不能把它全权托付给公司中的技术部门,经理们必须主动识别能为公司带来战略优势的系统。身为经理,应能回答如下问题:

(1) 在本行业中有哪些因素在起作用?行业中的龙头企业采用什么战略?

(2) 行业目前如何使用信息和通信技术?哪些组织在应用信息技术上是行业的先驱?

(3) 本行业中变化的方向和性质是什么?动力和变化源于何处?

(4) 本行业能靠引进信息技术得到战略机会吗?信息系统能改变竞争基础吗?能造成成本转移吗?能创造新产品吗?能增强与供应商打交道的实力吗?能建立针对竞争者的屏障吗?

(5) 什么样的系统能用于本行业?本行业是否需要用信息系统来创造新产品和新服务?是否用信息系统来创建供应系统,来创建市场营销系统?

一旦经理们理解了本行业内供应系统的技术性质,就应该把视线转向他们的组织,关注如下问题:

(1) 在信息系统应用方面,本组织领先还是落后于行业水平?

(2) 目前的经营战略计划是什么?这个计划是如何与信息服务战略相配合的?

（3）目前采用的信息技术是否已为组织创造了显著效益？信息技术是大大地支持企业还是消耗企业资源？

（4）新的信息系统在哪些领域为企业提供最大价值？

当考虑完这些问题之后，经理们就能够洞悉其所在公司采用战略信息系统的时机是否成熟。

对成功的战略信息系统的研究发现，这类系统很少出自规划，它们是长期、逐步地演变而来的，而且这类系统的起源几乎总是伴随着实际的经营管理问题。系统性的研究和整体性的理解可能为如何寻找强大战略作用的系统提供指南。

【拓展阅读】　新技术对企业管理决策的影响

大数据与云计算等新技术对于企业管理决策产生了巨大影响，企业管理决策在决策环境、决策数据、决策组织、决策技术等方面都有了新的变化。

1. 管理决策环境

基于云计算和大数据相关技术，企业信息处理与收集的方式将会改变，决策方案的制定、选择、评估受到影响，最终引发企业管理决策的内容变化。大数据中包含了海量的数据内容，经过处理与筛选即可形成有价值的信息，将其应用到企业决策中可以有效地提高决策合理性，因而大数据的应用为企业能在良好的环境下进行管理决策工作打下了坚实的基础。

2. 管理决策数据

大数据环境下，企业管理者的决策技术含量得到进一步提高，决策所依据的知识内容也愈加丰富，在企业管理与决策中，数据准确性至关重要。如果企业对数据处理不当，甚至丢失相关的数据内容，将造成企业对当前市场环境误判的风险，最终导致决策失误。

3. 管理决策组织

在组织理论中，若环境变化事先可以预测，对于企业组织过程造成的影响相对比较小，这样就较容易形成分层式、集中式的决策体系。而在不可预知或者预知性较低的情况下，分散式决策的作用在随时变化的情况下会更加凸显。此外，在企业组织结构中，知识分布与知识转移成本也会产生相应的影响，如果知识分布在高层领导者之中，且知识转移成本高，则决策内容需要由集中式的决策机构来制定。在大数据环境下，决策权分配也是对企业决策造成影响的重要因素。很多企业在市场竞争决策制定过程中没有将决策权下放，忽视了个人的因素，从而影响了决策质量。

4. 管理决策技术

数据增长速度过快，使得企业在不遗余力地寻找成本更低、更易扩展的平台对数据进行分析处理。云计算为大数据管理提供了技术的底层支撑，大数据技术把不同类型的数据进行结构化统一，对数据进行变换处理，并利用可视化技术，使抽象的数据信息变成可视化的报表，呈现给企业高层决策人员作为参考，这将有利于企业高层管理人员作出正确的决策。

第16讲 信息系统助力企业获得竞争优势

为了将信息系统用作竞争武器,必须了解在哪里可能为企业找到战略机会。描述企业和企业环境的两个模型已被用于识别信息系统所能够提供竞争优势的经营领域,这两个模型是波特五力模型和价值链模型。

一、波特五力模型与一般竞争战略

波特五力模型是迈克尔·波特(Michael Porter)于20世纪80年代初提出的行业竞争优势分析理论,他认为行业中存在着决定竞争规模和程度的五种力量,这五种力量共同作用,影响产业的吸引力以及现有企业的竞争战略决策,参见图1。

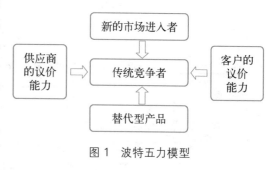

图1 波特五力模型

企业要拥有长期的获利能力,在考虑组织竞争战略时,需要重点考虑外部竞争因素。产业竞争中的五种力量分别是:

(1)供应商的议价能力。供应商主要通过提高投入的要素价格或降低单位价值质量,来影响行业中现有企业的盈利能力与产品竞争力。

(2)客户的议价能力。客户主要通过谈判较低的价格或要求提供较高的产品或服务质量,来影响行业中现有企业的盈利能力。

(3)新的市场进入者。新的市场进入者在给行业带来新生产能力、新资源的同时,也参与现有市场的竞争,从而会与现有企业发生原材料与市场份额的竞争,最终导致行业中现有企业盈利水平降低。

(4)替代型产品。两个处于不同行业中的企业,可能会由于所生产的产品互为替代品,从而在它们之间产生竞争行为。这种替代型产品竞争,会以各种形式影响行业中现有企业的竞争战略。

(5)同业竞争者的竞争程度。同行业中的企业,其竞争目标都在于使得自己获得相对于竞争对手的优势,所以在竞争过程中必然会产生冲突与对抗现象,构成现有企业之间的竞争。

波特竞争力模型中传统竞争对手的识别往往基于市场与客户两个方面,然而在互联网环境下,跨界竞争成为新的常态,因而波特五力模型中竞争力量的来源也更加广泛了。

企业在产业中的相对位置,决定了企业的获利能力与产业平均水平的差异。每个企业都有各自的优势或劣势,并且对相对成本优势和相对差异化产生作用,而成本优势和差异化都是企业相对于竞争对手的竞争优势。将这两种基本竞争优势与企业战略活动相结合,从而形成三种一般性竞争战略,即总成本领先战略、差异化战略和目标集聚战略。总成本领先战略要求企业必须建立起高效、规模化的生产设施,严格控制各项成本、管理费用及研发、服务、推销、广告等方面的成本费用。差异化战略要求公司提供与市场差异化的产品或服务,树立起一些全产业范围内具有独特性的东西。目标集聚战略是指专门针对特定的顾客群、细分市场或地区市场。

管理信息系统(第三版)

信息系统通过增强企业处理威胁和机会的能力，可以使企业获得竞争优势，并且可从企业利益出发，改变企业和行业中竞争者之间的实力平衡。如何设计信息系统或利用信息技术，实现波特所谓的竞争战略？肯尼斯·劳顿（Kenneth Laudon）将波特的三种基本竞争战略扩充为四种策略。因此，企业可以用信息系统形成四种竞争战略，应对外部的竞争与威胁。

（一）产品差异化策略

产品差异化（Product Differentiation）是指企业在所提供产品的质量、性能、式样、服务及信息提供等方面显示出足以引起消费者偏好的特殊性，使消费者能将它与其他同类产品相区别，以达到在市场竞争中占据有利地位的目的。产品差异化的影响，一是在需求价格弹性方面，由于消费者具有强烈偏好，所以该类产品的需求价格弹性大大降低。二是在产品之间的替代关系方面，由于消费者对差异化产品的强烈偏好，使得他们在选择产品时很少会放弃差异化产品而选择其替代品，使得替代品的替代效应大大降低。因此，企业可以通过产品差异化来建立品牌忠诚。新产品和新服务应容易区别于竞争对手的产品和服务，且不能被当前竞争者和潜在的新竞争者复制。信息技术能够有效地支持这种策略。产品差异化不仅是一种理念，它还需要有效的成本控制才能实现。

信息技术的应用能够支持企业有效率地生产出更加与众不同的产品。信息系统能够支持企业按照顾客的要求定制产品和服务，同时也保持规模生产技术的成本效率。例如，利用信息系统实现大规模个性化定制生产技术，将客户定制的生产产品通过聚集和分析多用户的相似定制需求偏好后，经过产品重组和生产过程重组，将相似的生产工序转化为批量生产，将纯粹的个性化定制需求转化为同类客户的大规模定制。通过信息化技术满足个性化需求，再转换为大规模定制柔性化生产，从而提供工业化制造的效率，降低生产成本。

（二）目标聚集战略

目标聚集战略（Focused Differentiation）是指为一种产品或服务识别一个能够占有优势的特定的目标市场，企业可以通过提供专门的产品或服务，实现对特定市场的聚焦，从而比现有竞争对手和潜在的新竞争对手更好地为这一狭窄目标市场提供服务。在市场规模不大时，管理者可以凭借自己的智慧或经验，从不太复杂的市场活动中识别一个可以聚焦的市场，自觉地进行市场细分。但是当市场规模变大、变复杂时，管理者的个人智慧就很难洞察可以获得的市场了。

信息系统可以利用业务活动产生的客户数据或交易数据，对它们进行数据挖掘（Data Mining），使企业识别能给自身带来利润的客户，并向其争取更多的业务以促进企业的销售，通过市场营销技术来创造竞争优势。信息系统能帮助企业准确地分析顾客的行为模式与偏好，将营销活动有效地投放到越来越小的市场目标。例如信息系统能够更全面地收集客户信息，通过对其挖掘，提高获利能力和市场洞察力，发现潜在客户需求，为客户提供新的（或延伸的）产品与服务。

（三）与客户和供应商建立紧密联系

与客户和供应商建立紧密联系（Strengthen Customer and Supplier Intimacy），即企业可

以使顾客与企业的产品捆绑在一起,或将供应商纳入本企业决定的送货日程与价格结构,从而提高顾客与供应商的转换成本,降低他们的议价能力。这种策略所涉及的信息传递要求很高。因为供应链中信息的传递,不论有没有"系统",也不论信息系统是否同构,总是要能使信息在不同系统(计算机化的系统或非计算机化的系统)中传递。一方面要使信息迅速传递,另一方面要使信息在传递中不失真,使被"捆绑"的客户或供应商真正与本企业"双赢"。

信息技术能在许多方面帮助企业与供应商和客户建立更加紧密的联系。供应链管理(Supply Chain Management,SCM)和客户关系管理(Customer Relation Management,CRM)是现代企业与供应商和顾客建立紧密联系的技术或方法。零售企业利用自己的渠道优势整合制造商/供应商,通过系统将销售信息直接传递到制造商的生产线,帮助制造商实现"按需生产"。例如,沃尔玛采用持续供货补充(continuous replenishment program,CRP)管理方式,有效地提高了库存管理质量,利用及时准确的销售商品数量实时信息,并结合库存信息,运用预先规定的库存补充程序,可以更加精准地确定发货补充数量和配送时间的计划方法。由于着眼于改进供应链中的物流合理性,在将管理前向扩展到终端客户的同时,后向也延伸到供应商,使得整个系统的库存管理水平大大提高,供应链各个阶段库存大量减少,库存周转加快,极大地提高了效率,节约了资金。此外,企业通过客户关系管理系统为用户提供更好的商品与服务,利用对用户开放企业自身的信息服务,使用户通过自己的信息系统获益,从而达到"捆绑"用户的目的,如酒店对 VIP 客户的管理。

(四) 成本领先战略

低成本(Low Cost Leadership)是一种有效的战术手段,是指通过有效途径,使企业的产品单位成本低于竞争对手的成本,以获得同行业平均水平以上的利润。低成本能有效应对客户和供应商的"竞争",能阻止新的市场进入者,延缓新的替代产品的研发。

信息技术和信息系统的运用,可以帮助企业显著降低成本,包括企业的生产成本、代理成本和交易成本。在生产成本方面,信息系统帮助企业在生产过程中更好地传递信息,从而改善业务流程,提高工作效率,外包非核心业务,降低原材料或产品库存,加速资金流转,达到降低生产成本的目的。在代理成本方面,企业管理者与所有者之间的信息不对称产生了代理成本问题,信息系统可以帮助企业所有者及时获取企业运营信息,减少所有者计量、控制管理层行为的监督成本,降低代理成本;信息系统的运用,使管理层操纵财务数据等机会主义的行为变得困难,从而减少了隐藏信息的道德风险。在交易成本方面,信息系统通过对企业内部业务流程的主要环节进行自动化和集成化,让公共数据和业务数据活动在企业内外部得到共享,简化企业组织机构,提高企业运作效率,及时有效地规避了企业间信息不对称的影响,降低了企业的组织管理成本,提升了企业运营效率和对市场的反应灵敏度,从而大大降低企业的交易成本。

【拓展阅读】 沃尔玛创新信息系统实现低成本

沃尔玛公司很早就意识到了应用信息技术对于改善服务的益处。1983 年,公司建设了一个精巧的卫星网络,将所有店铺的销售点终端连接起来。在短短的几年里,该系统成长为一个复杂的通信网络,它连接着沃尔玛的总部、分销中心、所有的店铺及主要供应商。该系统最具创新性的一面就是实现了库存控制的即时处理。这一改进的方法用起来极为方便,这在普通的零售业中是前所未有的。当某个店铺售出某项产品时,系统就会立即向该商品的供应商发出一条信息。这样,供应商在下次约定的时间(通常是当天)向沃尔玛最近的分销中心发货时就会自动补充该商品。这种紧密的连接使沃尔玛可以对库存需求作出即时反应,同时显著降低库存量。这种创新并未止步。沃尔玛实现了系统的有效运作,并利用该系统降低成本、改进产品和服务质量,使公司在竞争中脱颖而出。

沃尔玛的竞争对手中,Sears 的管理费(用于工资、广告、仓储、物业管理等)占销售额的近30%,Kmart 的管理费占销售额的21%,而沃尔玛的管理费仅占销售额的15%。信息系统对降低管理费起到了极为重要的作用。

第17讲　信息系统优化企业价值链

随着网络与计算机通信技术的发展,信息系统已经嵌入企业管理与决策之中,企业的各项管理运营活动,都离不开信息系统的支持,信息系统的应用也在影响着企业价值链活动。

一、企业价值链

迈克尔·波特最早提出价值链的概念,认为一个企业的经营活动可以分解为若干战略性相关的价值活动,每一种价值活动都会对企业的相对成本地位产生影响,并成为企业采取差异化战略的基础。这些活动分为基本活动和辅助活动。基本活动(Primary Activities)指的是公司产品和服务的提供与配送,能为客户产生价值。辅助活动(Support Activities)由组织基础架构(行政及管理)、人力资源(员工的招募、雇用及培训)、技术(改善产品及制造过程)与采购(购买材料)所组成,使基本活动能顺利进行,基本活动和辅助活动构成了企业的价值链(图1)。

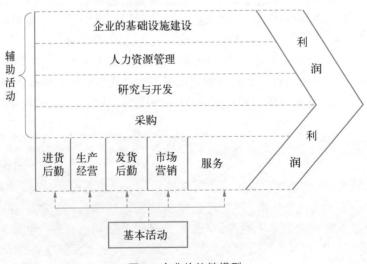

图 1　企业价值链模型

管理信息系统(第三版)

不同的企业的价值活动中,并不是每个环节都会创造价值,只有某些特定的价值活动才真正创造价值,这些真正创造价值的经营活动,就是价值链上的"战略环节"。

波特价值链模型(Value Chain Model)凸显企业中某些能最好地应用竞争战略的具体活动,以及信息系统具有的战略影响力。价值链模型指出信息技术运用在哪些关键之处,可以最有效地加强竞争力。企业价值链可以与其他伙伴的价值链相连接,包括供货商、批发商与客户。表1说明企业价值链及产业价值链中的活动,展示出战略性信息系统的发展能使价值活动更具有成本效益。公司不仅可通过内部的价值链流程来提供价值而达到战略优势,也可借此与有价值的伙伴建立强有力且紧密的关系。

表1 企业价值链上的活动

辅助活动	行政管理:电子化日程安排和消息系统				
	人力资源:人力规划系统				
	技术:计算机辅助设计系统				
	采购:计算机化订货系统				
基本活动	进货物流	作业	销售与营销	服务	出货
	自动仓储系统	计算机控制加工系统	计算机化订货系统	设备维修系统	自动送货调度系统

二、信息系统支持企业价值链实现

从企业内部价值链来看,信息系统优化了企业价值链上的活动,提高了管理效率,降低了生产和管理成本,增加了价值活动之间沟通的有效性与及时性;从顾客价值链来看,信息系统增加了购买渠道,加强了企业与顾客之间的沟通与反馈联系;从产业价值链系统来看,信息系统帮助企业与其供应商、分销商等之间形成更为复杂多变的价值网。因此利用信息系统,对企业的价值链进行科学、有效的管理,企业才能在现代竞争中获得优势。信息系统对企业价值链的支持主要体现在以下几个方面。

(一)提升价值链活动效率

信息系统具有网络化、高效率、低延时等特点,将信息系统应用于企业的采购、生产、销售以及人事、财务、内部管理等各个环节,减少因人工操作带来的数据错误和延时等问题,使得价值链的支持活动与主要活动每个环节的效率都得以大幅提高,实现优化企业价值链的目的。例如,通过人事管理系统,企业能够准确掌握每一位员工的基本情况、岗位、工资与社保等信息,而通过财务系统,企业能够准确掌控资金流动态,实施财务动态管控。

(二)降低内部价值链成本

管理信息系统通过标准化业务流程,对企业价值链活动进行精简和优化,从而使得各个环

管理信息系统(第三版)

节的资源得以充分利用,达到了节约资源,提高效率的目的,减少整个价值链不必要的冗余环节,有效地降低了成本,增大企业利润空间。例如,计算机辅助设计和辅助生产,使得企业生产成本与设计成本下降;企业内部管理信息化,使得企业管理成本下降,仓储物流成本降低;供应链、客户管理系统,帮助企业掌握市场动态和销售数据,有效地组织采购与销售,并更好地维护客户关系,降低采购成本与销售成本。因而,信息系统使企业信息沟通扁平化,降低管理决策成本。

(三)增强外部适应能力

信息系统使得企业的价值链能更加适应外部环境的变化。信息技术加速了资源在全球范围内的流动与优化配置,使得传统价值链得以改进,企业各部门之间、企业部门内部信息渠道更加畅通,管理成本下降,管理效率得以提高。信息系统使得企业技术水平得以提高,产品设计改进,产品质量提高。通过对信息的快速充分获取,可以确定企业最有利的交易伙伴,包括采购与销售,并且信息化对于生产过程、生产前后勤活动都有所改进,不仅使生产效率提高,且减少了后勤活动中的浪费,提高了企业资源利用率。信息系统可以增强企业个性化服务能力,企业利用云计算、大数据与人工智能等技术手段,挖掘客户潜在需求,改进和完善产品与售后服务,实施精准服务,提升市场规模。因此,信息系统可以增强企业核心竞争力,提升快速反应能力,适应外部环境变化。

(四)延伸外部价值链

企业不仅内部价值链各个环节之间紧密联系,而且与外部供应商价值链、客户价值链之间也有着互动联系,而信息系统加强了这种互动。企业利用信息化手段,可以快速方便地获取采购信息,选择最合适的供应商,并且运用网络平台,实行跨地域的资源配置,降低采购成本,提高采购效率;同时,客户关系管理系统的使用,使得客户与企业之间的联系更为紧密,通过建立网络化的客户服务中心,可以提供一对一的交互式服务。管理信息系统增强了企业与供应商之间的互动,降低物流成本、交易费用、原材料积压成本等;增强与客户之间的互动,提高客户满意度,减少库存成本。因此,信息系统的运用,使企业价值链得以有效延伸,形成与上游供应商和下游客户之间的外部产业价值链,并且提升与各方的互动效率,实现价值链增值。

(五)维护市场供需平衡

信息系统能够促进和支持产业链上企业之间的良性互动,使供应商与企业、企业与客户之间信息渠道更加畅通,形成生态价值链。企业采购部门通过信息系统,将企业需要多少、何时需要等信息提供给供应商,同时,通过管理信息系统,企业能够及时了解市场上有多少客户、客户的需求是什么,何时需要,需要多少等相关信息。供应商、客户、企业之间的需求与供给保持平衡,避免了原材料和产品的积压,降低了成本,从整个社会的产业价值链来看,社会整个价值链上的各个环节信息渠道畅通,形成良性互动的生态价值链。

三、基于价值链和价值网的管理信息系统

企业的各项决策都需要建立在充足的数据分析基础上,信息系统的发展和应用促进企业价值链上各项经营活动的协同。信息系统是实现价值链企业之间信息传递、信息共享和信息

集成的物质基础,是价值链管理环境的重要组成部分。企业应努力为内部的价值链活动与外部的价值网发展战略信息系统,如此可获得最大的价值。

互联网技术扩充了价值链的概念,将公司的供货商、商业伙伴与客户纳入同一价值网中。价值网是一群独立公司的集合,这些企业使用信息技术协调它们的行为来生产产品或服务并提供给市场。价值网比起传统价值链,更趋近于客户导向,且大多为非线性,这个价值网的功能如同一个动态的企业生态系统,使用同一产业或相关产业中分属不同公司的客户、供货商与贸易伙伴的企业流程实现同步化。价值网相当富有弹性,且会随着供给与需求的改变来调整,个体间的关系可以动态地整合或分离,来响应改变中的市场环境。

因此,不管是价值链还是价值网,都可以帮助企业理解和识别在哪里以及如何应用信息技术的能力,将不同类型的信息技术或信息系统应用于具体的业务流程,帮助企业在市场竞争中获得优势。

四、信息系统实现价值链向虚拟价值链延伸

杰弗里·雷鲍特(Jeffrey F. Rayport)和约翰·斯维奥克拉(John J. Sviokla)于 1995 年提出了虚拟价值链的概念。他们认为,价值链中的每一项价值增加活动都可以分为两部分,一部分是在市场场所中基于物质资源的增值活动,而另一部分是在市场空间中基于信息资源的增值活动。波特的价值链模型只适用于在市场场所中竞争的企业,为了指导企业在市场空间中进行有效竞争,物质增值活动构成了实物价值链。与之相对应的是,信息增值活动独立出来构成虚拟价值链,企业在市场空间中的竞争力体现在比竞争对手更有效地进行信息的价值增值活动。信息系统的应用,能够增强企业物质活动之间的联系,同时也是实现信息增值活动的基础,促进了价值链向虚拟价值链的延伸。

虚拟价值链的建立,将创造价值的活动由单独在物质空间进行,转变为在物质空间和虚拟空间同时进行,为企业建立起两条平行的价值链。在传统价值链中,企业对信息的收集、加工与利用所形成的信息流服务于实物产品的生产与流转,只作为辅助活动,其本身并不创造价值。而虚拟价值链由于其产品本身就是信息,故此时的信息收集、加工与处理是被当作企业的基本作业活动,其过程本身就会产生价值增值。虚拟价值链可以更好地支持传统价值链的各个环节,增强传统价值链的可视性,便于管理者对传统价值链各环节进行协调管理,形成协同效应。

虚拟价值链将价值创造活动,由传统价值链物质世界的市场场所,扩展到网络世界的市场空间,以此拓展企业价值创造的空间。依靠信息技术,虚拟价值链使上下游企业能够跨越时空的限制,有助于企业建立新型的客户关系,扩大经营范围,实现价值活动共享;实现企业价值链与供应商和客户价值链有效结合,提高价值链的快速反应能力;重新定义企业的边界和规模经济,使得中小企业同样可以获得规模经济和竞争优势。

此外,虚拟价值链具有更强的灵活性和更高的知识性,知识生产型企业可以构建起信息产品的虚拟价值链。以互联网内容生产企业 MCN 机构为例,MCN 机构的活动全程建立在各类网络和信息技术基础之上,MCN 机构企业制作短视频等内容产品,根据产品内容和营销目的向多平台发布,从而推送给更广泛的网络用户,形成短视频内容的产业链。在这个过程中,MCN 机构利用互联网平台信息系统开展内容生产、发布和营销推广等活动,实现虚拟价值链的增值。

【拓展阅读】 戴尔公司的供应商价值链管理

戴尔公司的零部件大都靠价值链分解外包来完成,因此这些零部件供应的敏捷性直接影响戴尔公司的后续经营甚至整体生产运营。

戴尔公司的策略是减少供应商的数量,快速把顾客信息提供给供应商,供应商尽快调整产品和服务,改善自己库存的效率和周转速度。戴尔公司的物料采购采用第三方物流模式,其实施关键是供应商管理库存(VMI)和信息共享。在中国,戴尔公司的第三方供应物流企业是伯灵顿全球有限公司。戴尔公司先和供应商签订合同,要求每个供应商都必须按照它的生产计划将物料放在由伯灵顿管理的仓库里。戴尔公司在确认客户订单后,系统会自动生成一个采购订单给伯灵顿,伯灵顿在90分钟内迅速将零部件运送到戴尔公司的装配厂(客户服务中心),最后由供应商根据伯灵顿提供的送货单与戴尔公司结账。

为了使自己和供应商的库存都尽可能降到最低,戴尔公司和供应商所有的交易数据都在互联网上不断往返,实现"以信息代替库存"。通过敏捷的供应物流,戴尔公司的零部件库存周期一直维持在4天以内,远低于行业30至40天的平均水平。

第 18 讲　从产业集聚到虚拟产业集聚

从经济学的角度来看,产业集聚是指在一定的区域范围内,生产某种产品的若干不同类型企业,与这些企业配套的上下游企业、相关服务业以及产业资本要素不断汇聚的过程。产业集聚的结果导致外部规模经济、创新效益和竞争效益提升。产业集聚是企业、资本和要素的自发汇聚,形成集聚地区产业和企业整体生产效率的提升。随着互联网和信息技术的发展,企业通过信息系统构建虚拟经营和虚拟价值链,在现代产业集聚过程中发挥着重要作用,促进虚拟产业集聚的形成。

一、信息系统促进虚拟集聚

虚拟集聚即虚拟产业集聚,是指依靠现代通信与网络技术,通过各种公共服务、中介机构等组织搭建的共享平台资源,使得具有产业链和价值链内在联系、活动范围不局限于地理区域的企业和机构在虚拟空间集聚,实现充分竞争、共同发展的虚拟化产业组织形态。

传统产业集聚的根本动力在于通过物理空间上的集聚,企业能够充分利用地区的某种优势,或加强地区内企业之间的经济联系,以此来共享资源、设施和服务,降低生产成本,形成区域产业的集聚优势,最终实现产业的内部经济性和外部经济性。然而,随着互联网商业模式的兴起,以及新一代信息技术的快速发展,产业上下游之间并不需要按照固定的生产工序绑定生产合作关系,而是变成了任务型的连接,实现了选择成本、交易成本的自动规避。通过建立虚拟企业或开展虚拟经营,企业可以更便利地选择合作伙伴与服务消费对象,并与上下游厂商建立信息交流联系。与此同时,随着生产系统由"福特制"的大规模生产方式向面向消费者的柔性生产模式转变,也要求企业与企业之间的空间关联逐渐从原先地理空间集聚的模式,变成以数据和信息实时交换为核心的网络虚拟集聚模式,形成虚拟产业集聚。

互联网带来了消费升级、生产变革和跨界竞争,在市场风险不断增加以及生产技术条件提升的背景下,必然要求产业链上下游企业在网络空间中形成一种新的竞争协作型关系网络。这种关系网络以整体参与外部竞争,从而对外部市场需求变化和不确定冲击作出快速反应。柔性专业化的生产体系使得互联网空间网络中的每个企业行为主体所面临的是一种短期、动态、多变的契约关系。企业之间出于共同的商业利益,通过信息系统建立网络信息共享平台,形成良好的相互信任的合作关系,开展虚拟经营,从而降低交易成本。同时,基于信息系统的网络空间集聚,有利于企业之间通过要素、数据资源共享,以及通过实时在线的交流、沟通,准确有效地传递隐性知识和相关信息,有利于在信息网络空间上邻近的经济行为主体之间通过竞争协作的策略互动来培育和激发创新。这些都促进了虚拟产业集聚的形成。

二、虚拟集聚的类型

互联网与新一代信息技术在参与实体经济的融合过程中形成了虚拟产业集聚,主要有以下三种类型。

第一类是既有地理集聚,也有互联网空间的虚拟集聚。地理集聚在先,虚拟集聚在后。随着地理集聚中的企业信息化升级,便形成虚拟集聚。因为地理集聚的特性,有利于更好地共享和利用新一代信息技术基础设施,从而使集聚区内的大量企业能够实现"轻装信息化",使得地理集聚更加稳健,并且吸引更多的集聚资源,在虚拟空间上产生新的集聚。

第二类是纯粹的虚拟集聚,这是完全建立在互联网上的产业集聚,通过网络平台配以物流进行交流和交易。例如,亚马逊、淘宝、京东等电商,它们属于"互联网＋产业集聚",纯粹是在互联网虚拟空间上的集聚。

第三类是地理空间集聚与虚拟集聚同时进行。互联网与数字产业为了获得更高的隐性知识溢出,也需要地理集聚,因而在虚拟集聚的同时,会形成地理集聚。例如广州琶洲互联网创新集聚区,该集聚区定位于广州国际科技创新枢纽先行区、国家级"互联网＋"创新示范区、全球互联网产业创新创业优选地。小米、腾讯、阿里、复星、国美、YY、唯品会、星河湾等互联网企业的总部或区域总部纷纷聚集于此。

三、虚拟集聚的特征

虚拟集聚的特征主要表现为数据资源化、信息在线化、需求碎片化、交易泛在化、生产柔性化和全产业链一体化等。

(一) 数据资源化

传统地理集聚强调的是物质资源、资本和产品以及劳动等要素的集聚,而虚拟集聚更重视在生产和消费整个环节中物质资源、资本和产品里隐藏的数据信息,并将其视为整个生产消费环节中最重要的资源之一。虚拟集聚主要依靠信息系统和互联网技术对数据进行搜集、整理和交换,并依托云计算、大数据等技术进行挖掘处理,进而得到隐藏在数据背后的市场和消费者需求信息,并根据这些数据资源,快速优化实现生产要素资源在生产和消费环节中的配置。

(二) 信息在线化

与传统产业的经营活动重点在线下不同,虚拟集聚的线上特征明显。通过互联网信息系统,将集群内的要素和信息实时在线化,实现上下游企业之间、企业与消费者之间的全天候实时交互,进而推动产业链上不同环节之间的高效融合,以及跨产业的交互融合。实现这种高效、准确的信息交互融合,是推动新产品、新模式和新业态出现的前提条件。

(三) 需求碎片化

与传统的地理集聚进行对比,虚拟集聚可以依托网络信息系统,使得上下游企业与终端消费者等多主体之间的信息能快速、准确、及时地传递和沟通。在这种情形下,传统产业的规模经济作用将被弱化,消费者的个性化需求更被重视,并且都能够得到满足。也正因为此,虚拟集聚不同于地理空间集聚,它不仅有大量的生产者,同时也有大量的终端消费者集聚。

(四) 交易泛在化

网络信息系统突破了交易时间和地理空间的限制。正是这种交易的泛在性,使得网络环境下的企业和客户在空间地域的分布具有广泛全球分布的特征,进而通过分析这种海量泛在性的交易数据,能够准确地把握消费者偏好规律,使按需订制生产成为可能。

(五) 生产柔性化

消费者差异化需求引发了小批量、多品种柔性生产的出现,用以最大限度地满足客户个性化需求。虚拟集聚网络中,各价值链环节会依据市场需求进行动态变化,甚至直接出现定制化与精准化供需匹配,以柔性化的供应链体系来满足个性化生产的需要,这使得产业组织结构更偏向于扁平化发展,生产能够围绕消费者的个性化需求展开。

(六) 全产业链一体化

传统的地理集聚一般是某个产业链的上下游企业集中而形成产业集群。而虚拟集聚往往超越单一产业链,形成全产业链覆盖。例如,海尔的"智汇云"既包括"智造云",专注于智能智造的互联工厂云平台 Cosm,也包括提供海尔特色的财税、人力、法务、协同、数据以及专业产业云的"智企云",还包括主要助力企业的营销,以集群经济为出发点,汇聚用户的场景化小数据,利用共享平台进行数据治理、利用、挖掘,向中小微制造企业提供与制造互联互通的数字化营销及电商服务的"智数云",将工业领域中的智能智造、供应链、金融、营销、管理等各类资源集聚。虚拟集聚大大提高了跨界融合、资源配置和协同的能力,从而提升企业的竞争优势和价值增值能力。

【拓展阅读】 乌镇虚拟产业园

乌镇虚拟产业园是乌镇人民政府下属的"招商、引资、引智"官方平台,实行了"网络注册,无界办公"。园区充分发挥乌镇政策红利和区域优势,通过互联网技术为入驻企业链接社会生产所需资源,调动市场中的经济发展势能汇聚乌镇,让政企银校各类资源能跨地域合作,实现互联共享。与此同时,园区建立乌镇商业大数据,促进乌镇经济发展突破地域限制,服务乌镇,服务全国。乌镇虚拟产业园重点引入基金企业、互联网企业、通信电子类企业、电商企业、高新科技企业、文创企业,并重点打造税务服务、政务服务、技术服务、融资服务、知识产权交易服务、异业合作服务。

第 19 讲　数字经济发展离不开信息系统

伴随着人类社会加速向数字经济时代迈进,传统生产要素边界和构成发生了重要拓展,数据成为与资本、劳动、土地等并列的关键生产要素,数字经济已成为经济增长的新引擎,世界各国都把数字经济作为经济发展的重点。数字经济的概念最早由唐·泰普斯科特(Don Tapscott)在 1996 年出版的《数字经济：网络智能时代的前景与风险》(*The Digital Economy: Promise and Peril in the Age of Networked Intelligence*)一书中提出。1998 年,美国商务部发布《新兴的数字经济》报告,数字经济的提法正式成形。信息系统是数据要素流通的基础,数字经济发展,离不开信息系统的支持。

一、什么是数字经济

关于数字经济的概念,目前国内外尚未形成统一的定义,学术界、政府机构纷纷从各自的角度对数字经济的内涵进行研究。《二十国集团数字经济发展与合作倡议》中对数字经济的定义为：以使用数字化的知识和信息作为关键生产要素、以现代信息网络作为重要载体、以信息通信技术的有效使用作为效率提升和经济结构优化的重要推动力的一系列经济活动。美国经济分析局(U. S. Bureau of Economic Analysis, BEA)认为数字经济主要包含三个方面：一是与计算机网络运行相关的数字化基础设施;二是基于网络实现商业往来的电子商务业务;三是由数字经济使用者所创造和使用的数字媒体。鲁马纳·布赫特(Rumana Bukht)和理查德·希克斯(Richard Heeks)将数字经济区分为三个层次：基础层次是指以数字技术和相关基础服务的生产为基础的 ICT 部门,包含软件制造业、信息服务业、数字内容产业等;狭义的数字经济部分,涵盖了 ICT 生产部门以及因 ICT 应用而形成的新的商业模式;广义的数字经济,即所有基于数字技术的经济活动。

中国通信研究院自 2017 年开始发布"中国数字经济发展白皮书",对数字经济的认识经历了"两化""三化""四化"框架的演变：2017 年从生产力角度提出了数字经济"两化"框架,即数字产业化和产业数字化;2019 年,从生产力和生产关系的角度提出了数字经济"三化"框架,即数字产业化、产业数字化和数字化治理;2020 年进一步将数字经济体系框架升级为"四化",即数字产业化、产业数字化、数字化治理、数据价值化(见图 1),并把数字经济定义为以数字化的知识和信息作为关键生产要素,以数字技术为核心驱动力量,以现代信息网络为重要载体,通过数字技术与实体经济深度融合,不断提高经济社会的数字化、网络化、智能化水平,加速重构经济发展与治理模式的新型经济形态。

管理信息系统(第三版)

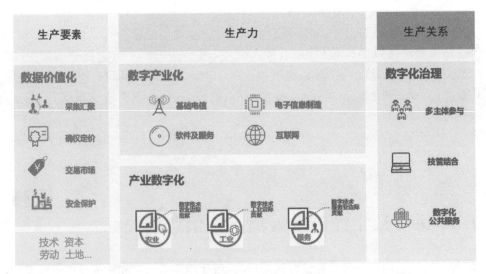

图 1　数字经济的"四化"框架

（资料来源：中国通信研究院）

（1）数字产业化。数字产业化即信息通信产业，是数字经济发展的先导产业，为数字经济发展提供技术、产品、服务和解决方案等，具体包括电子信息制造业、电信业、软件和信息技术服务业、互联网行业等，例如5G、集成电路、软件、人工智能、大数据、云计算、区块链等技术、产品及服务。

（2）产业数字化。产业数字化是指传统产业应用数字技术所带来的生产数量和效率提升，其新增产出构成数字经济的重要组成部分。数字经济是融合的经济，实体经济是落脚点，产业数字化包括工业互联网、两化融合、智能制造、车联网、平台经济等融合型新产业、新模式、新业态等。

（3）数字化治理。数字化治理是数字经济创新快速健康发展的保障，是指运用数字技术，建立健全行政管理的制度体系，创新服务监管方式，实现行政决策、行政执行、行政组织、行政监督等体制更加优化的新型政府治理模式。数字化治理包括治理模式创新，利用数字技术完善治理体系，提升综合治理能力等，例如基于数字技术的社会治理、数字化公共服务等。

（4）数据价值化。数据可存储、可重用，呈现爆发式增长、海量集聚的特点，是实体经济数字化、网络化、智能化发展的基础性战略资源。数据价值化包括数据采集、数据标准、数据确权、数据标注、数据定价、数据交易、数据流转、数据保护等方面。

二、数字经济的特征

当前，国内外对数字经济内涵的认识趋于取得共识，即数字经济的核心内容包括数字基础设施、数字技术以及由此催生的社会、经济活动，因而数字经济的特征表现为融合赋能效应，并且数据成为关键生产要素。数字经济的主要特征大致可以归纳为四个方面。

一是替代性，由于对ICT产品与服务的投资和生产效率显著高于其他产品，因而ICT制造业和ICT服务业规模迅速扩大；由于摩尔定律的存在，ICT产品的价格持续快速下降，使得ICT产品对其他产品形成非常显著的替代效应。

二是渗透性，作为一种通用目的的技术（General Purpose Technology，GPT），数字技术几乎能够渗透到经济社会运行的每一个环节。一方面，数字经济能够衍生出新需求、新模式，进而形成各种新兴产业,如电子商务、共享经济、平台经济等商业模式;另一方面,对传统产业进行数字化改造,发挥数字技术协同性特性,使得传统产业呈现出数字化形态特征,如智慧农业、智能制造、智慧物流、智慧医疗等。

三是融合性,即数据要素与其他要素相结合,能够增强要素间的协同性,进而提高生产效率,带来更多增加值,利用大数据进行供需的有效整合与精准匹配,能够降低交易成本,提高资源配置效率。例如,阿里旗下小微贷将阿里巴巴 B2B、淘宝、支付宝等电子商务平台上客户积累的信用数据及行为数据,引入网络数据模型和在线资信调查模式,从而将客户在电子商务平台上的行为数据映射为企业和个人的信用评价,形成完整的风险控制体系,据此向小微企业或个人发放贷款。

四是网络效应,数字技术催生的平台经济和共享经济等经济形态,具有典型的网络效应,用户数量越高,网络平台的价值越大,当网络用户超过特定临界点时,网络价值呈现爆发式增长。数字经济的网络效应催生了规模经济和范围经济。

上述数字经济的特征,使得数字经济的规模,无论是产业部门还是经济形态,都会呈现不断壮大的态势。

三、数字经济的类型

根据对数字经济的定义与特征的认识,数字经济的内容可划分为若干类型。

(1)数字化赋能。数字化赋能是数字经济的重要特征,这一类的数字经济形态主要是以新一代信息技术产品和服务为核心的数字技术,如云计算、大数据、人工智能、区块链、工业互联网等技术服务。新一代信息技术具有通用目的的技术特征,具有高度的渗透性和融合性,对传统经济活动产生赋能,促进生产、流通、组织方式的优化,对产业转型和经济增长发挥乘数倍增作用。

(2)数字设备制造。数字经济运行的硬件基础是数字基础设施,因而数字硬件设备制造业是数字经济的另一类形态。数字设备制造业包括计算机与通信设备、传感器、各类智能设备产品等制造。数字化赋能产业和数字设备制造业分别是数字经济产业的软、硬件行业,是数字经济得以运行的物质基础。

(3)数字内容。数字内容产业是以数字化知识和信息生产与消费为主的经济形态。用户在数字化设备以及社交平台、音视频网站等创建、访问、存储或浏览的内容都是数字内容,例如,在线广告、音乐、视频、电子书、游戏产品等知识载体产品。数字内容是数字经济背景下的一项重大革新,数字化知识和数据是其全部生产要素,其生产和消费完全建立在数字技术和数字设备之上。

(4)电子商务。通过互联网和信息技术,以电子方式进行交易活动和相关服务的活动都是电子商务经济活动的范畴。电子商务是数字经济下最显著的交易方式。按照交易主体与客体的机构单位类型的不同,数字化交易可分为企业对企业(B2B)、企业对消费者(B2C)以及个人对个人(C2C)等交易类型。

(5)数字管理。数字管理主要体现在数字技术对社会治理、公共服务以及数字经济运行等方面监管的改进、优化与颠覆。例如,政务服务"一网通办"和城市运行"一网通管"治理服务体系,以及数字技术在公共服务供给等方面的应用等。

(6)数字人才教育与培训。数字人才是数字经济运行的人力保障,数字人才的教育与培训也是数字经济的重要组成部分。

管理信息系统(第三版)

四、数字经济与信息系统

数字经济的运行与管理,离不开信息系统的支持。

(一) 信息系统为管理海量数据提供支持

数字经济将数据作为关键的生产要素,其生产活动需要大量的数据,同时也会产生大量的数据。因此,如何对这些数据进行有效的收集、加工并从中获得价值就显得至关重要。信息系统是数据世界的载体,通过对数据进行收集、加工、存储、传递和提供信息,对组织中各项活动进行管理、调节和控制。信息系统是开发和利用数据信息有效的系统化手段,是实现信息资源管理的有效方式,它能有效处理结构化、半结构化乃至非结构化的数据,辅助管理者进行有效决策,对企业的运作机制及其结构产生积极影响,协助企业整合内外部资源,构建企业联盟。数字经济条件下,数据作为一种战略资产,对其有效管理已成为各企业日常运营的基础。信息系统应用的好坏直接影响到数据管理的成效,并进一步影响数字经济下的企业竞争力。

此外,数字内容本身也是以数据形式存在的。对数字内容的生产、交易和消费,都依赖于信息系统的支持。

(二) 数字经济推动信息系统发展

ICT 的发展是数字经济发展的内在动力,在数字经济时代,移动互联网、云计算、大数据、人工智能、物联网、区块链等信息技术在促进数字经济快速发展的同时,信息系统也随之不断重构升级。例如,物联网技术能够对各类传感数据进行采集,传统的电子商务系统仅仅可以实现互联网模式的商品交易,而在数字经济时代,电子商务系统收集了海量的用户资料数据、交易数据,以及用户浏览、收藏、购买等行为数据,融入大数据和人工智能技术的电子商务系统可以轻松实现用户画像分析,开展商品智能推荐和营销信息推送。因此,为适应数字经济产业更高的应用需求,信息系统功能也在不断升级调整。可以说,数字经济发展推动了信息系统的发展。

参考文献:中国信息通信研究院. 中国数字经济发展白皮书(2020)[R]. 2020.

【拓展阅读】 腾讯发布首份"用云量"报告

2018 年 5 月 23 日,腾讯研究院联合腾讯云发布了《用云量与数字经济发展报告(2017)》。这是国内首份用云量专题报告,通过覆盖全国 351 个地级以上城市的"用云量"指标,精确反映各地市场主体在云端的活动状况,并将为各界理解数字经济,搭建数字基础设施提供参考。该报告将"用云量"定义为客户使用包括服务器、存储产品、数据库、IDC 宽带等 IaaS 服务项目,云安全、大数据、人工智能等 PaaS 服务项目,以及域名、中间件等 SaaS 服务项目情况。数据是驱动数字经济发展的第一生产性要素,而云就是存储、运输、加工、应用"数据"的基础设施。在数字经济时代,通过计算云的数量,来衡量数字经济发展程度。毫无疑问的是,对于 IaaS、PaaS 和 SaaS 服务资源分配、使用与计量都是依靠云服务信息系统来完成的。

第四章　IT 基础设施

第 20 讲　什么是 IT 基础设施？

IT 基础设施是各类信息系统得以运行的物质基础，其重要性不言而喻。

一、什么是信息技术

信息技术（Information Technology，IT）主要是指用于管理和处理信息所采用的各种技术的总称。它在企业中有着广泛应用，IT 基础设施作为企业信息系统的建设基础，正成为企业 IT 服务能力有效施展的重要平台。

信息技术对人类社会的影响是广泛而深刻的，信息技术的发展先后经历了五次革命。（1）语言的使用。语言在从猿向人转变时发生。人类创造了语言，获得了人类特有的交流信息的物质手段，有了加工信息的特有的工具概念。（2）文字的发明。文字发生于原始社会末期。文字使人类的信息传递突破了口语的直接传递方式，使信息可以储存在文字里，超越了直接的时空界限。（3）造纸和印刷术的发明。这是在封建社会发生的变革。这一发明扩大了信息交流和传递的容量与范围，使人类文明得以迅速传播。（4）电报、电话、电视等现代通信技术的创造。这些发明发生在 19 世纪末 20 世纪初期，它们使信息的传递手段发生了根本性的变革，加快了信息传输的速度，缩短了信息的时空范围，使信息能瞬间传遍全球。（5）电子计算的发明和应用。20 世纪中叶出现的计算机，从根本上改变了人类加工信息的手段，突破了人类大脑及感觉器官加工处理信息的局限性，极大地增强了人类加工、利用信息的能力。

现在所说的信息技术研究包括科学、技术、工程与管理学等学科，这些学科涉及信息的管理、传递和处理中的应用，相关的软件和设备及其相互作用。信息技术的应用也包括计算机硬件与软件、网络与通信技术、应用软件开发工具等。计算机与互联网普及以来，人们日益普遍使用计算机来生产、处理、交换与传播各种形式的信息。

在企业、学校以及其他组织中，信息技术体系结构是为了达到战略目标而采用和发展信息技术的综合结构。它包括管理和技术的成分，其管理成分包括使命、职能与信息需求、系统配置和信息流程；技术成分包括用于实现管理体系结构的信息技术标准、规则等。由于计算机是信息管理的中心，计算机部门通常被称为信息技术部门。有些公司称这个部门为信息服务或管理信息服务部门，而另一些企业选择外包信息技术部门，以获得更好的效益。

现代信息技术是指以数字技术为基础，以计算机及软件为核心，采用电子技术进行信息的收集、传递、加工、存储、显示和控制。现代信息技术呈现多学科交叉的特点，具体包括计算机技术、传感技术、通信技术、网络技术、存储技术、多媒体技术等。

二、什么是 IT 基础设施

IT 基础设施从字面上来讲，很容易让人理解成一些看得见、摸得着的设备。然而，这些只能反映 IT 基础设施的物质属性，或者说是固定资产的属性，无法代表 IT 基础设施的全部。IT 基础设施是指为其他业务系统提供运作基础的共享的 IT 服务能力，这些能力包括提供可靠服务所需的内部技术（设施、软件和网络）和管理经验，IT 基础设施由 IT 技术设施和 IT 人员基础设施两个元素组成。上述定义深刻地指出了 IT 基础设施的几个最重要的方面：

（1）IT 基础设施从本质上来说是一种 IT 服务能力；

（2）IT 基础设施的作用是为其他业务系统提供运作基础；

（3）IT 基础设施能够通过技术与管理来提供可靠的服务；

（4）IT 基础设施的组成包括"技术"和"人"两个方面。

如今，IT 系统的分工已经进一步专业化，IT 基础设施的专业化水平得到了进一步的提升，业界对 IT 基础设施的特性也有了更为深刻的理解。具体地说：

第一，强化了 IT 基础设施的资产属性。由于 IT 基础设施本身包含大多数的 IT 设备，作为企业固定资产的一种，IT 基础设施需要体现其富有竞争力的投资价值。

第二，进一步明确了 IT 基础设施的服务功能。很明显，比起某台服务器的具体技术指标，现代企业更关心其在企业业务系统中所发挥的作用。这需要 IT 基础设施结合"技术"和"人"，以及相关的流程来提供高质量的服务。

第三，提高 IT 基础设施的安全要求。现在，IT 基础设施不仅关系到企业业务的正常运转，往往还与企业的商业机密、无形资产相联系，因此 IT 基础设施的安全性、稳定性显得尤为重要。

三、IT 基础设施的组成

信息技术通过计算机科学和通信技术来设计、开发、安装和实施信息系统及应用软件；计算机硬件技术、软件技术、网络通信技术、信息存储与处理技术以及传感技术是推动信息技术发展的动力源泉，正因为有这些技术的不断发展和积极融合，才成就如今信息技术的智能高效、灵活稳定。从 1946 年第一台电子计算机 ENIAC 诞生到信息技术的普及应用，计算机部分地代替了人的智能，网络提高了人们之间信息传递的速度，使信息资源共享、交流成为可能。计算机不再是孤立的机器个体，它成为连接整个信息社会的基础设施。

支撑信息社会的重要技术包括计算机硬件技术、计算机软件技术、信息存储与处理技术、网络与通信技术、传感技术，以及这些技术的融合应用。

（1）计算机硬件技术。包括更快的运算速度、大容量存储设备、各种输入输出设备以及相应的服务。尽管近些年来计算机硬件技术飞速发展，但至今大多数计算机的硬件系统采用的仍然是存储程序结构，即冯·诺伊曼结构。

（2）计算机软件技术。包括满足不同需要的各种操作系统与应用软件、软件工程方法、程序设计语言、程序开发环境等。一般意义上的计算机软件包括系统软件和应用软件，而随着计算机系统的整体发展，软件工程方法、程序设计语言和开发环境等技术也越来越智能化，使得应用软件开发更加便捷、快速。

（3）信息存储与处理技术。包括信息提供、组织、存储、检索、展示等。随着科技的高速发展以及海量数据存储需求的不断推动，存储介质和存储技术也发生着日新月异的变化。从存储介质来说，目前主要可以分为磁盘、闪速存储器、固态硬盘和光盘等，信息存储技术主要有数据压缩技术、缩微存储技术、光盘存储技术等。信息处理技术主要通过数据库管理系统以及应用软件，实现数据的组织、存储、检索和展示。

（4）网络与通信技术。包括传输电缆、光缆、通信传输、通信处理、通信卫星和无线通信等。计算机网络技术快速成长，尤其是在数字传输、交换技术、高数据传输率、光纤传输等领域都有很大发展。

（5）传感技术。它从自然信源获取信息，并对之进行处理（变换）和识别，是一门多学科交叉的现代科学与工程技术。传感技术涉及传感器、信息处理和识别的规划设计、开发、制/建造、测试、应用及评价改进等活动。例如,通过传感器感知周围环境或者特殊物质,如气体、光线、温湿度等,通过信息处理技术,把模拟信号转化成数字信号,形成气体浓度参数、光线强度参数、温度湿度数据,并以特定的数字信号显示出来。

在 IT 基础设施的各个方面都有一些发展特点。比如,微电子技术和器件工艺、半导体超大规模集成电路的集成数量日新月异,著名的摩尔定律指出芯片的处理速度每 18 个月提高一倍;存储介质的存储容量和质量有很大提高,光存储技术发展迅速,使得大容量信息的存储和访问成为可能;计算机软件技术的发展,操作系统和网络操作系统、开发平台软件及工具软件与时俱进;数据库管理系统及大型数据库的研制,超媒体数据库、多维数据库、面向对象数据库的研发日新月异;多媒体技术和用户界面技术,确立使用者第一的服务思想。

四、新型基础设施

2018 年我国中央经济工作会议指出,"加快 5G 商用步伐,加强人工智能、工业互联网、物联网等新型基础设施建设","新型基础设施建设"(简称"新基建")的提法由此产生。此后,新型基础设施建设的概念迅速普及。

2020 年 4 月 20 日,国家发展改革委明确将"新基建"的范围界定为信息基础设施、融合基础设施、创新基础设施三个方面。

信息基础设施。主要是指基于新一代信息技术演化生成的基础设施,比如以 5G、物联网、工业互联网、卫星互联网为代表的通信网络基础设施,以人工智能、云计算、区块链等为代表的新技术基础设施,以数据中心、智能计算中心为代表的算力基础设施等。

融合基础设施。主要是指深度应用互联网、大数据、人工智能等技术,支撑传统基础设施转型升级,进而形成的融合基础设施,比如智能交通基础设施、智慧能源基础设施等。

创新基础设施。主要是指支撑科学研究、技术开发、产品研制的具有公益属性的基础设施,比如重大科技基础设施、科教基础设施、产业技术创新基础设施等。

可见,新基建基本涵盖了第六次技术革命浪潮中的新兴产业,这些领域的基本特征是:(1) 产业链涉及范围广,如 5G 建设包括芯片、器件、材料、精密加工等硬件以及操作系统、云平台、数据库等软件;(2) 产业间的协同效应强,如 5G、工业互联网、人工智能、云计算、边缘计算以及数据中心之间也存在着强烈的相互需求,产业间的互为需求将形成一种产业间的循环拉动效应,有助于提升产业竞争力;(3) 渗透效应强,新基建在拉动新经济形成规模的同时,对传统产业尤其是传统制造业也将产生渗透效应。

新基建的意义不仅在于通过提供基础设施,推动相应的新经济部门快速发展,更重要的是使经济社会不同领域乃至更多的国民获得普遍化的新经济红利。因此,新基建被视为我国经济发展的新动能。

【拓展阅读】 JP 摩根士丹利的数据中心虚拟化

作为金融服务领域的巨头,JP 摩根士丹利是追求自动化、虚拟化新数据中心技术的先锋。这家公司积极参与多个新技术项目,其目的只有一个: 最大化 IT 资源、减少成本和提高性能。该公司参与的项目有网格计算、基于策略管理虚拟化资源和自动化应用程序地图以及变化控制。该公司副总裁肖恩·芬德兰(Shawn Findlan)负责全球信用交易基础架构的建设，他想要应用程序能够在根据需求创建的、完全虚拟化的环境中选择服务器、数据库和其他组件，而不是使用 VMware 或 Sun 的虚拟化工具跨资源运行规定的工作。当一个交易应用程序需要更多的服务器或者数据库资源时，这种灵活的基础架构将会迅速创建端对端的应用程序环境，以便支持该应用程序的最新需求。

肖恩·芬德兰找到了 Enigmatec 公司，这家公司提供的管理软件可以基于预先设置的策略自动分配资源。这个软件叫作 Execution Management System(EMS)。据介绍，它可以发现系统故障，将变化加载到服务器上，并能利用预先设置的策略来修复出现的问题。该软件还可以把应用程序从专用服务器资源中分离出来，并将其他可用的资源分配给该应用程序。EMS 用分配的代理服务器来监控系统性能，比较实际性能与预先设置的性能指标有何不同，并且在性能下降时采取相应措施。当需要采取措施时，Enigmatec 的软件会自动将 CPU 资源分配到一个应用程序环境中，以适应更多容量的需要。

对于数据中心实现整体自动化来说，基于策略的管理和虚拟化还只是完成了目标的一部分，而 Enigmatec 所具备的灾难或故障恢复方法则解决了目标的另一部分。有了为应用程序按需调整配置的平台，JP 摩根士丹利公司获得了 300% 的业绩增长。

第 21 讲　计算机硬件发展史

计算机硬件是指计算机系统中的各种物理装置，它是计算机系统的物质基础。硬件系统又称为裸机，裸机只能识别由 0、1 组成的机器代码，而软件是相对于硬件而言的。软件系统着重解决如何管理和使用机器的问题，而没有硬件则根本谈不上应用计算机。当然，光有硬件而没有软件，计算机也不能工作，所以硬件和软件是相辅相成的。

计算机硬件技术是一切信息技术的基础与支撑，计算机硬件平台是任何通信网络的最终连接对象，也是任何软件的最终操作对象。因此，对信息技术的深入学习，首先应从计算机硬件开始，也只有掌握计算机的硬件平台，才能深入理解信息技术及其应用。

一、计算机的产生和发展

虽然近代科学家发明了各种机械运算工具提高运算速度，但始终不尽如人意，直至 1936 年计算机科学之父阿兰·麦席森·图灵(Alan Mathison Turing)提出"图灵机"的概念模型，才为电子计算机的发明奠定了理论基础。1945 年电子计算机之父冯·诺依曼(John Von Neumann)提出了"存储程序"的概念和二进制原理，确立了现代电子计算机的物理结构与运算方式。1946 年 2 月第一台电子计算机 ENIAC 在美国加州问世，耗资上百万美元的 ENIAC 用了 18 000 个电子管和 86 000 个其他电子元件，运算速度却只有每秒 300 次各种运算或

5 000 次加法。尽管 ENIAC 有许多不足之处，但它揭开了电子计算机时代的序幕，也为人类进入信息时代奠定了基础。

约翰·冯·诺依曼　　　　　　　　阿兰·麦席森·图灵

电子计算机经过几十年的发展已今非昔比，纵观它的发展历程，大致经历了四次重要的更新换代。早期的第一代计算机使用电子管作为运算器件，这种计算机体积巨大，发热量惊人，由于电子管使用寿命短，使用过程中常因电子管烧坏而出现死机。1960 年后第二代计算机出现，寿命更长、稳定性更好的晶体管器件被使用在计算机上，晶体管比电子管小得多，消耗能量较少，处理更迅速、更可靠。到 1965 年，集成电路被应用到计算机中来，进而产生了第三代计算机，这段时期被称为"中小规模集成电路计算机时代"。集成电路是做在晶片上的一个完整的电子电路，包含几千个晶体管元件。第三代计算机的特点是体积更小、价格更低、可靠性更高、计算速度更快。从 1971 年到现在，被称为"大规模集成电路计算机时代"，即第四代计算机技术。随着制造工艺的改进，大规模集成电路（Large Scale Integrated Circuit，LSI）和超大规模集成电路（Very Large Scale Integrated Circuit，VLSI）研制成功并应用于计算机处理器、存储器、总线控制芯片等元件的制造，使得计算机的体积大为减小，个人计算机开始出现，并成为我们生活中不可缺少的一部分。其后，各国纷纷开始研发具有智能处理能力的第五代计算机。第五代计算机是把信息采集、存储、处理、通信同人工智能结合在一起的智能计算机系统，它能进行数值计算或处理一般的信息，主要面向知识处理，具有形式化推理、联想、学习和解释的能力，能够帮助人们进行判断、决策、开拓未知领域和获得新的知识，人机之间可以直接通过自然语言（声音、文字）或图形图像交换信息。

二、计算机硬件发展趋势

随着计算机技术的进一步发展以及运算能力需求的不断提高，各种新型电子计算机和非电子计算机相继研制成功，包括神经网络计算机、生物计算机、光子计算机、量子计算机、超导计算机等，这些新技术的出现为第五代计算机的出现奠定了基础。随着计算机技术的不断发展和进步，计算机硬件出现了以下发展趋势。

（一）元器件互连

元器件的迅速发展促进了元器件互连技术的发展，因此元器件内部的互连以及系统级或体系结构级之间的互连技术都是至关重要的。元器件互连技术的发展趋势是常规的 TAB 工艺（在芯片周围的压焊区进行热压焊）将受到未来要求更高的互连密度的限制，此时可用新的焊接技术(如激光焊接)帮助 TAB 工艺。其次是在给定组装技术的条件下,最有竞争力的互连技术为倒焊法和自动载带焊接法。

促使计算机硬件系统前进的基本推动力是继续缩小元器件的尺寸,提高速度和电路密度。然而,继续缩小元器件的尺寸,终究会达到其物理极限。因此,要在较高性能、较低成本的计算机系统中取得更大进展,就要求有新的结构原理和新的互连技术的出现。光学互连技术和高温超导互连技术可望有较大进展。这些技术只要有一项或几项获得突破,就会颠覆性地改变计算机系统的成本和性能。

(二) 大容量数据存储器

对于未来高性能的系统来说,大容量数据存储器是一种关键性的器件。随着固态技术的发展,通常称作"固态盘"的超大规模集成电路存储器将代替转动的磁介质存储器。这些涌现出来的固态技术也可能成为未来存储器的主要技术。新的半导体异型结构(超点阵结构)器件在电子学、光发射以及光敏等性能方面显得比硅好,可用于数据存储。光盘存储器——只读型光盘已用于数据分配。用 SOI 技术能获得更高密的芯片,适用于数据库操作的逻辑部件或更大容量的存储器。传统的磁介质存储器(至少在新产品中)可能出现越来越少的趋势。

计算机处理器的运算速度迅速增加,有能力将大量资源集中在检索子系统以保证其快速地检索。垂直记录是保证其快速检索的一种有效方法。特点是介质上的信息其磁化方向与介质表面相垂直,使得每个空间运动点的密度更大,从而加快其传输速率,加快检索速度。如果这项技术取得突破,它将与磁光记录抗衡,并且可超过磁介质存储器的十倍。

(三) 巨型计算机

巨型计算机(以下简称"巨型机")提供快速和最有效的通用科学计算系统,为解决重大科学问题起到了关键性的作用,目前已成为热核能利用研究,核武器模拟,空间技术发展,长期气象预报,石油地质勘探、水坝、建筑、飞机和汽车结构试验模拟的有力工具。在所有新型的计算机系统中,软件起着关键性的作用。巨型机中软件的关键问题是对操作系统的支持和协同处理。一般用户倾向于系统独立接口的概念,即允许多种功能能够在若干系统元部件之间方便地移植,促成以 UNIX 操作系统为基本操作系统,可使工作站/大型主机具有非凡的可移植性。

巨型机资源的利用是个极为重要的问题,传统的巨型机是许多用户共享资源。数据通信链路提供数据存取服务,实现的方法可通过专用的点对点连接,或通过共享网络服务器连接。为充分利用巨型机提供的高性能,需要高质量、高速度的数据通信与之配合。

(四) 新型并行处理机

并行性蕴含着提高信息处理速度和解决大规模问题的巨大潜力,展现出由多个处理机组成更大的计算机系统以及由超大规模集成电路组成计算机的美好前景。近年来,新型并行结构和实验系统有朝着能适应多种应用的并行处理商品化方向发展的趋势。这一发展有赖于半导体元件的基础硬件技术和并行计算的软件技术。同时那些用于新型并行处理机的基础器件和元件的性能将得到显著改进,而其价格将逐渐降低。

新型并行处理机最可能出现突破的领域是软件,这些软件主要指语言与程序设计、操作系统、编译程序,以及这些软件工具与现有软件工具的接口。软件工具的接口问题将涉及以往巨大软件资源的继承问题。开发具有将串行机程序自动转换成并行代码能力的并行编译程序，是解决这一问题的最好途径。编译技术具有发挥并行处理系统作用的很大潜力。

（五）工作站、小型机与处理机

工作站、小型机与处理机广泛应用于各种领域，但其性能和关键技术需进一步得到改进。其主要技术趋势是单处理机与多处理机的发展。（1）单处理机。精简指令系统计算机（RISC）体系结构的出现是对传统复杂指令系统计算机体系结构的一种巨大冲击，同时又对各种新机型的设计产生了不同程度的影响。RISC技术的基本思想是采用简单而有效的指令系统，并使指令格式一致，尽量采用寄存器—寄存器操作，可使处理机结构大为简化。加之配合优化的编译技术，便有可能研究出结构简洁、功能强大的计算机。未来的工作站及服务器的高性能状态将取决于RISC的结构。目前对于单处理机技术的发展已有较好的规划，其性能方面的潜在突破将来自IC技术的突破。（2）多处理机。较小的、共享存储器多处理机之所以具有吸引力，是由于其程序设计模型的简单性和灵活性。但目前小规模多处理机的吞吐率往往还赶不上一台快速的单处理机。多处理机的潜在突破，在于改用高级的制造技术、编译技术等，但最重要的领域可能在于软件和建立某种结构方法，以提供规模可伸缩的能力和有效的程序设计。

（六）光子计算机、量子计算机、生物计算机

光子计算机是一种由光信号进行数字运算、逻辑操作、信息存储和处理的新型计算机。它由激光器、光学反射镜、透镜、滤波器等光学元件和设备构成，靠激光束进入反射镜和透镜组成的阵列进行信息处理，以光子代替电子，光运算代替电运算。随着现代光学与计算机技术、微电子技术相结合，未来光子计算机将成为人类普遍的工具。

量子计算机（quantum computer）是一类遵循量子力学规律进行高速数学和逻辑运算、存储及处理量子信息的物理装置。当某个装置处理和计算的是量子信息，运行的是量子算法时，它就是量子计算机。量子计算机的概念源于对可逆计算机的研究，为了解决计算机中的能耗问题。2020年12月4日，中国科学技术大学宣布该校潘建伟等人成功构建76个光子的量子计算原型机"九章"。这一突破使我国成为全球第二个实现"量子优越性"的国家（IBM的Q System One首次实现"量子优越性"）。

生物计算机又称仿生计算机，它使用以蛋白分子为主要原料的生物芯片取代晶体管集成电路芯片，生物芯片体积小、功效高，在一平方毫米的面积上，可容纳几亿个分子电路，并具有一定的自我修复能力。

【拓展阅读】 常见的计算机设备类型

1. 服务器

服务器（Server）专指某些能通过网络、对外提供服务的高性能计算机。相对于普通电脑来说，服务器的稳定性、安全性、性能等方面都要求更高，因此在CPU、芯片组、内存、磁盘系统、网络等硬件方面和普通电脑有所不同。服务器是网络的节点，负责网络中主要数据、程序的存储和处理，为客户端计算机提供各种服务的高性能

计算机,其高性能主要表现在高速度的运算能力、长时间的可靠运行、强大的外部数据吞吐能力等方面。

根据计算机的性能,服务器可分为巨型机、大型机、小型机三类。其中巨型机和大型机运算速度快、存储容量大、结构复杂、价格昂贵,主要用于尖端科学研究领域或银行、电信等商业领域。小型机是指采用 8 至 32 个处理器、性能和价格介于微型机服务器和大型主机之间的高性能计算机,其具有高运算处理能力、高可靠性、高服务性、高可用性等特点。随着计算机 CPU 处理能力的提高,微型机也开始充当服务器,企业为了节约成本且达到较高的计算或存储性能,往往将微型机服务器(PC Server)集群部署、动态随需增减。

2. 工作站

工作站(Workstation)是以个人计算机和分布式网络计算为基础,主要面向专业应用领域,一般拥有较大的屏幕显示器和大容量的内存与硬盘,也拥有较强的信息处理功能和高性能的图形、图像处理功能以及联网功能,为满足工程设计、动画制作、科学研究、软件开发、金融管理、信息服务、模拟仿真等专业领域而设计开发的高性能计算机,如联想 Think Station 工作站。随着信息技术的发展,对于普通的企业管理信息系统,工作站逐步个人化,由适合个人使用的台式机来充当。

3. 台式机

台式机(Desktop)即微型计算机,多数人家里和公司用的计算机都是台式机。因台式机的主机、显示器等设备一般都是相对独立的,通常需要放置在电脑桌或者专门的工作台上,因此命名为台式机。

4. 笔记本电脑

笔记本电脑(Notebook computer 或 Laptop),即手提电脑,是一种小型、可携带的个人电脑。它和台式机架构类似,但是提供了更好的便携性——包括液晶显示器、体积较小的硬盘、轻盈防摔的外壳、结构紧凑的主板。笔记本电脑除了键盘外,还有触控板或者触控点,提供了更好的定位和输入功能,有些高端笔记本电脑还具备触屏输入、指纹识别等功能。

5. 手持智能终端

手持智能终端,即具有以下几种特性、便于携带的数据处理终端:具有数据存储及计算能力、可进行二次开发、能与其他设备进行数据通信、有人机界面(具体而言,要有显示和输入功能)、电池供电。手持智能终端种类较多,如平板电脑、PDA、智能手机等,它们的特点是体积小,携带方便,可移动使用。手持智能终端根据应用领域可以分为工业类手持终端和消费类手持终端两类。工业类手持终端包括工业 PDA、条形码手持终端等,其特点是坚固、耐用,可以用在很多环境比较恶劣的地方,同时针对工业使用特点做了很多优化。消费类手持终端主要指智能手机、掌上电脑、平板电脑等,为我们的生活提供了许多便利。

6. 可穿戴计算机设备

可穿戴计算机设备又称为可穿戴计算机(系统)或(智能)可穿戴设备,可以简单概括为直接穿在身上或整合到用户衣物或配件上的便携式设备,其中可穿戴的形态、独立的计算能力、专用的程序或功能是其最主要的属性。在具体产品方面,除了耳熟能详的 Google Glass 和苹果 iWatch 这样的智能眼镜和智能手表外,诸如智能的腕带、臂环、戒指、耳机、腰带、头盔、头带、纽扣、鞋袜、服装、书包、配饰等可穿戴设备形态多样,应用范围广泛,这些产品中的互联(NFC、WIFI、蓝牙)、人机接口(语音、体感、脑感)、传感(骨传感、人脸识别、地理定位、各类传感器)是其主要功能点。可穿戴计算机设备的发展前景广阔,正不断应用到各个领域,如医疗健康、休闲娱乐、商业信息服务等,未来将得到更多更广的发展。

第 22 讲　计算机软件有哪些?

软件是操作、管理和使用计算机内部硬件和外部设备的各种程序、数据及相关文档的通称,是计算机系统的重要组成部分。软件从参与硬件的交互方式上可分为系统软件(System Software)和应用软件(Application Software)。

一、系统软件

系统软件是指控制和协调计算机及外部设备,支持应用软件的开发和运行,提高计算机性能,方便用户使用计算机资源的软件。系统软件的主要功能是调度、监控和维护计算机系统,负责管理计算机系统中各种独立的硬件,使计算机硬件与软件成为一个相互协调的整体。系统软件主要分为操作系统和系统工具。

操作系统(Operating System,OS)是一种管理计算机硬件与软件资源的计算机程序,是直接运行在"裸机"上的最基本的系统软件,任何其他应用软件都必须在操作系统的支持下才能运行。操作系统的功能包括:管理计算机系统的硬件、软件及数据资源,控制程序运行,提供人机交互界面,管理与配置内存、决定系统资源供需的优先次序、控制输入与输出设备、操作网络连接、管理文件系统等基本事务。

系统工具是辅助操作系统对计算机的软件与硬件资源进行管理的实用程序,比如编译器、数据库管理系统、存储器格式化、文件系统管理、用户身份验证、驱动管理、网络连接等方面的工具。

根据功能特征与应用范围的不同,操作系统可分为如下几大类别。

(一)多道程序系统

多道程序系统(Batch Processing Operation System)是指在计算机内存中同时存放几道相互独立的程序,使它们在系统进程管理程序控制之下,相互穿插地运行,这样的做法极大提高了系统资源的利用效率,可理解为宏观上并行、微观上串行,如图 1 所示。

(二)分时操作系统

分时操作系统(Time Sharing Operating System)将计算机处理器时间与内存空间按一定

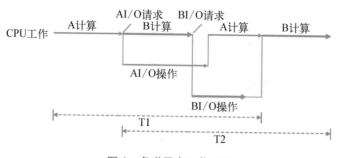

图1　多道程序工作原理

的时间间隔轮流地切换给各终端用户的程序使用,由于时间间隔很短,每个用户的感觉就像自己独占计算机一样。分时操作系统的特点是可有效增加资源的使用率,能同时为多个用户提供服务,如图2所示。

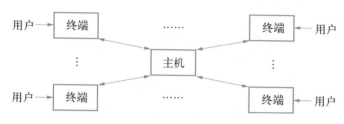

图2　分时操作系统工作原理

(三) 实时操作系统

实时操作系统(Real Time Operating System)是指当外界事件或数据产生时,能够以足够快的速度予以处理,其处理的结果又能在规定的时间之内来控制生产过程或对处理系统作出快速响应,并控制所有实时任务协调一致运行的操作系统。对外部中断的响应和处理速度、任务调度采用抢占式调度方式,提供及时响应和提高可靠性是其主要特点,如图3所示。

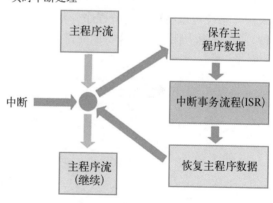

图3　实时操作系统工作原理

(四) 通用操作系统

通用操作系统(General Operating System)没有特定的应用方向,为了适应更广泛的应用,它同时兼有多道批处理、分时、实时处理功能,支持更多的硬件与软件,其系统设计满足大多数的用户体验。

(五) 网络操作系统

网络操作系统(Network Operating System)就是在原来各自计算机系统操作基础之上,按照网络体系结构的各个协议标准进行开发,使之包括网络管理、通信、资源共享、系统安全和多种网络应用服务的操作系统,见图4。

管理信息系统(第三版)

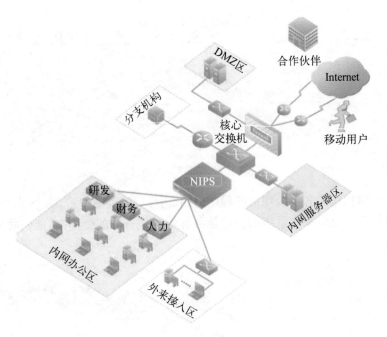

图 4　网络操作系统

(六) 分布式操作系统

分布式操作系统(Distributed Operating System)通过通信网络将物理上分布的具有自治功能的数据处理系统或计算机系统互连起来,实现信息交换和资源共享,协作完成任务。分布式操作系统可以将一个大型程序分割为若干部分,将其分布到系统中的各台计算机上同时执行,而在逻辑上保证程序执行的完整性,见图5。

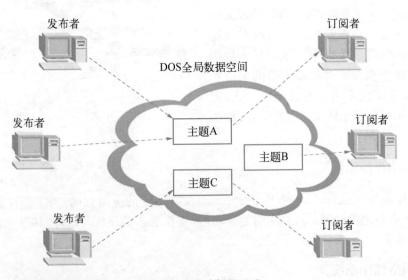

图 5　分布式操作系统

操作系统种类繁多,但常用的操作系统集中在少数几个系列之中,根据它们的不同特点,被安装在服务器或个人电脑上。

1. DOS 系列

DOS(Disk Operation System)是一类早期的个人计算机操作系统,通过用户输入 DOS 命令来执行程序和操作文件,20 世纪 90 年代后逐步被支持图形用户界面的操作系统所取代,主要有 PC - DOS 和 MS - DOS 两种。

2. Windows 系列

微软(Microsoft)开发的 Windows 系列操作系统是在微软给 IBM 机器设计的 MS - DOS 的基础上的图形操作系统。随着电脑硬件和软件系统的不断升级,微软的 Windows 操作系统也在不断升级,从 16 位、32 位发展到 64 位操作系统。

3. UNIX

UNIX 操作系统是一个通用、交互型的多用户多任务操作系统,因为其安全可靠、高效强大的特点,在服务器领域得到广泛的应用,是科学计算、大型机、超级计算机等所用操作系统的主流。UNIX 用 C 语言编写,具有较好的易读、易修改和可移植性,其结构分为核心部分和应用子系统。UNIX 取得成功的原因是其开放性、安全性、稳定性,用户既可以方便地对 UNIX 二次开发,使其具有特定的功能,同时它所具有的文件保护功能与网络通信功能使之在执行网络服务时安全稳定。

4. Linux

Linux 是一套免费使用和自由传播的类 Unix 的操作系统,由世界各地成千上万的程序员设计和实现,其目的是建立不受任何商品化软件的版权制约、全世界都能自由使用的 UNIX 兼容产品。Linux 主要被用作服务器的操作系统,但因其廉价、灵活及 UNIX 背景使得它很适合广泛应用。传统上有以 Linux 为基础的 LAMP(Linux、Apache、MySQL、PHP/Perl/Python)经典技术组合,提供了包括操作系统、数据库、网站服务器、动态网页等一整套网站架设支持。

5. MacOS 系统

MacOS 是一套运行于苹果系列计算机上的操作系统,它是首个成功的图形用户界面操作系统。现在版本的 MacOS 进一步增强了系统的稳定性、性能以及响应能力,通过对称多处理技术充分发挥双处理器的优势,提供 2D、3D 和多媒体图形性能以及广泛的字体支持和集成的 PDA 功能。

6. Chrome 操作系统

Chrome 操作系统是 Google 公司研发的基于 Linux 的网络操作系统,主推快速、简洁和安全三大特点,因为它是基于浏览器的,所以用户基本不需要安装任何程序,所有程序都已经在网页上供用户使用。与传统的操作系统相比较,用户也将从维护系统这一复杂而繁重的工作中解脱出来,同时作为一款互联网时代的操作系统,用户数据和资料将完全存放在云端,这样,即使用户丢失了计算机,数据、资料也不会丢失。

除了上面介绍的六种常见操作系统外,还有许多面向特定用户的操作系统。例如,IBM 的 OS/2 个人计算机操作系统,虽然该系统功能强大、稳定性好,但是鲜有运行在该系统上的应用程序。Novell Netware 是 Novell 公司的一款网络操作系统,它可以将任何一种 PC 机作为服务器,对无盘站和游戏的支持较好,常用于教学网和游戏厅。随着移动时代的到来,各种嵌入式操作系统也层出不穷,目前广泛使用的有:嵌入式实时操作系统 VxWorks、eCos、嵌入式 Linux 等。

此外，还有应用在智能手机和平板电脑上的移动终端操作系统 Android、iOS 等。iOS 是苹果公司开发的移动操作系统，由 MacOS 演变而来，属于类 Unix 的商业操作系统，因其超强的稳定性、影音视频和娱乐功能突出而广泛受到用户的青睐。Android 是一种基于 Linux 的自由及开放源代码的操作系统，由 Google 公司和开放手机联盟领导及开发，开放性和丰富的硬件使其广受欢迎。

二、应用软件

应用软件的主要任务就是利用计算机的优势和能力，为个人、团队或组织提供解决问题或完成特定工作的计算机程序及其附属文档或数据。应用软件是为满足用户不同领域、不同问题的应用需求而提供的那部分软件，它可以拓宽计算机系统的应用领域，放大硬件的功能。如果管理人员或决策者想让计算机完成某些工作，就要用到一个或多个应用程序，应用程序与系统软件交互合作，调用计算机硬件资源完成相应的任务。应用软件涵盖的范围很广，从应用软件的功能来看，主要可以划分为以下几个类别。

（一）办公软件

办公软件是指可以进行文字处理、表格制作、幻灯片制作、简单数据库处理等方面工作的软件。目前办公软件朝着操作简单化、功能细化等方向发展。讲究大而全的 office 系列和专注于某些功能深化的小软件并驾齐驱。常用的办公软件包括微软 Office 系列、金山 WPS 系列、永中 Office 系列、福昕 PDF 阅读器等。

（二）网络软件

在计算机网络环境中，用于支持数据通信和各种网络活动的软件称为网络软件，如即时通讯软件、电子邮件客户端、网页浏览器、FTP 软件、下载工具等。连入网络的计算机，为了本机用户共享网络中其他系统的资源，或是为了把本机系统的功能和资源提供给网络中的其他用户使用，或是为了实现用户间的双向沟通，都需要安装特定的网络软件，常用软件包括 QQ、浏览器等。

（三）多媒体软件

多媒体软件是帮助用户操作计算机实现多媒体功能的应用软件，既可以是实现对多媒体内容的制作，也可以是将多媒体的内容通过多媒体硬件设备呈现在用户面前，媒体播放器、图像编辑软件、音频编辑软件、视频编辑软件、计算机辅助设计、电脑游戏、桌面排版等软件都属于这类软件，如 3Dmax、Adobe 系列多媒体制作工具等。

（四）分析软件

分析软件是一类帮助用户对大量数据运用数学方法运算、统计、处理的计算机软件，包括计算机代数系统、统计软件、数字计算软件、计算机辅助工程设计等类别，常见的如 SPSS、Eviews、Stata、Tableau 等软件。

（五）信息系统软件

信息系统软件主要是指用于实现企业应用的软件，这类软件是组成信息系统的主体，企业中各个管理层次、各个组织机构都可以使用相应的信息系统软件来支持其工作流程的运行、任务的完成、决策的制定、绩效的评定等,会计软件、企业工作流程分析软件、客户关系管理软件、企业资源规划 ERP 软件、供应链管理软件、产品生命周期管理软件、企业级数据库管理软件都包含于这类软件之中。

(六)其他应用软件

应用软件种类繁多,能够满足不同群体对计算机应用的不同需求,除上述类别的应用软件外,常用的应用软件还有教育软件、翻译软件、杀毒软件等。

三、云软件

云计算服务的发展,催生了云软件。云软件是基于云计算商业模式应用的软件和平台服务的总称。在云平台上,大量的计算资源用网络统一云管理和云整合,构成一个计算资源池向用户提供按需服务,从而提高效率和降低成本。企业应用软件的建设应该效仿互联网和云计算,通过搭建软件平台,打开一个共享与合作的世界。行业云平台、数据平台和移动平台将会成为未来软件平台的三大发展趋势。

行业云平台主要顺应 IT 系统集中化建设的趋势,为企业客户构筑区域级或覆盖全国范围的业务平台。在中国,云技术以及大数据持续火爆,对云端的部署模式和平台提出更高的要求。因为开发与运营团队要结合起来,而不是割裂开,因而在开发过程中,必须考虑到在虚拟环境下怎么运营,怎么部署。数据平台将用于统一管理、使用各类业务系统产生的数据信息,方便企业通过各种分析工具,挖掘商业价值。随着大数据技术的发展,数据的价值会越发受到重视,数据必然会得到有效利用,而这一前提是数据要得到有效管理,这就对技术平台提出了很高的要求,比如把现有的工具、数据整合起来。在移动前端,用户首先考虑的是安全性。传统软件平台大部分基于 C/S 或 B/S 模式,它的运营模式比较固定、单一。在移动互联网时代,更多的数据以及业务应用都在终端进行处理,它的业务模式和载体已经发生很大的变化,软件平台需要进行调整以适应这种变化。移动平台就是要帮助企业快速开发、部署面向不同移动设备的前端应用,实现企业移动化战略。

随着软件架构由软硬一体、单机运用向云化运用、云深运用的演变,"云"成为企业数字化转型最重要的一个承载方式。软件云化的模式包括软件即服务(SaaS)、平台即服务(PaaS)和基础设施即服务(IaaS)模式,本书后文还会涉及。

【拓展阅读】 华为鸿蒙操作系统

2019 年 8 月 9 日,华为消费者业务在其全球开发者大会上,正式向全球发布其全新的基于微内核的面向全场景的分布式操作系统——鸿蒙 OS。随着华为全场景智慧生活战略的不断完善,鸿蒙 OS 将作为华为迎接全场景体验时代到来的产物,发挥其轻量化、小巧、功能强大的优势,率先应用在智能手表、智慧屏、车载设备、智能音箱等智能终端上,着力构建一个跨终端的融合共享生态,重塑安全可靠的运行环境,为消费者打造全场景智慧生活新体验。

在过去的传统模式下,每一类新形态终端的出现,都会伴随新的操作系统的诞生。早在十年前,华为就开始思考面对未来的全场景智慧时代,用户需要一个完全突破物理空间的跨硬件、跨平台、无缝的全新体验。

华为消费者业务 CEO 余承东在介绍鸿蒙 OS 开发初衷时表示:"随着全场景智慧时代的到来,华为认为需要进一步提升操作系统的跨平台能力,包括支持全场景、跨多设备和平台的能力以及应对低时延、高安全性挑战的能力,因此逐渐形成了鸿蒙 OS 的雏形。可以说鸿蒙 OS 的出发点和 Android、iOS 都不一样,是一款全新的基于微内核的面向全场景的分布式操作系统,能够同时满足全场景流畅体验、架构级可信安全、跨终端无缝协同以及一次开发多终端部署的要求,鸿蒙应未来而生。"

资料来源: 鸿蒙操作系统官网介绍

第 23 讲　从文件管理到数据库管理

知识与信息是企业的无形资产,也是企业的核心资源之一,而数据是知识与信息存储的基础,企业通过数据管理系统来保存企业运营中所产生的各种数据资源,为企业的可持续发展提供动力。

一、数据管理的三个阶段

数据管理是指对数据的组织、存储、检索和维护,是数据处理的中心环节。数据管理主要围绕提高数据独立性、降低数据冗余度、提高数据共享性、安全性和完整性等方面来进行改进,使使用者能有效地管理和使用数据资源。利用计算机进行数据管理,主要分为三个阶段: 手工管理阶段、文件系统管理阶段和数据库系统管理阶段。

(一) 手工管理阶段

计算机在出现的初期,主要用于科学计算,没有大容量的存储设备。人们把程序和需要进行运算的数据通过打孔的纸带送入计算机中,计算的结果由用户自己手工保存。处理方式只能是批处理,数据不能共享,不同程序之间不能交换数据。应用程序中用到的数据都要由程序员规定好数据的存储结构和存取方式等。一组数据只能面向一个应用程序,不能实现多个程序的共享数据。不同程序之间不能直接交换数据,数据没有任何独立性。

(二) 文件系统管理阶段

20 世纪 60 年代,随着计算机硬件的发展,出现了磁带、磁鼓等直接存取设备。在软件方面,操作系统提供了文件管理系统(如图 1)。数据的处理方式不仅有批处理,也能够进行联机实时处理。用文件系统管理数据,一个应用程序对应一组文件,不同的应用系统之间可以经过转化程序共享数据,多个应用程序可以设计成共享一组文件,但多个应用程序不能同时访问共享文件组。大量的应用数据以记录为单位可以长期保留在数据文件中,可以对文件中的数据进行反复的查询、增加、删除和修改等操作。这些操作是由操作系统提供的文件存取接口来实

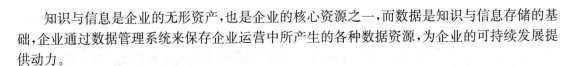

管理信息系统(第三版)

现的。由于文件的逻辑结构和物理结构是由操作系统的文件管理软件来实现,应用程序和数据之间有一定的独立性。由于文件之间是孤立、无联系的,每个文件又是面向特定应用的,应用程序之间的不同数据仍要各自建立自己的文件,无法实现数据共享,就会造成数据冗余。

计算机将信息存储在文件当中,如果这些文件被合理地组织和维护,那么用户就能够容易地访问和检索他们需要的信息。良好的管理、精心的组织便于保存数据以提供商业决策;相反,管理不好的文件会导致文件处理混乱。因此,文件管理环境下的数据处理存在一系列的问题。

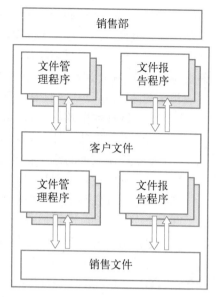

图 1　简单的文件系统

(1)数据冗余和混淆,即多个数据文件中重复出现相同的数据。当不同的决策或职能部门单独地收集相同的信息时,就出现了数据冗余。信息被收集并保存在不同的地方,同样的数据项在不同部门可能以不同的数据项来表示,这就容易造成数据的重复录入以及数据内容的冲突。

(2)程序与数据相互依赖,指程序与它相关数据的高度绑定关系。每一个应用程序都必须对它所处理数据的位置和性质进行描述,这些数据的描述部分可能比程序的实际部分更长。在传统的文件环境中,数据的任何改变都要求相应地修改它的应用程序。

(3)缺乏灵活性,难以及时处理特殊需求。传统的文件系统通过大量的程序处理可以传递常规业务中规定好的报表,但不能对临时急需却原来没有预料的信息作出反应。

(4)安全性差。由于对数据缺乏控制和管理,实际上访问和分发信息已经失去控制。一些习惯和传统的做法,以及信息难以查找,往往限制了对数据的存储。

(5)缺少数据的共享性和有效性。数据在混乱的环境中缺少访问控制,使得用户不能很容易地获得信息。因为不同文件中、不同组织部门中的信息块相互间没有联系,这实际上使得信息不能共享和及时地访问。

(三)数据库系统管理阶段

计算机管理的数据对象规模越来越大,应用范围越来越广,数据量急剧增加,数据处理的速度和共享性的要求也越来越高。与此同时,磁盘技术也取得了重要发展,为数据库技术的发展提供了物质条件。随之,人们开发了一种新的、先进的数据管理方法:将数据存储在数据库中,由数据库管理软件对其进行统一管理,应用程序通过数据库管理软件来访问数据。数据库具有面向各种应用的数据组织和结构。在文件系统中,每个文件面向一个应用程序。而现实生活中,一个事物或实体,含有多方面的应用数据。例如,一个学生的全部信息,包括学生的人事信息,学生的学籍和成绩信息,还有学生健康方面的信息。这些不同的数据对应人事部门的应用、教务部门的应用和健康部门的应用,这就使得整个实体的多方应用的数据具有整体的结构化描述,也为数据针对不同应用的存取方式提供了各种灵活性。

二、数据库管理系统

数据库管理系统(Database Management System,DBMS)是一种操纵和管理数据库的大型软件,用于建立、使用和维护数据库。它对数据库进行统一的管理和控制,以保证数据库的安全性和完整性。用户通过 DBMS 访问数据库中的数据,数据库管理员也通过 DBMS 进行数据库的维护工作。它提供多种功能,可使多个应用程序和用户用不同的方法同时或在不同时刻去建立、修改和查询数据库,用户能方便地定义和操纵数据,维护数据的安全性和完整性。

相比文件系统,DBMS 具有以下优点:

(1) 集中管理数据及数据的存取、使用和安全性,可降低组织信息系统的复杂性;

(2) 消除所有单独文件中数据项的重复,可减少数据的冗余及不一致性;

(3) 集中控制数据的建立和定义,可消除数据的混淆;

(4) 将数据的逻辑视图与物理视图分开,可减少程序和数据的依赖性;

(5) 程序的开发和维护费用会大幅度下降;

(6) 允许快速和临时性地查询大块信息,使得信息系统的灵活性大大提高;

(7) 增强信息的访问能力和信息的有效性。

数据库管理系统包括三个部分,即数据定义语言(Data Definition Language,DDL)、数据操作语言(Data Manipulation Language,DML)和数据字典(Data Dictionary)。

(1) 数据定义语言是程序员用来详细描述数据的结构和内容的正式语言。在数据元素变成应用程序要求的形式前,数据定义语言要先定义每一个数据元素在数据库中的格式。

(2) 数据操作语言用来与编程语言结合起来操作数据库中的数据。这种语言为用户和程序员提供一组从数据库中提取数据的命令,以满足信息访问和开发应用程序的需求。目前应用最广泛的是 SQL(Structured Query Language)语言。

(3) 数据字典是一个手工或者自动生成的文件,用来存储数据元素的定义和特性,如用途、物理表示、所有权、授权及安全。数据字典是一个很重要的数据管理工具,因为它建立了保存在数据库中的所有数据块的清单。比如,商业用户根据数据字典可以找出销售和市场需要的特定数据块,甚至可以决定整个公司所需的所有信息。数据字典也可以为用户提供报表所需数据的名字、格式。

三、数据库管理系统的控制机制

现在商业环境下的数据复杂且被广泛利用,这客观上要求数据库管理系统能够实现数据的高度共享并保证数据的完整性和安全性,要使多个用户或应用程序同时并发访问同一个数据库中的数据记录或同一个数据项,还有永久数据存储的问题需要解决,因此 DBMS 需要提供如下的一些控制机制:

(1) 多用户并发(Concurrency):DBMS 提供并发机制和协调机制,保证在多个应用程序同时并发访问、存取和操作数据库数据时,不产生任何冲突,数据不遭到破坏;

(2) 数据完整性(Integrity):DBMS 提供数据完整性的检查机制,避免不合法的数据进入数据库中,确保数据库数据的正确性、有效性和相容性;

(3) 数据安全性(Security):DBMS 提供安全保密机制,没有得到授权的用户不能进入系统或不能更改数据或不能访问数据等;

(4) 数据库恢复(Recovery):当软件、硬件或系统运行出现各种故障时,要确保存储在数据库的数据不丢失和不被破坏,使数据库中存储的数据是永久性的数据。

迅速增长的分布式数据库、面向对象数据库以及超媒体数据库的广泛应用促使数据库进一步发展。前者是将数据存储到多个不同地理位置的数据库中,主要以两种方式实现数据库的分布:一是分立式数据库,将中心数据库分割为多个部分,每个部分都有自己的数据库,使每个远程处理器拥有为本地服务所必需的数据;另一种方式是副本式数据库,将中心数据库复制到所有远程机器上,每个远程数据都是中心数据库的一个副本。面向对象数据库将数据和操作数据的程序都存储为可以自动恢复和共享的对象,它之所以受欢迎主要是因为它能够管理各种各样的多媒体组件或 Web 应用的 Applet;超媒体数据库通过由用户建立的链接在一起的结点形式存储信息块,这些结点可以包括文本、图片、声音、视频或可执行程序。

四、数据库中的数据描述与数据存储

在数据库环境中,数据描述需要运用数据模型的方法,通过对现实世界模型化来组织计算机中存储的数据资源。现实世界是存在于人脑之外的客观世界,人们把客观存在的事物以数据的形式存储到计算机中,经历了对现实生活中事物特征的认识、概念化到计算机数据库里具体表示的逐级抽象过程。此过程分为三个阶段,即现实世界阶段、信息世界阶段和计算机世界阶段。

(一)现实世界阶段

现实世界就是存在于人脑之外的客观世界,客观事物及其相互联系就处于现实世界中。计算机处理的对象是现实生活中的客观事物,在对其实施处理的过程中,首先要经历了解、熟悉的过程,从观测中抽象出大量描述客观事物的信息,再对这些信息进行整理、分类和规范,进而将规范化的信息数据化,最终由数据库系统存储、处理。

(二)信息世界阶段

信息世界是现实世界在人们头脑中的反映,是对客观事物及其联系的一种抽象描述。客观事物在信息世界中称为实体(Entity),反映事物间关系的是实体模型或概念模型。概念模型的表示方法有很多,目前较常用的是实体-关系方法(Entity-Relationship Approach,E - R 方法)。

实体-关系方法直接从现实世界中抽象出实体和实体间的联系,然后用 E - R 图来表示数据模型。图 2 就是一个体现员工、部门、项目三者关系的 E - R 图。其中,矩形表示实体,即现实中存在的事物;椭圆形表示实体的属性,即事物所包含的特征;菱形表示联系,即事物与事物之间的关系。事物与事物之间的关系可能是一一对应的(一对一,表示为 1:1),也可能是一个事物与多个事物存在联系(一对多或多对一,表示为 1:n 或 m:1),还可能是多个事物与多

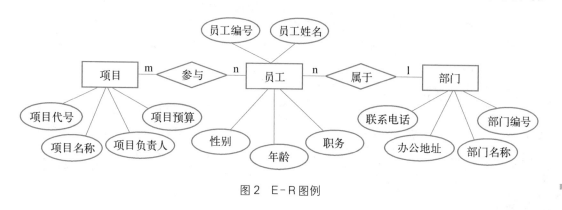

图 2　E-R 图例

个事物存在交叉联系(多对多,表示为 m：n),上述三种联系类型通过图中菱形两边 1、m 或 n 来反映。在图 2 中,实体"员工"和实体"项目"是多对多的联系,因为一个员工可以参与多个项目,每个项目又有若干员工参加,因此它们的关系是 m：n;而实体"部门"与实体"员工"是一对多的关系,一个员工只能属于一个部门,一个部门则由若干名员工组成,因此它们的关系是 1：m。

(三) 计算机世界阶段

计算机世界是信息世界中的信息数据化后对应的产物,简单地说,就是将信息转化成计算机能够识别和存储的数据。这一阶段的数据处理是在信息世界对客观事物的描述基础上做进一步抽象,使用的方法为数据模型的方法,这一阶段的数据处理在数据库的设计过程中也称为逻辑设计。

客观事物是信息之源,是设计、建立数据库的出发点,也是使用数据库的最后归宿。概念模型和数据模型是对客观事物及其相互关系的两种抽象描述,实现了数据处理三个层次间的对应转换,而数据模型是数据库系统的核心和基础。数据模型就是基于计算机系统和数据库系统的数学模型,它直接面向的是数据库的逻辑结构,它是对现实世界的第二层抽象。数据库管理系统可以通过数据模型来组织数据,常见的模型有层次模型、网状模型、关系模型、面向对象模型。

【拓展阅读】 数据库管理系统中的常见数据模型

1. 层次模型

层次型数据库(Hierarchical Database)管理系统是用树形结构来表示各类实体以及实体间的联系。现实世界中很多事物是按层次组织起来的,而层次数据模型的提出便是为了模拟这种按层次组织起来的事物。层次数据库也是按记录来存取数据的。层次数据模型中最基本的数据关系是基本层次关系,它代表两个记录型之间一对多的关系,也叫作双亲子女关系。数据库中有且仅有一个记录型无双亲,称为根节点,其他记录型有且仅有一个双亲。在层次模型中从一个节点到其双亲的映射是唯一的,所以对每一个记录型(除根节点外)只需要指出它的双亲,就可以表示出层次模型的整体结构。

层次模型采用树形结构来表示各类实体以及实体间的联系,具有数据结构比较简单清晰的优点。然而,现实世界中很多联系是非层次性的,而层次型数据库系统只能处理一对多的实体联系;其次,由于层次模型查询子女节点必须通过双亲节点,查询效率较低。采用层次模型的典型数据库系统中,最著名的是 IBM 公司于 1968 年研制的 IMS。

2. 网状模型

网状数据模型(Network Database)是一种比层次模型更具普遍性的结构,它去掉了层次模型的两个限制,允许多个节点没有双亲节点,还允许节点有多个双亲节点。此外,它还允许两个节点之间有多种联系(称之为复合联系)。网状数据模型对于层次和非层次结构的事物都能比较自然地模拟,在关系数据库出现之前,网状模型要比层次模型用得普遍。

网状数据库和层次数据库已经很好地解决了数据的集中和共享问题，但是在数据独立性和抽象级别上仍有很大欠缺。用户在对这两种数据库进行存取时，仍然需要明确数据的存储结构，指出存取路径。

3. 关系模型

由于层次模型和网状模型缺乏充实的理论基础，于是人们开始寻求具有较充实理论基础的数据模型。IBM 公司的 E. F. 科德(E. F. Codd)从 1970—1974 年发表了一系列有关关系模型的论文，从而奠定了关系数据库的设计基础。关系数据模型使用二维表表示实体和实体之间的关系。在关系模型数据库(Relational Database)中，对数据的操作几乎全部建立在一个或多个关系表格上，通过对这些关系表格的分类、合并、连接或选取等运算来实现数据的管理。关系模型中最主要的组成成分是关系，一个关系就是一张二维表，参见图 3。

图 3　员工信息关系表图例

4. 面向对象模型

随着信息技术的发展，不同领域的数据库应用提出了许多新的数据管理需求，传统关系型数据库技术遇到了巨大的挑战。在这种挑战之下，数据库技术和诸多新技术相结合，例如分布处理技术、并行计算技术、人工智能技术、多媒体技术、模糊技术，并广泛应用于商业管理、GIS 等领域，由此也衍生出多种新的数据库技术，其中一个重要的方向就是数据库的面向对象技术。

基于面向对象模型的数据库属于非传统数据库，与传统数据库和 E-R 模型相比，面向对象数据库适合存储不同类型的数据，如图片、声音、视频、文本、数字等。面向对象模型没有准确的定义，因为该名称已经应用到很多不同的产品和原型中，而这些产品和原型所考虑的方面可能不一样，所以很难提供一个准确的定义来说明面向对象 DBMS 应建成什么样。面向对象模型的数据结构是非常容易变化的，与传统的层次或关系型数据库不同，面向对象模型没有单一固定的数据结构，编程人员可以给对象类型定义任何有用的结构，如链表、集合、数组等。

管理信息系统（第三版）

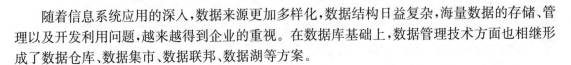

第24讲 数据管理技术方案的演变

随着信息系统应用的深入,数据来源更加多样化,数据结构日益复杂,海量数据的存储、管理以及开发利用问题,越来越得到企业的重视。在数据库基础上,数据管理技术方面也相继形成了数据仓库、数据集市、数据联邦、数据湖等方案。

一、数据仓库

关系型数据库主要应用于面向交易的、实时的事务型数据处理领域,而数据仓库是一个面向主题、集成、时变、非易失的分析型数据集合,用于支持管理部门的决策过程。数据仓库的主要工作是把分布在各个形态的与主题相关的数据抽出整合在一起,进行深度的分析挖掘,从而以一种合适的方式呈现并加以利用。数据仓库有如下一些特点:

(1) 面向主题(Subject Oriented)。数据仓库通常围绕一些主题,如"产品""销售商""消费者"等来进行组织。数据仓库关注的是决策者的数据建模与分析,而不针对日常操作和事务的处理。因此,数据仓库提供了特定主题的简明视图,排除了对于决策无用的数据。

(2) 集成(Integrated)。数据仓库通常是结合多个异种数据源构成的,异种数据源可能包括关系数据库、面向对象数据库、文本数据库、Web 数据库、一般文件等。

(3) 时变(Time Variant)。数据存储从历史的角度提供信息,数据仓库中包含时间元素,它所提供的信息总是与时间相关联的。数据仓库中存储的是一个时间段的数据,而不仅仅是某一个时刻的数据。

(4) 非易失(Nonvolatile)的数据集合。与传统数据库相比,数据仓库具有许多不同(参见表1)。数据仓库总是与操作环境下的实时应用数据物理地分离存放,因此不需要事务处理、恢复和并发控制机制。数据仓库里的数据通常只需要初始化载入和数据访问两种操作,因数据相对稳定,所以极少或根本不更新。

表1   传统数据库与数据仓库比较

传统数据库(事务型)数据	数据仓库(分析型)数据
面向应用:数据服务于某个特定的商务过程或功能(OLTP)	面向主题:数据服务于某个特定的商务主题,例如客户信息等。它是非规范化数据(OLAP)
细节数据,例如包含了每笔交易的数据	对源数据进行摘要,或经过复杂的统计计算。例如一个月中交易收入和支出的总和
结构通常不变	结构是动态的,可根据需要增减
易变性(数据可改变)	非易变(数据一旦插入就不能改变)
事务驱动	分析驱动
一般按记录存取,所以每个特定过程只操作少量数据	一般以记录集存取,所以一个过程能处理大批数据,例如从过去几年数据中发现趋势

传统数据库(事务型)数据	数据仓库(分析型)数据
反映当前情况	反映历史情况
通常只作为一个整体管理	可以分区管理
系统性能至关重要,因为可能有大量用户同时访问	对性能要求较低,同时访问的用户较少

数据仓库的体系结构并没有一个固定、严格的规定,从各部件的功能来分析,数据仓库在逻辑上可以分为数据获取/管理层、数据存储层、数据分析/应用层三个层次,如图 1 所示。

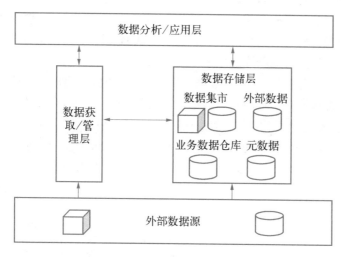

图 1　数据仓库体系结构示意图

数据获取/管理层的主要任务是定义数据仓库数据的来源、数据组织方式、数据仓库维护和安全管理等,该层要保证数据仓库的安全性、稳定性与有效性。

数据存储层是数据仓库的主体,存储的数据包括三部分:(1) 外部数据源经过抽取(extract)、转换(transform)和加载(load)处理(ETL),并按主题存放的业务数据;(2) 数据仓库的元数据;(3) 是针对不同数据挖掘和分析主题所生产的数据集市。为了兼顾数据仓库灵活性和高效性的需求,数据仓库会在存储层中增加"从属型数据集市"(下文还会涉及),从属型数据集市作为数据仓库的一个子集,与所服务的某个主题相对应,这样在对某个特定主题查询时,只需在对应的数据集市中进行检索,而不必检索整个数据仓库,从而提高系统的使用性能。

数据分析/应用层主要面向用户,用于展示查询和分析的结果,包括查询、统计、报表服务,联机分析处理(OLAP)服务,以及数据挖掘服务。

1996 年伴随着数据仓库的发展出现了商业智能(Business Intelligence,BI)的概念,它被定义为一类由数据仓库(或数据集市)、查询报表、数据分析、数据挖掘、数据备份和恢复等部分组成、以帮助企业决策为目的的技术及其应用。目前,BI 通常被理解为将企业中现有的数据转化为知识,帮助企业作出明智的业务经营决策的工具。商业智能能够辅助的业务经营决策,既可以是操作层的,也可以是战术层和战略层的决策。

二、数据集市

数据仓库是一项复杂、繁琐、成本高、周期长的工程。企业级数据仓库能够对数据进行存储、采集和分析，满足用户的不同需求。然而，不同部门职责范围不同，需要采集和分析不同的数据，如果全部数据操作和处理都从数据仓库进行，会加重系统的负担，降低工作效率，造成资源浪费。数据集市就是在此背景下发展起来的。

数据集市（Data Mart）也叫数据市场，是为满足专业用户群体的特殊需求，从企业数据库或数据仓库中抽取出来的，按照多维方式进行存储，面向决策分析需求的数据立方体。数据集市规模小，通常是几十 GB 的数量级，是面向不同主题，仅包含与特定业务或功能单元相关的源数据，通常只保存汇总数据。一些数据集市可能会包含完整的细节。数据集市通常由业务部门负责管理和维护，投资成本较低，能快速实现。

数据集市作为企业级数据仓库的一个子集，主要面向部门级业务，并且只面向某个特定的主题，数据集市存储的是预先计算好的数据，为了解决数据需求的灵活性与性能之间的矛盾，在一定程度上缓解了访问数据仓库的瓶颈。

按照不同的数据来源和建立方法，数据集市可以分为独立数据集市和从属数据集市两类。独立型数据集市直接从操作型环境获取数据，有自己的源数据库，存储不同的异构数据，数据来自多个应用环境，要通过 ETL 实现数据的一致性、完整性，不具有稳定的结构，无法实现"数据仓库内包括各种数据集市"的愿望。从属型数据集市从企业级数据仓库获取数据，根据分析的主题划分成若干子集，进行数据的组织与存储，进而可以面向特定的主题进行分析，如图 2 和图 3 所示。

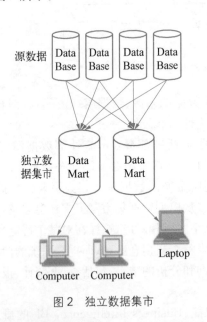

图 2　独立数据集市

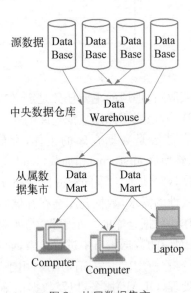

图 3　从属数据集市

三、数据联邦

数据联邦（Data Federation）是目前比较成熟的一种企业数据集成方法，其本质是一种数据显示技术，通过创建对用户集成的视图，把分布在不同地方的计算机或数据库服务器上的数据库数据联合在一起,数据库之间通过接口查询,互相通信,从而在一个系统环境下,显示系统数据库中的数据。数据联邦的优势体现在:

(1) 不需要预先把数据从一个系统导入另一个系统,从而保证了数据的实时性,避免形成数据冗余和不一致。

(2) 与其他数据集成技术相比,数据联邦能够实时、便捷地获取数据,有更少的数据时延,而以往利用批量任务或者 ETL 创建数据集市和数据仓库的方式由于实时性较差,在很多应用场景中被数据联邦技术所取代。

(3) 联邦数据库提供集成的数据格式,对用户提供统一的访问,屏蔽了各个数据库的复杂性和分布情况,简化了开发数据库查询和对数据统一理解的工作。

然而,数据联邦访问数据是通过一个"联邦"视图来实现的,由于视图是实时的,因此数据转换是一个重点,并且无法解决数据质量和性能问题。数据联邦查询反应慢,不适合频繁查询,容易出现锁争用和资源冲突等问题。

四、数据湖

数据湖(Data Lake)是一个以原始格式存储数据的存储库或系统,其中的数据可供存取、处理、分析及传输。数据湖可以存储关系型数据库中的结构化数据,CSV、日志、XML 等半结构化数据,以及图形、音频、视频等非结构化数据。因此,数据湖可以从企业的多个数据源获取原始数据,用户可以按数据原始格式进行存储,而无需事先对数据进行结构化处理。之所以称为数据湖,是因为这种数据库可以在自然状态下存储大量数据,就像一片未经过滤或包装的水体。数据从多种来源流入湖中,然后以原始格式存储。

数据湖的核心价值是为企业带来数据平台化运营机制。例如,数据湖能实现企业数据的集中式管理,结合先进的数据科学与机器学习技术,帮助企业构建更多优化后的运营模型,也能为企业提供其他能力,如预测分析、推荐模型等,从而有助于企业通过吸引和留住客户、提高生产力、主动维护设备以及辅助商业决策,更快地识别和应对业务增长机会。

在一些需要为数据设置大型整体存储库的企业中,数据湖正在成为一种更通行的数据管理策略。数据湖的优势表现在,能够为企业实现数据治理,集中式存储企业所有数据,实现数据传输优化的数据服务;通过应用机器学习与人工智能技术实现商业智能,帮助企业做更多灵活的关于企业增长的决策。然而,数据湖技术也存在一些挑战。例如,在数据发现方面,数据湖如何帮助用户发现数据、了解有哪些数据;在数据安全方面,数据湖如何管理数据的权限和安全,敏感的数据应不应该开放给所有用户;在数据管理方面,如果多个团队使用数据,如何共享数据成果,避免重复开发。

数据湖与数据仓库都是面向决策的数据管理技术,然而二者具有明显的区别,参见表2。

表2　　　　　　　　　　　　　数据湖与数据仓库的区别

区　别	数　据　湖	数　据　仓　库
数据来源	IOT 设备、网站、移动应用程序、社交媒体、企业应用程序的非关系和关系数据	事务系统、运营数据库和业务应用程序的关系数据
数据类型	结构化数据、非结构化数据、半结构化数据等	以结构化数据为主且数据必须与数据仓库事先定义的模型吻合

区　别	数　据　湖	数　据　仓　库
数据处理	计算能力强大,可以处理所有类型的数据,分析后的数据被存储供用户使用	将结构化的数据转为多维数据,或报表,以满足后续的高级报表及数据分析需求
数据使用	包含更多的相关的信息,高概率被访问,为企业挖掘新的运营需求	通常用于存储和维护长期数据,因此数据可以按需访问
使用角色	数据科学家、数据开发人员、业务分析师	业务分析师
分析场景	机器学习、预测分析、数据发现	批量处理报告、商业智能和可视化

在存储数据类型方面,数据仓库是存储数据,进行建模,存储的是结构化数据。而数据湖以其本源格式保存大量原始数据,包括结构化、半结构化和非结构化的数据;在需要数据之前,没有定义数据结构和需求。

在数据处理模式方面,加载到数据仓库中的数据,首先需要对它进行定义,即做写时模式(Schema-On-Write),而对于数据湖,不需要进行事先定义,只需加载原始数据,而当用户使用数据时,就给它一个定义,即做读时模式(Schema-On-Read),这是两种截然不同的数据处理方法。数据湖是在数据到使用时再定义模型结构,因此提高了数据模型定义的灵活性,可满足更多不同上层业务的高效率分析诉求。

在分析处理方面,数据湖拥有足够强的计算能力用于处理和分析所有类型的数据,分析后的数据会被存储起来供用户使用。而数据仓库主要用于处理结构化数据,将它们转换为多维数据,或者转换为报表,以满足后续的高级报表以及数据分析需求。数据湖通常包含更多的相关信息,这些信息被访问的概率很高,并且能够为企业挖掘新的运营需求,而数据仓库通常用于存储和维护长期数据,可以按需访问。

【拓展阅读】　AWS 的数据湖平台服务

2020 年 3 月 24 日,AWS 宣布 AWS Glue 与 Amazon Athena 在由西云数据运营的 AWS 中国(宁夏)区域正式上线。其中,Amazon Athena 是一种交互式查询服务,它让客户可以使用标准 SQL 语言,轻松分析 Amazon S3 中的数据。AWS Glue 是一种全托管的数据提取、转换和加载(ETL)服务及元数据目录,让客户更容易准备数据,加载数据到数据库、数据仓库和数据湖,用于数据分析。

这两个服务都是 AWS 数据湖平台非常重要的组成部分。Amazon Athena 可以让用户方便地对 Amazon S3 数据湖中的数据执行查询,由于 Athena 是一种无服务器服务,用户不用关心配置和管理服务器、集群等情况。

茄子快传是一家全球化的互联网科技公司,通过搭建一个数字内容连接入口,帮助全球 200 多个国家和地区的用户获取优质数字内容。茄子快传此前面临数据量大、分析维度多、业务复杂等挑战,所以经常需要多维度多颗粒度的高并发分析。茄子快传数据运营负责人何诚表示:"茄子快传通过使用 Amazon Athena,使其运行新数据分析所需的时间缩短了 30%,大幅减少了成本与运维方面的风险。"

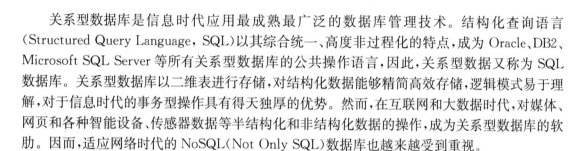

AWS Glue 让 Amazon S3 数据湖中的数据集可以被发现,可用于查询和分析。一般来说,客户在使用数据湖架构实现数据分析解决方案时,通常有 75% 的时间花在数据集成任务上,而 AWS Glue 消除了 ETL 作业基础设施方面的重复劳动,极大地缩短分析项目中做 ETL 和数据编目阶段的时间,让 ETL 变得很容易。

资料来源:赵志远. AWS 的"数据湖"观[J]. 网络安全和信息化,2020(5).

第 25 讲   SQL 数据库与 NoSQL 数据库

关系型数据库是信息时代应用最成熟最广泛的数据库管理技术。结构化查询语言(Structured Query Language, SQL)以其综合统一、高度非过程化的特点,成为 Oracle、DB2、Microsoft SQL Server 等所有关系型数据库的公共操作语言,因此,关系型数据又称为 SQL 数据库。关系型数据库以二维表进行存储,对结构化数据能够精简高效存储,逻辑模式易于理解,对于信息时代的事务型操作具有得天独厚的优势。然而,在互联网和大数据时代,对媒体、网页和各种智能设备、传感器数据等半结构化和非结构化数据的操作,成为关系型数据库的软肋。因而,适应网络时代的 NoSQL(Not Only SQL)数据库也越来越受到重视。

一、SQL 数据库

(一) 关系型数据库

关系型数据库是支持关系模型的数据库系统,是目前各类数据库中最重要也是使用最广泛的数据库系统。关系型数据库中的数据,是以二维表的形式进行存储,一张二维表即关系型数据库中的一个关系,对关系的描述称为关系模式,如存储教师信息的一张二维表的关系可以表示为:

教师(工号,姓名,性别,年龄,职称,所在系)

其中,对各个属性的取值范围、与其他关系的映射关系等,共同组成一个教师表的关系模式。

关系模型是指用二维表的形式表示实体和实体间联系的数据模型。如教师和所在院系的关系,一名教师只能属于一个院系,而一个院系有多名教师,因此教师(实体)和院系(实体)之间是一对多的关系,在关系型数据库中用 E-R 图表示,即为 1:N 的关系。关系模型由关系数据结构、关系操作集合和关系完整性约束三部分组成,这里的关系数据结构是最精简、不能再分割的二维表结构,关系操作集合解决如何关联和管理存储数据,关系完整性约束包括域完整性、实体完整性、参照完整性和用户定义完整性。

(二) 关系型数据库的优势

关系型数据库的优势主要表现在:(1)结构简单。从数据建模的前景看,关系型数据库具有相当简单的二维表结构,可为用户或程序提供多个复杂的视图,并且数据库设计和规范化

管理信息系统(第三版)

过程也简单易行和易于理解。（2）应用灵活。关系型数据库使用标准查询语言 SQL，允许用户几乎毫无差别地从一个产品到另一个产品存取信息，与关系型数据库接口的应用软件具有相似的程序访问机制，提供大量标准的数据存取方法。（3）便于维护。遵循 ACID 原则，使得关系型数据库有很好的完整性，降低了数据冗余和不一致的概率。

（三）大数据背景下 SQL 数据库面临的挑战

大数据背景下 SQL 数据库面临的挑战，主要表现在：（1）对非结构化数据存储支持的不足。互联网背景下的海量数据生成多源化，数据的类型主要分为三类。一是传统企业交易数据，主要是企业信息系统中结构化方式存储的数据。二是智能设备和传感器数据，包括呼叫记录、智能仪表、工业设备传感器、设备日志等。三是网络和社交媒体数据，包括各类媒体数据、用户行为记录、反馈数据等。大数据分析的重要内容，是对各类非结构化数据和用户行为数据的分析，而关系型数据库显然对这类半结构化和非结构化数据存储支持不足。（2）对海量数据查询和读写操作的效率低下。由于关系型数据库的关系模型和完整性操作约束，在进行大量数据操作时，表间的连接关系就会非常复杂，而 ACID 机制会使数据库执行效率非常低下。互联网时代，各种用户数据都在不断地发生更新，购物记录、搜索记录、微博粉丝等信息都需要实时更新，动态页面静态化技术基本没有用武之地，所有信息都需要动态实时生成，这就会导致高并发的数据库访问，每秒产生大量的读写请求，不能满足大数据处理的性能要求。

二、NoSQL 数据库

（一）NoSQL 数据库的类型

NoSQL 数据库泛指各类非关系型数据库。随着互联网和大数据的发展，传统关系型数据库在数据存储、读写操作和决策分析等方面面临着一系列的挑战，而非关系型数据库则由于其本身的特点，得到了非常迅速的发展。NoSQL 数据库的产生就是为了解决大规模数据集合多重数据种类所带来的问题，尤其是大数据应用难题。近些年来，NoSQL 数据库的发展势头迅猛，目前形成众多的 NoSQL 数据库系统。归结起来，可以将典型的 NoSQL 划分为四种类型，分别是键值数据库、列族数据库、文档数据库和图形数据库，其存储结构如图 1 所示。

1. 键值数据库

键值数据库使用一个哈希表存储，表中的 Key（键）用来定位 Value（值），即存储和检索具体的 Value。数据库不能对 Value 进行索引和查询，只能通过 Key 进行查询。Value 可以用来存储任意类型的数据，包括整型、字符型、数组、对象等。

2. 列族数据库

列族数据库通常是用来应对分布式存储的海量数据，键仍然存在，但其特点是指向了多个列，这些列是由列家族来安排的。面向列的数据库具有高扩展性，即使数据增加也不会降低相应的处理速度，所以它主要应用于需要处理大量数据的情况。

3. 文档数据库

文档数据库是通过键来定位一个文档的，所以是键值数据库的一种衍生品。在文档数据库中，文档是数据库的最小单位，文档数据库可以使用模式来指定某个文档结构。文档格式包括 XML、YAML、JSON 和 BSON 等，也可以使用二进制格式，如 PDF、Microsoft Office 文档等。

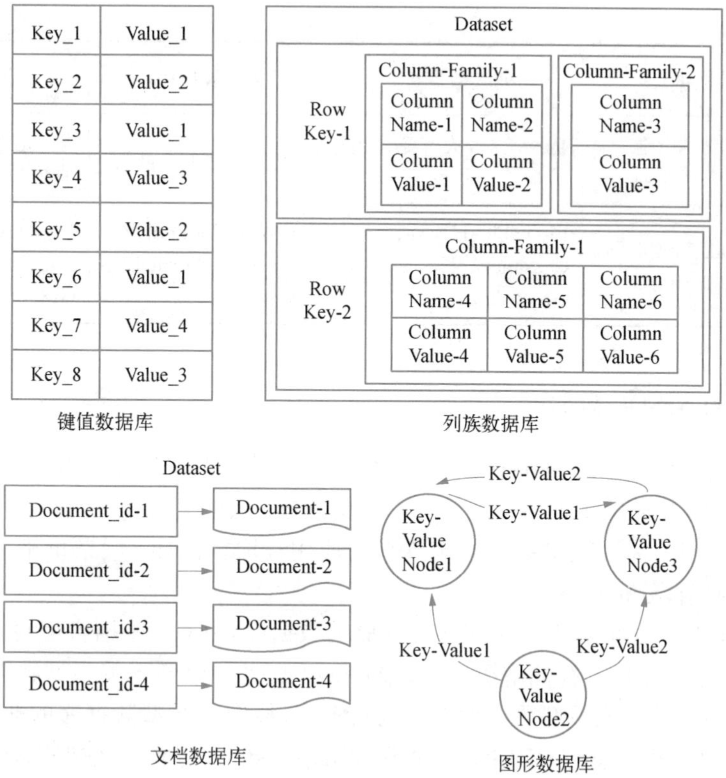

Key_1	Value_1
Key_2	Value_2
Key_3	Value_1
Key_4	Value_3
Key_5	Value_2
Key_6	Value_1
Key_7	Value_4
Key_8	Value_3

键值数据库

Dataset

Row Key-1	Column-Family-1		Column-Family-2
	Column Name-1	Column Name-2	Column Name-3
	Column Value-1	Column Value-2	Column Value-3

Row Key-2	Column-Family-1		
	Column Name-4	Column Name-5	Column Name-6
	Column Value-4	Column Value-5	Column Value-6

列族数据库

Dataset

Document_id-1 → Document-1
Document_id-2 → Document-2
Document_id-3 → Document-3
Document_id-4 → Document-4

文档数据库

Key-Value Node1 — Key-Value1 → Key-Value Node3
Key-Value2
Key-Value1 ← Key-Value Node2 → Key-Value2

图形数据库

图 1 典型的 NoSQL 数据库存储结构

4. 图形数据库

图形数据库以图论为基础,用图来表示一个对象集合,包括顶点及连接顶点的边,图形数据库使用图作为数据模型来存储数据,可以高效地存储不同顶点之间的关系。

(二)不同类型 NoSQL 数据库比较

四类 NoSQL 数据库的比较如表 1 所示。

表 1 四种类型 NoSQL 数据库比较

项目	键值数据库	列族数据库	文档数据库	图形数据库
数据模型	键/值,键是一个字符串对象;值可以是任意类型的数据	列族	键/值,值是版本化的文档	图结构
典型应用	涉及频繁读写、拥有简单数据模型的应用	分布式数据库存储与管理;拥有动态字段的应用程序	存储、检索并管理面向文档的数据或者类似的半结构化数据	应用于大量复杂、互连接、低结构化的图数据结构场合
优点	扩展性好、灵活性好、大量写操作时性能高	查找速度快、可扩展性强、容易进行分布式扩展、复杂性低	性能好、灵活性高、复杂性低、数据结构灵活	灵活性高、支持复杂的图算法、可用于构建复杂的关系图谱

项目	键值数据库	列族数据库	文档数据库	图形数据库
缺点	无法存储结构化信息、条件查询效率较低	功能较少，大都不支持强事务一致性	缺乏统一的查询语法	复杂性高、只能支持一定的数据规模
相关产品	Redis、Riak、SimpleDB、Chordless、Scalaris	BigTable、HBase、Cassandra、HadoopDB、GreenPlum	CouchDB、MongoDB、Terrastore、ThruDB、RavenDB	Neo4J、OrientDB、InfoGrid、Infinite Graph、GraphDB

（三）典型的 NoSQL 数据库

（1）Redis 是一个开源的使用 C 语言编写、支持网络、可基于内存亦可持久化的日志型、Key-Value 数据库，并提供多种语言的 API。适用场景：数据变化较少，执行预定义查询，进行数据统计的应用程序；需要提供数据版本支持的应用程序。例如：股票价格、数据分析、实时数据搜集、实时通信、分布式缓存。

（2）MongoDB 是一个基于分布式文件存储的数据库，由 C++ 语言编写，旨在为 Web 应用提供可扩展的高性能数据存储解决方案。MongoDB 是一个介于关系型数据库和非关系型数据库之间的产品，是非关系型数据库中功能最丰富，最像关系型数据库的非关系型数据库。适用场景：需要动态查询支持；使用索引而不是 map/reduce 功能；对数据库有性能要求。

（3）Neo4j 是一个高性能的 NoSQL 图形数据库，它将结构化数据存储在网络上而不是表中，是一个嵌入式、基于磁盘、具备完全的事务特性的 Java 持久化引擎。Neo4j 也可以被看作一个高性能的图引擎，该引擎具有成熟数据库的所有特性。适用场景：图形一类数据。例如：社会关系、公共交通网络、地图及网络拓谱。

（4）Cassandra 是 Apache 的一套开源分布式 Key-Value 存储系统，最初由 Facebook 开发，后转变成了开源项目，用于储存特别大的数据。Cassandra 是一个混合型的非关系型数据库，它是一个网络社交云计算方面理想的数据库，以 Amazon 专有的完全分布式的 Dynamo 为基础，结合了 Google BigTable 基于列族（Column Family）的数据模型。

（5）HBase 是一个分布式、面向列的开源数据库，HBase 是 Apache 的 Hadoop 项目的子项目。HBase 不同于一般的关系型数据库，它是一个适合于非结构化数据存储的数据库，而且 HBase 采用基于列而不是基于行的模式。适用场景：对大数据进行随机、实时访问的场合。例如：Facebook 消息数据库。

（6）CouchDB 是一个开源的面向文档的数据库管理系统，可以通过 RESTful JavaScript Object Notation（JSON）API 访问。"Couch"是"Cluster Of Unreliable Commodity Hardware"的首字母缩写，它反映了 CouchDB 的目标具有高度可伸缩性，提供了高可用性和高可靠性，即使运行在容易出现故障的硬件上也是如此。适用场景：数据变化较少，执行预定义查询，进行数据统计的应用程序。例如：CRM、CMS 系统。

三、SQL 数据库和 NoSQL 数据库的比较

SQL 数据库和 NoSQL 数据库都是当前应用非常广泛的数据库类型，二者面向不同的应用领域，各有优劣。表 2 是对 SQL 数据库和 NoSQL 数据库的比较总结。

比较标准	SQL 数据库	NoSQL 数据库
数据库原理	有关系代数理论作为基础	NoSQL 数据库没有统一的理论基础
数据规模	关系型数据库很难实现横向扩展,纵向扩展的空间也比较有限,性能随着数据规模的增大而降低	NoSQL 很容易通过添加更多设备来支持更大规模的数据
数据库模型	关系型数据库需要定义数据库模式,严格遵守数据定义和相关约束条件	NoSQL 不存在数据库模式,可自由、灵活地定义、存储各种不同类型的数据
查询效率	借助索引机制可以实现快速查询	实现高效的简单查询,但是复杂查询的效率不尽如人意
一致性	严格遵守事务 ACID 模型,保证事务强一致性	大多只遵守 BASE 模型,保证最终一致性
数据完整性	通过主键或非空约束实现实体完整性,通过主键、外键实现参照完整性,通过约束或触发器实现用户自定义完整性,很容易实现数据完整性	很难实现
扩展性	很难实现横向扩展,纵向扩展的空间也比较有限	很容易实现横向扩展
可用性	以保证数据一致性为优先目标,其次是优化系统性能,随着数据规模增大,可用性较弱	大多 NoSQL 都能提供较高的可用性
标准化	标准化查询语言 SQL	NoSQL 没有行业标准,不同 NoSQL 数据库都有自己的查询语言,很难规范应用程序接口
技术支持	关系型数据库已经非常成熟,很多厂商可以提供很好的技术支持	在技术支持方面还在起步阶段
可维护性	关系型数据库需要专门的数据库管理员维护,维护性复杂	复杂

 【拓展阅读】 数据库的若干理论与模型

1. 关系型数据库 ACID 模型

ACID 是指关系型数据库管理系统在写入或更新资料的过程中,为保证事务(Transaction)是正确可靠的,所必须具备的四个特性,即原子性(Atomicity,或称不可分割性)、一致性(Consistency)、隔离性(Isolation,又称独立性)、持久性(Durability)。一般来说,关系型数据库严格遵循 ACID 理论,但当数据库要开始满足横向扩展、高可用、模式自由等需求时,就需要对 ACID 理论进行取舍。

(1) 原子性,一个事务中的所有操作,要么全部完成,要么全部不完成,不会结束在中间某个环节。事务在执行过程中发生错误,会被回滚到事务开始前的状态,就像这个事务从来没有被执行过一样。

(2) 一致性,在事务开始之前和事务结束以后,数据库的完整性没有被破坏。这表示写入的资料必须完全符合所有的预设规则,包含资料的精确度、串联性以及后续数据库可以自发地完成预定的工作。

(3) 隔离性,数据库允许多个并发事务同时对其数据进行读写和修改的能力。隔离性可以防止多个事务并发执行时由于交叉执行而导致数据的不一致。事务隔离分为不同级别,包括读未提交(Read uncommitted)、读提交(Read committed)、可重复读(Repeatable read)和串行化(Serializable)。

(4) 持久性,事务处理结束后,对数据的修改就是永久的,即便系统发生故障也不会丢失。

2. 数据库的 CAP 原则

CAP 原则是指在分布式存储系统中,一致性(Consistency)、可用性(Availability)、分区容错性(Partition Tolerance)三个要素,最多只能实现其中的两个。一致性是指在分布式系统中的所有数据备份,在同一时刻具有相同的值。可用性是指每个请求不管成功或者失败都有响应。分区容错性是指当系统中的一部分节点无法和其他节点进行通信,分离的系统也能够正常运行。根据 CAP 原则,不同产品被分为满足 CA 原则、满足 CP 原则和满足 AP 原则三大类,如图 2 所示。

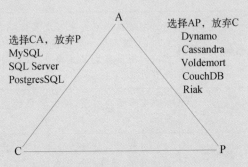

选择CA,放弃P
MySQL
SQL Server
PostgresSQL

选择AP,放弃C
Dynamo
Cassandra
Voldemort
CouchDB
Riak

选择CP,放弃A
Neo4J, Bigtable, MongoDB, Hbase, Hypertable, Redis

图 2   不同产品在 CAP 理论下的设计原则

(1) CA 原则,强调一致性和可用性,放弃分区容错性,最简单的做法是把所有与事务有关的内容都放到同一台机器上,这种做法会严重影响系统的可扩展性。

(2) CP 原则,强调一致性和分区容错性,放弃可用性,当出现网络分区的情况时,受影响的服务需要等待数据一致,因此在等待期间就无法对外提供服务。

(3) AP 原则,强调可用性和分区容错性,放弃一致性,允许系统返回不一致的数据。

3. BASE 理论

BASE 是 Basically Available(基本可用)、Soft state(软状态)和 Eventually consistent(最终一致性)三个短语的简写,BASE 是对 CAP 中一致性和可用性权衡的结果,其来源于对大规模互联网系统分布式实践的结论,是基于 CAP 原则逐步演化而来的。其核心思想是,即使无法做到强一致性(Strong consistency),每个应用也可以根据自身的业务特点,采用适当的方式来使系统达到最终一致性(Eventual consistency)。

第 26 讲　通信与网络的基础知识

计算机网络将分布于不同地方的计算机、服务器等资源联系起来，其中涉及一系列的通信技术与设备以及网络协议与标准，下面将对通信与网络的发展及其技术进行介绍。

一、计算机网络

(一) 概念定义

计算机网络是指将地理位置不同的具有独立功能的多台计算机及其外部设备，通过通信线路连接起来，在网络操作系统、网络管理软件及网络通信协议的管理和协调下，实现资源共享和信息传递的计算机系统。计算机网络不仅是企业内部沟通的桥梁，还是企业联系世界的纽带，它已成为信息社会的命脉和知识经济的重要基础。计算机网络不仅给企业带来新的生存空间，而且给企业带来了新的管理模式和经营模式。另外，从逻辑功能上看，计算机网络是以传输信息为基础目的，用通信线路将多个计算机连接起来的计算机系统的集合，一个计算机网络组成包括传输介质和通信设备。从用户角度看，计算机网络是存在着一个能为用户自动管理的网络操作系统，由它调用完成用户所调用的资源，而整个网络像一个大的计算机系统一样，对用户是透明的。简单来说，计算机网络就是由通信线路互相连接的许多自主工作的计算机构成的集合体，从而可以方便地互相传递信息，共享硬件、软件、数据信息等资源。

(二) 网络类型与拓扑结构

计算机网络的分类有多种方法，比如按所覆盖的地域范围分类，可以分为局域网（Local Area Network，LAN）、城域网（Metropolitan Area Network，MAN）和广域网（Wide Area Network，WAN）。但实际上计算机网络越来越多地被看作是一个整体概念了。

网络拓扑（Topology）结构是指用传输介质互联各种设备的物理布局，用来描述网络的连接形状和组成形式。网络拓扑结构有星形结构、总线结构、环形结构、树形结构、网状结构、蜂窝结构等（如图1）。

其中，(1) 星形网络由中心节点和其他从节点组成，中心节点可直接与从节点通信，而从节点间必须通过中心节点才能通信。在星形网络中，中心节点通常由一种被称为集线器或交换机的设备充当，因此网络上的计算机之间是通过集线器或交换机来相互通信的，这是目前局域网最常见的方式。(2) 总线网络是一种比较简单的计算机网络结构，它采用一条称为公共总线的传输介质，将各计算机直接与总线连接，信息沿总线介质逐个节点广播传送。(3) 环形网络将计算机连成一个环。在环形网络中，每台计算机使用公共传输线缆组成的闭环连接，数据信息携带着主机地址在环路中沿着一个方向在各节点间传输。采用这种结构，网络可以延伸到较远的距离，线缆连接费用较低。但由于连接的自我闭合，某处断接也会导致整个网络失效。(4) 树形结构是分级的集中控制式网络，与星形结构相比，它的通信线路总长度短，成本较低，节点易于扩充，寻找路径比较方便，但除了叶节点及其相连的线路外，任一节点或其相连的线路发生故障都会使系统受到影响。(5) 在网状结构中，网络的每台设备之间均有点到点

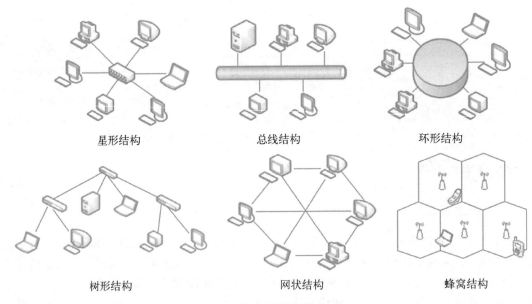

图 1　各种网络拓扑结构

的链路连接,这种连接不经济,只有每个站点都要频繁发送信息时才使用这种方法。网状结构网络的部署很复杂,但系统可靠性高,容错能力强。有时它也称为分布式结构。网状结构网络主要用于地域范围大、入网主机多、主机类型各异的环境,常用于构造广域网络。(6)蜂窝结构是无线网络所使用的结构,它以无线传输介质(微波、卫星、红外等)点到点和多点传输为特征,形成蜂窝状(六边形耦合)区域无线信号覆盖,使该区域内无线终端能连入网络,它适用于城市网、校园网、企业网。

二、网络体系结构

网络体系结构是指通信系统的整体设计,它为网络硬件、软件、协议、存取控制和拓扑提供标准。目前广泛采用的网络体系结构是国际标准化组织(ISO)在 1979 年提出的开放系统互联参考模型(Open Systems Interconnection Reference Model,OSI/RM),旨在促进全球计算机的开放互联。

(一) OSI 七层协议

OSI 包括体系结构、服务定义和协议规范三级抽象。首先,OSI 的体系结构定义了一个七层模型,用以进行进程间的通信,并作为一个框架来协调各层标准的制定;其次,OSI 的服务定义描述了各层所提供的服务,以及层与层之间的抽象接口和交互用的服务原语(服务指令);最后,OSI 各层的协议规范,精确地定义了应当发送何种控制信息及何种过程来解释该控制信息。可见其最大优点是将服务、接口和协议这三个概念明确地区分开来,使网络的不同功能模块分担起不同的职责。如图 2 所示,OSI 七层模型从下到上分别为物理层、数据链路层、网络层、传输层、会话层、表示层和应用层。

OSI 各个层次的基本功能为:

(1) 物理层,定义了为建立、维护和拆除物理链路所需的机械的、电气的、功能的和规程的特性,其作用是使原始的数据比特流能在物理媒介上传输。

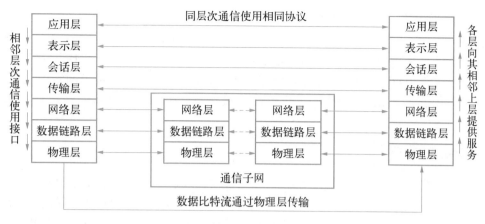

图2　OSI 七层参考模型

（2）数据链路层，主要作用是通过校验、确认和反馈重发等手段，核实线路中数据的正确性，协调收发双方的数据传输速率，以防止出现线路阻塞。

（3）网络层，负责通信子网的运行控制，主要解决如何使数据分组跨越通信子网从数据源传送到目的地的问题，即路由选择。此外，数据流量控制、网际互联也在这一层实现。

（4）传输层，是一个实现主机对主机通信的层次，它提供端到端的透明数据传运服务，使高层用户不必关心通信子网的存在。

（5）会话层，是一个实现进程对进程通信的层次，其主要功能是组织和同步不同主机上各种进程间的通信（也称为对话）。

（6）表示层，为上层用户提供共同的数据或信息的语法表示变换，使采用不同编码方法的计算机在通信中能相互理解数据的内容。

（7）应用层，是开放系统互联环境的最高层，为应用程序提供服务以保证其通信功能的完成。

（二）TCP/IP 协议

OSI 参考模型并非具体实现的描述，它只是一个概念性框架，而在实际应用中传输控制协议/网际协议（Transmission Control Protocol/Internet Protocol，TCP/IP）有着更为广泛的应用，其作为 Internet 最基本的协议，由网络接口层、网际层、传输层和应用层四层组成，与 OSI 的 7 层协议相比，TCP/IP 协议没有会话层和表示层，数据链路层和物理层也结合为网络接口层（如图3）。TCP/IP 实际上是一个协议集（或协议族），包括 100 多个相互关联的协议，其中 IP 协议是网际层最主要的协议，它为网络中的计算机设定具有唯一标识性的 IP 地址。TCP 和用户数据报协议（User Datagram Protocol，UDP）是传输层中最主要的协议，它们用于网络中数据的传输。一般认为 IP、TCP、UDP 是最根本的三种协议，是其他协议的基础。

TCP/IP 协议适用性广泛，适用于各种硬件平台和软件平台，从微型计算机到巨型计算机，从局域网到广域网均可使用，并且已与众多知名的计算机操作系统兼容，TCP/IP 协议

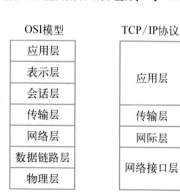

图3　OSI 模型与 TCP/ IP 协议的层次对比

管理信息系统（第三版）

通信效率高,四层体系结构较 OSI 模型七层体系结构在层次上进行了简化,大大提高了通信效率。TCP/IP 协议开放性强,其技术和协议文本都是公开的,也容易扩充。TCP/IP 协议有着丰富的软件产品支持,许多著名的网络数据库和应用软件都提供了 TCP/IP 接口。TCP/IP 协议普及率高,同时 TCP/IP 协议编程开发使用方便,其对用户屏蔽了网络的底层结构,使用户和应用程序不需要了解网络的硬件连接细节,为网络使用和程序设计带来极大方便。

三、移动互联网

移动互联网是一种通过智能移动终端,采用移动无线通信方式获取业务和服务的新兴业务,包含终端、软件和应用三个层面。这个定义具有两层内涵:一是指移动互联网是传统的互联网与移动通信网络的有效融合,终端用户是通过移动通信网络(如 4G、5G 网络、WLAN 等)而接入传统互联网的;二是指移动互联网具有数量众多的新型应用服务和应用业务,并结合终端的移动性、可定位及便携性等特点,为移动用户提供具有个性化、多样化的服务。

终端层包括智能手机、平板电脑、电子书等;软件层包括操作系统、中间件、数据库和安全软件等;应用层包括休闲娱乐类、工具媒体类、商务财经类等不同应用与服务。目前,5G 技术已经商用,高带宽、低时延等优势给移动网络应用带来了深远的变革。值得注意的是,移动互联网在移动终端、接入网络、应用服务、安全与隐私保护等方面还面临着一系列挑战。移动互联网基础理论与关键技术的研究,对于国家信息产业整体发展具有重要的现实意义。

【拓展阅读】 典型的一些网络解决方案

1. 虚拟专用网络

虚拟专用网络(Virtual Private Network,VPN)指的是在公用网络上建立专用网络的技术。之所以称其为虚拟网,主要是因为整个 VPN 网络的任意两个节点之间的连接并没有传统专网所需的端到端的物理链路,而是架构在公用网络服务商所提供的网络平台,如 Internet、ATM(异步传输模式)、Frame Relay(帧中继)等之上的逻辑网络,用户数据在逻辑链路中传输。它涵盖了跨共享网络或公共网络的封装、加密和身份验证链接的专用网络的扩展。VPN 连接可以通过 Internet 提供远程访问和到专用网络的路由选择连接。

虚拟专用网络的优点主要有:(1)使用 VPN 可降低成本。通过公用网来建立 VPN,可以节省大量的通信费用,而不必投入大量的人力和物力去安装和维护 WAN(广域网)设备和远程访问设备。(2)传输数据安全可靠。虚拟专用网产品均采用加密及身份验证等安全技术,保证连接用户的可靠性及传输数据的安全和保密性。(3)连接方便灵活。用户如果想与合作伙伴联网,如果没有虚拟专用网,双方的信息技术部门就必须协商如何在双方之间建立租用线路或帧中继线路,有了虚拟专用网之后,只需双方配置安全连接信息即可。(4)完全控制。虚拟专用网使用户可以利用 ISP 的设施和服务,同时又完全掌握着自己网络的控制权。用户只利用 ISP 提供的网络资源,对于其他的安全设置、网络管理变化可由自己管理,即使在企业内部也可以自己建立虚拟专用网。

2. 存储区域网

存储区域网(Storage Area Network, SAN)是专用、高性能的网络,它用于服务器与存储资源之间的数据传输。由于 SAN 是一个独立的专用网络,从而可以避免在客户机与服务器之间的任何传输冲突。SAN 技术允许服务器到存储设备、存储设备到存储设备或者服务器到服务器的高速连接。这个存储方案使用独立的网络基础设施,消除了任何由于现有网络连接出现故障而带来的问题。

存储区域网具有如下优点:(1)高性能。SAN 允许两个或两个以上的服务器同时高速访问磁盘或磁带阵列,提供增强的系统性能。(2)实用性。存储区域网具有内在的灾难容错能力,因为数据可以镜像映射到一个在几十千米以外的 SAN 上。(3)可扩展性。类似 LAN 和 MAN,SAN 也可以使用各种各样的网络技术。这就使得系统间的备份数据操作、文件移动、数据复制很容易重新定位。

3. 全局安全网络

企业网络覆盖的范围越来越大,应用越来越丰富,可能受到的攻击无处不在。网络安全性首先是一个系统的概念,防火墙是网络安全中的关键组件,但防火墙不是一把万能的安全锁,数据传输的安全性、入侵检测以及用户安全认证等都十分重要。网络需要全局安全,网络安全性的需求不仅限于内部网络,还要考虑与合作伙伴以及外网连接的安全性。在网络安全部署方面,如何高效地实施网络安全策略并有效管理各类网络安全设备,也是十分重要的。

所谓全局安全,强调的是"多兵种协同作战",将安全结构覆盖网络传输设备(网络交换机、路由器等)和网络终端设备(用户 PC、服务器等),成为一个全局化的网络安全综合体系(如图4)。全局安全网络体系需要实现用户端的"身份准入＋应用授权＋统一集中管理",入网主机的"主机准入＋健康性检查＋统一监控",数据报文的"实时监控＋安全事件自动处理"。

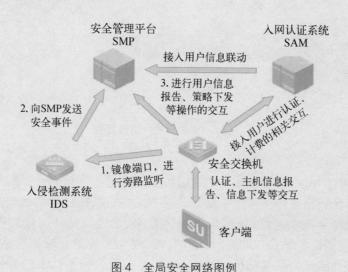

图 4　全局安全网络图例

全局安全能够实现的功能包括:入网即需进行身份认证;收集入网主机的信息,

并对主机健康性进行检查(比如是否安装杀毒软件,是否安装防火墙);对网络流量进行实时监控,发现安全事件时进行分析和自动处理,即通过统一对接入层交换机动态下发安全策略,轻松有效地控制网络病毒,使网络保持畅通。结合网络攻击检测系统,能够抵御日益增多的内部网络攻击,并且自动对用户作出相应的控制动作,保证网络安全。

4. 企业无线网络

企业建设无线网络,可以降低经营成本和大幅度提高库存管理的效率,直接提供来自活动点的信息,准确安排生产进度和保持响应紧急变化的灵活性以提高企业业务的竞争力,更加全面地管理生产线中的机械和设备,保持工厂的有效运营,提高员工的反应能力,消除不利于提高生产效率的障碍,方便部署和管理,灵活实现网络扩容,节省企业运营成本(如图5)。

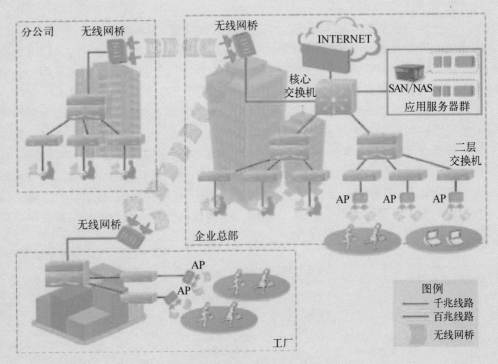

图5　企业无线网络部署图

5. 物联网

物联网(Internet of Things, IoT)的定义是:通过射频识别、红外感应器、全球定位系统、激光扫描器等信息传感设备,按约定的协议,把任何物品与互联网连接起来,进行信息交换和通信,以实现智能化识别、定位、跟踪、监控和管理的一种网络。物联网的概念是在 1999 年提出的,指"物物相连的互联网",这有两层意思:第一,物联网的核心和基础仍然是互联网,是在互联网基础上的延伸和扩展的网络;第二,其用户端延伸和扩展到了任何物品与物品之间,均可进行信息交换和通信。

第27讲 未来已来——5G在路上

5G具有高速度、低时延、高可靠等特点,是新一代通信技术,是支撑经济社会高质量发展的新型基础设施。5G的应用,会渗透到社会生活的每一个角落,从智能家居、健康管理、智能交通、智慧农业到工业互联网、智能物流,催生众多产业和全新的能力,给人们生产生活带来重大而深远的影响。2019年6月6日,工信部正式向中国电信、中国移动、中国联通、中国广电发放5G商用牌照,标志着我国正式进入5G商用元年。

一、移动通信技术的发展

到目前为止,无线通信经历了5代技术的演变,即从1G到5G,如图1所示。第一代移动通信技术(1G)仅运行语音通话;第二代(2G)对语音通话进行了改进,并通过短信息引入了文本信息;第三代(3G)侧重于提高数据速率、多媒体支持和扩展频谱;第四代(4G)提供广泛的电信服务,包括先进的移动服务,同时支持低移动性和高移动性应用;第五代无线技术(5G)将提供更高带宽和更低的延迟,与通过光纤电缆交付的速度相当。

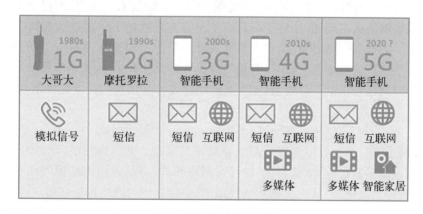

图1 移动通信演化过程

5G是第五代移动通信技术的简称,5G移动网络与早期的2G、3G和4G移动网络一样,是数字蜂窝网络。5G的性能目标是高数据速率、减少延迟、节省能源、降低成本、提高系统容量和大规模设备连接。根据3GPP的定义,5G需要具备八大关键能力指标:峰值速率达到20 Gbit/s、用户体验数据率达到100 Mbit/s、频谱效率比IMT-Advanced提升3倍、移动性达500千米/小时、时延降到1毫秒、连接密度每平方千米达到106个、能效比IMT-A提升100倍、流量密度每平方米达到10 Mbit/s。ITU-R(国际电信联盟无线电通信局)确定未来的5G具有以下三大主要的应用场景:(1)增强型移动宽带(eMBB);(2)超高可靠与低延迟的通信(URLLC);(3)大规模机器类通信(mMTC)。具体包括:Gbps移动宽带数据接入、智慧家庭、智能建筑、语音通话、智慧城市、三维立体视频、超高清晰度视频、云工作、云娱乐、增强现实、行业自动化、紧急任务应用、自动驾驶汽车等。

管理信息系统(第三版)

5G关键技术包括：新空口技术(5GNR)、大规模多入多出技术(massiveMIMO)、超密集组网(Ultra-Dense Networks，UDN)、网络切片(Network Slice)、SDN/NFV、波束赋形技术(Beam Forming)、毫米波技术(Millimeter Wave)等。

(一) 新空口技术

5G应用场景包括增强型移动宽带(eMBB)、超高可靠与低延迟通信(URLLC)和大规模机器类通信(mMTC)，而这些用例的需求是复杂的，甚至有时是相互矛盾的。因此，如果要全部予以满足，5G无线网络就将包含两大部分：一是现有4GLTE网络的后续演进；二是研发全新的5G无线接入技术——5G新空口，并对其进行标准化。5G新空口是一种为5G开发的全新空中无线接口，这种技术是从零开始全新开发的，目的是在不同频谱下为5G即将包含的多种服务、设备和部署提供支持，但它仍以既有的技术为开发基础，确保自身的向下和向上兼容性。

(二) 大规模多入多出技术

大规模多入多出技术因具备提升系统容量、频谱效率、用户体验速率、增强全维覆盖和节约能耗等诸多优点，而被认为是5G最具潜力的无线网关键技术。然而，大规模天线技术的发展和应用还需要解决诸多问题，如对于不具有上下行互易性的FDD系统，如何有效地实现信道估计是业界一大挑战；在现网环境中大多突发业务是小分组业务，持续并发的数据流有限，多流配对和算法执行效果不理想，小区容量增益提升将大打折扣，因此科学评估和客观对待引入大规模天线对网络带来的实际效益，如何在网络中发挥其独特的技术优势尤为重要。

(三) 超密集组网技术

5G无线网主要从3个维度考虑更高数据速率的实现：更宽的频谱，空口增强，网络密集化。超密集组网就是通过更加"密集化"的无线网络部署，将站间距离缩短为几十米甚至十几米，使得站点密度大大增加，从而提高频谱复用率、单位面积的网络容量和用户体验速率。

(四) 网络切片

网络切片就是一个按需求灵活构建、提供一种或多种网络服务的端到端独立逻辑网络。用户使用何种业务，就接入提供相应业务的网络切片。网络切片是NFV(网络功能虚拟化)应用于5G的关键特征，虽然网络切片在理论上并非必然要使用虚拟化技术，但只有基于虚拟化，网络切片技术才具有商用可行性与商业效益。

(五) SDN 和 NFV

软件定义网络(SDN)是一种将网络基础设施层与控制层分离的网络设计方案。网络功能虚拟化(NFV)是指通过IT虚拟化技术将网络功能软件化，并运行于通用硬件设备之上，以替代传统专用网络硬件设备。SDN和NFV是5G核心网中的关键技术，两者在网络层面互不依赖，SDN更偏向硬件分离管理，NFV偏向部分传统硬件功能的软件化，主要用于解决传统网络设计架构中的局限，达到更高效管理和节约成本的效果。

（六）波束赋形技术

波束赋形技术将信号传送给特定的用户，减少附近其他用户的干扰。在大规模 MIMO 基站上信号处理算法规划出最佳的路径到达用户，通过规划信号传播和抵达时间，波束成型允许多用户和天线在天线阵列上同时交换更多的信息。而对毫米波来说，波束成型则应对另一组问题：信号会被物体阻挡并且会在长距离上衰减。波束成型将信号聚焦传输给指定的用户方向而不是同时传输给不同的方向的用户。

（七）毫米波技术

毫米波就是波长为 1～10 毫米的电磁波，它位于微波与远红外波相交叠的波长范围，目前 24.75 G～27.5 GHz，37 G～42.5 GHz 是中国主推的毫米波频段。运用在通信中，它有着极宽的带宽、波束窄、安全保密好、传输质量高等优势，相较于目前应用较多 Sub-6GHz 频段的厘米波要强上许多。

三、5G 对未来新产业、新业态、新模式的影响

促进数字化进程的关键技术包括软件定义设备、大数据、云计算、区块链、网络安全、时延敏感网络、虚拟现实和增强现实等，而连接一切技术的关键是通信网络。5G 能带来超越光纤的传输速度（Mobile Beyond Giga），超越工业总线的实时能力（Real-Time World）以及全空间的连接（All-Online Everywhere）。5G 应用会渗透到社会生活的每一个角落，从智能家居、健康管理、智能交通、智慧农业到工业互联网、智能物流，催生众多产业和全新的能力。5G 技术将重构现有生产关系和社会关系，对人们生产生活带来重大而深远的影响。2017 年发布的《5G 时代十大应用场景的白皮书》对 5G 的影响进行了介绍，下面是一些 5G 的应用场景。

（一）云 VR 和 AR

虚拟现实（VR）与增强现实（AR）是能够彻底颠覆传统人机交互内容的变革性技术，不仅体现在消费领域，更体现在许多商业和企业市场中。VR/AR 需要大量的数据传输、存储和计算功能，这些数据和计算密集型任务如果转移到云端，就能利用云端服务器的数据存储和高速计算能力。5G 高速传输可以下载云上复杂的图形计算，并将结果实时传回头显。因此，头显将变得更便宜和更轻，同时具有更长的电池寿命。随着 5G 的出现，当前 AR 和 VR 设备的许多固有限制可以被消除。

（二）车联网

传统汽车市场将彻底变革，因为联网的作用超越了传统的娱乐和辅助功能，成为道路安全和汽车革新的关键推动力。驱动汽车变革的关键技术——自动驾驶、编队行驶、车辆生命周期维护、传感器数据众包等都需要安全、可靠、低延迟和高带宽的连接，这些连接特性在高速公路和密集城市中至关重要，只有 5G 可以同时满足这样严格的要求。

（三）智能制造

智能制造过程中，云平台和工厂生产设施的实时通信，海量传感器与人工智能平台的信息交互、与人机界面的高效交互，对通信网络有着多样化的需求和极为苛刻的性能要求。5G 技

管理信息系统（第三版）

术定义的三大场景（eMBB、mMTC、URLLC）不但覆盖了高带宽、低延时等传统应用场景，而且还能满足工业环境下的设备互联和远程交互应用需求，这种广域网全覆盖的特点为企业构建统一的无线网络提供了可能。

（四）智慧能源

在能源领域，5G 配合 IPv6 的海量地址实现万物互联，从而实现实时监测能源数据，进行能耗分析和管理。对于事故隐患，可以提前报警，在发生事故以后，可以快速找到故障点，查找故障原因，进行事故追踪。智慧能源系统的数据将和其他系统数据进行整合，各个系统数据将被打通，通过大数据分析提升决策科学性。因此，5G 网络通信技术将从根本上颠覆电力设备制造、电厂运维、电网运行的传统生态体系，提高管理效率，降低人工成本。

（五）无线医疗

通过 5G 连接到 AI 医疗辅助系统，医疗行业有机会开展个性化的医疗咨询服务。人工智能医疗系统可以嵌入医院呼叫中心、家庭医疗咨询助理设备、本地医生诊所，甚至是缺乏现场医务人员的移动诊所。5G 在医疗健康不同的应用场景，其性能特性发挥作用有所不同，主要应用在远程监测类、远程会诊和指导类、远程操控类，充分利用 5G 的高带宽，来实现生命体征数据、影像诊断结果、生化血液分析结果、电子病历等资料的高速传输。

（六）智慧城市

5G 能够让更多的设备接入智慧城市的网络中，从而扩展智慧城市的功能边界。城市数据采集更加便利，比如智能路灯、智能红绿灯、智能井盖、智能公交等，通过这些数据的采集汇总到城市运行中心进行数据分析，实现智慧化、集约化的城市管理，为未来决策提供数据支撑。5G 技术与智慧安防结合，可以支撑起覆盖整个城市的立体安防监控系统，全时空高效保障城市安全。5G 及其与其他新兴信息技术相结合，可以有效帮助政府响应和处置重大应急事件，如通过"数字抗疫""数字抗灾"等新兴方式降低工作人员风险，提高处置效率。

四、5G 推广面临的问题与挑战

（一）范围覆盖成本高

由于 5G 信号频率更高，波长较低，传输衰减较快，5G 基站的平均覆盖范围为 300 米，而单个 4G 基站即可覆盖 1 千米，有模拟数据显示，若我国将当前 4G 地区全部覆盖 5G 服务，则需要至少 6 万亿元，仅对人口密度较大、行为较活跃的 35％地区进行覆盖成本就高达 2 万亿元。中国移动董事长杨杰在公开场合表示，一个 5G 基站的建设成本是 4G 的 3 倍左右，大规模的一次性连续覆盖将使运营商承担巨大的建设成本。

（二）承载网改造扩容工程量大

5G 基站仅能提升设备到基站数百米间的无线通信速度，5G 整体的通信速度仍然取决于基站后端承载网络光纤介质传播的速度，在使用人数过多时，接入承载网难以满足高速传输的需求。因此，要使 5G 达到标准速度，需要将接入承载网进行大规模扩容。

（三）耗电成本高

5G 的基站主设备主要由基带数字信号处理单元（BBU）与基带信号转换与调制、放大发射信号的有源天线处理单元（AAU）组成，BBU 受业务负荷影响较小，功率较为稳定，AAU 功耗增加是 5G 功耗增加的主要原因。单个 5G 基站功耗约为 3 K～3.5 KW，是 4G 单站的 2.5～3.5 倍，由于 5G 应用当下建设不完善，用户使用效率低下，基站能耗巨大，电费已经成为运营商最大运营成本之一。

（四）用户成本问题

当下用户使用 5G 面临着两个方面的成本。一是资费成本，当下我国三大运营商的 5G 套餐费仍数倍于 4G，运营商难以承担降低 5G 资费带来的亏损；另一方面，支持 5G 的终端设备价格也较高，此外 5G 高功耗给终端续航带来了巨大挑战，也增加了用户使用 5G 的成本，终端厂商应当进一步整合、优化集成芯片方案，降低 5G 功耗。

（五）5G 生态建设不到位

当下 5G 技术主要在面向企业的物联网与工业互联网领域发挥充分效用，在个人消费端尚缺乏足够需求，与过往 3G、4G 消费者需求推动建设相比，目前还没有具有前瞻性的消费端应用社群展示出对 5G 的需求，如何利用 5G 连接用户真实需求，构建 5G 专属生态圈是 5G 普及难以回避的问题。

【拓展阅读】 移动通信技术的发展历程

1. 第一代移动通信技术（1G）

20 世纪 80 年代，第一代移动技术在欧洲出现。第一代移动通信系统仅支持语音通话服务。语音呼叫被调制为更高频率，通常为 150 MHz 及更高频率。1G 使用的是频分多址技术（frequency division multiple access，FDMA），每个移动用户进行通信时占用一个频率、一个信道，频带利用率不高。

2. 第二代移动通信技术（2G）

20 世纪 90 年代，2G 技术被提出。2G 采用的是数字传输技术，极大地提高了通信传输的保密性。2G 时代主要采用数字时分多址（TDMA）和码分多址（CDMA）两种技术，分别对应欧洲的 GSM 和美国的 CDMA 系统。2G 可用于语音与数字信号传输，提供数字语音通信、短信（短信服务）、彩信（多媒体信息）等服务，在传输速率方面，用户体验速率为 10 kbps，峰值速率为 100 kbps。2G 到 3G 之间产生了过渡的 2.5G 技术，2.5G 无线技术可以提供的数据速率高达 144 kbps，主要的 2.5G 技术包括 GPRS、GSM 演进增强数据速率（EDGE）和码分多址（CDMA）2000 技术。

3. 第三代移动通信技术（3G）

1999 年，国际电信联盟（ITU）确定 3G 通信的三大主流无线接口标准分别是欧洲的 WCDMA 标准、美国的 CDMA2000 标准和我国提出的 TD - SCDMA 标准。3G 与 2G 的主要区别在于支持高速的数据传输。3G 能够处理图像、音乐、视频流等多种媒体形式,提供包括网页浏览、电话会议、电子商务等多种信息服务。为了提供这种服务,无线网络必须能够支持不同的数据传输速度,在室内、室外和行车的环境中能够分别支持 2 Mbps、384 kbps 与 144 kbps 的数据传输速度。

4. 第四代移动通信技术(4G)

4G 通信技术基于 3G 不断优化升级、创新发展而来,是集 3G 与 WLAN 于一体,并能够传输高质量视频图像且图像传输质量与高清晰度电视不相上下的技术。国际 4G 标准有 LTE、LTE-Advanced、WiMax、HSPA+ 和 Wireless MAN-Advanced 技术五大标准。LTE-Advanced 技术标准分为 TDD-LTE 和 FDD-LTE 两种标准,其中 TD-LTE-Advanced 标准是由我国制定。目前,我国的 4G 网络,主要包括 TDD-LTE 和 FDD-LTE 两种制式,其中中国移动 4G 建设的是 TDD-LTE 网络,而中国联通与中国电信则是使用 TD-LTE 与 FDD-LTE 的混合网络。4G 通信理论上达到 100 Mbps 的传输速率。

5. 第五代移动通信技术(5G)

5G 是第五代移动通信技术的简称,目前还没有一个具体标准。5G 并不是独立、全新的无线接入技术,而是对现有无线接入技术(包括 2G、3G、4G 和 WiFi)的技术演进,以及一些新增的补充性无线接入技术集成后解决方案的总称。5G 时代,移动通信将在大幅提升以人为中心的移动互联网业务使用体验的同时,全面支持以物为中心的物联网业务,实现人与人、人与物和物与物的智能互联。5G 理论传输速度可达 10 Gbps,甚至更高。

6. 第六代移动通信技术(6G)

6G 即第六代移动通信标准,目前尚在开发中。6G 的数据传输速率可能达到 5G 的 50 倍,时延缩短到 5G 的十分之一,在峰值速率、时延、流量密度、连接数密度、移动性、频谱效率、定位能力等方面远优于 5G。6G 网络将是一个地面无线与卫星通信集成的全连接世界,所以 6G 通信技术不再是简单的网络容量和传输速率的突破,它更是为了缩小数字鸿沟,实现万物互联这个"终极目标"。

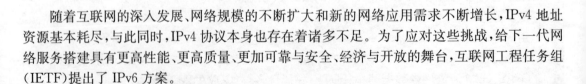

第 28 讲　为什么要推行 IPv6?

随着互联网的深入发展、网络规模的不断扩大和新的网络应用需求不断增长,IPv4 地址资源基本耗尽,与此同时,IPv4 协议本身也存在着诸多不足。为了应对这些挑战,给下一代网络服务搭建具有更高性能、更高质量、更加可靠与安全、经济与开放的舞台,互联网工程任务组(IETF)提出了 IPv6 方案。

一、IPv6 及其发展历程

(一) IPv6 简介

IPv6(Internet Protocol Version 6)是下一代互联网的核心协议,也是 IPv4 的取代协议,

最初 IPv6 的设计目的便是扩大网络协议地址空间。IPv6 二进位制地址长度为 128 位,因此,理论上 IPv6 地址数量有 2^{128} 个 IP 地址,去除部分特殊地址段,IPv6 提供的 IP 地址数量也是足够充裕。因此,IPv6 的使用,不仅能解决网络地址资源数量的问题,而且也解决了多种接入设备连入互联网的障碍。

IPv6 地址表示方式有首选格式、压缩格式和内嵌 IPv4 地址的 IPv6 地址格式三种。首选格式又称"冒号分十六进制表示法",以 16 位为一组,每组以冒号隔开,分为 8 组,每组以 4 位十六进制方式表示,例如下列 IPv6 地址就是一个合法的 IPv6 地址:

$$2001:0db8:85a3:08d3:1319:8a2e:0370:7344$$

在 IPv6 地址中,每一段开头的 0 可以省略。如果一整段都是 0,或者连续多段均为 0,则可以使用一对双冒号进行省略。但是,在一个 IPv6 地址中,用于省略"0"的双冒号只能出现一次,重复使用双冒号会产生非法的地址。

下一代网络(NGN)是以 IP 为中心,支持语音、数据和多媒体业务的全业务网络。因此,IP 协议的研究对下一代网络的发展至关重要。然而,IPV4 已经很难独自担当起支撑下一代网络发展的重任。相对于 IPv4 而言,IPv6 网络改进了许多功能,如单播和组播地址空间、任意广播地址、分层路由的集体寻址等。通过这些改进,IPv6 扩大了地址空间,提高了网络的整体吞吐量,改善了服务质量和安全性,增强了对即插即用和移动性的支持,更好地实现了多播功能,从而使 IPv6 成为下一代网络的基础。

(二) IPv6 发展历程

1992 年初,一些关于互联网地址系统的建议在 IETF(互联网工程任务组)上提出,并于 1992 年底形成白皮书。2003 年 1 月 22 日,IETF 发布了 IPv6 的测试性网络,即 6bone 网络。它是 IETF 用于测试 IPv6 网络而进行的一项下一代 IP(IPng)工程项目,该工程目的是测试如何将 IPv4 网络向 IPv6 网络迁移。从 2011 年开始,个人计算机和服务器系统上的操作系统基本上都支持 IPv6。例如,微软从 Windows2000 起就开始支持 IPv6,到 Windows XP 时已经进入产品完备阶段,Windows Vista 及以后的版本都已经完全支持 IPv6,并进行了改进,以提高支持度。2012 年 6 月 6 日,国际互联网协会举行了世界 IPv6 启动纪念日,这一天,全球 IPv6 网络正式启动。多家知名网站如 Google、Facebook 等,于当天全球标准时间 0 点开始永久性支持 IPv6 访问。

我国是较早开展 IPv6 试验和应用的国家,然而现阶段的发展状况却不尽如人意。为加速 IPv6 的发展,2017 年 11 月 26 日,中共中央办公厅、国务院办公厅印发了《推进互联网协议第六版(IPv6)规模部署行动计划》,加快推进 IPv6 规模部署,构建高速率、广普及、全覆盖、智能化的下一代互联网。2018 年 6 月,三大运营商联合阿里云宣布,将全面对外提供 IPv6 服务,并计划在 2025 年前助推中国互联网真正实现"IPv6 Only"。2019 年 4 月 16 日,工业和信息化部发布《关于开展 2019 年 IPv6 网络就绪专项行动的通知》。2020 年 3 月 23 日,工业和信息化部发布《关于开展 2020 年 IPv6 端到端贯通能力提升专项行动的通知》,可见我国对 IPv6 发展的重视与迫切。

二、推进实施 IPv6 的原因

(一) IPv4 的不足

随着网络的发展,原有的 IPv4 协议早就无法满足现有网络快速发展的需要,主要表现为以下方面。

1. 地址资源匮乏

IPv4定义的网络地址是32位,因此,理论上有$2^{32}-1$(约为43亿)个地址。然而,现有IP地址分配不合理,导致地址资源的极大浪费,很多容量巨大的地址块,在互联网发展的早期被直接分配给了AT&T、苹果、福特等美国大企业和政府机构,而且地址的分配速度远快于预期,使得IPv4地址空间无法满足互联网快速发展的需要。虽然使用无类域间路由选择(CIDR)、可变长子网掩码(VLSM)和网络地址转换(NAT)等技术,可以一定程度缓解IPv4地址不足的问题,但由于IPv4地址总数是固定的,这些技术并不能从根本上解决IP地址匮乏的问题。2011年2月3日,IANA宣布,全球IPv4地址池已经耗尽。

2. IPv4路由瓶颈

早期的IPv4网络由于Internet用户数量稀少,管理机构缺乏规划,IP地址分配十分随意。一些大型机构由于没有分配到B类地址,不得不分配多个C类地址以应对越来越庞大的网络规模,这样做却导致路由表的迅速膨胀。越来越大的路由表数量增加了网络中路由查找和存储的开销,路由效率特别是骨干网络路由效率快速下降。伴随着移动IP用户急剧增多,移动IP路由越来越复杂,移动业务开展时遇到的问题逐渐累积,移动IP功能发展十分缓慢。种种因素的制约,使得路由问题在IPv4地址枯竭之前已然成为制约Internet效率和发展的瓶颈。

3. 缺乏QoS支持

电子商务、电子政务的基础是网络的安全性和可靠性,并且,语音视频等新业务的开展,对服务质量(QoS)提出了更高的要求。而IPv4是一个无连接协议,以尽力而为(Best Effort)方式发送分组,特点是具有突发性,这种突发性严重影响时间灵敏性特别高的应用,缺乏对QoS的支持(注:实际上在IPv4包中已经定义服务类型字段,只要路由器处理这个字段,就可以提供QoS保证)。

4. IPv4网络安全性不足

由于IPv4在网络层中没有提供加密和认证机制,不能保证机密数据资源的安全传输。此外,数字签名、密钥交换、实体身份验证和资源访问控制等功能一般由应用层或者传输层来完成,存在一定的不足。在应用层进行加密时,虽然数据本身加密,但携带它的IP数据仍会泄露相关进程以及系统信息。在传输层加密虽然比较稳妥,但客户机和服务器应用程序都要重写,以支持SSL(安全套接层),实现起来较为繁琐。

(二) IPv6的优势

由于IPV6是由IETF为了彻底解决IPV4存在的问题而设计的一种新的IP协议,它解决了IPV4存在的问题和不足,存在以下几种优势。

1. 地址容量扩展

IPv6使用128位地址空间,支持2^{128}个IP地址和更高级别的地址层次结构,以及相对简单的自动地址分配,如此巨大的地址空间足以满足未来人类长期使用,完全可以解决IPv4资源不足的问题。

2. 网络性能提升

IPv6主机的IP地址主要通过无状态自动配置,从而实现即插即用。遵循聚类原则分配IP地址,IPv6路由器在路由表中只需要用一条记录就能表示多个子网,大幅度减小了路由表,提高了路由器转发的速度。IPv6采用了40位的基本报头加扩展报头链组成的形式,简化了报头格式。这种改进使得IPv6路由器对数据包的处理速度加快,转发率也相应提高,从而网络的整体吞吐量也得到提高。

3. 安全性提高

由于IPv6有着足够多的IP资源,运营商在给用户办理上网业务时,可以直接将一个固定IP绑定给该用户。于是,用户在网络上所做的一切行为,都将可以从其绑定的IP上查询,这也在一定程度上保障了网络安全。在加密方式上,IPv6用户可以直接对网络层数据进行加密,并对IP报文进行校验,在IPv6中加密与鉴别选项还提供了分组的保密性与完整性,这些措施都极大地增强了网络的安全性。

4. 增强服务质量(QoS)

IPv6报头中包含了一些关于控制QoS的信息,通过路由器的配置可以实现优先级控制和QoS保证,将很大程度上改善服务质量,保障从VoIP到视频流的高质量传输。

三、IPv6的发展现状

2019年4月30日APNIC统计数据显示,全球34.8亿互联网用户中IPv6用户占比为15.97%,迄今全球IPv6用户数量约为5.56亿。近年来IPv6部署在全球推进迅速,主要发达国家IPv6部署率持续稳步提升,部分发展中国家推进迅速。比利时、美国等国家IPv6部署率已超过50%,Google全球IPv6用户访问占比已达25%,Google、Facebook等全球排名靠前的网站已经全面支持IPv6。随着物联网、工业互联网等产业的快速发展,以及对网络安全日益迫切的需求,各国都加快了IPv6地址的申请节奏。全球各大运营商都在积极推动IPv6网络基础设施改造,从整体来看,IPv6的部署率呈不断上升态势,同时基于VoLTE对IPv6的天然依赖,移动运营商在VoLTE部署时均设置了IPv6优先,不仅使网络IPv6的部署率大大提升,由此带来的庞大的IPv6用户规模和完善的IPv6网络,亦为IPv6流量快速上升奠定了坚实的基础。

我国IPv6起步较早,产业基础良好,但尚未形成良性的市场驱动发展趋势,IPv6实际应用程度不高。目前,我国已申请相当于IPv4地址空间2.1万倍的IPv6网络地址空间,但其中仅有0.57%的IPv6地址在网络中通告使用。国内网站及移动APP应用支持IPv6的数量还非常少,即使部分网站支持IPv6,也需要通过IPv6独立域名访问,因而用户选择使用较少。我国的IPv6宽带用户主要集中在Cernet2校园网中,运营商网络中的IPv6宽带用户非常少,据2019年《中国IPv6发展状况》白皮书报告数据,三大运营商在骨干网的IPv4/IPv6都不足1.5%。因此,无论是IPv6网络规模、用户规模和内容来源都远远落后于欧美发达国家。此外,由于我国IPv6运营商的骨干网尚未与国际联网,在一定程度上不利于我国融入全球IPv6发展大潮。

【拓展阅读】 IPv6对我国未来互联网的影响

从IPv4向IPv6迭代是互联网发展的必然结果,IPv6能够提供充足的网络地址和广阔的创新空间,IPv6规模应用为解决网络安全问题提供了新平台,深刻影响着网络信息技术、产业、应用的创新和变革。

1. 有效解决我国 IP 地址危机

我国分配到的 IPv4 地址只有 3 000 多万个,IP 地址数量严重不足,绝大部分企业应用都是通过 NAT 实现内外网穿透,而互联网实名制、个人 IP 制度无法完善、DNS 解码泛滥等问题,增加了互联网安全风险。在 IPv4 协议内,全球共 13 台根服务器,唯一主根服务器部署在美国,其余 12 台辅根有 9 台在美国,2 台在欧洲,亚洲只有日本部署了 1 台。可以说域名与 IP 技术基本上完全掌握在美国手中,这对我国国家安全是个重大漏洞。目前,我国网民已突破 9 亿,互联网经济水平仅低于美国,居全球第二,并且互联网的用户数与产业价值都在持续高速增长。然而,我国互联网经济却是建立在底层互联网协议全部被美国等国家所掌握的条件下。升级 IPv6,意味着我国将拥有自己的根服务器,可以破解某天突然爆发的 IP 战困局。

2. 提升网络安全管理能力

目前的互联网实名制、个人 IP 制度无法完善,黑客攻击、网络诈骗、DNS 解码泛滥等问题,本质上都是 IP 枯竭问题带来的隐患。这些问题极大程度加剧了互联网安全风险,造成了大量资源浪费。IPv6 协议超大的地址空间,可以从技术上解决网络实名制和用户身份溯源问题,实现网络精准管理,使很多安全问题与信息溯源问题都将消弭于无形。发展基于 IPv6 的下一代互联网,有助于进一步创新网络安全保障手段,不断完善网络安全保障体系,显著增强网络安全态势感知和快速处置能力,大幅提升重要数据资源和个人信息安全保护水平,增强互联网的安全可信和综合治理能力。

3. 技术产业创新发展的基础

IPv6 是物联网发展基础,万物互联需要大量的 IP 地址资源,而 IPv4 地址资源量远远无法满足智能终端的联网需求。随着物联网产业的发展,特别是智能家居、智能物流、视频监控、车辆网、工业互联网等产业的发展,IP 地址的需求会迅速膨胀,只有 IPv6 能够提供足够的地址资源,满足端到端的通信和管理需求。大力发展基于 IPv6 的下一代互联网,有助于提升我国网络信息技术自主创新能力和产业高端发展水平,高效支撑移动互联网、物联网、工业互联网、云计算、大数据、人工智能等新兴领域快速发展,不断催生新技术新业态,促进下一代互联网技术产业生态发展。

第 29 讲　传感器与物联网

当前,智能制造、智慧物流、智慧交通、智慧医疗等智能化应用场景,正改变着我们的生活,并深刻地影响了传统产业发展。信息技术得以与传统产业深度融合,实现智能发展的前提是传感器与物联网技术的发展。

一、传感器

(一) 传感器及其组成与功能

传感器(Transducer/Senor)是一种检测装置,能感受到被测量的信息,并能将检测感受到的信息,按一定规律变换成为电信号或其他所需形式的信息输出,以满足信息的传输、处理、存储、显示、记录和控制等要求。通常将传感器看作是一个把被测非电量转换成电量的装置,如将被测对象物理、化学、生物等信息变化按照某些规律转换成电参量(电压、电流、频率、相位、电阻、电容、电感等)。传感器通常由敏感元件、转换元件和基本电路三部分组成(如图1)。

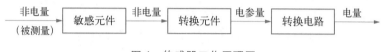

图 1　传感器工作原理图

1. 敏感元件

直接感受被测量,输出与被测量成确定关系。

2. 转换元件

敏感元件的输出就是转换元件的输入,它把输入转换成电量参量。

3. 转换电路

把转换元件输出的电量信号转换为便于处理、显示、记录或控制有用的电信号的电路。

传感器是物联网中获得信息的主要设备,它的最大作用是帮助人们完成对物品的自动检测和自动控制。作为物联网中的信息采集设备,传感器利用各种机制把被观测量转换为一定形式的电信号,然后由相应的信号处理装置来处理,并产生响应的动作。传感器早已渗透到我们生活的各个领域,如工业生产、环境保护、医学诊断、资源勘探、海洋探测、宇宙开发、文物保护、生物工程等。传感器是整个物联网信息收集的节点,是整个物联网发展的基础。

(二) 传感器的类型

传感器的分类方法很多,主要有如下几种:

(1) 按被测量分类,可分为力学量、光学量、磁学量、几何学量、运动学量、流速与流量、液面、热学量、化学量、生物量传感器等。

(2) 按照工作原理分类,可分为电阻式、电容式、电感式,光电式,光栅式、热电式、压电式、红外、光纤、超声波、激光传感器等。

(3) 按敏感材料不同分为半导体传感器、陶瓷传感器、石英传感器、光导纤维传感器、金属传感器、有机材料传感器、高分子材料传感器等。

(4) 按照传感器输出量的性质分为模拟传感器、数字传感器、膺数字传感器、开关传感器。其中数字传感器便于与计算机联用,且抗干扰性较强,例如脉冲盘式角度数字传感器、光栅传感器等。传感器数字化是今后的发展趋势。膺数字传感器是将被测量的信号量转换成频率信号或短周期信号的输出(包括直接或间接转换)。开关传感器是当一个被测量的信号达到某个特定的阈值时,传感器相应地输出一个设定的低电平或高电平信号。

(三) 传感器的应用场景

作为信息采集系统的前端单元,传感器的作用越来越重要。这里简单介绍一些传感器的应用场景。

1. 智能手机

智能手机中比较常见的智能传感器有距离传感器、光线传感器、重力传感器、指纹识别传感器、图像传感器、三轴陀螺仪和电子罗盘等。例如，指纹识别传感器可以采集指纹数据，然后进行快速分析与认证，免去烦琐的密码操作，快速解锁。

2. 智能机器人

传感器是人工智能最基础的硬件，类似于人类的感觉获取器官。智能机器人使用的关键硬件包括驱动器、减速器和传感器等，智能传感器作为机器人的"五官"，在采集外界信息数据方面发挥着重要作用。

3. 智能家居

智能家居领域需要使用传感器来测量、分析与控制系统设置，家中使用的智能设备涉及位置传感器、接近传感器、液位传感器、流量和速度控制、环境监测、安防感应等传感器等技术。

4. 智慧工业

在工业生产领域，传感器应用非常广泛，工业生产各个环节都需要传感器进行监测，并把数据反馈给控制中心，以便对出现的异常节点进行及时干预，保证工业生产正常进行。新一代智能传感器是智能工业的"心脏"，它让产品生产流程持续运行，并让工作人员远离生产线和设备，保证人身安全和健康。

二、物联网

（一）物联网定义

物联网（Internet of Things，IoT）的概念最早是在 1999 年由凯文·阿什顿（Kevin Ashton）提出，物联网即"万物相连的互联网"，是把所有物品通过射频识别、红外感应、全球定位系统、激光扫描器等信息传感设备与互联网连接起来，实现人、机、物的互联互通和智能化识别与管理。物联网通过智能感知、识别技术与普适计算、泛在网络的融合应用，被称为继计算机、互联网之后世界信息产业发展的第三次浪潮。物联网产业链包含芯片提供商、传感器供应商、无线模组（含天线）厂商、网络运营商、平台服务商、系统及软件开发商、智能硬件厂商、系统集成及应用服务提供商八大环节。

（二）物联网的架构体系

物联网系统架构通常可以分为感知层、网络层和应用层，如图 2 所示。

1. 感知层

感知层实现对物理世界的智能感知识别、信息采集处理和自动控制，并通过通信模块将物理实体连接到网络层和应用层。感知层由基本的感应器件（如 RFID 标签和读写器、各类传感器、摄像头、GPS、二维码标签和识读器等基本标识和传感器件），以及感应器组成的网络（例如 RFID 网络、传感器网络等）两大部分组成。该层的核心技术包括射频识别技术、新兴传感技术、无线网络组网技术、现场总线控制技术（FCS）等，涉及的核心产品包括传感器、电子标签、传感器节点、无线路由器、无线网关等。

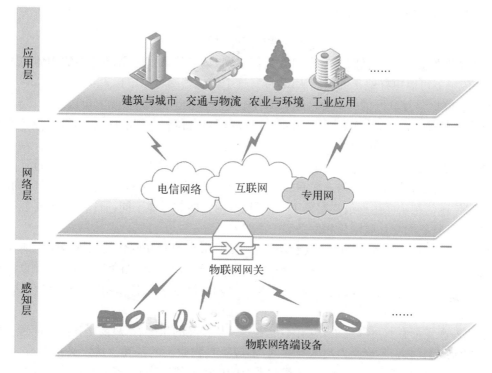

图2 物联网系统架构

2. 网络层

网络层主要实现信息的传递和控制,相当于人的神经中枢和大脑,负责传递和处理感知层获取的信息,由各种私有网络、互联网、有线通信网、无线通信网、网络管理系统和云计算平台等组成。网络层中的感知数据管理与处理技术,是实现以数据为中心的物联网的核心技术,其中包括传感网数据的存储、查询、分析、挖掘、理解,以及基于感知数据决策和行为的理论与技术。云计算平台作为海量感知数据的存储、分析平台,是物联网网络层的重要组成部分。

3. 应用层

应用层包括应用基础设施/中间件和各种物联网应用。应用基础设施/中间件为物联网应用提供信息处理、计算等通用基础服务设施、资源调用接口,并以此为基础,实现物联网在众多领域的各种应用。应用层是物联网发展的目的,软件开发、智能控制技术将会为用户提供丰富多彩的物联网应用。物联网的应用层,利用经过分析处理的感知数据,为用户提供丰富的特定服务,如绿色农业、工业监控、公共安全、城市管理、远程医疗、智能家居、智能交通和环境监测等行业应用。

三、物联网与互联网

互联网包括通信子网(由一系列通信设备、网络协议和控制软件组成)和资源子网(由网络中的服务器、工作站、智能设备等组成),可以实现一系列的人与人之间的信息通信和内容服务功能。物联网是通过各种感知设备,如射频识别、传感器、红外等,将信息传送到接收器,再通过互联网传送,通过高层应用进行信息处理,实现人、机、物的互联互通和智能化识别与管理。

管理信息系统(第三版)

（一）物联网与互联网的联系

关于物联网与互联网的关系，目前主要有四种观点：

（1）物联网是一种传感网。物联网就是传感网，只是给人们生活环境中的物体安装传感器，这些传感器可以更好地帮助我们认识环境，这个传感器网可以不接入互联网。

（2）物联网是互联网的一部分。物联网并不是一张全新的网，实际上早已存在，是互联网发展的自然延伸和扩张，是互联网的一部分。互联网是可包容一切的网络，将会有更多的物品加入这张网中。

（3）物联网是互联网的补充网络。我们通常所说的互联网是指人与人之间通过计算机结成的全球性的网络，服务于人与人之间的信息交换，而物联网的主体则是各种各样的物品，通过物品间传递信息从而达到最终服务于人的目的，两张网的主体不同，所以物联网是互联网的扩展和补充，物联网与互联网是相对平等的两张网。

（4）物联网是未来的互联网。从宏观概念上讲，未来的物联网将使人置身于无所不在的网络之中，在不知不觉中，人可以随时随地与周围的人或物进行信息的交换，这时，物联网也就等同于泛在网络，或者说未来的互联网。人类可以随时随地使用任何网络、联系任何人或物，以达到信息交换的自由。

这四种观点都有其可取之处，也有不足之处。从狭义的角度看，只要是物品之间通过传感网络连接而成的网络，不论是否接入互联网，都应算是物联网的范畴。从广义角度看，物联网不仅局限于物与物之间的信息传递，还将和现有的电信网络实现无缝融合，最终形成人与物无所不在的信息交换，形成泛在网络。物联网相对于以人为服务对象的互联网概念提出，将服务对象定位为更广的"物"为基础的网络，互联网沟通的是信息空间，物联网则被认为沟通的是物理空间，而泛在网络是通信网、互联网、物联网的高度协同和融合。

（二）物联网与互联网的区别

物联网与互联网的概念存在不同的观点，二者在技术实现方面也具有巨大的差别，物联网技术是融合了电子、通信、计算机三大领域的技术，在互联网的基础上实现物物相连。物联网体系架构主要分为感知层、网络层和应用层，互联网的体系结构主要是 OSI 参考模型和 TCP/IP 协议，因此可以将二者进行对比分析。

表 1   物联网与互联网技术的区别

物 联 网		互联网		
			TCP/IP	OSI
应用层	主要功能：应用基础设施/中间件和各种物联网应用 应用领域：家居生活、医疗卫生、公共服务、交通出行、生产物流等各个行业 标准体系：应用层架构、信息智能处理技术，以及行业、公众应用类标准	主要功能：面向用户，提供应用程序，实现网络服务 应用领域：网页浏览、邮件服务、FTP 服务、社交网络、管理信息系统等各种用户应用 协议标准：OSPF、DNS、HTTP、Telnet、FTP、SMTP 等	应用层	应用层 表示层 会话层

物　联　网		互联网		
			TCP/IP	OSI
网络层	主要功能:感知数据的传递、路由和控制 接入网络:分为无线接入和有线接入,包括公众电信网和互联网、行业专用通信资源 标准体系:物联网网关、短距离无线通信、自组织网络、简化 IPv6 协议、低功耗路由、增强的机器对机器无线接入和核心网标准、M2M 模组与平台、网络资源虚拟化标准、异构融合的网络标准等	主要功能:为两台主机上的应用程序提供端到端的通信 主要设备:路由器、交换机、防火墙、三层交换机 协议标准:TCP、UDP	传输层	传输层
		主要功能:实现数据包的选路和转发 主要设备:路由器 协议标准: IP、ICMP、BCP、SOPF、IGMP	网络层	网络层
感知层	主要功能:外部信息采集与识别和自动控制,通信模块将物理实体连接到网络层和应用层 主要设备:感应器件(如 RFID 标签、各类传感器、摄像头、GPS、二维码标签和识读器)、智能设备 标准体系:传感器等各类信息获取设备的电气和数据接口、感知数据模型、描述语言和数据结构的通用技术标准、RFID 标签和读写器接口和协议标准、特定行业和应用相关的感知层技术标准等	主要功能:处理数据在物理媒介上的传输 主要设备:计算机、智能终端、网线、网桥、集线器、交换机 协议标准:ARP(地址解析协议)、RARP(逆地址解析协议)、PPP 等	网络接入层	数据链路层 物理层

四、物联网的未来发展趋势

物联网的未来发展趋势主要体现在以下方面:

(1)新型基础设施作用凸显。物联网将应用于各行各业,渗透到各行各业生产经营的各个角落,直接为生产经营带来乘数级产出,物联网新型基础设施作用将开始显现。

(2)人工智能物联网(AIoT)的实现。目前,大部分物联网项目在落地过程中都融入了人工智能的元素,终端侧、边缘侧和云端的 AI 能力成为各种物联网应用方案的标准配置。AIoT 已经不再是各参与方探索的方案,未来没有融入 AI 能力的物联网解决方案将越来越没有竞争力。

(3)传统垂直产业自发创新。得益于数字经济、产业互联网等理念的传播,传统行业基于自身转型升级的需求,开始自发探索创新的方式。在自发创新驱动下,物联网在各行业应用的普及速度会越来越快。例如,国家电网公司于 2019 年提出建设"泛在电力物联网",通过物联网以及相关技术,对国家电网进行深刻的变革。作为一个拥有超大体量且对国民经济各方面都产生重要影响的经济体,国家电网拥抱物联网,开了垂直行业规模化应用的先河,具有非常明显的示范效应。

万物互联将成为全球网络未来发展趋势,随着我国物联网产业规模及多样性持续扩大,行业生态体系正逐步完善。目前,物联网已广泛应用于公共管理、商业服务和工业领域,涉及政府管理、公共服务、智慧交通、智能家居、智能制造、环境监测等多领域应用场景。下面以智慧物流为例,介绍物联网在物流领域的应用。

智慧物流是以物联网、大数据、人工智能等信息技术为支撑,在物流的运输、仓储、包装、装卸、配送等各个环节实现系统感知、全面分析及处理等功能。智慧物流的实现能大大降低各行业运输的成本,提高运输效率,提升整个物流行业的智能化和自动化水平。在仓储管理方面,通常采用基于物联网的仓库管理信息系统,完成收货入库、盘点调拨、拣货出库以及整个系统的数据查询、备份、统计、报表生产及报表管理等任务。在运输监测上,可以实时监测货物运输中的车辆行驶情况以及货物运输情况,包括货物位置、状态环境以及车辆的油耗、油量、车速及刹车次数等驾驶行为。将云计算和物联网等技术结合,实现快件存取和后台中心数据处理,通过RFID 或摄像头实时采集、监测货物收发等数据。

第 30 讲　企业计算模式的演化

管理信息系统经历了三类企业计算模式:集中式计算模式、分布式计算模式和云计算模式。这三类计算模式是随着计算机技术、网络技术的发展而产生的,由此决定了计算机应用系统中硬件结构和软件结构的特征。

一、集中式计算模式

计算机应用早期一般以单台计算机构成的集中式模式为主。集中式模式又可细分为两个阶段。在集中式模式的早期阶段,计算机应用系统所用的操作系统为单用户操作系统,系统一般只有一个控制台,局限于单项应用,如工资报表统计等。在集中式模式后期,分时多用户操作系统研制成功,并随着计算机终端的普及使早期的集中式模式发展成为单主机-多终端的计算模式阶段。

在单主机-多终端的计算模式中,通过终端使用计算机,每个用户都好像是在独自享用计算机的资源,但实际上主机是在分时轮流为每个终端用户服务。单主机-多终端的计算机模式在我国当时一般被称为“计算中心”,在这个阶段,计算机应用系统中已可实现多个应用的联系,但由于硬件结构的限制,只能将数据和应用(程序)集中地放在主机上。

在集中式计算模式下,所有的程序和数据都存储在单台主机中(数据库、应用程序、通信程序),所有资源都能够进行集中控制,并且完全依靠主机运行应用程序。这种模式的优点主要在于数据存取管理方便、安全性好,但缺点是系统投资大,维护费用高,不能适应网络化工作环境。同时,还具有单点故障和可扩展性有限的缺陷。如果服务器端发生故障,则客户端无法运

管理信息系统(第三版)

行。在扩展性方面,扩展系统的唯一方法是垂直扩展,即向服务器添加更多的存储、I/O 带宽和处理能力,服务器性能越高,系统的性能越好,然而,这种做法效益较低。

二、分布式计算模式

分布式计算模式主要是通过数据分布和计算分布来实现。数据分布是指数据可分散存储在网络上的不同计算机中,计算分布则是把软件运行过程中的计算任务分散给不同计算机进行处理。分布式计算模式主要包括客户端/服务器计算模式、Web 计算模式和 P2P 计算模式三种。

(一) 客户机/服务器计算模式

客户机/服务器计算模式(Client/Server 计算模式、C/S 计算模式)最早由美国 Borland 公司研发,它可以充分利用两端硬件环境的优势,将任务合理分配到 Client 端和 Server 端来实现,降低了系统的通信开销。目前大多数应用软件系统都是 Client/Server 形式的两层结构,服务器端一般使用高性能的计算机,并配合 Oracle、Sybase 等大型数据库;客户端则通过在 PC 机上安装专门的客户端软件来实现,形成"胖"客户端环境。在这种结构下,系统可以在服务器和客户端平衡服务处理量,但因为客户端安装了专门的软件,对运行平台有一定要求,安装和维护的工作量较大。

在 C/S 计算模式中,数据库服务是最主要的服务,客户机将用户的数据处理请求,通过客户端的应用程序发送到数据库服务器,数据库服务器分析用户请求,实施对数据库的访问与控制,并将处理结果返回给客户端。在这种模式下,网络上传送的只是数据处理请求和少量的结果数据,网络负担较小。

在采用 C/S 模式的企业计算机应用系统中,由于客户端软件被分布安装在各个客户机上,这种形式使系统维护困难且容易造成不一致性。

(二) Web 计算模式

Web 计算模式又称为浏览器/服务器计算模式(Browser/Server 计算模式、B/S 计算模式),它是在 C/S 模式的基础上发展而来的。B/S 模式产生的原动力,来自不断增加的业务规模和不断复杂化的业务处理请求,解决这个问题的方法是在传统 C/S 模式的基础上,增加中间应用层(业务逻辑层),由原来的两层结构(客户/服务器)变成三层结构。

B/S 结构与 C/S 结构不同,其客户端不需要安装专门的软件,只需要浏览器即可,浏览器通过 Web 服务器与数据库进行交互,可以方便地在不同平台下工作。服务器端可采用高性能计算机,并安装 Oracle、Sybase、SQL Server 等大中型数据库和 IIS、Apache 等 Web 服务器软件。B/S 结构简化了客户端的工作,它是随着 Internet 技术兴起而产生的,是对 C/S 技术的改进,但一些以前由客户端软件来完成的数据处理工作被集中到了服务器端,因此对服务器的性能要求更高,一般需要通过架设独立的 Web 服务器来完成这部分工作。有些信息系统也利用 AJAX 技术,将部分数据处理工作利用 JavaScript 写入 Web 页面中,使其转移到客户端(浏览器)来处理。

B/S 三层应用结构由客户显示层、业务逻辑层和数据层组成。客户显示层是为客户提供应用服务的访问界面,帮助用户使用系统应用服务。业务逻辑层位于显示层和数据层之间,专门为实现企业的业务逻辑提供一个明确的层次,在这个层次封装了与系统关联的应用模型,并把客户显示层和数据库代码分开。数据层作为三层结构的最底层,用来定义、维护、访问和更新数据,并管理和满足应用服务对数据的请求。B/S模式就是上述三层应用结构的一种实现方式,其具体结构为:浏览器/Web服务器/数据库服务器。

以B/S模式开发企业管理信息系统,由于在客户端只需一个简单的浏览器,因此减少了客户端的维护工作量,方便用户使用。同时也正是这样的"瘦"客户端,使我们能够方便地将任何一台计算机通过计算机网络或互联网连入企业的计算机系统,成为企业管理信息系统的一台客户机。

与客户机/服务器计算模式相比,浏览器/服务器计算模式有以下特点:

(1) 对软硬件配置需求较低。客户机/服务器计算模式对客户机的配置要求较高,特别是当开发平台功能增强时,客户端相应的硬件和系统软件也必须跟上,才能够安装和运行相应的客户端应用;而浏览器/服务器计算模式对客户机的硬件配置需求较低,只要有浏览器即可,浏览器/服务器计算模式可以实现跨平台运行,而客户机/服务器计算模式则不能。因此,对于网络环境下的管理信息系统而言,浏览器/服务器结构有着更强的生命力。

(2) 开发与维护更加简便。客户机/服务器结构的应用必须在客户机和服务器上分别开发,在应用程序安装部署、升级维护等方面都比较复杂,一旦应用程序修改,则涉及与修改内容有关的模块都需要重新安装,因此,开发与维护的成本较高。相比之下,浏览器/服务器结构的应用集中在服务器端进行开发管理,浏览器/服务器计算模式下的应用程序修改,只涉及Web应用的重新发布,应用程序升级和部署更加简便。

(三) P2P计算模式

P2P(Peer to Peer)计算模式,又称对等计算模式,是指网络的参与者共享他们所拥有的一部分资源(处理能力、存储能力、网络连接能力、打印机等),这些共享资源通过网络提供服务和内容,能被其他对等节点直接访问而无需经过中间实体。P2P计算模式强调对等网络中的每个节点地位的对等性,这种模式下网络中各个节点既可以充当服务器,作为提供服务的一方为其他节点提供服务,同时也可以是接受服务的一方,享用其他节点提供的服务。P2P网络应用主要包括文件共享、即时通信、分布式计算、流媒体直播等。

P2P计算模式的理念是在节点之间直接交换和共享文件与资源,其最大特点是不需要中央服务器,充分发挥了每一台联入P2P网络计算机的资源使用效率,通过利用大量闲置资源来减轻或避免企业在中央服务器上的巨大开销。这些闲置资源包括大量的计算处理能力以及海量存储潜力和网络通信带宽,从而使系统具有很低的使用成本和极强的延伸能力。

P2P技术不仅可以消除使用单一资源所造成的瓶颈问题,还可以通过网络实现数据分配、控制及满足负载平衡请求。除了可帮助优化性能之外,P2P模式还用来消除由于单点故障而影响全局的危险。企业采用P2P模式,可利用客户机之间的分布式服务代替一些费用昂贵的数据中心功能。用于数据检索和备份的数据存储可在客户机上进行。此外,P2P基础平台可允许直接互联或共享空间,并可实现远程维护功能。

P2P计算模式将通过互联网进行共享和合作的想法,扩展到分享大型计算任务、合作创建媒体或软件、在线直接交谈以及组建在线社区等方面,很大程度上提高了信息系统的运行能力,但缺点是架构复杂,并且在大规模网络环境下难以管理。

三、云计算模式

云计算(Cloud Computing)是一种基于互联网的计算新方式,通过互联网上异构、自治的服务为个人和企业用户提供按需即取的计算。狭义云计算是一种 IT 基础设施的交付和使用模式，指通过网络以按需、易扩展的方式获得所需的资源（硬件、平台、软件）。提供资源的网络被称为"云"，"云"中的资源在使用者看来是可以无限扩展的，并且可以随时获取，按需使用，随时扩展，按使用付费。广义云计算是指服务的交付和使用模式，指通过网络以按需、易扩展的方式获得所需的服务，这种服务可以是 IT 和软件、互联网相关的，也可以是任意其他的服务。云计算充分利用了集中计算模式与分布计算模式的优点，一方面通过虚拟计算将计算资源与存储空间整合管理，另一方面可以利用客户端软件或浏览器接入云资源，使用云计算提供的服务。这是当下，也可能是未来相当长一段时间里被重点关注的企业计算模式。

【拓展阅读】 P2P 技术及其应用

由于能够极大缓解传统架构中服务器端的压力过大、单一失效点等问题，又能充分利用终端的丰富资源，所以 P2P 技术被广泛应用于计算机网络的各个应用领域，如分布式科学计算、文件共享、流媒体直播与点播、语音通信及在线游戏支撑平台等方面。

1. 文件分享与下载

P2P 技术大规模通过互联网进入人们的生活是在 1999 年。当时 18 岁的肖恩·范宁（Shawn Fanning）为了和朋友分享 MP3 而发明了这项技术。随后有大量的收费和免费下载工具都覆盖了 P2P 下载功能，比如国内最为知名的下载软件迅雷，海外大名鼎鼎的 eMule、Vuze Bittorrent、Free Download Manager 等，P2P 的发展历程一直伴随文件的分享与下载功能。

2. 流媒体播放

将 P2P 技术应用于流媒体在我国发展很早，而网民熟悉的优酷和爱奇艺等视频播放软件，则是其中著名的商业化应用。直播、点播方面比较知名的有腾讯直播的 XP2P 技术和陌陌直播等。此外，无论是迅雷、优酷还是腾讯视频，都向用户默认开启了 P2P。

3. 分布式存储和科学计算

世界最著名的 P2P 分布式科学计算系统应该是"SETI@home"项目（简称为 S@H 或 SETI），这个项目在全球极客和科幻迷眼中有非常高的地位。该项目由美国加利福尼亚大学伯克利分校在 1999 年发起，其目的是用射电望远镜传来的数据来搜寻地外文明，主要利用参与者闲余的 CPU 算力来协助项目组进行计算，这样的噱头和宏大的理念让该项目成为全球最成功的分布式计算项目。

第 31 讲　说一说云计算模式

随着互联网信息技术的高速发展以及网络带宽的日益提高，个人、企业以及政府机构和国家层面,对计算资源的需求越来越大,需要更快的计算速度和更大的存储空间。云计算技术通过统一管理和调度使用网络连接的大量计算资源,构成向用户按需服务的计算资源池,能够有效满足用户灵活切换资源匹配所需应用,以及特殊业务阶段对 IT 资源需求激增的需求。云计算技术具有较强的灵活性和扩展性,能更好地实现多商业化场景的应用需求。

一、云计算的发展

云计算是网格计算(Grid Computing)、分布式计算(Distributed Computing)、并行计算(Parallel Computing)、效用计算(Utility Computing)、网络存储(Network Storage)、虚拟化(Virtualization)、负载均衡(load balance)等传统计算机技术和网络技术发展融合的产物,它旨在通过网络把多个成本相对较低的计算实体整合成一个具有强大计算能力的系统,并借助基础设施即服务(IaaS)、平台即服务(PaaS)和软件即服务(SaaS)等商业模式,把强大的计算能力分布到终端用户手中。云计算的一个核心理念就是通过不断提高"云"的处理能力,进而减少用户终端的处理负担,最终使用户终端简化成一个单纯的输入输出设备,并能按需使用"云"的强大的计算处理能力。

2006 年,亚马逊第一次将其弹性计算能力作为云服务售卖,标志着云计算服务这种新的商业模式诞生。当前,云计算在全球已经有了很多成功的商业应用案例,如亚马逊、谷歌、IBM和微软等公司提供的云服务平台,均证实了云计算技术的可行性、稳定性和高效性。在国内,阿里云、腾讯云、百度云、华为云等云服务提供商,均在云服务市场发力,在国内排名领先。云计算的兴起将会对企业信息基础设施建设和信息系统服务产生深刻的变革。随着互联网和信息技术的高速发展,云计算已成为企业信息化以及大数据和人工智能技术等的基础设施。

二、云计算的基本特征

云计算的 IT 基础设施资源是动态易扩展而且虚拟化的,终端用户不需要了解"云"中基础设施的细节,只关注自身需要什么样的资源及服务,并通过相关的云计算服务供应商获得所需的资源及服务。云计算的基本特征包括:

(1)基于虚拟化技术快速部署资源或获得服务。虚拟化突破了时间、空间的界限,是云计算最为显著的特点,虚拟化技术包括应用虚拟和资源虚拟两种。物理平台与应用部署的环境在空间上是没有必然联系的,云计算正是通过虚拟平台对相应终端操作完成数据备份、迁移和扩展等。

(2)实现动态、可伸缩的扩展。云计算具有高效的运算能力,在原有服务器基础上增加云计算功能,能够使计算速度迅速提高,实现动态扩展和虚拟化的层次,达到对应用进行扩展的目的。

(3)按需求提供资源、按使用量付费。不同的应用对应的数据资源库不同,所以用户运行不同的应用,需要较强的计算能力对资源进行部署,而云计算平台能够根据用户的需求快速配备计算能力及资源。在云计算模式下,最终用户根据使用了多少服务来付费。这为应用部署到云计算基础架构上降低了准入门槛,让大企业和小公司都可以使用相同的服务。

(4)通过互联网提供、面向海量信息处理。云计算通过互联网提供相应的服务,为存储和管理数据提供了无限多的空间,也为完成各类应用提供了无限强大的计算能力。

(5)用户可以方便地参与。用户可以利用应用软件的快速部署条件,更加简单快捷地将自身所需的已有业务以及新业务进行扩展。

(6)形态灵活,聚散自如。目前市场上大多数 IT 资源、软硬件都支持虚拟化,比如存储网络、操作系统和开发软硬件等。虚拟化要素统一放在云系统资源虚拟池当中进行管理,可见云计算的兼容性非常强,不仅可以兼容低配置机器、不同厂商的硬件产品,还能够外设获得更高性能计算。

(7) 减少用户终端的处理负担。云计算将资源放在虚拟资源池中统一管理,在一定程度上优化了物理资源,用户不再需要昂贵、存储空间大的主机,可以选择相对廉价的 PC 组成云,一方面减少费用,另一方面计算性能也不逊于大型主机。

三、云服务的部署模式

按照云计算的部署方式,可将云服务的类型分为公有云、私有云、社区云和混合云。

(一) 公有云

公有云是多个用户共同使用的云计算环境,公用云服务可通过网络及第三方服务供应者,以服务的方式向所有外部用户提供服务。云计算平台的内部实现与原理对用户完全透明。用户无需针对公有云有深入了解,无需雇用 IT 人员管理,更无需管理 IT 基础设施。公用云供应者通常会对用户实施使用访问控制机制,公用云作为解决方案,既有弹性,又具备成本效益。

(二) 私有云

私有云通常只对某一家企业单独提供专属服务,既可配置在公司内,也可部署在公司之外,私有云可为企业内部的业务用户提供虚拟化应用、基础设施及联网服务。相对于公有云服务,私有云的资源使用没有那么多的限制,不会受到网络带宽、安全、法规等的影响,在业务开发方面具有相当大的灵活性,并且不用担心对组织核心业务数据失去掌控。

(三) 社区云

社区云的核心特征是云端资源只给两个或者两个以上特定单位组织内的员工使用,除此之外的人和机构都无权租赁和使用云计算资源。参与社区云的单位组织具有共同的要求,如云服务模式、安全级别等。具备业务相关性或者隶属关系的单位组织建设社区云的可能性更大一些,一方面能降低各自的费用,另一方面也能共享信息。社区云具有明显的区域性和行业性,社区内成员参与性高,能够实现资源的高效共享。

(四) 混合云

混合云结合了公有云和私有云的优势,用户将非核心信息外包,托管在第三方公有云上,同时在私有云上掌控组织核心服务和数据,如此可在降低自身 IT 成本的同时,享受核心业务和数据的安全性与灵活性。在混合云模式下,用户通常将非企业关键信息外包,并在公用云上处理,可以同时掌控企业关键服务及数据。

四、云计算服务模式

云计算主要有三种服务模式,即基础设施即服务(Infrastructure as a Service, IaaS)、平台即服务(Platform as a Service, PaaS)和软件即服务(Software as a Service, SaaS)。云服务提供商三者分别从底层基础设施、中间层开发平台以及顶层软件平台三个层次为用户提供服务。图 1 展示了传统 IT 架构与云计算服务架构的对比。

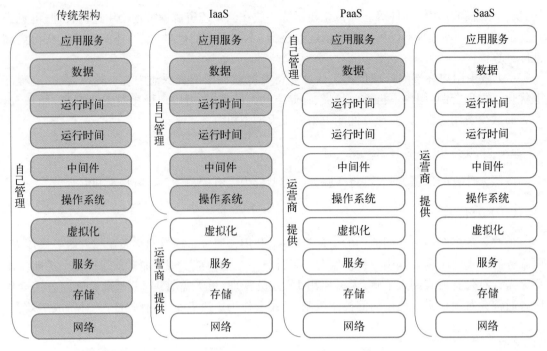

图 1　传统 IT 架构与云计算服务架构比较

（一）基础设施即服务 IAAS

云服务提供商把 IT 系统的基础设施层作为服务出租出去，以服务的形式提供虚拟硬件资源，如虚拟主机/存储/网络/安全等资源，用户无需购买服务器、网络设备、存储设备，只需通过互联网租赁即可搭建自己的应用系统。

IaaS 根据不同的收费标准，又分为：（1）计算即服务（CaaS），基于虚拟机的容量（主要是 CPU 和 RAM 大小）、虚拟机的功能、操作系统和部署的软件进行租用并按小时收费；（2）数据即服务（DaaS），其中不受限制的存储空间用于存储用户数据，不管其类型如何，都按数据大小和数据传输每 GB 收费。目前如 Amazon，Microsoft 和 IBM 之类的公司都提供此类硬件服务务，如表 1 所示。

表1　　　　　　　　　　　　　　　　　　IaaS 产品实例

厂商名称	主要产品	功　　能
Amazon	EC2　S3	为企业提供计算和存储服务，收费的服务项目包括存储服务器、带宽、CPU 资源以及月租费。
IBM 公司	蓝云（Blue Cloud）	使计算不仅仅局限在本地，通过架构一个分布的、可全球访问的资源结构，使数据中心在类似互联网的环境下运行计算。
微软公司	Azure	包括 Windows Azure、Microsoft SQL 数据库服务、.Net 服务等主要组件，帮助开发可运行在云服务器、数据中心、Web 和 PC 上的应用程序。

（二）平台即服务 PAAS

云服务提供商把 IT 系统中的平台软件层作为服务出租出去,提供应用服务引擎,如互联网应用编程接口/运行平台等,用户自己开发或者安装程序,并运行程序。在这种模式下,用户可以在云端轻松地完成新应用的创建和已有应用的扩展,同时还可以将应用的测试和运维工作交给平台完成。PaaS 的高度资源整合能力,使开发者无需为操作系统、服务器、网络资源和存储空间而担心。部分 PaaS 企业及产品情况见表 2。

表2 PaaS 服务实例

厂商名称	主要产品	功　　能
NetSuite	SuiteCloud	使用此平台,可免费开发与系统完全匹配的 SuiteApp,对企业 ERP 各个功能进行完美深度定制化。
Google	Google Apps Engine	可在 Google 的基础架构上构建并运行自己的网络应用程序,无需维护服务器。
Salesforce	Force. com	可构建和运行任意应用程序,按需提供企业级 Web 应用程序,而无需付出部署基础结构的成本。
IBM	Watson Cloud	为创建使用人工智能和机器学习的应用程序提供了一个平台。

（三）软件即服务

云服务提供商把 IT 系统中的应用软件层作为服务出租出去,用户可以根据实际需求,通过互联网向服务商定购所需的应用软件服务,通过标准的 Web 浏览器来使用内网或外网上的软件,按需租用软件。目前大多数在网络上提供专业服务的都是 SaaS 业务,如客户关系管理、企业资源规划、人力资源管理以及在线培训等,这些业务是直接面对最终用户提供服务的。在 SaaS 模式中,云服务提供商在云端安装和运营应用软件,云用户从云客户端访问该软件。云用户不需要安装和管理应用程序以及运行所依赖的云基础设施和平台,这样可以节省维护和支持的费用。部分厂商的 SaaS 服务情况见表 3。

表3 SaaS 产品实例

厂商名称	主要产品	功　　能
NetSuite	NetSuite　OneWorld（在线 ERP）	提供多级水平的综合报表、全球订单管理、客户关系管理、进销存存管理、实时管理和自动财务功能,可降低成本,简化税务管理。
中企开源	企业管理、电子商务、行业门户等	对中小企业"按需服务,随需而变",可以极大地降低中小企业信息化的成本与风险。
Salesforce	Salesforce CRM	可用于销售、服务、营销和呼叫中心运营等。
Zoho	邮件、文档、Wiki、CRM、会议、业务	围绕销售与市场营销配置最佳的效率工具;高效沟通、共同协作的团队工作方式。

五、云计算服务模式比较

IaaS 主要的用户是系统管理员，云服务提供商将虚拟机或者其他资源作为服务提供给用户。通过 IaaS 这种模式，用户可以从供应商那里获得他所需要的虚拟机或者存储等资源来装载相关的应用，同时，对这些基础设施烦琐的管理工作将由 IaaS 供应商来处理。IaaS 模式使用灵活，非常方便，从底层硬件到操作系统，都不需要用户自己去配置，从而用户能够集中更多时间做主要业务。其缺点在于云服务商提供的服务缺乏自由定制的可控性。

PaaS 主要的用户是开发人员，云服务提供商将开发平台作为服务提供给用户。通过 PaaS 这种模式，用户可以在一个包括 SDK、文档和测试环境等在内的开发平台上非常方便地编写应用，而且不论是在部署还是运行的时候，用户都无需为服务器、操作系统、网络和存储等资源的管理操心，这些烦琐的工作都由 PaaS 供应商负责处理，用户只需考虑如何创建最佳用户体验，集中精力开发应用项目。PaaS 在整合率方面非常惊人，比如一台运行 Google AppEngine 的服务器能够支撑成千上万的应用，其缺点在于灵活性降低了，只能在云端提供的有限平台范围内开发软件。

SaaS 主要的使用者是普通用户，用户只要接上网络，通过浏览器就能直接使用在云端上运行的应用，无需考虑系统安装等琐事，免去了初期高昂的软硬件投入。在 SaaS 模式下，用户从硬件设施到软件服务，都由服务商全程提供。然而由于 SaaS 存在一些技术瓶颈，其应用受到一定的影响，主要表现在：SaaS 市场发展比较混乱，许多 SaaS 没有实现和用户的真正交流，产品不能和用户的真实需求接轨；相关的法律法规不完善，SaaS 平台下的用户数据缺乏相应的安全责任分担机制，制约了 SaaS 的使用和发展；互联网的安全稳定性对 SaaS 的应用提出了巨大的挑战。

三种服务模式的比较见表 4。

表 4   **三种云计算服务模式的比较**

服务模式	IaaS	PaaS	SaaS
服务内容	计算机(包括物理机或虚拟机)及其资源管理系统。	计算平台(包括操作系统、软件编码语言的执行环境、数据库和 Web 服务器)。	软件租赁。
优点	(1) 支持应用广泛。IaaS 主要以虚拟机的形式为用户提供 IT 资源，可以支持各种类型的操作系统；(2) 伸缩性强、可定制。可以根据用户需求来调整资源的大小；(3) 低成本。企业不需要购置硬件、IaaS 按照实际使用量进行收费、IaaS 可以满足突发性需求，企业不需要提前购买服务。	(1) 无需购买、管理复杂的底层硬件和基础软件层；(2) 高度资源整合能力，良好的平台能够在很少的服务器上承载巨大数目的应用；(3) 能在云端进行应用的开发、测试和发布；(4) 对应用进行精确管理和监控；(5) 会将不同种类的服务整合成 API 形式，通过不同的接口提供给上层的应用调用；(6) 加速新应用的开发和部署。	(1) 节省维护和支持的费用以及传统的软件授权费用；(2) 可以通过在一组虚拟机之间分配工作负载来实现弹性；(3) 用户体验好且易于使用；(4) 具有较低的可预测成本。大多数 SaaS 供应商按用户收取每月费用，因此企业可以提前知道每个月的账单。

服务模式	IaaS	PaaS	SaaS
缺点	IaaS 成本可能无法预测；企业的 IT 团队仍将承担管理大量 IT 堆栈的责任。	在应用规模扩大的情况下，可能有不可预知的费用；灵活性少，大多数产品需要一些基本的编程知识，比 IaaS 更易于部署，但不如 SaaS 容易使用；可以自己安装应用程序，但不能定制操作系统。	IT 团队具有很少的控制权或没有控制权；供应商有权访问某些数据，但这有可能违反了某些组织的合规性要求或隐私政策；一些 SaaS 应用程序可能无法与组织使用的其他软件或工具集成；定制选项少。

【拓展阅读】　亚马逊 AWS 云计算

　　亚马逊是云计算的先行者，AWS 是亚马逊公司于 2006 年推出的旗下云计算服务平台，面向全世界范围内的用户提供包括弹性计算、存储、数据库、应用程序在内的一整套云计算服务。亚马逊是生态系统构建的先行者，通过提供软硬件资源的租用获取利润，向开发者提供系统帮助其开发软件。当软件通过亚马逊的收费模式租用给租户时，亚马逊通过分成模式进行收费。亚马逊 AWS 占据着全球最大的云计算市场份额，AWS 拥有全球 190 个国家超过 100 万的企业级活跃用户，拥有数千家合作伙伴，其云计算总体框架见图 2。

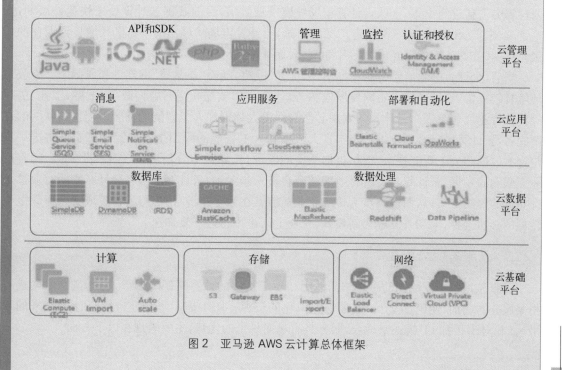

图 2　亚马逊 AWS 云计算总体框架

第 32 讲　云服务正当其时吗?

企业信息化软硬件与基础设施投资往往成本巨大。一方面,新的信息系统特别是硬件在建成后,一般经历 3~5 年即面临逐步老化与更换,而软件技术则不断面临升级的压力;另一方面,IT 投入难以满足不断增加的业务对资源的变化需求,在一定时期内扩展性总是有所限制。而云服务能够有效解决 IT 资源的动态需求和最终成本问题,使 IT 部门可以专注于服务的提供和业务运营。当前,云计算正深刻影响着企业信息化模式,通过公有云、私有云或混合云服务,使用 IaaS、PaaS 和 SaaS 云服务模式,企业可以有效地减少硬件基础设施配置成本,降低信息系统开发风险,提供可靠的数据存储与分析支持。

一、云服务迎来大发展

云计算自 2006 年提出至今,大致经历了形成阶段、发展阶段和应用阶段。过去的十年是云计算突飞猛进的十年,全球云计算市场规模增长数倍,目前我国云计算处于快速发展期,无论是 IaaS、PaaS 还是 SaaS 都具有广阔的前景,云计算市场从最初的十几亿元增长到现在的千亿元规模,公有云市场已经成为一片红海,云计算企业巨头竞争激烈。

当前,全球各国政府纷纷制定推出"云优先"战略,随着"新基建"的推进和我国云计算政策环境日趋完善,云计算技术不断发展成熟,云计算应用从互联网行业向政务、金融、工业、医疗等传统行业加速渗透。云计算的发展必然会促进大数据和人工智能的发展。随着物联网的逐渐完善,云计算平台必然要进一步丰富大数据和人工智能的应用生态。云计算服务将进一步整合大数据和人工智能技术,提供更加全面的服务,比如数据分析服务、控制服务等。随着产业互联网的发展,云计算与传统行业的结合会进一步深入,云计算领域将会针对不同行业推出针对性的解决方案,从而进一步为传统企业赋能。在数字经济背景下,云计算成为企业数字化转型的必然选择,云端开发成为新模式,企业上云进程将进一步加速。

二、云服务优势所在

云服务是基于互联网的一种按需使用和易于扩展的计算资源与服务,它通过互联网进行相关服务的增加、使用和交互,通常是虚拟化的资源。图 1 展示了企业应用云计算带来的效果[①]。相对于传统 IT 模式来说,云服务具有显而易见的优势,主要表现在以下方面。

---

① 中国信息通信研究院. 云计算发展白皮书(2020 年)[R]. 2020.

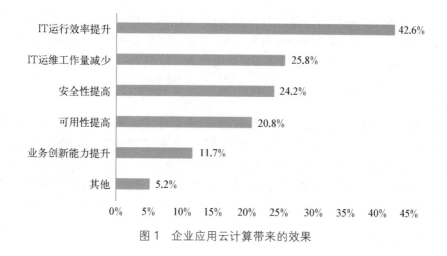

图 1　企业应用云计算带来的效果

（一）节约 IT 成本

传统 IT 部署架构中,按照使用部门的不同所切割成的各种应用及管理系统还造成了"信息孤岛"、流程割裂、数据的分散、应用开发的低效率与高成本等问题,企业不仅需要复杂的容量规划或预留硬件性能,而且 IT 硬件和软件运营成本也是需要持续投入,需要考虑硬件和软件设施的升级和持续维护以及管理成本。而云服务下,许多成本就可以被消除,取而代之的是具有成本效益和可预测的订阅模式,企业只需为其使用的资源付费,不需要重复考虑硬件预留和维护成本。对于大多数服务,企业可以根据需要按月扩展或缩小规模,具有传统技术无法比拟的敏捷性。

（二）使用灵活

使用虚拟化、云原生等技术,构建统一的基础软硬件云化管理平台,提供纳管多种异构架构的能力,为上层应用提供稳定、安全、敏捷的资源供给,当有需求时可以快速地交付资源,比如云主机、对象存储等产品。云计算能实现动态、可伸缩的扩展,将服务器实时加入现在服务器群中,以满足应用和用户规模增长的需要。如果某个计算节点出现故障,则通过相应策略抛弃该节点,将其任务交给其他的节点,而在节点故障排除后可实时加入现有集群中。另外,"云"是一个庞大的资源池,用户可以根据自己的需要订制相应的服务,云计算平台按照用户的需求部署相应的资源、计算能力、服务及应用。

（三）维护简单

在 IaaS 云服务模式下,云服务提供商负责管理机房基础设施、计算机网络、磁盘柜、服务器和虚拟机,用户自己维护和管理操作系统、数据库、中间件、应用软件和数据信息;在 PaaS 模式下,云服务提供商除了维护 IT 基础设施之外,还需要部署和维护平台软件层,用户只需自己维护应用程序和数据;而在 IaaS 模式下,从 IT 基础设施到应用程序和数据全部由云服务提供商托管。因此,用户根据实际情况选择不同的云服务模式,可以减少 IT 运行和维护工作,它们甚至全部由云服务提供商负责,从而专注于核心业务。

（四）数据共享与同步

在处理或存储方面,云计算在对 IT 资源的虚拟化基础上,可以实现对业务、应用和数据的

管理信息系统（第三版）

整合，避免重复存储，实现不同设备、用户间的数据与应用共享，从而获得高性能的计算与使用。在数据管理方面，云计算为海量数据的采集、传输、存储、获取、共享与利用的全过程带来深刻变化，提高数据资源的集中、复用及为管理决策服务的能力。

(五) 提升管理创新能力

在企业创新方面，借助公有云的外部服务接入，企业可以完成与上下游外部企业的协同及实现在商业模式、管理、制度及技术上的开放式创新。在业务管理上，云计算可以帮助集团构建虚拟化的资源中心和 SOA 架构平台，为其集中建设集团架构的统一应用系统（如财务、物资、OA 等），并通过统一开放式 PaaS 平台，为下属企业提供业务应用和特殊应用所支持的个性化企业应用开发、测试和部署平台，大大降低下属企业的 IT 投入，发挥整体价值。

(六) 安全性更高

通常情况下，云服务提供商有专业的团队来管理和维护云安全，有先进的数据中心来保存数据，因此，用户无需担心数据丢失或损坏。云服务提供商能够为用户提供相对安全可靠的数据存储，用户将数据存储在云端的服务器中，所需要的应用程序和计算在服务器端运行，用户通过权限机制访问所需要的应用程序，从而保障程序和数据的安全。

三、云服务面临的挑战

尽管云服务具有诸多优势，云计算已经在企业 IT 中变得根深蒂固，以至于没有它就越来越难以开展业务。然而，云服务的使用也存在一些挑战，包括安全性、用户控制、成本优化和人才缺乏等问题。

(一) 安全性

云计算面临的最大挑战之一在于确保业务数据的安全性和隐私性。相对于传统的分散计算，云计算把计算资源集中在一起，因而风险也被集中在一起。云端成了单点故障，如果云端发生事故，则影响面将非常大。此外，数据可能泄密的环节增多。虽然云计算使数据信息遭到非人为因素破坏的概率大大降低，但是云端、灾备中心、离线备份介质、网络、云终端、账号和密码等方面的危害，都有可能成为信息的泄密点。

(二) 用户控制

对于 IaaS 云服务，用户无法掌控基础设施层，对于 PaaS 云服务，用户无法掌控基础设施层和平台软件层，而对于 SaaS 云服务，用户失去了对基础设施层、平台软件层和应用软件层的掌控。另外，数据存放在云端，如果数据量巨大，那么用户移动数据耗时又耗力，如果网速慢，则势必会严重影响数据的掌控灵活性。不过，对技术掌控的弱化反过来表示用户可以脱离繁杂的技术陷阱，从而专心关注企业的核心业务和市场，因此这也是优势。

(三) 成本问题

云服务的成本优化是许多企业面临的主要问题。对于一些管理云计算的组织而言，已经超越安全性，成为云计算的首要挑战。例如，资源空闲问题，开发人员或其他 IT 工作人员会启动云并忘记将其关闭。这些资源是按小时、分钟或秒付费的，实际上并未使用。这通常涉及为开发、准备、测试以及质量检查准备的非生产资源,这些资源通常只在每周 40 小时的工作时间内使用,而这些资源每周闲置 128 小时,却仍在收费。过度配置的基础设施,大约 40% 的实例规模过大。其他常见的资源浪费包括效率低下的容器化、未充分利用数据库等。

(四)人才缺乏

由于云计算是一个较新的专业领域,因此在云计算领域寻求具有广度专业知识,了解云、开源、移动、大数据、安全和其他技术的技术人才并不容易。虽然许多 IT 工作人员一直在采取措施提高他们的云计算专业知识,但企业仍然发现很难找到具备所需技能的员工。许多公司通过与云计算托管服务提供商合作来弥补这一空白。因此,企业需要加强对现有员工的培训,帮助他们快速掌握云计算知识和技能。

四、如何选择合适的云服务

企业选择云服务,需要根据实际情况部署企业云服务,选择合适的云服务提供商,根据业务安全原则,审慎选择合作伙伴。

在云服务部署方式上,选择公有云、私有云、社区云还是混合云,需要考虑行业政策、总体成本、企业发展业务和企业自身 IT 能力等因素。政策上如果对公有云有限制或态度不明朗,则企业应谨慎选择公有云。处于创业期的公司,可以选择公有云,其他类型企业可以根据自身因素再做选择。如果企业有大量闲置硬件资源,可以选择私有云或者以私有云为主的混合云。例如,自有服务器数量不多,应考虑公有云,如果服务器数量巨大且长期稳定,应建立私有云;对网络、存储、服务器、虚拟化等有较多经验且 IT 团队相对稳定的,可以选择私有云。

在服务商的选择上,企业应看重服务商在细分领域的经验和案例。由于云服务并非完全标准化的产品,性能的稳定性、功能的丰富性、问题解决的及时性等都有差异。例如,游戏云业务弹性大,并发量大,高网络传输,高磁盘读写;视频云则是码流大,并发量大,从底层到应用层环节多;教育云则大多基于视频云或直接使用其他服务;银行等传统金融对数据的安全性、稳定性、实时性要求极高,大小型机间迁移难度大,倾向于私有云,且要求有强大的线下交付能力。

在对安全问题的考量方面,云计算放大了数据安全挑战,原来放在自己服务器内部的一些服务资料,现在要放到云环境中,因此,在选择云计算服务的时候需要特别关注供应商在安全方面的具体实现情况。企业在使用云服务之前应当进行全面的风险评估,其中应涉及数据保护、数据完整性、数据恢复和合规性。云计算的风险管控要从安全性、隐私、合规性以及服务的可持续性等方面综合考虑。企业需要考察云计算服务商有没有相关的安全认证,相关的安全架构、流程和风险管控的方法等具体情况。另外,根据一些国家监管的规定,企业可能还需要了解服务商物理数据中心的位置,以满足企业对数据存储地点的要求。

【拓展阅读】 海底捞打造基于阿里云的超级 APP

海底捞品牌创建于 1994 年。海底捞是中国第一家,也是目前唯一一家营收破百亿元的餐饮企业。截至 2018 年 9 月,海底捞在全球拥有 363 家门店,超 3 000 万注册会员,每年到店人次超过 1 亿。作为餐饮业"旗舰",海底捞正加大扩张步伐,计划在全球快速扩张上千家门店,注册会员数量实现从千万到亿级的跨越。海底捞过去的业务系统基于云下传统架构规划和建设，难以满足未来快速的业务扩展需求。海底捞希望用技术重新锻造自己的"骨骼"和"神经系统"。海底捞首先要做的，就是重新规划会员系统，并借此整体打通前台点餐、收银、个性化服务系统，连接起后厨系统，打造一款"超级 APP"。最后，海底捞选择与阿里云合作，打造超级 APP。超级 APP 的服务解决方案如下。

1. 云上应用架构设计和优化

阿里云专家服务团队从云上网络设计、云产品选型、容量规划、应用部署架构、安全规划、监控运维体系建设、业务中台数据库表设计、关键应用场景讨论和优化等多个角度，全方位地深入项目建设，与洞悉海底捞业务的自有 IT 团队充分合作，为海底捞在云上构建了一套安全、稳定、高可用、高性能、完全支持横向扩展的应用运行平台。项目初期交付的整套系统能支撑至少 5 000 QPS，未来 5 年内，业务即便增长 10 倍，也不需要修改架构，直接横向扩展即可。

2. 核心业务系统改造上云

红包系统和统一订餐系统这两个系统属于海底捞的核心业务，使用传统架构部署在云下，它们与超级 APP 有相互调用关系，超级 APP 上线后带来的巨大业务流量，将给红包和统一订餐系统带来冲击，因此，需要先将这两个系统上云，以获得足以支撑超级 APP 的性能和稳定性。阿里云与海底捞的研发测试人员密切配合，对两套系统的测试、改造与迁移前后一共只用 1 个半月时间，红包系统经改造上云，服务能力提升 20 倍以上，统一订餐系统平迁并优化上云，稳定性大大增加。

利用这一套全新的架构，阿里云将海底捞原有的 CRM（客户关系管理）系统性能提升了 18.6 倍。目前，这套系统能够支持亿级的会员数量和千万级参与者的营销活动。例如，以前海底捞发起一项针对不同类型会员的权益活动，把规则等写入系统再调试上线至少需要 1 天的时间，而现在仅需 1 小时。

资料来源：改编自阿里云服务案例

第五章　企业应用系统

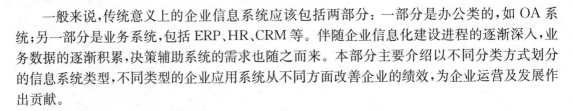

第 33 讲　企业应用系统有哪些？

一般来说，传统意义上的企业信息系统应该包括两部分：一部分是办公类的，如 OA 系统；另一部分是业务系统，包括 ERP、HR、CRM 等。伴随企业信息化建设进程的逐渐深入，业务数据的逐渐积累，决策辅助系统的需求也随之而来。本部分主要介绍以不同分类方式划分的信息系统类型，不同类型的企业应用系统从不同方面改善企业的绩效，为企业运营及发展作出贡献。

一、企业信息系统的发展

（一）电子数据处理系统——面向事务的信息系统

电子数据处理系统（Electronic Data Processing System，EDPS）产生于 20 世纪 50 年代中期，主要是用计算机代替手工劳动，进行简单的数据处理。20 世纪 60 年代，电子数据处理系统出现了较为综合的处理应用，逐渐实现了信息报告的生成系统。

电子数据处理系统处理的问题处于管理工作的底层，所处理的业务主要是记录、汇总、综合与分类等，主要操作如排序、列表、更新和生成等，其目的是迅速、及时、正确地处理大量数据，提高效率，实现数据处理的自动化。

（二）管理信息系统——面向管理的信息系统

20 世纪 70 年代初，随着数据库技术、网络技术和科学管理方法的发展，管理信息系统（MIS）逐渐发展成熟。MIS 将管理学的理论和方法融入计算机处理过程中，提供信息支持，辅助组织的运行、管理和决策。

管理信息系统不仅是一个计算机系统，而且是包括设备、人、信息资源、管理方法等多方面因素的复杂系统。管理信息系统的最大特点是高度集中，能将组织中的数据和信息集中起来，进行快速处理、统一使用。管理信息系统的处理方式是在数据库和网络基础上的分布式处理，它可以克服地理界限，帮助实现各层级管理的沟通和跨地区的信息处理。

（三）决策支持系统——面向决策的信息系统

决策支持系统（Decision Support System，DSS）产生于 20 世纪 70 年代初。由于管理信息系统在应用过程中缺乏对企业组织机构和不同层次管理人员决策行为的深入研究，忽视了人在管理决策过程中不可替代的作用，往往不能达到预定的决策效果。人们针对这些问题，提出了决策支持系统的概念。

决策支持系统是将数据库处理和经济管理数学模型的优化计算结合在一起，具有管理、辅助决策和预测功能的管理信息系统。DSS 面向组织的高层人员，以解决半结构化问题为主，它强调人的作用，同时重视应用模型。在架构上，决策支持系统由数据库、模型库、方法库和相关部分组成。DSS 在组织中可能是一个独立的系统，也可能作为 MIS 的一个高层子系统而存在。

二、按层级划分的企业应用系统

对于不同层级，每一层都有相应的具体信息系统与之相对应，如图1。

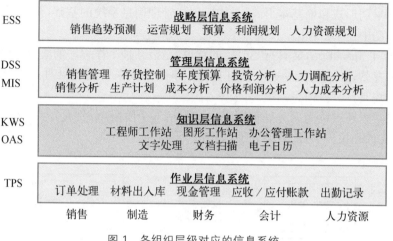

图 1　各组织层级对应的信息系统

（1）作业层信息系统：处理组织的基本活动，如销售、财务、生产、仓储管理，支持作业层管理者的工作。

对应系统：事务处理系统（Transaction Processing System，TPS）。

（2）知识层信息系统：支持组织中知识工作者（如研发、设计人员）与办公人员。

对应系统：知识工作系统（Knowledge Work System，KWS）和办公自动化系统（Office Automation System，OAS）。

（3）管理层信息系统：为中层管理者的监管、管理、决策和行政事务服务。

对应系统：管理信息系统（Management Information System，MIS）和决策支持系统（Decision Support System，DSS）。

（4）战略层信息系统：帮助高级经理处理和解决战略问题、进行长期趋势预测。

对应系统：高级经理支持系统（Executive Support System，ESS）。

这六类系统之间的相互关系如图 2 所示。下面分别对这六类应用系统进行简单介绍。

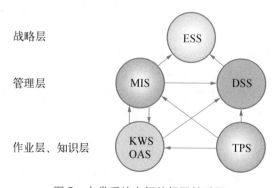

图 2　六类系统之间的相互关系图

(一) 事务处理系统

事务处理系统(TPS)是为组织作业层服务的基本经营系统,主要使用人员是基层管理人员和操作人员,主要任务是执行和记录从事经济活动所必需的日常交易。事务处理系统作为计算机应用的早期形式和最基本形式,是构成现代管理信息系统的基础,至今还广泛地应用于组织的业务活动中。

TPS中的Transaction,又具有"交易"的意思,是指某种工作程序的集合。例如,在银行办理一个客户的存款;在企业接受完一笔订货等。事务处理系统就是处理这些"交易"的系统。我们这里指的均是计算机信息系统。

事务处理过程还被称为事务处理周期。它包括五个阶段,分别是:数据输入、业务处理、数据库维护、文件和报告生成、查询处理,如图3所示。

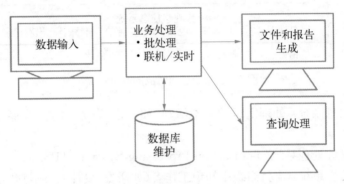

图3 事务处理流程

在组织的作业层中,任务、资源和目标是预定的、高度结构化的。例如,给予一个顾客信用优惠的决策,是由一个基层主管根据预定的判断标准作出的。要确定的就是顾客是否满足这些判断标准。

(二) 知识工作系统和办公自动化系统

知识工作系统(KWS)和办公自动化系统(OAS)为组织中知识层的信息需求服务。知识工作系统是一套辅助组织中知识工人(工程、设计人员)工作的计算机系统,有自己的数据库,可以帮助知识工作人员进行思考、策划、计划、计算、模拟等思维活动。它还与局域网的服务器或主干机相连,使用其上面已安装的事务处理系统、管理信息系统以及决策支持系统等。

办公自动化系统则是一套辅助办公人员处理文件资料、日程安排和通信工作的计算机系统。它是信息技术在办公活动上的应用,它的作用是通过支持办公室的协调与交流,来提高办公室知识和数据工人的生产率。办公自动化系统协调着各类信息人员、各地的部门和各种职能领域,该类系统与客户、供应厂商以及企业外部的其他组织通信,如同信息和知识流的交通中心。

知识工作系统和办公自动化系统在企业中的作用不可低估。当经济从对商品的依赖转向对服务、知识和信息提供的依赖时,各个公司的生产率和整个经济的生产率将越来越依靠知识层系统,这也是知识层系统成为近十几年来发展速度最快的应用系统的原因之一。

（三）管理信息系统

管理信息系统主要为管理层上的计划、控制和决策制定职能服务，其产生的报表、信息显示和响应，为决策者提供了他们预先指定的、可以充分满足其需要的信息。典型的管理信息系统几乎只面向组织内部事件，而不针对外部环境。

管理信息系统是最先支持管理决策的信息系统类型。管理信息系统产生的信息可以满足业务人员和中层管理人员的很多日常决策需要。管理信息系统产生的报表、信息显示和响应为决策者提供了他们预先指定的、可以充分满足其需要的信息。一般而言，管理信息系统的数据来源于事务处理系统。

（四）决策支持系统

决策支持系统是一种高度灵活且具有良好交互性、用于对半结构化或非结构化问题的决策提供辅助的信息技术系统。它是管理信息系统（MIS）向更高一级发展而产生的先进信息管理系统。它为决策者提供分析问题、建立模型、模拟决策过程和方案的环境，调用各种信息资源和分析工具，帮助决策者提高决策水平和质量，具有更强的数据分析能力。决策支持系统必须能在一天内多次地运行以响应变化的条件。虽然使用来自事务处理系统和管理信息系统的内部信息，该系统仍然需要经常从外部来获取信息，如竞争对手的产品价格等。

20世纪70年代的早期决策支持系统，主要由模型管理子系统（Model-base Management System，MBMS）、数据库管理子系统（Database Management System，DBMS）和用户界面管理子系统（又叫会话管理子系统，Dialog Generation and Management System，DGMS）三个部件组成。MBMS主要提供模型分析功能，例如因果分析、目标搜寻、因果逆运算、风险分析等，DBMS通常存储个人数据及事务性数据，DGMS管理人机交互与用户界面，如图4所示。

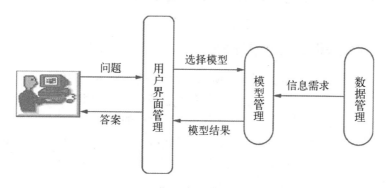

图4　早期的决策支持系统模型

20世纪80年代后期，随着对DSS功能需求的不断提升，以及相关技术的发展，DSS逐步发展，增加了知识库与方法库，如图5所示。其中，知识库系统是有关规则、因果关系和经验等知识的获取、解释、表示、推理及管理与维护的系统；方法库系统则是以程序方式管理和维护各种决策常用的方法和算法的系统。

（五）高级经理支持系统

高级经理支持系统（ESS）为组织的战略层服务，对外部和内部的关键数据进行过滤、压缩

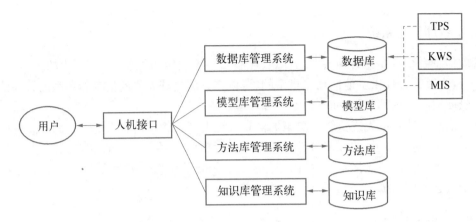

图5 现代决策支持系统构成

和跟踪,以减少高级经理在获取所需信息时要付出的时间和精力。这类系统处理非结构化决策并建立一般化的计算和通信环境,但不提供任何固定的应用或具体能力。高级经理支持系统用于采编关于外部事件(如新税法或竞争者)的数据,但也从内部的管理信息系统和决策支持系统中提取汇总后的信息。

不同于其他信息系统,高级经理支持系统不是用来解决专门问题的,而是提供一套通用的计算和通信的能力,可用于变化、组合的问题。决策支持系统具有很强的分析能力,而高级经理支持系统则趋向于较少的应用分析模型。

高级经理支持系统帮助回答的问题包括:我们应当做什么?竞争者在做什么?什么可以使我们避开周期性的商业风暴?我们应当卖给谁以提高现金收入?它由具有菜单、交互式图形和通信能力的工作站组成,可以存取公司内部和外部数据库。由于 ESS 是高层经理使用的,他们一般与计算机信息系统的接触和经验较少,所以 ESS 使用了非常友好的图形界面。

三、按职能划分的企业应用系统

信息系统也可能因为职能的不同而有所不同,主要的一些组织职能如销售和市场、生产制造、财务会计、人力资源等,各有其自己的信息系统服务。不同的组织在同一种职能上的信息系统也存在不同,能适用于一切组织的万能系统是不存在的。

管理信息系统从使用者的角度看,总有一个目标,且具有多种功能。各种功能之间又有各种信息联系,构成一个有机结合的整体。图6所示的企业管理信息系统职能/层次矩阵,反映了支持整个组织在不同层次的各种功能应用。

在矩阵图中,每行代表着不同的管理层级,每列代表一种管理职能。职能的划分因组织规模的不同而不同,没有标准的分法,行列交叉则表示一种职能子系统。显然,管理信息系统是由各职能子系统组成的,每个职能子系统又可以从战略管理到事务处理分成若干信息处理部分。

(一) 销售/营销信息系统

销售的主要内容包括广告、促销、产品管理、定价、销售自动化以及销售业务管理等;相应地,销售/营销信息系统包括战略层、策略层、控制层和业务处理层,参见图7的架构。

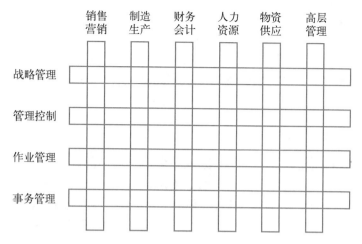

图6　企业管理信息系统职能/层次矩阵

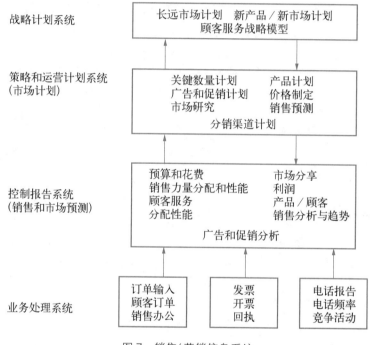

图7　销售/营销信息系统

(二) 制造/生产信息系统

一旦管理者确定了需求,并决定要去实施,后面的任务就是生产信息系统的内容了。这里说的生产是广义的生产,对生产产品的企业来说它就是制造,对于服务业来说它就是服务运营。麦当劳把大生产的管理技术运用到餐饮服务,取得了巨大的成功,这说明了生产和服务的相似性。由于生产管理中最困难、最复杂的还在于制造业,所以我们就针对制造业来讲述,其他任何行业均会从其中受益。

制造信息系统可以分为两大类:一类是通过技术实现产品生产的系统;另一类是通过管理实现产品生产的系统。技术信息系统包括 CAD(Computer Aided Design,计算机辅助设

管理信息系统(第三版)

计)、CAM(Computer Aided Manufacturing,计算机辅助制造)、计算机数字控制和机器人等；另一类管理系统是以 MRP（Material Requirement Planning,物料需求计划）、MRP Ⅱ（Manufacturing Resources Planning,制造资源计划）、ERP(Enterprises Resources Planning,企业资源计划）为中心,还有 CAQ（Computer-aided Quality Control,计算机辅助质量控制)等。

(三) 财务/会计信息系统

财会是企业的四大职能之一,它实际上包括两大部分,一部分是会计,一部分是财务。会计的功能主要是维护企业的账务记录,如收入、支出、存款、现金等,即记账,使资金的运作不发生差错。而财务主要管理的是资金的运作,使其产生效益,如筹资、融资、投资以及资金分配等。会计系统最成熟和最固定的部分是记账部分,这部分几乎已经定型,所有企业几乎相同。

(四) 人力资源信息系统

人力资源管理的主要目的是有效且高效地利用公司的人力资源。一般来说,人力资源部门除了有维护人事档案、考核人员晋升、调整薪酬的职能外,还要包括招聘、选择和雇佣,岗位设置,绩效评估,员工薪资分析,培训和发展,安全和保密等。这些流程贯穿了人员聘用的整个生命周期。相应地,人力资源信息系统应完全支持上述任务,此外还要能够支持满足企业人员需求的计划制定、员工潜力的充分发挥,以及公司人事政策和程序控制。

> **【拓展阅读】 用友 NC 财务系统搭建锦江集团财务共享中心**
>
> 伴随着规模不断壮大、业务不断扩展,锦江集团财务管理遇到一些挑战,例如如何保证集团各子公司制度统一化,如何将分散的财务数据集约化管理,以及如何提升财务人员的整体审核效率等。针对上述需求,锦江集团搭建了财务共享中心,助力集团全球化发展战略。
>
> 锦江集团财务共享中心利用 OA 将用友 NC、ERP、HR、影像系统打通,实现数据集中化,极大提高了财务人员业务处理效率,并且财务业务一体化,实现集中管控。OA 系统通过共享流程为锦江集团统一规划费用与总账目业务、工程类设备采购业务,让集团管理模式高度集中、一致,更加透明高效。
>
> 1. 对内报销：费用与总账目业务
>
> 费用与总账目业务主要针对公司员工个人费用的处理,业务相对固化,金额较小。财务共享平台通过系统集成,自动化获取数据,解放了财务人工审核,大大提高了业务效率。集团员工在 OA 系统中提交的共享报销流程包含单据信息、费用报销明细、资金结算信息等。信息来源于各集成系统,完整准确,为管理者提供全面决策依据。同时,财务共享平台会根据共享流程信息生成对内报销共享报表,让管理者实时查看集团费用与总账目业务运营情况。
>
> 2. 对外支付：工程类业务
>
> 工程类业务主要针对涉及生产的设备原料采购、管理业务；所涉及业务复杂,金额大。财务共享平台统一集中管控可有效降低财务风险。财务共享平台整合报账

平台、采购平台,对工程类业务项目前、中、后期统一进行管理;同时,报账平台会自动关联 OA 系统合同审批流程,让工程类业务审批规范化、标准化。针对在建工程、资产类流程涉及金额巨大,特别设置财务共享平台支持多种结算类型,包括电汇、银企直联、承兑汇票、挂账等,让支付更加灵活、便捷。

财务、业务的深度融合实现了报账支付合并,保证了数据的一致性,避免了错误所带来的财务风险;完整的报表也让管控力度达到集团要求。

资料来源: http://www.szyonyounc.com/h-nd-680.html#_np=7_1780.

第 34 讲　ERP 系统过时了吗?

ERP 是企业资源计划(Enterprise Resources Planning)的简称,是在制造资源计划(MRPII)基础上进一步发展而成的面向供应链的管理思想。ERP 系统是建立在信息技术基础上,将企业各方面资源(人力、资金、信息、物料、设备、时间、方法等)进行科学计划、管理和控制,以系统化的管理思想,为企业决策层及员工提供决策运行手段的管理平台,用于改善企业业务流程,以提高企业核心竞争力。

一、ERP 的发展历程

ERP 是美国计算机技术咨询和评估集团高德纳(Gartner Group)于 1990 年提出的一种供应链的管理思想。ERP 管理思想与技术经历了 30 多年的发展变革,从物料需求计划 MRP 到制造资源计划 MRP Ⅱ,再进一步发展到企业资源计划 ERP,逐渐成熟,大致上经历了以下几个阶段。

(一)库存订货点理论

20 世纪 40 年代,计算机还没有出现,为了解决库存问题,人们提出了库存订货点理论。订货点法指的是对于某种物料或产品,由于生产或销售的原因而逐渐减少,当库存量降低到某一预先设定的点时,即开始发出订货单(采购单或加工单)来补充库存,直至库存量降低到安全库存时,发出的订单所订购的物料(产品)刚好到达仓库,补充前一时期的消耗,此一订货的数值点,即称为订货点,如图 1 所示。

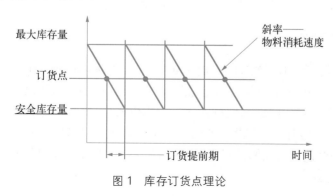

图 1　库存订货点理论

管理信息系统(第三版)

库存订货点理论并不完善,它假设物料的消耗和供给是均匀的,然而,市场是波动的,所以物料的消耗和供给一定也是波动的,并且这种管理理论并不适合高价值产品的管理;其次,它并没有考虑到产品零部件之间的关系,这会导致生产配置不平衡的问题。

(二) 基本物料需求计划

20 世纪 60 年代,随着计算机系统的发展,短时间对大量数据的运算成为可能,人们为了解决订货点法的缺陷,提出了物料需求计划理论(Material Requirement Planning, MRP),或称为基本物料需求计划。这一时期的 MRP 是基于物料库存计划管理的生产管理系统,MRP 系统的目标是围绕所要生产的产品,按照各种物料真正需要的时间来确定订货与生产日期,以避免造成库存积压。从理论上看,MRP 是比较完整的,但这种计划是否具有可执行性又成为一个新的问题。

(三) 闭环物料需求计划

20 世纪 70 年代,为了保证计划的严肃性,人们在 MRP 的基础上进一步增加了能力校验,能力校验就是指企业拥有的资源能否独立完成相应的计划需求,从而形成闭环的 MRP 生产计划与控制系统。闭环 MRP 理论认为主生产计划与物料需求计划应该是可行的,即考虑能力的约束,或者对能力提出需求计划,在满足能力需求的前提下,才能保证物料需求计划的执行和实现。在这种思想要求下,企业必须对投入与产出进行控制,也就是对企业的能力进行校验和执行控制。

(四) 制造资源计划

20 世纪 80 年代,人们进一步认识到在制造过程中伴随着物料的流动还必须要有资金作为保障,所以提出制造资源计划(Manufacturing Resource Planning),把管理的范围从物料进一步扩展到资金。从一定意义上讲,制造资源计划系统实现了物流、信息流与资金流在企业管理方面的集成。

由于制造资源计划的简称也是 MRP,同物料需求计划简称相同,所以在制造资源计划后面加了一个 Ⅱ 以作区别。MRP Ⅱ 是对制造业企业资源进行有效计划的一整套方法。它是一个围绕企业的基本经营目标,以生产计划为主线,对企业制造的各种资源进行统一计划和控制,使企业的物流、信息流、资金流流动畅通的动态反馈系统。MRP Ⅱ 对全球的制造业产生了重要的影响,据统计,90 年代全美绝大多数制造业企业采用 MRP Ⅱ 系统作为企业运作的支撑,中国在 1980 年时沈阳一家机械厂第一次引入 MRP Ⅱ 系统。

(五) 企业资源计划

20 世纪 90 年代,美国高德纳首先提出企业资源计划(Enterprise Resources Planning, ERP)。当时大多数企业发现,单靠一家企业很难满足用户的需求,所以产生了跨企业合作的需要,这种需要直接催生了 ERP 系统的产生。所以 ERP 系统虽然最初起源于企业内部资源的合理使用,但是到 90 年代,它将跨企业的协同纳入进来,从而使 ERP 产生了更大的社会影响。ERP 在产生的时候就将人们在制造业企业中一些好的管理运作思想作为自己的养分,比如精益生产、准时制造等。

（六）ERP-Ⅱ

21世纪初，随着企业发展的日益加速，企业对 ERP 的要求越来越高，如对供应链管理（SCM）、客户关系管理（CRM）和电子商务等新功能的要求不断涌现，美国加特纳公司在原有 EPR 基础上提出 ERP-Ⅱ的概念。ERP-Ⅱ是通过支持和优化企业内部和企业间的协同运作与财务过程，创造客户和股东价值的一种商务战略和一套面向具体行业领域的应用系统，是对 ERP 的扩展和提升。

二、ERP 系统的内涵与功能

（一）ERP 系统的内涵

对于 ERP 系统的内涵，可从管理思想、软件产品和综合管理系统三个层次进行理解。

首先，ERP 是一种管理思想。其宗旨是通过标准化的业务流程和标准化的信息数据，使企业能够通过整合各种企业资源，提升内部运营的效率和整体的经营水平。ERP 管理思想的核心是实现对整个供应链和企业内部业务流程的有效管理，主要体现在以下三个方面：对整个供应链进行管理的思想；精益生产、同步工程和敏捷制造的思想；事先计划和事中控制的思想。

其次，ERP 作为一种软件产品。ERP 的管理思想需要通过成熟的企业级信息管理系统来完成，这些软件系统通常是基于优化和通用的业务运作流程进行开发的，并且能够实现在统一的技术平台上的信息共享。随着管理软件的发展，近年来主流厂商开始提供以 ERP 为核心的套装软件，完整的 ERP 套件已超出单个企业范畴，涉及企业、供应商、客户和合作伙伴等领域，MES、CRM、SCM、PLM、BI 等管理软件产品逐渐与 ERP 形成子集或交集关系，并且 ERP 套件成为市场的主流。

最后，ERP 是一套综合的管理信息系统。ERP 是在先进的企业管理思想基础上，应用信息技术实现对整个企业资源的一体化管理，是一种可以提供跨地区、跨部门甚至跨公司整合实时信息的企业管理信息系统。它在企业资源最优化配置的前提下，整合企业内外部主要或所有的经营活动，包括企业的物流、人流、资金流和信息流等集成一体化，以达到效率化经营的目标。

（二）ERP 功能概述

借助于先进的信息技术构建的 ERP 系统，将很多先进的管理思想融入、贯彻到企业的管理和业务活动中，为企业带来了很多利益。ERP 可以改变企业内的四个维度。

（1）公司结构、管理流程、技术平台及企业能力。组织可利用 ERP 系统去跨地区或跨事业部界限整合，或去建立一个利用相同流程与信息而更一致的组织文化。一个有能力的企业组织能用相同的方式在世界各地做生意，能实现跨功能的协调和信息的跨企业功能自由流通。

（2）ERP 可以为公司提供一个单一、整合及包含所有信息系统技术的平台，该平台可以收集所有主要企业流程的数据。而这些数据具有一般、标准的定义和格式，并可为整个组织所接受。

（3）ERP 系统所提供的信息是结构化的且围绕着跨功能的企业流程，可以改善管理报表与决策，能向管理者提供关于企业流程与整体组织绩效更有用的数据。

（4）ERP可以协助创造一个客户与需求导向组织的基础。通过整合分散的企业流程如销售、生产、财务及物流，整个组织可有效地响应客户对产品或信息的需求，预测新产品，并在有需求时完成制造及配送。唯有在客户下订单后制造，才可有较佳的信息提供生产，采购正确数量的零件或原料来满足实际的订单、筹划生产、缩短零件与成品的库存时间。

三、ERP 的瓶颈与发展

随着信息技术的发展，大量独立业务管理软件，如 SCM、CRM 等迅速发展，在单个业务方面优势明显，同时云计算、大数据、人工智能以及服务架构、容器架构、数据中台/企业数据湖等新技术的兴起，加之电子商务、移动互联网等数字经济的发展，对大而全的 ERP 系统的发展产生了巨大挑战，围绕 ERP 系统是否太重、是否过时，业界展开了一番激辩。

ERP 系统是在 MRP、MRP II 的基础上发展起来的。MRP II 包含 MRP 的功能，并且增加了财务会计和管理会计的功能，而 ERP 包含 MRP II 的功能，又增加了供应链的管理，从而超出企业内部管理的功能。正在发展中的 ERP II，则既包含 ERP 的功能，又增加了协同商务所必需的技术和相应的功能，突出在异构平台之间的信息集成。因此，ERP 系统一直在与时俱进，整合企业内外资源的理念没有过时，并且 ERP 系统也在不断增强对新环境下的企业管理支持。ERP 系统的发展主要表现在以下方面。

（一）管理思想的集成

ERP 的发展方向和趋势是进一步和电子商务、客户关系管理、供应链管理等其他应用系统进行整合。ERP 系统在强调提高企业内部效率的同时，企业不得不调整客户服务驱动的物流运作流程，实施与业务合作伙伴（供应商、客户等）协同商务的供应链管理，注重对企业外部资源，如供应商、客户和营运商的协调管理。ERP 与客户关系管理 CRM 进一步整合，将更加面向市场和顾客，实现市场、销售、服务的一体化，使 CRM 的前台客户服务与 ERP 后台处理过程集成，提供给客户个性化服务。ERP 将面向协同商务，支持企业与贸易共同体的业务伙伴、客户之间的协作，支持数字化的业务交互过程；ERP 供应链管理功能将进一步加强，并通过电子商务进行企业供需协作。

（二）功能更加智能化、精细化

大数据、人工智能等技术与 ERP 结合，使 ERP 功能更加智能化与精细化。传感器和智能终端使企业实时数据采集更加便利，一些先进的 ERP 解决方案开始尝试结合大数据与人工智能，提出独特的智能功能，从而使 ERP 功能更加智能化和自动化，基于机器学习的强大计算能力与预测能力，在企业的生产计划、销售预测中日益发挥价值。ERP 数据价值结合人工智能的应用，会让 ERP 的价值重新焕发，并会对公司的绩效产生重大影响。ERP 系统与商务智能（BI）结合，将通过提供有关产品研发、生产制造、市场营销等环节的实时过程数据，推动企业运营效率向前发展。例如，制造业中的生产经理可以通过 BI 和 ERP 的结合，根据实时数据监控产品的品质直通率。

（三）云计算促进 ERP 的发展

基于云计算技术的 ERP，采用互联网技术，将交易、服务、管理融合于一体，系统部署于云服务器端，用户可通过 PC、平板电脑、智能手机等终端设备接入互联网，访问云服务器获得

ERP 应用服务。云 ERP 可以通过云服务模式,以低成本、快速部署和即租即用的方式,帮助企业免除硬件投入,并快速搭建企业管理架构。因此,基于云计算服务的 ERP 将成为未来 ERP 系统发展的重要趋势。

此外,ERP 的 SaaS 运营也使中小企业 ERP 更加普及。SaaS 模式使 ERP 供应商可以最快地交付,越来越多的 ERP 厂商将中小企业市场列为 SaaS 模式突破的重点,SAP 和 Oracle 公司分别针对中小企业市场推出合作伙伴及渠道深入计划,用友也在该领域实施"低成本＋规模化经营"策略。

【拓展阅读】 下一代 ERP

对于下一代 ERP,Gartner 集团在 2019 *Strategic Road Map for Postmodern ERP* 报告中,提出 EBC(Enterprise Business Capability,企业业务能力)的概念。EBC 系统是以大数据、物联网和人工智能技术为支撑,将业务与技术融合,从客户角度出发,满足客户需求、提升客户体验为目标的管理系统。Gartner 预测,到 2023 年,将有 40% 的大型企业从单一供应商战略转向 EBC 战略。从定义范畴来看,ERP 侧重资源、计划、内部经营管理,以及以信息化系统为中心的应用扩展,其中 IT 是业务的辅助工具;而 EBC 则强调数据驱动,侧重业务与 IT 相融合,关注的是业务能力、过程结果和价值。EBC 关注整个产业链生态和卓越的用户体验,真正从客户角度出发。

IDC 将下一代 ERP 定义为"智能 ERP"或"i-ERP",为企业在数字化环境下的运作提供支持。从技术上看,i-ERP 侧重将机器学习功能应用于大规模数据集,从而提供创新型产品和服务,提高企业员工的工作效率,以便最大化地实现信息资产的价值回报;从部署方式来看,i-ERP 采用云部署方式,以便满足企业基础设施对于管理大规模来源不同的数据集的要求,支持快速的决策制定;从工作流程来看,i-ERP 系统凭借机器学习和预测性分析功能,从特例中掌握规律,迎合商业规定,帮助用户获得商业洞察力,更好地对商业成果进行预测和规划,针对下一步的最佳举措提供建议,实现工作流程的自动化。

从 2016 年开始,ERP 的两大巨头 SAP 和甲骨文不约而同加大了对智能系统的投入。SAP 将 S/4HANA 的战略描述为"智能系统",并在 Success Factors 中融入机器学习功能,用于帮助检测和消除人才周期管理的偏差。2016 年在 Oracle Open World 上,甲骨文应用程序用户体验团队开始倡导将"智能用户体验"作为企业应用程序的未来发展方向。2020 年在 Oracle Fusion ERP 的最新规划中,进一步明确将大量采用人工智能和机器学习等新技术,以帮助客户实现无人自动化业务运作、不间断实时监控、预测性计划、内置的聊天机器人和数字助手。

国内厂商的策略也不尽相同。2020 年,用友推出基于新一代数字化、智能化技术的 BIP 商业创新平台;而金蝶顺应了 Gartner 提出的 EBC 概念,在 2019 年宣布企业信息化进入后 ERP 时代,即 EBC 时代;浪潮则联合 IDC 定义了新一代企业级应用,以 ERP 业务流程数据为核心贯穿,通过将智能产线的数字化系统和以往系统进行融合,推出一个基于全栈云的云 ERP 体系;鼎捷软件联合华为云发布面向制造业的智能制造融合解决方案,将传统 ERP 应用融入更加丰富的智能制造应用场景。

管理信息系统(第三版)

实际上，不管是 BIP、EBC，还是 Fusion ERP、智适 ERP，抑或是 i-ERP，它们都是新一代 ERP 的代名词。从内涵来看，新一代 ERP 需要充分顺应业务组件化、灵活集成的企业级 IT 应用架构，以强大技术平台作为底座，围绕平台化、云原生、智能化、流程自动化等特性，面向用户业务操作、实现实时数据驱动，将应用从企业内部扩展至企业外部、产业链乃至社会。

资料来源：王阳.下一代 ERP 面面观，云 + 智能成标配[EB/OL]. (2021 - 04 - 19) [2023 - 04 - 01]. e-works. https://articles.e-works.net.cn/viewpoint/article148349.htm.

第 35 讲　SCM 系统的"推"和"拉"

随着企业经营和市场竞争的日益激烈，以及生产技术的进步，企业与企业之间的竞争正在转变成供应链与供应链之间的竞争，供应链的概念范围扩大到了企业外部环境，强调通过供应链中不同企业的制造、组装、分销、零售等过程，将原材料转换成成品再到最终用户的转换过程，成为范围更广、更为系统的概念。

一、供应链与供应链管理

供应链(Supply Chain)的定义为：围绕核心企业，通过对信息流、物流、资金流的控制，从采购原材料开始，制成中间产品及最终产品，最后由销售网络把产品送到消费者手中。它是将供应商、制造商、分销商、零售商，直到最终用户连成一个整体的功能网链模式。图 1 是一个企业供应链示例。

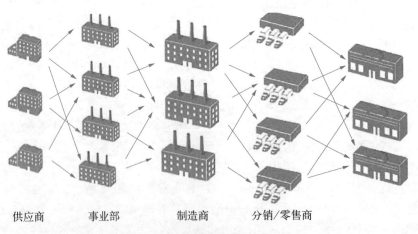

供应商　　　　事业部　　　　制造商　　　分销/零售商

图 1　企业供应链示例

供应链管理(Supply Chain Management，SCM)是一种集成的管理思想和方法，它执行供应链中从供应商到最终用户物流的计划和控制等职能。美国学者伊文斯(Evens)认为：供应链管理是通过前馈的信息流和反馈的物流及信息流,将供应商、制造商、分销商、零售商,直到最终用户连成一个整体的模式。《物流术语》中对 SCM 这样定义:利用计算机网络技术全面规划供应链中的商流、物流、信息流、资金流等,并进行计划、组织、协调与控制等。IBM 将 SCM 定义为:借助 IT 和 EC,将供应链上业务伙伴的业务流程相互集成,从而有效管理从原材料采购、产品制造、分销到交付给最终消费者的全过程,在提高客户满意度的同时,降低成本、提高企业效益。

总体而言,供应链管理是指对整个供应链系统进行计划、协调、操作、控制和优化的各种活动过程,其目标是要将顾客所需正确的产品(Right Product)能够在正确的时间(Right Time)、按照正确的数量(Right Quantity)、正确的质量(Right Quality)和正确的状态(Right Status)送到正确的地点(Right Place),并使总成本达到最佳化。

二、供应链管理目的与载体

一个公司采用供应链管理的最终目的有三个:提升客户的满意度(提高交货的可靠性和灵活性)、降低公司的成本(降低库存,减少生产及分销的费用),以及企业整体"流程品质"的优化(错误成本去除,异常事件消除)。

供应链管理的载体主要有两个:

(1)计算机信息系统。包括两部分:一是企业内部网,也称局域网,对企业内部的财务、营销、库存等所有的业务环节进行管理;二是建立企业外部网,一般使用 Internet,以便与上下游企业快速沟通,快速解决问题,包括订单体系、管理体系、库存查询等,通过浏览器可浏览所有的公共信息,满足信息的逆向流动。

(2)物流配送中心。制定适应供应链管理的配送和管理原则。配送中心不仅完成物流活动,还产生了大量的信息和信息流动。因此,物流配送活动也是信息的载体。

三、推式供应链

推式供应链是以制造商为核心,根据产品的生产和库存情况,有计划地把商品推销给客户,产品的生产是建立在对市场长期需求预测的基础上,生产出来后从分销商逐级推向顾客,顾客属于被动接受的末端,参见图 2。

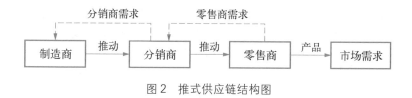

图 2　推式供应链结构图

推式供应链的优势主要有:

(1)推式供应链是以制造商为核心,以需求预测为基础,并在客户订货前进行运作,推式供应链能够控制整个系统的采购与产出,可实现大批量生产,降低生产成本,具有规模优势。

(2)规模生产带来的雄厚库存,既可保障供应链的稳定性,又可缩短交货周期,为客户提供更多的便利。

(3)提高设备和人员利用率,以高效率、低成本来获得更高的规模优势。

推式供应链的不足在于:推式供应链的各个节点企业是按照预先的计划或协议组织生

产,缺乏节点企业间的协调沟通,对市场变化作出反应需要较长的时间。随着全球化的发展,客户需求日新月异,产品周期不断缩短,市场瞬息万变,推式供应链在这种情况下很可能会导致一系列的不良反应。例如,当市场需求发生变动时,容易造成产品过时的风险,也可能因缺乏新品而带来经济损失;当市场需求不如预期而未能销货时,库存积压也可能带来跌价的风险。

推式供应链是一种经济型供应链,以成本效率为导向,适用于高固定资产占比,追求低成本和端到端效率的产业,比如钢铁、水泥、纸业、大宗商品等,这些产品需求相当稳定,企业可以根据长期预测来管理库存,也可以通过满载运输来降低成本。

四、拉式供应链

拉式供应链是指以客户为导向的供应链,比较关心客户需求的变化,并根据客户的需求组织生产,产品生产受需求驱动,参见图3。在纯粹的供应链拉式系统中是不需要持有任何库存的,只需按照订单进行生产,没有库存也就意味压缩了成本,以低成本带来的低价格提升客户满意度。

图3 拉式供应链

拉式供应链与推式供应链不同,实际生产和分销是以客户为核心,根据客户的需求变化组织生产,因而在市场需求多变的环境下,拉式供应链具有明显的优势:

(1) 拉式供应链的本质决定了它能够对客户需求及时作出反应,能为客户提供量身订制的产品与服务,提高产品创新能力;

(2) 由于拉式供应链能够更好地预测零售商订单的到达情况,可以缩短提前期;

(3) 由于提前期缩短,系统的变动性减小,尤其是制造商面临的变动性变小,从而能够减小制造商和零售商库存,降低运营系统运作成本,提高资金周转率。

拉动供应链最突出的缺陷表现在,由于拉动系统不可能提前较长一段时间做计划,因而生产和运输的规模优势也难以体现。拉动式供应链得以顺利实现的前提是,必须有快速的信息传递机制,能够将顾客的需求信息(如销售点数据)及时传递给不同的供应链参与企业;能够通过各种途径缩短提前期,如果提前期不太可能随着需求信息缩短,那么拉动式供应链就很难实现。

五、供应链"推"与"拉"的比较

推式和拉式供应链各有千秋,推式供应链是以制造商为核心,拉式供应链则是以客户为核心,推式供应链更具规模优势,设备利用率更高,更易控制成本,并且它有更高的库存,带来了更高的稳定性和兼容性,同时也为客户带来更多的便捷。然而,推式供应链的规模优势也降低了它的灵活性,使其发展后期易陷入"疲惫期";而拉式供应链则显得更加灵活,能随市场的需求变动而变动,能够更快速地响应市场的变化。总而言之,不论是推式供应链还是拉式供应链,都各有利弊,适用于不同的行业、企业和场景。推式供应链与拉式供应链的比较分析参见表1。

表1	推式供应链	拉式供应链
核心驱动	以制造商为核心	以客户为核心
规模优势	规模优势较高	规模优势较低
库存水平	较大	较小
稳定性	高库存,稳定性较好	低库存,便捷性较低
便捷性	客户更便捷	便捷性较低
成本控制	易控制,成本低	不易控制,成本高
订单完成时间	较快	具有一定延迟
设备利用率	较高	较低,不确定性强
发展性	后期发展易陷入"疲惫期"	发展更灵活

推式供应链与拉式供应链的比较

至于企业应该选择何种供应链模式,就要根据企业所处的行业和自身的需求来定。如果市场需求量比较大,可以选择推式供应链,这样能够确保供货及时。如果需求量比较小,可以选择拉式供应链,这样才能够事半功倍,合理利用资源。从响应时间方面分析,由于推式供应链库存量高,对于客户的订单具有较快的响应,所以对响应时间要求迅速的行业更加合适,如快消行业;而对响应时间要求不高,但对产品的个性化和质量要求更高的企业,则应该侧重考虑以拉式供应链作为选择。

【拓展阅读】 混合式供应链

虽然可以根据企业的不同特性对供应链的模式作出不同选择,但在现实企业的运作中可以发现,不论是企业的生产方式,还是产品特点、工艺、设备要求等,都是极其复杂难以区分的,所以完全的推式供应链或者拉式供应链并不常见,绝大多数行业和产品是采用混合式供应链,即推拉结合式供应链。推拉结合式供应链,较好地解决了单纯的推式供应链所带来的系统库存过大问题,以及拉式供应链需求预测不准确等问题,既能满足市场需求的灵活性,又能实现规模经济。混合式供应链的优势主要表现在:可以有效降低库存与物流成本;满足顾客差异化需求;实现规模生产与运输;缩短订货提前期和交货期。

混合式供应链又分为前推后拉式和前拉后推式两种模式。

(1)前推后拉式供应链。前推后拉的供应链模式即在供应链的上游采用推式策略,在供应链的下游采用拉式策略。类似戴尔计算机的供应链模式,计算机组装完全是根据最终顾客订单进行,是典型的拉动模式,但零部件则是按前期的预测进行生产和分销,是推动战略。豪华轿车的生产也是属于前推后拉的供应链模式,供应链上游按照推式负责生产符合标准的汽车配件,供应链下游根据客户私人化定制组装出不同性能的汽车,属于拉式战略。

（2）前拉后推式供应链。前拉后推的供应链模式即在供应链的上游采用拉式策略，在供应链的下游采用推式策略，这种模式比较适用于生产运输中规模效益十分显著，但客户对产品需求多样的行业。如家具行业，客户的需求不确定性高，家具制造商一般在接到顾客订单后才开始生产，但这类产品体积大、运输成本高，所以下游为了实现规模经济效益，在运输方面采用推式策略，在固定时间进行运输，极大地降低了企业的运输成本。

混合式供应链模式面临着推拉结合点选择的问题，这将取决于产品的需要以及生产流程的具体安排，主要表现在企业产品的定制化程度和产品时效性两个方面。企业产品的定制化程度越高，预测准确性就越低，那么产品需求不确定性就越强，推拉结合点就离最终顾客越远；相反，标准化程度较高的企业，定制化程度就低，预测准确性更高，推拉结合点离最终顾客就越近。例如，在产品多样化的企业内，主要依靠客户订单驱动生产，推拉结合点可能在零部件的采购环节。而我们日常使用的水电产品，常年不变，因此推拉结合点就位于顾客位置，可以做到随取随用。此外，对产品的时效性要求越高，推拉的结合点就离客户越近。例如大型设备的关键备件，一旦停机待料，损失就非常大，所以在很多行业，备件供应链的推拉结合点就在客户的生产设施附近。

推拉结合点选择适当，能有效地平衡供应链的响应速度、成本和服务水平；反之，如果推拉结合点选择不当，则会产生诸多问题，增加供应链的总体成本。

第 36 讲　CRM 系统的新变化

据统计，企业 80%的盈利来源于 20%的客户，而发展新客户所需要的花费是保持老顾客的 6～8 倍。在以产品为中心向以客户为中心的商业模式转变的情况下，众多企业把客户视为其重要的资产，客户关系管理已成为企业发自内心驱动的需求。利用相应管理理念和信息技术手段，吸引客户、留住客户，并对企业客户实施关怀，以提高客户对企业的满意程度和忠诚度，即客户关系管理（CRM）。随着移动互联网、云计算和大数据等技术的发展，企业开始利用大数据、社交网络等新技术新模式实现客户的管理与运营，CRM 系统的功能与内容也随之发生新的变化。

一、CRM 的提出

现代意义上的客户关系管理（Customer Relationship Management，CRM）最初由 Gartner Group 于 1999 年提出，认为 CRM 是一种商业策略，它按照客户的分类情况有效地组织企业资源，培养以客户为中心的经营行为，以及实施以客户为中心的业务流程，并以此为手段来提高企业盈利能力、利润及客户满意度。IBM 公司认为，CRM 通过提高产品性能，优化顾客服务，提高顾客让渡价值和顾客满意度，与客户建立起长期、稳定、相互信任的稳定关系，从而为企业吸引新客户、维系老客户，提高效益和竞争优势。SAP 公司认为 CRM 是一种以客户为中心的经营策略,核心是对客户数据的管理,通过对企业在整个市场营销与销售的过程中和客户发生的各种交互行为以及各类有关活动的状态等记录,并应用统计分析模型,为企业经营决策分析和决策提供支持,实现增强企业的客户保持能力和客户认知能力,最终达到客户收益最大化的目的。

在不同场合下,CRM 可能是一个管理学术语,也可能是一个管理软件系统。作为一种管理思想,CRM 的主要含义就是通过对客户详细资料的深入分析,来提高客户满意程度,从而提高企业竞争力的一种手段。通常我们所指的 CRM,是指用计算机自动化分析销售、市场营销、客户服务以及应用支持等流程的管理软件系统。

CRM 最大限度地改善和提高了整个客户关系生命周期的绩效。CRM 整合了客户、公司、员工等资源,对资源有效地进行分配和重组,便于在整个客户关系生命周期内及时了解和使用有关资源与知识;简化和优化各项业务流程,使得公司和员工在销售、服务和市场营销活动中,能够把注意力集中到改善客户关系、提升绩效的重要方面与核心业务上,提高员工对客户的快速反应和反馈能力;也为客户带来了便利,客户能够根据需求迅速获得个性化的产品、方案和服务,如图 1 所示。

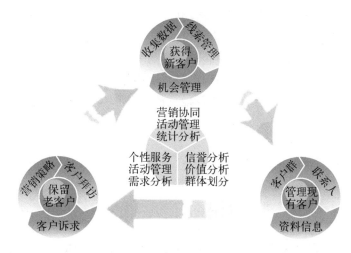

图 1　客户关系管理

二、CRM 的发展历程

CRM 起源于美国。20 世纪 80 年代,美国出现了"接触管理"(Contact Management),以专门收集客户与企业联系的信息。随着企业资源计划(ERP)系统的使用,企业提高了内部运作效率,可以有更多的精力关注企业与外部相关利益者的沟通互动,发现市场机会,客户的重要性日益突出,CRM 应运而生。最初的 CRM 应用范围较窄,主要是针对部门之间的解决方案,如销售队伍的自动化(SFA)和客户服务支持(CSS)。

20 世纪 90 年代初,接触管理演变为包括电话服务中心支持资料分析的"客户关怀"(Customer Care)。在数据库营销的基础上,它提供了加强企业与个体客户之间关系的初步手段,包括客户服务、产品质量、服务质量和售后服务等。20 世纪 90 年代中期,又推出具备整体交叉功能的 CRM 解决方案,把内部数据处理、销售跟踪、国外市场、客户服务请求等融为一体,为企业营销人员提供及时、全面的客户信息,清晰地了解每位客户的需求和购买情况,以便提供相应的服务。

20 世纪 90 年代后期，一些公司开始把 SFA 和 CSS 合并起来，再结合计算机电话集成技术(Computer Telephony Integration, CTI)，形成了集销售和服务于一体的呼叫中心。在此基础上，CRM 将市场、销售、服务三大模块以及客户管理有机地组合起来，以全方位的接触方式为客户提供无缝的完美体验，CRM 得到大企业的广泛应用，特别是互联网技术的进步，使得 CRM 的能力大大拓展，并真正得到了广泛推广。

三、CRM 的基本功能

CRM 系统的本质要求是吸引客户、留住客户和服务客户，实现客户利益的最大化。它的目标是缩减销售周期和销售成本，增加销售收入，寻找扩展业务所需新的市场和渠道，提高客户的价值、满意度、盈利性和忠实度，为企业创造更多的收益。CRM 的基本功能包括客户信息管理、市场管理、销售管理和客户服务管理。

(一) 客户信息管理

客户信息管理是 CRM 最初基本的功能，也正是基于该功能，CRM 逐渐形成了企业营销信息化应用的切入点。客户信息管理的内容包括客户基本信息、消费信息、产品或服务的满意度和评价信息、客户信用信息等。通过对企业所有的客户信息进行集中管理，帮助企业建立客户全方位视图，对客户的信息进行分类、整理，进行市场分析与预测，并根据结果有针对性地开发和留住客户，延长客户生命周期，进而更深地挖掘客户潜力，提升客户价值。

(二) 市场管理

市场管理功能通过对企业客户和市场信息进行全面的分析，对市场进行细分，提供高质量的市场决策信息，促进销售形成。市场管理包括对市场基本信息管理和市场战略管理。市场基本信息管理是通过建立统一集成的信息库，将多渠道获取的客户信息、需求信息、市场信息、竞争对手信息、市场舆情信息，以及企业产品信息、报价信息、企业宣传资料等集中起来，进行统一分析，并根据企业分层管理和 CRM 系统的权限控制，最大限度地实现市场信息共享。市场战略管理主要对目标价值客户进行战略管理，通过详细的信息分析，帮助市场经理、业务人员制定市场战略计划、销售执行战略，获得销售线索，评估战略效果、控制费用预算等，从而有计划地开展市场营销活动。企业决策人员可以通过市场战略管理功能，随时获得市场信息、客户信息和销售线索信息等，及时了解市场运作状况。

(三) 销售管理

销售管理是 CRM 的核心环节，是指从获得销售线索开始到成单的整个过程的管理，把企业的所有销售环节有机地结合起来，在企业销售部门之间、异地销售部门之间，以及销售与市场之间，建立一条以客户为中心的工作流程。销售管理模块首先对市场管理功能提供的销售线索进行识别和评估，根据系统的确认规则，对销售机会进行分析、处理，在确认有价值的销售机会后，将之转移给销售管理人员，根据地域、产品类型、价值等级以及销售人员类型、等级进行分配，保证销售机会跟进，对客户的售前咨询给予及时响应。销售机会成功后，就可以转化为销售合同，合同规定的产品和服务就可以转化为销售订单，进而转入商务处理。

（四）客户服务管理

客户服务主要是对客户的售前、售中、售后服务提供全面的信息化支撑，其功能包括呼叫中心(Call Center)、合同管理、投诉管理、客户回访、客户关怀、客户反馈、满意度分析、产品或服务常见问题管理、客服人员管理等，通过客户服务模块，帮助企业建立、健全客户服务体系，为客户提供规范、高质量的客户服务，提升客户满意度和忠实度，实现全面、全程的售后服务管理。客户服务管理功能使企业能够提高服务效率，增强服务能力，及时捕捉和跟踪服务中出现的问题，并根据客户的需求解决调研、销售扩展、销售提升各个环节中的问题，延长客户的生命周期。

四、CRM 的类型

根据企业对 CRM 的需求差异，CRM 又分为不同的类型。CRM 主要分为运营型、分析型和协作型三大基本类型，这三类 CRM 既相互联系，又各有功能侧重，从而以不同的方式支持企业客户关系管理目标。

（一）运营型 CRM

运营型 CRM 主要包括销售、市场和服务三个过程的流程化、规范化、自动化和一体化。运营型 CRM 是整个 CRM 的基础，它收集了大量的客户信息、市场活动信息和客户服务的信息，并且使得销售、市场、服务一体化、规范化和流程化。但是，对于大量的客户信息，如何处理，如何从数据中得到信息、从信息中得到知识，进而对企业的决策和政策制定加以指导，正是运营型 CRM 所欠缺的。

（二）分析型 CRM

分析型 CRM 主要是分析运营型 CRM 和原有业务系统中获得的各种数据，进而为企业的经营、决策提供可靠的量化依据。分析型 CRM 一般需要用到一些数据管理和数据分析工具，如商业智能、商业大数据分析等。利用商业智能和大数据分析技术，将业务系统数据以及网络大数据转化为企业运营决策所需的信息和知识，进一步为整个企业提供战略和战术上的商业决策，为优化客户服务和新产品研发提供更准确的依据，使得企业能够把有限的资源集中服务于有价值的客户群体，并同这些客户保持长期和有效益的关系。分析型 CRM 融入了处理海量客户数据的方法，是为了更好地获得可靠的信息帮助企业制定战略和战术上的商业决策。

（三）协作型 CRM

协作型 CRM 是围绕改善整体客户体验的目标而构建的，包括企业内部以及企业和客户之间的沟通。协作型 CRM 可以实现全方位地为客户交互服务和收集客户信息，实现多种客户交流渠道（如呼叫中心、面对面交流、Internet/Web、E-mail/Fax 等）的集成，使各种渠道相互交融，以保证企业和客户都能得到完整、准确和一致的信息。

五、CRM 系统的新变化

信息技术发展推动了 CRM 应用的深化，并不断巩固其以客户为核心、以提高企业效率为目标的理念。随着云计算、大数据、人工智能等技术的快速发展，CRM 系统的实现方式和服务功能产生了新的变化。

（一）CRM 的 SaaS 趋势

现如今，市场竞争环境多变，企业对 CRM 成熟度及灵活性要求越来越高，因而许多中小企业不愿意接受定制化、成本高、交付时间长的 CRM 系统软件，反而更倾向于 SaaS 软件。SaaS 软件价格低、交付快，且在销售管理、营销推广这类对业务灵活性要求较高的领域具有明显的优势。对中小企业而言，SaaS 方式的 CRM 应用越来越普及。

（二）全渠道营销管理

随着社交媒体和短视频等商业模式的兴起，企业营销渠道从传统营销渠道拓展至新媒体营销渠道，如微博、微信、短视频等各类社会化媒体平台，企业需要根据产品特点和营销需求，选择最适合的渠道进行产品推广与营销，有效实现客户沟通。CRM 系统在营销沟通过程中，自动跟踪、监控、反馈客户实时动态情况，实时采集来自互联网和社交媒体的数据，进行分析整理，保留有效信息，使企业不断加深对客户的了解，从而提升营销、销售、服务的针对性。

（三）智能化数据分析和精准营销

云计算和大数据、人工智能等技术的发展，为 CRM 融入智能化数据分析和精准营销功能，实现数据分析从对企业内部数据挖掘到大数据分析。基于数据仓库和数据挖掘技术，传统 CRM 系统利用商业智能，可以对企业内部交易数据进行挖掘，而云计算和大数据技术，使得融入互联网大数据的智能化分析成为可能。企业通过收集、整合互联网、社交媒体、电子商务系统等各个渠道的数据，全方位对客户信息进行分析，从而描绘用户画像，并对客户进行智能推荐和实施精准营销。基于人工智能的 CRM 系统，可以通过数据挖掘和机器学习来优化 CRM 数据，从而为销售人员提供关键业务信息，如销售预测、建议和提醒。

（四）物联网集成的 CRM

Gartner 预测物联网将会成为继社交媒体、移动化、大数据和云之后的第五个推动 CRM 的关键趋势，企业可以从客户的物联网设备中获取、传输大量的数据，对这些数据进行商业分析和个人行为预测。物联网设备非常适合捕获数据，这些数据可以让企业为客户创造良好的个性化体验，提高业务的可见性并且制定更好的决策。

（五）CRM 系统生态闭环

随着 CRM 系统功能的扩展，形成 CRM 独属的生态闭环也似乎变得自然而然。前端收集数据，实现信息的全渠道统一，中端对数据进行分析与挖掘，助力业务优化和决策，之后再应用到后端的业务应用中，而后端的业务应用和前端紧密结合，互相反馈，这样就形成了一个 CRM 系统的生态闭环。例如，CRM 通过数据收集、分析、数据智能展示和推送，同步推送千人千面营销活动到顾客手机（一人一活动一码），顾客到柜扫码即可让导购知道活动内容，并追踪到营销活动效果。这也是基于顾客多维价值管理的多渠道联动的场景式营销体系。

人工智能具有极大的潜力来提高 CRM 的效益。AI 可以清晰地显示客户从潜在客户到保留客户的整个过程。人工智能正在稳步地重新定义 CRM 系统的未来。随着人工智能的发展,自动化领域变得越来越广泛。它促使客户关系利益相关者将重点放在更紧迫的问题上。简而言之,它能把客户体验从最初的接触点提升到售后服务。

1. 智能自动化

人工智能与 CRM 相结合,将使组织能够重组其工作流程并智能地自动化手动流程。它可以用于评估销售渠道,预测客户行为以及预测 ROI 的最大准确性。借助预测分析,人工智能可以使企业使用历史数据对未来进行预测并采取相关行动。例如,它可以进行潜在客户评分,并根据人口统计数据、销售记录等进行潜在客户细分。

2. 高效的数据管理

如今,每时每刻与消费者的互动都会产生大量信息,这些数据可用于深入了解和预测买方的行为并有针对性地制定业务策略。人工智能可以帮助将来自不同社交渠道和数字界面的所有数据集中到 CRM 中,然后轻松地加以解释和分析,并为公司的目标提供价值。从本质上讲,它将使营销部门能够更快、更有效地响应客户,从而帮助轻松地管理营销部门。

3. 自然语言处理的高级客户服务能力

人工智能中的自然语言处理是一种必不可少的语音识别功能,可以读取、转换和理解人类语言。NLP 可以帮助 CRM 系统有意义地分析客户电子邮件的文本上下文,并向他们发送准确的回复,它还可以为销售人员提供实时建议。NLP 与 CRM 工具的结合可以帮助企业准确地揭示其品牌情感,这最终将影响营销工作。

——资料来源：Enhancing Customer Relationships with AI and CRM［EB/OL］. (2020－05－08)［2023－04－01］. Industry & Trends. https://www.commercient. com/enhancing-customer-relationships-with-ai-and-crm/.

第 37 讲　知识能通过系统管理吗？

在信息经济时代,企业的财富与繁荣主要来自信息与知识的产生与分配,以知识为基础的核心竞争力成为组织的主要资产。制造与众不同的产品和服务,或者以低于竞争者的成本生产,都是基于生产流程中卓越的知识与设计。知道如何以更加有效及迅速的方法来做事,且其他组织无法复制,将是主要的利润来源,也是生产中不能由外界市场购买而来的要素。因此,知识资产对于企业的竞争优势和生存来说,与其他有形资产、财务资产相比同样重要,甚至更加重要。知识管理也将成为企业竞争的关键。

一、知识管理及其活动

知识管理(Knowledge Management)是指组织在创造、收集、保存、转移和运用知识中所开发出的一组流程。知识管理应该是组织有意识采取的一种战略,它保证在最需要的时间内将最需要的知识传送给最需要的人。发展程序与规则——企业流程,以使公司中知识的创造、流动、学习、保护及分享最佳化,已成为公司管理责任的核心。贯穿于知识管理过程的核心是知识,建立企业知识库是企业知识管理的基本内容。企业知识库为内外部知识的共享与传播提供了有效的输入、输出渠道,为组织员工进行学习和知识交流创造了良好的知识环境。

(一) 知识管理的主要活动

利用价值链模型(参见图 1)来分析知识管理的价值链,从而进一步明确知识运作流程的环节,确立企业知识管理的核心竞争力。

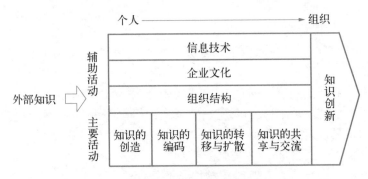

图 1　知识管理的价值链

(1) 知识的创造。知识管理的起点是知识的收集。信息技术的发展为企业收集信息和知识提供了强有力的手段,信息技术的应用扩大了知识收集的范围、提高了知识收集速度、降低了知识收集成本。

(2) 知识的编码。企业收集来的信息和知识往往是杂乱无章的,而组织需要的是经过系统整理对发展有用的知识,因此,必须对知识进行加工处理,使无序的知识变为有序的知识。

(3) 知识的转移与扩散。将企业内某个部门有效的做法即惯例转移到企业内其他部门以增进知识的应用,从而使企业取得良好的业绩。

(4) 知识的共享与交流。知识的共享和交流是指员工个人的知识财富(包括显性和隐性知识)通过各种交流方式为组织中其他成员所分享,从而转变为组织的知识财富。

(二) 知识管理的辅助活动

价值链辅助活动(参见图 2)主要有三个方面的内容:企业文化、组织结构及技术。知识管理的成功实施,离不开相应的辅助活动的支持。

(1) 企业文化。许多公司都认为文化问题是成功实施知识管理的最大障碍。这些障碍表现在两个方面,即共享知识和害怕创新。这种障碍常常导致错过市场变化带来的机遇。要克服这些文

图 2　知识管理辅助活动

化障碍,组织需要创造一种环境氛围,在这种环境里,共享知识和创新会得到明确的鼓励与尊重。

(2) 组织结构。要支持一个真正的企业知识管理架构,企业必须创造一种新的组织结构和作业方式来引导企业文化的变革,从而使原先的组织调整适应新的知识结构。企业可以重新界定实施知识管理的职务和技能。如设立首席知识官(Chief Knowledge Officer, CKO)职位,来制定知识管理策略目标;设计、建立与管理知识架构;收集信息并加以整理,把有价值的知识在适当的时候传递给需要的人。此外,还需要知识分析人员、通信人员、Web 开发人员等,实现知识的维护和不断更新。

(3) 技术。技术提供一个知识管理的平台,促进信息内容的收集、整理、存储并传递给需要的使用者共享。现在已有相关的知识管理软件。

管理者对知识管理的重视、有效的员工激励机制、企业的共享文化、团队文化和学习文化及强大的软硬件技术平台都是知识管理系统成功的有力保障。

二、知识管理系统的构成

知识管理系统(Knowledge Management System, KMS)是企业实现知识管理的平台,它是一个以人的智能为主导,以信息技术为手段的人机结合的管理系统,通过对组织中大量有价值的方案、成果、经验等知识进行分类存储和管理,积累知识资产,促进知识的学习、共享、培训、再利用和创新,有效降低组织运营成本,强化其核心竞争力。

知识管理系统是由网络平台、知识流程、企业信息系统平台、CKO 管理体制及人际网络所组成的一个综合系统。整个系统以服务于人为中心,充分体现了"以人为本"的管理理念,人际网络作为一张无形的网络贯穿于整个知识管理系统。

(1) 网络平台。是知识管理系统运作的技术基础,主要包括内联网、外联网和互联网等类型。

(2) 知识流程。是指知识通过知识收集、知识组织、知识传播三个环节相互连接、循环往复的没有终点的流动过程。它是知识融合、序化、创新的过程,是知识管理系统的命脉。

(3) 企业信息系统平台。企业信息系统从早期的 EDPS、MIS、DSS、OAS 等发展到集成化的现代信息系统,ERP、SCM、CRM 共同构成了知识经济时代企业知识管理系统的信息系统平台。

(4) CKO 体制。知识管理系统由首席知识官来负责协调和控制知识收集、组织和传播。CKO 是随着信息管理向知识管理过渡,由首席信息官演变而来的企业内知识管理的最高负责人。

(5) 人际网络。知识管理系统是一个人机相结合的系统,完善的人际网络是保障其正常运转的有效机制。人际网络强调充分发挥人的主动性和创造性,加强人与人之间的沟通与交流,挖掘并激活人脑中的隐性知识,从而使企业知识创新永不停息。

三、知识管理系统的功能

企业通过知识管理系统,利用科技将人与信息充分结合并创造出知识分享的文化,加速人员学习、创造和应用知识,提高企业的核心竞争力。KMS 应具备以下几种功能:

(1) 整合知识资源。知识管理系统应具备对分散在企业内部业务流程、信息系统、数据库、纸质信息资源以及企业与合作伙伴、顾客之间的业务流程中的知识资源进行优化选择,以合理的结构形式集成、序化的功能。组织的知识库应含有:结构化的内部知识(明确的知识),

如产品手册或研究报告；竞争者、产品及市场的外部知识，包含竞争性的情报；非正式的内部知识，常称为内隐知识（tacit knowledge），它潜藏于每个员工的头脑之中，尚未有正式的文件。

（2）促进知识转化，扩大知识储备。知识管理系统应作为知识交流的媒介，促进隐性知识与显性知识之间相互转化。在转化过程中使知识得以增值、更新，并且将转化中经过验证、有价值的知识存储起来，一方面可以避免因为人员调离而造成的知识流失，另一方面可以在更大范围内实现知识共享。

（3）实现知识与人的连接。KMS可实现人向知识的连接、知识向人的连接及需求知识的人与拥有知识的人的连接。人向知识的连接可以基于智能搜索引擎技术的工具实现。而利用"推"技术则可以实现知识向人的连接。利用"推"技术可以将知识主动推荐给用户，使知识被利用的机会大大提高并减少用户主动寻找挖掘知识的工作量，提高工作效率。人是最大的知识资源，良好的专家网络图可以有效地连接知识需求者与知识拥有者，以促进知识转移。

知识管理系统所涵盖的主要功能模块参见表1。

表1　　　　　　　　　　　　　　知识管理系统功能模块

模块名称	模 块 简 介
企业入口网站（EIP）/知识入口网站	企业通过单一接口，即能有效率地整合厂商、顾客与员工等不同对象的数据来源；通过角色设定及权限管理，能使组织内的文件管理与信息传递更加安全。通过个人化桌面设定，既能协助厂商、顾客或同事安排例行工作，提升沟通效率，同时亦可根据所需资料来源自行订阅或搜寻平台。
文件管理系统	企业可利用文件管理系统管理电子档案为文件库或知识库。通过文件生命周期管理、分享权限管理、版本管理、文件检索功能、文件存储与取用流程管控等机制，提供文件库与知识库存储与分享的平台。
知识社群平台	企业（建议人数超过200人的企业）通过专业技术与知识领域为主的讨论区、专栏区、留言板、聊天室、视频会议等机制，让企业内部的知识工作者能够经由选择特定的专业领域，与其他具有相同专业领域或对该专业领域有兴趣的跨部门员工，进行互动并创造知识、分享知识的平台。
核心专长系统（专家黄页）	通过动态核心专长调查系统，随时掌握个人与部门的最新核心专长，包括项目执行、证照取得、教育训练、专利发明、荣誉奖项、专业著作等，不仅可与组织核心竞争力接轨，并可在不同项目任务来临时，适配出最佳、最适合的工作团队。
协同操作系统	提供电子文件交换、声音传递、影像传输，以完成非面对面的项目执行、多边会议、在线学习等远程沟通作业的平台，例如讨论区、留言板、聊天室、视频会议系统、电子白板、在线学习系统、远距项目时程管理等。
在线学习系统	利用计算机及WWW的学习模式，从注册登录、进入教室、课程选择、影音视频教学、数字教材研读，到与授课教师讨论、在线交作业、在线课程评量、同学互动研讨、课后问卷等的网络学习平台。
搜寻引擎	提供分类、关键字、多重条件、全文检索等功能，让使用者在庞大的信息库中，快速获取知识的重要工具。
商业智慧/企业智慧	借由商业社群运作和大量数据库系统分析，再通过数学、统计学、人工智能、数据挖掘（DataMining）与在线实时分析（OLAP）系统，以提供企业在商情决策、营销分析、顾客需求、产品偏好等方面的自动决策分析机制。

四、知识管理系统相关实践

（一）企业知识环境

企业知识环境的主要因素包括人员、流程和技术。组织的人员、流程和技术每时每刻都在扮演着有效知识管理的赋能者和障碍者。表2提供了企业知识环境的范例。

表2 企业知识环境实例

组　　织	知识管理能力
福特汽车公司	公司内部网提供关于新闻、人物、流程、产品与竞争状况的信息给公司内9.5万名专职员工。员工可以访问在线图书馆，以及提供最佳范例、标准和建议的卓越网站中心。
洛克实验室	其全球健康护理智能平台整合多个信息来源，为它的专业服务团队提供有关Hoffmann-La Roche制药产品的最新信息与专业知识。这个系统集合来自全球的新闻资源、专业出版物、保健网站、政府资源及公司内部专有信息系统等相关资源。
壳牌石油公司	KMS提供一个沟通与协作的环境，员工可以学习与分享最佳范例。它包含了来自内部与外部的信息，如大学、顾问、其他公司和研究文献。Lotus公司的Domino群件应用程序允许员工在企业内部网上对话。在数据库中最佳范例的作者可以利用此工具和同事们谈论自己的经验。
Booz Allen Hamilton	企业内部网上的"在线知识"提供一个存储顾问知识与经验的在线数据库，它包含：一个可以搜索的数据库，由公司最好的专长与最佳范例组织而成；其他职能资本，如研究报告、简报、图表、影像和互动培训材料；与履历表和工作记录的链接。

毫无疑问，企业知识环境中的人员是三个因素中最重要的。创造、获取、共享和使用知识都是人的工作。流程和技术虽然可以对知识管理提供帮助和产生促进作用，但归根到底是由人决定做还是不做。因此，有效的知识管理需要一个知识共享的组织文化来达到成功。其次，有效的知识管理还需要个体行为的改变与之相适应，必须鼓励个体把知识管理活动融合到他们的日常工作中去。

企业知识环境中的流程因素是关于一系列活动和优先权的选择，即为了组织的利益所提出的赋能和促进知识的创造、共享和使用活动。这些流程主要包括：引导知识审计识别知识需求、知识资源和知识流的流程；创造知识战略以指导实施方法的流程；使用诸如实践团队和学习事件等方法来共享隐性知识的流程；使用诸如最佳实践数据库等方法来共享显性知识，并确保显性知识的访问和获取的内容管理流程。

企业知识环境中的技术因素是知识管理初始阶段许多重要的赋能者之一。技术可以在两个方面支持和促进知识管理：一方面，它在诸如电子图书馆和最佳实践数据库中为人们提供组织、存储和获取显性知识和信息的方式；另一方面，它有助于在人员之间建立联系以便他们可以通过诸如白页、群件或视频会议等技术手段共享隐性知识。一个完善的知识管理系统应该具备以下七种技术要素：门户技术、搜索引擎技术、协作技术、E-Learning技术、商业智能技术、内容管理技术、集成技术。

企业 Blog、专家黄页、知识历程图（Knowledge Story Board，指在企业的业务循环中，支持流程所需的知识以及参与其中的人的图表）、知识网络图（Knowledge Network，指将知识按照方便使用和管理的原则进行分类，建立中心知识和围绕中心知识的卫星知识），以及各种企业知识管理系统都是组织知识管理的工具之一。

（二）企业知识管理体系

企业知识管理的实质就是对知识链进行管理，使企业的知识在运动中不断增值。一个企业要进行有效的知识管理，关键在于建立起一个合适的知识管理体系。

知识管理体系总体上分为知识管理理念和知识管理的软硬件两大部分。其中，知识管理理念分为企业制度和企业文化两个方面。企业制度包括确立企业的知识资产和制定员工激励机制，从而加强管理者对知识管理的重视并鼓励员工积极共享和学习知识。企业文化包括企业共享文化、团队文化和学习文化，帮助员工破除传统独占观念，加强协作和学习。知识管理的硬件对应的是知识管理平台，它是一个支撑企业知识收集、加工、存储、传递和利用的平台，通过互联网、内联网、外联网和知识门户等技术工具将知识和应用有机整合。知识管理的软件对应的是知识管理系统，它是一个建立在管理信息系统基础之上的实现知识的获取、存储、共享和应用的综合系统，通过文件管理系统、群件技术、搜索引擎、专家系统和知识库等技术工具，使企业显性知识和隐性知识得到相互转化。

【拓展阅读】 知识管理体系的应用

许多著名公司已经建立自己的知识管理体系，利用"知识资源"来获得竞争优势，巩固其行业领袖地位。以下简要介绍 IBM/LOTUS 和西门子的知识管理体系应用。

IBM/LOTUS 围绕着知识管理包含的"人、场所和事件"三要素，建立专家网络和内容管理，方便用户和员工获得所需的知识，设立企业社区供员工共享知识和相互协作，开展企业培训，帮助员工自主学习，以提高企业的整体素质。IBM/LOTUS 提出了从总体上可分为企业应用集成层、协同工作/发现层、知识管理应用层和知识门户层的知识管理框架，每层都着重介绍了其所使用的知识管理技术和工具。

西门子的知识管理体系分为企业内外两个部分：外部主要涉及企业日常对外活动、活动场所和活动主体；内部可以分为战略及评价、运作业务和支撑结构三大类。具体包括制定知识作为公司资产的商业战略、培养相互信赖的知识共享文化和知识型组织、建立知识市场、确立知识资产、确定知识内容和结构、设置知识度量制并建立评估系统和模型、培养知识工人、采用知识技术使新知识行为成为可能并驱动其产生。整个框架内外部通过信息、最佳实践和研究、经验反馈等进行交流。西门子除了采用通信网络、文档管理、群件技术等常见技术外，最关键的是采取了门户技术。在一个集成的门户中，员工可以有权限地交流和共享知识，并通过搜索跨越不同部门的障碍获得所需的知识。

第 38 讲　电商平台三十年

20 世纪 90 年代开始，随着互联网在美国的大规模商用，电子商务从此开始大规模发展。1999 年 8848 和阿里巴巴等公司成立，标志着我国网上购物进入实际应用阶段。当前，虽然许多商业交易仍然经由传统渠道，但是越来越多的消费者和企业选择使用互联网进行电子商务。电子商务准确、快速、高效和跨区域的商务运作，成为当今世界商务运作发展的主流方向。

一、我国电子商务发展历程

电子商务（Electronic Commerce，EC）是以电子及电子技术为手段，以商务为主题，在开放的网络环境下，以电子交易方式进行交易的一种商业运营模式。以互联网为媒介的商业行为均属于电子商务的范畴，买卖双方不谋面地进行各种商贸活动，如消费者的网上购物、商户之间的网上交易，在线电子支付以及各种商务活动、交易活动、金融活动和相关的综合服务活动等。电子商务平台即一个为企业或个人提供网上交易洽谈的平台，企业、商家可充分利用电子商务平台提供的网络基础设施、支付平台、安全平台、管理平台等共享资源有效地、低成本地开展自己的商业活动。

我国电子商务的发展历程，大致可分为三个阶段：培育期（1999—2005 年）、创新期（2005—2015 年）和引领期（2015 年至今）。当然，这只是一家之言。

第一阶段：培育期（1999—2005 年）。电子商务以网站为基础，主要包括零售商自营网站、门户网站电商、电商综合平台以及黄页与信息展示等几种模式。早期的黄页电子商务企业包括中国黄页、携程等；1999 年王俊涛创建的 8848 网是我国最早的 B2C 电商网站；1999 年易趣网在上海创立，2003 年被 eBay 全资收购，同年淘宝网成立。

第二阶段：创新期（2005—2015 年）。这一时期，我国网民规模迅速增长，随着在线支付技术与物流技术的普及，出现了电商服务业，平台电商成为一种生态，由电商交易服务、在线支付、物流等支撑服务业与衍生服务业，构成了日益完善的电子商务生态系统。在这一时期，电子商务模式不断创新，渗透领域日益增多，形成了 B2C、B2B、团购等电商模式，天猫、京东、聪慧网、美团、58 同城等企业成长为行业巨头；支付宝、菜鸟网络等支付与物流体系日益完善；苏宁、京东商城等传统线下企业成功转型线上平台。

第三阶段：引领期（2015 年至今）。随着 4G 移动网络和智能终端的普及，以及人工智能等关键技术的发展，电子商务新业态和新模式不断涌现，内容电商、社交电商、O2O、新零售等新型电商模式迅猛发展。

二、电子商务系统的组成

完整的电子商务涉及多方面主体参与，除了买家、卖家外，还要有银行或金融机构、政府机构、认证机构、配送中心等机构的加入才行。由于参与电子商务中的各方在物理上是互不谋面的，因此整个电子商务过程并不是物理世界商务活动的翻版，网上银行、在线电子支付等条件和数据加密、电子签名等技术在电子商务中发挥着重要的不可或缺的作用，如图 1 所示。

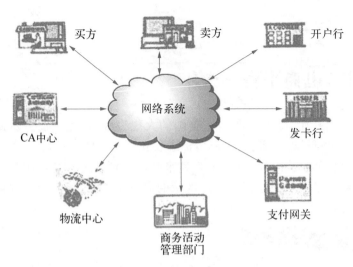

图 1　电子商务系统组成

（1）网络系统。包括互联网、企业内联网、外联网等各种网络平台。互联网是电子商务的基础，是商务、业务信息传递的载体；企业内联网是企业内部商务活动的场所；外联网是企业用户间进行商务活动的纽带。

（2）买方与卖方。包括企业用户和个人用户。企业用户建立企业内联网、外联网和 MIS，对人财物、产供销进行科学管理；个人用户利用互联网获取信息和购买商品等。卖方在网上发布自己所提供的产品和服务目录，供买方查询阅览。

（3）网上银行。包括发卡行和开户行，在网上实现买卖双方结算等传统的银行业务，为商务交易中的用户和商家提供 24 小时实时服务。

（4）认证中心。即 CA(Certificate Authority)中心，是法律承认的权威机构，负责发放和管理电子数字证书，使网上交易的各方面都能够互相确认身份。数字证书是一个包含数字证书持有人的个人信息、公开密钥、证书序号、有效期和发证单位的电子签名等内容的数字文件。

（5）支付网关。银行间由金融专用网络连接，电子商务在互联网公共网络上运行。为保证银行金融网的安全，金融专用网与互联网通过开户行的支付网关连接，支付网关在这里起着安全保障作用。同时，它也是信息网与金融网连接的中介，承担双方的支付信息转换工作，所解决的关键问题是让传统封闭的金融网络能够通过网关面向互联网的广大用户，提供安全方便的网上支付功能。

（6）物流配送中心。物流配送中心接受卖方的要求，组织运送商品，跟踪商品流向，将商品送到买方手中。

（7）商务活动管理机构。工商、税务、海关和经贸部门等，为电子商务系统的商务活动提供管理支持。

三、电子商务的类型

按照参与电子商务交易双方的主体类型，可将电子商务分为 B2B、B2C、C2C、B2G 等类型。此外，随着新一代信息技术的发展，又衍生出 C2B、C2M、O2O 等新型电子商务模式。

（1）企业到企业的电子商务（B2B）。企业与企业之间的电子商务是电子商务业务的主体。通过引入电子商务，企业与企业之间的交易能够产生巨大效益。通过 B2B 电子商务，企业与上下游直接建立联系,提高了供应效率,降低交易成本。

(2)企业到消费者的电子商务(B2C)。企业对消费者的电子商务是以互联网为主要服务提供手段,实现公众消费和提供服务,可以将其看作是一种电子化的零售。

(3)消费者到消费者的电子商务(C2C)。这种模式主要体现在网上商店的建立,C2C的交易促成也依赖三个主要对象,即"买方、卖方、在线平台",如淘宝网模式。这些交易平台为很多消费者提供了在网上开店的机会,使得越来越多的人进入这一个系统。

(4)企业到政府的电子商务(B2G)。包括政府采购、税收、商检、管理规则发布等在内,政府与企业之间的各项事务都可以涵盖在其中。例如,政府的采购清单可以通过互联网发布,公司以电子的方式回应。

(5)消费者到企业的电子商务(C2B)。消费者提出订购需求,生产企业按需求组织生产。通常情况为消费者根据自身需求定制产品和价格,或主动参与产品设计、生产和定价,产品、价格等彰显消费者的个性化需求,生产企业进行定制化生产。

(6)消费者到工厂的电子商务(C2M)。它是指现代制造业中由用户驱动生产的反向生产模式。C2M模式基于互联网、大数据和工业互联网等数字技术,按照客户的产品订单要求,设定供应商和生产工序,最终生产出个性化产品的工业化定制模式。

(7)线上到线下的电子商务(O2O)。它是指融合线上和线下资源,实现商品或服务的销售。O2O模式最初起源于团购网站的应用,2013年开始,O2O进入高速发展阶段,目前已形成团购、外卖、旅游、生鲜等不同行业领域的应用。

四、移动电子商务与新型电商

移动电子商务是利用手机、PDA及掌上电脑等无线终端进行的B2B、B2C或C2C的电子商务。它将互联网、移动通信技术、短距离通信技术、基于位置的服务(LBS),以及其他信息处理技术完美地结合,使人们可以在任何时间、任何地点进行各种商贸活动,实现随时随地、线上线下的购物与交易、在线电子支付以及各种交易活动、商务活动、金融活动和相关的综合服务活动等。目前,移动电子商务应用领域几乎涵盖所有网页在线电子商务业务,包括手机银行、移动支付、移动购物、外卖、旅行预定、网络金融等。

随着移动电子商务和关键技术的不断发展,各类新型电商模式不断涌现。从社交电商、内容电商、社区团购等电商新模式,支撑起了近年来互联网风口的过半红利。

(一) 社交电商

社交电商是电子商务的一种衍生模式,是电子商务和社交媒体的融合,以信任为核心的社交型交易模式。它借助社交网站、SNS、微博、社交媒介、网络媒介等传播途径,通过社交互动、用户自生内容等手段来辅助商品的购买和销售行为。

与传统电商相比,社交电商拥有发现式购买、去中心化、场景丰富等独特优势,用户既是购买者,也是推荐者。具体来看,社交电商主要有以下三个方面的优势:(1)依托社交裂变降低引流成本,提升用户黏性;(2)多维交互式产业链,可实现零库存分销、精准营销、C2B定制从而提升供应链效率;(3)去中心化传播网络,为中小供应商发展提供了广阔空间。

按照流量获取方式和运营模式的不同,目前社交电商可以分为拼购类、会员制、社交团购等类型,其中拼购类、会员制和社交团购均以强社交关系下的熟人网络为基础,通过价格优惠、分销奖励等方式引导用户进行自主传播。典型的拼购类社交电商有拼多多、京东京喜和淘宝旗下淘小铺等。会员制社交电商有云集等。未来随着行业的不断发展,有可能涌现出更多社交与电商相结合的创新模式。

(二) 内容电商

内容电商是指以消费者为中心,围绕知识产权(IP)、关键意见领袖(KOL)、短视频、直播、热点事件等进行内容创造,实现商品随内容的同步流通与转换的目标,从而提升电商营销效果的一种电商模式。内容电商的发展,一方面由于淘宝、京东等传统电商巨头牢牢占据用户流量,中小电商流量缺乏,并且获客成本与运营成本居高不下;另一方面,年轻群体作为电商消费的主力对泛娱乐化、内容化的需求不断提升,直播、短视频、小程序、公众号与APP之间强势关联、转化、促活成了关键,内容电商应运而生。内容电商也具有一定的社交属性。

目前,内容电商按平台运营模式主要可以分为电商平台内容化和内容平台电商化两大类。

(1) 电商平台内容化,即传统电商平台增加内容创造板块,以满足当下消费者泛娱乐化需求,从而实现平台的拉新和促活。如淘宝、京东和拼多多等头部电商平台大力发展内容,借助短视频、直播构筑消费新场景,一些传统品牌借热门 IP 实现迅速超量,吸引大量具有中高消费水平的年轻一代关注。

(2) 内容平台电商化,即内容创作机构利用汇聚的用户流量引入电商业务,进一步丰富与完善内容变现的模式。如通过微博、微信和头条等自媒体平台,以图文信息流展示广告和链接的形式,向电商平台完成导流变现。自媒体构建微信小程序电商,实现电商业务闭环运营。此外,视频内容平台自建电商平台,开展电商经营,如小红书、快手小店、抖音短视频商品橱窗、抖音直播电商等。

(三) 社区团购

社区团购是依托线下社区的一种区域化、小众化、本地化和网络化的团购形式。社区团购模式最早应用于生鲜电商领域,并逐渐向其他领域拓展。社区团购是依托社区和团长社交关系,实现生鲜商品流通的一种零售模式。

早期的生鲜社区团购电商,是线下团长以微信为载体,整合多个社区社群资源,形成由商家集中化管理运营的"预售+团购"的电商平台。随着社区团购的发展,目前,社区团购平台已由团长引流向独立平台引流转变。相较于其他模式生鲜电商来说,社区团购采用"以销定采"预售模式,做到零库存的同时降低损耗,并且以小区为单位,集体发货,"最后一公里"通常采用用户自提的方式,节省了物流成本及终端配送成本。2020 上半年,生鲜社区团购迎来了爆发式增长,除了兴盛优选等早期创业企业,阿里、京东、拼多多、腾讯、美团、滴滴等互联网行业巨头,纷纷入局。

(四) 新零售

新零售即以互联网为依托,通过运用大数据和人工智能等数字技术,对商品的生产、流通与销售过程进行升级改造,进而重塑业态结构与生态圈,并对线上服务、线下体验以及现代物流进行深度融合的零售新模式,如阿里盒马生鲜、小米之家等。

新零售的发展,一方面由于互联网和移动互联网终端大范围普及所带来的用户增长以及流量红利正逐渐萎缩,传统电商所面临的增长"瓶颈"开始显现。另一方面,线上电商不能提供真实场景和良好购物体验,因而在用户的消费过程中体验方面要远逊于实体店。新零售模式打破了线上和线下之前的各自封闭状态,线上线下得以相互融合、取长补短且相互依赖,线上更多履行交易与支付的职能,线下通常作为筛选与体验的平台,高效物流则将线上线下相连接并与其共同作用形成商业闭环。

【拓展阅读】 作为电商平台基础的电子支付系统

所谓电子支付,是指电子商务交易的参与主体,通过信息网络,使用安全的信息传输手段,采用数字化方式进行的货币支付或资金流转。电子支付包括传统的电子支付系统方式和移动支付方式。

电子付款系统包含信用卡支付款、数字钱包、数字现金、累计余额付款系统、储值付款系统、对等付款系统、电子支票及电子账单兑现和付款系统等。移动支付是指消费者通过移动智能终端,对所消费的商品或服务进行转账支付的一种支付方式。消费者使用移动设备,通过互联网或者近距离传感等方式,直接或间接向银行金融企业发送支付指令,实现资金的移动支付。移动支付实现了终端设备、互联网、应用提供商以及金融机构的融合,完成货币支付、缴费等金融业务。得益于完善的移动网络通信设施和丰富的移动支付场景,我国移动支付市场规模世界领先,并且二维码、指纹支付、刷脸支付等技术方案越来越成熟。

第39讲 BI 与 BA 有什么不一样?

随着企业信息化的深入,企业的业务信息系统中积累了大量的客户、产品和交易数据,而互联网、电子商务和社交媒体的发展,产生了海量的用户行为数据。大数据时代的到来,让更多企业意识到数据分析的重要性,数据已成为企业制定战略、管理决策、运营推广的重要依据,商业智能(BI)和商业分析(BA)越来越被人们所熟知。

一、商业智能 BI

(一)商业智能的概念

商业智能(Business Intelligence,BI),又称商业智慧或商务智能,是指用现代数据仓库技术、线上分析处理技术、数据挖掘和数据展示等技术进行数据分析,以实现相应的商业价值。商业智能通常被理解为将企业中现有的数据转化为知识,帮助企业作出明智的业务经营决策的工具。商业智能处理的数据主要是来自企业业务系统的订单、库存、交易账目、客户和供应商资料及来自企业所处行业和竞争对手的数据,以及来自企业所处的其他外部环境中的各种数据。

从系统的角度来看,商业智能的过程始于不同数据源的数据收集,从许多来自不同的企业运作系统的数据中,提取出有用的数据并进行清理,以保证数据的正确性,然后经过抽取

管理信息系统(第三版)

(Extraction)、转换(Transformation)和装载(Load),即 ETL 过程,合并到一个企业级的数据仓库里,从而得到企业数据的一个全局视图,在此基础上利用合适的查询和分析工具、数据挖掘工具、OLAP 工具等对其进行分析和处理,使其成为辅助决策的知识,最后将知识呈现给管理者,为管理者的决策过程提供支持。因此,企业信息化是商业智能应用的基础,商业智能最大限度地利用了企业信息化中各应用系统的数据,将企业日常业务数据整理为信息,逐步升华为知识,从而为决策者提供最大力度的支持。

(二)商业智能系统构成

商业智能系统一般包括:带有源数据的数据仓库、业务分析(用于操作挖掘、分析数据仓库中数据的工具集)、用来监测和分析绩效的企业绩效管理(Business Performance Management,BPM)以及用户界面(如仪表板等)这 4 个主要部分,架构参见图 1 示例。

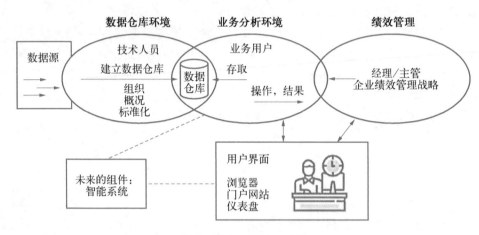

图 1 商业智能系统架构

(三)商业智能核心技术

商业智能是以数据仓库(Data Warehousing)、联机分析处理(OLAP)、数据挖掘(Data Mining)技术为基础的知识发现系统,通过分析、挖掘,实现从数据到知识的转化,并进行可视化数据展示,以支持企业决策。因此,商业智能的核心技术包括 ETL 技术、数据仓库、联机分析处理、数据挖掘和数据展示技术等。

1. 数据 ETL 技术

ETL(Extract-Transform-Load)是将业务系统的数据经过抽取、清洗转换之后加载到数据仓库的过程,目的是将企业中分散、零乱、标准不统一的数据整合到一起。数据 ETL 支持多平台、多数据存储格式(多数据源,多格式数据文件,多维数据库等)的数据组织,要求能自动化根据描述或者规则进行数据查找和理解,减少海量、复杂数据与全局决策数据之间的差距,帮助形成支撑企业决策要求的参考内容。

2. 数据仓库

数据仓库是面向主题、集成、相对稳定、连续的数据集合,是商业智能的基础。数据仓库能够从容量庞大的业务处理型数据库中抽取数据,处理、转换为新的存储格式。数据仓库中的数据是在对原有分散的数据库数据抽取、清理的基础上经过系统加工、汇总和整理得到的,必须消除源数据中的不一致性,以保证数据仓库内的信息是关于整个企业的一致的全局信息。数据仓库的数据主要供企业决策分析之用,所涉及的数据操作主要是数据查询,一旦某个数据进入数据仓库以后,一般情况下将被长期保留。

3. 联机分析处理

联机分析处理(OLAP)是直接仿照用户的多角度思考模式,预先为用户组建多维的数据模型,用户可以快速地从各个分析角度获取数据,实现维度变化、旋转、数据切片和数据钻取等,帮助决策者作出正确的判断,具有极大的分析灵活性。OLAP 系统按照其存储器的数据存储格式可以分为关系 OLAP(Relational OLAP,ROLAP)、多维 OLAP(Multidimensional OLAP,MOLAP)和混合型 OLAP(Hybrid OLAP,HOLAP)三种类型。

4. 数据挖掘

数据挖掘是一种决策支持过程,它主要基于 AI、机器学习、统计学等技术,高度自动化地分析企业原有的数据,作出归纳性的推理,从中挖掘出潜在的模式,预测客户的行为,帮助企业决策者调整市场策略,减少风险,作出正确的决策。数据挖掘技术包括关联分析、序列分析、分类、预测、聚类分析及时间序列分析等。

5. 数据展示技术

商业智能最终展现的是可视化的数据图表,即将数据信息用视觉上吸引人的方式展示出来,使管理人员更简单直接地理解数据。数据展示技术包括仪表盘、饼图、柱形图、趋势图等。

二、商业分析(BA)

(一)商业分析的内涵

商业分析(Business Analytics,BA)是以商业知识为基础,利用数据和统计模型来获得必要的见解,用于分析企业商业运营中的表现,并对企业未来的发展战略进行预测和指导。著名咨询公司 Gartner 把商业数据分析归纳总结为四个层次:描述性分析(Descriptive Analysis)、诊断性分析(Diagnostic Analysis)、预测性分析(Predictive Analysis)和处方式分析(Prescriptive Analysis)。

1. 描述性分析

描述性分析主要是指汇总原始数据,并将其转化为人可以理解的形式,如报表、图表等。这种分析用于回答在过去什么时间,什么地点,发生了什么,量化指标是多少,有些还可提供即席查询的能力,这些都是从过去的数据里面提供有价值的见解。描述性分析对于揭示业务中的关键指标至关重要,但它不能解释问题发生的原因。

2. 诊断性分析

诊断性分析是建立在描述性分析基础之上,通过诊断分析,深入挖掘问题根源,识别依赖关系,找出影响因子。借助联动、下钻、挖掘、预警等方法,可以知道问题是怎么发生的,企业接下来需要关注哪些方面以帮助解决问题。

3. 预测性分析

描述性分析与诊断性分析是对于过去数据的分析,预测性分析可以用来说明未来可能发生的事情。它使用描述性和诊断性分析的结果来检测趋势、异常或作聚类分析,并预测未来动态。尽管预测性分析比单纯的历史数据分析拥有诸多优势,但预测只是一种估计,其准确性高度依赖于数据质量和业务状态的稳定性,因此需要仔细处理和持续优化。

4. 处方式分析

处方式分析是基于对"发生了什么""为什么会发生""可能会发生什么"的分析,通过算法手段最优化决策,来帮助用户决定应该采取什么措施,以便消除未来可能发生的问题或获得更有利的趋势。作为最先进的分析方法,它不仅需要历史数据,还需要很多外部信息,利用更为复杂的工具和技术,如机器学习、业务规则和算法等,这也决定了它的实施和管理相对于其他分析类型来说更加复杂。

大数据时代 BA 一词非常火,不过它也有 Business Analysis 和 Business Analytics 之分,二者的中文翻译都为"商业分析",但实质差别却非常大。从学科专业的角度,Business Analysis 属于传统商科专业,主要工作内容是对公司的整个运营流程、业务开展等方面进行分析,发现新的商业需求、对商业问题提出解决方案。Business Analytics 是一门新兴学科,融合了统计、计算机、商科知识,核心是数据挖掘和数据分析,主要是利用相关的技术、模型和算法进行数据挖掘和商业分析,通过分析、预测引导决策。

(二)商业分析核心技术

商业分析的质量取决于数据质量、数据分析师,数据分析师所理解的技术、商业及组织致力于数据驱动决策的内容。BA 的核心技术包括商业建模、大数据分析和数据可视化。

1. 商业建模

BA 是紧紧围绕商业诉求而展开的,因此,BA 的第一步并不是直接去分析数据,而是挖掘业务含义,了解和还原数据产生的业务场景,以及想要关联的业务场景结果是什么。数据分析人员首先需要明确开展商业数据分析的目的,根据商业模型和业务需要,设计数据分析方案。当分析的数据目的明确后,开始收集数据,进行数据处理、数据分析和分析结果展示。

2. 大数据分析

大数据分析技术是 BA 的核心,商业分析的数据是各种来源的结构化和非结构化的海量数据,包括企业传统的关系型数据库和非关系型数据库数据,以及物联网数据。借助网络爬虫或网站公开 API,从网页获取非结构化或半结构化数据,如移动互联网用户注册和行为数据、社交网络的数据等。从大数据的生命周期来看,大数据分析无外乎四个方面,即大数据采集、大数据预处理、大数据存储、大数据分析。

大数据分析的技术体系非常庞大且复杂,基础技术包含数据的采集、数据预处理、分布式存储、NoSQL 数据库、数据仓库、机器学习、并行计算、可视化等各种技术范畴和不同的技术层面。大数据分析的具体方法则包括统计分析、预测建模、数据挖掘、文本分析、机器学习等。

3. 数据可视化

数据可视化即旨在借用图形化手段,来清晰呈现商业数据分析结果,包括各类统计图表、可视化数据图表等。

三、BI 与 BA 的异同

BA 与 BI 都是企业 IT 部门为企业提供服务的有效工具或者方法。二者的内涵有相同之处,也有显著区别。简单来说,可以把"商业智能"理解为将数据转化为知识的分析工具,而"商业分析"是基于知识的决策方法。从管理信息系统的角度,BI 与 BA 统称为 BI&A。在大数据背景下,数据成为企业重要的资产,用数据分析结果支持企业决策,越来越成为企业的共识。在实际应用中,二者的范围是交叠和关联的。随着互联网和信息技术的发展,企业面临的数据来源越来越多元化,更依赖大数据分析技术的支持,从企业实现的角度,BI 和 BA 并不是完全独立的,而是在信息系统层面相互融合,支持多源数据的分析。BI&A 共同的发展趋势是数据处理和分析的速度与性能更加高效,分析处理更加智能化,对分析人员要求更低。

BA 与 BI 在具体目标、数据来源、技术方法等方面有所区别。

(1) 从具体目标来看,商业智能主要利用企业内部数据库数据,利用数据挖掘方法,对企业数据进行整理、分析,发现其中的知识,进而实现其商业价值。商业分析则是对企业数据进行分析、建模和预测,发现业务需求,找到解决业务问题的方法,并用以预测将来的趋势和需求,为企业运行提供决策。

(2) 从分析的数据来源来看,商业智能的数据主要是来自企业内部客户、销售、供应等信息系统中的数据,而商业分析的数据,根据分析目的,既包括企业内部信息系统数据,还包括通过网络爬取的数据,以及物联网和社交媒体等各类结构化和非结构化数据。

(3) 从分析技术与方法来看,商业智能运用的核心技术包括数据仓库、数据挖掘和 OLAP 等,而商业分析的核心技术是大数据分析,除了包括数据仓库、数据挖掘之外,还综合运用统计学、机器学习、人工智能等多学科分析方法。

具体目标可以分为功能目标和分析目标,BA 与 BI 的具体对照参见表 1。

表 1   **BI 与 BA 的区别**

区　别	BI	BA
功能目标	发现数据中的知识,实现其商业价值	发现业务需求,找到解决业务问题的方法,提供决策支持
分析目标	分析过去发生了什么,或者现在正发生什么	调查分析问题出现的原因并预测将来可能发生的事情
数据来源	主要为企业内部信息系统数据	内部信息系统数据、网络爬取的数据、移动互联网数据、物联网数据、社交媒体数据等
技术方法	ETL、数据仓库、数据挖掘、OLAP、数据展示	主要运用大数据分析方法,进行数据采集、存储、清洗、分析和展示,分析技术包括数据挖掘、人工智能、机器学习、文本分析等

【拓展阅读】 借助机器学习,RRD 走向了新的业务之路

　　RRD 公司的前身是营销传播公司 R. H. Donnelley。在企业发展过程中,RRD 公司设立了物流部门,向消费者和企业配送它的印刷材料。为了支持这项业务,公司自己管理运营,并代表其合作伙伴配送各种物品,包括洗衣机、狗粮等,最终成长为价值 10 亿美元的一家企业。在联邦快递和 UPS 等无可争议的物流霸主统治下,RRD 公司又是如何找到一个最优运费的?

诸如天气、地域、司机和政治等因素都是业务上的成本。RRD 公司的首席信息官肯·奥布莱恩(Ken O'Brien)表示,由于迫切需要对费率变量进行预测,RRD 公司转向了机器学习和数据分析。公司聘请员工与大学合作来编写算法,在 700 条路线上测试数千个场景,直到能够以 99% 的准确率提前 7 天实时预计运费。奥布莱恩说:"该项目在不到一年的时间就完成了,我们现在仍然看到业务的增长与运费有关。"在 2017 年,RRD 公司的卡车货运代理业务将从 400 万美元增长到 1 600 万美元,营收增长 1 200 万美元,业务规模达 6 亿美元。

第 40 讲　信息孤岛与信息系统集成

信息系统的推广应用,在极大提升各行各业运行效率的同时,也产生了新的问题,主要表现为各个系统之间彼此独立,数据资源不能共享,业务处理需要跨越不同系统等,形成了所谓的信息孤岛问题。打破信息孤岛,推进共享互通,既是企业提升运营效率,增强竞争优势的必经之路,也是当前我国政府数字化转型面临的重要议题。

一、信息孤岛的类型

信息孤岛是指相互之间在功能上不关联互助、信息不共享互换以及信息与业务流程和应用相互脱节的计算机应用系统。信息孤岛从形式上表现为孤立的计算机应用系统,而本质上是由于系统平台之间缺乏共享互通,使得数据与信息无法顺畅地在部门与部门之间流动,导致业务数据隔离、信息流程割裂等问题。按照信息孤岛产生的原因,信息孤岛的类型分为数据孤岛、系统孤岛和业务孤岛。

(一) 数据孤岛

数据孤岛主要表现为企业系统间的数据不能有效地交换和共享,影响数据的实时性、一致性和准确性。由于企业系统之间的数据来源口径、格式不统一,导致不同部门、不同系统之间的数据信息不能共享。管理者想要得到的整体运营数据,需要人工操作,这给企业的利用带来诸多问题。

(二) 系统孤岛

系统孤岛是指在一定范围内,需要集成的系统之间相互孤立的现象。各系统间信息、功能彼此独立,缺乏业务功能交互与信息共享,系统之间的信息不能及时传递。例如,企业内部存在 OA、人事、财务、资产管理等多个系统,这些系统互相独立,在使用不同应用系统时,需要使用不同的账号和密码,影响业务工作的执行效率,信息化建设的整体价值无法体现。

(三) 业务孤岛

业务孤岛表现为企业业务不能通过网络系统完整地执行和处理,生产、供应、销售、财务等业务流程脱节,线上线下分开处理,无法形成一个环境统一、业务间无边界、有机的整体,不能满足企业业务处理的需要。例如,企业经常遇到的产供销脱节、财务账实不符等问题,实质上就是生产流程、供应流程、销售流程和财务流程没能形成一个有机整体。

二、企业信息孤岛的危害

随着互联网和信息技术的发展,企业对信息系统的依赖前所未有,而信息孤岛的存在,逐渐成为阻碍企业发展的难题。

(一)影响部门协同

信息孤岛会导致业务数据在不同部门之间的应用系统重复存储,使得不同部门之间的数据不一致,从而使各部门、各层级数据不能共享互通,无法有效支持管理决策。同时,由于业务数据分散存储在不同部门,而职能部门之间具有相对独立性,致使数据获取存在一定障碍。此外,有些部门可能会隐瞒或延迟披露某些信息,进而加剧了信息孤岛效应,形成恶性循环。

(二)降低工作效率

企业信息重复输入和多口采集,造成数据不统一、信息更新的同步性差,影响数据的实时性、一致性和正确性,影响管理决策。此外,数据来源的口径不一,呈现在决策者面前的数据经常不一致,失去了统一、准确的依据,造成管理效率低下,系统的可维护性无从谈起,更是严重降低了工作效率。

(三)浪费企业资源

应用系统孤岛,使不同系统之间数据无法共享,在使用过程中,有的需要人工操作,花费大量的人力物力进行数据重新输入和重复存储,占用大量资源空间,同时,这些重复冗余的数据,也使信息资源的利用变得愈发困难,浪费企业资源。

(四)制约企业发展

互联网时代,信息孤岛使企业无法有效开展电子商务,也无法满足大数据分析与共享的需求,将严重阻碍企业的发展。同时,信息孤岛不能实现信息的及时共享和反馈,导致数据分析差错、延迟,甚至产生决策失误,从而丧失发展机会等。

三、企业信息孤岛的成因

信息孤岛是企业信息化建设发展到一定阶段的必然结果,而造成信息孤岛现象的原因是多方面的,具体来说包括以下几个方面。

(一)技术发展环境

信息孤岛的形成,首先与当时的技术发展环境有必然联系,由于信息技术总是相对滞后于企业业务发展,加上资金投入方面的限制,企业信息化建设速度相对缓慢,从而导致企业在原有业务与新开发业务之间形成信息孤岛。其次,信息技术从开始开发利用到后续发展更新,总会存在功能上的限制,例如,软硬件的性能或数据库存储、加工能力的不足,制约着数据信息的大规模开发与共享,导致信息孤岛的形成。最后,早期的应用系统开发处于封闭状态,数据库可能来自不同的厂商和版本,各个数据库自成体系,相互之间没有联系,数据编码和信息标准也不统一,随着业务种类的增多和规模的扩大,后期整合困难大,整合处理能力有限,导致信息孤岛的长期存在。

(二)企业信息化发展阶段

企业信息化建设呈阶段性,在信息化建设初期,主要围绕不同项业务工作,开发或引进若干应用系统,这些分散开发或引进的应用系统,一般不会统一考虑数据标准或信息共享问题。这些分散开发的应用系统,只能解决各自的业务问题,相互之间数据关联不大,难以进行数据信息共享。

(三)缺乏系统规划

大多数企业 CIO 制度不健全,没有明确的信息化统一协调部门,而企业信息化又是分阶段开展的,致使信息化建设缺乏战略规划主线。各个职能部门分别开发部署相应模块的应用系统,没有统一的底层数据标准,或者相互之间端口互不开放,数据无法共享,使得这些分部门的系统模块彼此割裂,应用范围狭窄。

(四)信息化建设理念落后

一些企业管理理念落后,流程再造不彻底,信息化建设与其管理水平不协调,管理体制机制和管理思维僵化,管理模式粗放。此外,企业普遍存在着"重硬件轻软件,重系统轻数据"的认识误区,忽略信息资源的建设,造成信息基础设施闲置、资源浪费、信息化建设进入重硬轻软的认识误区,导致信息资源的开发与利用滞后于信息基础设施建设,出现"有路无车,有车无货"现象。

四、信息系统集成

打破企业信息孤岛,在组织管理上要跨越企业职能界限,在整个企业范围内再造和改进关键的业务流程;在技术实现上,通过信息技术开发集成的企业系统,从而实现企业信息资源共享。企业信息系统集成包括数据集成、应用集成和门户集成等方案。

(一)数据集成

数据集成是指将若干个分散的数据源中的数据,逻辑地或物理地集成到一个统一的数据集合中。数据集成的核心任务是要将互相关联的分布式异构数据源集成到一起,使用户能够以透明的方式访问这些数据源。数据集成常用的方式包括以下方面。

(1)应用程序接口(Application Programming Interface,API),即预先定义的接口(如函数、HTTP 接口),或指软件系统不同组成部分衔接的约定,提供应用程序与开发人员基于某软件或硬件得以访问的一组例程,而又无需访问源码,或理解内部工作机制的细节。

(2)数据总线(Data Bus),计算机组件间规范化的交换数据的方式,即以一种通用的方式为各组件提供数据传送和控制逻辑。数据总线作为各个组件成员之间进行事件通信的通道,让应用中的各个成员在发送事件消息的时候不用知道其他成员的信息,只需要了解它们发送的消息/事件类型。

(3)共享数据中心,即统一的数据资源共享与交换应用服务平台,对企业应用系统中的各种结构化数据进行统一管理的平台,实现数据共享。

(4) Web Service 数据交换,是一种 Web 服务标准,Web 服务提供在异构系统间共享和交换数据的方案,可用于在产品集成中使用统一的接口标准进行数据共享和交换。

(二) 应用集成

企业应用集成(Enterprise Application Integration,EAI)是将基于各种不同平台、用不同方案建立的异构应用集成的一种方法和技术。EAI 通过建立底层架构,来联系横贯整个企业的异构系统、应用、数据源等。EAI 的目标决定其包括的内容很复杂。EAI 要涉及信息系统的底层结构、硬件平台、软件内部甚至部分业务流程等方方面面的各个层次。因此,EAI 的集成也分为若干层次(涵盖了前述的数据集成),以下列出基于中间件的 EAI 解决方案的 4 种类型。

(1) 业务过程集成。对业务过程进行集成时,企业必须在各种业务系统中定义、授权和管理各种业务信息的交换,以便改进操作、减少成本、提高响应速度。业务过程集成,包括业务管理、进程模拟以及综合任务、流程、组织和进出信息的工作流,还包括业务处理中每一步都需要的工具。

(2) 应用集成。它为两个应用系统中的数据和程序提供接近实时的集成。在一些 B2B 集成中,它可以用来实现 CRM 系统与企业后端应用和 Web 的集成,构建充分利用多个业务系统资源的电子商务网站。

(3) 数据集成。为了完成应用集成和业务过程集成,首先必须解决数据和数据库的集成问题。在集成之前,必须对数据进行标识并编成目录,另外还要确定元数据模型,只有这样,数据才能在数据库系统中分布和共享。

(4) 平台集成。要实现系统的集成,底层的结构、软件、硬件以及异构网络的特殊需求都必须得到集成。平台集成处理一些过程和工具,以保证这些系统进行快速安全的通信。

通过以上集成,EAI 使得企业众多信息系统都与一个由中间件组成的底层基础平台相连接,各种"应用孤岛""信息孤岛"通过各自的"适配器"(可以理解成一个转接口)连接到一个总线上,然后再通过一个消息队列实现各个应用之间的交流。

(三) 门户集成

门户(Portal)集成是指通过把各种应用系统、数据资源和互联网资源集成起来,并根据用户的使用特点和角色,形成个性化的应用界面。门户集成使用户在获取特定信息时不需再进入众多的应用子系统,而通过集成门户就可以方便快捷地获取信息,快速地定位业务子系统应用模块,并完成后台应用模块的各种操作,目前已经成为企业应用集成的有效解决方案之一。门户集成的主要功能包括以下方面。

(1) 单点登录(SSO,Single Sign-On),Portal 提供对各种应用系统和数据的安全集成,用户只需从 Portal 服务器登录一次就可以访问其他应用系统和数据库。对于安全性要求较高的业务系统,如电子银行、电子交易系统等,通过传递用户身份信息,如数字证书信息、数字签名信息等进行二次身份认证,保证单点登录的安全性。单点登录既减少了用户在多个应用系统反复登录多次认证的麻烦,也简化了各种应用系统对用户及其权限的一致性维护管理。

(2) 资源整合,把各种不同应用的内容聚合到一个统一的页面呈现给用户,实现不同应用系统实时交换信息。能够从各种数据源如数据库、多种格式的文件档案、Web 页面、电子邮件等集成用户所需的动态内容。

（3）页面定制与个性化，为不同角色的用户制定不同功能权限的 Portal 页面，用户也能够按照自己的喜好，定制界面风格和内容。

（4）协作功能，为用户提供即时交流、论坛、电子邮件以及语音或视频会议等功能。

（5）工作流，支持根据业务处理规则建立起来的工作流任务处理，比如审批流程等待办事宜。

（6）信息检索，从多种数据源检索动态信息资料。

【拓展阅读】　上海"一网通办""一网通管"提升城市治理

"一网通办"，是指依托一体化在线政务服务平台，通过规范网上办事标准、优化网上办事流程、搭建统一的互联网政务服务总门户、整合政府服务数据资源、完善配套制度等措施，推行政务服务事项网上办理，推动企业群众办事线上只登录一次即可全网通办。上海全力推进"一网通办"的政务服务，旨在将面向企业和群众的所有线上线下服务事项，逐步做到一网受理、只跑一次、一次办成。

"一网统管"就是指用实时在线数据和各类智能方法，及时、精准地发现问题、对接需求、研判形势、预防风险，在最低层级、最早时间，以相对最小成本，解决最突出问题，取得最佳综合效应，实现线上线下协同高效处置一件事。通过对城市运行的态势全面感知、趋势智能预判、资源统筹调度、行动人机协同，带动城市治理由人力密集型向人机交互型转变，由经验判断型向数据分析型转变，由被动处置型向主动发现型转变，实现"一屏观天下、一网管全城"。

第六章　规划与架构

第 41 讲　系统调查与真实需求把握

把握业务需求是信息系统规划与分析设计的重要任务之一，也是管理信息系统开发中最难把握的环节，开发团队需要与客户（或终端用户）一起明确具体的业务信息需求。它要确定每项业务活动所需要的信息及这些信息的格式、数据量和频度，响应时间的要求，要确定为满足上述信息需求，每项系统活动（输入、处理、输出、存储和控制）必须具备的信息处理能力。把握业务需求，需要进行详细的系统调查。全面真实的系统调查是分析与设计的基础，系统调查的质量对于整个开发工作的成败来说是决定性的。

一、把握真实需求

把握真实需求可以从几个方面来理解：首先，要区分真实需求和伪需求，有时候二者之间并没有清晰明确的边界，可能对于某家企业而言是真实的需求，而对于另外的场景则是伪需求，比如对于信息化基础设施建设尚不完备的企业上马 ERP 系统就可能是一类伪需求；其次，要明确需求本身既包含技术上的需求满足，也包含管理上的机制设计，比如现实中的现场排队和网络预约就可能会有名额分配、线上线下联动、系统集成协同等方面的业务需求；最后，需要明确的是，有时候需求的满足可能会有不同策略的解决方案和技术实现，比如同样是电子支付，可以是在线的，也可以是离线的，可以扫码支付，也可以近场支付，可以你扫商家的二维码，也可以商家扫你的付款码。再举一个很现实的例子，洗浴服务中心的计费，可以是计次的，可以是计时的，也可以是计流量的。

在需求调研阶段，有人把项目团队的主要工作总结为"激发需求"和"控制需求"两大方面。某种意义上说，这是有一定道理的。在一般情况下，系统分析人员要和客户（custom）一起进行调查分析，把组织的初始需求具体化，并转换成关于新系统"做什么"的逻辑模型。需求分析阶段输出的系统需求规格说明书，是后续系统设计阶段的工作依据，也是将来系统验收的依据。

（一）对系统的理解不同

系统分析师是技术专家，但一般不是用户领域的专家，缺乏足够的用户业务领域的知识，在系统分析过程中，理解掌握业务流程是存在难度的。一个一定规模的系统，它的业务数据量是相当大的，各种业务之间的关系也相当复杂。不懂业务的系统分析师往往会被各种信息流程所淹没，难以理清头绪，更难以分析制约现有系统的瓶颈问题。用户是业务领域的专家，但通常不是技术专家，对信息系统"能做什么"和"不能做什么"比较模糊，也不知道该向系统分析师"交代"什么。对于一些具体的业务，用户往往认为这是理所当然的，是系统分析师应该知道的，不需要再介绍。但事实上，系统分析师可能并不知道。这就造成了系统分析师和用户对系统的不同理解。

（二）沟通的障碍

系统分析师和用户的隔阂用"隔行如隔山"来描述肯定是非常准确的。因为系统分析师所处的行业、知识结构和经历与用户的不同,所以双方的话语体系也不一样,这是双方交流过程中的无形障碍。这种障碍导致系统调查可能出现遗漏和误解,这也是系统开发偏离正确方向的根源之一。

(三) 环境的变化

系统分析阶段要通过调查分析,抽象出新系统的逻辑模型,锁定系统边界、功能、处理过程和信息结构,为系统设计奠定基础。但是,企业内、外部环境总在不断地发生变化,对信息系统提出新的要求。只有适应这些要求,信息系统才能生存下去。所以早在系统分析阶段,系统分析师需要充分考虑到环境的变化。但在现实中,要完全确定系统环境是比较困难的,有时甚至是不可能的。

从系统分析可能出现的困难来看,一方面,作为系统分析师,不仅要有扎实的专业知识,还应具备管理科学的知识,有较强的系统观点和逻辑分析能力以及口头、书面表达能力,还要具有较强的组织能力,善于与人共事,克服系统分析的困难、做好系统分析的工作。另一方面,还要善于合理使用工具,比如数据流图、业务流程图、活动图、用例模型等。直观的图表有助于系统分析师理顺思路,也便于和用户交流。

二、系统调查的范围

详细调查是对现有系统进行详细而具体的调查,为系统分析和新系统逻辑模型的建立提供详尽、准确、完整和系统的资料,使系统设计工作在摸清系统现状、明确用户需求的基础上进行。详细调查的主要内容有现有系统的运行环境和状况、组织结构、业务流程、系统功能、数据资源与数据流程、资源情况、约束条件和薄弱环节等。

(一) 现有系统运行环境和状况

对现有系统的运行环境和状况进行调查分析,掌握现有系统的发展历史、规模、业务处理情况、发展战略、与外界的联系等。这些信息有助于确定系统的边界、外部环境及其接口、目前的管理水平等。

(二) 组织结构

调查一个企业,首先关注的具体情况就是系统的组织结构状况,包括组织机构、领导关系、人员分工等,这些信息有助于了解企业组织的构成、业务分工和人力资源的开发利用情况。

(三) 业务流程

不同的系统具有不同的业务处理过程,系统分析师要全面、细致地了解企业有关部门的业务内容、物流和信息流的流通情况。除此之外,还要对有关业务的各种输入、输出、处理过程、处理速度和数据量等进行了解。

(四) 系统功能

系统总目标的实现依赖于各子系统功能的完成,而各子系统功能的完成,又依赖于各项更具体的功能执行。系统功能调查就是要了解或确定系统的这种功能构造,描述企业各部门的业务和系统功能。

（五）数据资源与数据流程

数据是信息的载体，是系统要处理的主要对象，因此，必须对系统调查中所收集的数据、统计和处理数据的过程进行分析和整理。如果发现存在数据不全、采集过程不合理、处理过程不顺畅、数据分析不深入等问题，应在分析过程中研究解决。

（六）资源情况

系统的资源包括用户人力资源情况、开发人员的水平和经验，以及物资、设备和资金情况等。特别是现有软硬件设备的具体情况，包括计算机的型号、功能、容量、配置、操作系统、数据库、目前使用情况，以及存在的问题等。

（七）约束条件

约束条件包括现有系统在人员、资金、设备、业务处理方式、时间、地点、国家有关政策和法律法规等方面的规定和限制条件。

（八）薄弱环节

现有系统中的各个薄弱环节应该引起系统分析师的充分注意，通常这些薄弱环节正是新系统中要解决和改进的主要问题，对薄弱环节的有效解决，能极大地增加新系统的收益，从而提高用户对新系统建设的兴趣和热情。因此，在详细调查中，系统分析师应通过与有关业务领导、管理人员的讨论，发现系统的薄弱环节，以便在形成新系统的逻辑模型时加以补充和改进。

三、系统调查的原则

系统调查要有正确的原则作指导，才能确保调查工作客观、顺利地进行。系统调查应遵循以下几个方面。

（一）自顶向下全面展开

首先从组织管理工作的最顶层开始，然后调查为确保最顶层工作的下一层（第二层）的管理工作。完成这两层的调查后，再深入一步调查为确保第二层管理工作完成的下一层（第三层）的管理工作。依此类推，直至摸清组织的全部管理工作。这样可使调查者既不会对组织内部庞大的管理机构不知所措、无从下手，又不会因调查工作量太大而顾此失彼。

（二）用户参与

详细调查应遵循用户参与的原则，即由用户单位的业务人员、主管人员和系统分析师、系统设计人员共同进行。二者结合，就能互补不足，更深入地发现现有系统存在的问题，共同研讨解决的方案。

（三）全面铺开与重点调查结合

要开发整个组织的信息系统，当然是应开展全面的调查工作。如果只需开展组织内部某一局部的信息系统，就必须坚持全面展开与重点调查相结合的方法，即自顶向下全面展开，但每次都只侧重于与局部相关的分支。

（四）先分析问题和原因，再设想有无改进的可能

调查工作的目的是要搞清组织内部管理工作存在问题的原因、环境条件及工作的详细过程，然后再通过系统分析讨论在新的信息系统支持下有无优化的可行性。因此，在系统调查时要搞清现实工作和它所在的环境条件，再设想改进的可能性。

（五）遵循科学的步骤

对一个大型系统的调查一般都是由多位系统分析人员共同完成的，按结构化、工程化的方法组织调查，可以避免调查工作中一些可能出现的问题，避免疏忽和遗漏。所谓工程化的方法，就是将工作中的每一步工作都事先设计好，对多人的调查方法和所用的表格、图例都统一进行规范化处理，以使群体之间能相互沟通、协调工作。另外，所有规范化的调查结果都应整理后归档，以便为后续工作所使用。

（六）发扬团队精神

好的人际关系能使调查和系统开发工作事半功倍，反之，则有可能使调查工作无法进行下去。因此，在系统调查时，对内大家要相互合作，对外要主动沟通、亲善服务，创造出一种积极、主动、友善的工作环境和人际关系，为调查工作的开展打好基础。

四、系统调查的方法

明确了系统调查的范围和原则，就可以进行系统调查，以把握业务需求。在管理信息系统分析中所采用的调查方法通常有以下几种。

（一）收集资料

将企业各部门科室和车间日常业务中所用的计划、原始凭据、单据和报表等的格式或样本统统收集起来，以便对它们进行分类研究。

（二）开调查会

这是一种集中征询意见的方法，适合于对系统的定性调查。

（三）个别访问

开调查会有助于大家的见解互相补充，以便形成较为完整的印象。但是由于时间限制等其他因素，开调查会未必能完全反映出每个与会者的意见，因此，往往在会后根据具体需要再进行个别访问。

（四）书面调查

根据系统的特点设计调查表，用调查表向有关单位和个人征求意见并收集数据，这种方法适用于比较复杂的系统。

（五）抽样调查

抽样调查也称为采样，是根据概率统计的随机原则，从全体被调查对象中选取部分对象进

行详细调查,并将统计分析得出的调查结果推广到全体对象。该方法适用于那些需要全面资料而又不可能进行全面调查,或者进行全面调查有困难,或者没有必要进行全面调查的情况。

(六) 现场观摩

现场观摩也称为观察法或实地调查。许多较为复杂的流程和操作,是比较难以用言语表达清楚的,而且这样做也会显得很低效。因此,对于一些较复杂、较难理解的流程和操作,系统分析师可以采用现场观摩的方法来获得需求。具体来说,就是走到客户的工作现场,一边观察,一边听客户的讲解。

(七) 参加业务实践

如果条件允许,亲自参加业务实践是了解现行系统的最好方法。通过实践,还可以加深开发人员和用户的思想交流与友谊,这将有利于下一步的系统开发工作。

(八) 阅读历史文档

对于一些数据流比较复杂,工作表单较多的项目,有时是难以通过交谈,或者通过观察来了解系统细节的。这时就可以借助阅读历史文档的方法,对历史存在的一些文档进行研究,从中获得所需的信息。这种方法的主要风险是历史文档可能与新系统的流程、数据有一些不吻合的地方,并且还可能承载一些现有系统的缺陷。要想有效地避免和发现这些问题,就需要系统分析师能够运用自己的聪明才智,将其与其他详细调查技术相结合,以便对照。

要注意的是,以上详细调查的方法不是互相排斥的,而是包容和交叉的关系。例如,现场观摩和参加业务实践可以结合起来使用,在现场观摩的同时,对复杂业务进行实践。如果系统的历史文档很多,无法全部读完时,则可以使用抽样调查的方式。在详细调查的过程中,有可能涉及用户的商业秘密,对数据信息做到保密是系统分析师基本的职业素养。

另外,为便于系统分析师和用户之间进行业务交流和分析问题,在调查过程中应尽量使用各种形象、直观的图表工具。图表工具的种类很多,例如,用组织结构图描述企业的组织结构,用业务流程图描述业务状况,用数据流程图描述和分析数据、数据流程及各项功能,用判定树和决策表等描述处理功能和决策模型。

【拓展阅读】 项目调研如何落地执行

需求调研奠定了整个系统和项目管理的基础,如果需求分析不够透彻,往往会导致系统及整个项目问题百出,甚至马上丢弃。需求调研的目的在于确定"做什么",即确定系统必须要完成哪些工作。需求调研是去粗取精、去伪存真、由此及彼、由表及里的过程。应用 5W1H 方法,使需求调研完美落地。

1. 分析原因(Why)

通过不断分析现状,搞清楚为什么存在这个问题,能否加以改善,并且提出新的方案。在这个过程中发现问题的根本原因,提出更合理的方案。分析原因旨在定义和管理客户的期望,制定一个衡量项目的标尺,指导团队如何开展项目管理工作。

管理信息系统(第三版)

2. 人员安排(Who)

明确各个环节的责任人及涉及的人员分工,人员安排要明确、细化,包括谁来负责、谁来协助、谁承担哪部分的工作或职责,从而提高整个项目的沟通效率,合理控制风险,保障整个项目顺利进行。

3. 明确调研目的(What)

确定系统要做什么,需要实现哪些功能,提出各业务流程存在的问题、局限性、系统要解决的问题等,要准确无歧义地输出项目实施的边界。在明确调研目的的基础上,把需求调研划分成各模块,逐步弄清模块流程需求、功能需求、结构需求等。

4. 调研地点(Where)

明确整个调研各环节在什么地方进行,每个环节要实现什么样的指标,让所有参与者知晓阶段性的目标和工作重点。

5. 时间安排(When)

明确整个调研的时间计划安排,让所有人员知晓在何时需要完成哪些工作。对重大目标和比较复杂的流程,既要有整个项目的时间安排,又要明确阶段性目标完成的时间及具体说明,以备验证和检查。如果发生不可抗力的延期,要及时调整整个时间排期计划,同步给所有相关人员。

6. 如何去做(How)

如何去做是指整个调研需要详细记录输出、制定、跟踪并上线,制定相应的规章制度。

第 42 讲 信息化规划与信息系统规划

信息化规划对企业非常重要。一个有效的信息化规划可以使信息资源得到合理分配和利用,节省信息系统投资,完善信息系统功能,使信息系统与用户保持良好的关系。企业要做好信息化规划,需要了解信息化规划的内涵和重要性,掌握信息化规划的思路、基本原则及其风险。

一、信息化规划的内涵

信息化规划(Information System Planning,ISP)又称信息系统战略规划,是指从组织的宗旨、目标和战略出发,对组织内外信息资源进行统一规划、管理与应用的过程,从而规范组织内部管理,提高工作效率和顾客满意度,最终为组织获取竞争优势和利润,实现组织的长远发展。从作用来说,信息化规划更多地被理解为指导组织应用信息技术,建设满足组织需要的信息化应用,并通过更有效的信息化应用和管理,使组织获得战略优势的总体性设计。

"规划"一词有名词与动词之分,也可以从静态的结果和动态的过程来更好地理解信息化规划。从静态的结果来看,信息化规划是一系列与信息化相关活动的结果(输出),这一结果描述了组织未来的信息化应用模式和信息化应用组合,以及实现这一目标的行动路线和管理架构。从动态的过程角度,信息化规划是一个制定组织未来信息化应用蓝图和实现这一蓝图的管理过程,它是建立起以信息技术为基础的信息化应用组合,以支持组织执行其组织规划,进而达到组织目标的过程。因此,信息化规划既要明确满足组织需要的信息技术和信息系统"是什么""应该是什么""为什么"这一因果关系问题,同时更要注意"如何去知道""如何去做"这一方法论方面的问题。

信息化规划是一个相对宽泛的概念,既包含组织视角,也包含系统视角。同样,信息系统规划也包含着不同层次,比如相对宏观的信息系统战略规划(狭义的信息化规划)、一般意义的信息系统(项目)规划,还有相对具体的信息技术规划(信息技术选型)等。

(1)组织的信息化规划作为对组织中长期信息化建设的指导性文件,只能在宏观层面或中观层面上定义组织未来信息化的方向,需要建设的信息化应用、技术的框架等。一般不详细地告诉组织某一信息化应用之下的具体功能,或到底要设计多少数据类型、字段以及采购多少台计算机等详细信息,这些细节的定义有待具体的信息系统项目规划中来完成。

(2)组织信息化规划的实施最终还可能需要分解为多个信息系统项目进行规划和实施。信息化规划在由宏观到微观逐步落实的过程中,需经历信息系统规划(中观)和信息技术规划(微观)过程。

(3)信息系统规划是在深入研究组织的发展愿景、业务策略和管理的基础上,根据组织业务战略目标,制定信息系统的愿景、系统架构,确定信息系统各部分的逻辑关系、架构设计、选型和实施策略,以支撑企业业务规划的目标实现。信息系统项目规划解决的是单个项目在详细的需求、详细的功能、具体任务等方面的定义,是微观、操作层面的规划。

(4)信息技术规划又称"信息技术选型",是指承接信息系统规划之后,对支撑信息系统各部分的硬件技术、软件技术、网络通信技术以及信息技术人员业务能力提升等进行计划与安排。

二、信息化规划的作用

信息化规划作为组织实现基于信息技术创新与变革的重要手段,对组织具有以下几个方面的作用。

(一)促进信息化战略与组织战略之间的协同

信息化规划通过分析理顺组织战略与信息化战略之间的关系,可以加强组织的信息化战略与组织战略之间的一致性,从而提高信息化支持组织战略实现的程度。一方面,组织战略目标对信息化战略进行约束,信息化规划服务于组织战略目标,对组织的关键成功因素进行支持,创造竞争优势,以支持组织实现其战略目标。另一方面,信息化规划也可以反作用于组织战略目标,面对激烈的商业竞争,组织如果能预先制定信息化规划,充分利用信息系统的潜在优势,也将有助于战略规划的实现。

(二)支持组织管理目标及运营过程

信息系统对管理目标的支持作用是不可否认的,但是在大多数组织里,信息系统往往是服务于各部门目标,信息难以共享,影响了组织运营效率及管理目标的进一步提高。组织通过信息化规划,对现有信息系统应用进行一定的整合,使之成为一个完整体系,有利于提高管理运作效率,使各部门分目标整合起来,为组织的总目标服务。同时,在规划过程中还可以利用业务流程再造的原理和方法,从信息系统角度对组织的管理体系和业务流程进行再思考,使组织的管理效率和运作效率得到实质上的提高。

(三) 统筹组织信息资源

许多组织在信息系统建设初期,需求往往是自下而上提出的,组织内各部门信息系统如雨后春笋般冒出来。由于大多数组织缺乏规划,各部门的信息系统应用之间功能重复,接口不畅,硬件重复投资,更为严重的是信息资源缺乏共享性和一致性,甚至互相冲突,并且信息资源的完整性也很难保证。通过信息化规划,预先规划信息资源,在保证信息资源一致性、完整性、共享性和安全性的前提下,有计划、有系统地组织实施,就可以保证信息系统之间的集成性,减少信息孤岛的现象。总之,在信息系统建设之前进行信息化规划,组织的失误肯定会大大减少。

(四) 指导和保障信息系统项目建设

信息系统的建设必须分步骤、分层次、分阶段进行,这是由信息系统的内部逻辑属性所决定的。上层信息系统需要下层信息系统提供基础数据,同时还要求下层信息系统保证一定的数据共享性、完整性及一致性。通过信息化规划能够帮助组织理清要实施的信息系统之间的内在逻辑,指明信息系统间的层次及今后开发的先后次序和步骤。另外,信息化规划还会从信息化建设与运营的本质出发,设计更为合理的组织与管理体系,保障信息化建设的顺利完成。例如信息化制度的建设、信息化部门组织结构与职能的重新设计等。

(五) 达成实现信息化愿景的共识

信息化规划过程其实也是组织重新分析战略与需求、认识组织现有资源以及分析信息化战略作用的过程。在信息化规划过程中,中高层人员参与的大量讨论活动、沟通活动、协商活动等实际上起到了多重作用。首先,这些讨论可以针对性地提高组织关键人员对信息系统的认识,有利于组织在正确理解的基础上,运用信息化解决组织的问题。其次,信息化规划能让组织成员更好地理解组织战略,并全面了解组织现状与有待解决的问题,从而在设计信息化解决方案时,更加考虑其整体性,避免出现顾此失彼的现象。最后,信息化规划促使组织各个层面的人员达成对信息化解决方案的共识,避免后期在实施过程中唱反调现象的产生。因此,信息化规划绝不仅仅是一份报告,它还解决了很多实施过程中的合作、政治、心理等问题。

(六) 规避投资风险,提高投资回报率

把信息化规划以上五个方面的作用归结到一起,可以为组织带来最大的作用就是减少信息化项目实施的失败概率,提高投资回报率。信息化规划使得信息化能够更好地解决组织的问题并且支持组织的战略,使得信息系统建设过程更加合理,提高业务人员的配合度,减少资源浪费等,反映到经济上,就是极大提高投资回报率。

当然除了这些之外,信息化规划还有很多作用,比如说挖掘潜在的应用系统、培养组织系统思考能力,发挥组织已有投资的作用等。

三、信息化规划的思路

根据信息化规划的入手点,可以把组织采用的不同思路分为五种,如表1所示,这五种类型在全面性和复杂性方面,自上而下不断递升。

管理信息系统(第三版)

类 型	主要任务	关键目标	目标来源	主要方式
技术指导	构建技术方法	理解管理上的需求	技术需要	由下至上发展
方法驱动	定义组织需求	协商优先级	高层管理层	从上至下分析
管理控制	信息化规划的分解	平衡需求	用户与信息化	由下至上和从上至下均衡进行
业务指导	战略/竞争优势	追求机会	行政/高层管理层与用户	用户发起
组织整体指导	与组织战略相互关联	信息化战略与组织战略整合	用户/管理层与信息化联合	同时采用多种方式

（一）技术指导

这种思路主要是指信息化专业人员利用分析性工具和模型比如 CASE(Computer Aided Software Engineering)，来形成一些技术方面的规划，如应用、数据、通信和计算等方面的规划。这一思路主要是信息化专业人员基于自己对管理的理解，从信息化的角度出发，自下向上地规划组织的技术解决方案，适用于一些小型组织信息化应用初级阶段的信息化规划。

（二）方法驱动

方法驱动是指运用某种特定方法，通过分析业务流程来识别组织信息系统需求，然后由高层管理者确定各需求的优先级别，从而设计组织未来信息化应用框架的一种方法。它是一种建立在对信息需求和其中相互关系从上至下分析的基础上的"工程学"思想。

（三）管理控制

管理控制主要是通过合理安排信息化费用预算和资源计划等管理手段来达到预定的信息化应用目标。这一类规划思路要求组织已经有一个大概的规划，通过管理控制进一步细化规划。它通常是建立在用户需求优先级列表基础上的，而且通常要从短期或中期的分析，来确定信息化在哪个部门的应用是最关键的。

（四）业务指导

这一信息化规划思路主要是指由组织发起，请信息化专家来设计战略性的信息化框架，以便更好地利用信息化所带来的机会，实现组织当前的战略。前提条件是这些信息化专家能够在信息化市场上寻找到合适的解决方案，来支持组织的战略目标。这种方式承认信息化是组织运营的战略资源，并由组织战略来指导信息化战略，但没有认识到信息化可能会影响组织的战略。

（五）组织整体指导

这一思路认为信息化规划必须要实现组织战略与信息化战略的对应，这两个战略之间是相互作用、相互关联的。从组织角度看,信息化应该满足组织整体目标,同时改善组织目标,然后在得到高层管理层的同意后,确定信息化投资的关键主题。

技术指导、方法驱动和管理控制方式对于信息化应用处于初级阶段的组织比较适用。业务指导和组织整体指导比较适用于信息化基础良好,同时信息化在组织运营中扮演着非常重要角色的组织。虽然组织应该尽量采用全面先进的思路来进行信息化规划,但并非所有的组织都要采用业务指导或组织整体指导的思路。在表1中,前面几个阶段的方式是后面进一步发展方式的基础,一个完善的信息化规划需要相关的初级阶段。需要强调的是,无论哪一种思路,都要求组织有明确的战略,否则信息化规划将缺少依据,不可能形成好的信息化战略。

四、信息化规划的基本原则

信息化规划的方法有很多,不同的方法其侧重点和适用环境不同,但总的来说都要遵循以下几个基本原则。

(一)信息系统目标与企业战略目标相符合

管理信息系统的目标规定了信息系统的发展方向,要根据企业战略目标来制定,以确保管理信息系统的战略和总体结构,与企业的战略目标协调一致。制定清晰的战略,并进行战略评估和管理诊断,是信息化规划的一个重要方面,做好这两步,信息化规划才能做到有的放矢。

(二)信息系统规划要有可操作性

信息系统规划的可行性分析,除了考虑企业战略之外,还要考虑企业的内外约束条件,如以企业现有的技术、经济实力开发什么样的系统最适合、最有利、最容易实现。信息化建设与企业发展相匹配是最好的选择,不能盲目追求最先进的技术。此外,社会因素也是信息系统规划需要注意的一个方面。只有适应企业发展的实际状况,信息系统开发才具有可行性,否则,再完善的信息系统规划都只是空谈。

(三)有助于优化企业信息系统

信息化规划应站在全局的角度,既要使信息系统有助于优化企业业务流程,又要使它有利于企业充分利用资源、提高管理效率,能为企业创造良好的效益。

(四)有助于信息系统可持续发展

信息化规划不仅要解决企业现有的问题,更要面向企业未来的长远发展。因此,在进行信息系统规划时,要对相关的企业内外部环境、规划中所涉及的软硬件技术等进行预测,考虑实际运作时可能出现的变化及其对信息系统的影响,并做好解决问题的准备。

【拓展阅读】 S集团公司信息化规划项目

S集团公司的领导希望通过信息化规划来整合企业的信息资源,构建企业未来的信息系统整体架构,并对各主要应用信息系统的功能进行概要性设计;提出企业信息化管理的模式,在信息化组织、职责界面定义、主要流程与制度上理顺企业信息化管理的思路;制定企业信息化建设的行动策略与进度时间表;在一个统一的规划纲要下,全面系统地指导企业的信息化建设。咨询公司提出的具体信息化规划实施如下。

首先,与信息化需求相匹配勾画 S 集团公司信息化蓝图架构,从战略层、运营层、执行层、IT 基础四个层面描绘出企业未来信息化蓝图的概貌。在执行层面主要突出不同行业在生产作业上对信息化的要求。

其次,对信息化蓝图中主要的信息应用系统进行功能规划,在设计时,同样与需求分析相适应,分共性部分与个性部分。划分共性与个性的好处在于:通过统一共性业务的管理,实现集团内管理的一体化,节约信息化采购、建设成本与管理维护成本,增强系统的集成性,满足产业链协同的要求,实现对共性部分的规范化、科学化管理;而对个性部分按行业分别论述,则可以满足行业专业性、灵活性的要求,实现对业务的专业化管理。

最后,结合 S 集团公司信息化需求与管理现状,指出企业信息化建设应遵循的整体策略;从分析项目间的逻辑关系、需求紧迫性、难易度、资源约束等方面考虑,对主要的信息化建设项目在时间进度上进行部署,并对各项目的投资与收益进行概要性估测分析。

该信息化规划方案在经过与集团及二级子公司的多轮讨论、反馈与修改后,得到集团各方的充分认可与高度评价,并在集团公司董事会上顺利通过。另一方面,在这次信息化规划项目过程中,集团的人员广泛参与,上至集团、各子公司董事长、总经理,下至各业务部门业务骨干。该项目是对企业员工的一次普遍性的信息化洗礼。通过该项目,提升了全体员工的信息化理念,引起各方对企业信息化建设的重视。

第 43 讲　几种常见的信息系统规划方法

企业要实现信息化发展,需要一套完整的信息系统规划来支持,以使系统能按照企业的实际情况、战略、计划等合理地发展。常见的信息系统规划方法可能是经典的,也可能是常用的,几乎每家 IT 咨询公司或者信息系统承包商都会有自己的规划或实施方法论,但万变不离其宗,下面主要介绍情景法、关键成功因素法、战略目标集转化法、企业系统规划法及其比较。

一、情景法

情景法主要是指根据企业的历史和现状预测各种可能的未来,并根据可能出现的未来制定相应的对策。情景规划把结构性的管理决策包括在构建多维度的未来可能性的特征描述中,这些特征描述集中在未来将如何发展上,通过注意一些偶然事件、主导趋势、关键角色的行为及其内部一致性来呈现特定的未来。预测的基本思路是"过去—现在—未来"的趋势外推思想(由内而外),情景规划的基本思路是"未来—现在"的趋势内推思想(由外而内),是通过多种

管理信息系统(第三版)

情景将未来环境的发展变化描绘出来,找出最可能出现的几种典型情景,利用情景提供的关于未来的信息,深刻理解不确定性并为之作好准备,以便在未来从容应对。高明的棋手总是能清晰地想象下一步和下几步棋的多种可能"情景"。在问题没有发生之前,想象性地进入可能的情景中预演。情景规划法主要应用在长期、宏观和不确定性的环境中。

在情景法中,由管理人员和规划人员组成的团队要参与微观世界或虚拟世界的演习。微观世界是真实世界的缩影,是一次仿真演习。在微观世界演习中,管理人员可以安全地创建、体验和评估在真实世界中正在发生或有可能发生的各种情景。因此,使用情景法进行信息系统规划时,由业务人员、信息系统管理人员组成的团队要创建和评估各种业务情景。例如,他们要设定在未来的 3~5 年或在更远的将来,企业会是什么样子,信息技术在那些未来的情景中能够扮演或将扮演什么角色。团队或者业务仿真软件综合考虑各种发展、趋势和环境因素,包括可能出现的政治、社会、业务和技术变化来创建各种情景方案。

情景规划法的相对优势在于它可以使企业领导者提前看到可能的威胁与机会,对未来做好多种准备(抓住机会、回避风险),更容易使企业领导者改变固有的思维和心智模式,提高组织适应变革的能力并有效提高组织的学习能力。情景规划的形式化程度不高但非常实用,是企业专家制定战略规划的常用方法。

情景规划的一般程序包括:

(1)界定问题。在进行情景规划之前,企业要意识到新兴技术使企业面临范式的转变,企业必须对历史和当前形势有清楚认识。根据管理者确定的焦点问题以及时间范围来思考决定未来环境发展的可能因素。情景规划的核心在于情景的分析与设定,而情景是由对企业未来发展战略造成重大影响的不确定性因素组合而成,这些因素被定义为情景规划中的关键因素。关键因素必须具备两大特征:一是对公司未来发展影响程度较大;二是该因素未来状态是不确定的,但是能判断未来状态的类型以及各类型状态出现的概率。在情景规划法的计算中,关键因素对企业未来发展的影响程度、未来可能出现的状态描述、各状态的概率等数据至关重要,应采用专家调查法采集相关数据。

(2)规划情景。对情景变数予以分类、评量及选定,设计情景组合。每一种关键因素的排列组合都对应一种未来发展环境,关键因素数量越多,排列组合的种类则会出现数量级的倍增,而我们无法针对每一种排列组合设定情景并提出战略对策。情景规划法的情景设定步骤就是对所有的排列组合进行分类汇总,将具有相同或相近特征的关键因素排列组合归为相同类,设定为一种情景,最终将所有排列组合归纳为 3~4 种情景,描述每种情景的基本特征,计算每种情景发生的概率,据此制定战略措施。

(3)学习情景。确定情景对应的未来环境,思索未来环境的可能变化,从而发现未来环境中隐藏的机会与威胁,并依据组织的资源与能力,制定相应的应对措施;根据早期信号判断环境的发展方向,对未来环境进行持续规划,并依据规划结果对应对措施进行持续调整。

使用情景法进行信息系统规划时,由业务人员、信息系统管理人员组成的团队要创建和评估各种业务情景。例如,他们要设定在未来的 3~5 年或在更远的将来企业会是什么样子,信息技术在那些未来的情景中能够扮演或将扮演什么角色。团队或者业务仿真软件综合考虑各种发展、趋势和环境因素,包括可能出现的政治、社会、业务和技术变化来创建各种情景方案。

二、关键成功因素法

关键成功因素法(Critical Success Factors,CSF)由哈佛大学教授威廉·扎尼(William

Zani)于 1970 年提出。此后,麻省理工学院约翰·洛克特(John Rockart)教授将其运用到管理信息系统的战略规划。关键成功因素法是企业通过分解自身的整体目标,识别企业的关键成功因素与核心竞争力,以及这些因素的性能指标,然后根据这些因素确定企业分配资源的优先级别,产生数据词典来为企业发掘新的机遇。

关键成功因素法主张组织的信息需求由少数经理的关键成功因素确定。关键成功因素是指在一个组织中能够决定组织在竞争中获胜的若干部门,它随行业、公司、经理和环境的不同而不同,是帮助企业达到一定的目标所不可缺少的业务、技术、资金以及人力因素,是由工业、企业、管理者和外部环境因素所形成的。企业的关键成功因素主要有两类:一是企业所在行业的成功因素;二是企业自身的成功因素。新信息系统应集中于提供这些信息以帮助企业实现这些目标。关键成功因素法需要识别与系统目标相联系的主要数据类及其关系。

关键成功因素法的优点是能够直观地引导高层管理者把握整个企业与信息技术之间的关系;缺点是只适合企业高层采用,如果进行较低层次的信息需求分析,效率相对较低。

关键成功因素法的实施步骤如下:

(1) 识别目标。了解企业或者管理信息系统的目标。

(2) 识别并确定关键成功因素。识别关键成功因素所用的工具是树枝因果图,可以采用逐层分解的方法导出影响组织战略目标的各种因素以及影响这些因素的子因素。例如,某企业有一个目标是提高产品竞争力,可以用树枝图画出影响它的各种因素及影响这些因素的子因素。对识别出来的所有成功因素进行评价,并根据企业或管理信息系统的现状及目标确定其关键成功因素。不同的企业中关键因素的评价有所不同。对于一个习惯于高层人员个人决策的企业,主要由高层人员个人在此图中选择。对于习惯群体决策的企业,可以用德尔斐法或其他方法把不同人设想的关键因素综合起来。

(3) 识别各关键成功因素的性能指标和评估标准。关键成功因素法一般只有高层经理被访谈且问题集中于少数的关键成功因素,因而它产生的需要分析的数据比企业系统规划法少。该方法的弱点是汇总过程和数据分析是艺术型的,没有特殊严格要求的方法将个人的关键成功因素汇总成清晰的公司模型。此外,它有一定的主观性,经理认为是关键的,而对整个组织则未必是重要的。关键成功因素法特别适合于高层管理和开发决策支持系统与主管支持系统,而对于中层领导一般不大适合,因为中层领导所面临的决策大多数是结构化的,其自由度较小。

三、战略目标集转化法

战略目标集转化法(Strategy Set Transformation,SST)是制定 MIS 战略规划的常用方法之一。战略目标集转化法把整个战略目标看作一个"信息集合",由使命、目标、战略与其他影响战略的属性组成。通过 MIS 战略规划过程,将组织战略集转化为 MIS 战略集,从而把系统目标、系统约束、系统设计战略与组织的使命、目标、战略及影响战略的组织属性关联起来(如图 1 所示)。

组织目标综合了不同利益相关者的需求,可以具体化为各种组织战略,而要实现这些战略,必须充分理解影响这些战略实现的组织属性,然后才能更好地制定出切合实际的 MIS 目标。MIS 目标同样受到很多约束条件的限制,在制定 MIS 设计战略时必须充分予以考虑(如图 2 所示)。

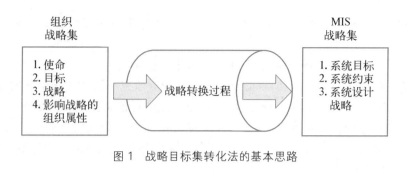

图 1 战略目标集转化法的基本思路

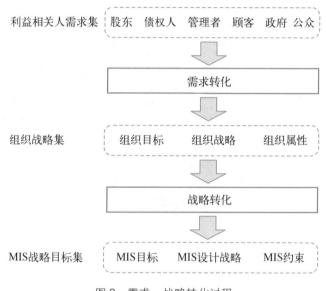

图 2 需求—战略转化过程

　　如果把整个转换过程看作一个系统,那么必定包括系统输入、系统处理、系统输出三个基本过程。其中,需求转化作为一个重要的系统处理过程,具体处理的是系统输入的利益相关者的需求,比如期望增长利润、提高产品质量、减少生产成本等。系统的输出为组织战略集,比如"利润率为 10%"的组织目标、"业务多元化"的组织战略,以及"更复杂的管理流程"的组织属性。第二个处理过程是战略转化,它的输入正是前面需求转化过程的输出,即组织战略集,通过战略转化,它的输出则是 MIS 战略目标集,具体包括 MIS 建设的目标,比如"开发某业务处理系统,加快开单的速度"。这一目标受到"组织最近业绩"的影响,可能出现"项目投资减少"的约束,因此,在制定具体的 MIS 设计战略时,应采用"模块化"的方式进行项目开发。

四、企业系统规划法

　　企业系统规划法(Business Systems Planning,BSP)是 IBM 公司于 20 世纪 70 年代初提出的用于内部系统开发的一种方法。企业系统规划法认为要充分了解企业的信息需求,就要站在整体的组织单位、功能、流程和数据元素的角度上进行考察,它强调系统的思考。它首先是自上而下地识别企业目标、识别企业过程、识别数据,再自下而上地设计系统,最后把企业目标转化为管理信息系统规划。

　　企业系统规划法的核心是先对经理们进行大量的采样,并且询问他们从哪里得到信息,目标是什么,如何使用信息,如何作决策以及他们需要什么数据;然后将调查结果汇总为单位、功能、流程以及数据矩阵。数据元素被分类成用来支持相关组织流程的数据元素组,即逻辑应用组。

使用企业系统规划法进行系统规划,主要有如下工作步骤:

(1)准备。明确研究的范围和目标及期望成果;成立研究小组并明确企业的现状、决策过程、组织功能及存在的主要问题等,通过介绍,使小组成员对企业及其信息支持有全面的了解。

(2)定义企业过程。这是企业系统规划法的核心。企业过程是管理企业资源所需的一组逻辑上相关的决策和活动的集合。定义企业过程主要包括计划与控制、产品和服务、支持资源三个方面的识别和加工过程,步骤如图3所示。

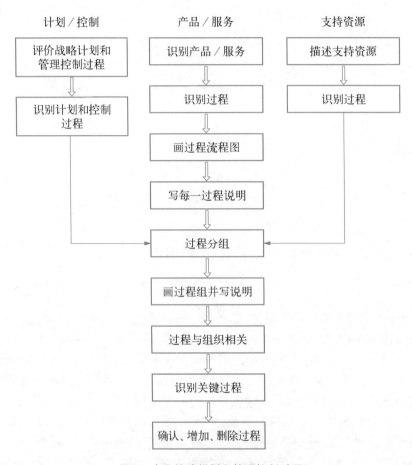

图3 企业战略规划和管理控制过程

(3)定义数据类。数据类是指支持业务过程所必需的逻辑上相关的数据。识别数据类需首先找到企业实体,再根据实体发现数据。企业实体是指企业实施管理的对象,一般可按人、地点、物体、概念和事件进行分类。按照管理过程可将数据分为计划型、统计型、文档型和业务型四类:计划型反映目标计划什么,统计型反映企业的综合状况,文档型反映实体的现状,业务型反映生命周期各阶段过渡过程相关文档型数据的变化,每类实体可以由这四种数据类型来描述。

(4)定义信息系统的总体结构。利用前面定义的数据类,可以定义信息系统的结构,进行子系统的划分,确定信息结构的主流。

总之，相对于其他方法，企业系统规划法的优势在于其强大的数据结构规划能力，通过使用企业系统规划法，可以确定未来信息系统的总体结构，明确系统的子系统组成以及子系统开发的先后顺序，且对数据进行统一规划、管理和控制，明确各子系统之间的数据交换关系，从而保证信息的一致性。此外，该方法也能保证所开发的信息系统独立于企业的组织结构。企业系统规划法特别适用于组织新创立或者做重大变动之时。

但是企业系统规划法也有缺点，如其所产生的大量资料不仅收集费用昂贵且很难分析；大多数访谈是针对高层或者中层主管，很少收集基层主管的资料，以及不能将新技术与传统的数据处理系统进行有效的集成等。

五、常见的信息系统规划方法对比

CSF、SST 和 BSP 都是以数据处理为核心的，其主要任务是解决如何实现业务部门信息处理流程的自动化，重点围绕主要职能部门信息流程自动化需求进行系统规划，它们是三种相对基础且成熟的 MIS 规划方法。三者以及情景规划法的适用性和优缺点参见表 1。

表 1　　　　　　　　　　　　　常见的信息系统规划方法比较

名　　称	适用性	优　　点	缺　　点
情景规划法	主要应用于长期、宏观和不确定性的环境中	• 使企业领导者提前看到可能的威胁与机会，对未来做好多种准备 • 更容易使企业领导者改变固有的思维和心智模式	• 管理者难以选择取舍 • 需花费较多时间精力，且不断更新变化
关键成功因素法(CSF)	适合于高层管理和开发决策支持系统	• 能抓住主要矛盾使得目标识别突出重点；抓住主次 • 数据量少；方法简单；应用范围很广 • 由管理层制定，容易把握企业的战略方向，制定人少，协商成本低 • 容易得到管理层的支持和重视	• 只考虑了目标怎么分解，很少涉及如何利用信息技术来支持目标的实现；缺少将目标转换为信息系统的模型 • 只适合企业高层采用；如果进行较低层次的信息需求分析，效率相对较低 • 具有一定的主观性
战略目标集转化法(SST)	—	• 反映各种人的要求，由人员需求引出信息系统目标 • 目标比较全面	• 战略目标众多导致重点不够突出 • 各个战略目标的权重确定困难
企业系统规划法(BSP)	适用于组织新创立或者做重大变动之时	• 信息系统独立于企业的组织机构，使信息系统具有对环境变更的适应性。即使将来企业的组织机构或管理体制发生变化，信息系统的结构体系也不会受到太大的冲击 • 自上而下识别系统目标，自下而上设计系统；便于系统各层目标的统一	• 系统开发周期比较长；信息系统计划需要反复根据企业管理模式与生产方式的变化而不断修改；比较耗费人力与物力；而且还有一定的盲目性 • 大多数的访谈是针对高层或者中层主管，很少收集基层主管的资料

针对 CSF、SST 和 BSP 这三种方法的优缺点,业界提出了 CSB 法,它是对 CSF、SST 和 BSP 方法的综合。具体做法是:先用 CSF 方法确定企业目标,然后对 SST 方法补充完善企业目标,并将这些目标转化为信息系统目标,最后用 BSP 方法校核两个目标并确定信息系统结构,这样就弥补了单个方法的不足。当然这也使得整个方法过于复杂,削弱了单个方法的灵活性。此外,还有以数据管理为核心,主要任务是实现企业内部数据管理标准化,重点围绕各职能部门之间信息共享需求进行信息系统规划的方法,比如战略数据规划法、信息工程方法、战略栅格法。当然,还有综合考虑企业内外环境的情况,以系统集成为核心,真正围绕企业战略发展需求进行信息系统规划的方法,比如战略一致性模型法、基于循环经济的可持续发展规划方法。

这些方法都有自己的特点和不足,在实际应用时可以结合起来,由于信息系统规划本身具有非结构化的特点,很难找到固定的解决方案,在实际应用时,需要根据具体情况具体分析,选择上述可取的思想,灵活运用。

【拓展阅读】 皇家荷兰壳牌集团和 Denny's 公司应用情景法规划

20 多年前,世界最大的石油公司之一——皇家荷兰壳牌集团开始使用情景法来进行企业规划。在此之前,公司对规划的认识是用文档描述企业的未来。使用情景法后,公司对规划的认识是设计情景,使管理人员可以对现实世界的模型提问,在必要的时候还可以修改模型。皇家荷兰壳牌集团相信,在石油市场发生巨变的 20 世纪七八十年代,公司能成功制定企业决策的一个主要原因是使用情景法来进行企业规划。

Denny's 公司是一家美国知名的餐饮企业,该公司使用基于情景的规划法为信息技术的企业应用制定了一个 5 年发展规划。该公司部门经理放下手头工作聚到一起共同工作了几天,创建了业务和信息系统情景。他们评估了过去情景的成功之处,并据此预测了公司在未来 5 年的发展状况。经理们创建了几个可能性非常高的企业情景,针对每个情景所需的信息技术制定了一个高层信息系统规划。接着,信息系统主管对这些规划进行了分析,找出了这些规划共同需要的 IT 资源。接着,经理们又重新聚到一起讨论上述发现,最终为公司制定了一份信息系统规划。

第 44 讲 信息化规划的可行性论证

信息化规划的可行性论证也是一项系统工程,涉及组织的人财物资源配置、投资效益、业务运行和战略管理等方方面面。信息化项目的具体成果是一系列组织制度、硬件设施和管理信息系统,只有硬件正常可靠运转、应用系统正常使用,并达到预期的技术功能和性能指标、经济效益和社会效益指标,才能称信息化项目是成功的。因此,信息化规划的可行性分析,必须注重整体规划,充分考虑信息系统建设的经济可行性、技术可行性、组织可行性以及社会可行性，使 IT 规划适应企业发展战略，提高企业运行效率。

一、经济可行性

信息化规划的经济可行性包括资源配置的可行性和投资收益的合理性，其中重点是资金可行性（"有没有这笔钱？"）和经济合理性（"花这钱值不值？"）。

（一）资源配置可行性

资源配置可行性是指在当前市场的技术、产品条件限制下，能否利用企业现有和潜在拥有的技术能力、资金来源、人力资源等，来实现信息化规划项目的目标与功能，以及能否在规定的时间期限内完成整个项目。资源配置可行性分析主要包括：

（1）可用资金分析。信息化建设与使用涉及一系列建设与运行成本。建设成本包括购买或租用硬件、系统软件、辅助设备、机房建设和环境设施、系统开发以及人员培训等费用。运行成本主要包括硬件和软件维护服务或租用费用、IT 技术人员工资、日常消耗物资的费用等。企业对信息化项目投资成本应有初步的估算，而能否拥有足够的资金或融资渠道，保障信息化项目的顺利执行至关重要。

（2）人力资源分析。人力资源分析主要指企业现有 IT 技术人员是否配备足够，是否存在人力资源不足、技术能力欠缺等问题，能否支撑起信息化规划项目的实施任务，是否可以在市场上或者通过培训获得所需要的熟练技术人员。

（二）经济效益合理性

经济效益合理性主要是指对信息化规划进行系统的投资效益分析，通过评估信息化项目的建设成本、运行成本和建成后的经济效益，从而判断信息化投资是否可行。

信息系统的经济效益包括可量化经济效益和不可量化经济效益。可量化经济效益主要从各项营运指标分析，比如减少库存周期、提高资金周转率、提高生产效率、降低管理和生产成本等方面；而不可量化经济指标如改善企业业务流程、提升企业管理水平、提升市场预测能力、改变员工观念等方面。

在完成相应的成本与效益估算之后，将初步估算出的信息化可能获得的经济收益与各项投资成本相比较，从而估算出投资效果系数和投资回收期。根据估算的直接经济效果和各种间接效益，评价信息化规划项目投资收益的合理性。

二、技术可行性

信息化规划的技术可行性主要从技术先进性和技术成熟性两个方面进行考量，但有时候先进性和成熟性又是相互矛盾的，太先进的不够成熟，太成熟的不够先进。信息规划应对现行技术和方法的优劣势进行分析，从而确定项目的技术方案。分析内容主要包括信息化架构、开发方法、软硬件平台、网络结构、输入输出技术等，应全面客观地分析信息化方案所涉及的技术，分析相关技术的发展趋势和当前所掌握的技术是否支持该项目的开发，以及这些技术的成熟度和现实性，市场上是否存在支持该技术的开发环境、平台和工具。

（一）技术先进性

信息规划的先进性，要求信息系统在设计时应具有一定的前瞻性，充分考虑业务未来发展的需要以及信息系统升级、扩容、扩充和维护的可行性。应用较为先进和成熟的技术，可以在满足建设要求的同时，把科学的管理理念和先进的技术手段紧密结合起来，使信息系统具有较高的性能，既符合当前技术发展方向，确保信息系统具有较强的生命力，也具有长期的使用价值，符合未来的发展趋势。陈旧的技术设备虽然可能满足当前的信息化需要，然而从长远的发展来看，必然会存在一定的技术缺陷，也不利于后期维护和扩容升级，使组织最终面临推倒重建的境地。

（二）技术成熟性

信息化技术的成熟度是指信息化科技成果的技术水平、工艺流程、配套资源和技术生命周期等方面所具有的产业化实用程度。技术成熟性也是信息规划需要考虑的重要因素。技术先进性和成熟性需要辩证地看待，并且通常需要采取一定的折中。太先进的信息技术、硬件设备虽符合技术发展的趋势，但在系统兼容性、配套资源可用性以及技术实现方面存在一定的风险。因此，技术先进性和成熟性需要兼顾，尤其要注重技术的成熟性。要对信息规划实施可能存在的技术风险因素进行识别分析，评估相关风险的影响结果，进而分析项目的可行性。要制定合理的项目实施进度计划，设计合理的组织机构，选择经验丰富的管理人员，建立良好的协作关系，制定合适的培训计划等，以保证项目顺利执行。

三、组织的可行性

组织运行环境是制约信息化项目效益实现的关键。组织的可行性是指信息化规划能否得到企业高层的认可，与企业发展战略目标是否一致，是否具备相应的组织保障等。企业需要从管理体制、管理方法、规章制度、工作习惯、人员素质、数据资源积累、软硬件平台等多方面进行评估，以确定信息系统在交付以后，是否能够顺利运行。需要重点评估是否可以建立信息化系统顺利运行所需要的环境，以及建立这个环境所需要进行的工作，以便将这些工作纳入项目计划之中。

（一）"一把手"认同

信息化规划必须要得到企业最高决策领导的认可，是典型性的"一把手"工程。这是因为，信息化规划不仅是一项技术项目，更涉及企业的各个层面，尤其是和企业战略发展和重大决策紧密相联。如果"一把手"的意识观念相对超前，就有利于把新观念引入企业中，加快企业信息化进程，有利于保证所需资金、人力的及时调配，确保项目实施的质量和速度，有利于信息化理念的推广，形成良好的技术使用氛围。

（二）战略目标协同

信息化规划的目标要与企业战略目标一致，信息化规划应制定与组织发展战略目标相一致的发展目标。企业信息化规划战略目标是在增强信息化数据处理能力的基础上，运用信息化管理思想和技术手段，提升企业科学决策能力和运营管理效率。以信息化促进企业战略目标的实现，才能更好地实施企业信息化。

（三）组织环境保障

信息化最终还要得到企业组织环境的保障，包括组织机构保障、制度文化认同、使用者接受等。信息化的实施要考虑社会、人为因素的影响,需要建立相应的管理架构,如 IT 部门设置、人员配备等;建立相应的信息系统运行管理制度、信息安全保密制度等。弗雷德·戴维斯(Fred Davis)等人在 1989 年提出技术接受模型(TAM, Technology Acceptance Model),分析用户对新技术的接受和使用行为,企业信息化能否得到各个层次用户的接受,企业是否具备或形成适应信息化运行的文化,对信息化的最终效果至关重要。

四、社会可行性

突破企业边界,信息化规划的可行性延伸到社会层面。广义的社会可行性包括法律法规、道德伦理和社会风俗方面的可行性。

(1)法律法规是底线,法律法规可行性是指信息规划符合法律法规要求,具体体现在:信息系统在实施过程中的合同、责任合法合规,不存在侵权和妨碍等责任;信息系统的使用不存在违背法律法规的情形;信息化管理制度、人员素质符合现行法律规章。

(2)法律之上有道德伦理的约束。道德伦理可行性是指信息规划符合一般的道德伦理标准,不存在违背公序良俗的情形,例如侵害用户隐私、侵害他人利益等行为。

(3)更进一步,社会风俗可行性是指信息规划要结合当地的习俗风气,以免产生违背风俗习惯的情形,进而影响组织运行,产生不良社会影响。

【拓展阅读】 LGS 环保公司信息化项目问题出在哪里?

LGS 公司成立于 2008 年,是一家从事火电厂燃煤锅炉烟气脱硫、除尘装置的研究开发、工程设计、建设及运营的高科技环保、节能综合服务企业。LGS 公司是典型的项目型企业,项目周期长,项目不仅需要投入大量的专业技术人员,还需要外购专业设备和相关材料。专业技术人员的跨项目调配、项目材料和设备的采购计划等都是项目运营过程中最重要的管理内容。此外,项目成本、项目利润的精细化核算则是项目财务管理面临的主要挑战。

随着公司承接的环保项目越来越多,LGS 公司规模迅速壮大,原先勉强可行的传统管理模式越来越难以驾驭新的局面,项目运营过程中开始暴露各种各样的管理问题。经过讨论,LGS 公司决策层决定聘请一位独立的管理咨询顾问来梳理公司现有管理问题,整合公司当前和未来的管理需求。公司将根据整理后的管理需求选择相应的管理软件,通过实施管理软件来提高企业管理的信息化程度,从而最终解决公司当前和未来的管理问题。

LGS 公司管理层根据管理咨询顾问提交的报告,分别约见了几家被推荐的软件厂商,并观看了这几家软件厂商的软件产品演示。当软件选型原则改为价格导向之后,LGS 公司的采购部门把几个软件供应商之间的竞争"导演"成了残酷的价格战,最后,报价最低的一家协同办公(OA)软件厂商被 LGS 公司选为企业管理信息化合作伙伴。

管理信息化项目启动之后,人事行政、办公申请审批、文档库、员工交流、事务协同等通用性的管理功能经过 2 个月的实施后上线运行。然而,该软件厂商销售竞标时满口承诺的项目管理功能、项目核算功能却迟迟不能完成并交付使用,经过多次沟通之后,负责现场实施的项目经理终于说了实话:软件平台现有的定制功能无法完成实现 LGS 公司需要的项目管理和项目核算功能,这些承诺的管理功能必须通过程序代码开发才能完成,但这些功能的开发需要 LGS 公司追加额外的开发成本。LGS 公司管理层意识到他们陷入了一个进退两难的尴尬境地:如果不追加投入,他们最需要的管理功能就无法实现,前期投入基本作废;如果继续追加投入,依旧是个无底洞。

资料来源:一家环保工程技术公司的管理信息化案例分析[EB/OL]. (2019 - 02 - 14)[2023 - 04 - 01]. http://www.norming.com.cn/news/002/1062.html.

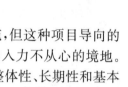

第 45 讲　为什么要引入架构思想?

长期以来,虽然许多组织的信息化建设项目强调总体规划、分步实施,但这种项目导向的信息化建设方法,在企业需求不断变化和 IT 快速发展的现实中,往往陷入力不从心的境地。人们越来越认识到,复杂和大型的信息化建设、管理和运行维护,是一个整体性、长期性和基本性的 IT 战略问题。企业架构(Enterprise Architecture,EA,又称之为"企业级架构")为企业 IT 的发展,提供了一个战略内涵,使 IT 需求可以对经常变化的商业环境做出快速和正确的反应,以满足企业快速发展的需求。

一、架构思想的引入

随着企业业务的发展和信息化建设的深入,人们感觉到有些问题严重影响信息化建设与发展,主要表现在以下方面:

(1)对信息化的认识不够。许多企业认为信息化主要是为改进各项工作提供支撑,为企业及其部门服务,对信息化实现企业的核心价值和战略目标的认识不够。

(2)建设标准强调不够。对信息化建设中应该遵循的技术标准、系统标准和实施标准强调不够,贯彻不坚决,缺乏科学的管理手段。

(3)风险管理不到位。信息化建设项目具有投资高、风险大的特征,信息化建设的非战略性、非架构性、非计划性和非标准性都将导致信息化建设和运行的风险增大。

(4)缺乏方法论指导。在信息化建设过程中,缺少持续发展的系统理论和方法论,对如何将理论知识与实际项目建设巧妙地结合在一起,缺乏总体的研究与实践总结。

(5)信息孤岛问题。由于信息化建设缺乏战略指导,没有形成总体架构,以及信息化建设的本位主义,使信息的获取、加工、传递和利用等功能不能有机地结合在一起,数据被分散定义、存储、加工和使用等,产生信息孤岛。

此外,新业务的发展、新部门的产生、新地域的拓展等因素,也不断地对信息系统提出新的需求,要求信息系统不停地"扩张"。企业在信息化过程中,为了灵活应对变化的需求,需要完整的理论框架作指导,由此产生了企业架构思想并逐步应用于企业信息化建设中。

二、企业架构理论的发展

企业架构的思想源于信息系统架构。20世纪80年代中期约翰·扎克曼(John Zachman)率先提出了"信息系统架构框架"的概念,从信息、流程、网络、人员、时间、基本原理等6个视角来分析信息系统,提供了与每个视角相对应的6个模型,包括语义、概念、逻辑、物理、组件和功能模型。约翰·扎克曼被认为是企业架构领域的开拓者,只是当年他的创见并没有以企业架构的名称出现。

企业架构最早应用在一些美国政府机构,对推动企业架构的应用发挥了十分重要的作用。1999年9月,美国联邦CIO委员会出版了联邦企业体系架构框架(Federal Enterprise Architecture Framework, FEAF),它定义了业务、运作业务所必需的业务信息,支持业务运行的必要的IT,响应业务变革实施新技术所必需的变革流程等要素,由业务、数据、应用、绩效和技术5个参考模型构成。2000年7月美国财政部开发并出版了财政部企业架构(Treasury Enterprise Architecture Framework, TEAF),这是一个基于扎克曼架构框架的架构,主要用于支持财政部的产品业务流程。2003年美国国防部制定出AF系统体系结构框架,即美国国防部架构框架(Department of Defense Architectural Framework, DoDAF)。

企业架构的理念很快就得到咨询公司和研究机构的认可,最早对企业架构进行分析和研究的咨询公司有被Gartner收购的META Group。2000年,META Group发布《企业体系结构桌面参考》,提供了一个经验证的实施企业架构的方法论,旨在构建业务战略和技术实施之间的桥梁。在咨询公司和研究机构的带动下,IBM、微软、HP、EDS等IT厂商也纷纷把目光集聚到了企业架构,希望能够从企业这个视角来定位其产品和服务。

随着政府、企业、咨询和研究机构、厂商的广泛参与,企业架构标准化的工作越来越重要,也产生了一些研究团体和标准框架。目前,业界最有名的企业架构框架是开放组织体系架构框架(The Open Group Architecture Framework, TOGAF)。

三、企业架构的目标

企业架构是对真实世界企业业务流程和IT设施的抽象描述,它是包括企业战略、组织、职能、业务流程、IT系统、数据、网络部署等方面的系统化描述。对于企业架构有两种观点,一种是"EA即IT规划"(EA-as-IT-planning),另一种是"将EA看作业务战略"(EA-as-business-strategy),它们都具有一定的片面性。企业架构是在"企业"概念下的IT系统建设,它综合了企业战略、业务以及IT实现,自顶向下,从而最大限度地避免了IT建设中盲目、重复和生命周期短的问题。企业信息化总体架构的设计是由战略和业务驱动的,不同于传统的技术或者系统驱动的方法。通过对企业全部资源的识别、分析、安排,支持企业长远和近期的业务发展规划、管理手段和业务决策。这些资源包括战略、业务、人员和IT多个方面,包括企业内部和外部的资源。

企业架构的理论和方法越来越受到政府、企业和IT厂商的重视,组织对企业架构的期望是在对业务战略和流程理解的基础上,进行信息化顶层设计,将业务战略与IT战略紧密结合,形成灵活稳健的IT结构,能够快速响应业务需求,降低开发成本,节省信息化投资。企业架构的基本目标如表1所示。

管理信息系统(第三版)

表 1 企业架构的基本目标

目 标	含 义
业务与 IT 的沟通	根据业务战略和管理模式,实现企业业务对 IT 的需求,并使 IT 能被高层管理者和业务人员所理解和支持。
快速的业务响应,业务价值增值	以企业市场要求的速度对变革和新的业务需求做出反应,从 IT 运营中获得更多的业务价值。
清晰的顶层设计蓝图	清晰地定义出存在的和未来的信息系统的结构,实现信息的共享和交流。
降低成本,节省 IT 项目投资	提供一个路线和迁移战略来满足将来的采购和开发,简单、快捷和便宜地进行信息化建设,节省 IT 项目投资。
标准化	减少组件间接口的数量和复杂性,改进应用的可携带性,保证组件的开发、升级与维护,提高引入新技术的能力,减少管理复杂性的成本。
建立较强的 IT 服务与管理能力	提高服务外包、离岸外包以及外部服务商的平衡能力,管理内外资源并确保企业安全,建立 IT 服务价值的可信任性等。

一个好的企业架构能使企业以恰当的 IT 效率和投资,在业务创新中得到一个准确的平衡。它既允许各业务部门为了追寻竞争优势而不断创新,同时也保证整个组织获得一个集成的信息化战略,在企业整体扩展中,取得最佳和最可能的聚合能力与协同能力。企业架构首先关注的是企业架构的规划,一般会从企业信息化的现状、原则、模型、标准等方面来思考,清楚地描述企业信息化的基础设施、数据、应用和人力资源等要素,以企业战略发展和愿景为基础,清晰地勾画出企业架构的发展战略。

企业架构的任务是制定企业整体的信息化蓝图,这与一般意义上的应用架构是完全不同的。应用架构从单一应用的角度出发,其主要是从应用的功能出发,即从应用的数据、展现方式和业务逻辑等方面来制定应用的结构和构造方法。企业架构则是从企业战略和整体业务出发,从技术上制定用以支持企业业务和战略的各种应用、数据和基础设施等。企业架构还要对全企业的信息化系统的管理、维护和发展制定体系结构。

企业架构要能适应企业业务的变革,一方面企业架构本身要能够支持企业现在及未来可能的业务,另外在业务变革方面也存在着是否与企业架构和谐的问题。企业架构是沟通业务与信息技术之间的桥梁,实现了业务、信息、应用和技术之间的协同。企业架构的出发点是企业的业务和战略。企业业务和战略的变化可以反映在企业的业务架构之中,并由此导致企业技术架构的变化;技术的变化也同样体现在企业的技术架构体系之中;企业架构方法为企业战略、业务与信息化之间的相互协同搭建了桥梁。

四、企业架构的组成

企业架构是从组织全局的角度,审视与信息化相关的业务、信息、技术和应用间的相互作用关系,以及这种关系对组织业务流程和功能的影响,进而可以抽象理解为组织范围内的各种实体间的体系结构关系,以及与体系结构相关的制度、流程和标准等。这里的组织不仅仅指企业,也指具有一定规模的政府部门、完整的公司部门,或是通过共同拥有权连接在一起的地理上疏远的组织链。在企业架构的定义下,衍生出一些概念,它们作为企业架构概念的组成部分,包括企业业务架构(Enterprise Business Architecture)、企业信息架构(Enterprise Information Architecture)、企业技术架构(Enterprise Technology Architecture)和IT管理架构(IT Management Architecture)等。

(一)企业业务架构

企业业务架构又称为商业架构,是企业关键业务战略及其对业务功能和流程影响的表达。通常它包含业务功能、流程和信息价值链的当前和将来的状态模型,通过信息架构、技术架构以及应用投资组合来实施,可定义为支撑竞争优势的业务设计。业务架构从IT的角度,对企业的业务结构、企业机构与业务的关系、企业内部的关系以及企业与外部机构的关系进行整理定义。业务架构是对企业业务需求和战略发展的高度总结。

企业业务架构包含:(1)企业的业务和战略目标。描述企业的目标,包括近期目标、中期目标和长远的战略目标。(2)企业的组织机构。明确描述企业的组织机构和职能,以及与企业相关的机构和个体,如客户、合作伙伴和供应商等。(3)业务的分类。对企业的产品、服务和资源体系进行分类。这种分类包含对相关产品、服务和资源的共性提取和总结。(4)各类业务之间的关系。对产品、服务和资源的相互关联进行总结。业务之间的关系体现为跨业务的流程及资源共享等。(5)组织机构与业务的关系。业务的执行是由机构来完成的,但是机构与业务并不一定是一一对应的关系。清楚地找出机构与业务的关系,将为应用与集成架构奠定可靠的基础。(6)企业与外部机构的关系。对与企业相关的外部机构或个人,就其类型、业务类别、业务往来模式等进行分类。

(二)企业信息架构

企业信息架构是一个由企业业务架构驱动的模型集所描述的企业信息价值链,是对企业业务流程的数字化映射,主要包括建立关键信息流模型,描述业务事件的关键输出信息,扩展组织边界到外部信息来源和流向,使企业能快速进行业务决策和信息共享。企业信息架构是将企业业务实体抽象成为信息对象,将企业的业务运作模式抽象成为信息对象的属性和方法,建立面向对象的企业信息模型。企业信息架构实现从业务模式向信息模型的转变,业务需求向信息功能的映射,企业基础数据向企业信息的抽象。

企业信息架构由数据架构和应用架构组成,包括一个统一、共享、分布、准确和持续的数据环境,以及在这一平台上建立的从事务处理系统到决策支持系统等各种企业信息系统,实现了从业务模型向功能模型的转变,业务架构向信息架构的映射,企业基础数据向企业信息的抽象。其中,数据架构反映了数据在企业的分布和使用结构;应用架构反映了应用的构建方法和标准,从而为各种具体的应用开发提供指导性的意见。

(三)企业技术架构

企业技术架构是一个逻辑一致的技术原理集合,指导组织信息系统和技术基础结构的工程化,是对整个IT战略的表达。企业技术架构是实现企业应用架构的底层技术基础结构,通过网络技术、硬件技术、软件平台技术、应用集成技术、信息安全技术间的相互作用支撑企业应用的运转,其通过提供满足各种角色的用户需要的技术平台,将业务架构、信息架构、数据架构、应用架构等连在一起。企业技术架构是企业架构的核心部分,它对网络建设、软硬件选型、集成与安全等制定了蓝图和实现方法。

管理信息系统(第三版)

技术架构的各个部分不是完全独立的,它们互相依赖、互相关联。(1)网络架构是根据企业的组织结构和分布情况,以及对各种数据和应用的支持要求,定义网络结构、建设方案和发展规划。(2)硬件架构从企业级IT架构的角度重新审视IT系统硬件设备的规划、采购、部署及与之对应的管理模式等问题。(3)软件架构起源于软件工程,是关于软件系统的有机组织的决策集合、结构化元素的选择以及元素之间的接口,通过这些接口以及元素间的协作构成软件系统。(4)集成架构通过制定技术方案,将所有的技术组件汇集成一个完整的信息系统。(5)安全架构贯穿在数据、应用、网络、软硬件和集成等多个方面,安全架构需要对各种安全要求的特性进行总结和归纳,从而形成统一的安全架构体系,以保证各个技术与业务层面的安全问题。

(四) IT 管理架构

IT管理架构包含IT规划设计、IT组织架构、运维架构等内容,特别是运维架构,它作为信息系统服务业务与战略的保证,定义了对企业信息化系统的运行管理和维护方法与机制。

【拓展阅读】　从信息系统架构到企业总体架构

信息系统架构在早期的计算机大规模使用时产生,但那时的架构图主要是面向技术的、单一系统的。不同的软硬件厂商都有自己的架构图,使用的标准、技术、描述各不相同,所以在企业实际使用上,因为互不兼容而造成很大问题。并且这些架构设计都是注重于某一个系统(系统级)而没有涉及企业总体上的架构规划。

系统级的设计只能满足企业内部某一方面的需求,比如企业在信息化建设中会首先建立计算机化的会计核算、应收应付、库存等系统,随后可能会逐步建立生产、销售、客户服务等系统。每一个系统都采用能够满足本系统业务需求的解决方案,包括软硬件厂商和开发技术平台。结果是每个业务单元内部可以正常地运作,而业务线条/业务部门之间却无法共享数据和集成,从而形成了"信息孤岛"。这些问题不仅导致企业部门之间、业务之间无法进行数据交流,而且形成了系统的重复建设,系统急剧增加,运维成本居高不下。如何消除"信息孤岛"、优化系统架构成为很多企业信息化多年后面临的重要问题。

到了20世纪90年代,面向对象的设计和开发技术逐渐被引入,在应用系统和数据的开发中把实体对象和流程分离,Java、C++等成为主流的开发语言。这些实体对象把属性和功能封装在对象之内,使对象的重用和客户化成为可能。这时企业整体架构设计才初步被学者提出,其中最著名的是约翰·扎克曼在IBM系统杂志中发布的关于建立信息系统架构(ISA)的理论,从此信息行业开始关注和发展企业总体结构的理论。

美国国会在1996年通过了克林格-科恩法案(Clinger-Cohen Act),这个法案5125d条款定义了信息技术架构要成为发展和维护现有的IT系统及建设新的IT系统的框架,成为取得所有政府部门战略支持和资源投入的条件。该法案规定一个完整的IT架构要包括逻辑和技术两个架构:逻辑架构包含政府机构的使命、功能需求、数据需求、系统组件和在组件中的信息流;技术架构定义了实施逻辑架构的技术标准和规范。这个法案成了欧美总体架构的历史关键点,从此企业架构(EA)开始在政府和企业中快速发展和推广起来。

企业架构更准确的表达可以是"企业级架构",它关注的是组织信息化的架构规划。具体到企业领域,它一般会从企业信息化的现状、原则、模型、标准等方面来思考,描述清楚企业 IT 的基础设施、数据、应用和人力资源等方面的内容,在现在和未来愿景之上清晰地勾画出企业架构的发展战略。

第 46 讲　如何应用 TOGAF?

TOGAF 即开放组织体系架构框架(The Open Group Architecture Framework),是由非营利性组织 The Open Group 制定的用于开发企业架构的一套方法和工具。The Open Group 是一个厂商中立和技术中立的机构,致力于提出各种技术框架和理论结构,促进全球市场的业务效率。TOGAF 最新版本(Version 9.2)是当前主流的企业架构方法,TOGAF 为 80% 的福布斯全球排名前 50 的公司所使用,它支持开放、标准的 SOA 参考架构,在全球得到各主流厂商的推动,德国 SAP 和美国 IBM、HP 等公司都已经加入支持的行列。

一、TOGAF 架构框架组成

TOGAF 架构框架是一个多视图的体系结构,它由企业的业务架构、信息架构、应用架构和技术架构共同构成(与某些架构框架将信息架构分解为数据架构和应用架构不同,TOGAF 将应用架构单列)。

(1) 企业业务架构描述了企业各业务之间相互作用的关系结构,企业的业务构架以业务战略为顶点,以企业各主营业务为主线,以企业各辅助业务为支撑,以人流、物流、资金流、信息流等联络各业务线,构成贯彻企业业务战略的企业基本业务运作模式。

(2) 企业信息架构是将企业业务实体抽象成为信息对象,将企业的业务运作模式抽象成为信息对象的属性和方法,建立面向对象的企业信息模型。企业信息架构实现从业务模式向信息模型的转变、业务需求向信息功能的映射、企业基础数据向企业信息的抽象。

(3) 企业应用架构是以企业信息架构为基础,建立支撑企业业务运行的各个业务系统,通过应用系统的集成运行,实现企业信息自动化流动,代替手工的信息流动方式,提高企业业务的运作效率,降低运作成本。

(4) 企业技术架构是实现企业应用架构的底层技术基础结构,通过软件平台技术、硬件技术、网络技术、信息安全技术间的相互作用,支撑企业应用的运转。

二、TOGAF 架构开发方法

作为一种协助发展、验收、运行、使用和维护架构的工具,TOGAF 基于一个迭代的过程模型,支持最佳实践和一套可重用的现有架构资产,可以帮助企业设计、评估并建立正确的架构。TOGAF 的关键是架构开发方法(Architecture Development Method,ADM),它是一个可靠

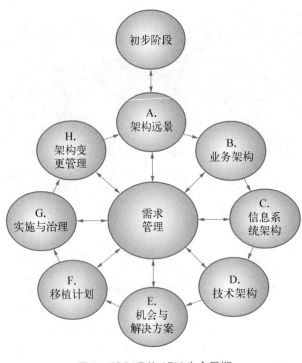

图 1　TOGAF 的 ADM 生命周期

并且行之有效的方法，用以发展能够满足顾客需求的企业架构，提供可灵活利用的组织企业架构开发和治理的过程。一个成功的组织系统项目建设（包括各种各样的信息化和智能化项目）并非一蹴而就，而是分阶段逐步实现的，其生命周期主要可以分为初步阶段、架构阶段、实施阶段、变更管理阶段。通常要从组织的某个独立的业务单元开始，之后再由小及大，逐渐在跨组织范围的整体业务中扩散，逐步完善整个组织的 IT 平台，最终实现随需应变的企业 IT 架构。TOGAF 的 ADM 生命周期如图 1 所示。

阶段 A 用于明确 EA 远景。架构远景（Architecture Vision）利用业务推动者明确企业架构工作的目的，并且创建基线和目标环境的粗略描述。如果业务目标不清楚，那么该阶段中的一部分工作是来帮助业务人员确定其关键的目标和相应的过程。同时该阶段中生成的架构工作描述（Statement Of Architectural Work）勾勒出 EA 的范围及约束，并且表示出架构工作的计划。

阶段 B 用于详述关于业务领域架构的工作。架构远景中概括的基线和目标架构在此被详细说明，从而使它们作为技术分析的有用输入。业务过程建模、业务目标建模和用例建模是用于生成业务架构的一些技术，同时又包含所期望状态的间隙分析。

阶段 C 涉及信息系统架构的交付。该阶段利用基线和阶段 A 中开始的目标架构，以及业务间隙分析（业务架构的一部分）的结果，并根据架构工作描述中所概括的计划，为目前和展望的环境交付应用及数据架构。

阶段 D 利用技术架构的交付完成了 TOGAF ADM 循环的详细架构工作。建模标记语言如 UML，在此阶段中被积极地使用，从而生成各种观点。阶段 B、C、D 是定义企业整体的架构蓝图。

阶段 E 的目的是阐明目标架构所表现出的机会，并概述可能的解决方案。此阶段中的工作围绕着实现方案的可行性和实用性展开。此处生成的工件包括实现与移植策略（Implementation and Migration Strategy）、高层次实施计划（High-Level Implementation Plan），以及项目列表（Project List），还有作为实施项目所使用蓝图的已更新的应用架构。

阶段 F 将所提议的实现项目划分优先级，并且执行移植过程的详细计划（Migration Planning）和间隙分析。该工作包括评估项目之间的依赖性，并且最小化它们对企业运作的整个影响。在此阶段中，更新项目列表，详述实施计划（Implementation Plan），并且将蓝图传递给实施团队。阶段 E、F 根据企业的架构蓝图，制定迁移实施计划。

在阶段 G 中将建立起治理架构和开发组织之间的关系，并且在正式的架构治理下实施所选的项目（Implementation Governance）。阶段的交付内容是开发组织所接受的架构契约

（Architecture Contracts）。阶段 G 最终的输出是符合架构的解决方案。

阶段 H 中的重点转移到实施的解决方案交付所达到的架构基线的变更管理（Change Management）。该阶段可能会生成为企业架构工作的后继循环设置目标的架构工作请求（Request For Architecture Work）。阶段 G、H 是为了项目实施过程中进行治理。

三、TOGAF 架构框架的应用

TOGAF 架构框架的建立应遵循科学的方法论。在横向上，应从企业业务战略导入，实现企业业务架构、信息架构、应用架构和技术架构的渐进演化。在纵向上，每个架构的建立都应按照"计划—评价—执行"的循环方法逐步完善。这一过程对专业性的要求很高，需要有企业业务、管理、信息、技术等方面经验的专门人才参与，目前 IT 管理咨询公司所提供的 IT 战略咨询或 IT 规划咨询服务对建立 TOGAF 架构框架具有重要作用。TOGAF 架构框架的运转也需要一定的机制来保证，基本思想是按照"运行-监督-反馈"的过程，建立配套的组织、资源、方法和工具来保证 TOGAF 架构框架的运转。评价 TOGAF 架构框架应用的基本准则是，所建立起的 TOGAF 架构框架在运行中是否能够真正满足企业业务战略发展的需要。

【拓展阅读】 基于 TOGAF 模型的企业信息架构规划实例

S 公司经过多年发展和信息化建设，在前期投入大量资金建设信息系统，但是由于缺乏统筹规划和相关信息化从业人员，一直以来将 MIS 作为公司主要业务和管理系统。经过长年累月的业务流程改造和补丁修复，系统业务功能复杂、庞大，且兼具管理和生产功能，造成各功能模块之间耦合程度较高的特点。同时，由于公司将由以咨询、设计业务为主逐渐转变为兼具投融资、总承包的业务模式，使得现有的 MIS 不再能满足企业业务发展的要求。

S 公司的架构规划参考了 TOGAF 规划方法论，并将本次架构规划重心集中在业务架构、信息系统架构和技术架构三个方面。

1. 业务架构

S 公司业务范围覆盖电力设计的输变电、发电和新能源等各领域，并为境内外客户提供电力工程咨询、设计、总承包的全过程服务。为了明确公司的业务架构及各个业务对应的信息系统的功能覆盖情况，S 公司根据业务分类，将工程产业链划分为投融资、咨询、设计、总承包四大核心业务领域，并从工程公司全寿命周期与价值链管理角度入手，对投资管理、咨询设计项目管理、施工项目管理、采购管理、运营管理等各个环节进行分析，梳理这些领域的业务流程，分析业务规则，形成贯穿上下游产业链的公司业务架构体系，并据此将公司现有的管理层级分为经营决策层、业务管控层、业务具体实现层、平台支撑层。

2. 信息系统架构

S 公司目前已建成的主要应用系统有 3 个，分别为综合管理及设计项目管理系统 MIS、总包项目管理系统 PMS、知识管理系统 KMS，这些系统覆盖了公司目前主要的业务范围。本次规划应用架构时，根据业务架构，将现有 MIS 中的综合管理系统（MIS）和设计项目管理系统（DPMS）进行拆分，保留 DPMS。DPMS 和 PMS 组成企业

管理信息系统（第三版）

的 PRP 系统,未来涉及设计项目管理或总包项目管理部分的业务,可利用现有 DPMS 或 PMS,根据业务需要定制开发;综合管理系统经过选型,引入市面上成熟的系统进行集成,并逐步将现有 MIS 中的业务模块和综合类模块分离,将管理类模块迁移到新的综合管理系统中。

3. 技术架构

企业技术架构就是实现应用架构的基础结构,是通过信息化硬件进行部署的方式。由于 S 公司属于设计企业,信息系统主要为企业内部用户服务,用户规模及数量远远小于互联网公司,因此,从节省企业成本的角度考虑,根据应用系统重要程度分为四级,分级部署,可以增强系统架构的可靠性,同时节约信息化建设成本。

资料来源:朱磊.基于 TOGAF 模型的设计企业信息架构规划[J].电子技术与软件工程,2020(7): 183 - 187.

第七章 信息系统开发

第47讲　整体理解信息系统开发

管理信息系统是现代管理思想与信息技术结合的人机系统,管理信息系统的开发,不仅涉及软件产品和信息技术的问题,更涉及组织战略和业务管理的运行。因此,管理信息系统开发是一个复杂的社会过程,需要遵循相应的开发原则,选择合适的开发方式与方法,确保系统开发与利用实现高效运作。

一、信息系统开发是一个复杂的社会过程

(一) 信息系统建设的复杂性

信息系统建设周期长、投资大、风险大,比一般技术工程有更大的难度和复杂性。其原因体现在以下方面。

1. 技术手段复杂

信息系统是信息技术与现代管理理论结合的产物,它试图用先进的技术手段解决社会经济问题。计算机硬件和软件、数据通信与网络技术、大数据和人工智能技术等,都是信息系统借以实现各种功能的手段。合理应用这些技术以达到预期效果,是信息系统建设的主要任务之一。

2. 内容复杂,目标多样

面向管理是信息系统最重要的特征。一个综合性的信息系统要支持各级多部门的管理,规模庞大,结构复杂,并且企业各部门和管理人员的信息需求不尽相同,甚至相互冲突,有些需求是模糊的,不易表达清楚,因而不易求得各方面都满意的方案。系统开发中的问题往往只有投入运行后才会充分暴露。此外,信息系统开发周期长,容易造成人力、物力和时间的浪费。

3. 投资密度大,效益难以计算

一方面,信息系统开发与维护需要投入大量资金,并且目前开发的自动化程度低,仍需投入大量的人力进行系统分析、设计和程序编写,因此,信息系统建设是一项高智力的劳动密集型项目,简单劳动所占的比例较小。另一方面,信息系统给企业带来的效益主要是无形的间接效益,不像一般技术工程效益那么直接和易于计算。

4. 环境复杂多变

信息系统要成为企业竞争的有力武器,必须适应企业的竞争环境,这就要求信息系统的建设者深刻理解企业面临的内外环境及其发展趋势,考虑到管理体制、管理思想、管理方法和手段,以及人的习惯、心理状态与现行的制度、惯例和社会、政治等诸多因素。

(二) 信息系统开发是一个社会过程

信息系统建设的困难不仅来自技术方面,还来自企业内外部环境。技术不是唯一因素,甚至不是主要因素。信息系统建设实践使人们越来越重视社会人文因素的影响。信息系统是人机交互系统,其开发、维护都离不开人的参与,影响信息系统成败的有体制、政策、法规、观念、

技术等多种因素。

信息系统开发过程本质上是一个社会过程。从社会行动观点来看，信息系统开发是人类活动的协调序列，是多种参与者的协作过程。在信息系统开发过程中，用户、系统管理者、系统分析员、技术专家、程序员等参与者相互联系，相互影响。他们之间通力合作，是系统建设成功的基础。但是，由于这些人员知识背景、经历不同，沟通误解是系统取得成功的隐患。更重要的是，信息系统建设不可避免地要改变某些业务流程甚至组织机构，影响这些部门和人员的工作方式、权力关系，引起部门之间、人员之间的利益冲突。这些利益冲突，往往造成系统开发和使用的阻力。

信息系统是辅助企业管理的人机系统。人是信息管理的主体，由于人的作用是一种高级而复杂的因素，有人参与并由人控制决策的社会系统，往往会使本应理性的行为变得富有艺术性。如果把信息系统的开发、应用、管理看作纯技术过程，许多问题将永远得不到解决。只有从更深层次探讨，重视非技术因素，才有可能解决长期困扰人们的"软件危机"。

二、信息系统开发的原则

信息系统的开发既要立足当前管理决策需要，也要考虑后期运行维护以及扩展升级的需要，因此必须遵循相应的原则。

（一）实用性原则

实用性是系统开发所要遵循的最重要原则，信息系统必须满足用户管理上的要求，保证系统功能正确且方便使用。系统需要友好的用户界面、灵活的功能调度、简便的操作和完善的系统维护措施。为此，系统开发必须采用成熟的技术，认真细致地做好功能和数据分析，并充分利用代码技术、菜单技术及人机交互技术，力求向用户提供良好的使用环境与信心保证。

（二）系统性原则

管理信息系统有着鲜明的整体性、综合性、层次结构性和目的性。它的整体功能是由许多子功能有序组合而成，与管理活动和组织职能相互联系、相互协调。系统各子功能处理的数据既独立又相互关联，构成一个完整而又共享的数据体系。因此，在管理信息系统开发过程中，必须十分注重其功能和数据上的整体性、系统性。

（三）符合软件工程规范的原则

软件工程是指导计算机软件开发和维护的一门工程学科，是借鉴工程化的概念、原理、技术和方法来开发与维护软件，把经过时间考验而证明正确的管理技术和当前软件开发技术结合起来，以便经济地开发出高质量的软件，并能够有效地维护软件开发思想。管理信息系统开发是一项复杂的应用软件开发过程，应该按照软件工程的理论、方法和规范去组织与实施。按照软件工程规范开发的管理信息系统，既提高软件开发质量，同时也能为后期维护减轻成本。当然，无论采用的是哪一种开发方法，都必须注重软件表现工具的运用、文档资料的整理、阶段性评审，以及重视项目管理，从而为后续维护与升级打下良好基础。

（四）逐步完善、逐步发展的原则

管理信息系统的建立不可能一开始就十分完善，总是要经历一个逐步完善、逐步发展的过程。事实上,管理人员对系统的认识在不断加深,管理工作对信息的需求和处理手段的要求越来越高,设备需要更新换代,人才培养也需要一个过程。贪大求全,试图一步到位不仅违反客观发展规律,而且使系统研制的周期过于漫长,影响相关人员信心,增大了风险。为了贯彻这些原则,开发工作应该有一个总体规划,然后分步实施。系统的功能结构及设备配备方案,都要考虑日后的扩充和兼容程度,使系统具有良好的灵活性和可扩充性。

(五) 先进性和成熟性原则

先进性和成熟性原则是指在开发管理信息系统时,既要考虑软件开发方法和技术架构的先进性,也要确保系统运行的稳定性。软件开发技术和架构时刻处于不断发展之中,先进的开发方法以及技术架构融合了最新的软件开发思想和技术,能够在提升信息系统开发效率的同时,在功能支持和技术维护方面更加先进,性能更优。然而,企业管理信息系统的开发,不能盲目追求技术的先进性,必须以成熟性为先,保证系统运行稳定,在此基础之上,才能追求技术的先进性。

(六) 开放性原则

开放性原则是指信息系统的开发符合相关的开放系统的标准,能够支持行业内所有符合开放标准的数据库、中间件、开发工具及各种主流应用软件。信息系统开放性原则,要求系统具有良好的兼容性、可移植性和可维护性。符合开放性原则的信息系统,能够很容易地通过各种业务系统的标准接口,实现无缝对接开发,完成门户的嵌套、数据的共享和应用的关联,因此,符合开放性原则的系统,更容易适应企业的需求发生变化,实现快速扩展升级。

三、信息系统开发方式

管理信息系统开发有自行开发、委托开发、合作开发、购买现成的软件包等不同方式,且各有优点和不足,需要根据使用方的技术力量、资金情况、外部环境等各种因素进行综合考虑和选择。

(一) 自行开发

自行开发又称资源内包,是指由用户依靠自己的力量独立完成系统开发的各项任务。这种开发方式适合于有较强的管理信息系统分析与设计队伍、程序设计人员、系统维护使用队伍的组织和单位,如大学、研究所、计算机公司、高科技公司等。

自行开发方式的优点是开发费用少,容易开发出适合本单位需要的系统,方便维护和扩展,有利于培养自己的系统开发人员。缺点在于由于不是专业开发队伍,容易受业务工作的限制,系统整体优化不够,开发水平较低。同时开发人员一般都是临时从所属各单位抽调出来从事管理信息系统的开发工作,他们都有自己分内的工作,精力有限,这样就会造成系统开发时间长,当开发人员调动后,系统维护工作没有保障的情况。

采用自行开发方式时,应注意以下两点,首先是需要大力加强领导,实行"一把手"原则;另外需要向专业开发人士或公司进行必要的技术咨询,或聘请其担任开发顾问。

(二) 委托开发

委托开发又称资源外包,是指由使用单位(甲方)委托通常有丰富开发经验的机构或专业开发人员(乙方),乙方按照甲方的需求承担系统开发任务。这种开发方式适合于甲方没有管理信息系统的系统分析、系统设计及软件开发人员或开发队伍力量较弱但资金较为充足的单位。甲乙双方应签订管理信息系统开发项目协议,明确新系统的目标与功能、开发时间与费用、系统标准与验收方式、人员培训等内容。

委托开发方式的优点是省时、省事,开发的系统技术水平较高。缺点是费用高、系统维护与扩展需要开发单位的长期支持,不利于本单位的人才培养。采用委托开发方式应注意以下两点:(1)甲方的业务骨干要参与系统的论证工作;(2)开发过程中需要甲乙双方及时沟通,进行协调和检查。

(三) 合作开发

合作开发又称联合开发,是指由使用单位(甲方)和有丰富开发经验的机构或专业开发人员(乙方)共同完成开发任务,双方共享开发成果,实际上是一种半委托性质的开发工作。合作开发方式适合于甲方有一定的管理信息系统分析、设计及软件开发人员,但开发队伍力量较弱,希望通过管理信息系统的开发建立或提高自己的技术队伍,便于系统维护工作的单位。合作开发方式的优点是相对于委托开发方式比较节约资金,可以培养、增强系统使用单位的技术力量,便于系统维护工作,系统的技术水平较高。缺点是双方在合作沟通中易出现问题。

采用合作开发方式应注意,双方要及时达成共识,进行协调和检查。

(四) 与购买现成软件包的比较

目前,一些专门从事管理信息系统开发的公司已经开发出使用方便、功能强大的应用软件包,不少组织选择了基于软件包的开发方法,相对于前述自行开发、委托开发、合作开发等定制开发方式,有着各自的优缺点,这需要根据使用单位的实际情况进行选择,也可以综合使用各种开发方式。表1对上述四种开发方式做了简单的比较。

表1　　　　　　　　　　　　　　开发方式的比较

特点比较＼方式	自行开发	委托开发	合作开发	购 买
分析和设计能力要求	较高	一般	逐渐培养	较低
编程能力的要求	较高	不需要	需要	较低
系统维护的难易程度	容易	较困难	较容易	较困难
开发费用	少	多	较少	较少

选择开发方式是复杂的决策过程,不能仅从经济效益原则来考虑,应当有一个正确的决策机制,对企业的实力、信息系统的地位和应用环境等进行综合考虑。阿普尔特概括的"造"与"买"的决策影响因素,如表2所示,值得企业决策者借鉴。但无论哪一种开发方式都需要用户的领导和业务人员参加,并在管理信息系统的整个开发过程中培养、锻炼、壮大使用单位的管理信息系统开发、设计和系统维护队伍。

表2 "造"与"买"的决策影响因素

决 策 准 则	适于自行制造	适 于 购 买
企业战略	IT 应用或基础结构提供了独有的竞争优势	IT 战略和企业经营提供支持,但不属于战略型 IT
核心能力	IT 应用维护的知识、人员等是企业的核心能力	IT 应用维护的知识、人员等不是企业的核心能力
信息流程可靠性与机密程度	IT 系统和数据库的内容及流程高度机密	安全方面的故障会带来一些问题,但不至于导致致命后果
合作伙伴是否可得	没有值得信赖的称职的合作伙伴能够负责 IT 应用和基础设施	能够找到可靠、称职、愿意合作的经销商
应用软件或需求方案	IT 的应用或基础结构具有特异性	能够找到满足大多数需求的应用软件及解决方案
成本/效益分析	购买软件产品或服务的成本,以及合作管理的支出超过自我服务的支出	购买软件产品或服务的成本明显低于自我服务的支出
实施时间	企业有充分的时间利用内部资源开发应用系统,建立基础设施	利用内部资源开发应用系统和建立基础设施所需时间太长,不能及时满足需求
技术演进与复杂性	企业有能力拥有一支专业性的开发队伍	企业无力应对迅速变动、日益复杂化的企业技术需求
实施的难易程度	拥有快速开发 IT 应用系统的软件开发工具	没有用于快速开发 IT 系统的开发工具,或工具不理想

【拓展阅读】 常见的信息系统开发方法

信息系统开发方法和信息系统开发方式一样,都是信息系统开发中需要重点关注的方面。信息系统开发要有科学方法指导和标准化的开发步骤,以确保整个开发过程能够顺利进行。结构化开发方法、原型法、面向对象开发方法和敏捷开发方法都是常见的系统开发方法。

1. 结构化开发方法

结构化方法强调开发方法以及所开发软件的结构合理性。这种软件开发方法采用系统工程的思想和工程化的方法,按照用户至上的原则,结构化、模块化、自顶向下地对系统进行分析与设计,是组织、管理和控制信息系统开发过程的一种基本框架。结构化开发方法提出了一组提高软件结构合理性的准则,如分解与抽象、模块独立性、信息隐蔽等。针对软件生存周期各个不同的阶段,它有结构化分析(SA)、结构化设计(SD)和结构化程序设计(SP)等方法。

2. 原型法

原型法是对结构化生命周期法加以改进的一种系统化开发方法,开发者在初步了解用户需求的基础上,快速构造、设计和开发一个系统初始模型,该模型称为原型(一个可以实现的系统应用模型),开发人员和用户在此基础上共同探讨、改进和完善方案,开发人员再根据方案对原型进行修改,得到新的模型,再征求用户意见,如此反复,直到用户满意为止。

3. 面向对象开发方法

面向对象开发方法是一种把面向对象的思想应用于软件开发过程中,指导系统开发活动的方法,简称 OO(Object Oriented)方法,它是建立在"对象"概念基础上的方法学。该方法主要包括面向对象分析 OOA(Object Oriented Analysis)、面向对象设计 OOD(Object Oriented Design)和面向对象程序设计 OOP(Object Oriented Programming)。对象是由数据和容许的操作所组成的封装体,与客观实体有直接对应关系,一个对象类定义了具有相似性质的一组对象。继承性是对具有层次关系的类的属性和操作进行共享的一种方式。所谓面向对象就是基于对象概念,以对象为中心,以类和继承为构造机制,来认识、理解和刻画客观世界,从而设计、构建相应的信息系统。

4. 敏捷开发方法

敏捷开发方法(Agile Methodology)是一种以人为核心、迭代、循序渐进的开发方法,通过及早并不断交付有用的软件组件来达到令客户满意的目标。常用的敏捷开发方法包括极限编程、水晶法和动态系统开发方法等。

第 48 讲　信息系统开发生命周期

任何事物都有产生、发展、成熟、消亡(更新)的过程,信息系统也不例外。信息系统在使用过程中随着其生存环境的变化,需要不断维护、修改;当它不再适应环境的时候就要被淘汰,并由新系统代替。这种周期循环称为信息系统的生命周期。信息系统开发生命周期可以分为系统规划、系统分析、系统设计、系统实施、系统运行和维护等五个阶段,如图1所示。在生命周期的每个阶段,都有其相应的开发活动。图1中描述的系统开发活动通常按顺序进行,但某些活动可能重复或同时进行,这取决于所用的系统开发方法或系统实施策略。

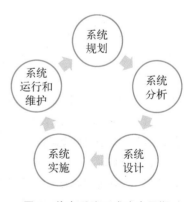

图 1　信息系统开发生命周期

一、系统规划

系统规划阶段的任务是对企业环境、目标、现行系统的状况进行初步调查,根据企业目标和发展战略,确定信息系统的发展战略,对建设新系统的需求做出分析和预测,同时考虑建设新系统所受的各种约束,研究建设新系统的必要性和可能性。根据需要与可能,给出拟建系统

管理信息系统(第三版)

的备选方案。接下来对这些方案进行可行性分析，写出可行性分析报告。可行性分析报告审议通过后，将新系统建设方案及实施计划编写成系统设计任务书。

二、系统分析

系统分析是指针对组织现状，分析组织试图通过信息系统来解决的问题，明确待建信息系统的功能和要求等。在此过程中，系统分析人员对当前组织和系统的构造进行描述，勾画出一个组织和系统的线路图，以识别主要的数据所有者和用户，以及现存的硬件和软件。然后系统分析人员通过对系统实际工作流程的跟踪考察和对系统主要用户的交互调查，识别系统运行过程中存在的问题和不足，并据此提出解决方案。在系统分析过程中一般会确定几个组织可使用的解决方案。组织需评价比较每个方案的可行性，选择最优方案。书面的系统建议报告描述了成本和收益及每个方案的优缺点。方案的选择是在组织管理层综合考量成本、收益、技术特性和组织影响等因素下进行的。

在系统分析阶段，需要系统分析人员、用户和设计者的参与和密切协商，根据现行信息系统与计算机信息系统各自的特点，认真调查和分析用户需求。所谓用户需求，是指目标系统必须满足的所有功能和限制，通常包括功能要求、性能要求、可靠性要求、安全保密要求，以及开发费用、开发周期、可使用的资源等方面的限制。弄清哪些工作交由信息系统完成，哪些工作由人工完成，以及信息系统提供的新功能，从而在逻辑上定义好信息系统需要解决的业务功能，而不关心具体的物理实现。

系统说明书是系统分析阶段的最终成果。它通过一组图表和文字说明来描述目标系统的逻辑模型。逻辑模型包括数据流程图、数据字典、基本加工说明等。它们不仅在逻辑上表示目标系统所具备的各种功能，而且还表达了输入、输出、数据存储、数据流程和系统环境等。逻辑模型只告诉人们目标系统要"做什么"，而不去考虑系统怎样来实现的问题。简单地说，系统分析阶段是将系统目标具体化为用户需求，再将用户需求转换为系统的逻辑模型。系统的逻辑模型是用户需求明确、详细的表示。

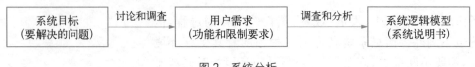

图 2　系统分析

系统分析的步骤如下：

（1）系统目标。总体规划阶段所做的初步调查只是为了满足总体规划和可行性分析的需要，相对来说是比较粗糙的。

（2）详细调查、收集和分析用户需求。用户需求是"用户预期-使用现状-替代成本"得到的结果，在系统分析阶段，应在初步调查的基础上，进一步收集和了解、分析用户需求，调查用户的有关详细情况。常用方式有行业竞品调研、用户访谈会、问卷、行为观察等。

（3）确定初步的逻辑模型。逻辑模型是指仅在逻辑上确定的目标系统模型，而不涉及具体的物理实现，也就是要解决系统"干什么"，而不是"如何干"。逻辑模型由一组图表工具进行描述。用户可通过逻辑模型了解未来目标系统，并进行讨论和改进。

（4）编制系统说明书。对采用图表描述的逻辑模型进行适当的文字说明，形成系统说明书，它是系统分析阶段的主要成果，是将系统分析从概念化到图纸化的过程。系统说明书既是用户与开发人员达成的书面协议或合同，也是管理信息系统生命周期中的重要文档。

三、系统设计

系统分析阶段的任务是回答系统"做什么"的问题，而系统设计阶段则要回答"怎么做"。这个阶段的任务是根据系统说明书中规定的功能要求，考虑实际条件，具体设计实现逻辑模型的技术方案，也即设计新系统的物理模型。当然，信息系统可能有许多可行的设计。确定设计好坏的标准是易用性和效率，即它在一定的技术、组织、财务和时间约束下实现用户需求的程度。在设计过程中，用户需要有足够的控制能力，以保证系统反映他们的业务优先性和信息需求。系统设计包括两个方面，首先是总体结构的设计，其次是具体物理模型的设计。这个阶段的技术文档是系统设计说明书。

（1）总体设计。总体设计包括系统模块结构设计和信息系统硬件配置方案设计。系统模块结构设计的任务是划分子系统，然后确定子系统的模块结构，并画出模块结构图。在这个过程中必须考虑以下几个问题：如何将一个系统划分成多个子系统；每个子系统如何划分成多个模块；如何确定子系统之间、模块之间传送的数据及其调用关系；如何评价并改进模块结构的质量？

在进行总体设计时，还要进行信息系统硬件配置方案的设计，要解决计算机软硬件系统的配置、通信网络系统的配置、机房设备的配置等问题。信息系统硬件配置方案必须进行充分的调查研究，并征求有关专家的意见，然后进行论证，最后写出信息系统硬件配置方案报告。

（2）详细设计。在总体设计的基础上进行详细设计，主要通过思维导图、业务流程图、泳道图、鱼骨图、原型图工具对处理过程进行设计，以确定每个模块内部的详细执行过程，包括局部数据组织、控制流、每一步的具体加工要求等。对每个模块的执行过程描述，采用流程图、问题分析图、IPO图和过程设计语言等方式。除了处理过程设计，还有模块内部执行设计，包括代码设计、界面设计、数据库设计、输入输出设计等。

（3）编写系统设计说明书。系统设计阶段的成果是系统设计说明书，它主要由模块结构图、模块说明书和其他详细设计的内容组成。

四、系统实施

系统实施阶段是将设计的系统付诸实施的阶段。这个阶段的任务包括计算机等设备的购置、安装和调试、程序的编写和调试、人员培训、数据文件转换、系统调试与切换等。系统实施是按实施计划分阶段完成的，每个阶段应写出实施进度报告。系统测试之后写出系统测试分析报告。

在编程阶段，设计阶段准备的系统说明将被转换成软件代码。程序设计基本质量要求应该是程序编码的正确性，而从软件维护的角度出发，程序设计人员在保证程序正确性的同时，还必须保证源程序的可读性。

编制好的系统必须进行测试，以确定其运行结果符合预期目标。系统测试按时间可以分为3个步骤，依次为单元测试、系统测试和接受能力测试。

（1）单元测试是分别测试系统中的每一个程序。理论上来说这个测试可以保证程序没有错误，但实际操作过程中这是完全不可能的。测试应该被看成是找到程序错误的方法，尽可能多地发现程序错误并及时解决。

（2）系统测试是从整体上测试信息系统的功能。它用来测试系统各个模块整合在一起之后是否相互兼容，并确定系统的实际工作方式与设想的方式之间是否存在矛盾。此阶段检测的是执行时间、文件存储和处理能力负荷、恢复和重启动能力以及手工作业过程。

（3）接受能力测试是为系统提供最终认证，以确保该系统已准备好并可投入使用。在此过程中，用户参与系统测试并进行评价，管理层对其进行审阅。如对直播系统的在线观看人数上限进行测试，以预估系统最多可承载的用户规模，从而做好系统使用场景的正确决策。当所有部分均满意时，新系统就达到它的标准，可以进行安装。

系统切换是一个由旧系统向新系统转换的过程。系统切换的方式一般包括直接切换、并行切换、分段切换、试点切换等不同方式。

五、系统运行和维护

当新系统已经安装和完成切换后，该系统就被认为是投入运行了。在运行和维护阶段，系统将由用户和技术专家共同评审，以确定它是否实现其原始目标，并决定是否要安排修改或修正。在某些情况下，要准备一个实施审计文件。在系统投入运行以后，必须对它进行维护，以纠正错误、满足要求、改进处理效率。

（一）系统运行

系统运行管理制度是系统管理的一个重要内容，通常包括：

（1）系统运行的组织机构，包括各类人员的构成、各自职责、主要任务和管理内部组织结构。

（2）基础数据管理，包括对数据收集和统计渠道的管理、计量手段和计量方法的管理、原始数据管理、系统内部各种运行文件、历史文件（包括数据库文件）的归档管理等。

（3）运行制度管理，包括系统操作规程、系统安全保密制度、系统修改规程、系统定期维护制度以及系统运行状态记录和日志归档等。

（4）系统运行结果分析，根据系统运行的结果，对组织经营状态进行监测分析。

（二）系统维护

系统维护是为了使信息系统适应环境和各种其他因素的变化，当信息系统发生故障或者局部不理想时，及时进行维修和改进，保证信息系统正常工作以满足系统用户对系统的要求。根据维护活动的目的不同，可把维护分成改正性维护、适应性维护、完善性维护和预防性维护。

（1）改正性维护是指改正在系统测试中未发现的软件缺陷，通常优先改正那些影响系统正常运行的严重缺陷，对于不影响系统正常运行的软件缺陷，在维护策略上可以区别对待。

（2）适应性维护是指在系统硬件环境改善的情况下，为适应环境的变化，对软件进行的修改。

（3）完善性维护主要是指完善信息系统的功能以满足企业新的需要。

（4）预防性维护是指为改进软件的可靠性和可维护性，适应未来环境和用户需求的变化，主动增加预防性功能，减少后期维护的工作量和延长软件使用寿命。此外，根据维护活动的具体内容不同，可将维护分成程序维护、数据维护、代码维护和设备维护这四类。

【拓展阅读】 信息系统开发不同阶段的产出物

系统开发过程中各阶段工作内容及其产出成果如表1所示。

表1 　　　　　　　　　**信息系统开发各阶段任务及产出成果**

阶　段	主　要　内　容	阶　段　产　出
总体规划	当前系统初步调查 总体方案的提出 方案可行性分析	可行性报告 系统设计任务书
系统分析	当前系统详细调查 用户需求分析 建立新系统的逻辑模型	系统说明书
系统设计	建立新系统的物理模型	系统设计说明书
系统实施	硬件安装 编程 系统调试 用户培训 系统切换	操作手册 维护手册
运行维护	系统的运行管理 系统的各类维护 对系统进行评价	系统维护记录 系统评价报告

第 49 讲　结构化开发方法过时了吗？

　　20 世纪 70 年代产生了自顶向下的结构化方法。自顶向下是指从抽象的高层向具体的低层逐层展开。结构化是指把复杂的事务和活动分解成一系列小的步骤，每一步都建立在上一步的基础上。这样的思想被广泛应用于系统开发的各主要阶段，形成了结构化分析、结构化设计、结构化编程等一系列能改善开发人员之间沟通、提高设计与程序的可读性的开发方法和工具。系统开发结构化生命周期法（System Development Life Cycle，SDLC）是开发信息系统的一种结构化的按部就班的方法，其基本思想是采用系统工程思想和工程化方法，按照用户至上的原则，使系统开发结构化、模块化，先自顶向下对系统进行分析与设计，再自底向上逐步组织实施。

一、结构化开发方法的生命周期

　　结构化开发方法将开发过程分为系统规划、系统分析、系统设计、系统实施和系统维护等阶段，这五个阶段也是一般意义上的软件系统开发的生命周期，因此结构化系统开发方法也被

管理信息系统（第三版）

称为生命周期法。在结构化开发方法中,系统分析阶段也称为结构化分析,系统设计阶段称为结构化设计,系统实施阶段称为结构化编程。

结构化开发方法的每一阶段都有上百个活动与之相关联。典型的活动包括决定预算、了解商业需求、设计模型和书写详细的用户文档等。每一个系统开发项目要进行的活动依赖于系统的类型和建设系统使用的工具。通常系统实施阶段可细化为开发、测试和落地实施等过程,表1展示了结构化开发方法生命周期若干阶段及其主要活动。

表1 系统开发生命周期和相关活动

序 号	结构化生命周期阶段	活 动
1	规划	定义将要开发的系统
		设定项目范围
		开发系统计划,包括任务、资源和时间框架
2	分析	收集业务需求
		对需求的优先级进行排序
3	设计	设计技术架构
		设计系统模型
4	开发	建立技术架构
		构建数据库和程序
5	测试	编写测试条件
		进行系统测试
6	实施	撰写详细的用户文档
		为系统用户提供培训
7	维护	建立帮助平台,支持系统用户
		提供支持系统改变的环境

二、结构化生命周期法的特点

结构化系统开发方法遵循生命周期法,是将制造业中的工程化设计制造方法移植到软件行业的结果。其主要特点如下:

(1)面向用户的观点。系统开发是直接为用户服务的,因此,在开发的全过程中要有用户的观点,一切从用户利益出发。

(2)自顶向下的分析设计和自底向上的系统实施。按照系统的观点,任何事情都是相互联系的整体。因此,在系统分析与设计时要站在整体的角度,自顶向下地工作。但在系统实施时,先对最底层的模块编程,然后一个模块、几个模块地调试,最后自底向上逐步构建整个系统。

(3) 严格按阶段进行。整个信息系统开发过程划分为若干个工作阶段,每个阶段都有明确的任务和目标,各个阶段又可分为若干工作和步骤,逐一完成任务,从而实现预期目标。

(4) 加强调查研究和系统分析。为了使系统更加满足用户要求,要对现行系统进行详细的调查研究,尽可能弄清现行系统业务处理的每一个细节,做好总体规划和系统分析,从而描述出符合用户需求的新系统逻辑模型。

(5) 工作文档资料规范化和标准化。根据系统工程的思想,信息系统开发的各个阶段性成果必须文档化,只有这样才能更好地实现用户与系统开发人员的交流,确保各个阶段的无缝连接。

三、结构化生命周期法的优点与局限性

(一)结构化生命周期法的优点

(1) 简单、清晰,易于学习掌握和使用。结构化生命周期法是先分析当前现实环境中已存在的人工系统,在此基础上再构思即将开发的目标系统,这符合人们认识世界、改造世界的一般规律,从而大大降低问题的复杂程度。目前一些其他的需求分析方法,在该原则上是与结构化分析相同的。

(2) 阶段的顺序性和依赖性。即首先进行系统分析,然后进行系统设计,并且逻辑设计与物理设计分开,前一个阶段的完成是后一个阶段工作的前提和依据,而后一阶段的完成又往往使前一阶段的成果在实现过程中具体了一个层次,从而大大提高系统的正确性、可靠性和可维护性。

(3) 从抽象到具体,逐步求精。结构化分析采用图形描述方式,用数据流图为即将开发的系统描述了一个可见的模型,也为相同的审查和评价提供了有利的条件。从时间进程来看,整个系统的开发过程是一个从抽象到具体的逐层实现的过程,每一阶段的工作都体现出自顶向下、逐步求精的结构化技术特点。

(4) 质量保证措施完备。对每个阶段的工作任务完成情况进行审查,对于出现的错误或问题,及时加以解决,不允许转入下一工作阶段,也就是对本阶段工作成果进行评定,使错误较难传递到下一阶段。错误纠正得越早,所造成的损失就越少。

(二)结构化生命周期法的局限性

结构开发方法自 20 世纪 70 年代逐步形成以来,在信息系统开发领域一直相当流行。结构化开发方法作为软件开发的主流方法,曾被广泛应用于各种软件项目的开发,它的研究和发展使人们更加清楚地认识了软件开发的本质,并成功支持了一些大型项目的开发,对软件危机起到了一定的缓解作用,但远未充分解决软件危机。在长期使用的过程中,结构化开发方法也暴露出一些薄弱环节甚至是缺陷,主要体现在:

(1) 开发过程耗时长,灵活性低。系统生命周期法适用于建设大的复杂系统,它要求进行严格正式的需求分析和预定义说明,在系统建设过程中必须进行严密的控制。它要求系统开发者在早期调查中就要充分掌握用户需求、管理状况以及预见可能发生的变化,这不太符合人们循序渐进地认识事物的客观规律性。系统开发生命周期从计划到实施的每个阶段都是紧跟

着上一个阶段的,即在下一阶段的工作开始前,这个阶段的任务应该完成,活动虽然也可以重复,但如果需求或相关方案需要修改,则需要重新经历各个阶段。因此,这种开发方法十分昂贵、耗时、不具有灵活调整性。

(2) 系统不易维护。以功能为主的系统结构不能适应系统需求的变化,当外部功能发生变化时,由于对实体的属性和服务未能封装,造成修改的系统性波动效应,系统不易扩充、维护。

(3) 不能适应日益复杂的软件开发要求。传统的手工作业软件编程方法和面向过程的软件结构,已无法适应现代日益复杂的软件开发要求,由于其分析、设计、编码采用不同的模型表示,后一阶段很难使用前一阶段的研究成果,从数据流图到模块结构图都存在一条转换的鸿沟,从而不可避免地引起映射误差。面向过程的结构化软件不能很好地支持开放技术,由于缺乏可重用性,致使开发成本加大、开发周期延长,不能适应大型、复杂系统不断发展和变化的要求。

(4) 主要面向软件开发人员。结构化生命周期开发从软件开发人员的立场出发,而不是从人们认识客观世界的过程方法出发,因而存在着先天不足,从问题域到分析阶段有着映射误差。

综上可以看出,结构化生命周期开发方法是目前各种开发方法中理论比较严谨、应用比较广泛、成功率比较高的一种开发方法,适用于一些组织相对稳定、业务处理过程规范、需求明确且在一定时期内不会发生大的变化的大型复杂系统的开发。例如军工、航天等领域需要高可靠性和高保障性的系统,依旧是采用稳定、严谨的结构化开发方式。但和其他软件开发方法一样,结构化方法也有许多局限性,在实际开发过程中,我们应该领会结构化分析方法的基本思想,结合实际开发过程的特点和差异加以灵活运用,可以与原型法、面向对象方法结合使用,从而较好地克服其缺陷。

 【拓展阅读】 软件工程案例——快速掌握结构化开发方法

小王在一家 IT 公司担任项目经理,主要负责 IT 项目的开发。公司总经理找到小王,要求小王开发一个名片自动识别 APP 产品,人们用手机扫描一下名片,名片上的信息就能自动识别并存储起来,当然这需要使用者登录 APP 才可以。公司总经理要求小王带领团队尽快完成名片自动识别 APP 产品的系统分析、设计和编码,让产品早日上线。(在后面的叙述中,名片自动识别 APP 产品也称为系统或项目。)小王决定使用他熟悉的结构化开发方法来开发该产品。因此小王只需注重结构化开发方法的结构化分析、结构化设计和结构化编程三个阶段就可以了。

1. 结构化分析阶段

系统分析阶段也称为结构化分析,该阶段定义系统需要做什么(功能需求),系统需要存储和使用哪些数据(数据需求),需要什么样的输入和输出,以及如何把这些功能结合在一起来完成任务。在系统分析阶段使用的主要图形模型是数据流图(DFD),它显示了系统的输入、处理、存储和输出以及它们如何在一起协调工作。

小王首先要做的工作是进行详细的系统需求调查,收集系统数据流动和业务处理过程的资料和数据,以便深入了解系统中数据的流动、业务处理过程和方法,为建立系统分析阶段的模型提供充分的依据。具体来说,小王需要调查用户对自动识别名片这个产品的看法和需求,用户对产品的期望,有哪些类型的名片,名片上具体有哪些信息,用户希望怎么管理名片等内容。

　　在系统需求调查中,小王通过识别引起系统以某种方式做出响应的所有事件,来识别系统功能需求。表 2 是名片自动识别 APP 产品功能需求的主要事件。

表 2　　　　　　　　　　　　　名片自动识别 APP 事件

名称	名片识别事件
触发器	用户使用系统 APP 扫描名片
来源	用户
目的	识别的名片信息存储到数据库
响应	识别名片并获取名片中的信息
前置条件	使用者登录
后置条件	无
技术要求	1. 调用手机摄像头拍摄名片; 2. 调用百度图像识别接口识别拍摄的名片图片; 3. 只能识别印刷体名片
性能要求	通用情况下,请求响应时间小于 2 秒
描述	使用者在手机 APP 端登录,通过名片识别按钮,打开摄像头拍摄名片,将拍摄的名片图片上传到服务器端,调用百度图像识别接口识别名片,获取百度接口返回已识别的名片信息入数据库

　　小王将识别的事件(功能需求)使用数据流图建立系统功能需求模型。数据流图的建模一般是自上而下,最顶层的是系统的概括模型,然后逐步分解为第一层数据流图、第二层数据流图,直至第 N 层数据流图(图 1、图 2)。

图 1　名片自动识别 APP 数据流图顶层图

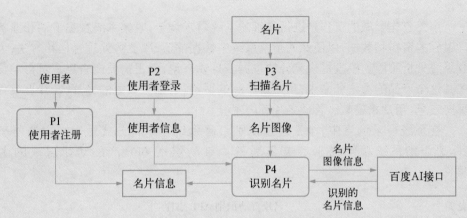

图 2 名片自动识别 APP 数据流图一层图

　　图 2 是数据流图的一层图，一层图是对顶层图的任务分解，从一层图可以看出，任务被分解为使用者注册、使用者登录、扫描名片、识别名片四个模块，外部实体有使用者、名片、百度 AI 接口，存储的信息有使用者信息、名片信息。

　　数据模型根据系统需要存储信息的事物类型来创建(实体)。例如，在表 1 所示的事件中，系统需要知道使用者、名片的细节信息。这种模型被称为实体-联系图(ER 图)，实体-联系图中实体对应于数据流图中需要存储信息的事务(图 3)。

图 3 纸质名片识别入库 ER 图

2. 结构化设计阶段

　　该阶段主要完成系统的技术架构、各模块的功能设计、数据项以及 UI 界面设计等内容。技术架构主要描述系统的结构组成，包括系统的各个模块、模块间的关系、系统的对外接口等内容。在结构化分析方法中，技术架构可以由分层的数据流图转换而来，技术架构的主要模型是结构图。

图 4 名片自动识别 APP 结构

　　图 4 是项目的技术架构图，项目分为四个模块，分别是使用者注册、使用者登录、扫描名片、识别名片，图中用虚线表示的是第三方公司提供的模块，百度 AI 接口由百

度公司提供。识别名片模块调用百度 AI 接口完成名片图像的信息识别。

在结构化设计阶段,模块的功能设计主要模型是每个模块详尽的数据流图(包括数据字典)、业务流程图、界面图。图 5 是使用者注册模块的数据流图和数据字典。

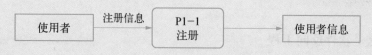

图 5　使用者注册数据流图

使用者在注册页面填写注册信息,使用者提交注册信息后,注册模块将注册信息存储到数据库(表 3)。

表 3　　　　　　　　　　使用者注册模块输入项

序号	名称	数据类型和格式	有效范围	输入方式	来　源	备　注
1	用户名	字符串	3~50 个字符长度	文本框	用户输入	不能为空且未注册过
2	用户登录密码	加密字符串	20 位以内	文本框	用户输入	不能为空

数据字典是对数据流图中的数据进行详细的说明,这是注册模块数据流图中使用者信息的数据字典,通过数据字典可以看出使用者信息主要有用户名和用户登录密码两个数据项,数据类型都是字符串,用户名的有效范围为 3 至 50 个字符,用户登录密码的有效范围为 20 个字符以内。

3. 结构化编程阶段

结构化编程主要完成系统编码、系统测试、项目部署等相关工作。系统编码主要采用结构化编程技术,在结构化设计阶段划分的每个模块都可以作为一个子程序,子程序内部采用顺序、选择、重复三种基本控制结构。

资料来源:郎哥编程课堂.软件工程:快速掌握结构化开发方法[EB/OL]. (2019 - 02 - 25)[2023 - 04 - 01]. https://www.pianshen.com/article/6091896714/.

第 50 讲　反向工程算不算抄袭?

软件反向工程最初是作为维护软件的工具而诞生的。第三代计算机的产生,势必会影响第二代计算机的功用,为了拯救大批在第二代计算机上运行的软件,同时也是出于加速第三代计算机软件的开发,美国首先开始研制针对这些软件的反向编译工具,目的是进行软件移植,并且通过这种方法成功转换许多实用的软件。在这些反向编译工具中,软件反向工程中的技术方法被大量使用,软件反向工程技术也逐步被世界各个国家所认识,并得到广泛应用。

一、软件反向工程

(一) 什么是软件反向工程

反向工程是一种技术再现过程,即对一项目标产品进行逆向分析和研究,从而推演出目标产品的处理流程、组织结构、功能性能规格等设计要素,以便制作出与其功能相近,但又不完全一样的新产品。反向工程不仅和计算机有关,同时也可能涉及制造业、设计业等领域。

软件反向工程(Software Reverse Engineering)是指从可运行的程序系统出发,运用包括解密、反汇编和程序理解等多种计算机技术,对软件的基本代码、流程结构和算法等进行反向拆解和进一步分析,从而推导出目标软件的源代码、设计原理、算法结构和运行方法等。业内人士习惯性把对软件进行反向分析的整个过程统称为软件反向工程,而将在此过程中用到的全部技术都统称为软件反向工程技术。

软件反向工程的目的是从程序源代码、文档和其他可用的资源中抽象出设计信息、功能描述和需求,以便于进行历史软件系统演化、软件功能复用和大型软件系统开发。软件反向工程能快速高效地帮助人们完成对软件的更新,是对产品的再设计,帮助人们在原产品、原软件的基础上,对该产品进行二次创新。尽管软件反向工程最初是出于维护软件的目的,但在经过几十年的发展之后,软件反向工程不再局限于这一功能。

(二) 软件反向工程的流程

软件反向工程的流程通常是以可执行的目标程序为起点,通过逆向分析可执行程序的源代码或反汇编的伪汇编代码,开发人员利用程序理解等技术手段,还原出目标程序的源代码、系统架构及相关设计文档等。软件反向工程可以让人们了解程序的结构以及程序的逻辑,深入洞察程序的运行过程,分析出软件使用的协议及通信方式,并能够更加清晰地揭露软件机密的商业算法等,因此,反向工程的优势是显而易见的。其具体过程为:

(1) 研究保护方法,并去除保护功能。大多数软件开发人员为了保护自己的关键技术不被侵犯和非法使用,都会采用一层层的软件保护技术,如加密锁、反调试技术等。如果目标软件选择了这些软件,那么首先必然要判断出软件所使用的保护方法,判断出来之后再分析其保护代码,掌握了保护代码之后才能达到去除保护功能的目的。

(2) 反汇编目标软件,跟踪、分析代码功能。在去除目标软件的全部保护之后,再运用反汇编技术手段对可执行程序进行反汇编,通过动态调试与静态分析相结合的方法,跟踪、剖析目标软件的核心代码,理解软件的整体设计思路等,获取关键信息。

(3) 生成目标软件的设计思想、架构、算法等相关文档。在获取软件设计思路等关键信息之后,生成关于目标软件的设计思想、架构和算法等相关程序文档,并在此基础上再设计出关于目标软件进一步功能扩展和完善的文档。

(4) 向目标软件的可执行程序中注入新的代码,以便于开发出更加完善和实用性更强大的软件。

二、软件反向工程的使用场景

软件反向工程的使用场景主要包括优化软件、改进软件功能以及遗产软件系统演化等。

（一）优化软件安全漏洞

计算机软件在设计时，往往会存在各式各样运行的漏洞，这些软件在开发时也许没有得到彻底的检验，当软件流向市场后，由于大范围被使用，软件的运行漏洞也得到反馈。可以通过计算机软件的反向工程，了解程序代码的编写思想，通过优化的方法减少软件的运行漏洞。

（二）改进软件功能

在大型软件系统的开发过程中，开发人员无法强求用户完全固定需求，需求经常发生变化是客观现实。为了避免重复性的工作，快速提升软件质量，软件反向工程成为许多程序员都会用到的技术手段，它能够帮助人们快速推断出软件的源代码、设计原理等，在此基础上再对原软件进行设计，通过修改某些程序，可以快速完成工作，避免人力物力的消耗。

（三）遗产软件系统演化

许多软件系统，由于某些原因如运行环境发生改变，或业务需要对其功能进行调整，导致必须进行演化才能继续使用。这些软件系统在经过多年运行之后，积累了众多知识，包括系统需求、设计决策和业务规则等，通过软件反向工程将这些软件系统转化为易演化系统，是充分有效地利用这些有用资产的良好途径。软件反向工程可以从这些系统的程序源代码出发，导出切实可用的信息。

（四）软件破解

此外，在已发布的软件中，许多软件厂家出于技术保护等原因，不向用户开放源代码或者不提供源代码，需要用户自己去恢复，此时，对软件进行反向工程研究是最好的方法。

三、软件反向工程的法理分析

采用反向工程来进行软件开发与自行设计开发软件相比，一方面可以节约大量投资和时间，大幅降低开发成本，另一方面，也可以针对原有软件的不足推出更好的富有竞争力的替代产品，使产品市场效益更好，因此，软件反向工程对软件厂商具有很大诱惑力。

（一）软件反向工程的合法性分析

计算机软件是一种著作权，在著作权各项制度中，以合理使用为标准，来判别软件反向工程是否合法成为关键。著作权法的基本原则即"思想与表达两分"原则，也就是说现行的著作权法只保护软件作品的表达形式，而不保护思想本身。对于反向工程这种从"知其然"到"知其所以然"的反向推导过程，试图实现同一内容的不同表达，不应将其归为侵权之列，这为反向工程的合法存在提供了理论基础。我国《计算机软件保护条例》第十七条规定：为了学习和研究软件内含的设计思想和原理，通过安装、显示、传输或者存储软件等方式使用软件的，可以不经软件著作权人许可，不向其支付报酬。

合理使用是著作权法中一项体现利益平衡理论的重要内容。著作权法体现的是一种平衡,既要保护著作权人的利益,激发其创作思维、维护其创作成果,同时也要对其权利加以合理范围内的约束和限制,以防止权利滥用,增进社会福祉。合理使用制度正是实现这一平衡的有效机制。反向工程作为一种深入学习软件的技术手段,本身是中立的,符合一定条件的反向工程行为,被认为是合理使用的行为之一而被允许。著作权法对反向工程的管制,应更多定位在对反向工程结果的不正当使用的控制上,而不是单纯地限制反向工程行为本身。

由于我国不论是《著作权法》还是《计算机软件保护条例》都未禁止反向工程,但是也未明确反向工程合法,而在实践中涉及的案例却越来越多。2007年最高人民法院发布司法解释,明确规定通过自行开发研制反向工程等方式获得的商业秘密,将不被认定为反不正当竞争法有关条款规定的侵犯商业秘密行为。

(二) 软件反向工程引发的法律问题

软件反向工程虽然能提高软件质量,促进开发人员之间的交流,然而由于计算机软件本身的特点,如果软件反向工程被滥用,则会引发一定的危害。

软件研发需要耗费很多人力、物力、财力投入,如果利用反向工程研发软件,则有可能危害软件研发者的利益。如利用计算机软件反向工程将软件的验证密码破译,并且随意更改软件的功能,那么,软件制作公司的商业利益就会受到侵犯。如 Office、Photoshop、SPSS 等商业软件,购买正版序列号需要花费不菲的费用,而网络破解版的软件,使用户可以免费使用,致使软件厂商利益受损。另外,由于反向工程并不需要投入太多的研发成本,它需要花费的成本也较少,如果有人通过计算机软件反向工程将软件的功能模块提取并进行修改,作为另一款商业软件投放市场,以这种方式进入市场竞争,则会对原创作者造成侵权行为,致使原创厂商利益受损,极大地挫伤软件厂商自主研发的积极性。

在实际的法律界定中,计算机软件反向工程是否构成侵犯知识产权,又往往存在很多问题。首先,对于如何判定软件反向工程是否侵权存在困难,由于软件代码通常是用相似的语言格式编写,不能简单以相似度作为判断侵权的标准,而就目前来说,以软件的相似度作为评价标准,相对比较合理。但是,如果利用反向工程开发出另一款软件,并且投入商业盈利中,那么可以判定为不当竞争,并且要承担法律责任。然而,有些行为人利用反向工程创造软件,仅仅只为了完善软件的功能,是出于非营利目的,但给软件创造者造成了实际的商业经济利益侵害,那么很难依据知识产权法律对该种行为进行约束。因此,我国应借鉴美国等发达国家的成熟经验,采用因素主义和规则主义相结合的方法,完善对计算机软件反向工程的法律规定,为软件反向工程立法,为竞争创造透明的环境,促进我国软件产业健康发展。

【拓展阅读】 1992 年 Accolade 公司游戏程序反向工程案

1992 年发生的 Accolade 公司游戏程序反向工程案是美国最早直接涉及计算机软件反向工程的案件。Sega 公司认为 Accolade 公司对其游戏程序进行反向工程过程中进行的反汇编和复制行为已经构成对其程序的版权侵害。而被告则认为,对原告程序的反汇编和复制,仅仅是为了能够阅读这些程序,这属于版权法中合理使用的范围。美国加州北部地区联邦法院在一审判决中认定被告侵权成立,原因是其进行反汇编的目的能够开发生产出与原告竞争的软件产品,属于商业目的,不属于合理使用。该案上诉后于 1992 年 10 月,联邦第九巡回上诉法院推翻了一审判决,认为为了了解程序设计的思想和功能概念,如果不存在其他方法,则对该程序的目标代码进行反汇编是必需的,即当进行反汇编行为是接触程序中不受版权保护方面的唯一方法时,则这种反汇编属于合理使用。

第 51 讲　从原型法到敏捷开发方法

结构化开发方法要求用户在项目开始初期,就能够非常明确地描述系统的需求,如果系统需求不够明确或者出现错误,将对信息系统的开发产生非常严重的影响,甚至造成失败。事实上,用户很难在项目开发初期就能够很清晰地描述所有功能需求。为了改进结构化开发方法的不足,相继诞生了原型法与敏捷开发方法。

一、原型法

原型法是根据对用户信息需求的初步了解,借助强有力的软件环境支持,迅速构造一个新系统的原型,然后通过反复修改和完善,最终完成一个新系统的开发。原型是信息系统的一个工作形式或系统的一部分,它只是一个初级模型,随着开发工作的进行,它将进一步完善,直至与用户的需求相一致。建立一个初始设计、试验、修改、再试,这个过程可以不断重复,这就是原型法的交互过程。原型法采用有计划的交互代替无计划的重做,以使每一个版本都比以前能更加正确地反映用户的需求。原型法可以快速而且低成本地为用户建立一个试验系统,以供用户评价。与原型交互,用户可以进一步发现他们的信息需求,使系统分析更加完善。原型被用户认可之后,可以作为一个模板去创建最终系统。

(一)原型法的步骤

原型法包括 4 个主要步骤,如图 1 所示。

(1)识别基本需求。在第一步中开发人员需要收集目标系统的基本需求。基本需求包括输入和输出信息,以及其他简单的流程。由于此时只涉及系统的基本需求,一般不需要注意编辑规则、安全事项或期末处理。

(2)开发初始原型。确定基本需求之后,就可以开始开发最初的原型了。通常,最初原型只包括用户界面,例如数据输入窗口和报表。

(3)用户评价。第三步开始原型法真正的迭代过程,用户对原型进行评估并提出意见或建议。这个过程应引入尽可能多的用户,这可以帮助解决术语和操作方面的各种分歧。

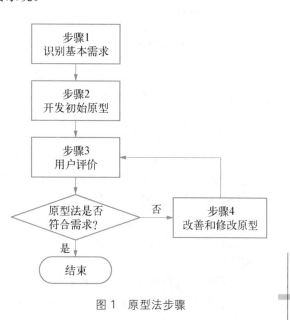

图 1　原型法步骤

（4）改善和修改原型。原型法的最后一步是根据各种用户建议对原型进行修改和完善。这一步要修改现有原型并添加新的建议，然后返回步骤3让用户评审新的原型，然后再返回步骤4重新进行修正，周而复始。

谁使用原型法以及出于什么目的使用原型法，决定了原型法的流程。在系统开发生命周期中，信息技术专家经常只是使用原型法来形成一个系统蓝图，如果使用最终用户原型创建系统，他们就会围绕步骤3和4循环，直到原型变成最终的系统。

（二）原型法的特点

原型法从原理到流程都非常简单，得到了比较广泛的应用。与生命周期法相比，原型法开发管理信息系统有如下一些特点：

（1）易于认识掌握。由于原型法的循环反复、螺旋式上升的工作方法更多地遵循了人们认识事物的规律，因而更容易被人们掌握和接受。

（2）能够有效识别用户需求。原型法强调用户的参与，特别是对模型的描述和系统运行功能的检验，都强调用户的主导作用，这沟通了用户和系统开发者的思想，缩短了他们的距离。在系统开发过程中，需求分析更能反映客观需求，信息反馈更及时、准确，潜在的问题能尽早发现、及时解决，增加了系统的可靠性和适用性。在系统开发过程中，通过开发人员与用户之间的互动，使用户的要求得到较好的满足。生命周期法中用户与开发者之间的信息反馈较少，往往导致用户对开发完成的系统抱怨较多。

（3）缩短开发周期。原型法提倡使用应用系统工具开发，使得整个系统的开发过程摆脱了老一套的工作方法，时间、效率、质量等方面的效益都大幅度提高，系统对内外界环境的适应能力也大大增强。

（4）降低开发风险。原型法将系统调查、系统分析和系统设计过程合而为一，使用户一开始就能看到系统开发完成后的样子。用户参与系统全过程的开发，知道哪些是错误的，哪些需要改进，消除了用户的心理负担，打消了他们对系统何时才能实现，以及实现后是否适用等疑虑，提高了用户参与开发的积极性。同时，用户对系统的功能容易接受和理解，有利于系统的移交、运行和维护。

（三）原型法的局限

原型法的局限性也很明显，主要表现在以下方面：

（1）不适用于大型信息系统开发。尽管原型法从表面上绕开了系统分析过程中所面临的一些矛盾，但是对于大型系统的开发，原型法常常显得无能为力，因为不经过系统分析就进行整个大型系统的设计，直接用屏幕来一个一个地模拟是很困难的。

（2）系统难以维护。原型法没有太多的分析也造成整个系统缺乏一个完整的概念，各子系统之间的接口不明确，系统开发的文档无法统一，容易给以后的维护带来困难。

（3）原型构造困难。对于有大量运算、逻辑性较强的程序模块，原型法很难构造出模型来供人评价，因为这类问题没有那么多交互方式，也不是三言两语就能把问题说清楚的。特别是对于原来的管理基础比较差、信息处理混乱的一些企业，因为工作流程不够清晰，使得用原型法构造原型有一定困难，而且由于用户的工作水平和他们长期所处的混乱环境的影响，也容易使开发者走上机械地模拟原有手工系统的轨道。

在实际开发中，经常将原型法与生命周期法有机结合起来，在充分了解原型法使用环境的基础上,重视开发过程的控制,选择适合的软件开发工具,如屏幕生成器、报表生成器、菜单生成器、项目生成器、数据库语言、图形语言、决策支持语言等。

二、敏捷开发方法

敏捷开发方法(Agile Methodology)是一种以人为核心、迭代、循序渐进的开发方法,通过及早并不断交付有用的软件组件来达到令客户满意的目标。敏捷开发并不追求前期完美的设计、完美编码,而是力求在很短的周期内开发出产品的核心功能,尽早发布出可用的版本,然后在后续的生产周期内,按照新需求不断迭代升级,完善产品。敏捷开发较少关注代码编写,而把更多的注意力放在限定项目范围上。敏捷开发法需要设定最小数量的需求,然后把它转换成为一个可交互的产品。

在敏捷开发中,软件项目在构建初期被切分成多个子项目,各个子项目的成果都经过测试,具备可视、可集成和可运行使用的特征。换言之,就是把一个大项目分为多个相互联系,但也可独立运行的小项目,并分别完成,在此过程中软件一直处于可使用状态。这种开发方法就像它听起来的那样:快速有效、小而敏捷、低成本、功能少、开发时间短。敏捷开发的实现主要包括 Scrum、极限编程(Extreme Programming)、水晶方法(Crystal Methods)、动态系统开发方法(Dynamic Systems Development Method)等。

三、原型法与敏捷开发方法比较

原型法和敏捷开发方法都是一种快速开发软件的方法,相较于结构化生命周期法按部就班式的开发,二者大幅缩减开发时间,提升开发效率。同时,原型法和敏捷开发方法都非常注重用户的全程参与互动,通过及时了解和明确用户需求,从而对系统功能需求不断修正,因而具有良好的用户适应性。但是,正因为二者在开发过程中不断修正、迭代的特点,故二者的严密性相对较低,因此,多数时候比较适用于小型系统的开发。

原型法和敏捷开发方法也有本质的区别。在开发思想上,原型法开发是一种演化模型,首先根据用户的基本需求,快速分析构造出一个初始可运行的原型,然后根据用户使用意见和建议,对原型进行改进,获得原型的新版本,并不断迭代,从而实现从初始的原型逐步演化成最终软件产品。敏捷开发是一种增量迭代模式,首先并不要求实现系统的全部功能,而是快速实现系统的核心功能,在此基础上进一步进行增量迭代和快速交付,进而完成最终系统开发。

在开发实践中,原型法首先需要快速开发一个原型,因而对图形化系统开发工具非常依赖,在此基础上进一步演化开发。而敏捷开发要求程序员团队与业务专家之间紧密协作,面对面地沟通(认为比书面的文档更有效),频繁交付新的软件版本,因而更加强调团队协作,组建紧凑而自我组织型的团队,能够很好地适应需求变化的代码编写和团队组织方法,更加注重软件开发中人的作用。

【拓展阅读】 常用的敏捷开发方法

1. Scrum 方法

Scrum 是用于开发、交付和持续支持复杂产品的一个框架,是一个增量、迭代的开发过程。在这个框架中,整个开发过程由若干短的迭代周期组成,一个短的迭代

管理信息系统(第三版)

周期称为一个 Sprint，每个 Sprint 的建议长度是一至四周。在 Scrum 中，使用产品 Backlog 来管理产品的需求，产品 Backlog 是一个按照商业价值排序的需求列表，列表条目的体现形式通常为用户故事。Scrum 团队总是先开发对客户具有较高价值的需求。在 Sprint 中，Scrum 团队从产品 Backlog 中挑选最高优先级的需求进行开发。在每个迭代结束时，Scrum 团队将递交潜在可交付的产品增量。

2. 极限编程

极限编程（Extreme Programming，简称 XP）是由肯特·贝克（Kent Beck）在 1996 年提出的一种轻量级、灵巧的软件开发方法。XP 是一种近螺旋式的开发方法，它将复杂的开发过程分解为一个个相对比较简单的小周期；通过积极的交流、反馈以及其他一系列方法，开发人员和客户可以非常清楚开发进度、变化、待解决的问题和潜在的困难等，并根据实际情况及时调整开发过程。

3. 水晶方法

水晶（Crystal）方法论由阿利斯泰尔·科克伯恩（Alistair Cockburn）在 20 世纪 90 年代末提出。他把开发看作是一系列的协作游戏，而写文档的目标是帮助团队在下一个游戏中取得胜利。水晶方法的工作产品包括用例、风险列表、迭代计划、核心领域模型，以及记录了一些选择结果的设计注释。水晶方法也为这些产品定义了相应的角色。值得注意的是，这些文档没有模板，描述也不太规范，但目标清晰，能够满足下次游戏开始的条件。

4. 动态系统开发方法

动态系统开发方法（DSDM，Dynamic Systems Development Method）倡导以业务为核心，快速而有效地进行系统开发。DSDM 认为任何事情都不可能一次性圆满完成，应该用 20% 的时间完成 80% 的有用功能，以适合商业目的为准。实施的思路是，在时间进度和可用资源预先固定的情况下，力争最大化地满足业务需求（传统方法一般是需求固定，时间和资源可变），交付所需要的系统。对于交付的系统，必须达到足够的稳定程度以便在实际环境中运行；对于业务方面的某些紧急需求，也必须能够在短时间内得到满足，并在后续迭代阶段中对功能进行完善。

第52讲　极限编程在什么场合适用？

极限编程（Extreme programming，XP）是敏捷软件开发中应用最为流行的方法之一。极限编程和传统开发方法的本质不同在于，它更强调可适应性而不是可预测性。在传统的系统开发方法中，系统需求是在项目开发的分析与设计阶段就确定下来的，并在之后的开发过程中保持不变，而一旦需求发生改变，将导致开发成本急速增加，而这样的需求变更在一些发展极快的领域中是不可避免的。极限编程的支持者认为软件需求的不断变化是很自然的现象，是软件项目开发中不可避免也是应该欣然接受的现象。与传统的在项目起始阶段定义好所有需求再控制变化的方法相比，极限编程能够在项目周期的任何阶段去适应变化，是一种更加现实、有效的方法。

一、极限编程开发方法

极限编程是由肯特·贝克在 1996 年提出的。极限编程法是一种近螺旋式的开发方法，它将复杂的开发过程分解为一个个相对比较简单的小周期；通过积极的交流、反馈以及其他一系列方法，开发人员和客户可以非常清楚开发进度、变化、待解决的问题和潜在的困难等，并根据实际情况及时调整开发过程。极限编程法将一个项目拆分成许多很小的阶段，在前一个阶段完成后，开发者才能继续下一阶段，如图 1 所示。极限编程法和拼图非常相似，都有许多小块，这些块单独看都没有意义，但是当它们组合成为一个整体的时候，组织就可以获得对整个系统的直观认识。极限编程法最主要的特点是它在各个阶段的迭代循环，通过简单而有效的方法，推进团队开发，支持开发者对需求和技术快速做出反应。

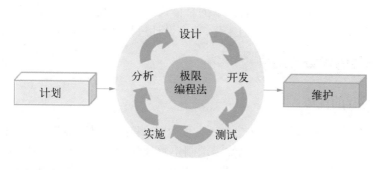

图 1 极限编程法

二、极限编程的开发过程

极限编程的标准过程分为设计和开发两个阶段。在设计阶段，开发人员根据现场客户提供的用户事例明确软件需求，以系统需求为基础，使用系统隐喻规则说明系统如何实现、新的功能如何添加。在开发阶段，采用周期迭代、测试驱动的开发模式，首先编写测试脚本，再使用结对编程方式完成编码，最后进行测试。极限编程方法要求在开发过程中对系统持续集成，反复进行回归测试。

极限编程要求每个参加项目开发的人都担任一个角色（项目经理、项目监督人等），并履行相应的权利和义务，所有的人都在一个开放式的开发环境中工作，最好是在同一个大房间中工作，随时讨论问题。与传统的开发过程不同，极限编程的核心活动体现在"需求→测试→编码→设计"过程中。

（一）需求分析

注重用户参与，开发人员和用户一起，用讲故事的方式把需求表达出来，即用户故事（User Story），以此来不断明确用户需求，这些用户故事将陆续被程序员在各个小的周期内，按照商业价值、开发风险的优先顺序逐个开发。

（二）测试阶段

在极限编程中，测试是非常重要的一个环节，在开发功能代码之前，先编写测试代码，然后只编写使测试通过的功能代码，从而以测试来驱动整个开发过程的进行。这有助于编写简洁可用和高质量的代码，有很高的灵活性和健壮性，能快速响应变化，并加速开发过程。

（三）编程阶段

极限编程要求开发小组中的所有人都遵循一个统一的编程标准，有了统一的编程规范，每个程序员更加容易读懂其他人写的代码，这是实现代码集体所有的重要前提之一。结对编程（Pair Programming）是极限编程的一大特色。结对编程是指代码由两个人坐在一台电脑前一起完成，一个程序员控制电脑并且主要考虑编码细节，另外一个人主要关注整体结构，不断地对程序员写的代码进行评审。

（四）设计阶段

极限编程强调简单设计（Simple Design），即用最简单的办法实现每个小需求。在 XP 中，没有传统开发模式中一次性、针对所有需求的总体设计，这些设计只要能够满足系统客户当前的需求即可，而不需要考虑将来可能的变化，整个设计过程处在螺旋式发展的项目中。

三、极限编程的优势与局限

（一）极限编程的优势

（1）能够快速适应项目需求的变化。一方面，极限编程采用逐步规划、进化式设计的方式进行项目规划设计，项目组首先根据已知需求制定整体计划，然后再根据项目环境和客户需求变化不断修改规划。进化式设计只考虑当前有用的功能和设计，不考虑将来可能的需求，最大限度满足客户当前需求，提高软件产品质量和客户满意度。另一方面，极限编程要求用户现场参与项目开发，随时和项目组成员交流，对项目进行及时有效的反馈，这种现场客户的工作方式，可以让项目组及时发现项目目标与客户需求之间的差距，并征求客户反馈，尽早发现问题并解决问题，避免项目返工和修改造成的资金、时间等资源的浪费。

（2）测试驱动开发，保证产品质量。极限编程要求在开始写程序之前先写好测试代码，然后只编写使测试通过的功能代码，以提高软件的可测试性，保证产品质量，采取测试先行、持续集成等措施，并在设计中采用简单性原则。测试先行的方法避免了程序员先入为主的主观影响，使测试更客观更全面。持续集成是指系统各模块在开发过程中经常性进行集成，及早发现集成中出现的问题，并解决问题。简单性原则即在满足客户需求的前提下，在项目规划、设计和实现时尽可能保持简单。简单性原则不但可以保证系统的可靠性，还可以避免不必要的功能开发，节约项目资源，保证项目实施进度。

（3）能够降低项目风险。传统项目开发中经常出现人员流失和预定进度无法实现等风险，极限编程采用代码集体拥有和频繁发布的开发机制，从而降低项目风险。代码集体拥有即项目组所有成员都可以对系统代码的任何部分进行修改，避免了部分代码由某个人单独控制的现象，即使部分项目组成员流失，也不会对项目开发造成重大影响。频繁发布是指项目组经常进行功能性的发布，向客户展示项目组的阶段性成果，一方面有利于确认客户需求并及时得到反馈，另一方面也有利于进一步地规划和设计，控制项目进度。

（二）极限编程的局限

作为一种优秀的敏捷开发方法，极限编程有其不可替代的优势，但同时其独特的开发机制和措施也造成一定的局限性,主要有以下几个方面。

(1) 团队规模有限。极限编程不特别依赖正式文档,而重视口头交流,因为口头交流相对文档交流更直接、效率更高。而如果团体规模过大,团队成员之间全面的口头交流将会变得比较困难,同时极限编程代码由集体拥有,项目组成员可以任意修改所有代码,如果成员过多,这种修改将会变得难以预料、无法控制,因此,在实践中采用极限编程进行开发的团队规模通常在 10 人以下。

(2) 团队文化认同限制。极限编程采用结对编程的工作方法,这对部分个性鲜明的开发人员来说可能是无法接受的。极限编程为了保持项目组成员的工作热情和工作效率,提倡每周工作 40 小时,而对于一些急欲完成项目的团队来说也是无法接受的。因此,采用极限编程开发的项目团队需要认同和接受极限编程的文化。

(3) 对项目组成员要求较高。传统开发方法中,项目组成员设计、开发、测试职责分工明确,而在极限编程开发中,项目组成员要同时完成设计、测试和开发等多种工作,因此项目组成员需要具有较强的综合素质和多方面的工作能力,这对于项目团队的组建具有较高的难度。

四、极限编程的适用范围

由于极限编程自身的特点,极限编程开发适用于规模小、进度紧、需求变化大、质量要求严的项目。极限编程可以适应快速变化的项目需求,因此在需求变化较大或需求不够明确的项目中适宜采用极限编程开发方法。极限编程采用代码集体拥有、频繁发布等措施,在降低项目开发风险方面具有较好的效果,如果项目开发风险较高,采用极限编程开发方法可以极大限度地降低项目的开发风险,保障项目的顺利完成。极限编程开发方法对项目团队要求较高,要求团队成员具有设计、开发、测试等多种能力,规模较小且成员具有较强工作能力的团队,适合采用极限编程进行项目开发。

目前,极限编程理论仍处于不断完善和改进阶段,并且具体的开发项目也有各自的特点,如何更好地将极限编程开发应用到实际项目中,还需要进一步深入研究。

【拓展阅读】 极限编程的 12 个最佳实践

(1) 计划游戏(Planning Game)。快速制定计划、随着细节的不断变化而完善;结合项目进展和技术情况,确定下一阶段要开发与发布的系统范围。当计划赶不上实际变化时就应更新计划。

(2) 小型发布(Small Release)。系统的设计要能够尽可能早地交付,在非常短的周期内以递增的方式发布新版本,从而可以很容易地估计每个迭代周期的进度,便于控制工作量和风险;同时,也可以及时处理用户的反馈。

(3) 系统隐喻(System Metaphor)。找到合适的比喻传达信息,通过隐喻来描述系统如何运作、新的功能以何种方式加入系统。它通常包含一些可以参照和比较的类和设计模式。

(4) 简单设计(Simple Design)。只处理当前的需求使设计保持简单,任何时候都应当将系统设计得尽可能简单。不必要的复杂性一旦被发现就马上去掉。

(5) 测试驱动(Test-driven)。先写测试代码再编写程序,程序员不断地编写单元测试,在这些测试能够准确无误地运行的情况下开发才可以继续。

(6) 重构(Refactoring)。重新审视需求和设计,重新明确地描述它们,以符合新的和现有的需求;代码重构是指在不改变系统行为的前提下,重新调整、优化系统的内部结构以减少复杂性、消除冗余、增加灵活性和提高性能。

(7) 结对编程(Pair Programming)。由两个程序员在同一台电脑上共同编写解决同一问题的代码,通常一个人负责写编码,而另一个负责保证代码的正确性与可读性。

(8) 集体所有权(Collective Ownership)。任何人在任何时候都可以在系统中的任何位置更改任何代码,每个成员都有更改代码的权利,所有的人对于全部代码负责。

(9) 持续集成(Continuous Integration)。可以按日甚至按小时为客户提供可运行的版本;提倡在一天中集成系统多次,而且随着需求的改变,要不断地进行回归测试,避免了一次系统集成的噩梦。

(10) 每周工作 40 小时(40-hour Week)。要求项目团队成员每周工作时间不能超过 40 小时,加班不得连续超过两周,否则会影响生产效率。

(11) 现场客户(On-site Customer)。在团队中加入一位真正的、起作用的用户,他将全职负责回答问题。要求至少有一名实际的客户代表在整个项目开发周期的现场负责确定需求、回答团队问题以及编写功能验收测试。

(12) 编码标准(Code Standards)。强调通过指定严格的代码规范来进行沟通,尽可能减少不必要的文档。

第 53 讲 面向对象开发与 SOA

面对日趋复杂的应用系统开发,结构化开发方法在重用性以及后期维护与扩展方面显得相当无力,于是面向对象开发方法在这种情况下应运而生。如今,面向对象的概念和应用已超越程序设计和软件开发,扩展到诸如数据库系统、交互式界面、应用结构、应用平台、分布式系统、网络管理结构等领域。面向服务的架构(Service Oriented Architecture,SOA)是一种松散耦合软件架构设计思想,SOA 可以根据需求,通过网络对松散耦合的粗粒度应用组件进行分布式部署、组合和使用。面向对象和 SOA 在思想上有共通之处,而内涵上却有着区别。

一、面向对象开发

(一) 面向对象开发相关概念

面向对象开发方法(Object Oriented Method,OOM)是一种按照人们对现实世界习惯的认识论和思维方式,来研究和模拟客观世界的方法学。它将现实世界中的一切事物都看成"对象",将客观世界看成是由许多不同种类的对象构成的,每个对象都有自己的内部状态和运行规律,不同对象之间的相互联系和相互作用构成了完整的客观世界。

面向对象开发方法是在各种面向对象的程序设计方法的基础上逐步发展起来的。面向对象开发方法以类、对象以及继承、消息传递等概念,描述客观事物及其联系。面向对象开发方法认为,在设计和实现客观系统时,如果能在满足需求的条件下,把系统设计成由一些不可变的(相对固定)部分组成的最小结合,这个设计就是最好的。因为它把握了事物的本质,因而不再会被周围环境(物理环境和管理模式)的变化以及用户的变化需求所左右,而这些不可变的部分就是所谓的对象。

(1)对象。对象包括属性(Attribute)和方法(Method),是客观世界中事物或人脑中的各种概念在计算机程序世界里的抽象表示,也是面向对象程序设计的基本元素。其中,属性定义对象特征;方法定义改变属性状态的各种操作,称之为封装(Encapsulation)。对象可按其属性进行归类。

(2)类。类是对一组有相同数据和相同操作的对象的定义,一个类所包含的方法和数据描述一组对象的共同属性和行为。

类与对象的关系是抽象与具体的关系,类是多个实体对象的抽象,对象则是类的具体化,是类的实例。一旦定义了一个类,就可以创建该类的多个对象。它们具有相同的属性名和方法名,只是属性的取值不同或方法的执行过程不同。类与对象关系如图1所示。

图1 类与对象的关系

(二)面向对象方法的主要特点

面向对象法是以对象为中心的一种开发方法,具有以下特点:

(1)抽象性。在面向对象法中,把一些无关紧要的属性忽略,抽出实体的本质和内在属性称为抽象。类是抽象的产物,对象是类的一个实体。同类中的对象具有类中规定的属性和行为。

(2)封装性。在面向对象法中,程序和数据是封装在一起的,对象作为一个实体,它的操作隐藏在行为中,状态由对象的"属性"来描述,并且只能通过对象中的"行为"来改变,外界一无所知。可以看出,封装是一种信息隐藏技术,是面向对象法的基础。

(3)继承性。继承性是指子类共享父类的属性与操作的方式,是类特有的性质。类可以派生出子类,子类自动继承父类的属性与方法。因此,继承大大地提高了软件的可重用性。

(4)多态性。同一消息发送到不同类或对象可导致不同的操作结果,使软件开发设计更便利,编码更灵活。

(三)面向对象方法的一般过程

面向对象开发方法主要有面向对象分析、面向对象设计、面向对象编程三个阶段,分别对应软件开发生命周期的系统分析、系统设计、系统实施三个阶段。

(1)面向对象分析。虽然面向对象开发方法和结构化开发方法有很大不同,但前期的系统需求调查是完全相同的。根据系统需求调查结果,形成事件列表。有了需求事件列表,就可以归纳和抽象出系统相关角色。需要注意的是,角色不是指具体的人和事物,而是表示人或事物在系统中所扮演的角色。

(2)面向对象设计。分析阶段完成后,就可以进入面向对象的设计阶段。面向对象分析主要关心系统的功能和业务,无需关心与计算机实现相关的内容,而面向对象设计阶段,就要充分考虑系统体系结构、运行环境、编程语言等与计算机实现相关的内容。

(3)面向对象编程。面向对象的编程实现是指在面向对象设计的基础上,将设计阶段的设计模型映射为计算机编程结构。映射工具可以是代码自动化生成工具。代码自动化生成工具可以根据设计类图自动生成类代码,但大部分编码还需要人工来实现。在面向对象编程过程中,面向对象的封装、继承、多态、抽象等特征已经在设计阶段完成,因此,在编程阶段无需考虑对象的封装、继承、多态、抽象等特征的实现。

二、面向服务的架构

(一) SOA 的概念理解

Gartner 公司在 1996 年提出了 SOA 的概念,并于 2002 年 12 月进一步提出"SOA 是现代应用开发领域最重要的课题"。SOA 意为面向服务的架构,本质上是面向服务的思想在企业 IT 架构方面的应用。面向服务的思想,是面向对象思想之后一种新的思想模式,其核心特征就是以松耦合、粗粒度的服务单元来构建软件。

SOA 的核心本质是实现服务和技术的完全分离,从而达到服务的可重用性。SOA 是一种分布式组件模型,将应用程序的不同单元封装成服务,通过服务间定义良好的接口和协议联系起来。接口采用中立的方式定义,独立于实现服务的硬件平台、操作系统或编程语言,使得构建在系统中的服务可以使用统一和标准的方式进行通信,从而实现在分布环境下将软件组件、系统的各种功能以服务的形式提供给最终用户或其他服务。这种具有中立的接口定义(不强制绑定到特定的实现上)的特征,称为服务之间的松散耦合。

(二) SOA 中主要角色

SOA 结构中有三种角色,即服务提供者、服务注册中心和服务请求者。服务提供者将可用的商务过程或信息封装成服务,用独立于平台和语言的方式定义对内和对外的接口,再把接口的描述信息发布到服务注册中心,并动态地响应对自己服务的请求和调用。服务注册中心接受服务提供者注册所发布的服务,并对已经注册的服务进行分类,同时为服务请求者提供对信息的查询。服务请求者利用服务注册中心查找服务,找到后动态绑定到相关服务,并调用该服务。SOA 架构的基本元素是服务(Service),SOA 的核心就是重用和互操作。

(三) SOA 的主要特点

(1)以服务为中心,在 SOA 中服务是最基本的单元,提供了服务提供者的语义特征、接口特征和服务的各种非功能特征,通过标准协议和数据格式进行通信。SOA 中服务的设计和服务之间的协作,主要针对具体的业务流程进行设计和开发,通过业务选择技术,避免了技术制约业务的问题。

(2)服务的封装,将服务封装成用于业务流程的可重用组件的应用程序函数。它提供信息或简化业务数据从一个有效、一致的状态向另一个状态的转变。封装隐藏了复杂性。服务的 API 保持不变,使得用户远离具体实施上的变更。

(3)服务的重用,服务的可重用性设计显著地降低了成本。为了实现可重用性,服务只工作在特定处理过程的上下文中,独立于底层实现和客户需求的变更。通过服务的方式对已有系统进行封装,或基于服务开发新的系统,使资源的利用更加高效。

（4）服务的互操作,在 SOA 中,通过服务之间既定的通信协议进行互操作,主要有同步和异步两种通信机制,SOA 提供服务的互操作特性更有利于其在多个场合被重用。

（5）服务之间的松散耦合。服务良好的封装性将具体的实现细节隐藏起来,使得服务的设计和实施更加灵活和适应变化,实现了服务之间的松散耦合。SOA 允许独立地开发,服务提供者和使用者不用考虑各自的技术组成,且实施细节和方法的改变不会对整个业务流程造成影响。

（6）服务是位置透明的。服务是针对业务需求设计的,需要反映需求的变化,即所谓敏捷设计。要想真正实现业务与服务的分离,就必须使得服务的设计和部署对用户来说是完全透明的,也就是说,用户完全不必知道响应自己需求服务的位置,甚至不必知道具体是哪个服务参与了响应。

（7）采用开放的接口。SOA 的实施强调基于统一的标准,SOA 系统建立在大量的开放标准和协议之上,以实现系统及信息的互联互通和互操作。

（8）灵活适应变化。针对环境和业务流程的变化,在不改变服务接口的前提下,支持服务提供者和服务使用者的动态改变,能够动态地将各种服务按需组织在一起,以快速、敏捷地响应变化。

三、从面向对象到面向服务

软件体系结构经历了数次变革,目的都是解决应用领域不断增加的复杂程度。面向对象体系结构就是在面向过程的基础上发展成为目前普遍应用的体系结构的,而 SOA 的出现,使系统开发和集成有了更进一步的发展。从面向对象到面向组件直至 SOA,体现了开发方式的抽象化、规模化与大型化,面向对象开发的类与对象共同构成了组件,数个组件又构成了粒度较粗的服务,这也体现了从开发导向到业务导向的转变。

面向对象开发是一种具体的实现技术,包括面向对象分析、面向对象设计与面向对象编程方法。面向对象的基本思想是通过对象的封装、集成与多态特征,实现功能组件的复用,其复用的级别是组件级,因此是紧耦合的,组件粒度通常过小,不但组装成本高,而且一个组件的改动对另一组件的影响很大,影响复用质量。

SOA 是面向对象思想之后的一种新的思想模式,可以说是面向对象思想的发展,其核心特征就是以松耦合、粗粒度的服务单元来构建软件。作为一种思想,SOA 不涉及任何具体的实现技术细节,但是思想终归要落地才会带来社会效益。SOA 是一种设计理念,而不是具体的实现技术,其本质上是一种业务和技术完全分离的 IT 架构理念,对于一个现实的系统,程序员从代码构成角度来看,系统代码由类构成,从而认为系统是面向对象开发,而对于架构师而言,若系统符合 SOA 的所有特征,也可以认为系统是面向服务的。SOA 的基本元素是服务,它是组件的封装体,相对于组件来说,服务是更高一级的抽象级别,对迅速变化的业务环境具有更好的适应力。通常情况下,SOA 主要用于分布式系统的构建,设计者通过特定的数据格式集成一些服务,完成系统构建,相比面向对象开发,SOA 是松耦合和粗粒度的。

SOA 体现了软件架构师对于系统认知的进步,解决了面向对象与面向组件开发方法中功能浪费、效率低下、架构复杂、继承困难等问题,但当下 SOA 也存在着缺乏具体标准、需要由上而下全局推动,生命周期管控困难与维护困难等问题。

与 SOA 紧密相关的技术主要有 UDDI、WSDL、SOAP 等,这些技术都是以 XML 为基础发展起来的。

(1) UDDI(Universal Description Discovery and Integration,统一描述、发现和集成)提供了一种服务发布、查找和定位的方法,是服务的信息注册规范,以便被需要该服务的用户发现和使用它。UDDI 规范描述了服务的概念,同时也定义了一种编程接口。通过 UDDI 提供的标准接口,企业可以发布自己的服务供其他企业查询和调用,也可以查询特定服务的描述信息,并动态绑定到该服务上。

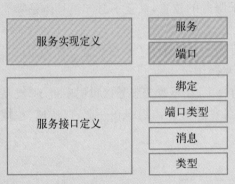

图 2　基本服务描述

(2) WSDL (Web Service Description Language, Web 服务描述语言)是对服务进行描述的语言,它有一套基于 XML 的语法定义。WSDL 描述的重点是服务,它包含服务实现定义和服务接口定义,如图 2 所示。采用抽象接口定义对于提高系统的扩展性很有帮助。服务接口定义就是一种抽象、可重用的定义,行业标准组织可以使用这种抽象的定义来规定一些标准的服务类型,服务实现者可以根据这些标准定义来实现具体的服务。服务实现定义描述了如何实现特定的服务接口。服务实现定义中包含服务和端口描述,一个服务往往会包含多个服务访问入口,而每个访问入口都会使用一个端口元素来描述,端口描述的是一个服务访问入口的部署细节,例如,通过哪个地址来访问,应当使用怎样的消息调用模式来访问等。

(3) SOAP(Simple Object Access Protocol,简单对象访问协议)定义了服务请求者和服务提供者之间的消息传输规范。SOAP 用 XML 来格式化消息,用 HTTP 来承载消息。通过 SOAP 应用程序可以在网络中进行数据交换和远程过程调用(Remote Procedure Call, RPC)。

参考文献:张友生.软件体系结构原理、方法与实践(第 2 版)[M].北京:清华大学出版社,2019.

第 54 讲　进一步理解面向服务开发

面向服务方法是在面向对象方法的基础上扩展的构建系统的思想和方法。面向服务方法关注的是企业业务,它直接映射到业务,强调 IT 与业务的对齐,以服务为核心元素来封装企业的业务流程和企业已有应用系统,服务的颗粒度更大,更加匹配企业级应用中的业务,可以实现更高级别的重用。SOA 架构是面向服务开发的主要依托和主要方式。

一、面向服务的分析与设计

从概念上讲,在 SOA 中有三个主要的抽象级别,分别是操作、服务和业务流程。操作代表单个逻辑工作单元的事务,执行操作通常会导致读、写或修改一个或多个持久性数据。SOA 操作与面向对象的方法相比,它们都有特定的结构化接口,并且返回结构化的响应,完全同方法一样。服务代表操作的逻辑分组,例如,如果将客户管理视为服务,则按照电话号码查找客户、按照名称和邮政编码列出顾客和保存新客户的数据就代表相关的操作。业务流程是为实现特定业务目标而执行的一组长期运行的动作或活动。业务流程通常包括多个业务调用。在 SOA 术语中,业务流程包括依据一组业务规则按照有序序列执行的一系列操作。操作的排序、选择和执行称为服务或流程编排,典型的情况是调用已编排服务来响应业务事件。

从建模的观点来看,由此带来的挑战是如何描述设计良好的操作、服务和流程抽象的特征以及如何系统地构造它们。针对这个问题,综合面向对象的分析与设计(OOAD)、企业体系结构框架(EA)和业务流程建模(BPM)中的适当原理,提出了面向服务的分析与设计(SOAD)概念。

SOA 实现项目经验表明,诸如 OOAD、EA 和 BPM 这样的现有开发流程和表示法仅仅涵盖支持 SOA 范式所需的部分要求。SOA 方法在加强已经制定的良好通用软件体系结构原则(如信息隐藏、模块化和问题分离)的同时,还增加了服务编排、服务库和服务总线中间件等模式,因而在建模时需要对它们给予特别的关注。这就需要整合这三种方法,保留适用的理论,摒弃不适用的地方,并且融入一些新的方法和原则。总的来说,OOAD、EA 和 BPM 分别从基础设计层、应用结构层和业务组织层三个层次上为 SOAD 提供理论支撑。其结构如图 1 所示。

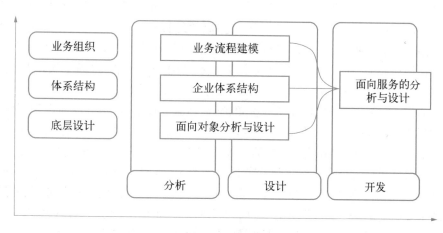

图 1　SOAD 结构图

(一) 基础设计层

SOAD 的第一层是基础设计层,它采用了 OOAD 的思想,其主要目标是能够进行快速而有效的设计、开发以及执行灵活且可扩展的底层服务构件。对于设计已定义的服务中的底层类和构件结构，OO 是一种很有价值的方法。但是目前与 SOAD 有关的 OO 设计在实践中也存在着一些问题：OO 的粒度级别集中在类级，对于业务服务建模来说，这样的抽象级别太低。诸如继承这样的强关联产生了相关方之间一定程度的紧耦合。与此相反，SOAD 试图通过松耦合来促进灵活性和敏捷性。这使得 OO 难以与 SOAD 体系结构保持一致，类似这些问题还有待进一步解决。尽管如此，OO 还是为 SOAD 提供了丰富的理论源泉。

（二）体系结构层

SOAD 的第二层是体系结构层，它采用了 EA 的理论框架。企业应用程序和 IT 基础体系结构发展成 SOA 是一个庞大的工程，其中可能会涉及众多的业务流水线和组织单元，因此，需要 EA 框架和参考体系结构，以实现单独的解决方案之间体系结构的一致性。在 SOA 中，体系结构层必须以表示业务服务的逻辑构件为中心，并且集中于定义服务之间的接口和服务级别。

（三）业务层

SOA 第三层是业务层，它采用了 BPM 规则。BPM 是一个不完整的规则，其中有许多不同的形式、表示法和资源，其中应用较为广泛的是 UML。SOA 必须利用所有现有的 BPM 方法作为 SOAD 的起点，同时需要在服务流程编排模型中，用于驱动候选服务和它们操作的附加技术来对其加以补充。

二、面向服务的实现方式

目前，实现面向服务开发的方法比较多，其中主流方式有 Web Service、ESB、SCA 等。

（一）Web Service

Web Service 是一套标准，它定义了分布式应用程序如何在 Web 环境中实现服务化的调用与互操作。遵循这套标准，可以用几乎所有主流的编程语言、在任何操作系统平台上编写 Web 服务，之后就可以通过 Internet 对这些服务进行查询和访问。Web 服务的优点包括跨平台、跨语言、跨编程模型、松散耦合、接口与实现分离、基于 XML 消息（易于实现数据共享）和容易理解的 HTTP 协议、容易跨越防火墙和网络基础设施的限制等。

Web Service 体系结构模型描述了 3 种角色，包括服务提供者、服务注册者和服务请求者，定义了 3 种操作即查找服务、发布服务和绑定服务，同时给出了服务和服务描述两种操作对象。服务提供者采用基于 XML 统一的 Web 服务描述语言（WSDL）来描述服务；在统一描述、发现和集成协议（UDDI）注册中心注册发布自己的服务，并且对使用自身服务的请求进行响应，服务注册中心注册已经发布的服务提供者，对其进行分类，并提供搜索服务；服务请求者利用服务代理查找所需的服务，然后使用一种基于 XML 的简单对象访问协议（SOAP）来执行服务调用。Web Service 模型中的操作包括发布、查找和绑定，这些操作可以单次或反复出现，如图 2 所示。

（1）发布。为了使用户能够访问服务，服务提供者需要发布服务描述，以便服务请求者可以查找它。

（2）查找。在查找操作中，服务请求者直接检索服务描述或在服务注册中心查询所要求的服务类型。对服务请求者而言，可能会在生命周期的两个不同阶段中涉及查找操作，首先是

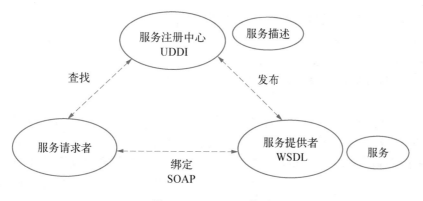

图 2　Web Service 模型

在设计阶段,为了程序开发而查找服务的接口描述;其次是在运行阶段,为了调用而查找服务的位置描述。

（3）绑定。在绑定操作中,服务请求者使用服务描述中的绑定细节来定位、联系并调用服务,从而在运行时与服务进行交互。绑定可以分为动态绑定和静态绑定。在动态绑定中,服务请求者通过服务注册中心查找服务描述,并动态地与服务交互;在静态绑定中,服务请求者已经与服务提供者达成默契,通过本地文件或其他方式直接与服务进行绑定。

（二）企业服务总线(ESB)

企业服务总线(Enterprise Service Bus,ESB)是构建 SOA 解决方案时所使用基础架构的基础服务设施,它是一种为进行连接服务提供的标准化的通信基础结构,基于开放的标准,为应用提供了一个可靠、可度量和高度安全的环境,并可帮助企业对业务流程进行设计和模拟,对每个业务流程实施控制和跟踪、分析并改进流程和性能。

在一个复杂的企业计算环境中,如果服务提供者和服务请求者之间采用直接的端到端的交互,那么随着企业信息系统的增加和复杂度的提高,系统之间的关联会逐渐变得非常复杂,形成一个网状结构,这将带来昂贵的系统维护费用,同时也使得 IT 基础设施的复用变得困难重重。ESB 提供了一种基础设施,消除了服务请求者与服务提供者之间的直接连接,使得服务请求者与服务提供者之间进一步解耦。ESB 支持异构环境中的服务、消息,以及基于事件的交互,并且具有适当的服务级别和可管理性。在 SOA 模型中,ESB 用于组件层以及服务层之间,它能够通过多种通信协议连接并集成不同平台上的组件将其映射成服务层的服务,如图 3 所示。

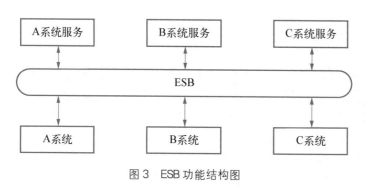

图 3　ESB 功能结构图

ESB 是由中间件技术实现并支持 SOA 的一组基础架构,是传统中间件技术与 XML、Web Service 等技术结合的产物,是在整个企业集成架构下面向服务的企业应用集成机制。具体来说,ESB 具有以下功能:

(1) 支持异构环境中的服务、消息和基于事件的交互,并且具有适当的服务级别和可管理性。

(2) 通过使用 ESB,可以在几乎不更改代码的情况下,以一种无缝的非侵入方式使现有系统具有全新的服务接口,并能够在部署环境中支持任何标准。

(3) 充当缓冲器的 ESB(负责在诸多服务之间转换业务逻辑和数据格式)与服务逻辑相分离,从而使不同的系统可以同时使用同一个服务,不用在系统或数据发生变化时改动服务代码。

(4) 在更高的层次,ESB 还提供诸如服务代理和协议转换等功能。允许在多种形式下通过像 HTTP、SOAP 和 JMS 总线的多种传输方式,主要是以网络服务的形式,为发表、注册、发现和使用企业服务或界面提供基础设施。

(5) 提供可配置的消息转换翻译机制和基于消息内容的消息路由服务,传输消息到不同的目的地。

(6) 提供安全和拥有者机制,以保证消息和服务使用的认证、授权和完整性。

(三) 服务组件架构(SCA)

服务组件架构(Service Component Architecture,SCA)是由 BEA、IBM、Oracle 等知名中间件厂商联合制定的一套符合 SOA 思想的规范。SCA 的目的是使用户在构建企业应用时,不再直接面对具体的技术细节,而是通过服务组件的方式来构建应用。这种方式也使得客户的企业应用具有良好的分层架构,能够很好地分离应用的业务逻辑和 IT 逻辑,不但易于应用的构建,也易于应用的更改和部署。

SCA 提供了一套可构建基于面向服务的应用系统的编程模型,它的核心概念是服务及其相关实现。SCA 组件组成程序集,程序集是服务级的应用程序,它是服务的集合,这些服务被连接在一起,并进行了正确的配置。在 SCA 标准下,SCA 由域(Domain)、组合构件(Composite)、构件(Component)三个级别组成,构件对应着细粒度的 Web 服务,域对应着粗粒度的 Web 服务。SCA 程序集运行在两个级别:第一种情况,程序集是"大规模编程"的一组松散连接的服务组件;另一种情况,程序集是"小规模编程"内的一组松散连接的组件。二者的区别在于,"大规模编程"对应着应用,"小规模编程"对应着模块,一般来说,服务组件对应着"小规模编程",即模块的概念。

【拓展阅读】 BPEL:一种面向服务开发语言

业务流程执行语言(Business Process Execution Language,BPEL)是一种基于 XML,用来描写业务过程的编程语言,被描写的业务过程的每个单一步骤则由 Web 服务来实现。BPEL 的作用是将一组现有的服务组合起来,从而定义一个新的 Web 服务。与同样使用 XML 语言的 WSDL 相比,BPEL 不仅定义接口,还将定义如何调用其他服务接口来实现接口,其通过流程编程将各类接口进行组合,最终实现了"集合接口"的接口。用 XML 文档写入 BPEL 中的流程,能在 Web 服务之间以标准化的交互方式得到精心组织。这些流程能够在任何一个符合 BPEL 规范的平台或产品上执行。所以,通过允许用户在各种各样的创作工具和执行平台之间移动这些流程,保护了用户在流程自动化上的投资。

参考文献:张友生.软件体系结构原理、方法与实践(第 2 版)[M].北京:清华大学出版社,2019.

第 55 讲 云环境下的信息系统开发

云计算是继互联网、计算机之后信息时代的一种新的变革,云计算使计算成为一种公共资源,改变了以往信息处理和存储理念,极大影响了互联网应用模式和产品开发方式,云端开发也逐渐成为软件行业主流。云原生技术快速发展,重构了 IT 运维和开发模式,软件开发一体化 DevOps 云平台,集成需求管理、架构设计、配置管理、代码开发、测试、部署、发布、反馈、运维等功能,给用户带来一站式的云端软件交付新体验,对信息系统开发、使用和运维产生了显著变革。

一、云端软件开发

传统的本地软件开发模式资源维护成本高,开发周期长,交付效率低,已经严重制约企业的创新发展。通过采用云端部署开发平台进行软件全生命周期管理,能够快速构建开发、测试、运行环境,规范开发流程和降低成本,提升研发效率和创新水平,逐渐成为软件行业新主流。云端软件开发的优势体现在以下方面。

(1)降低企业成本。传统企业信息系统开发,是由企业委托开发商开发,根据企业自身需求开发信息系统,开展业务调研、需求分析以及设计开发和运行维护等工作。企业需要具备一定的 IT 专业技术人员负责跟进,自行购置服务器等硬件设施,并将应用系统部署在自己的服务器上。云计算利用虚拟化技术对软硬件资源采取集中式、动态化管理,用户可弹性管理所需资源,按需投入,随时扩大计算能力,满足复杂的计算需求,降低企业成本。

(2)覆盖软件开发全生命周期。云平台集成端到端管理工具服务,全面实现云中协作、需求分析、编码调试、测试、部署、运维等一体化流程。

(3)实现软件开发协同。云开发平台集成语音、消息、会议等一站式协同平台,聚焦核心内容,使团队随时随地可高效沟通,完美解决开发、测试、运维等跨地域协作效率低的问题。

(4)软件开发趋于结构化。软件即服务(SaaS)将传统开发和集成中的低端任务抽象成标准化的构件,实现即装即用,在云计算分布式软件体系结构下,不同的软件可共享构件,使软件开发过程更加灵活。

二、云原生

云原生是一系列云计算技术体系和企业管理方法的集合,既包含实现应用云原生化的方法论,也包含落地实践的关键技术。云原生应用利用容器、服务网格、微服务、不可变基础设施和声明式 API 等代表性技术,来构建容错性好、易于管理和便于观察的松耦合系统,结合可靠的自动化手段可对系统做出频繁、可预测的重大变更,让应用随时处于待发布状态。云原生技术有利于各组织在公有云、私有云和混合云等新型动态环境中,构建和运行可弹性扩展的应用,借助平台的全面自动化能力,跨多云构建微服务,持续交付部署业务生产系统。云原生包含一组应用的模式,用于帮助企业快速、持续、可靠、规模化地交付业务软件。云原生由微服务架构、DevOps 和以容器为代表的敏捷基础架构组成,如图 1 所示。

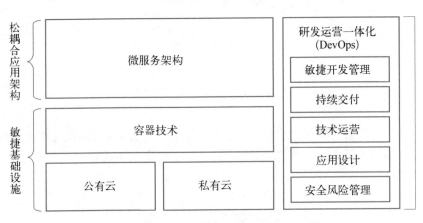

图 1　云原生关键技术架构

以容器、微服务、DevOps 为代表的云原生技术,能够构建容错性好、易于管理和便于监测的松耦合系统,让应用随时处于待发布状态。容器技术将微服务及其所需的所有配置、依赖关系和环境变量打包成容器镜像,轻松移植到全新的服务器节点上,而无需重新配置环境,完美解决环境一致性问题,使得容器成为部署微服务的最理想工具。通过松耦合的微服务架构,可以独立地对每个服务进行升级、部署、扩展和重新启动等流程,从而实现频繁更新而不会对最终用户产生任何影响。相比传统的单体架构,微服务架构具有降低系统复杂度、独立部署、独立扩展、跨语言编程的特点。频繁的发布更新带来了新的风险与挑战,DevOps 提供统一软件开发和软件操作,与业务目标紧密结合,在软件构建、集成、测试、发布到部署和基础设施管理中提倡自动化和监控。DevOps 的目标是缩短开发周期,增加部署频率,更可靠地发布。用户可通过完整的工具链,深度集成主流的工具集,实现零成本迁移,快速实现 DevOps。

(一) 微服务架构

微服务是独立部署的、原子的、自治的业务组件,业务组件彼此之间通过消息中间件进行交互,业务组件可以按需独立伸缩、容错、故障恢复。这些服务围绕业务能力构建并且可通过全自动部署机制独立部署,共用一个最小型的集中式的管理,服务可用不同的语言开发,使用不同的数据存储技术。

微服务将大型复杂软件应用拆分成多个简单应用,每个简单应用描述着一个小业务,系统中的各个简单应用可被独立部署。各个微服务之间是松耦合的,可以独立地对每个服务进行升级、部署、扩展和重新启动等流程,从而实现频繁更新而不会对最终用户产生任何影响。相比传统的单体架构,微服务架构具有降低系统复杂度、独立部署、独立扩展、跨语言编程等特点。

（二）容器技术

容器是一种轻量级的虚拟化技术，能够在单一主机上提供多个隔离的操作系统环境，通过一系列的命名空间（Namespace）进行进程隔离，每个容器都有唯一的可写文件系统和资源配额。容器技术分为运行时和编排两层，运行时负责容器的计算、存储、网络等，编排层负责容器集群的调度、服务发现和资源管理。

云计算时代的到来，要求应用要原子化、快速地开发迭代、快速地上线部署，划分为虚拟机的方式不能保障应用在每个环境都一致，容易引起应用因环境的问题而产生漏洞，容器的出现很好地解决了这个问题。研发人员在将代码开发完成后，将代码、相关运行环境构建镜像，测试人员在宿主机上下载服务的镜像，使用容器启动镜像后即可运行服务进行测试。测试无误后运维人员申请机器，拉取服务器的镜像，在一台或多台宿主机上可以同时运行多个容器，对用户提供服务。在这个过程中每个服务都在独立的容器里运行，每台机器上都运行着相互不关联的容器，所有容器共享宿主机的 CPU、磁盘、网络、内存等，即实现了进程隔离（每个服务独立运行）、文件系统隔离（容器目录修改不影响主机目录）、资源隔离（CPU 内存磁盘网络资源独立）。

容器服务提供高性能可伸缩的容器应用管理服务，容器化应用的生命周期管理可以提供多种应用发布方式。容器服务简化了容器管理集群的搭建工作，整合了调度、配置、存储、网络等，打造云端最佳容器运行环境。使用容器技术，用户可以将微服务及其所需的所有配置、依赖关系和环境变量打包成容器镜像，轻松移植到全新的服务器节点上，而无需重新配置环境，这使得容器成为部署单个微服务的最理想工具。

（三）DevOps

DevOps（Development & Operations）是一组过程、方法与系统的统称，用于促进开发（应用程序/软件工程）、技术运营和质量保障（QA）部门之间的沟通、协作与整合。它的出现是由于软件行业日益清晰地认识到，为了按时交付软件产品和服务，开发和运营工作必须紧密合作。DevOps 旨在统一软件开发和软件操作，与业务目标紧密结合，在软件构建、集成、测试、发布到部署和基础设施管理中大力提倡自动化和监控。DevOps 的目标是缩短开发周期，增加部署频率，更可靠地发布。用户可通过完整的工具链，深度集成代码仓库、制品仓库、项目管理、自动化测试等类别中的主流工具，实现零成本迁移，快速实现 DevOps。DevOps 帮助开发者和运维人员打造了一个全新空间，构建了一种通过持续交付实践去优化资源和扩展应用程序的新方式。DevOps 和云原生架构的结合能够实现精益产品开发流程，适应快速变化的市场，更好地服务企业的商业目的。

目前，业界顶尖的软件企业均致力于软件开发云的建设和应用，陆续推出集成需求管理、架构设计、配置管理、代码开发、测试、部署、发布、反馈、运维等全自动化的 DevOps 持续交付云平台，给用户带来一站式的云端软件交付新体验，并将软件定制化服务深入到企业应用场景中，帮助企业在提升软件开发效率的同时专注于业务创新。例如，华为的软开云 DevCloud 平台，与华为云紧密集成，简化部署、发布和应用上云，让软件开发变得更加简单高效，其全方位安全加固的系统对核心研发数据加密传输和存储，全面保障企业研发数据的安全。阿里云的云效平台，将敏捷开发、流式实时交付、分层自动化等 DevOps 理念落地实践，提供覆盖从需求开发到产品上线运维的端到端提效工具，提供稳定的分布式代码托管服务、多中心、去存储、强依赖的运维监控及全面的自动化质量保证,自动识别发布异常并采取合理措施。腾讯的蓝鲸平台提供了从代码构建、集成到最终交付部署的完整自动化工具链,同时支持多云并发、海量高效的运维操作,实现了真正的开发运维一体化云平台。

三、云原生对 IT 运维和开发模式的影响

随着云计算技术的快速发展,云的形态也在不断演进。基于传统技术栈构建的应用包含了太多开发需求(后端服务、开发框架、类库等),而传统的虚拟化平台只能提供基本运行的资源,云端强大的服务能力红利并没有完全得到释放。云原生理念的出现在很大程度上改变了这种现状。云原生专为云计算模型而开发,用户可快速将这些应用构建和部署到与硬件解耦的平台上,为企业提供更高的敏捷性、弹性和云间的可移植性。

以容器技术为核心的云原生技术贯穿底层载体到应用中的函数,衍生出越来越高级的计算抽象,计算的颗粒度越来越小,应用对基础设施的依赖程度逐渐降低,更加聚焦业务逻辑。容器提供了内部自治的编译环境,打包进行统一输出,这为单体架构的应用如微服务拆分提供了途径,也为服务向函数化封装提供了可能。容器技术实现了封装的细粒度变化,微服务实现了应用架构的细粒度变化,随着无服务器架构技术的应用推广,计算的颗粒度可细化至函数级,这也使得函数与服务的搭配会更加灵活。在未来,通过函数的封装与编排将实现应用的开发部署,云原生技术轴将会越来越靠近应用内部,颗粒度越来越小,使用也越来越灵活。

参考文献:
[1] 中国信息通信研究院. 云计算发展白皮书(2019 年)[R]. 2019.
[2] 中国信息通信研究院. 云计算发展白皮书(2020 年)[R]. 2020.
[3] 云计算开源产业联盟. 云原生技术实践白皮书(2019 年)[R]. 2019.

【拓展阅读】 云原生技术在网商银行核心系统的应用实例

网商银行作为首批互联网银行,其金融 IT 系统建设面临较多问题:无线下网点强依赖互联网入口服务的经营模式;金融业务的快速开发与迭代,灵活的金融产品与服务;海量客户与交易,高并发和高性能;数据和服务的可伸缩性;低成本资源调度。

通过微服务技术,包括高性能分布式服务框架、微服务治理中心、Service Mesh 解决方案等,网商银行实现了高可伸缩性和高容错性,满足大规模部署下的性能要求。

云原生应用 PaaS 平台和容器技术,将大规模金融级运维能力与渐进式的云原生架构转型方案相结合,网商在 2018 年"双十一"大促之前完成了底层改造,基于云原生技术实现大规模容器编排的异地多活架构,支持云原生应用的部署和运行,提供镜像管理和集群管理能力,支持多租户,提升研发效率和自动化水平,降低成本和业务技术风险。

通过 DevOps 云原生技术,以可视化的方式,对云上云下业务、微服务、作业及函数等进行灵活流程编排,有效解决金融业务运维服务的自动化、定制化及灵活的流程调度编排需求,以持续交付实践不断提高研发效率。

基于云原生技术,网商银行成为中国为数不多的将核心系统架构在金融云上的银行。在 2018 年"双十一"大促期间,网商银行底层架构全面升级,具备上千节点、上万容器组的编排调度,支撑了整体业务容量和峰值 TPS 的大幅增长。

第 56 讲　体系结构与开发环境的选择

软件体系结构主要是指抽象描述软件系统,以连接需求与实践,其研究内容也从前期设计,拓展到整个软件生命周期。参与研究的人员相互交流,促进软件开发,并融合构件、复用等技术。随着软件工程方法和技术的逐渐成熟和完善,软件体系结构也由最初模糊的概念发展成为一个日渐成熟的技术,成为计算机科学的一个独立的学科分支。

一、软件体系结构

(一) 软件体系结构概念

软件体系结构是指可以预制和可重构的软件框架结构。软件体系结构经常又被称为软件架构,实际上软件架构既包含软件体系结构概念,也包括软件基础设施范畴,虽然软件体系结构已经在软件工程领域中有了广泛的应用,但目前还没有一个统一的定义,相关学者从不同的理解角度提出了相关定义。

D. E. 佩里(D. E. Perry)和 A. L. 沃尔夫(A. L. Wolf)将软件体系结构定义为:具有一定形式的结构化元素,即构件的集合,包括处理构件、数据构件和连接构件。处理构件负责对数据进行加工,数据构件是被加工的信息,连接构件把体系结构的不同部分组合连接起来。D. 加尔朗(D. Garlan)和 M. 肖(M. Shaw)认为软件体系结构是软件设计的一个层次,软件体系结构处理算法与数据结构上关于整体系统结构设计和描述方面的一些问题,如全局组织和全局控制结构,关于通信、同步与数据存取的协议,设计构件功能定义,物理分布与合成,设计方案的选择、评估与实现等。巴里·贝姆(Barry Beohm)认为一个软件体系结构包括一个软件和系统构件相互关系及相关约束的集合,一个系统描述说明集合,一个基本原理涵盖相关解释和需求说明。IEEE 610.12－1990 软件工程标准词汇中将软件系统结构定义为:以构件、构件之间的关系、构件与环境之间的关系为内容的某一系统的基本组织结构,并指导上述内容设计与演化的原则。

虽然这些定义并不完全相同,但核心要点基本一致。因此,软件体系结构是关于软件系统结构、行为和属性的高级抽象,包括组成系统的构件、构件之间的交互,由构件与构件交互形成的拓扑结构,以及这些要素应该满足的设计原则与指导方针。

(二) 软件体系结构内容

软件体系结构风格、设计模式、应用框架等概念能从不同角度和目标出发讨论软件体系结构,这些概念之间经常相互借鉴和引用。

（1）软件体系结构风格是指描述某一特定应用领域中系统组织方式的惯用模式。体系结构风格定义了一个系统家族，即一个体系结构定义一个词汇表和一组约束。词汇表中包含一些构件和连接件类型，这组约束则指出系统是如何将这些构件和连接件组合起来的。软件体系结构设计的一个核心问题是能否使用重复的体系结构模式，即能够达到体系结构级的复用。目前，已经形成多种不同的软件体系结构风格，如图1所示。

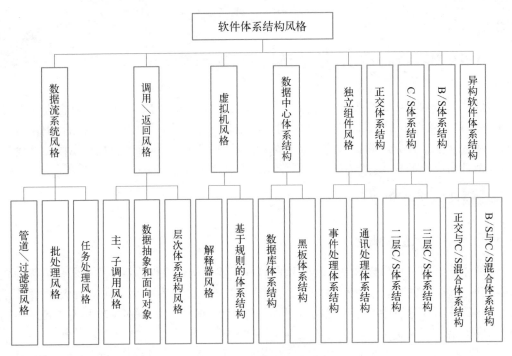

图1 软件体系结构风格分类

（2）设计模式是指软件问题高效、成熟的设计模板，模板包含固有问题的解决方案。使用设计模式可以减少重复的代码，让代码变得更加简洁，让人更加容易理解，保证代码的可靠性，程序可重复性。设计模式可以看成规范的小粒度的结构成分，并且独立于编程语言。设计模式使代码编写真正工程化，设计模式是软件工程的基石脉络，如同大厦的结构一样。

（3）应用框架是指整个或部分系统的可重用设计，表现为一组抽象构建的集合以及构件实例间交互的方法。它是项目软件开发过程中提取特定领域软件的共性部分形成的体系结构，不同领域的软件项目有着不同的开发框架类型。开发框架不是现成可用的应用系统，而是一个半成品，提供了诸多服务。框架就像是一套提供诸多工具的基础设备，开发人员使用其提供的工具完成业务逻辑的编码，实现应用系统的功能。应用框架分离了软件的固定部分和可变部分，让具体应用对它进行扩展，以适应变化的需求。

应用框架与设计模式的区别在于，应用框架通常是代码重用，而设计模式是设计重用。设计模式是对某种环境中反复出现的问题以及解决该问题的方案的描述，比应用框架更抽象。应用框架可以用代码表示，也能直接执行或复用，而对设计模式而言，只有实例才能用代码表示。设计模式是比框架更小的元素，一个框架中往往含有一个或多个设计模式，应用框架总是针对某一特定应用领域，但同一模式却可适用于各种应用。可以说，应用框架是软件，而设计模式是软件的知识。

常用的设计模式有 MVC、MTV、MVP、CBD、ORM 等。常用的应用框架有 C++语言的 QT、MFC,Java 语言的 SSH、SSI,PHP 语言的 smarty,Python 语言的 Django(MTV 模式)等。

二、MVC 模式

软件体系结构是软件设计理论,而具体实现则依赖于特定的软件设计模式和应用框架等。模型-视图-控制器模式,也称为 MVC 模式(Model View Controller),是用一种业务逻辑、数据、界面显示分离的方法组织代码,将业务逻辑聚集到一个部件里面,在改进和个性化定制界面及用户交互的同时,不需要重新编写业务逻辑,从而提升了编码效率、功能复用以及软件可维护性。MVC 模式是目前最常用的软件设计模式之一,它把软件系统分为三个基本部分,如图 2 所示。

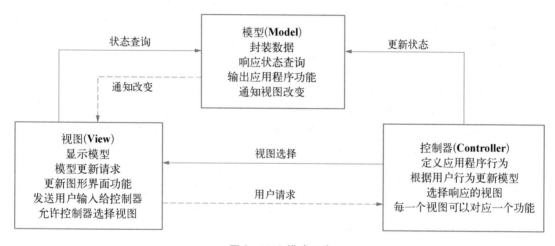

图 2 MVC 模式示意

(1) 视图(View),即用户看到并与之交互的界面,负责获取用户输入,为用户显示数据库记录信息,一个模型可能拥有多个视图。在视图中其实没有真正的处理发生,它只是作为一种输出数据并允许用户操纵的方式。

(2) 模型(Model),负责软件系统业务逻辑的实现,在 MVC 的三个部件中,模型拥有最多的处理任务。被模型返回的数据是中立的,模型与数据格式无关,这样一个模型能为多个视图提供数据,由于应用于模型的代码只需写一次就可以被多个视图重用,所以减少了代码的重复性。

(3) 控制器(Controller),负责接受用户的输入并调用模型和视图去完成用户的需求,控制器本身不输出任何东西和做任何处理,它只是接受请求并决定调用哪个模型构件去处理请求,然后再确定用哪个视图来显示返回的数据。

MVC 模式工作原理是,用户首先在界面中进行人机交互,然后请求发送到控制器,控制器根据请求类型和请求的指令发送到相应的模型,模型可以与数据库进行交互,进行增删改查操作,完成之后,根据业务的逻辑选择相应的视图进行显示,此时用户获得此次交互的反馈信息,用户可以进行下一步交互,如此循环。

三、J2EE 与.NET 开发环境选择

J2EE(Java 2 Platform Enterprise Edition)是 Sun 公司提出的开发、部署、运行和管理基

于 Java 语言的分布式应用的标准平台。J2EE 实质上是一个分布式的服务器应用程序设计环境,它提供了基于组件、以服务器为中心的多层应用体系结构,典型的 J2EE 体系结构分为四层:客户机层、服务器 Web 层、业务逻辑层和企业信息系统层。J2EE 多层体系结构的设计极大地简化了开发、配置和维护的过程,它提供了一系列的底层服务,使开发者能够将精力集中于企业的业务逻辑,而无需过多关注系统环境。由于采用多层结构,系统中同时会有多台服务器在工作,这样不仅能提高系统的整体运行效率,而且若有服务器出现故障,应用程序可自动转移到另一台服务器上接着运行,这就有效地保障了系统整体运行的可靠性。在应用开发时,J2EE 定义的四层模型可根据实际情况灵活运用。

.NET 是微软开发的一套全能的框架平台,支持 C++、C♯、J++、VB、ASP 等语言,能够解决 C/S、B/S 和单机等结构的软件开发需求。.NET 平台将这些语言编译成 CLR 语言,使它们可以无差别地运行在.NET Framework 上,是 2000 年以后微软最为重要的软件开发套件产品。所有在.NET 平台上创建的应用程序运行都需要两个核心模块:CLR(通用语言运行时)和.NET Framework 类库。CLR 是一个软件引擎,用来加载应用程序,它为.NET 应用程序提供了一个托管的代码执行环境,托管意味着将原来由程序员或操作系统做的工作剥离出来交由 CLR 来完成,从而使程序运行获得更高的安全性和稳定性。.NET Framework 类库向程序员提供软件组件,用来编写在 CLR 控制下运行的代码,它们按照单一有序的分级组织提供了一个庞大的功能集,包括从文件系统到对 XML 功能的网访问的每一样功能。

J2EE 是以众多开发商可以实施的一组规范为基础的,任何公司都可以实施该项技术,因而 J2EE 是开放的,其操作系统的可移植性优于.NET,几乎所有的主流操作系统都提供了对 J2EE 的支持,而.NET 限制在 Windows 中。然而,J2EE 的程序设计语言受到了限制,即只能使用 Java 这一种程序设计语言,而.NET 提供多语言支持。此外,由于 Windows 本身的安全漏洞,.NET 的安全性不如 J2EE。在开发周期方面,J2EE 的开发工具虽然有很多,但与微软.NET 的开发平台相比,在与数据库的集成性与易用性方面还有一定的差距。由于不同厂商的数据库、Web 服务器、中间件服务器等都会有所差别,要开发真正的跨平台产品就需要对所有的产品都精通,所以开发同一个项目时,使用 J2EE 可能会较.NET 慢。.NET 的整个平台、开发工具的集成性较高,开发环境友好,使用.NET 平台开发周期较短。

【拓展阅读】 移动开发选择:WAP 与 APP

WAP 和 APP 都是基于移动互联网环境的软件开发架构,二者类似于 B/S 和 C/S 架构的区别。WAP 架构由移动设备的浏览器来支持,只要移动设备有浏览器,就可以随时随地打开网络查找自己需要的信息,无需考虑手机版本和操作系统适配问题。WAP 网站和 Web 网站在本质上没有区别,前端也还是 HTML、CSS、JavaScript 这些技术,而随着 HTML5 技术的发展和跨平台编程语言的使用,Web 网站可以在移动端实现自动适配,因此,单独的 WAP 开发已经较少使用,取而代之的是 Web APP 软件。

APP 架构由智能移动设备的操作系统来支持,目前主流的 APP 开发方式有 Native APP、Web APP、Hybrid APP 三种,其具体应用环境又分为 iOS 和 Andriod 系统。Native APP 即原生 APP 开发,使用对应系统所适用的程序语言编写运行的第三方应用程序,由于它直接与操作系统对接,代码和界面都是针对所运行的平台开发和设计的,能很好地发挥出设备的性能,所以交互体验会更流畅,主要为偏操作互动多的工具类应用,资源存储在本地,支持离线操作。Web APP 即网页 APP 开发,是一种采用 Html 语言编写,存储在于智能移动设备浏览器中的应用程序,不需要下载安装,相当于触屏版的网页应用,由于它不依赖于操作系统,因此 Web APP 开发后,基本能应用于各种系统平台,但其体验受限于网络环境和渲染性能。Hybrid APP 即混合型 APP 开发,是一种用 Native 技术来搭建 APP 的外壳,内容由 Web 技术来提供的移动应用,兼具"Native APP 良好交互体验的优势"和"Web APP 跨平台开发的优势",主要为既要浏览内容又有较多操作互动的聊天类、购物类应用,资源同时存储在本地和服务器。

参考资料:刘娜.软件体系结构的方法及开发技术研究[M].北京:中国原子能出版社,2019.

第八章　信息系统运维

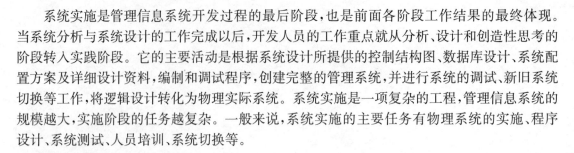

第 57 讲　系统实施的主要任务有哪些？

　　系统实施是管理信息系统开发过程的最后阶段，也是前面各阶段工作结果的最终体现。当系统分析与系统设计的工作完成以后，开发人员的工作重点就从分析、设计和创造性思考的阶段转入实践阶段。它的主要活动是根据系统设计所提供的控制结构图、数据库设计、系统配置方案及详细设计资料，编制和调试程序，创建完整的管理系统，并进行系统的调试、新旧系统切换等工作，将逻辑设计转化为物理实际系统。系统实施是一项复杂的工程，管理信息系统的规模越大，实施阶段的任务越复杂。一般来说，系统实施的主要任务有物理系统的实施、程序设计、系统测试、人员培训、系统切换等。

一、物理系统的实施

　　系统实施首先进行物理系统的实施，要根据计算机物理系统配置方案购买和安装计算机硬、软件系统和通信网络系统。硬件设施不需要购置太早，一方面是因为在系统没有完成之前，硬件设施不能发挥作用造成浪费，另一方面，购置太早可能会因为系统配置要求的不匹配带来经济上的损失。此外，物理系统实施还包括计算机机房的准备和设备安装调试等一系列活动，要熟悉计算机物理系统的性能和使用方法，同时进行的工作是程序设计，紧接着进行的工作是收集有关数据和进行录入工作，然后是系统调试，最后是人员培训和系统切换。

二、程序设计

　　程序设计的任务主要是使用选定的程序设计语言，把经过概要设计和详细设计所得到的以程序设计说明书体现的信息处理过程描述，转换成能在计算机系统上运行的程序源代码。

　　程序的正确性是程序设计的最基本要求，除此之外，从软件维护的角度出发，程序设计人员在保证程序正确性的同时，还必须保证源程序的可读性，采取结构化程序设计，在编程风格上遵守通用的标准和原则；从系统开发和应用角度来看，程序的编写和运行效率也是程序设计质量的一个考虑方面。因此，高质量的程序，必须符合一些基本要求。首先是保证正确性，必须按照系统分析与设计的要求满足所有预期功能，规避程序错误。其次是可读性，源程序可读，采用结构化程序设计，风格遵循通用标准。最后，程序设计需要符合如下基本原则：(1) 程序的功能必须按照系统分析与设计的要求，满足所有预期功能；(2) 程序代码清晰、明了、便于阅读和理解；(3) 程序的结构严谨、简洁，算法和语句选用合理，执行速度快，节省时间；(4) 程序和数据的存储、调用安排得当，节省存储空间；(5) 程序的适应性强，程序交付使用后，若应用问题或外界环境有了变化，调整和修改程序比较简便易行。

　　这些要求并不是绝对的，也允许根据系统本身以及用户环境的不同情况而有所侧重考虑。此外，程序设计结束后，还应写出操作说明书，说明执行该程序时的具体操作步骤。

三、系统测试

　　在管理信息系统开发过程中，人们不可能完全掌握各种复杂的功能需求和认识关系，开发人员之间交流也不可能十分完善，所以，在管理信息系统开发周期的各个阶段都不可避免地会出现差错。开发人员应力求在每个阶段结束之前进行认真、严格的技术审查,尽可能早地发现并纠正错误。对于一些较大规模的系统来说,系统调试的工作量往往占程序系统编制开发总工作量的40%以上。经验表明,单凭审查并不能发现全部差错,并且在程序设计阶段也会产生新的错误,所以,对系统进行测试是不可缺少的,是保证系统质量的关键步骤,是对在整个系统开发过程中包括系统分析、系统设计和系统实现的最终审查。

系统测试的目的首先是发现系统的错误,同时也需要测试系统的可用性。测试不是证明程序无错,而是要选取易于发生错误的测试数据,证明程序存在错误,在测试发现问题后,还必须诊断错误,改正错误,这也被称为调试。系统测试能够发现程序的错误,却不能够发现程序的全部错误,不能证明程序无错,所以程序测试工作不能够发现全部错误,而只是将留存错误减到最低程度。系统测试的对象不仅仅是源程序,而是整个系统软件,需求分析、概要设计、详细设计以及程序设计各阶段的开发文档,包括规格说明、概要设计说明、详细设计说明以及源程序,都是测试的对象。

(一)系统测试的错误类型

系统测试中发现的错误可以分为以下类别。(1)功能错误。由于系统功能说明书不够完善或表述不够确切,导致编码时对功能理解有误而产生的错误。(2)系统错误。包括与外部接口的错误、子程序调用错误、参数调用错误、输入/输出地址错误,以及资源管理错误等。(3)过程错误。主要是指运算错误、初始过程错误以及逻辑错误等。(4)数据错误。包括数据结构、内容、属性错误,动态数据与静态数据混淆,参数与控制数据混淆等。(5)编码错误。主要是指变量名错误、局部变量与全局变量混淆、语法错误,程序逻辑错误和编码书写错误等。

(二)系统测试的错误等级

系统测试中发现的错误等级可以分为致命错误、严重错误和一般错误。(1)致命错误包括常规操作引起的系统崩溃、死机、死循环;造成数据泄漏的安全性问题;金钱计算错误。(2)严重错误包括重要功能不能实现;错误的波及面广,影响到其他重要功能正常实现;非常规操作导致的程序崩溃、死机、死循环;外观难以接受的缺陷,如直播平台封面图片的失真、压缩,完全变形;密码明文显示,如微信登录密码前端输入可见。(3)一般错误包括次要功能不能正常实现,如微信记账无法统计年账单;操作界面错误,包括数据窗口内列名不一致;查询错误、数据错误显示,如查询微信 2018 年度账单,返回显示 2019 年;简单输入限制未放在前端进行控制,如登录、注册中的格式判断不应由后端判断;删除操作未给出防误触提示,如"确认删除该联系人吗?"

(三)系统测试的基本原则

系统测试中应注意一些基本的原则。首先,系统测试工作应避免由原来负责软件开发的个人或小组来承担。其次,设计系统测试方案时,不仅要包括确定的输入数据,还应包括从系统功能出发预期的测试结果;测试用例不仅要包括合理、有效的输入数据,还应包括无效或不合理的输入数据;不仅要检查程序是否做了该做的事,还应检查程序是否同时做了不该做的事;软件中存在的错误的概率和已经发现错误的个数是成正比的。最后,应该长期保留所有的测试用例,并把它们作为软件文档组成部分。

四、人员培训

人员培训是保障管理信息系统正常运转和正确使用的必要步骤,在系统正式投入使用之前,对用户人员进行必要的培训是在系统转换之前不可忽视的一项工作。人员培训也是信息系统项目交付的内容之一,后文还会专门介绍,这里不再赘述。

五、系统切换

系统切换是指以新的系统替换老系统的过程,即老系统停止使用、新系统开始运行即系统切换前要进行相应的准备工作。系统切换过程应根据实际情况,采取适合的切换方式。

新系统运行之前要进行数据准备和相应的文档准备。(1)数据准备。新系统运行前要进行数据准备。准备系统基础数据所需的时间,很大程度上根据系统切换的类型来确定。对已有的计算机系统上的文件转换可通过合并和更新来增添和扩展文件。将手工处理的数据录入到计算机系统的外存上是最费时间的转换。若是将一个普通的数据文件转换到数据库中去往往需要改组或重建文件,较为费时。(2)系统文档准备。系统调试完以后应有详细的说明文档供阅读。该文档应使用通用的语言说明系统各部分如何工作、维护和修改。系统说明文件通常包括系统一般性说明文件、系统开发报告、系统说明书和操作说明等。

系统切换方式通常包括直接切换、并行切换、分段切换、定点切换等,简单示例参见图1。

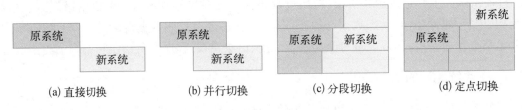

(a) 直接切换　　　　(b) 并行切换　　　　(c) 分段切换　　　　(d) 定点切换

图 1　系统切换方式

(一) 直接切换

在老系统停止运行的某一时刻,新系统立即开始运行,直接转换最简单但是风险很大,这种转换方式适用于小型、不太复杂的信息系统,或是对信息时效性要求不是很高的系统。通常新系统应经过详细的测试和模拟运行。

(二) 并行切换

新老系统并行工作一段时间,经过一段时间的考验后,再用新系统正式全面代替老系统。采用并行切换的风险较小,在切换期间还可同时比较新旧两个系统的性能,并让系统操作员和其他有关人员得到全面培训。因此,对于一些较大的管理信息系统,并行切换是一种最常用的切换方式。由于在并行运行期间,要两套班子或两种处理方式同时并存,因而人力和费用消耗较大,这就要实时实现,周密做好计划并加强管理。

(三) 分段切换

分段切换是指在新系统全部正式运行之前,分阶段一部分一部分地替代老系统。这种方式比较适合大型信息系统的切换,切换的过程可靠且费用相对不高,在管理上可行性高,但是这种切换方式操作比较麻烦,并且新系统与部分老系统的衔接容易出现问题。

(四) 定点切换

定点切换是指新系统按照地理区域分批次引入新系统。如一个销售订单新系统即将在全国五大区域分店使用,则首先在华北定点切换,后续逐次引进入东、西南等片区的分店切换系统。

四种切换方式的比较如表1所示。

表1   系统切换方式比较

切换方式	运行特点	适 用 范 围	准 备 工 作
直接切换	老系统停止运行,新系统立即运行	· 最简单 · 风险很大 · 适用于小型、不复杂的信息系统 · 信息时效性不高	应经过详细的测试和模拟运行
并行切换	新老系统并行工作,再全面代替老系统	· 风险较小 · 切换期间同时比较新旧两个系统性能 · 全面培训系统操作员和有关人员 · 适用于较大管理信息系统 · 人力和费用消耗较大	需实时实现,周密做好计划并加强管理
分段/ 定点切换	新系统分阶段/分部分替代老系统	· 适合大型信息系统 · 过程可靠且费用相对不高 · 管理可行性高 · 实施比较麻烦	需格外关注新系统与部分老系统的衔接问题

【拓展阅读】 医院信息系统切换与整合的实践与策略

医院信息系统(HIS)的切换是一项非常复杂的工程,是医院业务流程和管理模式的一次更新,必须做好充分的论证、组织,在各部门的协调下进行。

1. 测试库环境配置与应用

(1)测试库环境配置。在新系统上线前,搭建和新系统完全一致的测试库环境,使其具备新系统的全部功能。根据业务分类,建立不同的测试小组,安排相关人员对所有系统、流程进行严格的业务测试,要求对所有模块、功能均进行测试,对工作流程和基础数据进行检验,及时跟踪处理测试期间发现的问题,留存所有的测试数据、资料。

(2)基础数据维护。在系统切换前,指定由高级客户组成员负责各自科室业务数据和需求的收集整理,信息中心指定专人负责基础数据的管理。基础数据主要包括各类字典数据、设置配置、模板维护等,这些信息一部分直接从老系统中导出,一部分根据医院需要新增,所有的基础数据要经过 A、B 岗位两轮核对,采取录入或导入的方式进入测试库系统。部分特殊数据,由信息中心、财务、医保、药剂等部门对数据进行二次核对整理,确保数据质量。

(3) 人员培训。信息中心建立一个专门的培训教室,配置培训电脑,并模拟医院的不同科室环境,通过测试环境对所有人员进行分批业务培训,并进行严格考核。

2. 正式库环境配置与调试

在进行系统切换前,信息中心对新系统的正式环境进行检测,对服务器、存储、网络架构等设备进行检查调试,尤其是对服务器、网络的双机热备机制进行测试,对防火墙、IPS等防护措施也进行安全检查,保证安全策略有效。逐一测试各终端计算机、打印机、网络信息点,确保使用正常。

3. 系统切换方案的实施

(1) 系统切换实施。在切换方案和时间选定后,医院正式发布通知公告,告知全体员工。系统正式切换前一天,在完成所有服务器、网络、终端等的检修工作后,系统工程师对正式库服务器数据进行初始化,初始化完成后,在正式库中进行最后一轮流程测试,此次测试均在各科室真实环境进行,确保系统流程无误。系统切换后,进一步加强对新系统的数据、报表等的核对工作,对于旧系统,需财务、审计等部门对老系统的数据进行核查封存,同时,应做好老系统程序的备份工作,以备查询使用。

(2) 应急预案的制订。为及时应对突发故障,如切换故障、网络故障、服务器故障等,信息中心制订《系统切换应急预案》,涵盖信息、收费、医技、临床各科室,充分做好准备工作,保障医院业务的正常开展。

资料来源:陶长俊,阮晨.医院信息系统切换与整合的实践与策略[J].信息与电脑(理论版),2018(8):106-107.

第58讲 信息系统项目交付的"三板斧"

交付管理是项目管理的保障,是项目管理过程中的有效传递,确保管理信息系统项目能按时、保质保量地完成并有效转移给客户。因此,用户培训、知识转移、项目收尾成为项目管理中重要的三项任务。

一、用户培训

用户可以是一个比较宽泛的概念,需要进行培训的人员主要有管理人员、系统操作员和系统维护人员。

(一) 管理人员的培训

新系统能否顺利运行并获得预期目标,很大程度上与管理人员有关。对这些管理人员的培训,可以通过讲座、报告会的形式进行,向他们介绍新系统的目标、功能说明、系统的结构与运行过程,以及系统对企业组织机构、工作方式等产生的影响。对管理人员的培训,必须做到通俗、具体、尽量不采用与实际业务领域无关的计算机专业术语。

（二）系统操作员的培训

系统操作员是管理信息系统的直接使用者。统计资料表明,管理信息系统在运行期间发生的故障,大多数是由于使用方法错误而造成的,所以对系统操作员的培训应该是人员培训工作的重点。

（三）系统维护人员的培训

对于系统维护人员来说,要求他们具有一定的计算机软硬件知识,并对新系统的原理和维护知识有较深刻的理解。在较大的企业和部门中,系统维护人员一般由信息化中心的计算机专业技术人员担任。对于大、中企业或部门用户,人员培训工作应列入该企业或部门的教育计划中,在系统开发单位的配合下共同实施。

用户培训是信息系统开发过程中不可缺少的功能,项目实施团队需要重点关注培训计划制定和培训内容组织,一般来说,培训工作应尽早进行。

操作人员培训一般是与编程工作同时进行的。这样做是基于以下几个方面的原因:(1)编程开始后,系统分析人员有时间开展用户培训;(2)编程完毕后,系统即将投入试运行和实际运行,如再不培训系统操作和运行管理人员,就要影响整个实施计划的执行;(3)用户受训后能够更有效地参与系统的测试;(4)通过培训,系统分析人员能对用户需求有更好的了解。

用户培训的内容可以参考前述分类培训原则,也可以直接进行全面系统梳理,包括:(1)系统整体结构和系统概貌;(2)系统分析设计思想和每一步的考虑;(3)计算机系统的操作与使用;(4)系统所用主要软件工具的使用;(5)汉字输入方式的培训;(6)系统输入方式和操作方式的培训;(7)可能出现的故障以及故障的排除;(8)文档资料的分类以及检索方式;(9)数据收集、统计渠道、统计口径等;(10)运行操作注意事项。

二、知识转移

项目知识和经验是未来项目的重要知识资源,如果能有效转移进企业的未来项目,可避免企业在后续项目中犯同样的错误,节省项目开发的时间和资源,提高后续项目的成功率。这就需要做好项目知识管理工作,实现项目知识的转移。

（一）知识转移的内涵

知识转移是知识从一个主体转移到另一个主体的过程,也是一个主体接受另一个主体已积累经验的影响过程。IT项目中产生的知识和经验包括:(1)在项目需求分析和系统设计过程中被识别和记录的、与业务进程及属性相关的知识和洞察力;(2)公司新开发的软件或软件升级版本研制过程中产生的特定知识和开发经验,如被注释的运行代码、软件尖端的设置内容、项目研发过程说明文档、可重复使用的模板和对软件的评估内容等;(3)项目管理计划与实践成果内容比照形成的知识,如预定目标的完成状况说明,项目计划总体情况说明,包括按计划实施的内容和出现变更的内容;(4)项目活动过程中与外部伙伴(客户、供应商、研发伙伴等)的合作知识和经验,以及关于合作企业的详细信息;(5)项目完成后对项目的总结回顾和评价,即IT项目完成过程中主要的成功经验、失败教训、开发小技巧等。

（二）知识转移的类型

在企业信息化进程和项目实施过程中,知识转移可以分为合同型、指导型、参照型、约束型、竞争型和适应型共 6 种类型。

（1）合同型转移。这是指委托方与代理方为满足双方签订合同中的明示条款以及隐含条款而进行的双向知识转移。该类型是知识转移的主要方式，也是刚性转移，必须进行。

（2）指导型转移。这是指咨询监理方的知识转移给用户方的过程。多是用户方为了改变自己在与建设方博弈过程中的信息不对称地位，聘请咨询或监理帮助自己识别风险。指导型转移的内容主要是单向的，即咨询监理方向用户方转移其缺少的 IT 供应商评价知识、信息化解决方案评价知识、IT 项目实施方法论评价知识、信息化项目阶段成果和最终成果的评价知识等内容。

（3）参照型转移。这是指其他已经实施信息化的企业用户向该项目的用户方转移知识的过程。通常以观摩、学习的方式，在同行业或同地区的其他已经信息化的企业中学习，了解信息化过程以便吸取经验教训。

（4）约束型转移。这是指咨询监理方向开发方转移知识的过程。约束型转移的内容主要是咨询监理企业向开发方转移其可能缺少的需求分析知识、通用解决方案如何个性化的知识、风险管理知识、质量管理知识，以及变更管理知识等内容。

（5）竞争型转移。这是指信息化项目建设方的竞争者向建设方转移知识的过程。这里的竞争者包括两个层面上的含义：一是一起参与投标的企业互相成为直接竞争者；二是为同一行业或同一地区提供信息化解决方案的 IT 企业互相构成的间接竞争关系。

（6）适应型转移。这是指信息化项目建设方的合作者向建设方转移知识的过程。这里所指的合作者有两种主要类型：一种是为了进入国内市场寻找本地企业实行本土化合作的跨国企业；另一种是与建设方互补的厂商。

项目是一种临时性的活动，项目组织是一种临时性组织，项目任务完成后项目组织就被遣散，原有项目组织把项目知识和经验顺势带入后续项目的机会很小。因此，企业需要承担起知识转移的任务：项目组织将项目开发过程中形成的知识及时形成项目文档或标识出成果责任人，在项目组织遣散前及时移交给企业，后续项目开发时由企业负责提供知识复用。

IT 项目知识转移涉及知识转让者让渡其知识使用价值，知识转让者在知识转移过程中需要获得相应回报，且企业要从程序上或制度上把这种回报确立下来，如预留部分项目资金用于知识移交手续，建立奖励制度用于知识转移促进后续项目成功，等等。这样，知识转让者在项目开发过程中将注重知识的积累与沉淀，并形成可移交的项目知识文档，从而在源头上确保转移的有用性和系统性。

三、项目收尾

当项目准备提交最终成果的时候，项目团队应当做好项目的收尾工作。项目的收尾是指结束项目的所有活动，将完成的成果交予用户的过程。项目的收尾过程是实施项目管理计划中的项目结尾部分，这一过程不仅包括结束所有与项目管理有关的活动，还需要建立某种程序，用以协调合适项目可交付成果的各项活动并形成文件，协调用户对项目成果进行验收。项目的收尾包括项目验收、合同收尾和行政收尾，它们彼此之间的关系如图 1 所示。项目的收尾工作常常是零碎、烦琐、费时、费力的，容易被忽略。因此，项目收尾的重要性应当特别强调，否则会给项目以后的运维管理带来隐患。

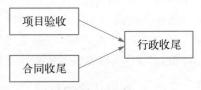

图 1　项目收尾各子过程及相互之间的联系

(一) 项目验收

项目在正式移交之前,接收方要对已经完成的工作成果或项目活动结果重新进行审查,核查项目计划规定范围内的各项工作或活动是否已经完成,可交付成果是否令人满意。

如果项目没有全部完成而提前结束,则应该查明有哪些工作已经完成,完成到了什么程度;哪些工作没有完成并将核查结果记录在案,形成文件。参加范围核实的项目团队人员和接收方面的负责人应在有关文件上签字,表示对项目已完成范围的认可和验收。

在进行项目范围核实时,项目团队需要向接收方提供项目成果文件,如项目计划书、技术要求说明书、技术文件、图纸等,供其审查。

(二) 合同收尾

合同收尾就是指了解合同并结清账目,包括解决所有尚未了结的事项。合同没有全部履行而提前终止是一种特殊的合同收尾。

合同收尾的依据和前提是合同文件,至少应该包括合同本身及所有有关的表和清单等、经过批准的合同变更、由承包商提出的技术文件、承包商的进度报告、单据和付款记录等财务文件以及所有与合同有关的检查结果。

合同收尾需要项目团队提供一系列可交付成果。可交付成果是指一套经过整理、编码后的完整合同记录,收尾时应该把它连同项目记录一起存档,并向承包商发出本合同已经履行完毕的正式书面通知。

(三) 行政收尾

项目在交付最终成果或因故终止时,必须做好行政收尾工作。行政收尾工作是发布信息、资料和文件,正式宣布项目或项目阶段的结束。

行政收尾的依据和前提是所有记录和分析项目进展而编写的文件,包括说明测量项目实施状况主要步骤的规划文件。对项目产品进行说明的文件,如图纸、技术要求说明书、技术文件、计算机文件等也必须在收尾工作期间准备好,以便有关人员随时查阅。

在项目的行政收尾阶段,项目委托人正式写出验收文件,并分发给各方,宣布项目或项目阶段的正式结束。

(四) 其他

在个别情况下,项目可能因违约或其他意外原因而终止。此时,同样需要做好各种收尾工作,甚至涉及某些合同收尾的法律问题。终止收尾是项目收尾的一种特例。

合同收尾需要对整个项目的过程进行系统的审查,找出进行本项目其他产品或企业内部其他项目采购时值得借鉴的成果和失败之处。而在行政收尾时,应当明确项目和项目管理的成败所在,研究本项目用过的哪些方法和技术值得推广,并考虑如何继续研究因受本项目的启迪而提出的各种方法和技术。

许多项目成功或失败的原因都是有迹可循的，人们一直在探讨有效率有成效的项目管理。有调研显示，实践中尽管硬件设备齐全，但 IT 部门牵头的主要项目有超过一半会半途夭折。有些道理我们都懂，却很少被重视，这些道理体现在很多方面，暂列如下：

（1）无效的执行组织者。一个无效的执行组织者注定项目会失败。在领导力很弱的情况下，这些本来应该包含 IT 元素的业务都变成了单纯的 IT 项目。

（2）糟糕的业务案例。一个不完整的业务案例会导致人们对系统产生错误的期望。

（3）业务案例失败。市场的频繁变化经常会导致原来业务的失效，但是项目团队往往会忽略这一点而按原计划执行。

（4）项目过大。越大型的项目越需要精细的规范。

（5）资源分散。大项目需要员工投入大量精力且甘于奉献。但是项目中的关键人物总是一边做原来的本职工作，一边参与项目。

（6）监督不力。成败也取决于你的供应商，不要放弃对他们的监督。

（7）不必要的复杂。如果一个项目希望涉及所有人和所有工作，那么这意味着对所有人来说都不易使用，最终会导致失败。

（8）文化冲突。与组织文化不一致的项目往往不会取得好的结果。

（9）没有突发事件处理机制。意外总是会发生，项目要有灵活性来应对不可避免的意外变化。

（10）过长时间没有交付物。多数组织都希望在 6～9 个月内能看到进展，长期的项目如果没有中期交付结果就有可能失去人们的兴趣、支持甚至资源。

（11）依靠不成熟的技术。技术的先进性和技术的成熟度是一对矛盾，盲目依靠不成熟的技术会对项目产生不可控、致命的影响。

（12）不固定的交付时间。由日期驱动的项目很难获得成功，公司应该在选定好交付时间前就做好计划。

第 59 讲　信息系统建得好还得用得好

管理信息系统运行与其他系统一样，需要进行科学的组织与管理。作为一个复杂的、人机交互的系统，管理信息系统的运行维护管理具有特别重要的意义。由于软件本身存在可靠性问题，并且目前还没有一种可供实际使用的程序可靠性的证明方法，及时发现系统的错误并进行修改，成为管理信息系统投入运行后的一项经常性任务。作为人机交互系统，由于使用人员的变更、使用方式的改变，系统经常处于变化之中，这也需要科学管理以确保系统的稳定。

一、系统的运行管理

在系统投入使用后,日常运行管理工作是非常复杂的,这项任务涉及数据录入、系统安全、信息服务、硬件维护等几方面主要工作。

(一)数据录入

新数据的录入或存储数据的更新是首先要解决的工作。企业每天的业务都会产生大量新的数据,如在销售管理系统中,合同、订单等业务每天都会产生新的数据,对这些业务都应该及时、准确地收集并且录入到系统中。新数据的录入和更新是最基础、最经常的工作,必须认真准确地完成,否则管理信息系统将缺乏处理的原材料,更谈不上产品的输出(对决策有用的信息)。这里的关键是保证录入数据的准确性、完整性。

(二)系统安全

系统的安全问题也是运行管理的重要组成部分,要做到运行管理安全,不仅要确保数据或信息的安全与保密,也要确保软、硬件的安全,同时运行安全也是一项重要的工作。通过对系统进行监控,当发现某种不安全因素后要报警或采取适当的安全技术措施,以改变、控制或消除不安全因素。定期检查系统是否有异常,及早检查系统的异常,以达到使整个系统保持正常运行的目的。

(三)信息服务

在保证基本数据及时和准确的前提下,系统完成例行的信息处理及信息服务工作,如:例行的数据更新、统计分析、报表分析、数据复制及保存、与外界的定期数据交换等也是日常管理需要完成的工作。

(四)硬件维护

为了完成前面所列举的数据录入、系统安全、信息服务工作,要求各种设备始终处于正常的运行状态之中。为此,需要有一定的硬件工作人员,负责计算机本身的运行与维护,包括设备的使用情况、定期检修、备品配件的准备及使用,各种消耗材料(存储介质、打印纸等)的使用与管理、电源及工作环境的管理等。

二、系统的运维管理

系统的运维管理是指为了应对管理信息系统的环境和其他因素的各种变化,保证系统正常工作而采取的一切活动。系统功能的改进、解决系统运行期间发生的一切问题和错误,是系统运维中的两项重要内容。系统的运维管理包括程序维护、数据文件维护、代码维护等具体工作。

(一)程序维护

软件的升级、硬件的换代、数据或业务的变化,都涉及程序的维护。程序的维护是指改写一部分或全部程序。程序的维护一般分为修正性维护、适应性维护和改善性维护。修正性维护是指改正一些在系统测试环节没有发现的程序错误;适应性维护是指在硬件换代或软件升级后对程序做的必要修改;改善性维护则是为适应用户的更高要求以及由数据、文件及报表的变更等因素引起,为增强系统效率而重新编写某些程序模块。

程序的运维通常是在原有程序的基础之上,对程序进行更新、完善操作,对于程序维护涉及的修改,需要填写程序修改登记表,并在变更通知书上写明主要修改的地方及新旧程序的不同之处。程序的维护是在系统运行的过程中完成的,因此往往需要把所要修改的模块复制出来,交给程序员修改,在修改完成后,系统的管理人员要先对新模块进行测试并验收,然后选择合适的时候对程序进行替换。为了保证系统的安全运行,在新程序加入系统后,原模块先不要做删除操作,而是用改名的方法进行保存,以防万一。

(二) 数据文件维护

数据文件的维护主要是对文件或数据进行修改,如增加新的内容和建立新的文件等。很多情况下数据维护是根据用户的需求而进行不定期维护,且要求在一定的时间内完成。

(三) 代码维护

代码的维护是指编写新的或修改原有的代码系统。代码的维护主要是解决旧的代码系统无法满足新的业务要求而进行修订、添加或删除。为确保新代码在系统中的有效应用,业务部门需要指定专门的负责人员落实新代码的使用,这样才能真正完成代码的维护工作。

系统运维管理的每一项工作都与管理信息系统的运行密切相关,一项运维任务往往会影响其他过程或其他系统。因此,运维管理需要有严格的审批程序。一般来说,从维护的申请到维护工作的实施需要如下一些步骤:用户或系统管理人员提出修改申请;系统管理员对申请进行审批;分配维护工作;验收维护成果。系统的维护工作需要使用很多资源,对于某些重要的修改,甚至可以看成是一个小系统的项目开发。

三、运维情况记录和评价

在完成系统的运行管理和运维管理工作的同时,应该对系统的工作情况进行详细记录。在管理信息系统运维管理中,常常要收集并记录工作数量、工作效率、信息服务质量、系统维护修改情况、系统故障情况等资料。

(1) 对于工作数量,系统维护管理人员需要收集如开机的时间,每天、每周、每月提供的报表数量等。此外,系统录入数量、系统中积累的数据量、数据使用的频率、满足用户临时要求的数量等数据需要及时进行记录。这些数据反映了系统的工作负担及所提供的信息服务规模,这是反映管理信息系统功能的最基本数据。

(2) 工作效率是指系统为了完成规定的工作,占用了多少人力、物力和时间。需要系统维护人员及时编制报表,按照月度或年度编制,记录用了多长时间,用了多少人力等数据。

(3) 信息服务和其他服务一样,服务的质量胜过服务数量。如果一个信息系统提供的报表并不能为管理提供有效决策,那么这样的报表生成再多也没有意义。此外,使用者对系统所提供的方式是否满意,所提供信息的精确度是否符合要求,信息提供是否及时,临时提供的信息需求能否满足等,也都属于信息服务质量范畴。对于这些数据,系统维护人员也需要及时地收集并做记录。

(4) 随着系统的不断应用,系统中的数据、软件和硬件都有一定的更新、维护和检修工作规程,这些工作都要有详细及时的记录。这不仅是为了保证系统的安全和正常运行,而且有利于系统的评价和进一步扩充。

（5）对于系统所出的故障，无论大小，都应该及时地记录故障发生的时间、故障现象、故障发生的工作环境、处理方法、处理的结果、处理人员、原因分析等。这些记录下来的数据对于整个系统的扩充与发展具有指导意义。

相对于系统的故障记录，记录工作数量、工作效率、信息服务质量、系统维护修改情况等环节很容易被忽视，因为当系统处于正常运行状态时，人们往往容易忽视系统的一些情况，而在出故障时，人们会比较重视对有关情况的记录。事实上，全面地掌握系统运行情况，需要重视系统正常运行情况的记录。整个系统运行情况的记录能够反映系统在大多数情况下的状态和工作效率，能够实现对系统的有效检验。因此，管理信息系统运行情况一定要及时、准确、完整地记录下来，并且从系统开始投入运行就要重视和抓好这项管理工作。

四、制定系统运行管理的规则制度

管理信息系统投入使用后，各种数据、信息会持续不断地输入，经过加工后又会不断地输出给相关部门，任何一个工作疏忽都会造成系统的中断，产生意想不到的严重后果。因此，必须建立严格的系统运行人员的岗位责任制和其他相关的规则制度。企业需要建立如下的一些规则：

（1）系统安全制度；
（2）系统定期维修制度；
（3）系统运行操作规程；
（4）用户使用规程；
（5）系统信息的安全保密制度；
（6）系统修改的规程；
（7）系统运行日志及填写的规定。

 【拓展阅读】 医院信息系统的安全运行管理

某医院信息系统上线运行后，重点开展了以下一些管理工作以保证系统安全运行。

1. 纠错并完善系统功能

在使用系统初期，各科室操作人员由于不熟悉系统操作流程，可能会出现较多的误操作，因此操作人员要尽快熟悉系统操作流程，以便减少误操作，进而提高系统运行效率。在信息系统运行过程中，如果发现存在错误，应记录好错误，并及时向软件开发工程师反馈错误，以便对程序进行更新。在维护过程中，常遇到业务科室提出增加功能或修改已有功能的需求。对于业务科室提出的需求，应从合理性和技术可行性进行分析，对不可行的维护要求与该科室商量予以修改或撤销。系统新增功能或修改功能后，在使用前信息科应先通过测试，确认不产生新的错误再通知业务科室更新系统。

2. 建立用户身份认证和授权管理

身份认证技术是指在计算机网络系统中确认操作者身份的过程而产生的解决方

法。权限控制是信息系统设计中的重要环节,是系统安全运行的有力保证。医院信息系统身份认证采用用户账号、密码形式,并设置用户访问权限,不能访问未经授权的数据。为规范医院信息系统身份认证和权限控制管理,各科室人员账号的新增、转科、停用,需科室提交申请表,交由信息科人员进行账户新建与授权操作。

3. 硬件设备维护

医院信息系统的正常运转保障着医院各项工作的正常运转,而中心机房作为核心设备所在地,是信息系统正常运转的重要保障之一。中心机房应做到专线、双路供电,并做好防雷、防火、防水等安全工作。为了提高系统的可靠性、安全性,保证系统 7×24 小时不间断工作,应配备两台网络服务器,分为主服务器与备用服务器。服务器之间采用双机热备技术,实现数据的实时备份。还需要配备 UPS 电源,中心机房一旦停电,必须由 UPS 提供备用供电,以保证服务器、交换机的正常工作,否则系统全部瘫痪。

4. 网络安全维护

医院信息系统的数据靠网络传输,所以网络安全维护工作就变得非常重要。通过防火墙过滤不安全的服务和非法的用户,仅让安全的信息进入,抵制对系统构成威胁的数据。安装医院信息系统的电脑,除个别因业务需要连接外网的,其他一律禁止接入外网。内网每一台电脑都安装杀毒软件,并定期升级病毒库杀毒,防止计算机病毒侵入网络后对医院信息系统造成破坏,保证医院信息系统的正常运行。

资料来源: 王洁.医院信息系统的安全运行管理[J].电子技术与软件工程,2017(21): 197.

第 60 讲　进阶了解 IT 运维规划与管理

随着企业信息化建设水平的提高,IT 系统越来越庞大,并且越来越复杂,企业的日常运营与管理,几乎离不开 IT 系统的支持,IT 系统的任何波动和故障,都会直接影响公司业务的正常开展和进行。前文已经介绍信息系统运行和维护方面的知识,现在需要进一步理解 IT 运维管理,因为企业需要具备合理有效的 IT 运维策略才能保证业务系统的正常运作。

一、全面理解 IT 运维管理

IT 运维管理是指企业 IT 部门采用相关的方法与技术,对企业信息化基础设施和信息系统的检查、维护、维修工作进行合理的组织和有效的管理。IT 运维管理主要包括八个方面的内容:

(1) 设备管理,对网络设备、服务器设备、操作系统运行状况进行监控和管理。

(2) 应用/服务管理,对各种应用支持软件如数据库、中间件、群件以及各种通用或特定服务的监控管理,如邮件系统、DNS、Web 等的监控与管理。

(3) 数据/存储/容灾的管理,对系统和业务数据进行统一的存储、备份和恢复。

（4）业务管理，包含对企业自身核心业务系统运行情况的监控和管理。对于业务的管理，主要关注该业务系统的关键成功因素和关键绩效指标。

（5）目录/内容管理，主要对于企业需要统一发布或因人定制的内容管理和对公共信息的管理。

（6）资源资产管理，管理企业中各 IT 系统的资源资产情况，这些资源资产可以是物理存在的，也可以是逻辑存在的，并可以与企业的财务部门进行数据交换。

（7）信息安全管理，主要依据的国际标准是 ISO17799，该标准涵盖了信息安全管理的十大控制方面，36 个控制目标和 127 种控制方式，如企业安全组织方式、资产分类与控制、人员安全、物理与环境安全、通信与运营安全、访问控制、业务连续性管理等。

（8）日常工作管理，该部分主要用于规范和明确运维人员的岗位职责和工作安排，提供绩效考核量化依据，提供解决经验与知识的积累与共享手段。

二、IT 运维的规划

企业 IT 运维，或者称为信息系统运维管理，需要良好的规划。IT 运维管理规划的要求包括以下方面：

（1）应对运维管理体系的建设提出要求，明确管理职责和管理制度；

（2）应对运维工作的范围提出要求，明确针对信息化基础设施及系统的运维目标和主要内容；

（3）应对运维管理工作方式提出要求，明确运维工作的主要流程；

（4）应对运维目标和计划的完成情况提出质量评估的要求，明确评估方法和指标；

（5）应对运维文档的规范性提出要求，明确主要文档的内容和文档管理制度。

三、IT 运维管理流程

一般地，IT 运维包含如下工作流程：

（1）服务级别管理。服务级别管理确保用户需要的 IT 服务得到持续的维护和改进。其核心流程包括：识别和定义客户需求、编制服务级别协议及运营级别协议、支持合同和服务质量计划、有效监控服务质量、定期评审管理报告、根据评审结果提出改进意见。

（2）事件管理。事件管理的目的在于迅速有效地解决运营中发生的故障。其核心流程包括：识别和定义 IT 服务事件；定义事件的影响度、紧急度和优先级；各部门利用统一的事件管理系统记录、评价、排查、解决、归档各类运维服务事件类型；建立从调度部门到运维技术部门再到厂商的升级流程。

（3）问题管理。问题管理旨在规避或控制重大故障发生及其影响，其核心流程包括：建立健康检查规范，主动识别、管理潜在运维问题；制定应急响应计划，以应对突发高严重级别问题。

（4）变更管理。变更管理旨在管理变更过程，减少相应的错误以及变更事件的数量，其核心流程包括：定义变更授权，根据配置管理和发布管理确认变更范围；对变更范围内的请求，严格遵循请求、评价、审批、归类、记录的变更管理规则。

（5）配置管理。配置管理旨在准确掌握所有 IT 资产的配置和运行情况。其核心流程包括：正确记录 IT 基础设施中实施的变更以及配置项之间关联；实施版本控制；监控 IT 组件的运行状态，确保配置管理数据库准确反映配置项的实际版本情况。

管理信息系统（第三版）

（6）发布管理。发布管理确保系统变更得到有效发布，其核心流程包括：定义发布类型和发布规模，识别 IT 系统中的发布单元；选择适当的发布策略完成发布实施；确保配置管理数据库、门户、软硬件库和相关文档得到及时更新。

在实际的 IT 运维中还需要对运维质量进行评估，对运维目标和计划的完成情况提出质量评估的要求，并且明确评估方法和指标。运维管理指标体系需要综合考虑短中长期目标及战略，建立衡量运维流程绩效水平的客户指标、操作指标、人力资源指标以及财务指标。在运维管理控制流程中需要定期举行运维管理评审会议，审议 IT 运维中重要的服务质量问题，比照行业标杆修正管理目标，编制相应管理报告。

四、IT 运维管理体系建设

为应对不断变化的 IT 网络，Gartner 发布 2013 年对众多公司和组织机构具有战略意义的十大技术与趋势报告，其中对 IT 运维管理发展总结了六大趋势：支撑大数据集中管理、虚拟化监控管理、存储系统融入一体化监控、主机监控更加细化、企业服务管理产品认可度攀升以及运维产品紧跟企业发展步伐。对 IT 运维管理发展趋势，企业需建立有效的 IT 运维管理体系，确保 IT 运维适应企业需要。IT 运维管理体系由 IT 运维服务制度、服务流程、服务组织、服务队伍、技术服务平台以及运行维护对象六部分组成，涉及制度、人、技术、对象四类因素，IT 运维管理体系应从这四个方面着手。

（一）建立完善的 IT 运维管理制度

完善的 IT 运维服务制度和流程是 IT 运维的基础。企业需要根据管理内容和要求制定相对完善、切实可行的运行维护管理制度和规范，覆盖各类运维对象，包括从投产管理、日常运维管理到下线管理以及应急处理的各个方面。

（二）组建专业化的 IT 运维团队

IT 运维服务的顺利实施离不开高素质的运维服务人员，对于大中型企业而言，必须组建专业化的 IT 运维服务团队，不断提高运维服务队伍的专业化水平，才能有效利用技术手段和工具，做好各项运维工作。

（三）遵循标准化的 IT 运维流程

为保障运行维护体系的高效、协调运行，应依据管理环节、管理内容、管理要求制定统一的运行维护工作流程，实现运行维护工作的标准化、规范化，使运维人员在制度和流程的规范和约束下协同操作。根据 ITIL 实践规范，IT 运维流程通常包括服务级别管理、事件管理、问题管理、变更管理、配置管理和发布管理六大环节。

（四）建立成熟的运维技术平台

IT 运维技术服务平台包含实施运行维护和技术服务的各种手段与工具，通过技术手段固化标准化的流程、积累和管理运维知识并开展主动性运维工作。通过建立统一、集成、开放并可扩展的运维管理平台，可以实现对各类运维事件的全面采集、及时处理与分析，实现运行维护工作的智能化和高效率。

【拓展阅读】 中海油数据可视化服务 IT 运维

在日常运维、重点保障以及应急期间如何快速进行故障分析和问题定位,怎么使网络数据可视化,让 IT 运维人员和值班人员一次浏览大量的数据,并迅速发现异常数据或探测将来的趋势和问题,可视化的分析展示工具将起到越来越重要的作用。为进一步加强管控力度,及时响应 IT 运维中出现的故障,中国海油集团公司优化和丰富了监控大屏的内容,专门成立项目组,设计和实现数据可视化系统,来实现 IT 信息在日常运维、重点保障、应急、展示四种模式的数据大屏可视化、桌面可视化以及 APP 移动端的展示。

数据可视化系统由数据采集、数据清洗、数据建模、数据展示等四部分组成。数据采集需建立标准化的数据采集接口,由监控系统、动环系统、各业务系统进行推送。数据清洗是将采集到的数据进行预处理,转化为所需要的较为规整的数据,以方便统计分析和数据建模。数据建模在这里主要是针对机房的机柜、机架、空调、动力系统等,通过 3D 建模工具进行绘制和数据关联,以便于运维人员在大屏上对机房环境集中监控。数据展示通过可视化工具,使用其丰富的组件库,实现 Web 页面在大屏的图表、地图等数据交互和下钻等效果。

资料来源:刘丽媛.数据可视化在 IT 运维中的应用[J].信息系统工程,2020(06):71-72+74.

第 61 讲　作为 ITSM 最佳实践的 ITIL

随着信息系统和互联网应用的发展,人们对信息系统的依赖也越来越强。伴随着信息系统复杂程度的增加,IT 服务质量并不令人满意,有时甚至严重影响业务部门的工作。越来越多的人意识到,需要一套方法对 IT 服务进行管理(IT Service Management,ITSM)。20 世纪 80 年代末,英国国家计算机和电信局(CCTA)开发的一套 IT 服务管理标准库,把英国各个行业在 IT 管理方面的最佳实践归纳起来变成规范,旨在提高 IT 资源的利用率和服务质量,帮助企业组织改善它们的 IT 服务管理,于 1986 年公开出版了一套 IT 管理指南,即 ITIL(Information Technology Infrastructure Library),中文译为《信息技术基础架构库》。ITIL 的诞生是一个里程碑,它标志着完整的 IT 服务管理方法论体系的建立,IT 服务管理由以技术为导向转变为以流程为导向,走向标准化、可改进的模式。

一、ITSM 与 ITIL

ITSM 即 IT 服务管理,是一套帮助企业对 IT 系统规划、研发、实施和运营进行有效管理的高质量的方法。IT 领域的权威研究机构 Gartner 认为,ITSM 是一套通过服务级别协议来保证 IT 服务质量的协同流程,它融合了系统管理、网络管理、系统开发管理等管理活动和变更管理、资产管理、问题管理等一系列流程的理论和实践。国际 IT 服务管理论坛把 ITSM 定义为一种以流程为导向、以客户为中心的方法,它通过整合 IT 服务与组织业务,提高组织 IT 服务提供和服务支持的能力及其水平。

ITSM 作为一种 IT 管理理念和方法论,通过一套协同运作的流程,可以帮助 IT 部门以合理的成本提供更高质量的 IT 服务,它结合了高质量服务所不可缺少的流程、人员和技术三大要素。标准流程负责监控 IT 的运行状况,人员素质关系到服务质量的高低,技术则保证服务的质量和效率。

20 世纪 80 年代初,英国国家计算机和电信局(CCTA)首次提出了 IT 服务管理的概念,但直到 20 世纪 90 年代初期,有关机构和专家才确定了以流程为中心的 IT 服务管理方法。自英国国家计算机和电信局发布 ITIL v1.0(IT Infrastructure Library)以来,ITIL 就被业界认为是 ITSM 领域事实上的标准。ITIL 是 ITSM 的最佳实践,ITIL 为 ITSM 提供创建了一组核心流程和专有名词。

二、ITIL 框架内容

ITIL 以流程为向导、以客户为中心,注重服务品质和服务成本的平衡,它定义了一系列的管理流程和实施的方法论,通过这种方式,IT 服务管理将 IT 服务标准化和模块化。ITIL 提供"最佳实践"的框架,包含许多服务管理元素。2000 年,英国商务部对 ITIL 进行了较大的扩充和完善,形成了由 6 个模块组成的 ITIL 框架。2019 年 ITIL 4 发布,其服务功能更加强大,重点强调在敏捷、DevOps 和数字化转型的未来将如何工作。

(一) 业务管理

业务管理模块指导业务管理者以自己习惯的思维模式分析 IT 问题,深入了解 IT 基础架构支持业务流程的能力,以及 IT 服务管理在提供端到端 IT 服务过程中的作用,以协助它们更好地处理与服务提供方之间的关系,实现商业利益。

(二) 服务管理

这是 ITIL 的核心模块。服务管理模块由服务支持和服务提供两个子模块构成。其中服务提供由服务等级管理、IT 服务财务管理、IT 服务持续性管理、可用性管理和能力管理 5 个服务管理流程组成;服务支持由事故管理、问题管理、配置管理、变更管理和发布管理 5 个流程及服务台职能组成。ITIL 把 IT 管理活动归纳为这 10 个核心流程和一些辅助流程,然后利用这些流程进行有关 IT 管理工作。

(三) 基础架构管理

IT 服务管理的管理对象是各种 IT 基础设施;这些 IT 基础设施的有机整合,就形成了 IT 基础架构。IT 基础架构管理侧重于从技术角度对基础设施进行管理,包括识别业务需求、业务实施和部署,以及对基础设施进行支持和维护等活动。

(四) 应用管理

IT 服务管理包括对应用系统的支持、维护和运作。应用管理模块指导 IT 服务提供方协调应用系统的开发和维护,以使它们一致地为客户的业务运作提供支持和服务。

（五）安全管理

安全管理的目标是保护 IT 基础架构，使其避免未经授权的使用。安全管理模块为如何确定安全需求、制定安全政策和策略及处理安全事故提供全面指导。

（六）IT 服务管理规划与实施

该模块的作用是指导如何实施上述模块中的各个流程，包括对这些流程的整合。它指导客户确立远景目标，分析和评价现状，确定合理的目标并进行差距分析，确定任务的优先级，以对流程的实施情况进行评审。

信息化服务是以满足企业不同阶段的信息化需求为目标，对企业相关服务的内容、方式和效果进行有效管理的过程和活动。服务管理规划的内容包括：

（1）服务管理体系。应对服务管理体系建设提出要求，明确管理职责。

（2）服务工作内容。应根据客户的需求情况，对服务范围提出要求，明确主要服务内容。

（3）服务工作流程。应对服务开展的方式提出要求，明确服务响应、投诉等主要流程。

（4）服务质量评估。应对服务质量评价和改进提出要求，明确质量评估指标，形成对服务实施单位的监督机制。

（5）服务文档管理。应对服务文档的规范性提出要求，明确主要文档的内容和文档管理制度。

服务管理作为 ITIL 的核心模块尤为重要，其规划也可以参考业界的一些最佳实践。调查显示，成功地实施服务管理将为企业带来如下收益：

（1）制定目标一致的 IT 以及业务战略计划；

（2）获取并维护合适的资源和技术；

（3）实现持续改进；

（4）衡量 IT 组织的效果和效率；

（5）降低总体拥有成本（TCO）；

（6）实现 IT 投资应用的货币价值（VFM）和投资回报（ROI）；

（7）展示 IT 对业务的增值贡献；

（8）增进与 IT 和业务合作者的伙伴关系；

（9）提高 IT 项目的成功率；

（10）制定并优化 IT 的外包决策；

（11）管理不断出现的业务和 IT 变更；

（12）紧跟技术及管理知识理念的变化；

（13）为 IT 治理提供合适的手段。

为了获得上述收益，IT 组织需要实施有效的流程管理，设计建立正确、合适、拥有内在评估和持续改善能力的 IT 服务管理流程。这已成为众多 IT 组织的选择和未来一段时期内最重要的工作。

三、ITIL 实施注意事项

ITIL 的应用效果不是单纯地通过项目建设就能够一次性达到的，而是在企业 IT 部门、咨询服务提供商、产品提供商等多方共同努力下，持续改进、不断优化的长期过程。ITIL 虽然已形成一套非常完善的框架和体系，但要将 ITIL 真正应用于企业具体实践，应该注意以下几个方面。

（一）树立组织服务文化

企业在一开始进行 IT 服务管理项目的时候，往往过分强调流程或工具，而忽视组织服务文化的建立。大多数企业在开展 IT 服务管理项目之后，依然缺乏对 IT 服务的认同，而 IT 员工也缺乏主动的服务意识，因此，要树立组织服务文化。

（二）组建 IT 组织架构

组建 IT 组织架构，注重 IT 部门人员素质和培训教育，并对用户开展一定程度的教育。一个成熟的 IT 服务组织，不仅体现在其对内部员工的要求，还应在用户成熟度方面有所体现，包括用户对于服务流程的理解，尤其是服务级别管理流程和服务财务管理流程，还包括用户 IT 基本技能的掌握程度、用户定期沟通和相关培训制度等。

（三）注重服务流程设计

所有的管理工作都需要通过流程来实现，有效的工作流程是保证 IT 服务管理系统正常运转的基础。因此，IT 服务管理需要企业通过流程设计优化来达到高质量、低成本的运营管理目标。流程设计必须结合企业的现状，按照 ITIL 国际规范的最佳实践和企业的实际设计出合理的 IT 服务支持模式和管理流程。

（四）选择合适的 ITIL 工具

IT 服务管理，需要借助合适的管理工具将复杂的服务管理流程固化下来。许多用户在引入工具时，特别重视工具本身，而忽视 ITIL 所倡导的通过流程等制度约束和引导才能被充分使用，更好地发挥效益。因此，ITIL 工具的选择，需要根据企业现有的管理水平和财务状况，选择合适的管理工具，同时关注工具之间的联动和信息整合，并进行统一的规划，以保证投资在未来得到充分保护，不被浪费。

【拓展阅读】 ITIL 的最佳实践及其收益

P&G 从 1997 年开始采用 ITIL 进行 IT 服务管理，在随后的 4 年中节省了超过 5 亿美元的 IT 预算，运作费用降低了 6%～8%，技术人员人数减少了 15%～20%。大量的成功实践表明，实施 IT 服务管理可以将企业 IT 部门的运营效率提高 25%～30%。其他成功的例子还有很多，比如 Ontario Justice Enterprise 采纳 ITIL，两年半内就将服务台的支持费用降低了 40%；卡特彼勒（Caterpillar）公司采用 ITIL，一年半后就将突发事件响应时间合格率由 60% 提高到 90%；等等。可见，借鉴 ITIL 最佳实践，企业可以得到切实的收益。

世界权威研究机构 Gartner 和 IDC 的调查研究也表明，通过在 IT 部门实施最佳服务管理实践，可以将因重复呼叫、不当变更等引起的延误时间平均减少 79%，平均每年可以为每个终端用户节约 800 美元的成本，同时将每项新服务推出的时间缩短一半。

第 62 讲 要不要 IT 外包？又怎么管？

随着市场竞争越来越激烈，利用 IT 和信息系统打造企业竞争力的理念越来越得到重视。然而，对大多数企业而言，IT 只是一种技术手段，而非核心业务，IT 部门是公司的成本中心，企业一方面需要考虑 IT 投入产出比，而另一方面，企业 IT 部门技术力量也相对较弱。因此，为了提升 IT 服务质量，降低 IT 成本，许多企业倾向于将一些应用系统、基础设施和一些非核心系统外包给专业的服务提供者进行维护，从而更有效地为业务部门服务，将 IT 服务外包作为一种新的长期战略成本管理工具，用来消除不属于核心业务的干扰分支。

一、理解 IT 外包

IT 外包（IT Outsourcing），是指企业将信息化基础设施和信息系统的整体或部分功能通过购买服务，把非核心但又非常重要的业务或管理服务外包给擅长于该项业务的外部服务供应商来完成，利用专业化分工，以更低的价格获得更为专业和灵活的 IT 应用服务以及 IT 系统维护服务。

IT 外包是企业战略性地利用外部 IT 资源的结果，IT 外包服务给企业带来的主要益处包括：

（1）使企业能专注于核心业务，灵活调整信息化策略；

（2）降低信息化系统的总体拥有成本，转移 IT 投入风险；

（3）提高信息化系统整体的质量和层次，使用最成熟的技术和应用软件；

（4）能及时得到新技术带来的支持，跟上技术的发展趋势；

（5）增强企业人力资源配置的灵活性，提高内部 IT 人员的效率；

（6）是企业开展信息化的最佳途径，面向全球市场、提升协作能力。

二、IT 外包的模式

IT 外包是企业信息化发展的大势所趋，但采用哪种形式外包，把哪些业务外包出去，不仅取决于企业自身信息化水平、企业规模等，还受限于市场上 IT 外包业务的成熟程度、地域等因素影响。根据 IT 外包业务的不同，IT 外包模式通常可分为三个层次。

（一）IT 基础架构外包

这是将基础而成熟的业务，如硬件维护、服务器托管、维护、虚拟主机和服务器租用等业务外包给专业 IT 服务公司，将做完需求分析后的软件开发外包给专业的软件公司。企业 IT 部门仍保留对内部应用系统（如 ERP、CRM 等）的管理与控制、IT 规划、IT 产品采购等业务。由于这种外包形式相对简单、成熟，多数企业都采用这种方式。

（二）应用系统外包

应用系统外包是在上述第一层的基础上，将企业内部应用系统的管理、控制也外包出去，IT 部门只负责 IT 规划、预算和成本控制等功能。从某种意义上说，这种 IT 外包形式类似于

管理信息系统（第三版）

应用服务提供商(ASP)模式,需要 IT 服务提供商对客户所在行业、采用的系统、经营的产品和业务流程等有深刻理解。一些大企业鼓励 IT 部门成为在市场上独立运作的 IT 公司,以合同形式为母公司提供 IT 服务,既提高了 IT 部门的积极性,又降低了母公司的 IT 成本。

(三)业务流程外包(BPO)

企业将基于 IT 技术之上的业务系统全部委托给专业公司,包括支撑业务系统的软件、硬件系统、技术人员以及信息管理机构,由专业的服务公司按照双方的协定要求进行管理、维护和运营。

三、IT 外包管理中经常存在的问题

IT 外包虽然能够为企业带来诸多益处,但如果缺乏合理的规划与管理,就会产生相应的问题,主要表现在以下方面。

(一)缺乏有效规划与可行性分析

与企业战略规划相适应的 IT 规划是 IT 外包项目获得成功的首要前提。缺少 IT 项目规划,所建设的 IT 项目与企业战略不符,企业的核心业务得不到信息系统的有效支持,这样 IT 外包就失去了其最大的意义。此外,由于缺少对 IT 项目的可行性分析,选择与项目不适应或者服务质量较差的外包服务商等,对于 IT 项目的建设都会产生不良影响。

(二)不能建立有效的沟通渠道

IT 项目是一个群体项目,通常需要许多相关部门的参与,不但关系到 IT 外包服务商,也关系到 IT 部门与其他部门的沟通,以及企业内各部门之间的相互关系,这些复杂的关系在项目实施过程中,可能会产生各种各样的问题。企业的 IT 部门外包商及企业的最终用户中的任何一方沟通环节不畅,都将给外包造成负面作用,甚至带来致命的风险。

(三)削弱对 IT 项目的控制

从 IT 项目服务内容来看,企业可以将项目全部工作通过外包来加以实现,但纯粹意义上的完全外包是不存在的,企业还应在需求分析、需求实现过程中的协同处理、监理、成果检验等环节发挥作用。同时,企业应该努力提高自己的学习能力,掌握必要的系统开发与维护的知识,避免丧失对系统的控制,而影响企业的灵活性;避免企业在与外包商的合作过程中由于信息不对称处于不利地位,导致效率降低、成本上升等问题,同时企业应慎重考虑核心业务数据、信息或程序的安全性和保密性等问题。

(四)成本控制不力

如果丧失对项目的控制力,企业也就无法进行有效的成本控制,企业对于变更的费用往往只能听之任之。同时,由于不畅通的沟通机制,企业往往会消耗大量的管理成本。这样的结果便是 IT 外包项目实质上并没有为企业节省成本。

四、IT 外包管理的具体措施

IT 外包服务是大势所趋,然而信息技术发展、企业自身经营环境、外包商经营状况的变化

都会给 IT 外包的实施带来风险。因此,企业要听取外包商在项目实施不同阶段的报告,评估 IT 外包服务的运转状况,定期审查外包商相关的内部控制(如资源安全性、完整性、保密性)、系统开发和维护以及应急计划措施,以保证其符合合同要求。在使用 IT 外包服务过程中,企业应该在整个合同执行的生命周期持续控制服务质量,对 IT 外包管理应从以下方面着手。

(一) 建立企业 IT 外包项目规划与可行性分析

根据企业战略规划,做好 IT 服务支持和外包规划,确定 IT 外包模式与程度,最大限度满足企业 IT 运行需要。通过一系列连续的合同来加强企业与 IT 外包商的合作关系,引入竞争机制以利于提高外包商的服务质量,根据与外包商合作时间的长短、合作过程中的满意程度,制定相应的评级制度,优先选择级别高的 IT 外包提供商,采取优质优价的激励措施鼓励外包商使用新技术。

(二) 建立 IT 外包合同订立机制

在合同制定时,企业 IT 部门应通过与业务部门、第三方咨询公司及外包提供商四方之间的沟通合作,根据业务流程和 IT 服务的需要,形成一套规范的服务级别协议,主要包括服务概述和业务关键流程描述、服务级别变更控制机制、授权协议的细节信息、报告机制、服务进度计划、服务提供商的责任和义务、客户的责任、"意外"的定义及故障的恢复、服务所要达到的目标、安全控制和管理等。通过服务级别协议的建立,明确企业 IT 部门和外包商服务团队各自的职责和角色,降低误会和疏忽的产生,更有利于提高客户满意度。通过关键绩效指标(包括响应性、可靠性和可用性等)来监控各种业务活动,使企业精确地了解业务进展,以及 IT 应用对业务支持的情况,同时对 IT 外包服务商进行评价和监控。

(三) 强化内外部沟通机制

良好的沟通是 IT 外包项目成功的必要保证,企业应建立畅通的内外部沟通机制,由双方项目经理负责召集,以保证系统运行过程中各项指标的实现,保证系统变更的审核和控制,保证可用性管理、服务持续性管理、能力管理的实现,保证 IT 外包项目的顺利实施。同时,企业自身的业务部门沟通也非常重要,在项目团队中需加入业务部门代表,同时在合同设计时也应征询业务部门其他人员的意见和建议,保证系统的设计、实施和变更符合业务的需求。

(四) 加强 IT 外包成本管理

企业在 IT 外包过程中需要建立合适的成本管理机制,企业应与 IT 外包服务商定期回顾,并重新协商所提供服务的服务范围和所需成本,以便使支持服务能一直满足不断变化的业务需求,并保持成本的有效性。通过引入第三方审计监理机制,由授权的第三方监理对外包的各项活动进行质量评估,通过专业的第三方监理公司,对 IT 外包服务提供商进行管理、监控和考核。同时,也能帮助 IT 外包商制定外包服务的规范流程,尽可能地降低 IT 外包管理的风险,用最少的精力、最有效的方法进行外包管理。

零售商 Sears,Roebuck & Co.和财经服务公司 Humtington National Bank 乍看起来好像没有什么共同点。然而,这两家公司的首席信息官(CIO)曾面临着相同的问题,这个问题就是外包还是不外包。

1. Sears, Roebuck & Co.

当 Sears,Roebuck &Co.集中精力与 Target 和 Walmart 等其他公司竞争的时候,CIO 小杰拉尔德·F.凯利(Gerald F. Kelly Jr.)加入了该公司,开始致力于转变公司的 IT 部。凯利在工作时感觉到公司过时、不可靠的技术架构是一个大问题。很多现象都表明公司没有适当的投资,也不具备使基础架构与公司目标保持一致的能力水平。这些现象包括网络故障、CPU 故障、延迟的恢复时间和根源分析,以及缺乏数据的冗余、备份与恢复。

凯利知道 Sears 是一家零售公司,而不是技术公司。同时,他感觉到架构在很大程度上可以说是一种日用品。如果他采用资源外包,就可能使一部分员工(那些支持核心任务的员工)丧失职业发展的最好机会。所以,他开始调查最能节省时间并且带来最大经济效益的革新以转化 IT 架构。

到最后,Sears 对于资源外包的决定没有陷入"资源外包与否"的争论,而是重在对公司走向的分析。经过 9 个月的分析,Sears 的经理们权衡了 IT 架构的资源内包与外包的时间和成本,对比了资源内包对员工的影响和外包可能带来的机会。这些工作表明资源外包能够使 Sears 从分散的结构中获得最大化价值,更快地实现架构稳定的目标,节省大量的资金,避免雇用大量的技术专家——同时不用要求员工来开发新的零售系统。凯利最终决定将架构的工作外包。

2. Humtington National Bank

Humtington National Bank 的储蓄借贷系统已经外包给了一家资源外包商。这家资源外包商一直希望能够获得一些金融服务的业务流程外包(Business Process Outsourcing, BPO)市场。乔·戈特龙(Joe Gottron)是 Humtington National Bank 的 CIO,有 16 年在 IBM 工作的经验,他非常了解资源外包关系的性质。他主要担心的是资源外包协议在开始阶段缺乏管理,只有在随后的几年里才能带来收入。然而,戈特龙对外包业务过程的可能性还是尤感兴趣。

戈特龙曾经对国内 BPO 的基准和其他资源外包提供商的基准进行过对比,因此很清楚地知道在 BPO 的决策中银行的规模是主要因素。他们有 8 300 名员工,其中 500 人在 IT 部。外包决策的过程持续了 18 个月。Humtington National Bank 最终选择了拒绝 BPO 并且保留内部的 IT,主要是基于经理们对于 IT 需要改进之处的理解、企业联盟、涉及的项目管理,以及从长期来看资源外包几乎节省不了钱,还可能给公司文化带来风险的事实。

第九章　IT 项目管理

第63讲　项目管理与 MIS 项目管理

信息系统实施过程中出现的一系列问题，如设计、数据、成本与作业方面的问题，可能会导致信息系统失败，这就要求有一套完整的项目管理与控制机制来保证新系统的顺利实施。大部分信息系统无法实现当初设定的目标或解决需要解决的问题，是因为在系统建置的过程中，没有良好的项目管理与控制机制。

一、项目管理

项目就是以一套独特而相互联系的任务为前提，有效地利用资源，为实现一个特定的目标所做的努力。项目的特征表现在：项目有一个明确界定的目标，即一个期望的结果或产品；项目的执行需要通过完成一系列相互关联的任务，也就是许多不重复的任务以一定的顺序完成，以达到项目目标；项目需要运用各种资源来执行任务，包括人力、组织、设备、原材料和工具；项目有具体的时间计划，有一个开始时间和目标必须实现的到期日；项目可能是独一无二、一次性的努力；每个项目都有客户，客户是提供必要资金和约定实现目标的人；项目包含一定的不确定性。

任何系统都有发生、发展和消亡的过程。新系统在旧系统的基础上产生、发展、老化、消亡，最后被更新的系统取代，这个过程称为生命周期。项目也具有生命周期，并且分为识别需求、建立解决方案、执行项目和结束项目四个阶段。

第一阶段识别需求，是项目生命周期的初始阶段，涉及需求、问题或机会的确认，客户需向个人、项目团队或组织提交征求建议书（RFP），以便实现确认的需求或待解决的问题。

第二阶段建立解决方案，即在识别需求阶段结束时开始，在个人、组织或承约商被选中执行解决方案的协议达成时结束。个人或更多的人、组织向客户提交申请书（或投标书）。承约商在投标决策中考虑的因素是竞争性、风险、工作任务、拓展才能的机会、在客户心目中的声誉、客户资金的兑现能力、申请书和项目所用资源的可得性。

第三阶段执行项目，此阶段始于客户决定哪个解决方案将能最好地满足需求，客户与个人或提交申请书的承约商之间已签订合同。在执行项目阶段为项目制定详细的计划，然后执行计划以实现项目目标。

第四阶段结束项目，当项目结束时，某些后续的活动仍需执行。这一阶段的一个重要任务就是评估项目绩效和听取客户意见，以便改善项目，为执行相似项目提供借鉴。

二、MIS 项目管理的特点

管理信息系统（Management Information System，MIS）项目管理是为解决信息化需求而产生的软件、硬件、网络系统、信息系统、信息服务等一系列与信息技术相关的项目。管理信息系统开发是一项长期的任务，必须根据企业组织的改革、发展的需要和可能，分成若干项目，分步进行开发，因此，管理信息系统项目不是交钥匙工程。管理信息系统项目与一般工程项目之间有许多类似的地方，例如，都具有时间与资源的约束以及生命周期等，但由于信息系统项目与 IT 密切关联，具有区别于一般工程项目的特殊性。

（一）目标不明确

管理信息系统开发其实就是把用户需求，通过编程语言形成系统固化下来，它完全取决于用户需求表达的准确性和程度，不像加工螺丝钉等有形产品那样有很具体的标准和检验方法。因此，信息系统项目的任务边界是模糊的，用户的满意度是信息系统项目成功的唯一检验标准。

（二）需求变化频繁

客户需求随项目进展而变化，导致项目进度、费用等不断变更。尽管已经做好了系统规划、可行性研究，签订了较明确的技术合同，然而随着系统分析、系统设计和系统实施的进展，客户的需求不断地被激发，导致程序、界面以及相关文档需要经常修改。而且在修改过程中又可能产生新的问题，这些问题很可能要经过相当长的时间才会被发现，这就要求项目经理不断监控和调整项目的计划执行情况。

（三）智力密集型

信息系统项目工作的技术性很强，信息系统开发的核心成果——应用软件由需要掌握软件知识和信息系统开发实践经验的专业设计人员来完成。项目涉及面广且具有复杂性，需要大量高强度的脑力活动。如果项目实施过程中发生人员流动，则会对项目开发工作造成很大的影响。

（四）与信息技术密切关联

信息技术的快速发展，一方面给信息系统项目提供了更有力的辅助开发工具，另一方面也使项目面临复杂的技术环境，因此对信息技术的选择和驾驭能力与项目的成功有密切的关系。

（五）受人力资源影响很大

信息系统项目成员的结构、责任心、能力和稳定性对信息系统项目的质量以及是否成功有决定性的影响。信息系统的开发特别是软件开发渗透了人的因素，带有较明显的个人风格。为高质量地完成项目，必须充分挖掘项目成员的智力才能，激发他们的创造精神，不仅要求他们具有一定的技术水平和工作经验，而且要求他们具有良好的心理素质和责任心。

以上这些特点说明了信息系统项目面临不同于其他项目的困难，也说明了信息系统项目管理的重要性及必要性。

三、MIS 项目管理组织

管理信息系统的建立是一项涉及多个学科领域、多项业务范围、多层次管理人员的系统工程，严密的组织管理工作是使系统开发顺利进行并取得成功的保证。它分为领导组织与工作组织两个方面。

（一）领导组织

领导组织是管理信息系统开发组织管理的一个重要步骤。系统管理的领导小组是领导整个系统开发工作的组织部门，负责对开发工作的规划、计划、资金预算等工作的审核；协调各机

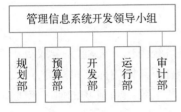

图 1　管理信息系统开发领导小组

构对管理信息系统数据流程、工作制度、数据标准等事项需求的统一；安排参加各阶段开发工作的人员及各自分工；组织召集各类人员对各个阶段开发工作的方案文件、说明书等进行审核，并负责对系统实施后最终的验收和评审。在开发大型系统时，应将领导小组设为常设机构。典型的系统开发领导小组的组织机构形式如图 1 所示。

按照"一把手"的原则，领导小组应由系统开发企业的最高层领导任组长，企业各业务部门的负责人为组员，以保证机构的权威性，有利于协调系统开发密切相关部门之间的相互配合。同时应考虑吸收承担系统开发工作的负责人为组员，便于开发者与用户之间的协调。

(二) 工作组织

工作组织着眼于系统分析、系统设计、系统实施中的具体工作，如工作计划、编制预算、人员组织等。

开发管理信息系统的组织和人员结构是否合理，直接影响开发速度和质量。合理的开发机构一般根据开发工作的需要、工作性质的分类和职能设置，设立领导组、开发组（包括系统开发管理员、系统分析员、系统设计员、程序设计员等）、应用组（包括系统运行操作员、数据录入员、应用管理员等）、维护及资料组（包括数据库管理员、系统硬件维护员、系统软件维护员、文档资料管理员等）。每个组均配备有特定职责范围和符合专业素质要求的技术人员。

系统开发的组织工作要按照系统开发的总体规划、系统分析、系统设计、系统实施与评价的过程来进行。其任务就是合理配置人、财、物等资源，高质量地完成各阶段的工作任务，保证整个系统开发工作的成功。

四、MIS 项目管理的核心内容

管理信息系统项目管理是一项系统工程，负责协调各类开发人员和各级用户之间的关系，以保证开发过程有条不紊地进行。

(一) 计划管理

计划管理的主要工作内容为：制定总体计划，确定系统开发范围，估算开发所需资源，划分系统开发阶段，分步实施，同时明确系统开发重点；制定阶段计划，分解阶段任务，估算阶段工作，规划阶段工作进度；对工程计划执行情况进行检查，找出无法按计划完成的原因并且提出相应建议，以便对计划做出相应调整。

(二) 风险管理

风险管理的主要工作内容包括：标准化管理，确定所依据的标准，确定自定义标准范围；安全管理，制定安全保密制度，排除不安全因素，进行安全保密教育等。

(三) 质量管理

质量管理的主要工作内容为：贯彻系统开发过程质量管理原则；确定系统质量管理指标

体系;保证系统的可用性、正确性、适用性、可维护性以及文档完整性;系统开发周期内的质量管理,分阶段确认工程质量指标,实行质量责任制;对各项任务进行质量检查,分阶段质量评审,分析影响阶段质量的原因。

(四) 资源管理

资源管理包括人力资源管理、软件资源管理、硬件资源管理、资金管理等,主要工作内容为:制定各类专业人员的需求计划,对人员进行合理组织和使用,进行人员培训;明确软件所需和软件来源,合理使用软件,重视软件的日常维护;熟悉系统运行环境和硬件系统配置,制定硬件安全使用制度,重视硬件维护保养,加强对辅助设备的管理;严格执行投资概算,包括硬件软件投资、系统开发费用、运行和维护费用,做到资金使用平衡,定期编制资金使用报表。

【拓展阅读】 上海邮电设计院 IT 项目管理案例分析

上海邮电设计院在前期严格细致地考察全国各主要软件供应商的工作后,于2005 年年底选择确定上海金慧软件有限公司作为管理信息系统的软件供应商。项目采用重点解决核心业务管理的实施策略,首先快速实施市场经营管理模块,随后重点投入核心的设计项目管理子系统的建设。项目一期实施了企业应用门户、市场经营管理、设计项目管理、图文档管理及领导查询模块,其中最核心的设计项目管理系统于 2006 年年底在全院正式上线运行;2007 年 2 月,应邮电院业主要求,又委托金慧软件公司实施了与上海电信公司外部协作管理信息系统的集成系统(是电信行业内唯一与业主应用系统实现高度自动化紧密集成的系统);2007年 9 月启动实施项目管理信息系统二期工程;于 12 月又补充实施了上海邮电科研项目管理系统。在 2007 年 5 月中国勘察设计协会与上海金慧软件有限公司联合举办的"全国工程勘察设计行业信息化工作(上海)峰会"期间,百余家单位代表现场观摩了上海邮电设计院的信息化建设成果,成为行业内又一个具有代表性的成功案例。

该案例成功之处在项目实施上,金慧软件公司与上海邮电设计院相互理解、精诚合作,采用了务实有效的实施和项目管理模式。

(1) 组织模式。上海邮电设计院没有专门的计算机部门,该系统的建设采用了由主管院领导协调,企业发展部具体实施推进,生产部门配合的项目组织模式。项目组织结构包括项目领导小组和项目实施小组,在全院正式运行阶段,还专门成立了项目应急小组。

(2) 重点突出。项目采用了重点解决核心业务管理的实施策略,首先快速实施了市场经营管理模块,随后重点投入核心的设计项目管理子系统的建设。

(3) 逐步推进。项目的实施过程包括需求分析、系统用户化开发及上线运行三大阶段,其中上线运行阶段采用的是"由点到面"的逐步推进应用模式,经历了实施小组试运行,部门试运行,全院试运行,全院正式运行几个阶段,大大降低了项目实施的风险。

管理信息系统(第三版)

（4）充分沟通。在实施期间项目组充分征求一线使用人员的意见,对用户提出的意见,直接用户、客户方项目组与金慧软件公司共同寻求最适合的解决方案,金慧软件公司开发实施人员积极配合,不断优化系统,调动了广大用户的积极性,用户逐渐从被动式的应用转变为积极主动的应用。

资料来源：百分网 https://www.oh100.com/

第64讲　如何界定信息系统项目范围?

信息系统项目最大的问题是项目需求与范围的不确定性和易动性,缺少正确的项目需求、定义和范围核实是导致项目失败的主要原因。有信息系统实施团队把项目前期和后期的工作直接归纳为激发需求和控制需求的过程,可见需求管理所对应的项目范围确定对项目管理来说是非常重要的。清晰的 IT 项目范围规划,能够提高费用、进度和资源估算的准确性,为项目实施提供有效的控制,有助于项目分工,是项目取得成功的基石。

一、项目范围管理过程

项目范围管理是指为了确保项目目标的实现而开展的,对于项目产品范围和项目工作范围的管理。其中,项目产品范围是指根据项目目标去规定、计划和控制项目生成的产出物范围;项目工作范围是指根据产品范围的需要去规定、计划和控制项目的工作范围。因此,项目范围管理就是指根据项目目标对项目产品范围和项目工作范围的全面计划、确认和控制等方面的项目管理工作。

项目范围管理过程通常包括规划范围、收集需求、定义范围、创建工作分解结构(WBS)、范围核实和范围控制等过程。

(一) 规划范围

规划范围是为记录如何定义、确认和控制项目范围及产品范围,而创建范围管理计划的过程。规划范围的主要作用是,在整个项目期间对如何管理范围提供指南和方向,其成果是项目范围管理计划。

项目范围管理计划是项目范围管理的核心工作,是项目团队根据项目章程、项目初步范围说明书和其他项目管理计划等内容所做的项目范围管理的计划和安排。项目范围管理计划的编制工作是一个渐进明细的过程,需要参考大量的项目背景信息。在编制过程中,主要以项目章程和项目初步范围说明书为依据,还要考虑项目发起人(公司或组织)的文化、人力资源、市场条件及相关制度等主客观因素的影响。

一个标准的项目范围管理计划应包括以下内容：(1) 采用什么方法界定项目范围,并制定详细项目说明书;(2) 采用什么方法和标准来创建 WBS;(3) 确定项目可交付结果的核实标准;(4) 如何定义项目的范围变更,采取何种流程和方式来控制变更;(5) 基于项目的需要,项目范围管理计划可以是正式或非正式的,详细或简要概述的,它是项目范围规划的重要成果。

（二）收集需求

收集需求是为实现目标而确定、记录并管理相关方的需要和需求的过程。本过程的主要作用是，为定义产品范围和项目范围奠定基础。

（三）定义范围

定义范围是制定项目和产品详细描述的过程，本过程的主要作用是描述产品、服务或成果的边界和验收标准。定义范围最重要的结果是输出项目范围说明书。项目范围说明书也是范围规划中最核心的成果之一。项目范围说明书描述要做和不要做的工作的详细程度，决定着项目管理团队控制整个项目范围的有效程度。

详细的项目范围说明书包括以下内容：（1）产品范围描述，逐步细化在项目章程和需求文件中所述的产品、服务或成果的特征；（2）可交付成果，为完成某一过程、阶段或项目而必须产出的任何独特并可核实的产品、成果或服务能力，可交付成果也包括各种辅助成果，如项目管理报告和文件；（3）验收标准，即可交付成果通过验收前必须满足的一系列条件；（4）项目的除外责任，识别排除在项目之外的内容，明确说明哪些内容不属于项目范围，有助于管理相关方的期望及减少范围蔓延。

（四）创建 WBS

工作分解是一种把项目范围和项目可交付成果逐步划分为更小、更便于管理的组成部分的技术。本过程的主要作用是，为所要交付的内容提供架构。工作包是 WBS 最底层的工作，可对其成本和持续时间进行估算和管理。分解的程度取决于所需的控制程度，以实现对项目的高效管理。工作包的详细程度则因项目规模和复杂程度而异。

要把整个项目工作分解为工作包，通常需要开展以下活动：（1）识别和分析可交付成果及相关工作；（2）确定 WBS 的结构和编排方法；（3）自上而下逐层细化分解；（4）为 WBS 组成部分制定和分配标识编码；（5）核实可交付成果分解的程度是否恰当。

（五）项目范围核实

范围核实是指利益相关者对范围的正式接受。项目范围核实就是获取客户对项目范围以及相应的可交付成果的正式承认。为了能使项目范围得以正式认可，项目团队必须形成明确的正式文件，说明项目产品及其评估程序，以评估是否正确和满意地完成了项目产品。

范围核实不同于质量控制，范围核实主要关注对可交付成果的验收，而质量控制则主要关注可交付成果是否正确以及是否满足质量要求。质量控制通常先于范围核实进行，但二者也可同时进行。质量控制是对工作结果正确性的核实，依据的是项目的质量标准。范围核实是对工作结果的验收，主要是指边界责任，依据主要是项目执行结果和项目范围计划的输出结果。

（六）项目范围控制

项目范围控制是指当项目范围发生变化时对其采取纠正措施的过程，以及为使项目朝着目标方向发展而对项目范围进行调整的过程。范围控制的目的是对引起范围变更的因素施加影响，确保变更能依据集成变更控制建立的程序有序进行。范围变更的表现形式多种多样，在IT 项目中，范围变更可能来自服务商、供应商或者客户，也可能来自项目组织内部，如需求不明确、系统实施时间过长、用户业务需求改变等。

项目范围控制的主要工作包括：（1）分析和确认影响变更的主要因素和环境，并加以管理和控制；（2）分析和确认项目相关人提出变更的合理性、可行性；（3）分析和确认范围变动是否已经发生，当范围变更发生时，对实际变更情况进行管理。

二、项目范围管理的工具

项目范围管理的主要工具就是工作分解结构（WBS）。WBS 是一个以项目的可交付结果为中心，为完成项目的目标和生成项目的可交付成果，由项目团队进行的一种工作有层次的分解。如图 1 所示。

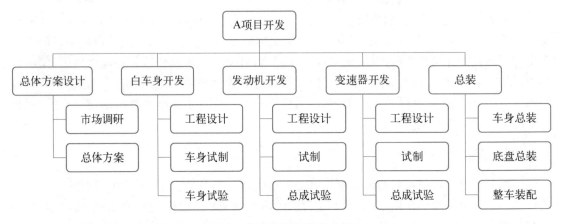

图 1　项目开发的 WBS 分解

对项目规划分解的过程看起来比较简单，就是把一个项目的全部工作分解成更加细小和具体的工作。所以，在实际应用中大多数项目的工作分解是自发性的，并且缺乏足够的重视。而实际上，运用 WBS 进行分解是一个科学性与艺术性并存的过程。用不同的分解方法会得到完全不同的项目管理结果，而这个结果会直接影响到项目的所有计划管理和控制，以及项目的最终可交付成果的产出。

运用 WBS 对项目的工作进行分解是项目管理过程中最重要，也是最复杂的管理工作之一。项目的所有计划都必须基于一个良好的工作分解结构，以确保项目的顺利实施。一般来说，一个新项目的范围规划可以从过去实施类似项目的 WBS 模板中去界定。虽然每个项目都有一定的独特性，但由于大多数项目彼此之间存在着一定的相关性，所以 WBS 经常被"重复使用"。例如，在一个给定的组织中，多数项目会有相同或相似的项目周期，因而对每个项目阶段可能有同样或相似的可交付成果要求。许多应用领域项目执行机构存在标准或非标准的WBS，如应用软件开发项目中就存在标准的 WBS 模板，它们可以被用作模板。

三、WBS 分解方法

在项目范围规划过程中，对项目工作的分解主要有以下几种方法。

（一）类比法

这种方法是指以一个项目的 WBS 为基础，制定本项目的工作分解结构。例如：企业在某种软件的开发方面有丰富的经验,当需要设计开发新的软件时,就可以借鉴以前开发过的类似项目的 WBS,以旧的 WBS 的范围和层级为基础,开始新项目 WBS 的编制。一般来说,重复次数较多的项目、管理经验比较成熟的项目在运用 WBS 的时候可以使用类比法。

(二) 自上而下法

这是构建 WBS 的常规方法,即逐步将工作分解成下一级的多个子项,它是一个不断细化工作任务的过程。自上而下法实际上是一种系统思考的方法,这种方法需要项目团队具备比较全面的项目经验,项目经理要具备一定的系统思维能力和掌握相关的知识。自上而下法最符合人们的常规思维和计划方式,即从宏观开始计划和考虑,在宏观的指导下逐步细化和分解为下一级的多个子项工作。这个过程就是要不断增加级数,细化工作任务。如果项目团队有对本项目经验丰富的专家,或者他们对该项目并不陌生,使用自上而下法就是最佳的方法。

(三) 自下而上法

自下而上法实际上是对项目工作分解的一个先发散后归纳的过程。自下而上法就是让项目团队成员从一开始就尽可能地确定与项目有关的各种具体任务,然后将各项具体任务进行分析和整合,再归纳总结到一个整体活动或 WBS 的上一级内容中去。自下而上法一般都很费时间,团队成员可采用类似头脑风暴的方法,在项目的开始阶段尽可能地确定各项具体任务,然后将各项具体任务进行分析和整合,形成零散的思路。最后再由微观到宏观地归纳。自下而上法对于独特性和创新性比较强的项目 WBS 的创建来说,是一种很好的方法。

以上三种 WBS 的构建方法可以交替使用:一个项目团队在制定 WBS 时首先使用类比法借鉴相关项目的经验,然后使用自上而下法对项目的工作进行系统的分解,最后使用自下而上法对 WBS 中有可能遗漏的工作进行补充。在实际的项目规划中,WBS 的自上而下法和自下而上法应该是交替使用的。对于项目的这两种工作分解方法也是项目团队对项目工作分析的两种思维方式,只有把自上而下的演绎思维和自下而上的归纳思维结合起来,思维才能有系统性和全局性,才能做到对项目工作的计划是经过全局考虑而且没有遗漏的。

【拓展阅读】 某企业 ERP 项目范围管理实践

范围管理是项目管理的基础,也是项目管理工作的重点和难点。尤其对于大规模的信息化项目而言,含糊的需求和频繁变更的范围将对项目的成功交付上线带来极其负面的影响。

1. 需求收集与需求管理计划的创建

收集需求是为了实现项目目标而记录并定义项目干系人的过程。在收集需求过程中,会形成项目的需求管理计划,一方面实现对需求和范围管理所需资源和时间的计划,另一方面也建立了项目组对需求和范围管理的统一方法和规则。在本 ERP 项目实施过程中,项目管理团队组织需求调研小组,首先通过访谈企业高层的方式,获取最准确、最核心的业务功能和流程需求,然后由企业高层领导指定各业务领域负责人,并由调研小组进一步对被指定的负责人综合使用访谈、焦点小组以及引导式会议的方法,逐级向下细化、明确需求。

2. 项目范围定义

项目范围定义是制定产品和项目详细描述的过程,主要生成项目的范围说明书。项目范围说明书详细描述了项目的主要交付物以及为了完成这些交付而需要完成的工作。项目范围说明书可以作为后续项目工作的指导,并为评价变更请求是否超越项目边界提供基准。在 ERP 项目的范围定义过程中,项目组不仅关注科学的范围定义,更注意识别项目的显性和隐形需求。如作为一个 ERP 系统实施项目,一方面项目的目标不是"ERP 系统软硬件",而是"ERP 为企业贡献价值";另一方面,如果用户遇到问题得不到快速有效的解决,系统有可能失去生命力而成为摆设,贡献价值的目标将无法实现。

3. 创建 WBS

创建 WBS 是将项目的可交付成果和项目工作分解为更小、更易于管理的组成部分的过程。足够明确、细化的 WBS 创建,将有利于项目实施过程中的监控和绩效跟踪。在 ERP 项目中,项目组组织完成了 WBS 的分解。主要基于业务蓝图,参照 ASAP 实施方法论,按照第一层为项目实施生命周期(ASAP 方法论的项目准备、蓝图规划、系统实施、上线准备、上线支持五个阶段),第二层为项目交付物(包括系统配置清单、开发清单、权限清单等),完成了 WBS 的分解。此外,严格控制了 WBS 的底层工作包分解细度,要求基于项目咨询顾问的丰富系统实施经验进行细化,每个工作包必须控制在一人一天的工作量,便于在项目实施过程中,通过跟踪、收集项目的绩效如咨询顾问的工作情况报告,实现对项目进度、成本的精确跟踪和控制。

4. 核实项目范围

核实项目范围工作是指正式验收项目的可交付成果的过程。包括获得项目干系人对项目范围的正式承认以及各阶段、项目最终验收的确认。在项目完成第一个月月结后,项目管理团队组织进行上线验收,结合需求管理计划中的要求,组织召开由集团各业务部门总经理、项目组开发团队、项目组业务分析团队、项目组数据规划团队参与的项目验收评审会,在会上由项目组展示、介绍项目的成果文件,包括业务蓝图、开发和测试文档、配置清单和操作手册等,并在会上组织签署验收文件,完成项目验收。

5. 范围控制

范围控制主要是监督项目和产品的范围状态,管理范围变更的过程。在本 ERP 项目中,最主要的导致项目范围变更的因素是需求的调整,原因在于 ERP 项目的规模庞大,需求并不是在第一天就能够清晰定义出来的,而是随着蓝图和项目实施而逐步明确的。针对这一情况,项目组利用在项目需求管理计划中制定的需求拥有者的策略,规定为了控制项目范围的蔓延,项目组要进行严格的变更审批,避免不必要的开发任务和资源的浪费。依照此规定,所有的范围变更在提交申请后,都经过详细的评估和严格的审批,确定需要处理后,再进入变更实施流程,从而较好地控制了变更的随意性,加强了对于项目范围的控制力度。

资料来源: 胡文娟. ERP 系统项目的范围管理与实践[J]. 通讯世界,2016 (24): 238.

第65讲 信息系统项目进度及其管控

信息系统项目进度管控是根据项目的进度目标,编制经济合理的进度计划,然后以此来检查信息系统项目计划的执行情况,一旦发现实际与计划不一致时,需及时分析原因,并采取必要的措施对原进度计划进行调整和修正的过程。

一、信息系统项目进度管理过程

信息系统项目进度管理过程包括定义活动、排列活动顺序、估算活动资源、估算活动持续时间、制定进度计划、控制进度等一系列过程,如图1所示。

(一) 定义活动

定义活动是指识别为完成信息系统项目可交付成果而需采取的具体行动的过程。创建WBS的过程已经识别出工作分解结构中底层的可交付成果,即工作包。项目工作包通常还应进一步细分为更小的组成部分,即活动——为完成工作包而必须开展的工作。过程输出通常会包括具体的活动清单、相关的属性(如资源需求,制约因素,假设条件,活动名称等)以及里程碑活动。该过程并不是一蹴而就的,通常会以渐进明细的方式进行,对于近期要完成的工作详细规划,而对远期要进行的工作只做粗略规划。

在项目进行过程中,某些活动的完成意味着项目取得了关键性的进展或是某个项目阶段的结束。活动是开展估算、编制进度计划以及执行和监控项目工作的基础。本过程意味着对进度活动进行定义和规划,以便实现项目目标。

(二) 排列活动顺序

排列活动顺序是识别和记录项目活动间逻辑关系的过程,确认优先级和关联顺序,在所有制约因素下获得最高的效率,将活动清单转化为进度网络图。活动按逻辑关系排序。活动与活动之间的逻辑关系包括以下几种。(1) 完成到开始(FS):前一个活动完成之后后续活动才能开始。(2) 完成到完成(FF):两个活动中只有一个完成之后另一个才能完成。(3) 开始到开始(SS):两个活动中只有其中一个开始了另外一个才能开始。(4) 开始到完成(SF):一个活动的开始意味着另一个活动的完成。

除了首位两项之外,每项活动和每个里程碑都至少有一项紧前活动和一项紧后活动。为了使项目进度计划现实、可行,可能需要在活动之间加入时间提前量或滞后量。排序可使用项目管理软件,也可通过手工或自动化技术来实现。

(三) 估算活动资源

估算活动资源是估算每项活动所需人员、设备或用品的种类和数量的过程。该子过程识别为了完成具体的某一项活动所需要的相关资源的配备、使用和规划情况。它与活动的具体属性以及资源的特性和限制等客观因素相关,因此在该过程中,需要将活动属性和资源日历作为一个具体的输入之一,资源日历包括资源的可用性、时间性等相关信息。该过程输出的准确

信息系统项目进度管理

1. 定义活动
（1）输入
范围基准
事业环境因素
组织过程资产
（2）工具与技术
分解
滚动式规划
模板
专家判断
（3）输出
活动清单
活动属性
里程碑清单

2. 排列活动顺序
（1）输入
活动清单
活动属性
里程碑清单
项目范围说明书
组织过程资产
（2）工具与技术
紧前关系绘图法
确定依赖关系
利用时间提前量与滞后量
进度网络模板
（3）输出
项目范围说明书
项目文件（更新）

3. 估算活动资源
（1）输入
活动清单
活动属性
资源日历
事业环境因素
组织过程资产
（2）工具与技术
专家判断
备选方案分析
出版的估算数据
自下而上估算
项目管理软件
（3）输出
活动资源需求
资源分解结构
项目文件（更新）

4. 估算活动持续时间
（1）输入
活动清单
活动属性
活动资源需求
资源日历
项目范围说明书
事业环境因素
组织过程资产
（2）工具与技术
专家判断
类比估算
参数估算
三点估算
储备分析
（3）输出
活动持续时间估算
项目文件（更新）

5. 制定进度计划
（1）输入
活动清单
活动属性
项目进度网络图
活动资源需求
资源日历
活动持续时间估算
项目范围说明书
事业环境因素
组织过程资产
（2）工具与技术
进度网络分析
关键路径法
关键链法
资源平衡
假设情景分析
利用时间提前量与滞后量
进度压缩
进度计划编制工具
（3）输出
项目进度计划
进度基准
进度数据
项目文件（更新）

6. 控制进度
（1）输入
项目管理计划
项目进度计划
工作绩效信息
组织过程资产
（2）工具与技术
绩效审查
偏差分析
项目管理软件
资源平衡
假设情景分析
利用时间提前量与滞后量
进度压缩
进度计划编制工具
（3）输出
工作绩效测量结果
组织过程资产（更新）
变更请求
项目管理计划（更新）
项目文件（更新）

图 1　信息系统项目进度管理分解示意图

性如何,与项目成员的经验以及所采用的估算技术密切相关,因此经常需要借助专家判断,以及一些较为权威的估算数据(如以往类似项目的经验),或者进行自下而上的估算方法,即先将活动细分,然后估算资源需求再进行汇总。项目管理软件有助于规划、组织与管理可用资源,以及编制资源估算。利用先进的软件,可以确定资源分解结构、资源可用性、资源费率和各种资源日历,从而有助于优化资源使用。

(四)估算活动持续时间

估算活动持续时间是根据资源估算的结果,估算完成单项活动所需工作时段数的过程。需要依据活动工作范围、所需资源类型、所需资源数量以及资源日历等,进行活动持续时间的估算。应该由项目团队中最熟悉具体活动的个人或小组来提供活动持续时间估算所需的各种输入。对持续时间估算是渐进明细的,取决于输入数据的数量和质量。例如,随着项目设计工作的推进,可供使用的数量越来越详细、越来越准确,持续时间估算的准确性和质量也会越来越高。

具体而言,首先要估算出具体活动的工作量和计划投入该活动的资源数量,然后据此估算出为完成该活动所需的工作时段数(活动持续时间),应该把每个活动持续时间估算所依据的全部数据与假设都记录在案。对工作时间有特殊要求的资源,通常会提出备选的资源日历,列出可供选择的工作时段。大多数项目进度管理软件都可以利用项目日历与这些资源进行活动持续时间估算。除了遵循逻辑顺序之外,活动还需要按项目日历与适当的资源日历来实施。

(五)制定进度计划

制定进度计划是分析活动顺序、持续时间、资源需求和进度约束,编制项目进度计划的过程。使用进度计划编制工具来处理各种活动、持续时间和资源信息,就可以制定出一份列明各项目活动的计划完成日期的进度计划。编制可行的项目进度计划,往往是一个反复进行的过程。这一过程旨在确定项目活动的计划开始日期与计划完成日期,并确定相应的里程碑。在编制进度计划的过程中,可能需要审查和修正持续时间估算与资源估算,以便制定出有效的进度计划。在得到批准后,该进度计划即成为基准,用来跟踪项目绩效。随着工作的推进、项目管理计划的变更以及风险性质的演变,应该在整个项目期间持续修订进度计划,以确保进度计划始终现实可行。

(六)控制进度

控制进度是监督项目状态以更新项目进展、变更管理进度基准的过程。进度控制的内容包括:(1)判断项目进度的当前状态;(2)对引起进度变更的因素施加影响;(3)确定项目进度是否已经发生变更;(4)在变更实际发生时对其进行管理。

二、常用的项目进度管理工具

对于大型的信息系统项目管理,没有相应管理工具和软件的支撑,而手工制定项目任务范围、跟踪项目进度、资源管理以及实施成本预算,难度是非常大的,因此,需要综合运用相应的项目进度管理工具,如甘特图、计划评审技术(PERT)及关键路径法(CPM)等。

(一)甘特图

甘特图(Gantt Chart)又称为横道图、条状图,是由亨利·甘特于 1917 年开发。甘特图内在思想简单,用一条线条图表示,横轴表示时间,纵轴表示项目活动,线条直观地表明任务计划在什么时候进行,以及实际进展与计划要求的对比,如图2所示。甘特图清晰易懂,能够清晰描述每个任务的开始和结束时间,以及各任务之间的并行关系,可以动态地反映项目的开发进展情况,但是,甘特图仅反映了项目管理的时间、成本和范围约束,难以反映多个任务之间存在的逻辑关系。

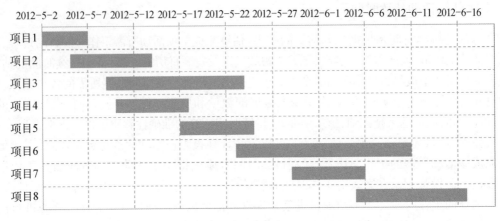

图2　项目进度甘特图

绘制甘特图的常用软件有 Excel、Microsoft Project、Edraw Max 等,甘特图制作主要包括如下步骤。(1) 明确项目涉及的各项活动、项目。内容包括项目名称(包括顺序)、开始时间、工期,任务类型(依赖/决定性)和依赖于哪一项任务。(2) 创建甘特图草图。将所有的项目按照开始时间、工期标注到甘特图上。(3) 确定项目活动依赖关系及时序进度。先使用草图,按照项目的类型将项目联系起来进行安排,确保所有依赖性活动能且只能在决定性活动完成之后按计划展开;同时应避免关键性路径过长,关键性路径是由贯穿项目始终的关键性任务所决定的,它既表示项目的最长耗时,也表示完成项目的最短可能时间,关键性路径会由于单项活动进度的提前或延期而发生变化;对于进度表上的不可预知事件要安排适当的富裕时间(Slack Time),但是富裕时间不适用于关键性任务,因为它们的时序进度对整个项目至关重要。(4) 计算单项活动任务的工时量。(5) 确定活动任务的执行人员,适时按需调整工时。(6) 计算整个项目时间。

(二) 计划评审技术

计划评审技术(Program Evaluation and Review Technique, PERT),是利用网络分析制定计划以及对计划予以评价的技术。PERT 网络是一种类似流程图的箭线图,它描绘出项目包含的各种活动的先后次序,标明每项活动的时间或相关的成本,如图3所示。对于 PERT网络,项目管理者必须考虑要做哪些工作,确定时间之间的依赖关系,辨认出潜在可能出问题的环节。因此,PERT 能协调整个计划的各项工序,合理安排人力、物力、时间、资金,加速计划的完成。在现代计划的编制和分析手段上,PERT 已被广泛使用,是现代化管理的重要手段和方法。

PERT 图有三个基本概念:事件、活动和关键路线。事件(Events)表示主要活动结束的那一点;活动(Activities)表示从一个事件到另一个事件之间的过程;关键路线(Critical Path)

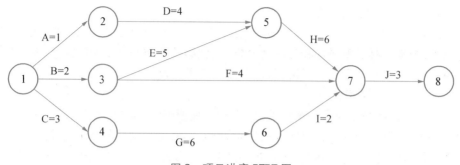

图 3　项目进度 PERT 图

是 PERT 网络中花费时间最长的事件和活动的序列。

(三) 关键路径法

关键路径法(Critical Path Method,CPM)是一种用来预测总体项目历时的项目网络分析工具,用于在进度模型中估算项目最短工期,确定逻辑网络路径的进度灵活性大小。这种进度网络分析技术在不考虑任何资源限制的情况下,沿进度网络路径使用顺推与逆推法,计算出所有活动的最早开始、最早结束、最晚开始和最晚完成日期。一个项目的关键路径是指一系列决定项目最早完成时间的活动,它是项目网络图中最长的路径。关键路径代表了为完成项目所花费的最短时间。如果关键路径上有一项或多项活动所花费的时间超过计划的时间,那么总体项目进度就要被拖延,除非项目经理采取某种纠正措施。

CPM 分析步骤如下:(1) 将项目中的各项活动视为有一个时间属性的节点,从项目起点到终点进行排列;(2) 用有方向的线段标出各节点的紧前活动和紧后活动的关系,使之成为一个有方向的网络图;(3) 用正推法和逆推法计算出各个活动的最早开始时间、最晚开始时间、最早完工时间和最迟完工时间,并计算出各个活动的时差;(4) 找出所有时差为零的活动所组成的路线,即为关键路径。

【拓展阅读】 **S 集团信息系统开发项目进度管理实践**

2018 年 6 月,广西某大型建筑集团(以下简称"S 集团")为提升工作效率,通过招投标的方式选定当地一家规模较大的软件和系统集成公司为其定制开发企业协同办公管理信息系统。S 集团拟实施的协同办公系统兼具企业门户、公文管理、工作流、知识管理、移动办公等功能,期望能整体提升企业服务水平和工作效率。系统采用 B/S 架构,核心框架采用微软.NET 分层体系结构。共分为 10 个子系统,即办公门户、工作助手、信息发布、收发文管理、规章制度、日常事务、工作流管理、文档管理、移动办公和基础平台。合同约定的总工期为 10 个月。

项目签约后,明确了双方的组织结构,实施方项目核心成员 5 人,进展过程中根据需要加入相应阶段所需的人员,然而,一开始由于项目组织比较混乱,需求阶段拖了较长时间,总体计划迟迟不能提交评审。通过与项目经理的深度沟通,对方认识到了自己的问题,并愿意尽快改正。

管理信息系统(第三版)

1. 妥善管理项目需求

制定需求补充收集与管理计划,对遗漏的部门进行补充调研,对收集的需求进行归类、查重、纠偏、重要性和工作量分析、优先级排序等分析,撰写《用户需求书》并尽快组织评审,确定需求变更流程,避免需求变更失控。

2. 重新进行项目策划

项目经理系统学习项目策划的规范流程,按照 WBS 分解、项目估算、进度安排、项目分工、绘制网络图、绘制甘特图、制定辅助计划、形成总体计划、进行计划评审等科学流程重新进行项目策划。尤其要注意分解、估算、进度安排、分工、网络图、甘特图之间的逻辑关系,需要一环紧扣一环,最终达成整体均衡。

3. 建立项目跟踪与控制机制

提前制定项目跟踪计划,对需求实现情况、进度、费用、工作量、风险、关键资源、采购等事项进行密切跟踪,及时发现问题并做出调整,必要时重新制定项目计划。

4. 开展良好的项目沟通

制定项目沟通计划,就项目组内部沟通、项目组与客户的沟通、项目组与其公司内部相关部门的沟通、项目组与第三方的沟通等问题明确沟通内容、沟通方式、沟通时间和参与人等事项,确保项目各方可以充分沟通,同时又避免不必要的过度沟通,为项目进展扫清障碍。

5. 及时预防和控制项目风险

制定风险控制计划,定期识别和分析项目风险,进行风险排序,针对发生概率和危害性较大的风险制定预防措施和处置预案,避免各类风险造成项目延期。

资料来源:王凌燕,王海舰.论信息系统开发项目的进度管理[J].上海商业,2020(06):72－74.

第 66 讲　信息系统项目质量如何管理?

质量管理(Quality Management)包括执行组织确定的质量政策、目标与职责的各过程和活动,从而使项目满足需求。组织通过适当的政策和程序,采用持续的过程改进活动来实施质量管理体系。信息系统项目质量管理类似于一般的质量管理过程,也包括规划质量、实施质量保证和实施质量控制,如图 1 所示。

一、规划质量

规划质量是识别项目及其产品的质量要求和/或标准,并用文字描述项目将如何达到这些要求和/或标准的过程。质量规划应与其他项目规划过程并行开展。不同的项目在质量规划上还是有差异的,这在很大程度上取决于项目的性质、范围及其明细程度等。例如,想完全弄清 IT 项目的绩效维度通常就非常困难,用户难以精确说明他们想要什么。在 IT 项目中影响质量的重要范围因素可能包括功能性及特性、系统输出、性能、可靠性、可维护性等。

```
                    ┌─────────────────────────┐
                    │   信息系统项目质量管理      │
                    └─────────────────────────┘
```

1. 规划质量	2. 实施质量保证	3. 实施质量控制
（1）输入 　范围基准 　干系人登记册 　成本绩效基准 　进度基准 　风险登记册 　事业环境因素 　组织过程资产 （2）工具与技术 　成本效益分析 　质量成本 　标杆对照 　实验设计 　统计抽样 　流程图 　专有的质量管理方法 　其他质量规划工具 （3）输出 　质量管理计划 　质量测量指标 　质量核对表 　过程改进计划 　项目文件（更新）	（1）输入 　项目管理计划 　质量测量指标 　工作绩效信息 　质量控制测量结果 （2）工具与技术 　规划质量和实施质量 　控制的工具与技术 　质量审计 　过程审计 （3）输出 　组织过程资产（更新） 　变更请求 　项目管理计划（更新） 　项目文件（更新）	（1）输入 　项目管理计划 　质量测量指标 　质量核对表 　工作绩效测量结果 　批准的变更请求 　可交付成果 　组织过程资产 （2）工具与技术 　因果图 　控制图 　流程图 　直方图 　帕累托图 　趋势图 　散点图 　统计抽样 　检查 　审查已批准的变更请求 （3）输出 　质量控制测量结果 　确认的变更 　确认的可交付成果 　组织过程资产（更新） 　变更请求 　项目管理计划（更新） 　项目文件（更新）

图 1　信息系统项目质量管理分解示意图

（1）功能性（Functionality），是指一个系统实现其预定功能的程度。特性（Features）是指吸引用户的系统特点。重要的是要分辨哪些功能和特性是系统必须具备的，而哪些功能和特性是可选的。

（2）系统输出（System Outputs），是指系统能提供的屏幕显示和报告。重要的是要清楚定义系统的屏幕显示和报告是什么样子的，用户能否轻易阐述这些输出，用户能否以适当的形式得到他们所需的所有报告。

（3）性能（Performance），是指一种产品或一项服务满足顾客预期使用的程度。为设计一个高质量的系统，项目利益相关者必须提出许多问题。例如：系统应该能够处理多少数据及交易？系统设计同时使用的用户人数应该是多少？系统运转必须要有什么类型的设备？不同环境下，系统不同方面的响应时间必须要多快？

（4）可靠性（Reliability），是指在正常条件下，一件产品或一项服务的性能符合预期要求的能力。

（5）可维护性（Maintainability），是指产品维护的难易情况。多数 IT 产品难以达到 100% 的可靠性，但是利益相关者必须说明他们期望的是什么。例如：运行此系统的正常条件是什么？可靠性测试是如何进行的？为确保系统的可维护性，用户是否愿意系统一周内有几个小时不运转？提供帮助台（Help Desk）支持也属于一种可维护性功能，用户希望帮助台支持的响应有多快？用户可以感受系统失败的频率是多少？利益相关者愿意为更高的可靠性以及更少的失败支出更多的费用吗？

二、实施质量保证

质量保证是通过实施计划中的系统质量活动，确保项目实施满足要求所需的所有过程。质量保证的内容包括：清晰的软件质量要求说明（包含在软件的需求分析和范围说明书中）；科学可行的质量标准；建立健全的软件项目质量体系；配备合格和必要的资源；持续开展有计划的质量改进活动；项目变化的全面控制。

实施质量保证是确保采用合理的质量标准和操作性定义的一个执行过程，它使用实施质量控制过程所产生的数据。质量保证部门或类似部门经常要对质量保证活动进行监督。无论其名称是什么，该部门都可能需要向项目团队、执行组织管理层、客户或发起人，以及其他未主动参与项目工作的干系人提供质量保证支持。实施质量保证也为持续过程改进创造了条件。持续过程改进是指不断地改进所有过程的质量。通过持续过程改进，可以减少浪费，消除非增值活动，使各过程在更高的效率与效果水平上运行。

在信息系统开发中，可以采用以下措施保证系统的质量：

（1）审查。在生命周期每个阶段结束之前，都要使用标准对该阶段生产的软件配置进行严格的技术审查。

（2）复查和管理复审。复查是指检查已有的材料，以断定某阶段的工作是否能够开始或继续；管理复审是指向开发组织或使用部门的管理人员，提供有关项目的总体状况、成本和进度等方面的情况，以便他们从管理角度对开发工作进行审查。

（3）测试。通过测试计划、测试过程与测试结果对软件质量进行保证。

（4）软件质量保证活动。以上各项活动内容都必须写入质量保证计划，并由质量保证小组监督实施。

（5）软件评审。评审是以提高软件质量为目的的技术活动。要通过对软件的规格说明、可靠性、性能实现、可修改性、可扩充性、可移植性、可测试性、可复用性以及评审的实施等方面对软件项目做好严格的评审，以确保软件质量。

（6）采用质量保证标准。质量标准用于实现质量管理的组织结构、责任、规程、过程和资源。采用 ISO 质量保证模型，可以用于质量计划，质量控制，质量保证，质量改进所需的组织结构、规程、过程和资源。

（7）结构化的软件测试。经过严格的软件测试，尽可能找出软件计划、总体设计、详细设计、软件编码的错误，并加以纠正，才能提高软件的质量。测试要覆盖整个软件的生存周期，而不限于程序的编码阶段。

（8）软件维护。采用结构化维护，以完整的软件配置为基础，通过完善性维护、纠错性维护、适应性维护及预防性维护提高软件质量。

三、实施质量控制

实施质量控制是检测并记录执行质量活动的结果,从而评估绩效并建议必要变更的过程。质量控制工作贯穿项目的始终。质量标准既包括项目过程的质量标准,也包括项目产品的质量标准;项目成果既包括可交付成果,也包括项目管理成果,如成本与进度绩效。质量控制通常由质量控制部门或与其名称相似的组织单元来实施。通过质量控制活动,可识别造成过程低效或产品质量低劣的原因,并建议和/或采取措施来消除这些原因。项目管理团队应具备质量控制方面的实用统计知识,尤其是抽样与概率知识,以便评估质量控制的结果。

实施质量控制,主要是持续观察纠偏或改良项目活动,确保项目的目标实现,核心是改进质量,并通过接受决定、返工及过程调整等方式来实现。

(1)接受决定,是指明确对作为项目一部分的产品和服务是予以接受还是予以拒绝。若接受,就认为它们是经过审定的可交付成果。若项目的利益相关者拒绝了作为项目一部分的一些产品或服务,那就必须返工。

(2)返工,是为了使不合适的项目符合产品的要求、规格或利益相关者的期望而采取的行动。返工通常会导致需求变更及经过批准的缺陷修复,而后者来源于建议的缺陷修复以及纠正或预防措施。返工通常花费巨大,因此,项目经理必须努力做好质量规划和质量保证工作,以避免出现返工现象。

(3)过程调整,过程调整通常通过质量控制测量来发现,一般会引起质量基线、组织过程资产及项目管理计划的更新。

 【拓展阅读】 某大学安全认证计费系统项目质量管理

某大学网络用户安全认证计费系统项目包括十个功能模块:系统管理、安全管理、用户管理、接入控制管理、计费管理、财务管理、运维管理系统、充值卡业务管理系统、用户自助管理系统、日志搜索引擎等模块。为了保证项目能如期保质保量完成,并且达到预期的项目建设目标,该校信息中心成立了项目小组。为加强对项目小组的管理,项目小组采用强矩阵项目组织结构。

1. 项目质量规划的编制

在项目建设初期,便组织项目质量保证工程师和测试经理等相关项目干系人一起,依据项目章程、项目管理计划、项目范围说明书等作为重要的输入,利用成本/效益分析、基准分析、实验设计等工具,共同制订了《项目质量管理计划》《质量测量指标》《项目保证计划》《项目产出物评审及测试计划》,并对这些计划进行了严格的评审,为质量保证和质量控制提供了依据,在管理项目质量问题过程中做到"有法可依"。

2. 项目的质量保证

在明确了项目质量标准和质量目标之后,严格执行已制订的《项目质量管理计划》,做到"有法必依"。项目的质量保证工作由项目的质量保证小组(QA)执行一系列活动,主要包括:采用什么样的标准;需要进行哪些评价、审计和评审;要生产哪些文档;错误报告的跟踪等。在管理项目的过程中,软件开发小组和 QA 互相配合,QA 也全程参与项目的软件开发过程,通过评审、审计、记录并处理偏差、报告等活动以保证项目质量。除此之外,QA 还参与了项目变更的控制与管理。项目开发小组全力配合和支持 QA 的工作,如 QA 对项目组提交《项目质量审计报告》,对于报告所提出的问题,项目组认真对待,坚决整改,把问题落实到具体负责人并确定改进期限,对好的建议和意见,会立即在后续项目管理中及时采用。

　　3. 项目的质量控制

　　在项目实施过程中,严格按照制定的《项目质量管理计划》执行,通过预防、检查、抽样等方法和手段来保证项目质量,使之得到有效的控制。在项目中对于已发现的质量问题,采用因果图来分析质量问题产生的原因。首先列出需要分析的结果,然后结合各方面专家意见列出各种可能性,再将它们分类,确定主要类别,最后再确定和主要类别相关的原因。在项目展开一段时间后,对各种引发质量问题的原因按照频率由高到低排列,按照帕累托图排列能够看出当前阶段影响质量的主要原因。对每次审计的评审结果,及时发送给重要项目干系人,并得到他们的认可和签字,为项目的收尾和验收工作创造有利的条件。

　　资料来源:廖跃钧,刘华杰.论信息系统项目管理中的质量管理[J].电脑知识与技术,2018,14(21):99-100.

第67讲　信息系统项目的成本管理

　　成本管理(Cost Management)对项目的成功与否至关重要,它能够从各个方面反映项目的目标、任务说明和商业计划。成本管理包括对财务数据进行收集、成本核算与成本控制等,它需要记录财务报告信息,并以合理方式应用于项目中,以保证项目财务管理活动有条不紊地进行。其中,成本估算和成本控制是识别和控制项目成本的主要机制。成本估算是决定一个项目是否可行的第一步,即项目能否盈利,它为项目提供了合理的预算基准计划,即确定了项目资源(人力、物力),并按照资源在项目过程中的参与程度进行分阶段预算。成本估算与项目预算是息息相关的,将项目各个部分的成本估算整合成一个全面的项目预算文档,以实现项目跟踪和成本控制,是项目经理需要掌握的一项技能。

　　信息系统项目成本管理同样包括对成本进行估算、预算和控制的各个过程,从而确保信息系统项目在批准的预算内完工,如图 1 所示。值得注意的是,在开始成本管理的这三个过程之前,项目管理团队需先行规划,形成一份成本管理计划,从而为规划、组织、估算、预算和控制项目成本统一格式,建立准则。在某些项目(特别是范围较小的项目)中,成本估算与成本预算之间的联系非常紧密,以至于可视为一个过程。

```
                    ┌─────────────────────────┐
                    │    信息系统项目成本管理    │
                    └─────────────────────────┘
```

1. 估算成本	2. 制定预算	3. 控制成本
（1）输入	（1）输入	（1）输入
范围基准	活动成本估算	项目管理计划
项目进度计划	估算依据	项目资金需求
人力资源计划	范围基准	工作绩效信息
风险登记册	项目进度计划	组织过程资产
事业环境因素	资源日历	（2）工具与技术
组织过程资产	合同	挣值管理
（2）工具与技术	组织过程资产	预测
专家判断	（2）工具与技术	完工尚需绩效指数（TCPI）
类比估算	成本汇总	绩效审查
参数估算	储备分析	偏差分析
自下而上估算	专家判断	项目管理软件
三点估算	历史关系	（3）输出
储备分析	资金限制平衡	工作绩效测量结果
质量成本	（3）输出	成本预测
项目管理估算软件	成本绩效基准	组织过程资产（更新）
卖方投标分析	项目资金需求	变更请求
（3）输出	项目文件（更新）	项目管理计划（更新）
活动成本估算		项目文件（更新）
估算依据		
项目文件（更新）		

图 1　信息系统项目成本管理分解示意图

一、估算成本

估算成本是对完成项目活动所需资金进行近似估算的过程。估算项目成本是一项富有挑战性的活动，它既讲究科学性，又讲究艺术性。成本估算有两条重要的原则，也可称之为成本估算法则：第一，在项目开始阶段各种成本定义得越清晰，成本估算出错的概率就越低；第二，成本估算越精确，制定一个能确切反映实际项目的预算就越容易，在预算范围内完成项目的可能性就越大。在估算成本时，需要识别和分析可用于启动与完成项目的备选成本方案，权衡备选成本方案并考虑风险。在项目过程中，应该根据新近得到的更详细的信息，对成本估算进行优化。在项目生命周期中，项目估算的准确性将随着项目的进展而逐步提高。因此，成本估算需要在各阶段反复进行。项目成本估算，既有技术性方法，也有定量性方法，常用的估算方法有以下几种。

（一）粗略估算法

粗略估算法有时也称量级估算法，它主要应用于信息或时间不充分的情况。公司常用这种方法进行资源需求估算，或决定是否为项目合同投标。例如，一家委托商列出项目招标邀请报价(RFQ),距离截止日期非常近。管理层可能没有时间对这家公司的要求和条件做出完整而精确的估算,但他们仍然可以使用粗略估算法来决定是否投标。

(二)比较估算法

比较估算法,是将类似项目的历史数据作为目前项目成本估算的依据进行估算的方法。例如,某公司定期进行参数成本估算,管理层以过去的工作数据为依据,用一个乘数代表通货膨胀、劳动力和材料价格上涨的影响,来估算目前项目的成本。但是有效的比较估算依赖于以前类似的项目和具体的项目数据,包括技术、预算和其他成本数据,根据通货膨胀率适当地调整成本也是很有必要的。要使比较估算法有意义,现在的项目和以前的项目之间应具有可比性。当比较两个项目的直接人工成本时,如果被比较的项目发生在国外,而那个国家具有不同的工资水平和日常开支状况,那么这种比较将毫无实际意义。

(三)可行性估算法

这种估算法是以实际数据为依据的,也可以从最初的项目设计工作中获取数据。确定项目范围后,特别是在开始决定项目基准计划时,项目组织可以有一定的把握邀请供应商或分包商报价。可行性估算法常用于建筑项目,因为在建筑项目中,根据估计的材料需求数量可以列出材料成本表,进而精确地估算各种项目活动的成本。

(四)最终估算法

最终估算仅在大部分的项目设计工作已完成且项目的范围和内容明确界定以后才能进行。因为在这个时候,所有的主要采购单已提交,其价格和有效性已清楚明了,项目说明书中几乎没有模糊的部分,完成项目的步骤已确定,合理的项目计划也已出台。一般认为,成本估算应该随时间而改进,因为随着项目的进行,信息越来越多,难以解决的问题也越来越少。在项目完成时,估算应该正确地反映期望成本,除非有不可预料的情况发生。

二、制定预算

制定预算是汇总所有单个活动或工作包的估算成本,建立一个经批准的成本基准的过程。成本基准中包括所有经批准的预算,但不包括管理储备。项目预算决定了被批准用于项目的资金,批准的预算用来考核项目成本绩效。

制定项目预算的过程是估算、分析、直觉和重复工作的结合。预算的核心目标是支持项目的目标完成,而不是与之产生冲突。项目预算是一个计划,该计划需确定资源分配、识别项目目标并进行进度计划的编制,编制出的进度计划可以促使组织实现目标。有效的预算,需要部门目标与组织总目标相结合、短期要求与长期计划相结合、战略性任务与基于要求的问题相结合。科学合理的预算需要由多种数据源汇集而成,并需要相关人员进行深入的交流。其中,最重要的是项目预算和项目进度计划的协同编制,因为有效的预算决定了项目能否顺利进行。通常情况下,大多采用自上而下、自下而上或基于活动的成本核算来完成预算的数据收集与编制。

三、控制成本

控制成本是监督项目状态以更新项目预算、变更管理成本基准的过程。更新预算需要记录截至目前的实际成本。只有经过实施整体变更控制过程的批准才可以增加预算。只监督资金的支出，而不考虑由这些支出所完成的工作的价值，这对项目没有什么意义，最多只能使项目团队支出不超出资金限额。所以，在成本控制中，应重点分析项目资金支出与相应完成的实体工作之间的关系。有效的成本控制的关键在于，对经批准的成本绩效基准及其变更进行管理。此外，在项目成本控制中，要设法弄清引起正面和负面偏差的原因。

【拓展阅读】 电子招投标管理系统公共服务平台建设项目成本控制实践

电子招投标管理系统公共服务平台建设项目主要对招投标业务的工作流程进行优化，在线上完成在线招标、投标、开标、评标和监督监察等这一系列业务操作，实现规范、专业、安全、高效、低成本的招投标业务管理。项目预计建设工期为 7 个月。

1. 成本估算

在项目计划阶段广泛收集了以往类似项目的管理执行情况和经验，根据本项目内部、外部环境特点和制约条件，制定了本项目的成本管理计划。计划书除了对每个过程的内容进行详细书面的描述外，还对估算、预算和控制建立了准则。依照成本管理计划，对本项目的成本进行了科学的估算。首先识别并分析项目成本的构成科目，主要科目有人工成本、办公设备费用、开发环境设备费用等，然后分析这些科目的具体组成，使用类比、参数、三点估算等方法来估算不同科目的成本。例如，办公设备和开发环境设备价格公开，项目组确定了所需设备的数量和估价，使用参数估算法计算；人员工资的估算则比较复杂，先对 WBS 中各个工作包的工作量估算，对于无法使用类比来估算的工作包，则采用三点估算法，在得到总工作量后，根据工程师的工作效率和资源费率计算出人工成本。最后将各个成本之间的比例进行协调，确保分配是最优。在原来的计划中，人工成本和其他科目的比例是 1：1，项目组经过评估认为非关键科目的支出过高，于是对办公设备费用进行了调整，将其下调并放入管理储备中，最终估算的结果是人工成本 120 万元、办公设备和开发环境设备费用为 100 万元，预留费用 20 万元，总计 240 万元。

2. 成本预算

根据合同规定，本项目主要由 10 个工作包/子项目组成。将项目估算的总成本分摊到 WBS 的工作包/子项目中，为每个工作包/子项目制定具体的项目预算，在此基础上将各个工作包的预算再次分摊到工作包所包含的每个项目活动中，形成初步的预算。参照 WBS 与进度表，根据进度计划中的每个活动时间来确定每一项预算的支出时间，从而形成项目预算支出计划。针对项目资源紧张的问题，项目组采用资金限制平衡的方法，比如办公设备的费用在项目后期再慢慢增加，避免与前期的开发环境设备购买重叠导致资金支出过高，通过平衡，有效地减少了项目资金紧张和投入过大的成本。另外，项目组也充分考虑了项目的管理储备，针对那些特殊、复杂的工作包，按 5%～10% 的比例设定了相应管理储备金。

3. 成本控制

项目组严格使用挣值管理技术来控制成本，通过周报进行活动绩效测量，每月月底进行整体项目绩效评审。在项目进展中，得到项目在此阶段所完成工作汇总的价值(EV),然后根据成本预算中的投入计划成本(PV),以及财务部提交的支出报表中的实际支出费用(AC),在项目每个里程碑点进行分析和纠偏。

由于项目成本管理措施得当,进度、质量把控较好,经过项目组全体成员的共同努力,项目最终顺利上线。

资料来源:张红金.成本管理在 IS 项目管理中的应用[J].电子技术与软件工程,2018(6):57-59.

第68讲　项目中的风险识别与应对

项目风险管理(Risk Management)包括规划风险管理、识别风险、实施定性风险分析、实施定量风险分析、规划风险应对和监控风险等各个过程,具体流程如图1所示。项目风险管理的目标在于提高项目积极事件的概率和影响,降低项目消极事件的概率和影响。

一、规划风险管理

规划风险管理是定义如何实施项目风险管理活动的过程。认真、明确地进行规划,可以提高其他风险管理过程的成功概率。规划风险管理非常重要,不但可以确保风险管理的程度、类型和可见度与风险以及项目对组织的重要性相匹配,还可以为风险管理活动安排充足的资源和时间,并为评估风险奠定一个共同认可的基础。规划风险管理过程在项目构思阶段就应开始,并在项目规划阶段的早期完成。

二、识别风险

识别风险是判断哪些风险会影响项目并记录其特征的过程。风险识别活动的参与者可包括:项目经理、项目团队成员、风险管理团队、客户、项目团队之外的主题专家、最终用户、其他项目经理、干系人和风险管理专家。虽然上述人员往往是风险识别过程的关键参与者,但还应鼓励全体项目人员参与风险识别工作。识别风险是一个反复进行的过程,因为在项目生命周期中,随着项目的进展,新的风险可能产生或为人所知。反复的频率以及每一轮的参与者因具体情况而异。应该采用统一的格式对风险进行描述,确保可以把项目中一个风险事件的影响与其他事件进行比较。项目团队应参与识别风险过程,以便创造并维持团队成员对风险及其应对措施的主人翁意识和责任感。项目团队之外的干系人可以提供其他客观信息。

三、实施定性风险分析

实施定性风险分析是评估并综合分析风险的发生概率和影响,对风险进行优先排序,从而为后续分析或行动提供基础的过程。组织可以通过关注高优先级的风险来提升项目绩效。实施定性风险分析根据风险发生的相对概率或可能性、风险发生后对项目目标的相应影响以及其他因素来评估已识别风险的优先级,这类评估会受项目团队和其他干系人的风险态度所影

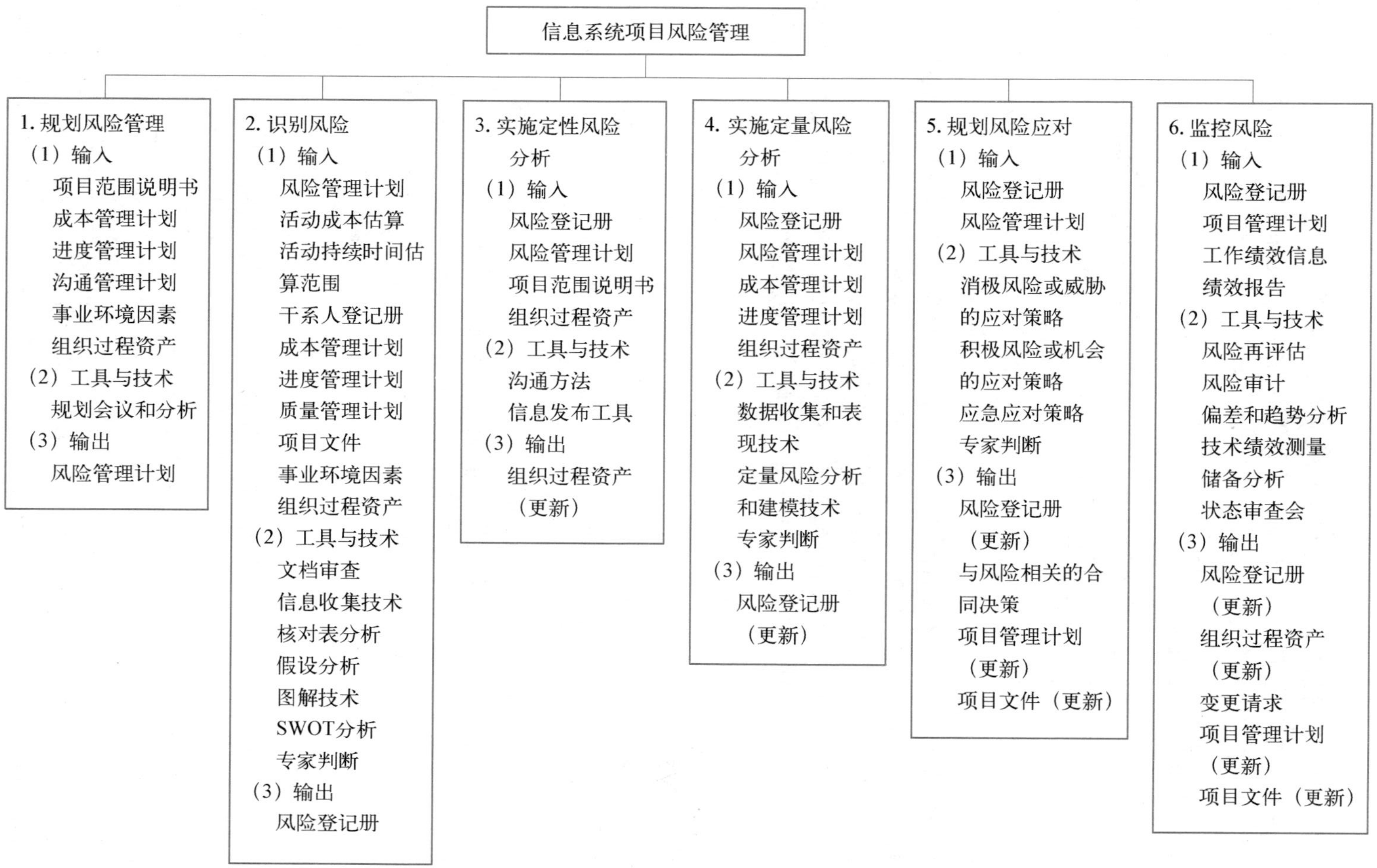

信息系统项目风险管理

1. 规划风险管理
(1) 输入
项目范围说明书
成本管理计划
进度管理计划
沟通管理计划
事业环境因素
组织过程资产
(2) 工具与技术
规划会议和分析
(3) 输出
风险管理计划

2. 识别风险
(1) 输入
风险管理计划
活动成本估算
活动持续时间估算范围
干系人登记册
成本管理计划
进度管理计划
质量管理计划
项目文件
事业环境因素
组织过程资产
(2) 工具与技术
文档审查
信息收集技术
核对表分析
假设分析
图解技术
SWOT分析
专家判断
(3) 输出
风险登记册

3. 实施定性风险分析
(1) 输入
风险登记册
风险管理计划
项目范围说明书
组织过程资产
(2) 工具与技术
沟通方法
信息发布工具
(3) 输出
组织过程资产（更新）

4. 实施定量风险分析
(1) 输入
风险登记册
风险管理计划
成本管理计划
进度管理计划
组织过程资产
(2) 工具与技术
数据收集和表示技术
定量风险分析和建模技术
专家判断
(3) 输出
风险登记册（更新）

5. 规划风险应对
(1) 输入
风险登记册
风险管理计划
(2) 工具与技术
消极风险或威胁的应对策略
积极风险或机会的应对策略
应急应对策略
专家判断
(3) 输出
风险登记册（更新）
与风险相关的合同决策
项目管理计划（更新）
项目文件（更新）

6. 监控风险
(1) 输入
风险登记册
项目管理计划
工作绩效信息
绩效报告
(2) 工具与技术
风险再评估
风险审计
偏差和趋势分析
技术绩效测量
储备分析
状态审查会
(3) 输出
风险登记册（更新）
组织过程资产（更新）
变更请求
项目管理计划（更新）
项目文件（更新）

图 1 信息系统项目风险管理分解示意图

响。因此，为了实现有效评估，就需要清晰地识别和管理实施定性风险分析过程的关键参与者的风险态度。如果他们的风险态度会导致风险评估中的偏颇，则应该注意对偏颇进行分析，并加以纠正。

实施定性风险分析通常可以快速且经济有效地为规划风险应对建立优先级，为实施定量风险分析（如果需要）奠定基础。为了确保与项目风险的实时变化保持同步，在整个项目生命周期内应该反复开展定性风险分析。

四、实施定量风险分析

实施定量风险分析是就已识别风险对项目整体目标的影响进行定量分析的过程。实施定量风险分析的对象是在定性风险分析过程中被认为对项目的竞争性需求存在潜在重大影响的风险。实施定量风险分析的过程就是对这些风险事件的影响进行分析。它可以对每个风险单独进行量化评级，也可以评估所有风险对项目的总体影响。它也是在不确定情况下进行决策的一种量化方法。

定量风险分析通常在定性风险分析之后进行。有时不需要实施定量风险分析，就可以制定出有效的风险应对措施。在特定的项目中，究竟采用哪种（或哪些）方法进行风险分析，取决于可用的时间和预算，以及对风险及其后果进行定性或定量描述的需要。在规划风险应对之后，应该随着监控风险过程的开展，重新实施定量风险分析，以确定项目总体风险的降低幅度是否令人满意。通过反复进行定量风险分析，可以了解风险的发展趋势，并揭示增减风险管理措施的必要性。

五、规划风险应对

风险包括能影响项目成功的威胁和机会。规划风险应对是针对项目目标，制定提高机会、降低威胁的方案和措施的过程。规划风险应对过程在实施定性风险分析过程和实施定量风险分析过程之后进行，包括确定和分配某个人（即"风险应对责任人"）来实施已经过同意和获得资金支持的风险应对措施。在规划风险应对的过程中，需要根据风险的优先级来制定应对措施。拟定的风险应对措施必须与风险的重要性相匹配，能经济有效地应对挑战，在当前项目背景下现实可行，能获得全体相关方的同意，并由一名责任人具体负责。采取风险应对措施还必须及时，常常需要从几个备选方案中选择一种最佳的风险应对措施。

六、监控风险

监控风险是在整个项目中，实施风险应对计划、跟踪已识别风险、监测残余风险、识别新风险和评估风险应对有效性的过程。项目管理计划中所列的风险应对措施应该在项目生命周期中实施，同时，需要持续监督项目工作，以便发现新风险、风险变化以及过时的风险。

监控风险过程需要采用诸如偏差和趋势分析等各种技术。这些技术需要以项目实施中生成的绩效信息为基础。监控风险可能涉及选择替代策略、实施应急或恢复计划、采取纠正措施，以及修订项目管理计划。风险应对责任人应定期向项目经理汇报计划的有效性、未曾预料到的后果，以及为合理应对风险所需采取的纠正措施。在监控风险的过程中，还应更新组织过程资产，以便未来的项目受益。

2000年,国内一家省级电信公司(H公司)打算上某项目,经过发布RFP(需求建议书),以及谈判和评估,最终选定希赛信息技术有限公司(CSAI)为其提供IP电话设备。宏达公司作为CSAI的代理商,成为该项目的系统集成商。李先生是该项目的项目经理。

该项目的施工周期是3个月,由CSAI负责提供主要设备,宏达公司负责全面的项目管理和系统集成工作,包括提供一些主机的附属设备和支持设备,并且负责项目的整个运作和管理。CSAI和宏达公司之间的关系是一次性付账,这就意味着CSAI不承担任何风险,而宏达公司虽然有很大的利润,但是也承担了全部的风险。

3个月后,整套系统安装完成,但自系统试运行之日起,不断有问题暴露出来。H公司要求宏达公司负责解决,可其中很多问题涉及CSAI的设备问题,因而,宏达公司要求CSAI予以配合。但由于开发周期的原因,CSAI无法马上达到新的技术指标并满足新的功能,于是,项目持续延期。为完成此项目,宏达公司只好不断将CSAI的最新升级系统提供给H公司,甚至派人常驻在H公司(外地)。又经过了3个月,H公司终于通过了最初验收。在宏达公司同意承担系统升级工作直到完全满足RFP的基础上,H公司支付了10%的验收款。然而,2002年底,CSAI由于内部原因暂时中断了在中国的业务,其产品的支持力度大幅下降,结果致使该项目的收尾工作至今无法完成。

回顾该项目,可以说其最终失败的主要原因在于风险控制和风险处理机制的薄弱。项目的失败,尤其是项目预期的经济指标没有实现,这是非常令人遗憾的事情。项目失败或没有达到预期的经济指标的因素有很多,其中风险管理是一个极为重要的因素。在很多IT项目中,由于竞争和其他原因造成风险过度集中在某一个相对弱势的角色身上。在本案例中,宏达公司就处于这样的境地:一方面它需要依赖代理CSAI的产品生存,另一方面它还必须要满足用户的具体需求。我们知道,项目经理有识别和处理风险的责任。通常,项目经理在运作这样的项目时,要充分考虑到自己公司所处的地位,充分发挥自己的作用,平衡各方的利益。

一般情况下,如果项目经理在项目合同签订以前加入项目,可以充分利用项目采购管理的知识,了解自己公司在项目中的位置,对买方提出的RFP认真回答,规避潜在的风险,这是非常重要的。对于RFP中过高的要求不能完全满足时,应充分说明。在项目的进行过程中,项目经理和项目拥有人要将风险管理纳入日常工作的重要步骤。要明确成本与风险、成本与时间的关系,制定完善的风险管理计划,建立管理风险预警机制。

在全面分析评估风险因素的基础上,制定有效的管理方案是风险管理工作成败的关键,它直接决定管理的效率和效果。因此,翔实、全面、有效成为方案的基本要求,其内容应包括:风险管理方案的制定原则和框架、风险管理的措施、风险管理的工作程序等。

资料来源:信息系统项目风险管理案例之风险管理方案案例[EB/OL]. (2011-05-13)[2023-04-01]. http://www.cnitpm.com/pm/281.html

管理信息系统(第三版)

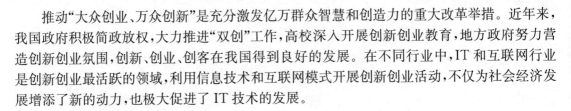

第69讲　创新创业项目与 IT 项目管理

推动"大众创业、万众创新"是充分激发亿万群众智慧和创造力的重大改革举措。近年来，我国政府积极简政放权，大力推进"双创"工作，高校深入开展创新创业教育，地方政府努力营造创新创业氛围，创新、创业、创客在我国得到良好的发展。在不同行业中，IT 和互联网行业是创新创业最活跃的领域，利用信息技术和互联网模式开展创新创业活动，不仅为社会经济发展增添了新的动力，也极大促进了 IT 技术的发展。

一、创新创业的内涵与国家政策

（一）创新创业的内涵

创新是指运用知识和理论，在社会生活的各种实践领域中不断产生新思想理论、新方法、新发明、实现新的价值的能力。创业是指企业管理过程中高风险的创新活动。创新创业是指基于技术创新、产品创新、服务创新、商业模式创新、管理创新、组织创新、市场创新等方面的某一点或几点创新而进行的创业活动。

创新是特质，创业是目标。创新创业是基于创新基础上的创业活动，既不同于单纯的创新，也不同于单纯的创业，创新强调的是开拓性与原创性，而创业强调的是通过实际行动获取利益的行为。创新创业，重点在于通过制度与模式创新，激发广泛的创新活力，进而推动技术、产品、管理、模式等全面创新，并在持续创新发展过程中实现理论与实践创新和成功创业。

（二）我国创新创业政策演变

在 2014 年夏季达沃斯论坛上，李克强总理提出要在 960 万平方公里土地上掀起"大众创业""草根创业"的新浪潮，形成"万众创新""人人创新"的新态势。2015 年李克强总理在政府工作报告中再次提出"推动大众创业、万众创新"。此后，各地方政府开始响应中央号召，系统制定地方创新创业政策。而在此之前，地方层面先后有创新与创业的政策尝试，但中央层面没有专门针对创新创业政策的正式发文。一般认为，我国中央层面的创新创业政策变迁划分为以下三个主要阶段。

第一阶段为政策酝酿阶段。2008 年以前，中央创新创业政策尚未明晰，严格来讲中央层面未对创新创业进行准确定义，且没有正式出台针对创新创业的具体政策，但在地方进行了试点创新，所有试点工作都是在中央的指导下完成的。在这一阶段中，创新创业的相关提法未正式出现在中央政策之中，创新创业实践也未真正起步。

第二阶段为政策探索阶段。2008—2014 年，中央创新创业政策处于探索时期。此阶段的中央政策有断续，隔年有一次政策波动，也就是说中央开始正式的政策尝试，但是政策数量不多、持续时间不长，政策力度并不大，创新创业政策在中央层面进入探索阶段。

第三阶段为全面推进阶段。2014 年 9 月后，中央政策数量迅猛上升。2015 年《国务院关于大力推进大众创业万众创新若干政策措施的意见》等文件，敦促各地执行创新创业政策，并全面指导与支持创新创业的发展，创新创业政策进入"万花齐放"的阶段。2017 年 7 月，《国务院关于强化实施创新驱动发展战略进一步推进大众创业万众创新深入发展的意见》发布，进一步推动了"大众创业、万众创新"的深化发展。2018 年 9 月，国务院关于推动创新创业高质量发展打造"双创"升级版的意见，着力打造"双创"升级版，推动创新创业高质量发展。

近年来，教育部和国务院层面关于创新创业政策的标志性文件见表 1。

表 1　　　　　　　　　　　　中央层面创新创业政策标志性文件

发布时间	发布部门	政策文件名称	政策内容简要
2010 年 5 月 4 日	教育部	《教育部关于大力推进高等学校创新创业教育和大学生自主创业工作的意见》	在高等学校开展创新创业教育，积极鼓励高校学生自主创业，提高自主创新能力，建设创新型国家。
2015 年 6 月 11 日	国务院	《国务院关于大力推进大众创业万众创新若干政策措施的意见》	充分认识"推进大众创业、万众创新"的重要意义；创新体制机制，实现创业便利化。
2015 年 9 月 23 日	国务院	《国务院关于加快构建大众创业万众创新支撑平台的指导意见》	把握发展机遇，汇聚经济社会发展新动能；创新发展理念，着力打造创业创新新格局；全面推进大众创业，释放创业创新能量。
2017 年 7 月 21 日	国务院	《国务院关于强化实施创新驱动发展战略进一步推进大众创业万众创新深入发展的意见》	进一步优化创新创业环境，加快科技成果转化，拓展企业融资渠道，推进"大众创业、万众创新"深入发展。
2018 年 9 月 26 日	国务院	《国务院关于推动创新创业高质量发展打造"双创"升级版的意见》	打造"双创"升级版，推动创新创业高质量发展。
2021 年 10 月 12 日	国务院办公厅	《国务院办公厅关于进一步支持大学创新创业的指导意见》	大学生是"大众创业、万众创新"的生力军，进一步支持大学生创新创业。

二、创新创业项目管理过程及其特点

在具体实践中，一次创新创业活动就是要完成一个项目，而项目管理理论作为一种行之有效的管理方法，已经被应用到许多领域，并发挥了极大的促进作用，有力地推动了项目目标的实现。因此，将项目管理理论合理引入创新创业活动中，具有较强的可行性，能够对创新创业活动的开展产生积极影响。图 1 为一个典型的基于生命周期理论的创新创业项目管理框架。

创新创业实践活动自身所具有的项目特性，为引入项目管理提供了可能。创新创业实践活动与一般项目具有一定的相似性，主要特点如下。

（一）一次性

项目的一次性是指项目有明确的开始和结束。创新创业实践活动也有确定的开始和结束，任务一旦完成，活动即宣告终结，是"一次性"的任务。此外，项目从未在同样的情况下出现过，而且以后也不会再发生。可见，创新创业实践活动具备一次性特征。

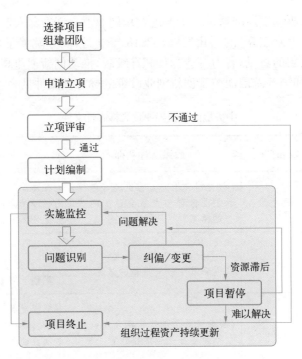

图 1　创新创业项目管理框架

（二）独特性

项目的独特性是指每个项目都是独一无二的，其产出的产品、服务或结果都有自己的特色，或虽与其他类似，但其时间、空间、环境和条件等方面也已发生了改变，因此项目的过程始终是独特的。

（三）目的性

项目具有明确的时间性、成果性和约束性目标。在项目实施之前，项目负责人要制定全面和系统的项目计划，分解项目的各个环节，明确项目成员的各自分工，并以此为依据开展工作，项目成员间既分工又合作，一起攻坚克难，完成目标。创新创业实践活动也要求在明确的时间内实现明确的目标，也具备明确的目的性，而活动的开展自始至终以实现目标为原则，在完成之后总是以一定的具体形式表现出来，因而创新创业实践活动与项目管理都具备目的性。

（四）过程完整性

为了实现项目资源的优化配置和项目效益的最大化，项目管理要求对时间、成本、质量和进度等方面进行控制，而在对上述目标进行控制时，往往通过计划、组织、控制和协调等手段来实现。创新创业实践项目包括申请、计划、实施、控制、结题和评估等，是一个完整的过程，也具备较为完整的生命周期，并通过计划、组织、控制和协调等手段来协调时间进度，优化配置资源，以达到预期效果。

（五）组织的临时性和开放性

在项目实施过程中，项目团队的人员组成和职责在不断变化，项目组织没有严格的边界，是临时和开放的。创新创业实践项目组织也具有临时性和开放性的特点。在项目开始初期，项目负责人根据需要组建临时的项目团队，在项目实施过程中由于计划和任务的变更，需要调整或补充项目成员，而当项目目标完成后项目团队即告解散。可见，基于项目管理组成项目团队，有利于创新创业实践活动的顺利开展。

(六) 风险性

项目的风险性是指项目不能"试做"，启动后一旦失败，就不能重新开始，就失去了在同样条件下开展原项目的机会，这是由项目的一次性决定的。创新创业实践活动有一定的可控性，但是也有一定的风险。在实践活动进行过程中，由于主观和客观的原因，项目总会遇到各种各样的问题与困难，并直接影响到实践活动的顺利完成，这就使得创新创业的实践活动也存在一定的风险性和不确定性。

三、IT 项目与创新创业项目管理

当前，IT 和互联网行业是我国创新创业最活跃的领域。据《中国高新技术产业导报》2020年 5 月数据，自 2015 年以来，我国众创空间发展成效显著，成为促进科技型创业、科技成果转化的有效平台，催生了大量科技型企业，促进了创业与产业的对接。2019 年，我国众创空间常驻企业和团队拥有有效知识产权数量达到 34.3 万件，其中发明专利数量 3.95 万件，众创空间中催生了大量以共享经济、互联网、大数据、云计算、人工智能、虚拟现实等 IT 相关领域的创新创业企业。以互联网和信息技术创新创业的成功项目，已成为我国创新创业领域最活跃的组成部分。

通过项目管理模式对创新创业项目进行管理，可以大大提升创新创业成功率，而创新创业项目管理，需要信息系统的服务与支持。许多高校和地方政府部门纷纷采用创新创业项目管理信息系统，对项目申报、统计、评审以及全程跟踪服务实施管理，极大提升了创新创业项目管理的效率。例如，高校利用创新创业管理信息系统，可以建立创新创业团队与指导教师的联系，提供专业的指导服务；根据项目进展情况，通过系统为团队提供场地申请、资金支持、专利服务等帮助，同时对接工商税法等部门，提供相关创业服务。信息系统的使用，有利于提升创新创业项目管理服务质量与水平。

【拓展阅读】 大疆无人机的创新创业实践

在无人机消费市场，汪韬无疑是开天辟地的第一人，也是全球无人机行业唯一一位亿万富翁，他所创造的大疆被称作是全世界都在追赶的公司。但在公众面前，人们却很少听说这位"无人机神话"的创造者，在大多数情况下，汪韬都是低调的技术极客。他 26 岁于宿舍创业，7 年成为全球无人机第一。

2003 年，已经读完大三的杭州人汪滔，选择从华东师范大学退学，进入香港科技大学电子工程系就读，直到本科毕业。在香港科技大学，汪滔参加了两次机器人大赛，获得香港冠军和亚太区并列第三。他申请到了学校 1.8 万港元经费，奋斗了 5 个月，开发出可以让直升机在空中悬停的飞控系统。

2006 年，还没毕业的汪滔就和同学来到深圳，在车公庙舅舅单位的一间不足 20

平方米的仓库里,大疆诞生了。2012 年,大疆推出了"大疆精灵 1",让科技界眼前一亮。第一批用户试玩之后,大家一致表示:"从没想过玩无人机会这么简单!"当时其他公司的产品价格在 1.5 万美元左右,而操作简便的大疆售价仅 679 美元,这款无人机很快打开了市场,广受高校理工男好评。2014 年,大疆推出了精灵 2,跟精灵 1 相比,它拥有强大的照相功能,成为 2014 年美国《时代》杂志评选的年度十大科技产品里唯一的中国产品,而且评价极高。大疆公司通过技术创新创造消费级无人机新市场,占据全球约 80% 市场份额,2016 年产值突破 100 亿元,8 年增长 1 万倍。

第十章 新技术的机遇与挑战

第70讲　关注和理解政府开放数据

随着数字政务建设的不断深入,各级政府机构积累了大量数据,掌握着全社会80%的信息资源。李克强总理在2015年就明确提出:除依法涉密的之外,政府掌握的数据要尽可能地公开,以便于为社会、政府决策和监管服务。伴随着数据技术的蓬勃发展,大数据应用场景日益丰富,政府开放数据在促进创新创业、优化公共服务、提升政府治理能力等方面,都有着前所未有的价值。

一、政府开放数据、开放政府数据与政府数据开放

世界银行把开放数据定义为:能被任何人出于任何目的不受限制地进行自由利用、再利用和分发,并最大程度保持其原始出处和开放性的数据。可见,开放数据是任何人都可以获取、使用或共享的,以开放的、机器可读的格式发布的数据。开放政府即具有高度透明度和公共监督机制的政府。2007年12月,30位开放数据倡导者共同提出开放政府数据的8项基本原则,即完整的(Complete)、原始的(Primary)、及时的(Timely)、可获取的(Accessible)、可机读的(Machine-readable)、非歧视的(Non-discriminatory)、非专有的(Non-proprietary)、免授权的(License-free)。由此,开放政府数据既可理解为开放政府和开放数据的交集,也可以理解为开放数据和政府数据的交集。我国一些政策文件中通常采用"政府数据开放"一词,例如《促进大数据发展行动纲要》中首次提出,要实施政府数据开放共享。所以可以认为"开放政府数据"和"政府开放数据"内涵一致,而"政府数据开放"重在强调"开放"过程,三者所指对象都是"开放的政府数据"。

(一) 政府开放数据与政府信息公开

政府开放数据不同于政府信息公开。"数据"是一手的原始记录,未经加工与解读,而"信息"经过分析加工并被赋予特定意义,数据比信息具有更大的利用潜力。二者的区别在于:(1)层次不同。政府信息公开的是一些经过加工处理的数据,如归纳统计和可视化处理的信息,以及无法进行再次利用的信息产品和服务等;而政府开放数据是公开的原始数据集,人们可以对其进行开发利用。(2)目的不同。政府信息公开的目的是保障公众的知情权,提高政府透明度,是政府的一种责任;而政府开放数据的目的是促进社会对政府数据的开发利用,是政府提供的一项公共服务。(3)方式不同。政府信息公开可通过报纸、互联网、电视等媒体发布,强调程序公开;而政府开放数据更强调数据开放的格式、数据更新的频度、数据的全面性、开放接口(API)调用次数、数据下载次数、数据目录总量、数据集总量等指标,当然也包含政府在透明性、公众参与性方面的价值追求。

(二) 政府数据与公共数据

有学者认为,政府数据的来源主体是各级政府及其职能部门,以及依法行使行政职权的组织,而公共数据的来源主体包括但不限于政府部门,因此,政府数据是公共数据的一部分。也有观点认为,政府数据有狭义和广义之分,广义的政府数据也可称为"公共数据",其不仅包括

政府数据以及政府部门以外的公共事业部门的数据,并且企业所拥有的与政府相关、具有重大公共利益的数据也应纳入政府数据的范围。

"政府数据"形成的大背景是大数据时代对公共数据资源的强烈需求,其目标是最大限度开放政府数据资源,激发经济社会发展潜力。目前,我国发布的政府数据开放文件中所用的表述多为"公共数据"或"公共信息资源"。因此,与行政管理职能有关或具有重大公共价值的公共数据,均应纳入政府数据的概念之中,以丰富政府数据的实质内涵,故对政府数据采取广义的解读更加妥当。如2017年北京市发布的《政务信息资源管理办法(试行)》将学校、医院、供水、供电和交通等企事业单位的信息资源都纳入政务信息资源内。

二、政府开放数据的价值意义

大数据的融合利用需要汇聚来自政府、企业、社会组织和公众等多方面的数据,而政府掌握的数据是其中不可或缺的部分。政府部门在履职过程中,采集和存储了大量数据,这些数据与公众的生产、生活以及城市运行息息相关。政府有责任将这些数据开放给社会,让其再利用,产生更大的政治价值、公共价值和经济价值。政府数据从开放、利用到创造价值是一个动态循环的过程,政府、数据利用者和社会公众共同构成了一个生态系统。政府部门作为供给侧,将数据开放出来,数据利用者作为需求端对数据进行利用,并以其开发的创新应用服务于社会公众,数据利用者和社会公众又进一步共同推动政府开放数据。

在数据开放和合作众创的模式下,政府部门不再单独提供全部的公共服务,而是打造出一个开放的"集市",邀请社会各方来这个平台上,利用开放数据共同创造和提供服务,而政府则转型为这一平台的组织者、管理者和赋能者,既有助于更好地提供服务创造价值,也能节省大量财政资金。因此,政府开放数据本身没有意义,只有当社会利用这些数据时才有意义。美国政府开放数据后,已形成一个完善的对政府数据进行加工、创新和利用的产业,过去一些由政府自己来做事的模式,变成了政府开放数据、让社会参与利用的模式。

具体而言,政府开放数据的意义在于:一是政治价值,通过政府开放数据,推动政府部门及时公开数据信息,便于公众依据公开的信息数据与政府进行及时、有效的沟通,监督和参与政府运行,提高社会政府满意度,从而有利于构建服务型政府,推动政府透明化,促进社会治理现代化;二是社会价值,通过政府开放数据,使智慧城市的数据收集更全面,让数据更好地服务于智慧城市建设,带动教育、生活、医疗、就业、社会保障等领域创新,促进公共服务领域提供更好的服务;三是经济价值,通过数据开放平台开放接口,简化使用政府数据的环节,减少使用政府数据的成本,免去了数据更新、维护的困难,降低创新的门槛,推动网络经济的发展,还可以带动移动互联网产业、大数据产业及数据服务产业的发展。例如,空间地理信息可用于指导交通运输、精准营销等,气象信息可用于指导灾难管理、环境评估等。

三、国内外政府开放数据的发展

2009年1月,美国总统奥巴马签署《开放和透明政府备忘录》,提出要创建透明、参与和协作的开放政府。2009年12月,美国行政管理和预算管理局发布《开放政府指令》,要求联邦各机构为美国公众提供政府数据,开放政府数据走上政策层面。之后,美国推出了世界上首个国家级的开放政府数据平台data.gov,包括农业、商业、气候、生态、教育、能源、金融、卫生、科研等领域的开放数据。自2009年美国联邦政府数据开放平台上线运行以来,许多国家和地区迅速推进。根据联合国电子政务调查报告,截至2018年,139个国家提供了数据平台或目录,而

2014年这个数字还只有46个,世界各国对政府数据开放的重视程度越来越高。

我国政府高度重视政府数据开放工作。2012年6月,"上海市政府数据服务网"上线运行,成为我国第一个地方政府数据开放平台,随后,各地政府数据开放平台陆续上线,政府数据开放平台已逐渐成为一个地方数字政府建设的"标配"。在政策层面,2015年,中共中央通过系列讲话和会议将政府数据开放提升到国家战略层面,同年8月,国务院印发《促进大数据发展行动纲要》,正式开启了政府数据开放的新征程。2017年2月,中央全面深化改革领导小组第三十二次会议审议通过了《关于推进公共信息资源开放的若干意见》,要求着力推进重点领域公共信息资源开放,释放经济价值和社会效应。2020年4月,中共中央、国务院发布了《中共中央国务院关于构建更加完善的要素市场化配置体制机制的意见》,将数据首次纳入生产要素范围进行市场化配置,强调了数据资源的价值,要求从制度层面规范政府开放数据的管理,进一步推进政府开放数据共享。

近年来,我国数据流通程度不断提高,中国信息通信研究院和中国网络空间研究院联合发布的《国家数据资源调查报告(2020)》显示,截至2020年底,我国各级地方政府共上线142个数据开放平台,共开放有效数据集98 558个。从各省级开放平台开放数据集的范围和质量来看,开放数据集动态更新比例、数据可机读率、关键数据集覆盖率、常见数据集覆盖率、开放数据集部门覆盖率平均分别为15.7%、75.8%、38.6%、69.9%和73.2%。

四、政府开放数据的实施

政府开放数据的实施,需要界定数据开放的范围,从源头上提高数据质量,提升政府开放数据利用效能。

(一)界定政府开放数据范围

界定明确的政府数据开放范围是释放数据红利、实现数据开放价值的重要途径,也是避免数据安全问题的制度前提。以开放为原则,以不开放为例外,加快制定和出台我国政府数据开放相关法规,完善数据开放管理制度,明确政府数据开放的对象、内容、原则、边界,确定各级政府机构的数据权限、责任主体。建立政府开放数据清单,包含开放清单和负面清单。开放清单注明开放数据的内容标准、公开方式、公开时限等要素,消除数据开放的灰色地带;将国家秘密、商业秘密、个人隐私和政府内部数据等不予公开数据列入负面清单。

(二)提升政府开放数据质量

数据质量是开放数据价值创造的关键,应从源头提高数据质量。建立统一的政府开放数据的元数据标准体系和主题分类体系,保障部门间数据格式、分类标准一致,以便于公众对开放数据的利用和反馈。建立和完善政府开放数据的质量评估标准和质量保障机制,通过数据采集、数据发布、数据流转等方面提升政府开放数据的质量。最大程度提供原始数据,避免整合或修改数据,尽量保证数据的一手性。开放平台数据的API接口,让需要数据的企业用机读的方式下载和利用数据,使政府开放数据直接和企业、第三方的应用打通。及时更新和发布数据,确保政府开放数据每次更新,企业和第三方提供的应用也能即时更新。

(三)促进政府开放数据利用

加大政府开放数据开发利用宣传,鼓励企业利用政府开放数据为各行业提供优质的数据服务,形成共同应用开放数据的良好氛围。加快构建多主体共治共建共享的数据要素市场体系。积极发挥数据交易所等市场中介的作用。优化数据要素流通环境,加强数据流通管理,建立促进数据资源有效流动的制度规范,推动政府开放数据产业发展,支持构建数据开发利用等场景。创新数据交易模式和数据产品定价方式,通过市场交易应对数据资产交易的需求,使数据真正依价值定价。

【拓展阅读】 政府开放数据能带来什么?

食品安全在世界各国都是备受人们关注的公共问题。在纽约的一次开放数据创新大赛上,有参赛者制作了一个名为"别在这里吃"(Don't Eat At)的手机 APP 应用,当用户走进一家存在不良卫生记录的餐厅时,系统会自动向其发送短信提醒,既为民众选择安全的餐厅提供了必要的信息,又强化了政府的监管效果,而这款应用使用的正是政府开放的餐馆卫生检查数据。

不只是在食品安全领域,政府数据开放还催生出了很多政府没有想到或没有精力财力来提供的服务应用,创造出许多意料之外的社会价值。美国"黑客松"创新活动中有一个叫作坦途(Hackcessible)的创新应用,它利用政府开放的数据设计出了一个能够显示道路上的障碍物和海拔高差的地图,从而帮助使用轮椅或拐杖的残障人士设计更加便捷易行的路线,也可帮助其他腿脚不便的人避开市区内的大斜坡和高地。上海"青悦"是一家利用环境数据来推动环境保护的民间组织,他们将政府开放的环境数据与基础地理数据相结合,开发出了一张"危险地图",可以根据定位显示周边的危险化学品、固体废弃物污染、水源污染等危险因素。

在美国波士顿,路边的消防栓在冬天经常被大雪掩埋,一旦发生火灾就会延误救援。为了解决这个问题,社会组织"为美国编程"(Code for America)利用波士顿市政府开放的消防栓位置数据,发起了一个"领养消防栓"(Adopt a Hydrant)活动。市民们可以"领养"附近的消防栓并给消防栓命名,在大雪后第一个把某个消防栓挖出来的人就可以把它"抢走"。波士顿市长十分支持这个项目,而这种公益性和趣味性兼备的形式也引起了美国其他城市的广泛兴趣。

资料来源:郑磊.为什么要开放政府数据?[EB/OL].(2019-07-18)[2023-04-01].一财朋友圈.https://www.yicai.com/news/100264683.html.

第71讲 商业大数据的机遇与挑战

随着商业大数据技术的发展,面对海量的企业内部和外部数据,如何利用大数据技术,充分挖掘数据的商业价值,成为大数据时代企业面临的机遇。然而,商业大数据应用依旧存在着诸多挑战,如数据价值的稀疏性导致信息不完全,不利于对数据的处理或清洗;大数据融合技术仍有许多困难亟待解决;商业大数据从数据资产到商业价值变现存在一定的挑战。此外,商业大数据的运用增大了用户隐私数据泄露的风险，同时也带来一定的社会问题。

一、商业大数据的发展

企业历来注重数据的收集和分析利用，基于数据的分析与决策，能够提升企业科学管理水平和市场竞争力。传统的商业数据包括技术数据、财务数据、销售数据、重要客户档案、市场调查结果、人力资源结构、合格供应商名录以及专利数据、隐性知识、图片影像等。通过综合运用这些数据资料，企业在生产、营销和服务等方面都能得到有效的指导。

商业大数据是指规模巨大而复杂的海量商业信息，其无法通过传统的工具和方法进行管理、分析并提炼为对企业有价值的信息。大数据概念在商业领域的引入，标志事件是麦肯锡于2011年6月发布的研究报告《大数据：下一个创新、竞争和生产率的前沿》，该报告指出，数据已经逐渐成为每个行业和职能领域内的基础性资源，对于海量数据的挖掘、分析，预示着新的生产率增长浪潮的到来，这将给未来经济的发展带来深远的影响。2012年3月，针对数据量快速增长的新形势，美国奥巴马政府宣布一项"大数据研究与发展先导计划"，正式掀起了一波信息技术革命。2016年，我国在"十三五"规划中提出"实施国家大数据战略"；2017年，在党的十九大报告中，提出要建设网络强国、数字中国，推动互联网、大数据、人工智能和实体经济深度融合，为商业大数据的未来发展绘制了蓝图；2019年《中共中央关于坚持和完善中国特色社会主义制度　推进国家治理体系和治理能力现代化若干重大问题的决定》明确提出"健全劳动、资本、土地、知识、技术、管理、数据等生产要素由市场评价贡献、按贡献决定报酬的机制"，首次将数据纳入生产要素；2020年《中共中央国务院关于构建更加完善的要素市场化配置体制机制的意见》对外公布，明确提出"加快培育数据要素市场"。

二、商业大数据的类型

商业大数据是海量商业数据概念的延伸，也遵循一般"大数据"的概念。大数据是指"无法用现有的软件工具提取、存储、搜索、共享、分析和处理的海量的、复杂的数据集合"，其特征可以用"5V"概括，即 Volume（数量大）、Velocity（速度快）、Variety（多样性）、Veracity（真实性）、Value（价值性），5V 是大数据区别于传统数据最显著的特征。根据来源的不同，商业大数据的类型可分为企业内部数据与企业外部数据两种类型。

企业内部大数据是指企业在生产与运营过程中，积累的大量密集型"超大规模"或"海量数据"，如客户与供应商数据、交易数据等。通过对这些数据进行深入的挖掘分析，改进自身业务，改进后的业务吸引更多用户，产生更大量的数据，形成正向的循环。企业内部数据是企业自身持有的数据，其结构化程度较高、获取较为容易，主要难点在于企业各部门间的数据共享问题。

企业外部数据主要是来自网络大数据，通常是指在互联网上发生、蕴含有丰富的、可被发掘的具有商业价值的大数据。企业外部数据的主要获取方式包括向数据提供商购买数据库，或企业自行爬取，因此数据获取的成本往往较高。此外，网络大数据是典型的多源异构型数据，其数据融合的难度较高，异构数据的存储与分析也需要更先进的解决方案。

三、商业大数据的机遇

大数据起源于对海量商业数据的处理分析，并且大数据技术最活跃、最有价值的应用也是在商业领域。这是因为企业内部长期积累的交易数据和互联网数据为商业分析提供了海量数据基础,而商业大数据的应用,可以为企业带来巨大的商业利益。商业大数据的发展,为企业与大数据行业发展带来机遇。

商业大数据分析提升了企业运营与决策的科学性,有助于发现和利用商机,为企业发展带来巨大利益。企业运营商业大数据分析平台,可以实时掌握企业在生产运营中的状态数据,运用商业建模方法,发现与诊断企业在生产、经营和客户服务等各方面存在的问题,以及对企业未来发展提供预测和决策支持。基于海量数据的科学分析,能够为企业发现数据的商业价值,用数据决策替代主观判断,提升了决策的科学性。在实践应用中,除了可视化呈现企业运营的实时状态数据之外,商业大数据已广泛运用于消费者画像分析,精准了解市场偏好和产品市场定位,从而为企业实施精准营销和个性化服务提供支持。

商业大数据带动了大数据相关行业的发展,促进云计算、物联网、大数据以及人工智能等新兴技术的融合与发展。商业大数据的实现,需要借助相关硬件、软件、技术和人才的支持,因此,商业大数据的发展,激发了相关行业的发展。云计算为商业大数据提供采集、存储和分析等技术实现的基础;物联网的广泛应用,使企业能够获得更多的物联网感知数据,拓宽数据来源的渠道;人工智能技术的发展,为企业更加智能地分析与应用大数据提供了可能;因而,商业大数据的发展,将进一步促进相关新兴技术的融合与创新应用。

四、商业大数据的挑战

商业大数据价值稀疏性、大数据融合问题、商业价值变现困难以及用户隐私保护问题,是当前商业大数据应用面临的主要挑战。

(一) 数据价值的稀疏性

由于数据获取限制、数据理解有误、数据漏读等情况,更多的时候采集到的是有缺失的数据,这种数据被人们称为稀疏数据。稀疏数据只要采用适当的处理方式,还是可以挖掘出大量有用信息的,但是当数据的稀疏程度过高时,传统的统计方法就不再适用于处理这样的数据。因此可以说商业大数据价值存在稀缺性。

互联网时代的大数据有些是结构化的,而更多的是非结构化的。正因为数据形式的多样化和复杂化,稀疏数据也是复杂且多样的,这给人们处理稀疏数据的过程带来了更大的挑战。数据价值的稀疏性是商业大数据面临的主要挑战,如何解决数据稀疏性的问题,如何更好地利用爆炸增长的数据,分析这些信息的商业价值,已经成为目前普遍受关注的问题。

(二) 大数据融合的难度

大数据时代数据的极大丰富,为人们提供了更大的利用价值。但是大量新产生的数据以及数据的新特征也使人们面临的问题空前复杂化,数据融合技术中有很多需要注意的问题。

(1) 数据的多源异构。商业大数据需要处理的数据有许多不同的来源,主要来源有领域数据库、知识库和 web 页面等,不同来源的数据通常结构也并不相同。这些数据被物理地存放在不同地方,形成相互割裂的多源异构数据,给商业大数据分析处理带来了非常大的挑战。

(2) 数据规模与价值之间的矛盾。随着商业大数据规模的增长,对已有数据存储和处理方法提出了挑战。虽然在多数情况下,数据越多就越有可能更快更好地分析到想要的结果,但需要处理、融合的数据规模对现有技术来说已无法承受,因此只能选择性地对部分数据进行融合处理。

管理信息系统(第三版)

（3）跨媒体或跨语言的数据间的关联。商业领域需要处理的数据有结构化数据、半结构化数据和非结构数据，这对数据关联的发现提出了挑战，尤其是图片、视频、音频数据与文本数据的关联。如何识别这些跨媒体数据间的关联，发掘这些跨语言数据间的关联，同样是数据融合技术中不可忽视的问题。

（4）实体和关系的动态演化。由于数据与实体和关系都是动态变化的，这就增加了实体和关系的判别难度，容易因为忽略了动态变化而导致数据的不一致。因此，在进行数据融合时应保持对数据动态变化的足够关注，保证数据前后的一致性。

（三）商业价值变现困难

大数据本身是具有产业价值的，而商业大数据在价值变现的整个过程中存在一些挑战。

（1）商业大数据复杂度高。大数据整体的数据集复杂度非常高，大数据的存储和处理是一个不小的难题。海量数据中的高价值数据隐藏在大量的低价值甚至无价值数据中，数据挖掘难度较大。此外，商业大数据涉及众多领域的专业知识，需要使用各种专业的分析工具才能实现有效的挖掘。

（2）大数据平台建设成本高。大数据平台的建设与维护成本较高。阿里云中心耗资超过百亿元，移动公司的大型数据中心初始投资几十亿元。除了前期投资，大数据平台的良好运行离不开持续不断的人力维护、财力投资，这对企业来说是一个不小的负担。

（3）大数据市场秩序尚不完善。目前我国的大数据交易市场还没有完全建成，不同层次不同类别的数据开放、数据交换或数据交易的商业规则、模式或市场还没有形成，这势必会给商业大数据的价值变现造成一定的阻碍。

（四）用户隐私保护挑战

商业大数据势必包含客户数据，其中存在着关于用户隐私泄露的信息安全问题，能否保护好用户隐私是商业大数据一直面临的挑战，后文还会详谈。

五、商业大数据应用的商业风险

在数据急剧增长的今天，企业极为看重数据的价值，各种运营、战略，甚至包括投资决策，都是建立在商业大数据驱动之上的。然而，任何事物必然具有两面性，商业大数据同样也会给企业和社会带来一定的风险。

首先，数据分析人员能力不足带来的风险。商业大数据分析是建立在对商业运营和业务逻辑基础之上的，对业务的理解与建模，决定了商业大数据分析的成败。此外，大数据分析是忽略理论逻辑的，然而单纯根据数据拟合结果，可能出现虚假回归等问题，因此，商业大数据分析对数据分析人员能力要求较高。其次，商业大数据分析通常需要采集互联网用户信息和行为数据，这一方面给公开的网站服务器带来频繁访问的压力，另一方面，某些企业非法利用用户隐私信息，给用户带来风险。再次，忽视了商业道德与伦理，如"大数据杀熟"等问题，日渐引起消费者关注，从而导致消费者对企业信任的降低。最后，基于商业大数据分析的个性化推荐算法，被广泛应用于内容聚合平台、社交媒体内容推送等领域，引发用户"信息茧房"效应，使人们信息获取视野变狭隘，容易形成网络舆论极化现象和社会风险放大等问题，给社会治理带来一定的风险。

当前,商业大数据已广泛应用于精准营销、个性化服务等领域,以提升企业的运营效率以及客户的忠诚度与满意度。

1. 用户画像

用户画像,即用户信息的标签化,是建立在一系列数据之上的目标用户模型。用户画像传统的数据源主要是用户的个人信息,如用户的姓名、年龄、性别、职业、收入、地区、手机号等人口基本属性,这些信息相对稳定,可以归属为用户的静态信息。在商业大数据的应用中,用户画像更重要的是获得用户在互联网上的行为数据,这些行为数据大多来自网站的操作日志,日志里记录了用户在网站的浏览、搜索、点击、跳转、留言、评论等一系列行为轨迹,这些不断变化更新的行为信息可以归属为用户的动态信息。相对于静态信息,动态数据具有时序性、数据量大的特点,因此需要使用自动化算法对收集得到的用户画像数据进行提炼,利用数据挖掘技术,抽取出用户画像标签,构建用户画像标签体系。

2. 精准营销

应用大数据技术的精准营销是数据驱动型的营销,在洞悉大数据的基础上通过搜集、分析、执行从大数据所得到的洞察结果,调整市场细分、目标客户的选取、适合的营销策略以及营销渠道的选择,并以此鼓励客户参与、优化营销。企业精准营销主要应用包括广告的精准投放、市场定位的精准化以及个性化产品或服务推送等。

3. 互联网金融

互联网金融是借助互联网技术和移动通信技术实现资金融通、支付和信息中介功能的金融模式,其业态包括第三方支付、众筹、互联网理财等。互联网金融的数据源,主要是互联网中的交易数据、社交大数据以及银行卡大数据和互联网中的征信大数据。通过多维度数据处理,企业对用户的理解将达到非常高的程度,从而能够有针对性地对产品和服务进行优化。大数据技术的应用能够建立新型征信机制,降低交易风险,扩大金融服务的覆盖范围。通过大数据技术建立的多元化信用评价机制,从多方面对个人或企业的信用进行深度刻画。新型的多元化信用评价机制覆盖了传统金融难以覆盖的客户,互联网经济的长尾效应凸显,使互联网金融服务受众的范围得到扩大。

4. 智能供应链

在采购环节,应用大数据分析,企业不仅可以有效控制成本,还可以优化采购决策。在制造环节,将大数据技术应用到传统供应链中的制造环节,不仅可以再次提升企业生产效率,更可以从企业库存管理、质量管理、劳动力利用等方面提升企业管理服务效率。在物流环节,大数据技术在供应链物流环节的应用可以通过远程信息处理系统优化产品的仓储模式与运输路线,进而提升对客户的服务质量。在销售环节,企业会利用大数据技术为客户提供个性化产品与服务,在产品价格方面也可能应用差异化定价,以提升产品的销售量。

第 72 讲　从大数据到智慧数据

大数据时代,组织每天产生和收集大量的非结构化和结构化数据。大数据的 5V 特征,决定了对大数据的开发和利用并非易事。如何将大数据进行处理和转化,形成可信的(Trusted)、情境化的(Contextualized)、相关的(Relevant)、认知的(Cognitive)、预测性的(Predictive)和可利用的(Consumable)数据,从而提取其中的价值以获得重大洞察力,以提高组织决策效率,成为企业面临的重要议题,智慧数据(Smart Data)应用因此产生。

一、智慧数据的概念

智慧数据是从大数据收集的大量数据中,通过汇集、关联、分析等操作,提取最相关的数据,以便为组织决策和行动过程提供实时的数据分析支持,是大数据和人工智能技术应用的结合。大数据是包括任何形态和结构的数据,具有 5V 特征,即 Volume(数量大)、Velocity(速度快)、Variety(多样性)、Veracity(真实性)、Value(价值)。然而,大数据之"大"其实是毫无意义的,为了实现大数据的价值,需要从中提取相关数据,应用到相关业务流中,实现自动化的业务交易,而这些被提取的数据,就是智慧数据。因而,智慧数据是指那些真正能够应用于解决实际问题的大数据子集,通过对结构化和非结构化数据的整合、分析和激活,帮助企业做出正确的决策和实现商业目标。

为了将大数据的价值最大化,组织需要将大数据转换为可操作的智慧数据,因此有着明确的目的,为获取洞见和行动提供指导。智慧数据通过利用大规模、可识别、情景化、信任度高、具有可预测性的数据挖掘新价值,揭示这些数据的演化规律,同时,根据数据的应用情景,得出相关结论并给出对应的对策或方案。当这些大数据是非结构化时,这些海量的数据很难被利用,也不会产生任何见解或洞察。因此,需要从积累数据和技术开始,然后通过不断的机器学习、深度学习,逐步走向智慧。从某种意义上讲,智慧数据就是人工智能在大数据领域的应用。智慧数据的出现,使企业管理层可以更快地切入数据的问题核心,剥离各种无关紧要或噪声信息,直接了解最重要的问题,并根据真实、现实和有价值的数据做出决策,如图 1 所示。

智慧数据专注于具体业务相关问题,围绕特定应用场景及范围构建智慧数据解决方案,通常更加轻量级和灵活性,并且成本更低,能够更快地实施、部署和实现应用价值。同时,围绕该问题及其相关数据范围来打造的数据技术,提供了更加深入、快速,以及相关度更高的分析,从而极大地提高解决问题的效率。随着人工智能技术的发展,通过针对某一专业领域(例如行业、业务职能等)持续地训练机器智

图 1　大数据与智慧数据

大数据

数据处理

智慧数据

能,能够进一步地创造某一种类型的规模经济效应。

二、智慧数据的特征

智慧数据可以理解为过滤了噪声的大数据的子集,并且智慧数据聚焦于数据的质量和有用性,其具体特征表现为准确可用性、敏捷性以及可操作性。

(一) 准确可用性

智慧数据的收集不再追求大而全,数据质量更重要,它将变得更加目的导向,具有足够的精度来驱动价值。相比大数据的 Volume(数量)和 Velocity(速度),智慧数据的特点在于其 Veracity(真实性)和 Value(价值)。企业通过技术解决方案供应商提供的工具,能够根据实际问题,决定哪些数据需要被收集。

(二) 敏捷性

数据必须实时可用,并能适应不断变化的业务环境。当下数据呈爆炸式增长,企业数据往往存在于多个潜在数据源中,企业不仅有包括 CRM/销售数据、内部系统、数据库等在内的非实时数据,还有来自 PC、移动端、移动 APP、互联网广告和物联网等触点中收集到的实时数据,并且基本处于完全的数据孤岛状态。智慧数据系统不仅打通了企业数据孤岛,实现多渠道、跨设备的多维度数据的统一管理,并基于机器学习算法,进行优化、分析、判断,形成完整的数据收集闭环。

(三) 可操作性

智慧数据既指实际大数据中结构性的数据子集,同时也意味着将智慧数据应用于实际问题的一套技术与方法,包括数据收集、整合、分析以及开放式应用。智慧数据将非结构化的大数据,转化为可操作的结构化数据子集,从而应用于业务流程优化或生产运营中,为企业提供洞察分析和实时获取各种业务成果。从商业角度,大数据告诉人们消费者的行为是什么,而智慧数据则是让人们寻找其中的规律及潜在的原因,并且基于这一发现做出判断和预测。

三、从大数据到智慧数据

从大数据走向智慧数据是一个渐进的过程。对跨平台收集的大数据进行分析、处理、解释和清理,就有可能以结构化的方式访问它们,这种转换正是"大"数据和"智慧"数据之间的区别,如图 2 所示。

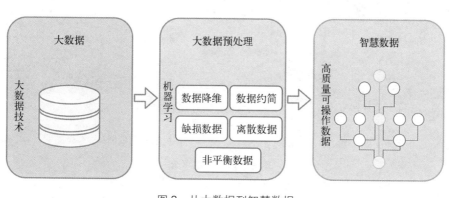

图 2　从大数据到智慧数据

大数据到智慧数据转换的第一步是数据集成。但即使在集成阶段结束时,数据仍远未达到"智慧"的程度,因为大数据任务中累积的噪声会产生问题,尤其是当维度较大时。随着数据的增长,噪声积累和算法不稳定性出现,特别是从异构数据源整合的大规模样本池。因此,为了使数据变得有"智慧",即使在数据集成之后,仍然需要清理数据。大数据预处理包含一系列的相关技术,如数据降维、数据缩减技术、缺损数据处理、离散数据和非平衡数据处理等。

一旦大数据转化为智慧数据,就可以保存有价值的数据,并允许"实时"交互,如事务活动和其他商业智能应用程序。智慧数据的目标是从一个以数据为中心的组织发展到一个学习型组织,从而把重点放在所提取的知识上,而不是在数据管理上挣扎。然而,当前大数据去除噪声的算法仍然存在不小的困难,全面实现从大数据到智能数据的转变,仍然面临巨大挑战。

【拓展阅读】 资生堂 Watashi Plus

1937 年,某全球知名化妆品品牌首次推出客户忠诚度计划。80 年来,这项计划已成为该公司客户沟通及品牌策略的核心。为顺应数字化浪潮,公司于 2012 年推出一项新的客户忠诚度计划 Watashi Plus,旨在通过这个数字营销平台向消费者提供优质的服务,传递品牌价值,同时该平台也被看作是打通实体店和在线购物体验的重要之举。用户可通过 Watashi Plus 浏览及购买商品、查询店铺位置、接收精选商品推荐。在公司看来,通过用户在 Watashi Plus 上的表达,只是掌握客户偏好的一小部分工作。公司直销部门的首席分析师表示:理解每位客户不断变化的偏好是有效营销的核心。通过分析历史数据,并将其与客户的当前行为相关联,就可以准确地评估每位客户的消费偏好。

在对几十个客户触点进行研究后,团队意识到,公司内部存在着许多数据孤岛,不同数据源之间互不连通,而数据仓库已经无法满足公司对于动态数据的需求。只有将所有相关的数据源整合到一起,并将其与用户 ID 打通,才能充分发挥数据资产的价值。于是,公司决定采用客户数据平台(CDP)来丰富 Watashi Plus 的数据来源,并将客户行为数据、人口统计数据和离线数据都纳入统一的客户视图中进行管理(图 3)。

图 3 客户数据平台

当所有的客户数据都彼此联通之后，从数据中汲取洞察就变得非常容易。在分析团队看来，客户是谁、客户有多喜欢品牌、客户可以通过哪些渠道购买商品、客户对什么感兴趣，这些长期以来困扰品牌的难题都可以得到很好的解答。

资料来源：Social Beta，Chinapex 创略.智能数据如何高效驱动营销：智能数据白皮书[R].2017.

第73讲　人工智能的起起落落

当前，人工智能已广泛应用于我们的生活，如搜索引擎、语音识别、智能机器人、无人驾驶等等。虽然人工智能应用近十年才开始兴起，但人工智能并不是一个新事物。人工智能概念诞生于1956年，在半个多世纪的发展历程中，由于受到智能算法、计算速度、存储水平等多方面因素的影响，人工智能技术和应用发展经历了多次高潮和低谷。直到近年，云计算、物联网和大数据等技术的不断成熟，赋予人工智能感觉、感知、神经中枢、智能处理等行为，人工智能进入快速发展期，未来人工智能的前景将无限广阔。

一、进一步理解人工智能

人工智能（Artificial Intelligence，AI）的发展已有60多年，但随着人工智能研究领域的扩展，对人工智能的定义一直没有统一的观点，不同的学者和研究人员根据不同的语境和关注的角度，对人工智能进行定义。根据中国电子技术标准化研究院发布的《人工智能标准化白皮书2018》，人工智能是指利用数字计算机或者由数字计算机控制的机器模拟、延伸和扩展人类的智能，感知环境、获取知识并使用知识获得最佳结果的理论、方法、技术和应用系统。

根据人工智能能否真正实现推理、思考和解决问题，可将人工智能分为弱人工智能和强人工智能。

弱人工智能是指不能真正实现推理和解决问题的智能机器，这些机器表面上看像是智能的，但是并不真正拥有智能，也不会有自主意识。迄今为止的人工智能系统都还是实现特定功能的专用智能，而不是像人类智能那样，能够不断适应复杂的新环境并不断涌现出新的功能，因此，它们都还是弱人工智能。目前的主流研究仍然集中于弱人工智能，并取得了显著进步，如在语音识别、图像处理和物体分割、机器翻译等方面取得了重大突破，甚至可以接近或超越人类水平。

强人工智能是指真正能思考的智能机器，这样的机器是有知觉的和自我意识的，这类机器可分为类人（机器的思考和推理类似人的思维）与非类人（机器产生了和人完全不一样的知觉和意识，使用和人完全不一样的推理方式）两大类。从一般意义来说，达到人类水平、能够自适应地应对外界环境挑战、具有自我意识的人工智能称为"通用人工智能""强人工智能"或"类人智能"。强人工智能不仅在哲学上存在巨大争议（涉及思维与意识等根本问题的讨论），在技术上的研究也具有极大的挑战性。

对人工智能能力的衡量,包括计算智能、感知智能、认知智能三个层次。计算智能是指机器快速计算和记忆存储能力,如神经网络、遗传算法等。感知智能,即智能体对视觉、语音、语言进行感知和判断,并采取一些行动如语音交互。认知智能是指在人机交互、推理学习方面的能力,使机器能够像人一样思考,主动采取行动,如完全独立驾驶的无人驾驶汽车、自主行动的机器人等。目前,人工智能研究的重点领域包括机器学习、知识工程、计算机视觉、自然语言处理、语音识别、计算机图形学、多媒体技术、人机交互、机器人、数据库技术、可视化、数据挖掘、信息检索与推荐等。

二、人工智能的发展历程

人工智能从 1956 年概念提出,到 2016 年大规模爆发,在这 60 多年里,人工智能的发展经历了几起几落,如图 1 所示。和前两次起落不同的是,随着智能芯片和硬件的快速发展,以及云计算、物联网和大数据等技术的兴起,人工智能第三次兴起,已经成为未来产业变革的核心驱动力。

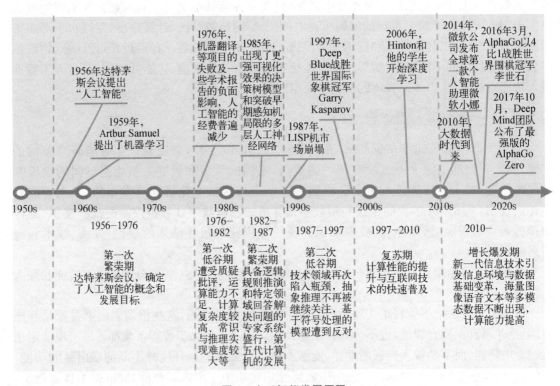

图 1　人工智能发展历程

第一次起落是在 20 世纪 50 至 70 年代,最早是在 1956 年美国的达特茅斯会议上,约翰·麦卡锡提出了“人工智能”一词,标志着人工智能的正式诞生。70 年代后期,由于计算机性能不足、计算难度指数级增长以及数据量缺失等问题,研究经费撤离,人工智能研发遭遇了发展历史上的第一次低谷。

第二次起落是在 20 世纪 80 至 90 年代末,美国卡耐基·梅隆大学为 DEC 公司制造出 XCON 专家系统,衍生出了诸如 Symbolics、Lisp Machines 和 IntelliCorp、Aion 等这样的硬件、软件公司,标志着专家系统商业化。但由于数据较少,难以捕捉专家的隐性知识,建造和维护大型系统的复杂性和高成本,加上日本第五代人工智能计算机项目以失败告终,人工智能研究遭遇了第二次寒冬。

第三次崛起是从 21 世纪初至今,互联网的快速发展带来了大量廉价数据,从而加快了机器学习研究的步伐,随着神经网络技术和大规模神经网络训练的发展,人工智能技术开始进入平稳发展时期。随着大数据的积聚、理论算法的革新、计算能力的提升,人工智能在很多应用领域取得了突破性进展,迎来了又一个繁荣时期。2006 年,Hinton 在神经网络的深度学习领域取得突破,而后续大数据、云计算和新算法等技术的快速发展,使人工智能研究进入新的快速发展阶段。2016 年 3 月,谷歌阿尔法狗以 4 比 1 战胜世界围棋冠军李世石,再次引发全世界对人工智能的关注。

三、人工智能关键技术

人工智能关键技术包括机器学习、知识图谱、自然语言处理、人机交互、计算机视觉、生物特征识别、虚拟现实/增强现实等。

(一) 机器学习

机器学习(Machine Learning)主要是研究计算机怎样模拟或实现人类的学习行为,以获取新的知识或技能,重新组织已有的知识结构使之不断改善自身的性能,是人工智能技术的核心。

(二) 知识图谱

知识图谱本质上是结构化的语义知识库,是一种由节点和边组成的图数据结构,以符号形式描述物理世界中的概念及其相互关系。通俗地讲,知识图谱就是把所有不同种类的信息连接在一起,得到一个关系网络,提供一种从"关系"的角度去分析问题的能力。

(三) 自然语言处理

自然语言处理研究能实现人与计算机之间用自然语言进行有效通信的各种理论和方法,主要包括机器翻译、机器阅读理解和问答系统等。机器翻译技术是指利用计算机技术实现从一种自然语言到另外一种自然语言的翻译过程。语义理解技术是指利用计算机技术实现对文本篇章的理解,并且回答与篇章相关问题的过程。问答系统技术是指让计算机像人类一样用自然语言与人交流的技术,人们可以向问答系统提交用自然语言表达的问题,系统会返回关联性较高的答案。

(四) 人机交互

人机交互主要研究人和计算机之间的信息交换,包括人到计算机和计算机到人两部分的信息交换,是人工智能领域重要的外围技术。人机交互是与认知心理学、人机工程学、多媒体技术、虚拟现实技术等密切相关的综合学科。人机交互技术除了传统的基本交互和图形交互外,还包括语音交互、情感交互、体感交互及脑机交互等技术。

(五) 计算机视觉

计算机视觉是使用计算机模仿人类视觉系统的科学,让计算机拥有类似人类提取、处理、

管理信息系统(第三版)

理解和分析图像以及图像序列的能力。

（六）生物特征识别

生物特征识别技术是指通过个体生理特征或行为特征对个体身份进行识别认证的技术。生物特征识别包括指纹、掌纹、人脸、虹膜、指静脉、声纹、步态等多种生物特征，其识别过程涉及图像处理、计算机视觉、语音识别、机器学习等多项技术。

（七）虚拟现实/增强现实

虚拟现实（VR）/增强现实（AR）是以计算机为核心的新型视听技术。结合相关科学技术，在一定范围内生成与真实环境在视觉、听觉、触感等方面高度近似的数字化环境。用户借助必要的显示设备、跟踪定位设备、触力觉交互设备、数据获取设备、专用芯片等，实现与数字化环境中的对象进行交互，获得近似真实环境的感受和体验。

四、人工智能产业链

人工智能产业链包括三层：基础层、技术层和应用层。基础层是人工智能产业的基础；技术层以模拟人的智能相关特征为出发点，构建技术路径；应用层集成一类或多类人工智能基础应用技术，面向特定应用场景需求而形成软硬件产品或解决方案。

（一）基础层

基础层是人工智能产业的基础，主要是研发硬件及软件，如AI芯片、数据资源、云计算平台等，为人工智能提供数据及算力支撑。主要包括计算硬件（AI芯片）、计算系统技术（大数据、云计算）和各类传感器等。

（1）人工智能芯片。传统的芯片计算架构已无法支撑深度学习等大规模并行计算的需求，这就需要新的底层硬件来更好地储备数据、加速计算过程。目前人工智能芯片多以英伟达、英特尔、IBM、AMD、谷歌、高通等国际芯片巨头的产品为主，国内企业纷纷开始自主研发，如华为海思、寒武纪、紫光展锐、中星微电子、西井科技等，但在产业布局能力和研发实力方面还远不足以匹敌国外芯片巨头。

（2）计算能力平台。计算力是承载和推动人工智能走向实际应用的基础平台和决定性力量，大数据和云计算带来的计算资源和计算能力，是人工智能依托数据的基础。

（3）传感器。各类传感器是获取现实世界温度、声音、压力、流量、颜色、位移、质量、光亮度等各类数据的基础，从一定程度上说，传感技术的发展决定着人工智能技术的发展。

（二）技术层

技术层是人工智能产业的核心，以模拟人的智能相关特征为出发点，构建技术路径。主要包括算法理论（机器学习）、开发平台（基础开源框架、技术开放平台）和应用技术（计算机视觉、机器视觉、智能语音、自然语言理解）。

算法作为人工智能技术的引擎，主要用于计算、数据分析和自动推理。目前美国是人工智能算法发展水平最高的国家。从高校科研到企业的算法研发，美国都占据着绝对优势。在中国，仅有少数几家科技巨头拥有针对算法的开放平台，国内人工智能基础及技术层企业中，基础算法及平台公司数量仅占 4%。我国人工智能产业发展过于依赖开源代码和现有数学模型，导致专业性和针对性不足，效果往往不能满足具体任务的实际要求。以图像识别为例，用开源代码开发出的 AI 虽然可以准确识别人脸，但在对医学影像的识别上却难以达到临床要求。

（三）应用层

应用层是人工智能产业的延伸，集成一类或多类人工智能基础应用技术，面向特定应用场景需求而形成软硬件产品或解决方案。主要包括行业解决方案（"AI+"）和热门产品（智能汽车、机器人、智能家居、可穿戴设备等）。"AI+传统行业"，覆盖了医疗、金融、教育、文娱、零售、物流、政务、安防等诸多垂直领域。人工智能领域的热门产品主要有智能汽车、机器人、智能家居、可穿戴设备等。

参考文献： 中国电子技术标准化研究院. 人工智能标准化白皮书（2018 版）[R]. 2018.

【拓展阅读】 典型"AI+"场景应用

随着人工智能理论和技术日益成熟，应用领域也在不断扩大。以下简要列举一些"AI+传统行业"的应用场景。

（1）金融领域。利用多维度大数据实现智能风控。金融机构可以利用人工智能技术探索多维细微数据对反欺诈技术的提升，如用户的登录行为、用户图关系、弱可信等，实现实时性更高、个性化更强且覆盖人群更广的智能风控。

（2）公共安全领域。利用计算机视觉、语音识别、机器学习等多项智能技术，可对人脸、指纹、虹膜、掌纹、指静脉、声纹、步态等多种生物特征进行身份识别，对公安大数据进行智能分析，在构建"人、事、地、物、组织"知识网络的基础上，实时监测预警、研判，切实增加公安的认知、预测和决策能力。

（3）教育领域。人工智能已在老师教学与学生学习、评测的各个环节切入教育领域，相关产品服务包括拍照搜题、分层排课、口语测评、组卷阅卷、作文批改、作业布置等。

（4）医疗健康领域。通过前沿技术改变医疗资源分布不均的现状，将医生从繁重的工作压力中解放出来，帮助他们减少误诊率，提高准确率，甚至探索出新的诊疗方案或找到新型有效药物。在医疗影像分析方面，人工智能可以大幅替代医生重复性工作。

（5）工业制造领域。涉及很多具体场景：在设备健康管理方面，基于特征分析和机器学习进行设备故障预测和全生命周期管理，实现预测性维修，既不过修也不失修，保证设备始终处于可靠受控状态，大幅降低维护保养费用；在智能质检方面，利用计算机视觉进行缺陷检测，降低人工成本，提升产品品质；在参数性能优化方面，结合专家经验及智能分析技术，充分挖掘数据背后的规律，优化工艺生产参数，提升生产效能；在 3D 分拣机器人技术方面，借助 3D 视觉技术抓取不规则物体并有序放置，涉及物体识别、姿态估计、尺寸测量、运动规划等。

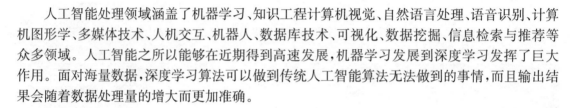

(6) 零售领域。在零售供应链方面，人工智能通过结合实时需求、时间窗口、承重限制等因素，对送货路线进行制定，最小化成本与时间，实现物流智能化高效运营。

(7) 广告营销领域。人工智能为企业提供智能创意及营销策略和效果监测，结合场景、内容及渠道向用户精准推荐，实现满足用户真实需求的高价值信息传递。

第74讲　机器学习和深度学习

人工智能处理领域涵盖了机器学习、知识工程计算机视觉、自然语言处理、语音识别、计算机图形学、多媒体技术、人机交互、机器人、数据库技术、可视化、数据挖掘、信息检索与推荐等众多领域。人工智能之所以能够在近期得到高速发展，机器学习发展到深度学习发挥了巨大作用。面对海量数据，深度学习算法可以做到传统人工智能算法无法做到的事情，而且输出结果会随着数据处理量的增大而更加准确。

一、机器学习

机器学习（Machine Learning）是一门涉及统计学、系统辨识、逼近理论、神经网络、优化理论、计算机科学、脑科学等诸多领域的交叉学科，研究计算机怎样模拟或实现人类的学习行为，以获取新的知识或技能，重新组织已有的知识结构，使之不断改善自身的性能，是人工智能技术的核心。基于数据的机器学习是现代智能技术中的重要方法之一，研究从观测数据（样本）出发寻找规律，利用这些规律对未来数据或无法观测的数据进行预测。根据学习模式将机器学习分类为监督学习、无监督学习、半监督学习和强化学习等。根据学习方法可以将机器学习分为传统学习和深度学习。

（一）监督学习

监督学习（Supervised Learning）是利用已标记的有限训练数据集，通过某种学习策略/方法建立一个模型，实现对新数据/实例的标记（分类）/映射，最典型的监督学习算法包括回归和分类。监督学习要求训练样本的分类标签已知，分类标签精确度越高，样本越具有代表性，学习模型的准确度越高。常见的监督学习算法有：k-近邻算法（k-Nearest Neighbors，kNN）、决策树（Decision Trees）、朴素贝叶斯（Naive Bayesian）等。监督学习在自然语言处理、信息检索、文本挖掘、垃圾邮件侦测等领域获得了广泛应用。

（二）无监督学习

无监督学习（Unsupervised Learning，UL）是利用无标记的有限数据描述隐藏在未标记数据中的结构/规律，最典型的非监督学习算法包括单类密度估计、单类数据降维、聚类等。无监督学习不需要训练样本和人工标注数据，便于压缩数据存储、减少计算量、提升算法速度，还可以避免正、负样本偏移引起的分类错误问题。利用无监督学习可以解决的问题包括关联分析、聚类问题和维度约减。关联分析是指发现不同事物之间同时出现的概率。聚类问题是指将相似的样本划分为一个簇；与分类问题不同，聚类问题预先并不知道类别，自然训练数据也没有类别的标签。维度约减是指在减少数据维度的同时保证不丢失有意义的信息。无监督学习的主要应用领域包括经济预测、异常检测、数据挖掘、图像处理、模式识别等，例如组织大型计算机集群、社交网络分析、市场分割、天文数据分析等。

（三）半监督学习

半监督学习（Semi-Supervised Learning）是监督学习与无监督学习相结合的一种学习方法。半监督学习针对的问题一般是数据量大，但是有标签数据少或者说标签数据的获取很难很贵的情况，训练的时候有一部分是有标签的，而有一部分是没有的。与使用所有标签数据的模型相比，使用训练集的训练模型在训练时可以更加准确，而且训练成本更低。

（四）强化学习

强化学习是智能系统从环境到行为映射的学习，以使强化信号函数值最大。强化学习从动物学习、参数扰动自适应控制等理论发展而来，基本原理是：如果 Agent 的某个行为策略导致环境正的奖赏（强化信号），那么 Agent 以后产生这个行为策略的趋势便会加强。Agent 的目标是在每个离散状态发现最优策略以使期望的折扣奖赏和最大。由于外部环境提供的信息很少，强化学习系统必须靠自身的经历进行学习。强化学习的目标是学习从环境状态到行为的映射，智能体选择的行为能够获得环境最大的奖赏，使得外部环境对学习系统在某种意义上的评价为最佳。强化学习在机器人控制、无人驾驶、下棋、工业控制等领域获得很多成功应用。

二、深度学习

深度学习（Deep Learning，DL）的概念由杰弗里·辛顿（Geoffrey Hinton）等人于 2006 年提出，是机器学习发展最快的一个分支。深度学习在引入机器学习后，使得其更接近于最初的目标——人工智能。深度学习是通过构建复数层级的神经网络，利用大量的数据对神经网络进行训练学习来提取特征的学习方式。深度学习是一种复杂的机器学习算法，在语言和图像识别方面取得的效果，远远超过先前相关技术。它在搜索技术、数据挖掘、机器学习、机器翻译、自然语言处理、多媒体学习、语音、推荐和个性化技术，以及其他相关领域都取得了很多成果。

深度学习之所以被称为"深度"，是相对支持向量机（Support Vector Machine，SVM）、提升方法（Boosting）、最大熵方法等"浅层学习"方法而言的。简而言之，深度学习模型和传统浅层学习模型的区别在于：深度学习模型结构含有更多的层次，包含隐藏节点的层数通常在 5 层以上，有时甚至包含 10 层以上的隐藏层节点；深度学习强调特征学习对于深度模型的重要性，即通过逐层特征提取，将数据样本在原空间的特征变换到一个新的特征空间来表示初始数据，这使得分类或预测问题更加容易实现。和人工设计的特征提取方法相比，利用深度模型学习得到的数据特征对大数据丰富内在信息更有代表性。

（一）深度学习经典模型

深度学习源于神经网络的研究，可理解为深层的神经网络。通过它可以获得深层次的特征表示，免除人工选取特征的繁复冗杂和高维数据的维度灾难问题。当前较为典型的深度学习模型包括：深度信念网络（Deep Belief Network，DBN）、堆叠自动编码器（Stacked Auto Encoders，SAE）、卷积神经网络（Convolutional Neural Networks，CNN）和循环神经网络（Recurrent Neural Networks，RNN）等。

1. 深度信念网络

2006 年，杰弗里·辛顿提出深度信念网络（DBN）及其高效的学习算法，即"预训练＋全局微调"，并发表于 *Science* 上，成为目前深度学习算法的主要框架。DBN 是一种生成模型，通过训练其神经元间的权重，可以让整个神经网络按照最大概率来生成训练数据，不仅可以使用 DBN 识别特征、分类数据，还可以用它来生成数据。

2. 堆叠自动编码器

自动编码器（AE）是一种无监督的神经网络模型，其核心作用是能够学习到输入数据的深层表示。自动编码器是通过重建输入数据的神经网络训练过程，它的隐藏层的向量具有降维作用。具体来说，自动编码器会创建一个隐藏层（或多个隐藏层），包含输入数据含义的低维向量，然后有一个解码器，会通过隐藏层的低维向量重建输入数据。通过神经网络的训练，最后自动编码器会在隐藏层中得到一个代表输入数据的低维向量，它可以帮助数据分类、可视化、存储。

3. 卷积神经网络

卷积神经网络（CNN）是深度学习技术中极具代表的网络结构之一，在图像处理领域取得了很大的成功。CNN 相较于传统的图像处理算法的优点之一，在于避免了对图像复杂的前期预处理过程，可以直接输入原始图像。卷积神经网络可提取输入数据的局部特征，并逐层组合抽象生成高层特征。卷积神经网络是一个多层的神经网络，其基本运算单元包括：卷积运算、池化运算、全连接运算和识别运算。

4. 循环神经网络

循环神经网络（RNN）是一类人工神经网络，可用于识别诸如文本、基因组、手写字迹、语音等序列数据的模式，也可用于识别传感器、股票市场、政府机构产生的数值型时间序列数据。循环网络可以说是最强大的神经网络，甚至可以将图像分解为一系列图像块，作为序列加以处理。

（二）深度学习的应用领域

深度学习应用于包括计算机视觉、语言识别、自然语言处理等众多领域，这里简单加以介绍。

1. 计算机视觉

计算机视觉是使用计算机模仿人类视觉系统的科学，让计算机拥有类似人类提取、处理、理解和分析图像以及图像序列的能力。自动驾驶、机器人、智能医疗等领域均需要通过计算机视觉技术从视觉信号中提取并处理信息。近来随着深度学习的发展，预处理、特征提取与算法处理渐渐融合，形成端到端的人工智能算法技术。根据解决的问题，计算机视觉可分为计算成像学、图像理解、三维视觉、动态视觉和视频编解码五大类。

2. 语音识别

深度学习中的语音识别（Speech Recognization）将声音转化为比特的目的类似于在计算机视觉中处理图像数据，将其转换为特征向量，与图像处理不太一样的是需要对波（声音的形式)进行采样,采样的方式、采样点的个数和坐标也是关键信息,然后对这些数字信息进行处理,输入到网络中进行训练,得到一个可以进行语音识别的模型。语音识别的难点有很多,例如克服发音音节相似度高进行精准识别,实时语音转写等。这就需要很多不同人样本的声音作为数据集,让深度网络具有更强的泛化性,以及需要设计的网络本身的复杂程度是否得当等条件。

3. 自然语言处理

自然语言处理(NLP)是计算机科学和人工智能领域的方向之一,研究实现人与计算机之间用自然语言进行有效通信的各种理论和方法。深度学习由于其非线性的复杂结构,将低维稠密且连续的向量表示为不同粒度的语言单元,例如词、短语、句子和文章,让计算机可以理解通过网络模型参与编织的语言,进而使得人类和计算机进行沟通。

参考文献:

[1] 中国电子技术标准化研究院. 人工智能标准化白皮书(2018 版)[R]. 2018.
[2] 清华大学-中国工程院知识智能联合研究中心. 人工智能发展报告 2019[R]. 2019.

【拓展阅读】 八个你可能不知道的深度学习应用案例

(1) 为黑白照片添加颜色。为黑白照片添加颜色又叫作图像着色,一直以来这项工作都是由人工来完成的,是一项十分繁杂的任务。通过深度学习方法,可以为黑白照片自动上色。其原理是,深度学习网络学习照片中自然呈现的模式,包含蓝色的天空、白色或灰色的云,以及绿色的草。它利用过去的经验来学习这一点,虽然有时会出错,但大多数时候都是高效准确的。

(2) 检测儿童是否发育迟缓。语言障碍、自闭症和发育障碍可能会剥夺患有这类疾病儿童的良好生活质量,早期诊断和干预可以对儿童的身体、精神和情绪健康产生良好的影响。因此,深度学习最重要的应用之一就是早期发现和纠正这些与婴幼儿有关的问题,这是机器学习和深度学习的主要区别,机器学习通常只用于特定的任务,而深度学习则帮助解决人类最重要的问题。

(3) 自动机器翻译。互联网创造了一种环境,可以让人和人之间的沟通变得无处不在。但是,有一件事并没有改变,当双方不讲共同语言时,需要将一种语言翻译成另一种语言。自动机器翻译是利用计算机将一种自然语言(源语言)转换为另一种自然语言(目标语言)的过程。事实上,自动机器翻译已经存在很长时间了,但是深度学习在自动翻译文本和自动翻译图像两个特定领域取得了最佳成果。

(4) 预测自然灾害。人类的生存发展依赖于自然,但有时候自然灾害的出现不但会给人们的正常生活和生产秩序带来破坏,同时也会造成人们生命财产巨大的损失。现在,研究人员发现可以利用深度学习系统对数据进行分析,来预测自然灾害。这不仅可以拯救成千上万的生命,还可以提前采取有针对性的措施减少财产损失。

(5) 个性化服务。每个线上购物平台现在都在尝试使用聊天机器人为访客提供人性化的服务,深度学习让亚马逊、阿里巴巴等电商巨头能够通过产品推荐、个性化套餐和折扣等形式提供无缝的个性化体验。

（6）自动手写生成。这是一项根据手写示例语料库，为给定的单词或短语生成新的手写内容的任务。具体来说，就是给定一个手写示例语料库，然后为给定的文字生成新的笔迹。在笔迹样本被创建时，笔迹可被视为一系列坐标，通过这个语料库，深度学习算法将学习笔的运动与文字之间的关系，然后生成新的示例。

（7）生成文字描述。根据给定图像，系统可以自动生成描述图像内容的文字。通常，该系统使用非常大的卷积神经网络来检测照片中的目标，然后使用一个递归神经网络将标签转换成连贯的句子。

（8）恢复视频中的声音。为无声视频恢复声音听起来似乎不可能，而有些人可以读懂别人的唇语。麻省理工学院的计算机和人工智能实验室研究人员创建了一套深度学习系统，他们将鼓槌敲打和刮擦物体录制成视频，对深度学习网络进行训练。经过几次迭代学习，研究人员将视频静音，并要求计算机重新生成预期听到的声音，取得了令人印象深刻的成果。

资料来源：天极网

第75讲　区块链关键技术与创新应用

区块链起源于比特币，而如今区块链技术已向不同场景应用深入。区块链是一种分布式的共享账本和数据库，具有去中心化、不可篡改和公开透明等特点，这些特点为创造信任奠定了基础，也使区块链成为一类新一代信息技术。

一、区块链的关键技术

区块链以 P2P 网络、非对称加密、时间戳、共识机制、智能合约等技术为支撑。随着区块链应用领域的不断拓展，其核心技术也在不断增加。

（一）P2P 网络技术

在以区块链为首的无结构 P2P 网络中，每个节点都是平等的，它们之间不存在中心服务器，一个节点出现错误也并不会影响其他节点的正常工作，因此，网络也具有高容错性的特点。

（二）非对称加密技术

非对称加密技术中最重要的就是"公钥"与"私钥"的配对使用。区块链中采用非对称加密技术，保障了信息传输时的安全性，同时结合数字签名技术，确保了信息来源的可靠性，使得信息交流的双方特别是信息发送方能够对其所传送的信息进行保证，降低了伪造与抵赖的可能性。

（三）时间戳技术

区块链数据库让全网的记录者在每一个区块中都盖上一个时间戳来记账，表明区块数据的写入时间,为区块链加入时间维度,形成一个不可篡改、不可伪造的数据库。

(四) 共识机制

共识机制是区块链的核心技术,其作用是使区块链中的所有节点在交易过程中的数据都保持一致性和有效性。区块链技术支持的共识机制包括工作证明、权益证明、股份授权证明等类型。设计共识机制最主要的原因是解决区块链安全、效率、能源成本等问题。

(五) 智能合约

智能合约可视作一段部署在区块链上可自动运行的程序,其涵盖的范围包括编程语言、编译器、虚拟机、事件、状态机、容错机制等。签署合约的各参与方就合约内容达成一致,以智能合约的形式部署在区块链上,即可不依赖任何中心机构自动化地代表各签署方执行合约。智能合约具有自治、去中心化等特点,一旦启动就会自动运行,不需要任何合约签署方的干预。智能合约是区块链可编程性的基础,也推动了区块链向区块链 2.0 和 3.0 发展。

数据库技术是区块链的基础性技术,支撑着区块链技术的产生、发展和应用。从某种意义上说,区块链的本质就是一种可靠的分布式数据库。

二、区块链的技术优势

区块链的核心技术决定了区块链具有去中心化、去信任化、可追溯性、集体维护性、安全性和开放性、匿名性等主要优势。

(一) 去中心化

去中心化即去中心化的分布式结构,整个网络无中心化硬件或机构,没有中心核心系统,在现实中节约大量的中介成本,这也是区块链得以广泛应用的最重要原因之一。

(二) 去信任化

去信任化的实质是指该系统将以往的"信任人"转换为"信任机器",即区块链用技术规则加持信用,所实现的信任不源于第三方的背书而是所有参与者对共识机制的认同,因此区块链改变了以往的契约和信任机制,实现可信任价值的交换,将大大减少契约中的失信行为。

(三) 可追溯性

可追溯性是指区块链采用了时间戳技术,给数据增加时间维度,记录交易的先后顺序,使得数据具有可追溯性,便于监管和追踪。

(四) 集体维护性

集体维护性是指系统中的数据由所有具有维护功能的参与节点集体维护,任何人都可以参与,同时任一节点的过失也不会影响整个系统的运作,保证整个系统稳定运行。

(五) 安全性

非对称加密技术对数据进行加密保证数据的安全性;共识算法形成的强大算力用来抵御外部攻击,保证区块链数据不可篡改和不可伪造;时间戳技术保证数据可追溯和完整性及不可篡改等。

(六) 开放性

开放性是指区块链系统是开放的,除了账户和交易各方的私密信息外,区块链的数据对所有人开放,可以通过公开接口查询数据记录,保证信息高度透明。

(七) 匿名性

匿名性是指节点与节点之间无需公开身份,信息传递可以匿名进行,极大保护了用户的隐私。

区块链的众多优势使其受到各个领域的广泛关注和应用,并有望成为继蒸汽机、电力、信息、互联网科技之后又一项改变人类社会和经济发展方式的技术。

三、区块链的工作流程与类型划分

一般认为,区块链是一种融合多种现有技术的新型分布式计算和存储范式。它利用分布式共识算法生成和更新数据,并利用对等网络进行节点间的数据传输,结合密码学原理和时间戳等技术的分布式账本,保证存储数据的不可篡改,利用自动化脚本代码或智能合约实现上层应用逻辑。如果说传统数据库实现数据的单方维护,那么区块链则实现多方维护相同数据,保证数据的安全性和业务的公平性。区块链的工作流程主要包含生成区块、共识验证、账本维护3个步骤。(1)生成区块。区块链节点收集广播在网络中的交易——需要记录的数据条目,然后将这些交易打包成区块——具有特定结构的数据集。(2)共识验证。节点将区块广播至网络中,全网节点接收大量区块后进行顺序的共识和内容的验证,形成账本——具有特定结构的区块集。(3)账本维护。节点长期存储验证通过的账本数据并提供回溯检验等功能,为上层应用提供账本访问接口。

区块链根据其应用以及维护节点的准入权限不同,可以分为公有链、联盟链和私有链,三者的区别见表1。

表1　　　　　　　　　　　　**公有链、联盟链和私有链比较**

	公 有 链	联 盟 链	私 有 链
参与者	所有人	联盟成员	控制人
记账人	所有人	预先设定记账人	控制人
激励机制	需要	可选	不需要
中心化程度	去中心化	多中心化	多中心化
特点	1. 保护用户免受开发者的特权影响; 2. 所有数据默认公开; 3. 交易速度较慢; 4. 去中心化升级较难达成全网共识。	1. 运行和维护成本较低; 2. 较快的交易速度与良好的扩展性; 3. 更好的隐私保护; 4. 存在成员联合欺诈的风险。	1. 极快的交易速度; 2. 强大的隐私保障; 3. 交易成本大幅减少; 4. 便于内部审计。
典型场景	虚拟货币	支付、结算	审计

（1）公有链。公有链是一种完全开放的区块链，即任何人都可以加入网络并参与完整的共识记账过程，彼此之间不需要信任。公有链以消耗算力等方式建立全网节点的信任关系，在具备完全去中心化特点的同时也带来资源浪费、效率低下等问题。公有链多应用于比特币等加密货币场景。

（2）私有链。私有链是一种完全封闭的，只能由发起人或者某个机构组织写入权限的链种。私有链中的每个节点都会被严格控制和限制，从而防止内部节点被故意篡改，同时，在出现问题时也可以及时追溯到源头。因此，私有链大多建立在大型金融机构之中。

（3）联盟链。联盟链由多个机构组成的联盟构建，账本的生成、共识、维护分别由联盟指定的成员参与完成。对于联盟链内的成员，在进行身份验证之后即可对数据进行访问，但对于联盟外的成员则是封闭的，不能被外界公开访问和读取。

四、区块链的创新应用与发展

当前，无论是线上还是线下，信任传输机制都是通过第三方背书完成的。区块链技术去掉了中心化中介担保过程，从而实现了在一个开放式平台上进行远距离价值的安全交付。区块链特有的安全机制，将提供一种全新的信用创造机制。区块链的去中心化，将进一步打破信息不对称，让市场交易去中介化成为可能，进而带来交易效率提升及社会成本下降，从而带来市场组织形式变革。因此，区块链将和互联网一起构成虚拟价值链中价值创造、传递及交易的闭环。

区块链特有的数据安全机制，可以有效解决物联网、人工智能中的数据安全与可信赖问题。在区块链网络下，物联网、云计算、人工智能能够在商业化的环境下安全地被合理利用，打破数据共享的壁垒。这也是当前制约人工智能发展的重要因素之一，许多数据都聚集在中心机构手里，比如个人消费记录、医疗数据、教育数据、用户行为数据等，这些数据分属不同的机构所有，却不能随意被个人或机构支配，数据交换和共享的市场也一直无法形成，这种中心化的大数据带来的结果是信息孤岛。区块链技术的去中心化、匿名化、信息不可篡改等特点，可以更好地保障数据共享过程中的安全性、私密性问题，同时区块链特有的激励机制进一步打破了数据共享的壁垒，促进了数据市场的良性发展。

物联网、云计算、人工智能等技术与区块链的深度融合，将成为一种必然的趋势。区块链在能源消耗、可扩展性、安全性、隐私性和硬件等方面，有其自身的局限。而人工智能可以对区块链赋能并施以影响，将人工智能集成到区块链中，解决区块链的效率和智能化问题。例如，将人工智能用于共识机制和哈希运算，可大大提高计算效率，从而节省电力和能源。人工智能可以引入新的分散式学习系统，来解决区块链上的数据冗余问题，扩展系统。实践证明，通过人工智能模型和算法优化，可实现区块链的自然进化、动态调整，有效防止分叉的出现。此外，人工智能还可以更加有效地管理区块链的自治组织，延展和提高智能合约的功能和效率。

Alex Tapscott 在极客公园 Rebuild 2018 科技商业峰会上的演讲,详细描述了利用区块链实现的八种开放式联网企业商业模式。

1. 区块链协作(Blockchain Cooperatives),创造真正的共享经济

区块链可以应用在各个行业,比如众人皆知的共享经济如滴滴、Uber 这种新模式。但其实它们并不是真正的共享经济。它们只是将信息收集起来,再卖出去,滴滴和 Uber 只是建立了一个平台,它们也得签合同、守条约,区块链可以通过智能合同的模式来帮助解决。

2. 知识产权创造者(The Rights Creators),把内容变成资产

现在有很多艺术家都会和平台方签合同,赚 10%、5% 的佣金。艺术家可以通过区块链更好地和平台方进行合作。我们通过互联网听音乐,这个时候音乐就变成了信息,可以通过互联网不断地复制,音乐就变成了不需成本的商品。知识产权创作者可以把他们的作品上传到区块链上,每次有人下载他们的作品,他们都能直接赚取佣金。

3. 重新定义中间人(The Re-intermediators),减少佣金

在中国、美国乃至全球,每年跨境交易额都非常大。所有交易都需要付给跨境交易中间人相应的佣金,通过区块链技术,我们可以在资产中介方面创造新的价值。

4. 区块链支持供应链(The Blockchain Supply Chain),实时同步数据

现在的商品都是通过供应链来完成销售,它们存在于世界各个角落,但是有的时候我们并不清楚货物抵达的时间是否准确。如果区块链能参与其中,我们只需要把货发出,在区块链上的所有用户都可以收到同样的信息。供应链端也可以通过需求链去了解人们需求商品的情况。

5. 模拟真实世界(Animating the Physical World),不同设备完成互联

如今有很多设备可以监测我们的健康和生活。不管是智能灯泡还是太阳能板,都是需要人去控制的,在区块链上可以实现相应的控制。

6. 平台创建者(The Platform Builders),摆脱对大公司平台的依赖

因为平台是主流的形式,人们在平台上开发新的应用。拥抱新的平台可以摒弃旧的平台,可以通过一些新的平台来开发应用。

7. 更多更好的数据(Big,Better Data),夺回用户的数字资产

很多大型公司如谷歌、百度,它们所管理的数据体量是我们难以想象的。它们通过这些数据提供相应的服务。但这些数据并不为我们所拥有,而是在第三方机构手中。从隐私保护角度来讲,区块链也可以助其一臂之力。除了大数据以外,我们也会有更多、质量更高的个人数据。用户或消费者在达成共识的基础上提供自己的信息,数据也将被更好地利用。

8. 新的公共部门(The New Public Sector),改变从政治到社会服务的行事方式

区块链技术可以用于进行政府之间的活动,比如互联网已经成为投票的一种重要参与方式。但互联网其实是不太有利于投票的媒介,因为它很多时候会被黑客攻击,导致投票结果不准确。在其他领域,比如土地权益、养老金计划,所有需要被注册为资产的项目,都可以利用区块链更好地向公民提供服务。

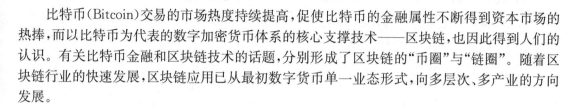

第 76 讲　比特币与区块链币圈和链圈

比特币(Bitcoin)交易的市场热度持续提高,促使比特币的金融属性不断得到资本市场的热捧,而以比特币为代表的数字加密货币体系的核心支撑技术——区块链,也因此得到人们的认识。有关比特币金融和区块链技术的话题,分别形成了区块链的"币圈"与"链圈"。随着区块链行业的快速发展,区块链应用已从最初数字货币单一业态形式,向多层次、多产业的方向发展。

一、比特币与数字化货币

（一）比特币

比特币是一种 P2P 形式的虚拟加密数字货币。2008 年 11 月 1 日,中本聪(Satoshi Nakamoto)发表《比特币:一种点对点的电子现金系统》一文,提出比特币的概念,阐述了基于 P2P 网络技术、加密技术、时间戳技术、区块链技术等的电子现金系统构架理念。2009 年 1 月 3 日,中本聪挖出 50 个比特币区块奖励,标志着比特币的正式问世。

比特币不依靠特定货币机构发行,它依据特定算法,通过大量的计算产生,比特币使用整个 P2P 网络中众多节点构成的分布式数据库,来确认并记录所有的交易行为,并使用密码学的设计来确保流通环节的安全性。P2P 的去中心化特性与算法本身,可以确保无法通过大量制造比特币来人为操控币值,基于密码学的设计,可以使比特币只能被真实的拥有者转移或支付,这同样确保了货币所有权与流通交易的匿名性。比特币与其他虚拟货币最大的不同在于,其总数量非常有限,具有极强的稀缺性。比特币的主要特点表现为:

（1）去中心化。比特币没有发行机构,是去中心化的,在其流通过程中依靠开源的 P2P 算法实现。

（2）全世界流通。比特币可以在任意一台接入互联网的电脑上管理,不管身处何方,任何人都可以挖掘、购买、出售或收取比特币。

（3）匿名性。比特币具有匿名性,可隐藏交易双方的真实身份,不容易被追溯其交易路径,因此,比特币流通性会长期保持。

（4）不可被篡改。对比特币交易信息进行修改,需要从这个区块开始,把之后所有的区块都重新计算一遍,把账本再同步给其他人,除非拥有至少超过 51% 的算力,否则是不可能完成的。

（5）低交易费用。相比跨国汇款高昂的手续费,通过比特币支付,实现资金的转移,交易费用非常低。

由于比特币的这些特征,故它经常被用于洗钱、逃税、资本外逃等非法交易,给全球监管带来了极大的挑战。

（二）数字化货币

随着区块链技术、分布式数据库、数字账本技术、可控匿名、加密算法、量子计算等技术的发展,世界各国对数字化货币的研究掀起热潮。数字化货币可以分为以下三种。

（1）加密货币。加密货币是基于某种加密算法创建的以数字呈现的一种货币,不由任何中心化机构发行,理论上它不会受到政府部门干涉、管控的影响,比如比特币、以太坊、EOS等币种都是加密货币。可以把加密货币看作去中心化的虚拟货币。

（2）数字货币。各国央行发行的数字化货币,本质上只是现有法定货币的信息化过程,电子货币可以代表货币流通体系里的货币。2021年国际清算银行(BIS)对各国央行调查发现,86%的央行正在研究全球央行数字货币(CBDC)的潜力,60%的央行正在试验技术。我国的数字人民币又称数字货币电子支付(Digital Currency Electronic Payment,DCEP),2021年7月16日,央行发布《中国数字人民币的研发进展白皮书》,详细阐释了数字人民币体系的研发背景、目标愿景、设计框架及相关政策考虑。

（3）虚拟货币。一些大型公司发行的以数字形式呈现的货币,是价值的一种数字表达,主要限于特定的虚拟环境中流通,只支持法定货币到虚拟货币的单项流通,这也决定了虚拟货币无法充当法定货币作为真实世界的支付手段,只能进行电子化转移、贮藏或交易,比如腾讯Q币就是一种中心化的虚拟货币。

三者的区别如表1所示。

表1   **数字货币、虚拟货币与比特币比较**

名　称	加密货币	数字货币	虚拟货币
定义	一种去中心化的数字加密货币	数字货币是法定货币的另一种存在和流通形式,以数字形式存在	虚拟货币是指没有实际形态的虚构的货币
性质	虚拟数字货币	法定数字货币	游戏币
底层技术	区块链技术	不预设技术路线	IT技术
价值	市场定价,波动大	等同于法定货币	由平台定价
流通范围	全世界	各国规定范围	特定平台
发行方	挖矿	各国央行	企业
代表币种	比特币、莱特币等	DCEP、数字美元、数字欧元、数字日元等	Q币、游戏币等

二、从比特币到区块链

区块链是比特币的底层技术,在比特币的形成过程中,区块是一个个的存储单元,记录了一定时间内各个区块节点全部的交流信息,各个区块之间通过随机散列(哈希算法)实现链接,后一个区块包含前一个区块的哈希值,随着信息交流的扩大,一个区块与一个区块相继接续,形成的结果就叫区块链。区块链可以视为一个去中心化的分布式数据库,这个数据库不依赖任何机构和管理员,区块链的作用就是存储信息,数据库中的数据由全网的节点共同维护,任何人都可以接入区块链网络，成为一个数据节点。

通俗地说，区块链技术是一种全民参与记账的方式，所有的系统背后都有一个数据库，在一定时间段内，如果有任何数据变化，系统中每个人都可以进行记账，系统会评判出这段时间内记账最快最好的人，并把他记录的内容写到账本上，并将这段时间内的账本内容，发给系统内所有的其他人进行备份，这样系统中的每个人都有了一本完整的账本，人们把这种方式称为区块链技术。

基于区块链的比特币设计，已成为其他程序应用的灵感来源。可以说区块链应用起源于比特币，随着区块链应用领域的拓展，二者开始渐行渐远。从本质来说，比特币是一种数字加密货币，区块链技术是比特币的底层技术，比特币是基于区块链技术的第一个应用。比特币建立了一个基于加密技术的去中心化支付系统，以解决交易信任问题。比特币被创造出来后，迅速受到人们的热捧，并且人们开始关注比特币系统背后的底层技术，即区块链技术。

三、区块链的币圈与链圈

关于比特币与区块链的话题，近年来层出不穷。许多网络社区打着区块链的幌子，讨论比特币等代币的涨跌，以至于早期很多人认为区块链是骗局。随着对区块链底层技术、应用场景落地的探讨，区块链技术的魅力开始被人们所重新认知。而有关这两类话题和两个圈子，也分别形成了区块链的"币圈"与"链圈"。

"币圈"本身和区块链技术关联不大，是金融领域一种资本融资运作的方式，由于区块链系统有激励机制，使用某些区块链平台的用户会得到虚拟货币的奖励，从而资本运作就会用金融手段对数字货币的价值进行操作，通俗地说，就是挖矿、炒作、交易虚拟货币的圈子。币圈可分为两类：一类是市场上基于区块链技术的加密货币，如比特币、以太坊等；另一类是数字货币筹资 ICO(Initial Coin Offering)。国家对于此类业务的开展采取了比较审慎的态度。2013 年 12 月，中国人民银行等五部委发布《关于防范比特币风险的通知》，要求各金融机构和支付机构不得以比特币为产品或服务定价。2017 年 9 月 4 日，因为 ICO(首次币发行)的揽局，中国人民银行等七部委发布《关于防范代币发行融资风险的公告》，全面叫停了中国的代币融资。该公告指出，代币发行融资是指融资主体通过代币的违规发售、流通，向投资者筹集比特币、以太币等主流加密货币的所谓"虚拟货币"，而本质上是一种未经批准非法公开融资的行为，涉嫌非法发售代币票券、非法发行证券以及非法集资、金融诈骗、传销等违法犯罪活动。2021 年 6 月 21 日，中国人民银行就虚拟货币交易炒作问题约谈部分银行和支付机构，要求禁止开展虚拟货币交易。

"链圈"是指从事区块链技术研发、落地应用的团队及联盟，以及与区块链技术相关的各类人士和组织。链圈是以区块链技术为主的领域，主要是利用区块链的去中心化、共识、算法、加密、P2P 通信等技术，解决一些行业现有不足问题。区块链改变了价值传递方式，其去中心化、不可篡改和公开透明等特点，使区块链具有广阔的应用前景。例如，京东研发的"京东区块链防伪溯源平台"能够精确追溯到商品的存在性证明特质，保证所有生产、物流、销售和售后信息都不可篡改。目前，区块链的应用已延伸到医疗健康、教育、慈善公益、社会管理等多个领域。与对"币圈"的审慎态度形成对比的是，国家对"链圈"业务大力提倡和鼓励。2019 年 1 月 10 日，国家互联网信息办公室发布《区块链信息服务管理规定》，同年 10 月 24 日，中共中央政治局就区块链技术发展现状和趋势进行集体学习，习近平总书记强调，要把区块链作为核心技术自主创新的重要突破口，加快推动区块链技术和产业创新发展。自此，区块链技术在我国正式迎来发展政策机遇。

2009 年 1 月 3 日，比特币区块链的创世区块被中本聪挖出，并产生了 50 个 BTC 的区块奖励，标志着比特币的正式问世。2009 年初，比特币系统开始上线运行，直至今日。尽管"区块链"这个专有名词在数年后才被提出，但作为该领域的第一个应用，比特币在互联网上成功实现了一套不能被"双花"的加密货币符号体系，对后续所有区块链领域的应用与创新都产生了深远的影响。其中，最重要的设计如密码学算法的应用、共识机制、博弈机制、对等网络等，也被大多数区块链项目沿用至今。比特币之后陆续出现了许多染色币和在比特币基础上微创新的电子现金系统，其本质上都是对这套加密货币符号体系的改进。随着技术的迭代，参与这场技术与制度实验的人也越来越多。

2014 年，以维塔利克·布特林（Vitalik Buterin）为首的团队创立了以太坊，通过引入可以对符号进行编程的智能合约和虚拟机，希望除了提供标准的符号体系之外，还可以提供面向不同对象的服务，成为一套通用的去中心化应用平台。以太坊是公有链这一概念的开端，也使智能合约迅速成为大多数区块链的标配。随后，2015 年底，IBM 联合数家数据与软件服务巨头开发了 Hyper Ledger 系列软件，并大力向公众推广区块链相关技术，及"许可区块链"服务，使"区块链"这个名词逐渐冲破原来的小圈子，进一步被大众所知。

美国学者梅兰妮·斯万（Melanie Swan）在其著作《区块链：新经济蓝图及导读》中，将区块链技术对各个应用领域带来的颠覆性影响分为三个时代，即区块链 1.0（可编程货币）、区块链 2.0（可编程金融）和区块链 3.0（可编程社会）。目前，区块链已经历了区块链 1.0 时代，正处于由区块链 2.0 时代向区块链 3.0 时代稳步迈进阶段。

（1）区块链 1.0 时代，主要是数字货币时代，是加密货币的应用，它构建了去中心化的数字支付系统，实现了快捷的货币交易、跨国支付等多样化的金融服务，它的主要代表是比特币。

（2）区块链 2.0 时代，主要是智能合约的应用，主要应用领域扩展到金融领域，是智能资产、智能合约市场的去中心化，可作货币之外的数字资产转移，区块链在市场和金融的应用中更加广泛。

（3）区块链 3.0 时代，主要是区块链的全面应用时代，区块链技术以去中心化的方式配置全球资源，进一步延拓到货币、金融和市场以外的领域，其应用领域包括选举、医疗、公证、公益、版权以及网络安全、汽车租赁和学历鉴定等。

区块链将深刻改变人们的生活方式，帮助解决信任问题，提高系统运转效率，未来基于区块链技术产生的应用将超乎我们的想象。

第 77 讲　从云计算到边缘计算

随着万物互联趋势的不断加深,智能家居、智慧城市等终端设备数量不断增多,终端数据的增长速度远远超过网络带宽的增速。同时,AR/VR、车联网等众多新应用的出现,对网络延迟提出了更高的要求。以云计算模型为核心的传统处理模式,无法高效处理边缘设备产生的数据,在万物互联的背景下,云计算显示了一些不足,而边缘计算的兴起,有效弥补了云计算的不足。

一、云计算的不足

在传统的云计算技术架构中,主要采用全集中的方式进行云计算中心的建设和运营,资源都集中在总部,或者分别部署几个节点,客户通过互联网来使用云计算资源。随着云计算技术的发展和应用的普及,这种全部集中模式在实时性、带宽传输、能耗和安全性等方面逐渐暴露出一些问题。

(一) 实时性不够

万物互联场景下,应用对实时性的要求极高。在传统云计算模型下,应用将数据传送到云计算中心,再请求数据处理结果,增大了系统延迟。以无人驾驶汽车应用为例,高速行驶的汽车需要毫秒级的反应时间,一旦由于网络问题而加大系统延迟,将会造成严重后果。

(二) 带宽不足

边缘设备实时产生大量数据,将全部数据传输至云端,给网络带宽带来很大压力。例如,波音 787 每秒产生的数据超过 5GB,但飞机与卫星之间的带宽不足以支持实时传输。

(三) 能耗较大

随着用户应用程序越来越多,处理的数据量越来越大,能耗将成为限制云计算中心发展的瓶颈。环境 360 报告表明,仅我国数据中心所消耗的电能已经超过匈牙利和希腊两国用电的总和。随着在云计算中心运行的用户应用程序越来越多,未来大规模数据中心对能耗的需求将难以满足。

(四) 不利于数据安全和隐私保护

万物互联中的数据与用户生活联系极为紧密,例如,许多家庭安装室内智能网络摄像头,视频数据传输到云端,会增加泄露用户隐私的风险。为了解决以上问题,面向边缘设备所产生海量数据计算的边缘计算模型应运而生。

二、边缘计算的提出

(一) 边缘计算的概念

边缘计算(Edge Computing, EC)是指在靠近物(如智能移动终端等)或数据源头的网络边缘侧,采用集"网络-计算-存储-应用"核心能力为一体的开放平台,就近提供"最近端"服务。边缘计算通常处于物理实体和工业连接之间或物理实体的顶端,其应用程序在边缘侧发起需求,产生更快的网络服务响应,满足行业在实时业务、应用智能、安全与隐私保护等方面的基本需求。

边缘计算的"边缘",指的是在数据源与云端数据中心之间的任何计算及网络资源。例如,智能手机就是个人与云端的"边缘",智能家居中的网关就是家庭设备与云端的"边缘"。边缘计算的基本原理,就是在靠近数据源的地方进行计算,是在靠近物或数据源头的网络边缘侧,融合网络、计算、存储、应用核心能力,就近提供边缘智能服务的开放平台。

(二) 边缘计算的发展

边缘计算的发展经历了技术储备期、快速增长期和稳健发展期 3 个阶段。2015 年以前,边缘计算处于原始技术积累阶段。边缘计算最早可以追溯至 1998 年阿卡迈(Akamai)公司提出的内容分发网络(Content Delivery Network,CDN)。CDN 是一种基于互联网的缓存网络,依靠部署在各地的缓存服务器,通过中心平台的负载均衡、内容分发、调度等功能模块,将用户的访问指向最近的缓存服务器上,以此降低网络拥塞,提高用户访问响应速度和命中率。2005 年美国韦恩州立大学施巍松教授团队提出功能缓存的概念,并将其用在个性化的邮箱管理服务中,以节省延迟和带宽。2009 年马哈德夫·萨蒂亚纳拉亚南(Mahadev Satyanarayanan)等人提出了 Cloudlet 的概念,将主机部署在网络边缘,与互联网连接,可以被移动设备访问并提供服务,将云服务器上的功能下行至边缘服务器,以减少带宽和时延。2013 年,美国太平洋西北国家实验室提出"Edge Computing"一词,这是现代边缘计算概念的首次提出。

2015 年至 2017 年为边缘计算快速增长期,在这段时间内,由于边缘计算满足了万物互联的需求,引起学术界和产业界的密切关注。2015 年 9 月,欧洲电信标准化协会(ETSI)发表关于移动边缘计算的白皮书,并在 2017 年 3 月将移动边缘计算行业规范工作组正式更名为多接入边缘计算(Multi-Access Edge Computing,MEC)。国内边缘计算的发展速度和世界几乎同步。2016 年 11 月,华为技术有限公司、中国科学院沈阳自动化研究所、中国信息通信研究院、英特尔、ARM 等在北京成立了边缘计算产业联盟。

2018 年是边缘计算发展过程中的重要节点,尽管此前业内已经对边缘计算抱以很大期望,而 2018 年边缘计算才被推向前台,开始被大众熟知,进入稳健发展期。这一阶段,边缘计算的参与者范围迅速扩大,涵盖云计算公司、硬件厂商、CDN 公司、通信运营商、科研机构和产业联盟/开源社区等各个领域。

(三) 边缘计算的特点

与云计算相比较,边缘计算就近布置,因而可以理解为云计算的下沉,如图 1 所示。

与云计算相比,边缘计算具有如下特点。

1. 分布式和低延时

借助边缘计算提供的分散式架构,网络中的其他连接设备变得更具弹性,即使其中一个设备发生故障,也不会影响其他设备,并且可以仍然保持活动和运行状态。边缘计算由于靠近数据接收源头,所以能够实时地获取数据并进行分析处理,能够更好地支撑本地业务的实时智能化处理与执行。

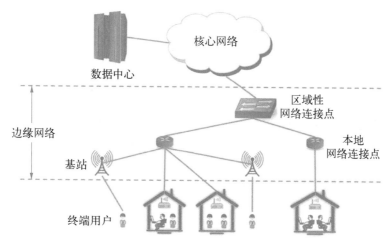

图 1　边缘计算的结构

2. 效率更高

边缘计算距离用户更近,可以在边缘节点处就实现对数据的过滤和分析,不需要等待数据传输的时间,因此,处理效率会更高。

3. 缓解流量压力

边缘计算在进行云端传输时,通过边缘节点进行一部分简单数据处理,当面对大量数据时,可以采用一定的压缩算法,提取到有用信息之后再进行传输,能够大量节省数据带宽的消耗。

4. 安全性更高

对一些敏感的数据,直接在边缘进行分析处理,不用全部上传至云计算平台,能够尽可能地避免数据泄露问题,也可以对数据加密之后再进行传输,提升了用户数据安全和隐私。

三、云计算与边缘计算的区别与协同

云计算和边缘计算都是处理大数据计算运行的一种方式,二者是不可替代、不可互换的创新技术。二者的区别主要体现在以下方面:

(1)在架构方面,云计算将计算和存储集中到单个数据中心,主要采用全集中的方式进行云计算中心的建设和运营,资源都集中在总部,或者全球分别部署几个节点,客户通过互联网来使用云计算资源。边缘计算将计算或数据处理能力推送到边缘设备,因此,只有数据处理的结果需要通过网络传输,在某些情况下,这会提供精确的结果,并消耗更少的网络带宽。

(2)在数据处理方面,云计算通过大数据分析,负责非实时、长周期数据的处理,优化输出的业务规则或模型下放到边缘侧,使边缘计算更加满足本地的需求,同时完成应用的全生命周期管理。边缘计算可以处理大量的即时数据,而云计算最后可以访问这些即时数据的历史或者处理结果并做汇总分析。因此,边缘计算是云计算的补充和延伸。

(3)在安全性方面,云计算是集中式大数据处理,边缘计算则可以理解为边缘式大数据处理,不同的是数据不用再传到遥远的云端,在边缘侧就能解决。边缘计算更适合实时的数据分析和智能化处理,相较单纯的云计算也更加高效安全,使得敏感信息在设备和云之间的传输更少,有利于提升数据安全性。

云计算与边缘计算各有所长。云计算擅长全局性、非实时、长周期的大数据处理与分析,能够在长周期维护、业务决策支撑等领域发挥优势。边缘计算更适用于局部性、实时、短周期数据的处理与分析,能更好地支撑本地业务的实时智能化决策与执行。因此,边缘计算与云计算之间不是替代关系,而是互补协同关系。

边缘计算与云计算需要通过紧密协同,才能更好地满足各种需求场景的匹配,从而放大边缘计算和云计算的应用价值。随着物联网、VR/AR 等技术的发展与应用,未来将会出现数据大爆炸的状况,完全依赖云计算来进行数据传输和处理将会造成巨大的网络延迟,边缘计算将数据在边缘节点进行处理,能够有效减少数据的传输和处理,但通过云计算的远程存储仍然至关重要。边缘计算既靠近执行单元,更是云端所需高价值数据的采集和初步处理单元,可以更好地支撑云端应用。同时,在云端的应用设计、开发、测试、部署、管理等功能是开发边缘应用的关键。从整体来看,边缘计算并不能代替云计算,也离不开云计算。云计算通过大数据分析优化输出的业务规则或模型可以下发到边缘侧,边缘计算基于新的业务规则或模型运行。

 【拓展阅读】 边缘计算的应用

根据中国移动发布的《中国移动边缘计算白皮书》,目前,智能制造、智慧城市、直播游戏和车联网 4 个垂直领域对边缘计算的需求最为明确。

1. 智能制造

在智能制造领域,工厂利用边缘计算智能网关进行本地数据采集,并进行数据过滤、清洗等实时处理,同时,边缘计算还可以提供跨层协议转换的能力,实现碎片化工业网络的统一接入。一些工厂还在尝试利用虚拟化技术软件实现工业控制器,对产线机械臂进行集中协同控制。这是一种类似于通信领域软件定义网络中实现转控分离的机制,通过软件定义机械的方式实现了机控分离。

2. 智慧城市

智慧城市主要包括智慧楼宇、物流和视频监控等多个方面。边缘计算可以实现对城市中运行参数进行采集分析。例如,在城市路面检测中,在道路两侧路灯上安装传感器收集城市路面信息,检测空气质量、光照强度、噪声水平等环境数据,当路灯发生故障时能够及时反馈至维护人员。边缘计算还可以利用本地部署的 GPU 服务器,实现毫秒级的人脸识别、物体识别等智能图像分析。

3. 直播游戏

在直播游戏领域,边缘计算可以为 CDN 提供丰富的存储资源,并在更加靠近用户的位置提供音视频的渲染能力,让云桌面、云游戏等新型业务模式成为可能。特别在 AR/VR 场景中,边缘计算的引入可以大幅降低 AR/VR 终端设备的复杂度,从而降低成本,促进整体产业的高速发展。

4. 车联网

随着机器视觉、深度学习和传感器等技术的发展,汽车的功能不再局限于传统的出行和运输工具,而是逐渐演变为一个智能、互联的计算系统,即车联网。在车联

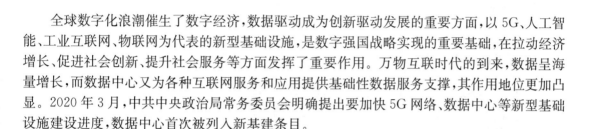

网领域,业务对时延的需求非常苛刻,边缘计算可以为防碰撞、编队等自动/辅助驾驶业务提供毫秒级的时延保证,同时可以在基站本地提供算力,支撑高精度地图的相关数据处理和分析,更好地支持视线盲区的预警业务。

第78讲　新基建中的数据中心建设

全球数字化浪潮催生了数字经济,数据驱动成为创新驱动发展的重要方面,以5G、人工智能、工业互联网、物联网为代表的新型基础设施,是数字强国战略实现的重要基础,在拉动经济增长、促进社会创新、提升社会服务等方面发挥了重要作用。万物互联时代的到来,数据呈海量增长,而数据中心又为各种互联网服务和应用提供基础性数据服务支撑,其作用地位更加凸显。2020年3月,中共中央政治局常务委员会明确提出要加快5G网络、数据中心等新型基础设施建设进度,数据中心首次被列入新基建条目。

一、数据中心

数据中心是新型基础设施建设的重要组成部分,也是承载存储、传输、算力需求的基础平台,以及支撑人工智能、云计算、区块链等新一代数字技术应用的物理底座,对促进数字经济发展起到底层支撑作用,是新型基础设施建设的基石。

(一) 数据中心的概念与组成

数据中心通常是指在一个物理空间内,实现对数据信息的集中处理、存储、传输、交换、管理的设施,一般包括计算机设备、服务器设备、网络设备、通信设备、存储设备等关键设备。简单来说,数据中心是企业用以集中放置计算机系统和诸如通信、存储等相关设备的基础设施,或以外包方式为其他企业存放设备或数据的地方,是场地出租概念在互联网领域的延伸。只提供场地和机柜的数据中心,一般称为数据中心(Data Center,DC),而同时也提供带宽服务的,一般称互联网数据中心(Internet Data Center,IDC),二者有时不作严格区分。

数据中心的组成通常包括:(1)基础环境,即数据中心机房及建筑物布线等设施,包括电力、制冷、消防、门禁、监控、装修等;(2)硬件设备,主要包括核心网络设备、网络安全设备、服务器、存储、灾备设备、机柜及配套设施;(3)基础软件,包括服务器操作系统软件、虚拟化软件、IaaS服务管理软件、数据库软件、防病毒软件等;(4)应用支撑平台,一般是指具有行业特点的统一软件平台,用以整合异构系统,互通数据资源。

(二) 数据中心的等级

根据我国《电子信息系统机房设计规范》(GB50174),数据中心等级分为A、B、C三级。A级为容错型,在系统需要运行期间,其场地设备不应因操作失误、设备故障、外电源中断、维护和检修而导致电子信息系统运行中断;B级为冗余型,在系统需要运行期间,其场地设备在冗余能力范围内,不应因设备故障而导致电子信息系统运行中断;C级为基本型,在场地设备正常运行情况下,应保证电子信息系统运行不中断。

国外 TIA942 则按照数据中心支持的正常运行时间,将数据中心分为 T1、T2、T3 和 T4 四个等级。不同的等级,数据中心内的设施要求也不同,级别越高要求越严格。表 1 出了 TIA942 标准数据中心等级的可用性指标。

表 1   **TIA942 标准不同等级数据中心可用性指标**

性能指标	T1	T2	T3	T4
可用性	99.671%	99.749%	99.982%	99.995%
年宕机时间	28.8 小时	22.0 小时	1.6 小时	0.4 小时

(三) 数据中心的分类

数据中心的建设方主要包括电信运营商、独立第三方和大型互联网企业,三者之间存在着较为复杂的合作关系,在少数场景下也存在竞争,如图 1 所示。电信运营商的核心优势是对带宽等资源的垄断、广泛分布的机房,以及深入到县级以下的体系。独立第三方的核心优势是丰富的建设经验和运维经验。互联网企业的核心优势是自身使用,因此可以统一规划、设计,并做全部的虚拟化和云化处理。互联网企业对于新技术的运用往往更加彻底,但在数据中心本身的产业链中,其作为买方,不参与市场竞争,一般通过云计算方式为下游企业提供 IaaS、PaaS 和 SaaS 服务。相比电信运营商,独立第三方因建设速度、服务模式和重视程度等原因,其优势渐显。

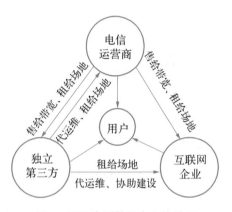

图 1   不同类型数据中心的关系

随着新基建的提出,数据中心的外部性、网络化、生态化和社会属性越来越明显,需求场景越来越多,类型也越来越丰富。从不同的角度,可以对数据中心做出不同的分类。从规模上看,数据中心可以分为超大型数据中心、大型数据中心、中小型数据中心,甚至微型数据中心等。从运营模式上看,可以分为自用型数据中心和租赁型数据中心。从形态上看,可以分为模块化、集装箱式、单体建筑、园区模式和集群式数据中心。从部署位置看,可以分为集中式的云计算数据中心和分散式的边缘数据中心。从建设运营的方式看,可以分为自建、代建和代维数据中心等。

二、数据中心与 5G

伴随 5G 时代的来临,以及网络化、数字化和智能化应用的不断提升,数据中心需求将持续增长。5G 引领新基建,5G 的发展也离不开数据中心的发展。一方面,5G 的发展催生对数据中心的巨大需求。5G 作为无线通信平台,将物联网、数据中心、人工智能以及工业互联网等融合,加快促进新一代信息技术的应用和发展,并且随着 5G 网络的普及,各类应用场景不断繁荣,众多产业应用将催生海量数据,整个社会每天产生的数据量与日俱增,数据中心的市场需求也将迅速提高。另一方面,5G应用的落地也需要数据中心的有力支撑。数据中心在云计算、人工智能和工业互联网等新基建中发挥着极其重要的基石作用,可以说数据中心发展不起来,基于这些技术的5G应用也发展不起来。

从5G的三大应用场景来看,增强型移动宽带(eMBB)、大规模机器类通信(mMTC)、超高可靠与低延迟通信(uRLLC),分别对应5G大带宽、大容量和低时延的特征。在eMBB方面,由于5G具备更大带宽且每Gbit流量单价有望继续下降,将驱动存量应用需求继续增长,且由于带宽增长带来如高清视频等新应用的不断出现,承载存量和新应用的互联网企业数据中心需求增长。在mMTC方面,5G驱动物联网大规模爆发成为可能,物与物连接带来海量数据,从而带来更多数据中心需求增长。在uRLLC方面,5G由于具备更低时延,使得AR/VR及车联网等新业务场景规模发展成为可能,从而带来海量数据及其存储和计算需求,承载AR/VR和车联网运营业务的企业数据中心需求大规模增长,并有望部署在边缘,带来IDC需求地域结构的变化。

随着5G建设与应用的普及,5G的大带宽、低延时只能解决数据的传输问题,而对这些数据的处理需求,会对现有数据中心造成巨大挑战,从而催生海量的边缘数据中心需求。与当前集中式的云数据中心不同的是,由于边缘计算中心负责实时性业务决策和大量个人隐私数据的短周期存储,其将具备小型化、分布式、贴近用户的特点。因而,5G时代的用户端将与云数据中心、边缘数据中心形成紧密的"云-边-端"架构。

【拓展阅读】 数据中心建设中的技术创新

数据中心传统上主要向市场提供机柜、带宽租用等基础资源服务,其运营者竞争的核心是土地、电力、能耗、带宽等资源的获取以及基础设施的维护能力。随着行业数字化转型的加速,越来越多的企业客户向云端迁移,再叠加AI技术的广泛应用,对数据中心带来显著影响。

1. 数据中心网络技术成为创新的焦点

首先,在数据中心内部网络方面,在云计算、AI发展的推动下,以在线搜索、并行计算为代表的业务迅速起量,需要数据中心内大量的分布式计算集群支持,导致数据中心内部流量需求快速增长。解决数据中心在网络方面的瓶颈,保证数据在服务器之间能够更快、更高效地传输,将逐渐成为提高数据中心性能的关键所在。在这一趋势下,无损网络、智能网卡、可编程网络等新技术应运而生,成为技术研发的新热点、新方向。其次,在数据中心网间互联方面,由于大多数企业采用公有云和私有云混用的形式,因此降低不同云连接时的网络时延是技术难点之一。从云计算IaaS层服务来说,目前网络的虚拟化技术相对较为滞后,同时要考虑流量的安全防护问题,对多数据中心网络互联技术要求更高。这在很大程度上也将推进我国互联网骨干网架构的变革。

2. 智能化管理成为重要发展方向

随着大型、超大型数据中心占比的增加,海量的设备和复杂的系统为数据中心的高效管理带来了巨大挑战。建设数据中心基础设施管理系统(DCIM)对数据中心关键设备进行集中监控和管理,并在此基础上利用人工智能和大数据技术,提高数据采集的实时性、准确性,研究训练节能优化、设备预警、故障预测等数据模型,从而提升运维管理的自动化和智能化水平。同时,AI 配合自动化巡检机器人,可以实现无人值守,进一步提高数据中心的运维效率和安全等级。

此外,上层 ICT 设备的演进创新,将持续倒逼数据中心基础设施技术加快变革。例如,推动预制化技术加快向纵深发展,供配电系统和制冷系统持续优化等,以适应新的业务趋势。数据中心运营者的竞争将不再仅局限于资源获取能力,技术创新能力和应用新技术的能力将逐渐成为新的核心竞争力。

资料来源: 韦柳融. 数据中心未来将向"四高"演进[J]. 通信世界,2021(12):26-28.

第 79 讲 "互联网＋"还是"＋互联网"?

随着互联网与信息技术的发展,互联网已经成为人们工作、学习和生活的"基础元素",在消费、娱乐、民生、医疗、教育、交通、金融等各个领域的渗透不断加深,重构着人们的生活与生产方式。利用互联网优势加速传统产业发展,即"＋互联网",而利用互联网思维与技术,实现互联网与各行各业的深度融合,即"互联网＋",二者共同构成当前我国数字经济发展的重要内容。

一、"互联网＋"和"＋互联网"的内涵

(一)"互联网＋"

2012 年 11 月 14 日,在易观第五届移动互联网博览会上,易观国际董事长兼首席执行官于扬首次提出"互联网＋"理念,并指出:在未来,"互联网＋"公式应该是我们所在行业的产品和服务。2015 年 3 月 5 日,在第十二届全国人民代表大会第三次会议上,李克强总理在政府工作报告中首次提出"互联网＋"行动计划,强调"推动移动互联网、云计算、大数据、物联网等与现代制造业结合,促进电子商务、工业互联网和互联网金融健康发展,引导互联网企业拓展国际市场"。同年 7 月,国务院印发《关于积极推进"互联网＋"行动的指导意见》,自此,"互联网＋"上升为国家战略。近年来,随着云计算、物联网、大数据和人工智能等技术的迅猛发展,互联网深刻地影响着人们的生活方式。2015 年 3 月,阿里研究院颁布了国内第一份"互联网＋"研究报告,系统地研究了"互联网＋"。阿里巴巴提出,所谓"互联网＋",就是指以互联网为主的一整套信息技术(包括移动互联网、云计算、大数据技术等)在经济、社会生活各部门的扩散、应用过程。

"互联网＋"指的是用互联网信息技术来实现互联网与传统产业融合,推动经济形态不断发生演变,为改革、创新、发展提供广阔的网络平台。通俗地讲,"互联网＋"就是"互联网＋各个传统行业",但并不是简单的两者相加,而是利用信息通信技术以及互联网平台,让互联网与

传统行业进行深度融合,创造新的发展生态。"互联网＋"代表一种新的社会形态,即充分发挥互联网在社会资源配置中的优化和集成作用,将互联网的创新成果深度融合于经济、社会各域之中,提升全社会的创新力和生产力,形成更广泛的以互联网为基础设施和实现工具的经济发展新形态。"互联网＋"的目的在于充分发挥互联网的优势,将互联网与传统产业深入融合,以产业升级提升经济生产力,最后实现社会财富的增加。

(二)"＋互联网"

"＋互联网"是传统行业以既有业务为基础,利用互联网技术和理念,实现生产、管理、销售、服务等环节转型发展,从而提高为用户服务的效率和质量,是针对传统产业变革所产生的概念。"＋互联网"就是"各个传统行业＋互联网",就是让信息技术服务于传统行业,使传统行业提供更方便快捷的服务,帮助其业务发展。例如,企业利用互联网对业务流程、业务模式进行优化,促进管理和服务向线上转型;医疗机构利用互联网平台的接入,使得实现人们在线挂号、求医问药、远程会诊等成为可能。互联网对传统行业的改变,最初始于服务行业,即 ToC 的消费互联网,比如电子商务是将传统线下销售渠道和模式拓展到线上模式,扩大了销售范围,实现销售量及用户的增长。随着物联网、云计算和人工智能等技术的发展,"＋互联网"已经开始向第二产业和第一产业渗透,不断改进和升级传统生产方式,如工业互联网和智慧农业。

二、"互联网＋"和"＋互联网"的区别

"互联网＋"和"＋互联网"最终都是实现互联网与各行各业的深度融合发展,但从演进路径及现阶段的发展状况来看,二者存在一定的区别。

(一)创新的主导力量

"互联网＋"的主导力量在于互联网企业,互联网企业利用互联网挖掘传统产业优势,发挥互联网盘活资源要素的优化和集成作用,形成以互联网应用模式为中心的新的经济形态。互联网企业有新技术和体制机制优势,以及广泛的用户群体,具有网络效应,容易产生爆发式增长。

"＋互联网"的主导力量是传统行业企业,"＋互联网"是传统企业主动拥抱互联网模式,从线下转向线上,实现产业转型的方式。在"＋互联网"模式下,互联网被看作一种工具与手段,对于互联网的应用,是建立在既有的运作逻辑基础之上,把互联网作为延伸影响力、价值和功能的工具与手段,处于主导地位的仍是传统产业。

(二)二者优势比较

"互联网＋"有新技术优势、体制机制优势和用户群体优势,以移动互联网、云计算、大数据和人工智能等为代表的新一代信息技术,具有更强的信息、计算、沟通和连接能力,从而使基于互联网的商业模式,具有规模经济、范围经济、长尾效应等特征,能够提供更加便捷的服务,连接更广泛的消费者群体。例如,互联网金融产品能够服务被传统金融机构所忽略的长尾用户,并且利用便捷和个性化的服务吸引更多的用户,对传统金融机构造成巨大的冲击。

相对而言,"＋互联网"拥有的是存量优势、行业标准优势和公信力优势。迫于外部竞争特别是来自互联网企业的压力,传统企业积极利用互联网对自己进行自我创新甚至自我革命,提高自身服务用户的能力,这一过程即"＋互联网"的过程。然而,具体到每一个行业、企业可能

管理信息系统(第三版)

命运各异,但总体上这条路符合"继承—创新—再继承—再创新"的逻辑。

(三) 创新结果的比较

"互联网+"是一种颠覆式创新,互联网企业利用技术、资金、人才和商业模式等优势,以及互联网"开放、平等、协作、分享"理念,向传统行业跨界发展,实现互联网对传统行业的颠覆与创新。例如,电子商务、O2O 实现对传统销售模式的逆袭,互联网金融促进了金融行业的创新发展,数字化传媒更是互联网对传统媒体行业的逆袭等。因此,"互联网+"就是利用互联网信息技术与传统行业进行深度融合,共享资源和知识,创造新的发展业态和行业,属于改变行业本质的质量变化。

"+互联网"是一种顺势创新,传统企业积极利用互联网技术与理念,改造业务流程、管理方式和生产方式,实现生产、销售、服务和售后向互联网转型发展,为用户提供便利高效的服务。这种"+互联网"式的创新,更多来自互联网行业的跨界竞争的压力,传统企业可因势利导、顺势而为。因而,"+互联网"是用信息技术服务于传统行业,提升服务能力和品质,其本身并不改变行业的属性划分,属于不改变行业本质的增量变化。

(四) 融合发展现状

全球化、信息革命早已打破原有的社会结构、经济结构、地缘结构、文化结构,权力、规则和话语权也在不断变化,互联网不仅打破行业壁垒,也正在重塑全球信息科技生态。以云计算、物联网、大数据和人工智能等为代表新一代信息技术的应用,已对面向商业与服务行业的消费互联网产生了深刻的变革与影响。然而,传统产业的"+互联网"转型,目前仍处于较低的层次,利用互联网实现业务流程和商业模式向线上模式转型,对于生产制造的数字化仍处于初级阶段。2012 年,德国提出"工业 4.0"战略;2014 年,通用电气、AT&T、思科、IBM 和英特尔五家公司在美国宣布成立工业互联网联盟——IIC(Industrial Internet Consortium);2015 年我国提出"中国制造 2025"战略。这些战略的重点,都在于深入推动制造业向网络化、数字化和智能化转型升级。

【拓展阅读】 "互联网+"为传统行业赋能的三个案例

案例一:北京邮政的效率大提升

北京邮政通过腾讯的地址解析服务,做到了有效提升邮政服务的地址匹配率,从 90% 提升到 96%。6% 的效率提升,使得仅在北京人工干预的包裹数量,就从每日 5 000 单迅速下降到 1 000 单。包裹的退转率,也从 8% 降到 6%。仅仅是一项地址解析服务,就让北京邮政的工作效率发生这么大的变化。

地址解析服务只是物流系统的一个浅层应用,其实让用户感知最为强烈的是微信下单。目前,包括四通一达在内的大部分物流公司,都支持客户在微信上直接下单,根本不需要像以前那样打电话下单或者找物流小哥。其实操作很简单,只要关注某个物流公司的微信公众号,就可以在主页面选择相应功能进行下单,用户方便,物流也省心。这就是"互联网+"为大家带来的生活服务上的便捷。如果物流企业能够从底层进行彻底的互联网化改造,效率还能大幅提升。

案例二：三一重工的服务化转型

三一重工是制造业的典型代表，制造能力非常强，平均每5分钟可以生产下线一台挖掘机。但是，三一重工的商业模式并不是卖完机械就结束了，还需要为客户提供维修、故障响应、备件、库存等很多售后服务。为了提高服务效率，三一重工与腾讯云共同搭建了一个工业互联网平台。这个平台把全球超过30万台重型机械设备通过互联网连接起来，实时采集超过1万个参数。这样做的结果是，机械设备在任何地点任何时间出现故障，平台都能立即感知，实现了服务人员2小时到现场、20小时解决问题的高效售后服务。

这样一来，三一重工就不只是一家生产制造机械设备的企业，商业模式已从纯制造业转变成服务业。初步做自产设备的售后服务，后期的售后服务是完全可以开放给其他商家的，专门承接行业的机械售后服务。甚至，还可以做租赁服务——买不起大型设备的施工单位，可以租赁其设备。如果钱不够但又想购买设备，只需要首付就行，三一重工可以为其提供供应链金融服务。在这样的商业模式中，服务是主体，生产制造反而成了最基础的环节。

事实上，围绕机械设备的购买、售后、培训等流程都可以衍生出相关的服务，商家还可以联合更多的第三方服务商为用户提供各种各样的服务，就看厂商怎么去想去做了。这种因互联网而变强大的商业模式，也就是互联网企业常说的生态。传统制造利用信息技术实时联网之后，其生产关系以及商业模式都会发生质变，这种新商业模式所产生的价值，并不比互联网企业差，且比互联网企业更接地气。

案例三：通威集团的"滴滴医鱼"及个性化养鱼

通威股份隶属于通威集团，是全球最大的水产饲料生产企业。水产是一个非常传统的行业，怎么跟互联网结合呢？2015年，通威提出了"互联网＋水产"的概念，他们通过微信企业号"鱼苗通"和"鱼价通"，将鱼苗企业和需求方衔接起来，包括鱼养成之后的成交都通过微信连接，这比之前使用PC要方便快捷得多。

他们还使用了共享经济模式，做了一个叫"鱼病通"的应用，使用类似滴滴的LBS的模式，创造了水产界的"滴滴医鱼"。什么意思呢？比如说，你家鱼塘里养的鱼生了病，过去都要到处去找医生，因此很有可能会耽误时间。现在好了，你可以直接在APP上寻找离你最近的鱼病专家，选择用户评价高的专家来给你家的鱼治病。过去是你找专家，现在则是专家来找你，效率绝对是不一样的。需求与供应关系，也发生了很大的变化，而通威只是用一个APP就对接了各方的需求，这就是"互联网＋"的力量。

目前，这家渔企已经实现个性化养鱼。渔民可以通过微信公众号和APP，选择他们喜欢的个性化鱼苗，然后再通过网络观察水质、喂养情况，最后将定制养成的鱼买下来。未来这个模式可以再细化，可将市场等多种数据接入，通过大数据进一步指导渔民下一年的市场情况，哪种鱼好卖就养哪种鱼，从而让养鱼变得更加个性化。

资料来源：2017中国"互联网＋"数字经济峰会马化腾发言

第80讲　消费互联网与产业互联网

互联网产业的发展可以大致分为两个阶段。在20世纪90年代开始的第一次互联网热潮中,互联网技术主要在消费领域进入大规模商业化应用,门户网站、电子商务、在线游戏等主要商业模式的终端用户几乎都是消费者,这一阶段的互联网因此也被称作"消费互联网"。而随着新一代信息技术的成熟和商业化,互联网产业又进入了产业互联网这一互联网发展的新阶段。

一、消费互联网

(一) 消费互联网的内涵

消费互联网是以个人为用户,以日常生活为应用场景的应用形式,其主要满足消费者在互联网中的消费需求而生的互联网类型。在消费互联网时代,个人消费者是主要服务对象,提供个性化娱乐和消费是主要服务方式,流量变现是主要商业模式,即通过高质量的内容和有效的信息提供来获得流量,从而通过流量变现的形式吸引投资,最终形成完整的产业链条。当前,消费互联网产业发展,涌现出百度、阿里巴巴、腾讯、字节跳动、美团、滴滴出行等互联网行业巨头,在搜索引擎、电子商务、社交媒体、O2O生活消费等领域取得了令人瞩目的成就,拥有资本和先发优势的巨头在行业内的领先地位得到巩固,行业集中度逐渐提高,发展格局趋于稳定,使得"互联网+消费领域"取得了巨大成功。

(二) 消费互联网的发展

消费互联网的发展经历了若干阶段。在互联网发展的早期,门户网站满足了人们获取信息的需求,如新浪、搜狐、网易三大门户网站和百度等。

随着web 2.0时代的到来,人们开始主动参与信息分享与互动,社交需求促进了腾讯、微博等社交媒体的崛起;同时,随着虚拟线上信息逐渐延伸至真实的线下生活,网络购物不断发展,阿里、京东在这样的环境下逐渐发展壮大。

移动互联网的快速发展,带来消费端的新变革。移动互联网促进了线上与线下的融合发展,最典型的是O2O和共享经济模式。线上交易平台出现,交易内容从商品所有权买卖延伸到服务交易与商品使用权交易,共享经济平台整合线下闲散资源,进行需求与供给的匹配,滴滴和美团便是其中的代表。互联网发展的这些阶段,都是由消费端发起和推动的,故称之为消费互联网。

二、产业互联网

(一) 产业互联网的内涵

随着消费互联网发展逐渐进入成熟阶段,以及持续的消费升级,需求侧的发展不断推动产业供给侧的改革,以互联网技术和思维推动产业链整体结构优化,成为实体产业积极探索的方向。一方面,通过互联网对传统产业链进行整合优化,以及信息连通和供需匹配,建立新模式下的产业价值网络连接;另一方面,以共享经济模式汇聚产业服务资源,对产业链上下游企业进行技术、金融等赋能,带动产业链整体转型升级。产业互联网平台型企业应运而生,如图1所示。

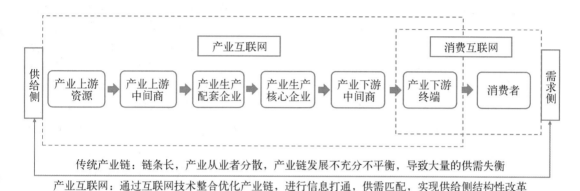

图 1　产业互联网

产业互联网主要面向企业用户,将互联网全面渗透到传统产业价值链,对价值链上的生产、交易、融资、流通等各个环节进行改造升级,并以网络平台模式进行信息、资源、资金三方面的整合,从而提升整个产业的生产、交易和资源配置效率。产业互联网对供应链的创新和整个产业链的价值再创造,成为企业新的增长点和从产品到服务转型发展的方向。

产业互联网强调构建服务的基础设施和创造价值,通过整合资源、共享资源和服务,从全产业的供应链角度,实现生产方式(智能制造)、服务方式(共享服务)、价值创造(合作共赢)等多方面的转型发展。在形式上,产业互联网通过搭建"基础设施"进行连接和赋能,把产业链上已经存在的单个组织,通过新的产业链治理机制和利益分配机制整合起来,实现产业结构调整和产业模式升级,以共享经济的方式提供给产业生态中广大的从业者使用。在技术上,产业互联网的发展离不开各项互联网新技术的支撑,包括移动通信、物联网、大数据、云计算、智能制造、区块链等。

(二) 产业互联网的发展

当前,从国家政策出台,到互联网企业大力推进产业互联网战略转型,促使产业互联网成为热点。2016 年阿里巴巴率先提出新零售的概念,强调"线上服务、线下体验以及现代物流进行深度融合的零售新模式",开启从消费端向产业端的改革推进。腾讯也在 2018 年 9 月发布公司转型产业互联网的重大战略调整,并提出"互联网的下半场属于产业互联网,实体产业将成为产业互联网的主角"。

产业互联网按成熟度可分为四个阶段:1.0 阶段主要提供资讯发布以及基于供需信息进行交易撮合;2.0 阶段以电商交易为主,利用信息不对称获得交易差价;3.0 阶段借助互联网对产业链的资源整合和价值链优化,最终形成围绕产业链的集成服务;4.0 阶段的产业互联网平台,通过不断标准化、规范化,完善规范行业标准和规则,形成产业信用体系、产业链治理体系。目前,我国产业互联网发展还主要集中在前两个阶段,而只有 3.0 阶段的产业互联网,才能够真正推动实体产业的转型升级,通过产业链的不断打通优化和服务的不断集成,为产业链上下

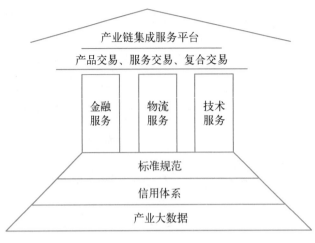

图2 面向全产业链的集成服务平台

游不断创造新的价值,形成新的产业生态。

3.0阶段的产业互联网将构建一个面向全产业链的集成服务平台,并且需具备三大基础、三大支柱,从而支撑平台的交易实现,如图2所示。

三大基础包括:(1)产业大数据。通过产业链的信息打通,形成产业链各环节的大数据积累,从而提升产业的智能化分析预测、供需精准匹配和风控预警能力,带动供给侧结构性改革优化,实现用户个性化需求满足。(2)产业信用体系。随着在线交易结算以及履约情况等产业大数据积累,将逐步形成产业信用体系,为供应链金融风险控制和产业链交易规范提供基础保障。(3)标准规范。产业互联网的一个重要构成部分是行业标准,产业互联网需要提出行业标准才能形成行业共识,达到规模化效应。通过建立产业链运作过程中的产品、技术、质量等标准,并融入平台运作流程,从而借助平台推动各方遵守行业规范,推动整个产业的标准化、规范化提升。

三大支柱包括:(1)物流服务,包括产业供应链中从交易提出到交付完成所涉及的所有仓储物流加工配送等线下供应链服务,产业互联网平台必须考虑如何实现高效低成本的物流交付。(2)技术服务,即通过产业互联网平台为产业链从业者提供一系列技术赋能,通过平台向产业链上的各参与主体进行技术赋能,降低技术使用门槛,实现技术普惠,从而提升产业链整体技术水平。(3)金融服务,供应链金融在产业供应链中将发挥资金的协调作用,通过商流、物流、信息流之间的有效整合,提高产业供应链的整体协同性和响应性。

三、消费互联网与产业互联网的比较

消费互联网与产业互联网在服务对象、目标定位、商业模式等多方面存在差异,如表1所示。

表1 产业互联网与消费互联网的比较

区 别	消费互联网	产业互联网
服务对象	个人消费者	企业用户
目标定位	满足个人消费体验	对现有企业经营模式的改造,提升企业运营效率
商业模式	流量变现	企业生产线上与线下的协同,注重价值实现
连接对象	主要是人与人之间的连接	以万物互联为目标,强调生产设备、产品、服务、应用场景相互之间及其与用户的连接
数据利用	数据的价值无法得到充分体现	以数据为核心要素,实现核心业务的自动化、智能化

（1）在服务对象上，产业互联网与消费互联网最大的差别在于服务对象的不同，消费互联网的服务主要面向终端消费者，产业互联网提供的各种应用的主体是企业，新一代信息技术应用于企业从研发设计到生产制造、营销销售、售后服务等生产活动全价值链流程，从研发部门到财务、生产、营销等部门的全领域，从企业本身到企业上游供应商、下游分销商和用户的全商业生态。

（2）在目标定位上，消费互联网的目标定位于满足个人消费体验，消费互联网实现了人与人之间的连接、信息交流，解决了企业和用户之间的信息不对称，降低了社会搜寻成本，催生出新的模式，创造出增量产业；产业互联网的目标定位于对现有企业经营模式的改造，通过在优化企业内部流程、改善资源配置、提高运营效率、创新商业模式等方面发挥作用，推动传统企业转型升级，提高实体经济的运行效率和经济效益。

（3）在商业模式上，消费互联网实现了生活场景的全面线上化，消费互联网最典型的商业模式是通过爆款产品吸引流量，再将流量与商业机构进行引导嫁接，最终实现流量变现的目的。产业互联网强调企业生产线上与线下的协同发展，产业互联网的商业模式瞄准价值经济，一方面，利用"互联网＋"思维，贯通企业产业链，推广全价值链式的新型商业模式，实现互联网对产业的赋能；另一方面，注重线上与线下的融合。

（4）在连接对象上，消费互联网主要实现的是人与人之间的连接，而产业互联网以万物互联为目标，更强调生产设备、产品、服务、应用场景相互之间及其与用户的连接。

（5）在数据利用上，消费互联网时期受制于通信网络、算力和算法等方面的限制，难以对数据进行实时采集、存储和深度挖掘，数据的价值无法得到充分体现。产业互联网以数据为核心要素，既要求全流程、全生命周期的数据采集、流动、反馈，又致力于实现基于实时在线数据的实时分析、自主决策、学习提升，实现核心业务的自动化、智能化。

虽然产业互联网与消费互联网的差异较为明显，但二者在利用"互联网＋"思维，满足客户碎片化、定制化需求等诸多方面具有契合性。消费互联网和产业互联网最终将走向打通融合，实现从源头到终端的全产业链优化。

参考文献：产业互联网研究中心.2019年中国产业互联网白皮书[R].2020.

 【拓展阅读】　鲜易产业互联网实践案例

鲜易在持续多年的实践中，探索出"生鲜电商O2O2O"的模式。线上，通过鲜易网冷链马甲等电子商务平台组成"天网"；线下，由众品食业的食品产业链和鲜易供应链运营的流通加工、冷链物流配送、360集采分销、国际集采贸易等组成"地网"。"天地网"结合，线上线下联动，构成转型升级的原动力。

"生鲜电商O2O2O"的线下能力进一步延伸，包括食品产业链整合能力、标准食品安全保障能力、冷链仓储配送能力、供应链金融服务能力、技术标准解决方案以及物联网技术服务等，为整个产业链上下游提供服务。

鲜易网依托食品产业链和温控供应链，集成生鲜食品集采、交易、交付和食品安全保障能力，面向连锁餐饮企业、酒店，提供肉禽批发、水产品批发、酒店食材、餐饮食材等特色原材料采购批发服务。

冷链马甲以众筹方式将空闲货车司机组织起来,通过应用 RFID 标签、GPS、温度传感器、司机 APP 等,实现了对冷藏车内温度、湿度、车辆运行状态的实时监控,保证运单的全流程可视化和平台化,确保全程冷链食品安全,更将空驶率从 50% 低到了 10%。通过"互联网＋""双创""四众"等创新措施,一个开放共享、共生共赢的智慧生鲜供应链生态圈正在形成,数万供应、采购、品牌、运营、服务商成为生态圈的在线员工,共享金融、数据、技术、标准、信息等资源,进入产业链创新创业体系。

第 81 讲 工业 4.0 与工业互联网

当前,信息技术正在或已经把传统工业从机械化提升到自动化进程,从设计、制造到营销、管理都在实现自动化、信息化、智能化,由计算机控制的机械和生产线代替或减少了劳动者的工作量,提高了效率。未来的工业将是什么样子?德国和美国分别给出了自己的答案,前者称为"工业 4.0",后者称为"工业互联网"。2015 年 5 月,我国正式印发《中国制造 2025》,以推动工业转型升级,实施制造强国。当前,以信息技术与制造业深度融合,提升产业竞争力,已成为全球国家竞相追逐的目标。

一、工业 4.0

(一) 工业革命的四个阶段

工业 1.0 以蒸汽机为标志,用蒸汽动力驱动机器取代人力,从此手工业从农业分离出来,正式进化为工业。工业 2.0 以电力的广泛应用为标志,用电力驱动机器取代蒸汽动力,从此零部件生产与产品装配实现分工,工业进入大规模生产时代。工业 3.0 自动化,以 PLC(可编程逻辑控制器)和 PC 的应用为标志,从此机器不但接管了人的大部分体力劳动,同时也接管了一部分脑力劳动,工业生产能力也自此超越人类的消费能力,人类进入产能过剩时代。德国将制造业领域技术的渐进性变革划分和描述为第四次工业革命,第四次工业革命即为基于信息物理融合系统的工业 4.0。因此,工业 1.0 是指蒸汽机时代,工业 2.0 是指电气化时代,工业 3.0 是指信息化时代,工业 4.0 则是指利用信息化技术促进产业变革的时代,也就是智能化时代,如图 1 所示。

(二) 德国工业 4.0 的发展

2011 年,德国人工智能研究中心董事兼 CEO 沃尔夫冈·瓦尔斯特尔(Wolfgang Wahlster)教授在德国汉诺威工业博览会上提出,通过物联网等媒介来推动第四次工业革命(即工业 4.0),以此来提高制造水平。当时的工业 4.0 更多地还存在于概念阶段。随后,由德国机械设备制造联合会等协会牵头,来自企业、政府、研究机构的专家共同成立了"工业 4.0 工作组",并于 2013 年 4 月在汉诺威工业博览会上正式推出工业 4.0,发表了工业 4.0 标准路线图,并建立了由协会和企业参与的工业 4.0 平台。同时,工业 4.0 被德国政府正式纳入《高技

管理信息系统(第三版)

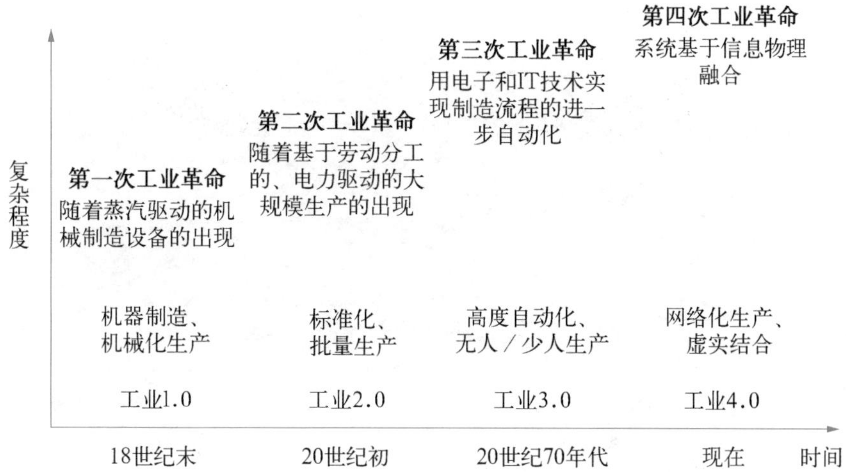

图 1 工业革命的四个阶段

术战略 2020》,成为一项国家战略,其核心目的是提高德国工业的竞争力,在新一轮工业革命中抢占先机。

关于工业 4.0 概念的演进,有学者认为可将其划分为三个阶段:2011 年为工业 4.0 战略提升阶段,完成了从概念提出到国家级战略项目的演化;2012 年 1 月至 2013 年 9 月是战略框架制定阶段;2013 年 12 月至今是战略落地实施阶段。2013 年 12 月,德国电气电子和信息技术协会(VDE)发布了德国首个工业 4.0 标准化路线图,意味着工业 4.0 战略建议方案中的标准化行动方案开始进入实践阶段,也标志着整个德国工业 4.0 战略开始落地实施。与此同时,德国西门子等公司也同步开展了数字化工厂的全球布局和实验性建设。

(三)工业 4.0 参考架构模型

2015 年 4 月,德国工业 4.0 平台发布《工业 4.0 参考架构模型(RAMI 4.0)》研究报告。工业 4.0 参考架构模型如图 2 所示。RAMI 4.0 通过层(Layers)、流(Stream)、级(Levels)三个维度进行描述,每个维度均被细分成一个个管理区块,当业务场景不一样时,对应的组合方式也有着巨大的区别。理论上,任何一个企业都可以在这个三维架构中找到属于自己的位置。

Layers 代表的是分层结构,包括资产、集成、通信、信息、功能、业务流程等,从物理层到信息物理层再到信息层,最后到管理,将复杂的工程分组并形成容易操作的细小单元。Stream 代表的是产品生命周期以及业务价值链,将产品从需求、规划、开发、生产、上市、退市等过程,以及该过程中所产生的业务价值流进行综合管理,描述着整个价值链中不同数据间的相关性,呈现出以零部件、机器和工厂为典型代表的工业要素从虚拟原型到实物的具体过程。Levels 代表的是不同功能、类型在工厂的分布情况,包含产品、现场装置、控制设备、生产线、车间、企业、连接边界。该维度增加了产品和工件的内容,并由单体工厂扩展至连接世界,更多体现出了协同的意味。

该模型强调三个集成,分别是企业内网络化制造体系纵向集成、企业间横向集成、全生命周期端到端工程数字化集成。工业 4.0 本身是一个非常复杂的大系统,RAMI 4.0 模型指出,智能工厂是实现 RAMI 4.0 的最小单元。所有制造单元都是带有本地软件的嵌入式设备或系统,所有制造单元都具有自组织的计算和通信功能、大量部署各类传感元件实现信息的大量采

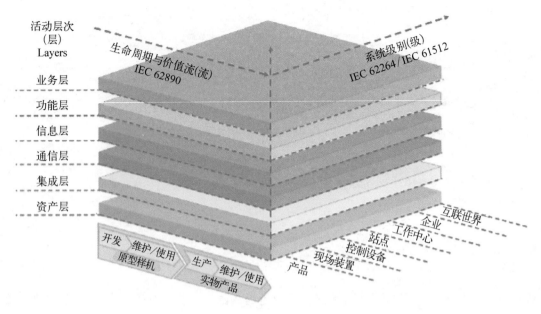

图2　工业4.0参考架构模型

集、自动化技术实现单元间的集成。智能产品主要体现在产品本身的智能化以及产品在整个价值链中的信息化。从设计端开始，通过工业设计软件建模完成数字化设计，生产时产品具有制造过程中各阶段所必需的全部信息（标识、位置、状态、信息），物流阶段具有产品完整的物流信息（库存、库位、物流去向），最后开启智能服务的进程，形成产品从设计、生产、物流、销售、服务到持续优化的闭环。

二、工业互联网

　　面向第四次工业革命与新一轮数字化浪潮，全球领先国家无不将制造业数字化作为强化本国未来产业竞争力的战略方向。主要国家在推进制造业数字化的过程中，不约而同把参考架构设计作为重要抓手，如德国推出工业4.0参考架构RAMI4.0、美国推出工业互联网参考架构IIRA、日本推出工业价值链参考架构IVRA，其核心目的是以参考架构来凝聚产业共识与各方力量，指导技术创新和产品解决方案研发，引导制造企业开展应用探索与实践，并组织标准体系建设与标准制定，从而推动一个创新型领域从概念走向落地。

　　具体到工业互联网这一表述上来，2012年通用电气发布《工业互联网：突破智慧与机器的界限》白皮书，首次提出工业互联网的概念，认为工业互联网是数据、硬件、软件与智能的流动和交互。2014年3月，AT&T、Cisco、GE、IBM和Intel等5家企业联合宣布成立工业互联网联盟（IIC），意在建立一个致力于打破行业、区域等技术壁垒，促进物理世界与数字世界融合的全球开放性会员组织。

　　工业互联网是新一代信息技术与制造业深度融合所形成的新兴业态与应用模式，其连接工业全系统、全产业链、全价值链，支撑工业智能化发展的关键基础设施，是互联网从消费领域向生产领域、从虚拟经济向实体经济拓展的核心载体。2019年，我国工业互联网产业联盟（AII）发布的《工业互联网标准体系（版本2.0）》认为，工业互联网通过系统构建网络、平台、安全三大功能体系，打造人、机、物全面互联的新型网络基础设施，形成智能化发展的新兴业态和应用模式，如图3所示。

图3 工业互联网体系架构

（1）网络体系是工业互联网的基础，将连接对象延伸到工业全系统、全产业链、全价值链，可实现人、物品、机器、车间、企业等全要素，以及设计、研发、生产、管理、服务等各环节的泛在深度互联，包括网络联接、标识解析、边缘计算等关键技术。

（2）平台体系是工业互联网的核心，是面向制造业数字化、网络化、智能化需求，构建基于海量数据采集、汇聚、分析的服务体系，支撑制造资源泛在连接、弹性供给、高效配置的载体，其中平台技术是核心，承载在平台之上的工业 APP 技术是关键。

（3）安全体系是工业互联网的保障，通过构建涵盖工业全系统的安全防护体系，增强设备、网络、控制、应用和数据的安全保障能力，识别和抵御安全威胁，化解各种安全风险，构建工业智能化发展的安全可信环境，保障工业智能化的实现。

新模式、新业态是我国工业互联网的特色应用。我国工业企业、信息通信企业、互联网企业积极开展工业互联网应用探索和模式创新，形成了智能化生产、个性化定制、网络化协同、服务化延伸等诸多新模式新业态。

三、工业 4.0 与工业互联网的比较

数字化、网络化和智能化已经成为制造业发展的重要特征，是制造业企业未来发展的主要方向。不管是工业 4.0 战略，还是工业互联网，都不约而同地提出利用信息化、智能化技术改造当前的生产制造与服务模式，提高企业的生产效率，提升产品和服务的市场竞争力。其中，工业 4.0 战略提出，要把信息互联技术与传统工业制造相结合，打造"智能工厂"与"智能生

产"，以提高资源利用率。工业互联网战略则提出，要将工业与互联网在设计、研发、制造、营销、服务等各个阶段进行充分融合，以提高整个系统运行效率。

集成与互联是实现智能化制造的核心，两大战略都是以物联网和互联网为基础，进行实时数据的收集、传输、处理和反馈。其中，工业 4.0 提出，通过信息网络与工业生产系统的充分融合，打造数字工厂，实现价值链上企业间的横向集成，网络化制造系统的纵向集成，以及端对端的工程数字化集成，来改变当前的工业生产与服务模式。工业互联网提出，要将带有内置感应器的机器和复杂的软件与其他机器、人连接起来，从中提取数据并进行深入分析，挖掘生产或服务系统在性能提高、质量提升等方面的潜力，实现系统资源效率提升与优化。

从产业链环节上看，工业 4.0 战略偏重生产制造的"硬"环节，工业互联网战略偏重分析服务的"软"环节。工业 4.0 立足于"智能工厂"与"智能生产"两大主题，偏重于生产与制造过程，旨在推进生产或服务模式由集中式控制向分散式增强型控制转变，实现高度灵活的个性化和数字化生产或服务。工业互联网则旨在形成开放且全球化的工业网络，实现通信、控制和计算的集合，在智能制造产业体系中偏重于设计、服务环节，注重物联网、互联网、大数据等对生产设备管理与服务性能的改善。

从发展重点上看，工业 4.0 强调生产过程的智能化，工业互联网强调生产设备的智能化。工业 4.0 倡导的是以 CPS（信息物理系统）为核心，将产品与生产设备之间、工厂与工厂之间横向集成，实现生产系统的有机整合，进而实现生产过程的智能化与效率提升。工业互联网立足于全行业的信息资源，提高设备安全性与可靠性，降低能耗、物耗与维护费用等，同时，可以减少生产过程中的人力劳动需求，提高生产过程的柔性与智能化水平。

参考文献：
[1]　工业互联网产业联盟.工业互联网标准体系(版本 2.0)[R].2019.
[2]　赵敏.基于 RAMI 4.0 解读新一代智能制造[J].中国工程科学,2018,20(04)：90-96.

【拓展阅读】　树根互联的工业互联网平台

树根互联技术有限公司(简称"树根互联")在 2016 年 12 月发布了自主可控的平台型工业操作系统——根云(ROOTCLOUD)平台,以 ABIoT(A 指 AI,B 指 Blockchain,IoT 指物联网)等新一代信息技术为基础,面向机器的制造商、设备使用者、政府监管部门等社会组织,在机器在线管理(服务、智造、研发、能源)、产业链平台、工业 AI、设备融资等方面提供深度服务,为各类工业企业转型服务,持续开拓新技术时代的制造新范式。根云平台最近几年获得了许多中国工业互联网行业的奖项,也是美国 Gartner 评选的全球工业互联网"魔力象限"中唯一入选的中国平台。

树根互联为多个产业集群打造了运营平台。以广州全球定制家居产业链平台为例,广州是享誉国际的"全球定制之都",但是定制家居行业一直是"大行业、小企业"的状态,产业链上大量中小企业产能不足,生产模式传统,无法及时、柔性地响应消费端的需求。因此,定制家居行业尚未形成巨头格局。树根互联的全球定制家居产业链平台自 2019 年启动,目前已有广州、佛山等地超过 20 家企业接入,综合效益显著,市场口碑良好。

该平台无缝兼容多种主流异构设计软件,实现数据互通,设计师设计图纸到工厂无需拆单,全屋定制可节省 12 天拆单时长,大大提升交付效率;打通超过 100 种设备控制协议,市面上通用的木工机械设备均能连接并进行设备的工况采集,获取工厂真实产能,进而提供精准的订单引流,提质增效;依据订单需求统一开料,板材利用批量混合优化,让板材综合利用率超过 80%,相比传统制造有了很大提升。依托这个平台,家居生产不但实现了定制化,而且生产过程变得透明化、智能化。接到订单需求后,设计师根据消费需求在平台的 3D 云设计系统内设计出图、效果转化和门店体验;确定订单后,设计师根据订单交期、产品工艺和工厂的服务半径,通过平台甄选对接集群内有产能的生产制造企业进行生产,最后通过智慧物流交付。

资料来源:《卫星与网络》"工业互联网专刊",2021 年第 4 期。

第 82 讲　万物互联下的泛在网络

芯片制造、无线宽带、射频识别、信息传感及网络业务等信息通信技术的高速发展,推动社会化的泛在网络逐渐形成。"泛在网"即广泛存在的网络,它以无所不在、无所不包、无所不能为基本特征,以实现在任何时间、任何地点、任何人、任何物都能顺畅地通信为目标。目前,随着经济发展和社会信息化水平的日益提高,构建"泛在网络社会",带动信息产业的整体发展,已经成为一些发达国家和城市追求的目标。

一、泛在网络的概念与特点

泛在网络(Ubiquitous Network)即广泛存在,无所不在的网络,人们置身于无所不在的网络之中,可以实现在任何时间、任何地点,实现任何人、任何物品之间的通信,为个人和社会提供泛在、无所不含的信息服务和应用。随着经济发展和社会信息化水平的日益提高,构建"泛在网络社会",带动信息产业的整体发展,已经成为一些发达国家和城市追求的目标。

20 世纪末,全球众多国家和地区推出了旨在通过 ICT 提高国力的电子兴国战略,如日本的 E-Japan 战略,韩国的 E-Korea 战略,欧洲的 E-Europe 战略等。2004 年,日本在两期 E-Japan 战略目标均提前完成的基础上,政府提出了下一步"U-Japan"战略,到 2010 年,日本将建成一个在任何时间、地点,任何人都可以上网的环境,成为最早采用"泛在"一词描述信息化战略并构建无所不在的信息社会的国家。"泛在网络"日益受到更多国家和相关国际组织的重视,韩国紧随日本确立了 U-Korea 总体政策规划,并于 2006 年在 IT-839 计划中引入"泛在的网络"概念,将 IT-839 计划修订为 U-IT839 计划,增加了 RFID、USN 新的"泛在"内容。欧盟也启动了环境感知智能项目 ARTEIS(Advanced Research and Technology for Embedded Intelligence and Systems,嵌入式智能系统先进研发项目与技术)。我国早在 1997 年就通过《国家信息化总体规划》,提出具有泛在意义的电信网、广电网和互联网三网融合的基本构想,并将其列入国家规划。

2009 年 9 月,ITU-T 通过的 Y. 2002 标准,提出了泛在网络的关键特征,即"5C+

5Any",5C分别是融合、内容、计算、通信和连接,5Any分别是指任意时间、任意地点、任意服务、任意网络和任意对象。泛在网络通过对物理世界更透彻的感知,构建无所不在的连接及提供无处不在的个人智能服务,并扩展对环境保护、城市建设、物流运输、医疗监护、能源管理等重点行业的支撑,为人们提供更加高效的服务。随着信息技术的演进和发展,泛在化的信息服务将渗透到人们日常生活的方方面面,即进入"泛在网络社会"。泛在网络已不再局限于单一的某种具体技术或覆盖的无所不在,而是包含信息层面含义的逻辑融合网络,将包容现有ICT更加深刻地影响社会发展进程。

二、泛在网、物联网与传感网

泛在网是由物联网(Internet of things,IoT)进一步发展而来,一般将物联网的发展分为3个阶段,即早期的传感网阶段、当前的物联网阶段和未来的泛在网阶段。1991年,施乐实验室首席技术官马克·维瑟(Mark Weiser)首次提出"泛在计算"概念,其后,日本野村综研所在此基础上提出了泛在网络概念。泛在网络这一概念常常与传感网、物联网混淆在一起,这里对物联网、传感网和泛在网络这三个概念简单辨析,理清它们之间的关系。

传感器网可以看成是由传感模块和组网模块共同构成的网络,传感器仅仅感知到信号,并不强调对物体的标识,这些包含传感器节点的网络,通过有线或无线通信交换传感数据,因此,传感网是物联网感知层的重要组成部分。

物联网即"万物相连的互联网",是把所有物品通过射频识别、红外感应、全球定位系统、激光扫描器等信息传感设备与互联网连接起来,实现人、机、物的互联互通和智能化识别与管理,是泛在网络的雏形。

泛在网是从人与人通信为主的电信和互联网,向人与物、物与物的通信广泛延伸的信息通信网络,是一个"大通信"的概念。泛在网络与传感网和物联网的概念密切相关,是物联网高速发展的必然结果。互联网与物联网相结合,便可以称为"泛在网"。利用物联网的相关技术,如射频识别技术、无线通信技术、智能芯片技术、传感器技术、信息融合技术等,以及互联网的软件技术、人工智能技术、大数据技术、云计算技术等,可以实现人与人的沟通、人与物的沟通,以及物与物的沟通,使沟通的形态呈现多渠道、全方位、多角度的整体态势。这种形式的沟通不受时间、地点、自然环境、人为因素等的干扰,可以随时随地自由进行。

通过对物联网、传感网以及泛在网络特征的分析可知,传感网是物联网感知层的重要组成部分,物联网是泛在网络发展的初级阶段(物联阶段),即主要面向人与物、物与物的通信,而泛在网络是通信网、互联网、物联网的高度协同和融合,将实现跨网络、跨行业、跨应用、异构多技术的融合和协同,三者的关系如图1所示。

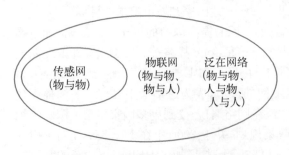

图1　泛在网络与传感网、物联网的关系

泛在网络不是一种全新的网络,而是对现有网络能力的加强和挖掘,其概念架构仍然遵循传统的网络架构思想,所以,泛在网络依然集成了物联网的三层网络架构体系,如图2所示。泛在网络是硬件、软件、系统、终端和应用的融合,所涉及的技术支撑包括RFID、人机交互、上下文感知计算、多接入、移动性管理、网络安全、网络管理等。

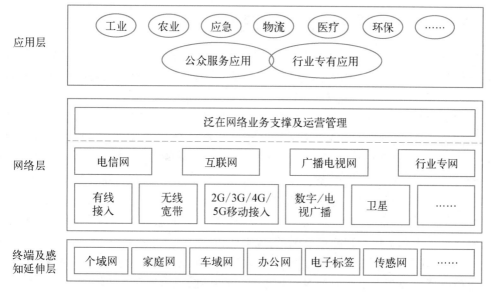

图2 泛在网络体系

三、泛在网络的具体应用及影响

泛在网最大的特点是实现了信息的无缝连接。无论是人们日常生活中的交流、管理、服务，还是生产中的传送、交换、消费，抑或是自然界的灾害预防、环境保护、资源勘探，都需要通过泛在网连接，才能实现一个统一的网络。而这种对物的全面和广泛的包容性，是物联网无法企及的。泛在网将感知层和网络层的设备与软件集成到应用系统中提供智能服务，就可方便地实现集成应用。泛在网的应用领域包括食品溯源、质量安全检测、工业生产、供应链管理、节能减排、社会管理等领域。

举一个具体的典型事例。2019年3月，国家电网对建设泛在电力物联网作出全面部署安排，计划到2021年初步建成泛在电力物联网，到2024年建成泛在电力物联网，全面实现数据贯通、业务协同、统一物联管理，进而全面形成共建共治共享的能源互联网生态圈。泛在电力物联网通过"大-云-物-移-智"和区块链、边缘计算等先进技术实现电力系统各环节万物互联、人机交互，具有状态全面感知、信息高效处理、应用便捷灵活特征的智慧服务系统，是泛在网在电力领域的一种表现形式和落地应用，也是我国建设泛在社会向前迈出的重要一步。

泛在网的最终目的是满足不断增长的各种业务需求，在对新的业务模式形成有效支撑的情况下，有效整合各类网络资源，进一步完善网络覆盖，显著降低资源消耗，实现真正快速、便捷、绿色健康的泛在信息服务，提高信息产业的整体水平。面向物联网和泛在网现代服务业的实际需求，实现"人-机-网-物"的融合，是未来信息网络的技术、标准和协议的创新，是我国实现信息网络技术的跨越式发展的基础。同时，随着泛在网的建成，信息网络的隔断将被打破，丰富的内容和充分的竞争将使广大用户受益，社会信息化、企业信息化、农村信息化和个人信息化与社会治理水平也将随之不断提高，人找服务的被动服务模式，将被通过感知需求来提供服务的主动服务模式所颠覆，人们的需求将获得极大的释放，需求的服务将获得极大的满足。

四、万物互联推动产业升级和产业融合

从物联网到泛在网，最终实现万物互联，正在推动人类社会从"信息化"向"智能化"转变，促进信息科技与产业发生巨大变化，万物互联已成为全球新一轮科技革命与产业变革的重要驱动力。

当前，物联网正促进 5G、云计算、大数据、人工智能、区块链和边缘计算等新一代信息技术向各领域渗透，引发全球性产业分工格局重大变革。在组网方面，全球范围内低功率广域网技术正快速兴起并逐步商用，面向万物互联的广覆盖、低时延场景的 5G 技术标准化进程加速。在信息处理方面，信息感知、知识表示、机器学习等技术迅速发展，极大提升物联网的智能化数据处理能力。在物联网虚拟平台、数字孪生与操作系统方面，基于云计算及开源软件的广泛应用，有效降低企业构建生态门槛，推动全球范围内物联网公共服务平台和操作系统的进步。

万物互联带来数字化和智能化变革，实现生产和制造领域的智能转变，其中最具代表性莫过于德国的"工业 4.0"计划和美国的"工业互联网"计划，对此前文已有介绍，此处不再赘述。可以说万物互联已成为未来产业升级和产业融合的基础，成为推动产业转型的驱动力。

【拓展阅读】 泛在电力物联网及其价值

泛在电力物联网是围绕电力系统各环节，充分应用移动互联、人工智能等现代信息技术、先进通信技术，实现电力系统各个环节万物互联、人机交互，具有状态全面感知、信息高效处理、应用便捷灵活特征的智慧服务系统。通俗地说，就是运用新一代信息通信技术，将电力用户及其设备、电网企业及其设备、发电企业及其设备、电工装备企业及其设备连接起来，通过信息广泛交互和充分共享，以数字化管理大幅提高能源生产、能源消费和相关领域安全、质量和效率水平。

据国家电网《泛在电力物联网白皮书 2019》介绍，泛在电力物联网的价值可归纳为五个方面，即助力国家治理现代化、推动能源低碳转型、促进电网提质增效、满足人们美好生活需要和服务产业链现代化。

例如，泛在电力物联网支撑政府科学监管能力，实现对全社会能源电力生产消费信息的全息感知和汇聚整合，通过与相关领域数据融合，支持政府开展企业能效、环保生产、税务稽查等方面的监测评估，使能源电力行业生产成本、服务质量等信息更透明，推动行业监管质效提升。提高社会治理能力，汇聚并深入挖掘分析各类能源电力数据，促进更全面、直观地了解经济、产业、民生等社会运行情况，服务政府精准施策、科学调控。服务智慧城市建设，建设泛在电力物联网促进能源电力系统更好地与政务、交通、电信等领域实现互联互通，提升整个城市的系统管理和协同控制能力，助力智慧城市建设。

再如，在促进电网提质增效方面，泛在电力物联网使电网更加安全可靠，以数字技术为传统电网赋能，推动电网数字化转型，全面提升电网的感知能力、互动水平、运行效率和自愈能力，使设备管理更高效，调度控制更灵活，供电质量更优质，电网运行更安全。电网更加友好互动，通过泛在互联和深度感知，汇集各类资源参与电力系统调节，促进源网荷储协同互动，整合负荷曲线、实现削峰填谷，推动"源随荷

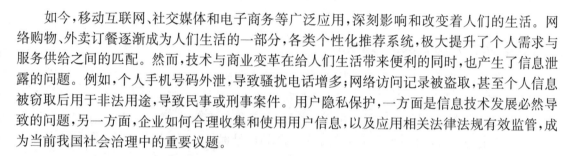

动"模式向"源荷互动"模式转变。电网更加开放共享,电网基础资源、实验室研究资源等,与政府、社会及相关行业实现共享,激活、引导和连接各类社会资源,支撑设备、数据、服务的互联互通,提高电网资源利用效率和精益管理水平,推动各方共享共赢。

第83讲　如何看待个人隐私保护?

如今,移动互联网、社交媒体和电子商务等广泛应用,深刻影响和改变着人们的生活。网络购物、外卖订餐逐渐成为人们生活的一部分,各类个性化推荐系统,极大提升了个人需求与服务供给之间的匹配。然而,技术与商业变革在给人们生活带来便利的同时,也产生了信息泄露的问题。例如,个人手机号码外泄,导致骚扰电话增多;网络访问记录被盗取,甚至个人信息被窃取后用于非法用途,导致民事或刑事案件。用户隐私保护,一方面是信息技术发展必然导致的问题,另一方面,企业如何合理收集和使用用户信息,以及应用相关法律法规有效监管,成为当前我国社会治理中的重要议题。

一、互联网时代用户隐私面临的问题

个人隐私通常是指公民个人生活中不愿为他人公开或知悉的秘密,互联网时代,用户隐私数据包含了用户在网络注册的个人信息,以及网络行为数据等。随着互联网和智能设备的普及,以及商业大数据的应用,增加了用户隐私泄露的风险。例如,很多企业在搜集和使用用户信息的基础上,利用推荐算法等技术给用户提供个性化、定制化服务,虽然可以提高用户对产品的满意度以及使用体验感,但同时也埋下了个人隐私泄露的隐患。大数据时代,用户隐私泄露的途径大致有以下几种。

(一) 病毒、木马等程序的非法入侵

用户的移动终端设备在连接互联网,或者插入来源不明的移动存储等设备之后,会面临被电脑病毒攻击的风险。尤其是访问不明来源的网站、下载盗版软件等,而 U 盘等存储设备,如若携带病毒也会增加电脑被感染的概率。这些非法程序在攻击移动设备之后会自动读取机器上的个人信息,导致个人隐私外泄。这样的案例数不胜数。例如 2018 年广东省公安机关破获名为"推广菌"变种病毒的案件,该病毒在手机上扩散,不仅可以获取用户的个人信息,而且可以利用这些信息盗取用户的银行卡、手机支付平台上的财产,造成重大的个人财产损失。

(二) 企业系统漏洞或人为导致的用户隐私泄露

这种情况主要是由于互联网企业在数据保护技术上的缺失,进而造成大量的安全漏洞导致的。比如,企业信息系统存在技术漏洞,或者企业员工实施盗窃数据、售卖用户信息、运行维护人员采取报复性行为等,并且企业的用户规模越大,所造成的用户损失和社会负面影响就会越大。例如,2019 年 Facebook 的应用服务商 Cultura Colectiva 上 5.4 亿条数据由于数据库配

管理信息系统(第三版)

置错误导致数据泄露；美国房地产和产权保险巨头 First American 8.85 亿份敏感客户财务记录被泄露等。2020 年 5 月，江苏南通、如东两级公安机关破获了一起特大"暗网"侵犯公民个人信息案，抓获犯罪嫌疑人 27 名，查获被售卖的公民个人信息数据 5 000 多万条。这起案件也被公安部列为 2019 年以来全国公安机关侦破的 10 起侵犯公民个人信息违法犯罪典型案件之一。

（三）未经授权的用户信息访问

这种情形是指未经用户同意，或者在刻意隐瞒用户的情况下，跟踪和获取用户的行为数据。例如，利用手机 APP 扫描用户手机内的通讯录、存储等关键信息，通过计算机获取用户的 cookies、网页操作记录等。许多非法机构出于商业目的，在非法获取用户信息之后进行倒卖，从而造成用户信息的泄露。例如，当前经常能收到骚扰电话、短信和垃圾邮件等，很多情况是因为个人的电话号码、电子邮箱信息被恶意泄露导致的。

二、国外用户隐私保护方案

近年来，个人隐私信息泄露引发民事纠纷等现象愈演愈烈，隐私保护得到社会的广泛关注。然而，虽然我国目前出台了一些与个人隐私相关的行政法规，但还没有出台专门针对个人隐私保护的法律法规，相关立法仍处在探索阶段，如数据安全法草案、个人信息保护法草案等仍在审议之中。这里介绍欧盟和美国关于个人隐私信息保护法案，为我国用户隐私信息保护提供经验借鉴。

（一）欧盟个人隐私保护法

欧盟《一般数据保护法案（General Data Protection Regulation，679/2016）》（简称 GDPR）于 2018 年 5 月 25 日全面实施。这项法案在个人隐私数据保护方面可谓严苛。综合来看，以下三个方面值得重点关注：（1）严格限制用户数据的收集范围。该法案规定，用户的姓名、地址、网络属性（IP 地址、定位信息、Cookie 等）被纳入保护的范围，除此之外还有指纹虹膜 DNA 等生物数据，种族民族、政治观点、性取向、犯罪记录等社会信息都会被严密保护。企业如果想要收集用户数据，必须经由用户同意，而用户也随时可以询问到底有哪些隐私数据是被收集的，还可以要求收集者提供数据的副本。（2）用户拥有对隐私的控制权。即用户可以请求互联网企业修改某项数据以保证准确性，也可以要求企业删除关于自己的某项数据。（3）适用范围广泛。GDPR 适用于在欧盟存在的在执行业务活动期间涉及处理个人数据的所有组织，即使是规模最小的公司、在欧盟没有实体存在的组织，只要其产品或服务可以直接或者间接识别到个人的资料，事实上都需要遵守 GDPR 法律规定。另外，如果企业违反了相关规定，将会面临着巨额罚款。

（二）美国加州《消费者隐私保护法案》

《加利福尼亚州消费者隐私保护法案》（California Consumer Privacy Act，CCPA）于 2018 年 6 月 28 日颁布，2020 年 1 月 1 日生效，颁布地点正是拥有众多世界级互联网企业巨头聚集地的加利福尼亚州，被认为是美国国内最严格的隐私保护立法。除了巨头云集因素之外，数据挖掘公司 Cambridge Analytica 滥用数千万人的个人数据也是"导火索"之一。该法案呈现出了适用范围广泛、信息保护措施力度强、保护措施细化、建立了监管机制等鲜明特征。例如，在适用对象上,该法案就规定,掌握超过 5 万人信息的公司、通过销售个人信息获得超过 50% 收入的企业,必须允许用户查阅自己被收集的数据,要求删除数据,以及选择不将数据出售给第三方。在消费者权利方面,该法案规定,居民拥有数据访问权、数据删除权、选择不销售个人信息权等,即规定通过身份核实后的消费者可以请求企业提供其收集的特定个人信息以及其他类别信息的副本。根据消费者的请求,除非适用例外情况,企业必须删除其收集的任何个人信息,并指示其服务提供商删除该信息,消费者可以选择不允许企业出售其个人信息等内容。在监察体制上,该法案明确了州总检察长的权利、消费者起诉或索赔的条件和程序,以及执法部门如何开展调查等内容。单纯从个人隐私的保护力度角度来看,CCPA 无疑具有里程碑式的意义。

可见,欧盟法案和美国加州法案在对用户隐私保护方面都有着共同的特点。在法案的适用对象上,二者都有适用范围广的特征,二者都在用户的个人隐私权上做了宽领域而又具体化的规定,例如,都赋予用户数据删除权等。区别之处在于,美国加州法案以公司经营业绩和用户规模的量化为标准,而欧盟法案则是以组织的业务涉及内容为参照,相比较而言后者的范围更加宽泛。

三、用户隐私保护与利用现状

(一) 用户信息的收集与使用现状

在移动通信终端普及的时代下,人们的个人信息更多地通过智能手机被企业和其他社会组织获取。互联网公司通过在手机应用市场上发布的 APP 为用户提供商品和服务,用户在勾选了《服务协议》下同意字样后,即表示同意服务提供者合法收集和使用自身的信息。例如,淘宝、京东等网购平台可以通过用户填写的个人资料和购物记录获取其姓名、性别、年龄以及商品需求与偏好等信息;QQ、微信等通信软件可以通过通讯录获取用户的社会关系网络;谷歌、百度等搜索引擎可以获取用户的浏览记录、信息查询需求信息等。

随着大数据技术的进步和互联网商业模式的日益成熟,用户个人信息的价值更加凸显出来。各行各业的企业都非常注重收集和存储用户信息,并且带有商业化目的地加以利用。例如,移动购物平台会根据用户的购买记录推荐类似商品,社交软件利用平台优势推荐其他应用服务。随着移动阅读和 UGC(用户生产内容)模式的普及,以算法推荐技术为代表的用户信息利用成为主流方式。例如,今日头条和抖音的推荐算法,以用户三个维度的变量为基础,拟合一个用户对内容满意度的函数,从而进行相关的内容推荐:第一个维度是内容,即用户浏览的内容;第二个维度是用户特征,如用户的兴趣标签、职业、年龄、性别等;第三个维度是环境特征,即获取的用户地理位置信息,工作、通勤或旅游等不同场景。

(二) 隐私保护与商业利用之间的矛盾

互联网企业在收集使用用户信息的基础上提供给用户满意的产品和服务,互联网用户在提供自身相关信息的前提下,享受企业带来的服务与便利。二者之间的矛盾主要集中在以下几个领域。

(1) 信息收集边界模糊的矛盾。对于企业而言,为了实现商业目的以及尽可能提供优质服务,必然会尽量收集其所需的各种用户信息。对于用户而言,在享受服务的同时大都不清楚自身的哪些信息被一些企业收集,在信息收集边界模糊的情况下,双方对信息收集势必存在分歧和矛盾。

（2）知情权和使用权上的矛盾。当前国内的互联网用户在享受互联网服务的同时，对自身信息被如何收集和使用并不十分清楚。尽管部分企业在提供服务之前会以《用户服务协议》等形式告知，但考虑到用户数量的庞大以及法律知识的不足，用户对此并不具备充分的认知。此外，由于手机应用市场上的监管漏洞，很多不法应用趁机钻空子，收集用户信息并非法使用的例子也并不少见。

（3）相关法律法规的缺位。很多情况下，企业与用户在信息收集边界问题上的分歧是由于没有相关法律依据造成的。并且，如果双方因为个人信息的收集和使用发生法律纠纷，在法律法规不完善的情况下，很难以正常途径化解纠纷。

四、企业利用用户隐私信息的原则

为尽可能避免企业信息收集和用户隐私保护之间的矛盾，需要政府部门进一步完善相关法律法规，加强监管。而从企业角度思考，应当注重以下几个方面。

（一）严格遵循现有的法律法规

在用户个人信息保护方面，虽然我国大陆还没有专门的法律法规与之对应，但有涉及个人信息保护的行政法规，例如 2012 年全国人大常委会出台的《关于加强网络信息保护的决定》、2013 年工信部出台的《电信和互联网用户个人信息保护规定》等，互联网企业应当在现有法律法规允许的框架内开展相应的信息收集与使用业务。

（二）保障用户对隐私信息收集和使用的知情权

在信息使用方面，严格遵循用户授权协议的规定，合法合规地使用用户信息；在保障用户知情权上，可以创新告知方式，采用动画、视频或者人员在线解说的形式让用户知晓，避免在用户不知情或者未授权的情况下收集或使用其信息，尤其是涉及个人隐私的内容。

（三）加强和完善用户信息保护系统

采取对用户信息内容进行分级措施，例如，划分为一般数据、敏感数据、机密数据等，根据数据的重要程度采取不同的加密保护措施。在硬件和技术上，增强数据库的安全性能，在用户数据的传输、存储、处理、分析、访问与服务应用等各环节进行严密把控，尽其所能保证存储的数据安全。

（四）注重企业信息安全管理

注重对公司员工尤其是接触用户隐私信息的员工的信息安全教育，提升其信息安全意识和能力。注重企业文化建设，加强企业信息安全管理，防止内部员工泄密事件发生。

【拓展阅读】 数据时代个人信息安全与流通的一则判例

　　2014 年 10 月 11 日，庞理鹏委托鲁超通过北京趣拿信息技术有限公司（以下简称"趣拿公司"）下辖网站去哪儿网平台订购了中国东方航空股份有限公司（以下简称"东航")机票 1 张,所选机票代理商为长沙星旅票务代理公司(以下简称"星旅公司")。去哪儿网订单详情页面显示该订单登记的乘机人信息为庞理鹏姓名及身份证号,联系人信息、报销信息均为鲁超及其尾号＊＊58 的手机号。2014 年 10 月 13 日,庞理鹏尾号＊＊49 手机号收到来源不明号码发来短信称由于机械故障,其所预订航班已经取消。该号码来源不明,且未向鲁超发送类似短信。鲁超拨打东航客服电话进行核实,客服人员确认该次航班正常,并提示庞理鹏收到的短信应属诈骗短信。2014 年 10 月 14 日,东航客服电话向庞理鹏手机号码发送通知短信,告知该航班时刻调整。当晚 19：43,鲁超再次拨打东航客服电话确认航班时刻,被告知该航班已取消。庭审中,鲁超证明其代庞理鹏购买本案机票并沟通后续事宜,认可购买本案机票时未留存庞理鹏手机号。东航称庞理鹏可能为东航常旅客,故东航掌握庞理鹏此前留存的号码。庞理鹏诉至法院,主张趣拿公司和东航泄露的隐私信息包括其姓名、尾号＊＊49 手机号及行程安排(包括起落时间、地点、航班信息),要求趣拿公司和东航承担连带责任。

北京市海淀区人民法院于 2016 年 1 月 20 日作出(2015)海民初字第 10634 号民事判决:驳回庞理鹏的全部诉讼请求。庞理鹏向北京市第一中级人民法院提出上诉。北京市第一中级人民法院于 2017 年 3 月 27 日作出(2017)京 01 民终 509 号民事判决:一、撤销北京市海淀区人民法院(2015)海民初字第 10634 号民事判决;二、北京趣拿信息技术有限公司于本判决生效后十日内在其官方网站首页以公告形式向庞理鹏赔礼道歉,赔礼道歉公告的持续时间为连续三天;三、中国东方航空股份有限公司于本判决生效后十日内在其官方网站首页以公告形式向庞理鹏赔礼道歉,赔礼道歉公告的持续时间为连续三天;四、驳回庞理鹏的其他诉讼请求。

本案例中应当明确,用户在网站注册、浏览网页、网上消费时留下的上网痕迹是一种个人资源,广义上都属于个人隐私,能否允许被商业网站使用,应当由用户自己决定。庞理鹏诉趣拿公司、东航公司案例中,公民的姓名、电话号码及行程安排等事项属于个人信息,个人信息属于隐私权,未经允许授权,任何人不得非法使用。用户隐私保护与企业商业利用之间的矛盾,成为本案的焦点。

资料来源:庞理鹏诉中国东方航空股份有限公司、北京趣拿信息技术有限公司隐私权纠纷案[EB/OL]. (2018－08－16)[2023－04－01]. 最高人民法院. https://www.chinacourt.org/article/detail/2018/08/id/3459620.shtml.

第 84 讲　个性化推荐与信息茧房

伴随着个性化信息推荐算法的发展,如今无论是新闻资讯、视频娱乐还是网络购物,我们无时无刻不生活在个性化推荐之下。个性化推荐算法一方面在互联网信息过载的世界里,向用户推荐个性化、偏好所需的信息,而另一方面,因个性化推荐算法导致的信息茧房效应,引起了社会广泛关注。

　　1995 年 3 月,卡耐基·梅隆大学的罗伯特·阿姆斯特朗(Robert Armstrong)等人在美国人工智能协会上提出个性化导航系统 Web Watcher;斯坦福大学的马可·巴拉巴诺维奇(Marko Balabanovic)等人在同一会议上推出个性化推荐系统——LIRA。在这之前,传统的"非个性化"推荐例如编辑精选、热门榜单、店长推荐、超市折扣货柜等,在不同的行业和领域,早就得到了广泛的应用。这些"非个性化"推荐,主要由领域专家结合领域知识和对整体用户群体的理解,向全体用户推荐。当然,这种推荐导致所有人的推荐结果千篇一律,同时由于推荐的结果数量也有限,所以容易埋没优质的长尾素材。

　　个性化推荐系统是在科学技术进步与数据采集手段丰富的背景下诞生的。个性化推荐是利用特定的算法,基于用户的个人信息、网络行为和社交关系等信息进行分析,挖掘用户对某些内容的偏好倾向及潜在需求,并以信息聚合的方式,自动为用户筛选,生成符合其需求的信息,从而实现个性化的内容推荐和定制信息推送。

　　互联网技术与产品革新重构了人们的信息获取方式。互联网背景下,网络信息过载导致人们无法精准查找所需的信息。从传统人工编辑筛选出有限信息的门户网站,到用户自发在海量信息中寻找结果的搜索引擎,再到身边人的动态获取推送的社交订阅,演变成由机器筛选出最精准的算法推荐,从"人找信息"过渡到"信息找人",如图 1 所示。个性化推荐帮助用户快速发现对自己有价值的信息,做到推荐结果千人千面,提高获取信息的效率,解决"非个性化"推荐中的一些问题,从而最终达到提升用户体验的目的。当前,个性化推荐系统已广泛运用于电子商务产品推荐、新闻资讯和短视频等内容分发以及精准营销等领域,不仅给互联网商家带来了巨大的附加利益,同时也提高了用户满意度,增加了用户黏性。

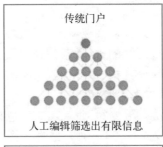

传统门户

人工编辑筛选出有限信息

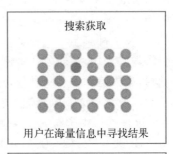

搜索获取

用户在海量信息中寻找结果

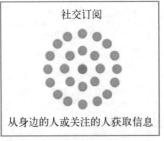

社交订阅

从身边的人或关注的人获取信息

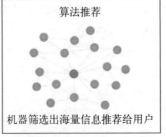

算法推荐

机器筛选出海量信息推荐给用户

图 1　信息获取方式的演变

　　目前,在资讯信息推送方面应用的个性化推荐算法主要包括基于内容的推荐算法、基于协同过滤的推荐算法、基于知识的推荐算法、基于网络结构的推荐算法以及混合推荐算法等。

（1）基于内容的推荐算法，是建立在内容信息本身的基础上做出推荐，其重点在于需要用机器学习的方法，从内容特征描述的事例中得到用户的兴趣资料。

（2）基于协同过滤的推荐算法，是根据用户兴趣的相似性来推荐资源，把和当前用户相似的其他用户的意见提供给当前用户，从而为用户发现新的感兴趣的资源。

（3）基于知识的推荐算法，在某种程度上可以看成是一种推理技术，它不是建立在用户需要和偏好基础上推荐的，而是针对特定领域制定规则来进行基于规则和实例的推理。

（4）基于网络结构的推荐算法，不考虑用户和产品的内容特征，而仅仅把它们看成抽象的节点，所有算法利用的信息都藏在用户和产品的选择关系之中。

此外，在实践还存在着一些将以上几种推荐算法进行组合的混合推荐模式，而目前基于内容的推荐和协同过滤推荐的算法应用更为普遍。

三、信息茧房的概念及其影响

（一）信息茧房的概念

信息茧房是指公众所接收的信息受到自己兴趣偏好的影响，长期处于闭塞中接收外界输送的信息资源，会将自己的生活禁锢于"茧房"中的现象。2006 年，美国学者凯斯·R. 桑斯坦在《信息乌托邦：众人如何生产知识》中提出"信息茧房"的概念：在网络信息传播中，因公众自身的信息需求并非全方位的，公众只注意自己选择的东西和使自己愉悦的通信领域，久而久之，会将自身桎梏于像蚕茧一般的"茧房"中。桑斯坦认为，信息茧房以"个人日报"的形式呈现，伴随着网络技术的发达、信息的剧增，公众可随意选择想关注的话题，可依据喜好定制报纸、杂志，每个人都可为自己量身打造一份"个人日报"。当个人被禁锢在自我建构的信息脉络中，个人生活必然变得程序化、定式化，而他提出这一问题的主要背景，是数字时代个性化信息服务的逐步兴起。

事实上，信息茧房现象很早就引起相关学者的关注。早在 20 世纪 90 年代，美国学者尼葛洛庞帝就在他的《数字化生存》一书里预言了数字化时代个性化信息服务的可能，并将之命名为"我的日报"（The Daily Me）。虽然桑斯坦提出信息茧房概念时，"我的日报"尚未真正实现，但他已经对此产生了担忧。桑斯坦最初在《网络共和国》中指出，在一个相对封闭的环境中，一些意见相近的声音不断重复，并以夸张或其他扭曲形式重复，令处于相对封闭环境中的大多数人认为这些扭曲的故事就是事实的全部，即"回声室效应"。

新媒体和个性化推荐的发展，导致网络舆论的群体极化现象，引起了社会的广泛关注，对信息茧房效应的探讨越来越多。信息茧房效应产生的原因是多方面的。信息茧房实质上来源于人们的选择性心理，受众更倾向于接触那些与自己原有立场、态度一致或接近的内容，是选择性接触、选择性理解和选择性记忆的结果，不是导致原有态度的改变，而有可能是对原有态度的强化。

（二）信息茧房的影响

网络和新媒体时代，信息茧房效应会加剧人们信息公平的分化，挑战社会主流意识形态，并且会放大社会舆情事件，信息茧房效应引起了传播学、社会学、管理学，以及信息科学等不同学科学者的关注。

1. 信息茧房加剧信息公平的分化

信息公平的核心，就是通过技术和规则设置，使得社会中不同主体在获取和分配信息时能够受到公平对待的权利得以实现。互联网信息平台利用个性化推荐算法进行内容推送，不断给用户推荐其"已知道"或"想知道"的同质化信息，消除了人们接收多元信息的可能，剥夺了人们公平接触和获得信息的机会，在事实上排斥了人们公平自由享有信息的权利。算法技术向受众投放的同质化信息，窄化人们视野，固化受众个体已有观点，形成信息茧房。信息茧房禁锢了用户的视野，用户越是依赖个性化推荐技术，所接触的信息面便越窄。桑斯坦用"回声室"来形容网络信息传播的局限性，他认为在网络空间里，用户接触到的、选择的信息都是与他们思想相一致的，于是用户便会认为自己的思想和看法都是被大多数人所认同的。

2. 信息茧房挑战社会主流意识形态

群体极化最早由詹姆斯·斯托纳于1961年提出，是指在群体中进行决策时，人们往往会比个人决策时更倾向于冒险，向某一个极端偏斜，从而背离最佳决策。桑斯坦在《网络共和国》中指出，在网络社会也会存在群体极化现象。他认为有着某种共同认知倾向的群体，在互联网传播环境中和志同道合的人讨论则会加深和巩固这种认知偏向，最后的想法和结论可能没有变，但在形式上变得更极端了，甚至有可能会发生极端行为。

3. 信息茧房放大社会舆情事件

1988年6月，克拉克大学决策研究院的研究者们提出一种新的框架，称之为"风险的社会放大"（SARF），用来分析风险问题。已有众多学者研究了媒体框架效应、新媒体迅速传播等因素对风险事件放大的影响。事实上，当公共舆情事件发生之后，负面报道更易发生，这是因为，一方面迫于商业利益和竞争压力，制造轰动、唤起情绪和渲染恐惧的手法，成为众多商业媒体和社会化媒体低成本吸引受众常用的技术框架；另一方面，人们出于对舆情事件的警惕，或者从负面信息中获取自我保护的动机，往往更加偏好负面信息，并且与舆情相关的负面新闻新奇与冲突性的内容设置，往往更容易唤起人们的情绪。与此同时，自媒体平台中的"网络水军"出于商业利益等目的，往往会精心策划炒作，并且国外一些别有用心的机构收买利用"网络水军"，发布具有攻击性、挑拨性的言论，制造、扩大矛盾，蛊惑人心，以达到不可告人的目的。信息茧房效应会使人们对公共舆情事件形成不好的印象，从而放大舆情事件的社会风险。

四、突破信息茧房的措施

信息茧房对公众和社会的危害是巨大的，而要破除信息茧房的负面影响，需要从网络媒体平台内容、个性化推荐算法以及公众信息素养等方面加以改进。

（一）持续改进和优化个性化推荐算法机制

技术是把双刃剑，在个性化推荐算法带来信息茧房问题的同时，我们也可以利用算法破茧而出。从面向个人的算法角度看，想要可能减少信息茧房效应，就要在算法设计时深入理解和考虑用户的行为与需求。例如，运用算法预测甚至促使用户需求的迁移或扩展，从而提高算法精准度，达到突破茧房的目的。在迎合用户个体阅读的同时，算法提供一些惯性之外的信息，让个体看到更广阔的世界。算法的开发者也需要更多地探索通过算法来促进具有公共价值内容的生产与推荐。在内容生产方面，可以通过算法分析洞察公众的共同心理，为媒体内容生产提供更多依据；在内容分发方面，可以通过算法推动具有公共价值的内容到达更广的人群。

(二) 政府和网络媒体平台加强信息传播内容的监管与审核

互联网信息平台的信息分配,并非仅仅是平台资本运作的商业行为,更应是以促进社会和谐发展为己任、具有社会意义的行为,因此,政府的监管,对于信息茧房的消除与信息公平的实现具有重要作用。针对"标题党"与低俗内容,媒体平台在推荐初期应该进行信息质量审核,不应由用户进行甄别,增加平台人工编辑数量是形成人机结合的必要步骤。强化内容聚合平台与用户的交互,根据用户的标记与反馈行为,减少劣质内容推送,平台通过实时的用户行为大数据分析,提供新的推送内容,实现信息茧房的突破。

(三) 加大对优质信息内容的供给

在信息供给和需求两方面的矛盾中,由于广大受众的教育水平、生活经历、文化水平等局限,需求侧即广大受众对低俗的新闻、娱乐化的节目、偏激的观点、奇闻轶事等内容产生兴趣的可能性比较大。媒体仍需要保持具有公共价值、具有专业水准、多方面平衡的内容供给。如果这些内容断供或稀缺,那么无论算法和平台如何优化,人们都无法获得对社会环境充分、全面的了解。除了坚守专业的原则与方法外,面对新媒体时代公众的心理变化,媒体也需要在一定程度上调整内容生产与传播策略,在满足用户个性化需要的同时,要让那些关乎个体以及社会长远利益的公共信息仍能打破各种限制,这不仅需要算法向这些具有公共价值的媒体内容倾斜,也需要媒体自身的努力。

(四) 加强公众信息素养教育,提升媒介素养

媒介素养主要是指用户对媒介信息进行判断、解读以及应用媒介信息的能力。作为媒介的使用者和信息的接收者,用户具有的媒介素养主要包括两个方面:一是用户能够做到理解媒介、批判地接受媒介信息;二是能够主动参与媒介的能力,并能运用媒介完善与服务自我和社会公共事务。突破信息茧房,首先要转变用户自身的观念,不被个人喜好所束缚,面对不同于自身人生观、价值观的信息时,应避免激烈的碰撞,冷静下来思考、讨论,理性地对待媒体提供的内容。对于不实信息要善于识别,面对鱼龙混杂的海量信息,要树立开放意识,同时提高信息辨别能力,有选择性地获取积极向上、高价值、有营养的信息,为创造良好的信息环境奠定基础。因此,对信息茧房的警惕与自省意识,以及对信息茧房的破解能力,也应成为公民素养的一部分。

【拓展阅读】 今日头条的个性化推荐

今日头条作为聚合类新闻客户端,是以数据技术驱动新闻传播的新型新闻媒体,定位是"你关心的,才是头条"。今日头条本身不生产内容,而是依靠算法对内容进行推荐分发,把内容和用户的偏好进行匹配,匹配对象主要包括:文章(内容)、用户(兴趣标签)和用户的手机(移动的信息)。今日头条在 2012 年 9 月开发了第一版推荐系统,至今已经历了四次大规模调整,它建立了高开发、高可用、低延时的大规模推荐系统,并引入"算法排序""人工运营"和"A/B test + 投票"等机制,是个性化新闻推荐系统开发的先驱者。

管理信息系统(第三版)

今日头条的个性化新闻推荐系统,一方面通过网络爬虫从互联网信息海洋中截取有效信息汇聚到自身信息平台,形成信息仓库,并将储存好的信息分类,根据不同特征打上标签;另一方面通过对用户的浏览行为进行分析计算,建立用户画像。最后,根据内容分类及用户画像,依照个体差异性需求提供个性化、定制化的新闻推送,达到千人千面的新闻传播现象。然而,这种信息推荐行为逐渐压缩用户的信息涉猎空间,加剧了信息茧房的形成。

从用户自身角度来说,用户的态度构建了信息茧房温床。由于每个人的经历、兴趣爱好等因素的不同,用户在选择信息时有着基于自身的偏好,他们会根据自身的需求和意愿有所选择和侧重,以使之同自己固有的价值体系和既定的思维方式尽量协调起来。因而随着使用时间的增加,用户的这种"选择性"会强化自身已有观点,使接收到的信息变得狭窄,从而为自己搭建起一个"茧房"。

推荐算法技术强化了信息茧房现象。在今日头条为用户量身定制的信息里,用户阅读体验被摆在首位,个性化推荐系统通过读取用户兴趣库,不断地调取、聚合、分发类似的内容,为用户提供符合其心理预期下的信息,帮助今日头条更好地取悦用户。然而在用户按照自己的"心意"不断"挑选"自己感兴趣的内容背景下,会更多地关注到自己感兴趣的内容,并长期沉浸在"个人日报"中,对不感兴趣的内容避而不理,从而阻断多领域观点的碰撞,个人接收信息呈现窄化趋势,久而久之反而会逐渐被困于自己兴趣领域的信息茧房中。

第 85 讲　数字鸿沟与信息公平

随着互联网与信息技术的发展,数字鸿沟成为全球关注的议题。一个国家内部的不同人群,对信息、技术拥有程度、应用程度和创新能力存在差异,从而造成社会分化问题。而在全球数字化进程中,不同国家因信息产业、信息经济发展程度不同,也会造成贫富差距与信息公平问题。

一、数字鸿沟与信息公平的概念

数字鸿沟一词最早于 1989 年出现在英国《时代教育专刊》刊登的 *Digital Divide* 一文中。1990 年,美国著名未来学家托夫勒出版的《权力的转移》一书中,提出了信息富人、信息穷人、信息沟壑和数字鸿沟等概念,认为数字鸿沟是信息和电子技术方面的鸿沟,信息和电子技术造成了发达国家与欠发达国家之间的分化。1999 年,美国国家远程通信和信息管理局(NTIA)在报告《在网络中落伍:定义数字鸿沟》中开始使用该词;同时该词也正式出现在美国的官方文件中,如《填平数字鸿沟》。2000 年 7 月,世界经济论坛组织向 8 国集团首脑会议提交的专题报告《从全球数字鸿沟到全球数字机遇》中再次使用该词,数字鸿沟成为全球瞩目的焦点问题。我国数字鸿沟研究始于 2001 年,是经济学、社会学、信息学、教育学等学科领域共同关注的问题。

信息公平是指在一定的历史时期和社会环境中，人们对信息资源的获取和分配过程中所体现的平衡与对等状态。信息公平是人们面对信息资源的获取和分配过程所产生的价值期望。人类社会在进入信息社会之前，信息资源的稀缺性和竞争性尚未突出，那时人们对信息公平的需求也不那么强烈，信息公平问题尚未表现为一种"社会问题"。但是，随着人类社会逐步进入信息社会，信息资源逐渐成为越来越重要、人们竞相争夺的目标资源，其稀缺性和竞争性骤然加剧，由此引发了越来越严重的社会问题——信息冲突（Information Conflicts）和信息分化（Information Differentiation）。

二、三级数字鸿沟

数字鸿沟通常被定义为能够使用和不能使用信息通信技术（ICT）的人之间的差距。这一定义隐含的意思是，数字鸿沟可以通过简单地提供 ICT 接入来解决。较具代表性的是美国国家远程通信和信息管理局于 1999 年的定义："数字鸿沟"指的是一个在那些拥有数字技术的人以及那些未曾拥有者之间存在的鸿沟。这种技术接入层面的差距也是数字鸿沟最基本的定义。然而，随着研究的深入，研究者发现最初的定义是狭隘的，数字鸿沟的概念开始得到扩展。学者们逐渐认识到，人们在信息技术使用方面的不平等，更可能是由技术的使用和技能上的差别所导致的，因此，数字鸿沟不仅包括有关 ICT 获取的差异，还包括使用的差异，可分别定义为一级数字鸿沟和二级数字鸿沟。此外，还存在另一种新的数字鸿沟形式，即三级数字鸿沟，指互联网使用差距所造成的不平等后果。随着信息社会的不断发展和研究的深入，人们发现数字鸿沟有了更加多样的内涵，由此产生了三级数字鸿沟的说法。

（一）一级数字鸿沟

一级数字鸿沟是指由于基础设施和服务的差异所导致的技术接入差距，是数字鸿沟最初的表现形式。美国国家远程通信和信息管理局指出，能够拥有社会提供的最好的信息技术的人，与无法获得这些服务的人之间的差距就是数字鸿沟。国际电信联盟提出，数字鸿沟是贫穷国家与富裕国家之间、城乡之间以及年轻一代与老年一代之间在获得 ICT 方面的不平等。一些学者研究认为，我国城乡之间的数字鸿沟已经有所缩小，尤其是在手机接入方面的数字鸿沟已经基本消失。数字鸿沟并不只是提供平等的互联网接入，更多的是技能和应用方面的问题，接入鸿沟已经逐渐缩小。随着越来越多的用户连接到互联网，数字鸿沟显现出逐步缩小的迹象，处于劣势的群体的互联网使用率显著增加。可见，一级数字鸿沟已经不再是当前数字鸿沟的主要表现形式。

（二）二级数字鸿沟

二级数字鸿沟是指信息技术使用方面的差距，是数字鸿沟较为普遍的一种定义。经济合作与发展组织（OECD）指出，数字鸿沟是处于不同社会经济发展水平的个人、家庭、企业和地区之间在获得 ICT 的机会以及在使用上存在的差距，在技术接入之外，还存在着因使用者能力和技能差异而产生的二级数字鸿沟。简单地接入并不是数字鸿沟的核心，更重要的是如何使用信息技术。有学者认为，数字鸿沟是以计算机为代表的信息技术接入、利用差距，以及影响接入、利用程度的信息主体意识与信息技术接入环境差距；数字鸿沟包含硬件与软件两方面的差异，硬件差异是指设备接入上的差异，软件差异是新技术应用能力上的差异。因此，尽管越来越多的落后地区接入了互联网，用上了智能手机，但是在应用层面又产生了新的差距，而这是当前数字鸿沟的主要表现。

（三）三级数字鸿沟

一级和二级数字鸿沟只分别考虑了接入、使用两方面的差距，理解数字鸿沟，还应包括其所产生的结果及影响，这就是所谓的三级数字鸿沟。学者皮帕·诺利斯（Pippa Norris）指出，数字鸿沟还应包括由于信息不平等所产生的进一步影响，具体包括三个方面：一是全球鸿沟，指国家之间的信息技术不平等；二是社会鸿沟，指不同地区之间接入信息技术的差异；三是民主鸿沟，指利用信息资源参与公众生活的差异。我国学者胡延平认为，数字鸿沟是在全球数字化进程中，不同国家、地区、行业、企业、人群之间由于对信息、网络技术的占有和应用程度不同所造成的信息落差、知识分隔和贫富分化问题，进一步强调了其产生的影响。因此，数字鸿沟包括 ICT 使用差异以及与之相关的信息内容和社会经济机会在内的复杂现象。

三、大数据背景下的数字鸿沟与信息公平

数字鸿沟并不是最终的结果，因为在数字鸿沟的背后潜藏着更深层次的社会问题——信息不公平。数字鸿沟仍然是一种现象，数字鸿沟现象的实质是信息不公平。当前，我国一级数字鸿沟的差距正逐步缩小，而二级数字鸿沟和三级数字鸿沟的差距却越来越大。在大数据背景下，数据成为重要的生产要素，使用者获取与利用数据的能力成为新的数字鸿沟和贫富差距的来源。大数据背景下的数字鸿沟与信息公平问题主要表现在以下方面。

（一）数据洪流提高 ICT 使用门槛

数据洪流是指新生成的数据量之大，超过了机构管理数据和研究人员利用数据的能力。数据洪流推动了数据数量的高速增长，数据形式由结构化向越来越多的非结构化转移，数据类型涉及社会的方方面面。数据洪流带来的海量数字资源也对 ICT 使用者提出了更高的要求。面对海量的信息，互联网的接入者和使用者需要培养识别有效信息、过滤干扰信息和有害信息、快速检索信息、合理使用信息的能力。

（二）信息技能差距加剧数字鸿沟

美国图书馆学会（American Library Association，ALA）对信息素养的界定包含文化素养、信息意识和信息技能 3 个层面，指人们需要具备的能够判断什么时候需要信息，并且懂得如何去获取信息，如何去评价和有效利用所需信息的能力。大数据时代，信息文化素养和信息意识处于弱势的人群已在传统信息时代落后了一步，而信息技能欠缺者在大数据时代的劣势更加明显。面对令人眼花缭乱的数字资源，不具备较好 ICT 使用技术和信息获取技能的人就会被边缘化，逐渐被大数据时代排斥在外。

（三）数字资源占有不均衡

大数据时代的数字不平等也体现在信息拥有的主体之间，主要体现在机构和地区两个方面。随着数据量的井喷式增长，更多、更有价值的数据被掌握在政府以及以 Google 和国内 BAT 等为代表的商业巨头手中。政府机构掌握大量有价值的数据，真正开放给个人的数据资源是少量有效信息和大量无价值信息的集合。此外，不同机构间数据不共享形成的数据孤岛，

加重了不同机构间的数字不平等现象。

（四）数字分层加剧数字鸿沟

学者闫慧将数字化时代的社群及其成员划分为 5 个层次，以便更好地描述在数字不平等研究中涉及的人群，分别是数字精英者、数字富裕者、数字中产者、数字贫困者和数字赤贫者。这 5 种人群是根据数字化意识，信息通信技术的接入和使用，信息内容的获取、利用和创造，数字化信息素质，数字化凝聚力等数字化维度划分的结果，数字精英者是数字化程度最高的阶层，而数字赤贫者则是在数字世界处于最底层的群体。研究表明，受教育程度较高、资源更丰富的人利用网络进行更多的"资本增值"活动。

大数据催生了新的信息集成模式、资源存储方式、大数据分析工具、数据搜寻理念等，在这样的背景下，在数字分层模型中处于高层的人就可以快速适应大数据世界，并利用大数据资源解决问题、获取价值，实现数字经济以及数字资源的获取和利用过程中进一步的分层，从而加剧数字世界中的"马太效应"现象，以及数字不平等分层中数字精英者和数字赤贫者之间的差距。

四、新时代如何缩小数字鸿沟

以物联网、云计算、大数据和人工智能等为代表新一代信息技术，对各行各业产生了深刻的影响，深深影响着社会运行与人们的日常生活，也必将导致数字鸿沟和信息公平问题更加突出。新时代，如何减小数字鸿沟的影响，成为社会关注的议题。

（一）加大研发投入，占据数字技术前沿

新时代，以物联网、云计算、大数据和人工智能等为代表新一代信息技术，成为地区经济发展、社会治理和国防安全等方面的关键性技术，数字经济发展的差距将导致国际数字鸿沟不断拉大。因此，从宏观上消除国际数字鸿沟，需要加大对数字技术的研发和投入，掌握核心技术，确保站在新一代信息技术的前沿。推动区域经济发展数字化转型，提升数字技术应用能力，增强数字经济竞争力和数字技术普惠性。

（二）大力发展新型基础设施建设

新型基础设施建设涵盖了 5G、大数据、人工智能、工业互联网等新一代信息技术的关键基础设施领域。新型基础设施建设是践行新发展理念、提供产业数字化转型、智能升级和融合创新的高质量发展的基础。加快新型基础设施建设，有助于促进新技术的科技成果研发和产业转化，更广范围地普及新一代信息技术应用，缩小新型信息技术应用产生的数字鸿沟。

（三）不断提升社会信息化建设水平

通过政府信息化建设和电子政务公开，将政府占有的大量信息资源通过互联网转变为公共资源；通过企业的信息化建设，带动居民使用信息技术，进一步提升其使用技能和水平，缩小群体之间的数字鸿沟；同时还需加强图书馆、学校、社区、家庭等互联网建设，给人们提供更多接触互联网和利用互联网的机会。在低数字信息传播的地区和行业，政府应着力于弥合数字鸿沟，搭建信息平台。此外，还需要进一步优化农村及贫困地区的信息环境，促进信息技术在

生产生活中的应用,提高信息技术对产业的贡献率。

(四) 持续推进教育及技能培训

教育对 ICT 的传播有积极影响,改善教育是缓解数字鸿沟的有效途径。农村数字化贫困的本质是能力贫困,是在数字化社会和数字化经济中自我生存和发展能力的贫困,因此应促进教育资源的公平配置,构建全方位的数字教育体系,同时应将更多优质的教育资源数字化、网络化,推进教育资源的重新配置与整合,缩小城乡差距、区域差距以及不同阶层间的教育鸿沟,促进教育公平的实现。进一步缩小数字鸿沟需要国家政策引导和支持,关注重点群体,提高数字贫困群体的数字接入水平或数字使用技能。对农民、老年群体而言,由于他们自身知识水平、技能素养较低,形成数字工具上的排斥,无法享受数字红利,缩小数字鸿沟,不仅在于改善可获得性,还在于如何提升学习和使用新技术的能力,可以通过加强宣传教育和技能培训等途径提供帮助。

(五) 推进数据资源开放共享

大数据时代,数据是重要的生产要素,缩小数字鸿沟差距,需要政府、企业等机构开放公共数据,并提供利用方法,推进数据资源开放共享。实施有条件的数据资源开放共享,打破地区的行业、部门和区域条块分割状况,打破行业信息、政府部门和区域壁垒,促进以数据流引领技术流、物资流、资金流、人才流,强化统筹衔接和条块结合,提高数据资源利用率,优化提高生产效率,推进制度创新与科技创新,缩小因数据占有壁垒所导致的数字鸿沟差距和信息公平问题。

【拓展阅读】 "智慧医疗"下的数字鸿沟

随着"云大物移"信息技术及其他智能化技术在医疗服务领域逐步得到应用,"智慧医疗"从概念逐渐走进现实,给微观的个体健康管理和宏观的医疗服务模式都带来了新的变化。对于个体而言,通过网络、电话和 APP 等渠道预约挂号,可以更加便利地看病就医;通过信息技术随时掌握自身健康状况,进行健康管理,有助于预防疾病发生及控制现有疾病的恶化速度乃至恢复健康。对医疗卫生机构和医生而言,通过调阅患者的健康档案能够快速检索其既有病史、用药情况等重要的医疗信息,增加诊断与治疗的精准性,避免重复用药、药物过敏等;通过利用医疗物联网、医疗云、医疗大数据等信息技术,有利于改变各个科室之间在传统医疗模式下相对独立的局限性,有效实现各个科室之间的协调和互补。

"智慧医疗"利用信息技术和智能化技术,推动医疗服务全面实现信息化和智能化,将患者与医务人员、医疗机构、医疗设备更加紧密地联系起来,在提升服务质量的同时,也为患者获取医疗服务提供更多便利。然而,"智慧医疗"的发展也带来了数字鸿沟的挑战。主要有以下三种。

一是城乡数字鸿沟。医疗资源和信息化资源的城乡差距,导致"智慧医疗"在农村地区难以有效发展。同时,"智慧医疗"也对个体的信息化利用能力提出了较高的要求,而目前我国农村居民的信息化利用能力明显弱于城市居民。

第86讲 技术中立论成立吗?

当前,网络与信息技术正以前所未有的速度引领社会和商业变革。由技术创新而涌现的网络犯罪、网络安全、恶性竞争等问题,也使得有关技术控制的话题备受瞩目。2016年,深圳快播公司被判传播淫秽物品牟利罪,其主管人员王欣等人受到相应的法律处罚。"快播案"引起业界和学术界对"技术中立"的广泛讨论。如何在技术创新与社会保护中找到平衡,维护公平、自由的商业竞争环境,是一项长期的议题。

一、技术中立原则

(一)技术中立原则定义

技术中立原则起源于1984年美国环球电影制片公司诉索尼公司案件。1976年,美国环球电影制片公司和迪士尼制片公司向加利福尼亚州中区地区法院起诉索尼公司,认为索尼公司在美国销售名为Bebamax的录像机,使消费者未经许可录制其享有版权的电影,构成版权侵权。1984年1月18日,美国最高法院做出判决:为了在家庭中"改变观看时间"使用录像机录制电视节目,构成对版权作品的"合理使用";索尼公司出售具有"实质性非侵权用途"的录像机并不构成"帮助侵犯"。索尼版权侵权案因此也构成了技术中立原则发展的起点。

技术中立原则有两层含义:一是从政府层面而言,技术中立是指政府应当平等地对待各种技术,使它们享有充分的市场竞争机会,从而推动技术的发展;二是从企业层面而言,技术中立实际上是指美国知识产权法中的"实质性非侵权用途"规则。所谓的"实质性非侵权用途"规则,是一项责任抗辩事由。如果某类物品既可以被用于合法用途,也可被用于侵权用途,那么,不能仅仅因为该类物品有可能被他人用于侵权用途,而推定提供者"应当知道"他人侵权,更不能以此为由被要求承担帮助责任或替代责任,这就是"实质性非侵权用途"规则的含义。目前,

管理信息系统(第三版)

一般所说的技术中立原则主要是指第二层含义。技术中立原则是指，当产品或者技术的提供者不能预料和控制某项产品或者技术是被用于合法用途还是非法用途时，不能因为产品或技术成为侵权工具而要求提供者对他人的侵权行为负责。

当前，在我国的司法实践中，被告直接提出技术中立抗辩的多是在不正当竞争案件中。然而，随着近年来技术的迅猛发展，有关"技术无罪""创新自由"等抗辩，已经脱离了"索尼规则"的原意，技术中立原则日益受到挑战和质疑，因此，在司法实践中也呈现出适用条件日渐严格、适用范围日渐收缩的趋势。

（二）"避风港规则"与"红旗标准"

"避风港规则"，也称"安全港规则"，是指网络服务提供者在特定条件下不承担侵犯著作权的损害赔偿责任的制度，其立法最早来自美国1998年制定的《数字千年版权法》（DMCA），后被其他国家所借鉴，目前已经成为国际上普遍的认识和做法。根据DMCA规定，"安全港规则"的适用，不以网络服务商监视用户行为、主动查找侵权事实为前提，而事实上免除了网络服务商主动进行版权审查的义务。在"避风港规则"之外，还有所谓"红旗标准"和"引诱规则"。

"红旗标准"是指判断服务提供者"应当知道"与否时必须考察：（1）网络服务提供者是否知道具体的被控侵权信息；（2）该信息的侵权性是否如此明显，以至于一个普通的理性人能够做出构成侵权的判断。不过，所谓"红旗标准"只是浅层规则，起决定性作用的还是"搜寻侵权信息及通知服务者的责任由版权人承担"这一总的原则。"红旗标准"在美国《数字千年版权法》的立法文件中有明确表述，美国法院在认定网络服务提供者知情与否时，也以上述原则为出发点。此外，如果行为人在提供产品或技术时，具有促使该产品（技术）侵犯他人著作权的积极目的，则应对他人因此实施的侵权行为承担责任，这一规则被称为"引诱规则"，其目的在于对技术中立原则进行某种限制，即一项技术即使存在合法用途，也不能采用不适当的言行去促进这一技术被用于侵权目的。

二、理解技术中立的内涵

有关技术中立的理解，存在诸多歧义，已有研究认为，技术中立包括三个方面的内涵，即功能中立、责任中立和价值中立。

功能中立指的是技术在发挥其功能和作用的过程中遵循了自身的功能机制和原理，那么技术就实现了其使命。功能中立的典型情形是在互联网领域和知识产权领域。在互联网领域，功能中立体现在网络中立这一观念，网络中立指的是互联网的网络运营商和提供者应当在数据传输和信息内容传递上一视同仁地对待网络用户，对用户需求保持中立，而不应该提供差别对待。

责任中立的含义是，技术使用者和实施者不能对技术作用于社会的负面效果承担责任，只要他们对此没有主观上的故意。比较典型的是针对快播案而引发的"菜刀理论"之争。菜刀既可以切菜，也可以杀人，但菜刀的生产者不能对有人用菜刀杀人的后果承担责任。因此，责任中立突出了技术功能与实践后果的分离。

功能观和责任观都在更深层的意义上蕴含着价值中立的立场，技术的价值中立体现为价值判断、归责原理和法律意义。价值判断关注的是如何对技术的价值进行评估；归责原理是价值判断的实践运行机制，确立对技术的价值判断的回应方式；而法律意义是归责原理在法律实践中的制度化、规范化展现，是技术的价值判断与法律的价值结构相互碰撞和互动的意义空间。

技术中立难题在法律实践中呈现为不同的方面,既与功能相关,比如关于网络中立的相关立法的争议,也与技术使用者和相关者的责任相关,比如快播案中所涉及的快播软件提供者的监管责任,但这些问题最终是价值意义上的。如果不对技术中立背后的价值问题进行分析,那么由技术所引发的责任认定和法律规制就仍然限于政策视野,既没有充分展现技术的客观属性和社会维度之间的关系,也忽略了法律背后更为复杂的价值世界。

(一) 技术中立的技术价值

从保护技术发展的角度而言,技术中立原则具有非常重要的意义。尤其是互联网技术,因为坚持技术中立原则,才能确保互联网平台传输的信息内容得到平等对待,而不会遭受任何歧视,这也迎合了人类对自由的最大限度渴望。因为技术是中立的,所以互联网平台虽然是在帮助内容提供者传输信息,但它所承担的责任与内容提供者自身的责任是不一样的。因为互联网平台技术所要关注的是如何通过技术解决信息的传播速度和范围问题,最大限度满足用户接收信息的需要,而不是内容本身。如果平台介入对具体信息内容的关注和审查中,就不是一种平台的运行模式,而是内容提供者的职责和作用。

技术中立的本质意义在于,产品或服务的提供者不对用户使用产品实施的侵权行为承担帮助侵权的责任。著作权法上的"避风港规则",是指网络服务提供者(不包括内容提供者),不对网络用户上传的侵权信息负有一般性的审查、监控义务。技术中立原则和"避风港规则"提出的目的,均在于保护技术创新,在版权人等受害人利益、网络服务商以及公众利益之间寻求一种平衡。

(二) 技术中立的法律价值

法律与科技的关系在当代凸显出其独特的结构和难题。技术中立只是反映了技术价值切入社会世界的一种相对独立的状态,在道德分歧严重、社会合作面临各种压力的现代社会,法律回应技术发展的最合理方式,是进入与科技的重构模式之中。对技术中立的理解,应放在科技与法律的关系模式之下。技术中立是一个最低限度的分析概念,在一种最低意义上表明了技术作为社会实践的特殊范畴。

技术应该为人类服务,技术中立原则的本质,应当是在人类道德和可以普遍接受的法律准则范围内,为确保技术取得最大限度发展的原则。然而,技术中立原则不是绝对的,它受到网络平台经营者所在国的法律和道德约束。就法律而言,它带有很强的地域色彩,就道德而言,则具有人类的普适性。企业如果拒绝价值观的选择,就陷入另一种无所谓善恶、放弃是非的价值观,这样的企业是完全无视社会责任的。对"技术中立"原则使用的限制,目的就是塑造企业更加完善的人格。当快播这样的技术创新公司成长为一个有影响力的公司时,它的社会责任就随之加重,此时如果仍然拒绝对传播信息内容的价值判断,而遵从所谓的绝对技术中立,就会异化为盲目追求流量和利润而不择手段的公司,如果不加以改正,这样的企业就存在严重的道德缺陷,这一缺陷也是企业商业模式合规风险的根源。

因此,如何找到技术中立原则与企业社会责任的平衡点,是作为互联网企业应当不断探索的重大命题。技术中立是一种免责抗辩,但是最终能否免责,需要通过一系列法律规则进行判断,科技创新企业不能将技术中立视为不正当竞争的避风港。

【拓展阅读】 "快播案"判决始末

　　深圳快播公司自 2007 年 12 月成立以来,基于流媒体播放技术,通过向国际互联网发布免费的 QVOD 媒体服务器安装程序(简称 QSI)和快播播放器软件的方式,为网络用户提供网络视频服务。为提高热点视频下载速度,快播公司搭建了以缓存调度服务器为核心的平台,通过自有或与运营商合作的方式,在全国各地不同运营商处设置缓存服务器 1 000 余台。在视频文件点播次数达到一定标准后,缓存调度服务器即指令处于适当位置的缓存服务器抓取、存储该视频文件。当用户再次点播该视频时,若下载速度慢,缓存调度服务器就会提供最佳路径,供用户建立链接,向缓存服务器调取该视频,提高用户下载速度。部分淫秽视频因用户的点播、下载次数较高而被缓存服务器自动缓存。缓存服务器方便、加速了淫秽视频的下载、传播。

　　快播网络系统的运行有两个关键特点:一是快播服务系统是有中心的 P2P 网络系统;二是缓存服务器的视频存储和提供行为均是在快播公司的调度下完成的。从运营模式看,快播包括单纯的 P2P 模式和 P2P + CDN 模式。快播公司的 P2P 协议主要实现的是用户之间数据的分享和互传,快播中心调度服务器主要体现为帮助用户建立链接的作用。单纯的 P2P 模式只能在用户之间建立传输链接,一旦受到带宽制约,传输速度往往难以满足观看需求。所以,快播公司为了完善用户体验,以 P2P + CDN 模式直接参与视频传输过程。P2P + CDN 模式主要包括三个环节:第一,快播公司建立了自己的"仓库",这就是在用户与用户之间分发视频文件的缓存服务器;第二,快播公司决定"仓库"里存放什么"货物";第三,快播公司决定"仓库"向用户提供"货物"的条件和方式。

　　在"快播案"庭审中,被告人及辩护人多次从技术本身的创新性和中立性出发,提出"技术中立""只做技术不做内容""技术本身并不可耻"的抗辩。判决认为,以"技术中立"原则给予法律责任豁免的情形,通常限于技术提供者,而快播公司并非单纯的技术提供者,而是技术的使用者,当其明知自己的 P2P 视频技术服务被他人利用传播淫秽视频,自己的缓存技术服务被利用成为大量淫秽视频的加速传播工具,自己有义务、有能力阻止而不阻止时,快播公司就不可能再获得技术中立的责任豁免。此外,"避风港规则"保护的对象是合法的作品、表演、录音录像制品,而淫秽视频内容违法,严重危害青少年身心健康和社会管理秩序,属于依法禁止提供的对象,不属于信息网络传播权保护的范围,当然不适用著作权法意义上的"避风港规则"。

　　2016 年 9 月 13 日,海淀法院一审判决深圳快播公司犯传播淫秽物品牟利罪,其主管人员王欣等 4 人受到罪刑不等的处罚。

第87讲　理解企业数字化转型

　　随着新业态、新模式、新技术对传统产业冲击的不断加强,数字化转型作为企业生存与发展的"新动能"已经成为全球企业的共识。同时,企业面临"转换业务方向""改变产品形式""更新交付方式"等类似需求的呼声也越来越大,而品牌的社会影响力、合作伙伴与供应商的潜移默化等因素都进一步促进了企业的数字化转型。因此,通过深化数字技术在生产、运营、管理等诸多环节的应用,推动数字化、网络化、智能化发展,实现质量、效率和动力的变革,从而提升企业竞争优势的需求越来越迫切。在数字经济背景下,数字化转型已经成为企业发展的必然选择。

一、企业数字化转型的内涵

(一)企业数字化转型的定义

根据数字化程度的不同,企业数字化可以分为三个阶段,即信息数字化(Information Digitization)、业务数字化(Business Digitization)和数字化转型(Digital Transformation)。国际数据公司(IDC)将数字化转型定义为:利用数字化技术(如云计算、大数据、人工智能、物联网、机器人、区块链)等能力来驱动组织商业模式创新和商业生态系统重构的途径与方法,其目的是实现企业业务的转型、创新和增长。我国学者陈劲认为,企业数字化转型是建立在数字化转换(Digitization)和数字化升级(Digitalization)基础上,进一步触及公司核心业务,以新建一种商业模式为目标的高层次转型;数字化转型完全超越数据信息的数字化或工作流程的数字化,而着眼于实现业务的数字化,数字化转型的目的是开发数字化技术及支持能力,以建立一个富有活力的数字化商业模式。可以认为,企业数字化转型是企业充分运用现代数字技术,全方位重塑战略思维、业务流程、组织架构和商业模式,从而构建以数据驱动为核心的价值创造体系,实现企业业务的转型、创新和增长。

(二)企业数字化转型的目标

企业数字化转型的长期目标是获得业务增长和价值提升,所有数字化技术的应用和落实都应围绕这个目标展开。一方面,数字化转型是为了改善运营业绩。在传统商业生态改善和管理优化的基础上,业务和流程的数字化变革,能够为企业进一步创造降本增效的潜力,通过全价值链的数字化转型,包括采购和销售数字化、办公流程自动化、生产和供应链互联透明等举措,大幅提高人员和资产效率,使企业在激烈的行业竞争中保持领先。另一方面,数字化转型有助于提升企业的收入和盈利能力,带来显著的财务价值。麦肯锡 Analytics Quotient 数商数据库在调研了全球多家企业后发现,数字化水平成熟度高的企业,其业务增长动力也越强。数字化综合能力强的企业,其收入增长率和利润增长率均为其余样本平均值的 2.4 倍。

(三)企业数字化转型的任务

企业数字化转型是一项系统工程,需要企业从业务、技术和组织三大领域齐头并进驱动转型。

(1)业务转型。企业通过对价值链的数字化变革,实现各项运营指标的提升,包括在销售和研发环节利用数字化手段增加收入,在采购、制造和支持部门利用数字化技术降低成本,在供应链、资本管理环节利用数字化方式优化现金流。成功的业务转型需要认清方向,明确愿景,制定分阶段清晰的转型路线图。同时,关注全价值链环节,以"净利润价值"为驱动,而不是简单地从技术应用顺推转型。

管理信息系统(第三版)

（2）技术转型。搭建企业数字化转型所需的工业物联网架构和技术生态系统。工业物联网架构是支撑数字化业务用例试点和推广的"骨骼"，数据架构是确保"数据—信息—洞见—行动"能够付诸实现的"血液"，而整体架构的构建需要始终以数字化转型的终极目标为导向。成功的技术转型需要健全物联网架构，创造并引领主题明确的技术合作伙伴生态圈，促进企业借力合作，取长补短，共同发展。

（3）组织转型。组织转型是指在组织架构、运行机制、人才培养和组织文化上的深刻变革。成功的组织转型是一场自上而下推动的变革，需要企业高层明确目标，构建绩效基础架构，形成转型举措和财务指标的映射，树立全组织一致的变革管理理念和行为。同时，企业需要关注团队建设，弥补员工的能力差距，建设数字化知识学习的文化并使之可持续发展，推进数字化能力和人才梯队的建设，构建敏捷型组织和团队。

二、企业数字化转型实施路径

企业数字化转型不是简单的新技术应用，是战略思维、组织架构、业务流程、商业模式等全方位的转变，既是战略转型，又是系统工程，并且"千企千面"，需要探索符合企业自身特点的实施路径。企业数字化转型需要实现六个"数字化"，如图 1 所示。

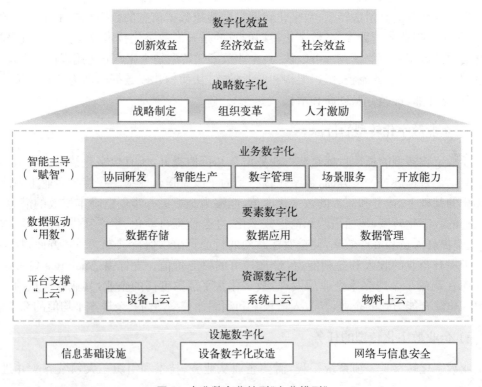

图 1 企业数字化转型"六化模型"

（一）战略数字化

战略数字化是企业数字化转型的思想引领。企业领导层应当把数字化转型作为系统工程，在理念统一、目标设定、路径选择、要素投入等方面进行统筹规划、顶层设计和系统推进，建立一把手负责制的数字化转型实施团队,构建符合数字运行特点的组织机制和激励机制,从体制机制层面保障数字化转型变革创新的成功。

(二)设施数字化

设施数字化是企业数字化转型的基础支撑。企业充分运用5G、物联网、云计算、边缘计算等数字技术,推动硬件设施的系统、接口、网络连接协议等向标准化升级,促使设施具备互联互通和安全防护能力,形成支撑数字化转型的基础底座。主要包括:部署高质量专线、高速以太网等信息通信网络基础设施,对设备、软件、数据采集和应用等进行数字化改造,实现IT网与OT网融合泛在互联和多源异构数据流转;对设施数据的边缘采集和传输;利用专门信息安全技术保障网络环境、数据采集、系统集成等方面的可用性、完整性、保密性检测与管理。

(三)资源数字化

资源数字化是企业数字化转型的必要路线。企业基于"云基础设施+云计算架构"搭建平台,推动生产全过程设备、系统、物料等全资源通过虚拟化、结构化的手段向云端迁移,构建起巨大的资源池,支撑企业高效聚合、动态配置各类资源。

(四)要素数字化

要素数字化是企业数字化转型的关键任务。企业在平台上对数据资源进行统筹规划、统一存储和统一管理,搭建算法库、模型库、工具库,以各类数据融通支撑数据应用创新。主要包括:基于平台对数据进行集中存储;利用平台提供软件工具,推动技术、工艺、方法、知识等显性化形成算法、模型,并根据业务应用需求促进数据流动融通,经分析挖掘实现数据创新应用;基于平台进行数据管理,完善数据采集、数据共享、数据资产化、数据开放利用规则,健全数据治理机制。

(五)业务数字化

业务数字化是企业数字化转型的创新导向。企业基于数据开放利用,推动基于数据驱动的研发、生产、管理、营销、服务等业务流程的变革创新,逐步把数据作为价值创造的核心要素,形成新的数字业务和增值空间。主要包括协同研发、智能生产、数字管理、场景服务、能力开放等方面。

(六)数字化效益

数字化效益是企业数字化转型的价值体现。一是创新效益,企业通过数字化,在提升核心技术创新能力、缩短研发创新周期、促进创新成果产业化等方面取得成效。二是经济效益,企业通过数字化实现"两增一减",即节约成本、降低库存、降低能耗等节本降耗效益,技术、规模、管理、配置等效率提升,产品质量升级、服务内容升级、品牌价值升级等效益增值。三是社会效益,即带动社会就业等方面的社会责任和价值升级。

三、企业数字化转型的注意事项

企业需要从企业核心目标出发,系统认知,总体规划,分步实施,最终实现全面数字化转型。

（一）系统分析现状避免盲目转型

企业在实施数字化转型之前，需要企业对自身数字化基础现状进行剖析，客观分析技术基础对业务的支撑情况，明确企业发展的瓶颈及突破方向。主要包括三方面：一是梳理企业健康状态，包括业务运营、财务情况、人员组织、创新研发等各方面；二是评估现有数字化基础，主要考量企业目前已经具备的数字化能力，包括现有 IT 架构、硬件设备、软件系统、企业已有数据及其存储状态与融合状态、IT 人才储备及擅长领域等；三是梳理企业对数字化转型的需求，需求的收集范围要覆盖企业的研发、测试、生产、营销、销售、人事、办公、采购、客服、运维等全流程与全部门，整合分析后进行分类聚焦，明确企业的核心需求，为企业数字化转型提供方向，避免企业盲目转型。

（二）总体规划和渐进式转型

企业数字化转型应遵循总体规划、局部先行的原则进行实施。企业可以根据自己的实际情况和阶段性目标，从某一环节入手，渐进式地进行数字化转型。例如，从业务部门出发，针对明确的需求和瓶颈，利用数字化工具，解决相应的问题，为该部门带来直接的收益增加、成本削减和效率提升。在此基础上，再逐步进行全面的数字化部署，以期消除信息孤岛，实现跨越式的改进。此外，对于已经进行数字化转型的企业，也需要不停地调整和更新，使各部门保持自身数字化能力的扩张。

（三）数字化技术落地需符合实际需求

数字化是企业发展升级的必经之路，企业在决定进行数字化转型时需要选择适合自己发展情况和行业属性的工具，而非贪大求全。对于中小型企业和初创型企业，可以直接采用云部署、成本较低、快捷易用的 SaaS 和 PaaS 产品；对于已经具备一定信息化基础的企业，可以在已有的 ERP、CRM、OA、HR 等系统上，进一步打通和改进，以增强企业数字化能力。对于具备不同行业性质的企业，可以根据其核心需求，有的放矢地部署云原生架构、IoT 技术和数字中台等。

参考文献：

［1］ 艾瑞咨询.2021 年中国企业数字化转型路径研究报告［R］.澎湃新闻,2021.

［2］ 高婴劢.六个"数字化"助力企业数字化转型［N］.人民邮电报,2021-06-03(007).

【拓展阅读】 安联保险：数字化转型的五大支柱

安联保险集团为实现"完全数字化"目标,提出"数字默认"(Digital by Default)和"技术卓越"(Technical Excellence)战略,并设立了五大转型支柱：全球数字工厂(Global Digital Factory)、全球数字合作伙伴(Global Digtal Partnerships)、完全数字业务(Digital PurePlay)、投资初创企业(AllianzX)、高级商业分析(Advanced Business Analytics),从多角度实现数字化转型,如图 1 所示。

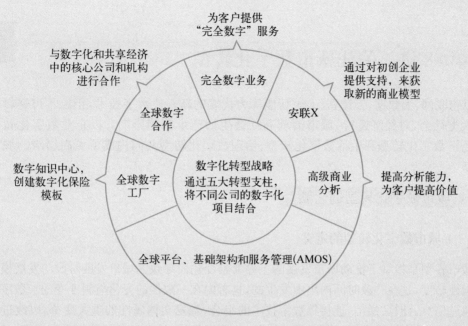

图 1　安联集团数字化转型的五大支柱

战略支柱一：全球数字工厂。全球数字工厂是指包括产品沟通设计、客户体验、标的物分析等产品生产流程及 IT 系统搭建的一整套体系。安联全球数字工厂高度去中心化,由不同国家专家和技术人员组成的客户体验专家团队,在这一段时间内完成用户需求探索,跟踪数字化进程,将用户概念转化为数字型解决方案,将解决方案推广到其他国家的全过程。在全球数字工厂中的各种资源是开放给各个团队的,可以放到本地系统里,根据不同的实体需求进行相应调整。从创意的提出到数字化解决方案的完成只需 6～8 周的时间。

战略支柱二：全球数字合作关系。安联与全球的合作伙伴一起建立了技术平台,平台上有来自美国、中国等不同国家的专家,所有的合作伙伴组成一个大的公司,一起推进全球数字化。

战略支柱三：完全数字业务。安联运用 AI、大数据等技术,搭建了自己的模型,若是用户车辆发生事故需要索赔,都可以通过互联网完成。

战略支柱四：投资初创企业。2016 年,安联成立一个独立的平台——AllianzX,AllianzX 被称为"公司建设者",致力于打造"保险技术领域识别、构建全球化的新兴业务模式"。

战略支柱五：高级商业分析。安联开发了诸多高级商业分析的工具,组建了数字工程师、平台分析师队伍,用 AI、大数据等技术,希望创造一个数据分析的网络,将整个集团的内容、战略以及在不同国家的调整等各个维度的数据都能够整合起来。

资料来源:董兴荣,姚顺意.安联保险:数字化转型的五大支柱[EB/OL].[2023 - 04 - 01].财资一家.https://www.treasurychina.com/post/1671.html.

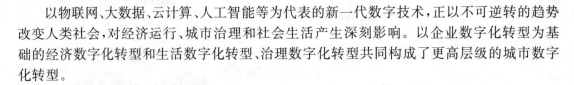

第88讲　关注城市数字化转型

以物联网、大数据、云计算、人工智能等为代表的新一代数字技术，正以不可逆转的趋势改变人类社会，对经济运行、城市治理和社会生活产生深刻影响。以企业数字化转型为基础的经济数字化转型和生活数字化转型、治理数字化转型共同构成了更高层级的城市数字化转型。

一、城市数字化转型的内涵

（一）城市数字化转型的定义

城市转型是指基于推动城市发展的主导要素变化而导致的城市发展阶段与发展模式的重大结构性转变，是在一段时间内集中发生的，具有内在一致性的变化与制度变迁。数字化转型是指通过信息、计算、通信、连接等数字技术的组合，触发实体属性的重大变革，以改进实体的过程。当前，数字技术发展日新月异，数据成为驱动经济、社会发展的重要生产要素，各类算法也正在不断改变人类生活的方方面面。因此，未来城市的转型发展，应在基础设施先进、信息网络畅通、科技应用普及和数据要素驱动的基础上，实现生产生活更加便利，城市管理更加高效，公共服务更加完备和生态环境更加优美。

基于上述理论基础，可以把城市数字化转型定义为：由数字技术和数据要素驱动的城市发展模式与实体形态的结构性转变，覆盖经济产业、社会生活、政府治理等诸多方面的全面转型。城市数字化转型强调通过数字技术手段，进行场景再造、业务再造、管理再造和服务再造，从而倒逼城市管理手段、管理模式、管理理念深刻变革，推动城市各领域全方位的流程再造、规则重构、功能塑造和生态构建。

（二）城市数字化转型的内容

不同城市有着不同的发展理念，有着不同的资源禀赋，有着不同的建设方案，所以其数字化转型也会各有理解各有特点。2020年11月上海提出要全面推进城市数字化转型，努力打造具有世界影响力的国际数字之都，并于年底公布《关于全面推进上海城市数字化转型的意见》，认为城市的发展要以经济发展为主体，以城市治理为保障，以满足人民美好生活需要为目标。因此，城市数字化转型包括经济数字化转型、生活数字化转型和治理数字化转型三大领域，并且三者相辅相成。

1. 经济数字化

经济数字化转型形成新供给，有助于提高经济发展质量，为生活数字化和治理数字化转型提供数字技术条件和经济基础。数字经济是新的经济形态，在世界范围内引发了新一轮产业变革。数字经济为政府运用大数据、云计算等信息技术，提升政府监管水平与服务能力创造了条件和工具。政府可以利用企业的优势技术对政府内部运作进行迭代升级，同时与企业合作，借助其行业经验和用户基础，共同为公众提供优质、精准、全面的公共服务。因此，要加快推动数字产业化、产业数字化，放大数字经济的辐射带动作用。

2. 生活数字化

生活数字化转型满足新需求,有助于提高城市生活品质,满足市民对美好生活的需求,是经济数字化和治理数字化的落脚点。数字化发展从需求端倒逼企业生产活动改变,使以用户为中心的理念从一句营销口号转变为企业经营的价值判断。在数字时代,公民即用户也成为政府数字化转型的重要逻辑,提升公民的使用体验和便利性感知,成为政府数字化转型的重要出发点和目标,进而有利于加强政府与公众之间的联系,真正实现政府以民为本、以人为中心的社会公共服务价值。数字技术在教育文化、医药卫生、社会保障、社区生活以及环境治理等领域广泛应用,有助于推进政府公共服务更加均衡化、普惠化和便捷化,更好地满足人民群众对美好生活的需求。

3. 治理数字化

治理数字化转型优化新环境,有助于提高现代化治理效能,为经济数字化和生活数字化转型提供良好的制度供给和发展环境。数字政府的兴起,是政府部门对经济演进到数字形态的自我适应,也是深化改革赋能数字经济发展的关键举措。大数据时代为传统的社会治理增加了发展过程中的无限可能与数字动力。政府可通过向社会开放公共数据,供社会进行增值利用和创新应用,创造巨大的公共价值,推动数字经济和数字社会的发展。

二、城市数字化转型与智慧城市建设

在上海提出城市数字化转型之前,国内外不少城市都致力于推动智慧城市建设。一般认为智慧城市包含六个方面的内涵:智慧经济、高效政府、舒适生活、便捷交通、创新服务和宜居环境。智慧城市发展主要有三个方向。第一类是公共服务的优化和增强,包括政府信息的公开,医疗、教育、交通、市政管理等;典型城市如瑞典斯德哥尔摩,由于北欧城市企业普遍具备较强的创新能力,因而政府的智慧城市工作重点在于基础设施提升。第二类是加速推动已有传统产业的创新转型升级,典型城市如德国斯图加特,斯图加特是传统汽车工业城市,在科技创新迅猛发展的今天,需要进行产业转型升级。第三类是培育新兴产业,典型城市如以色列特拉维夫和新加坡等,其智慧城市的发展重点放在初创企业的培育上。

城市数字化转型不完全等同于"智慧城市建设"概念。一方面,"建设"是一种从无到有的过程,更多强调的是技术、硬件和实物的建设,而"转型"则强调对原有形态的转变,需要协同推进技术、制度、规则、功能、生态等各个方面的转型。从早期智慧城市建设的样板城市中不难看出,智慧城市建设的重点通常在公共服务、产业转型、城市创新三大领域中,要么选择其一重点发展,要么各自发展。智慧的软硬件基础迅速发展,但城市、企业和居民在智慧化路径上没有形成有机整体,从技术到应用场景的转化不畅通。另一方面,城市数字化转型还需要与城市的其他发展目标有机融合,包括创新城市、人文城市、知识城市、生态城市、低碳城市、韧性城市等,因此,城市数字化转型不仅是在智慧城市建设基础上的融合应用,更是包含了新发展理念下的数据驱动经济、生活、治理等方面的全面融合与提升,体现了"以人为本"的发展理念。

三、城市数字化转型的关键问题

城市数字化转型是建立在数字基础设施和数字技术应用基础之上的经济、生活与社会治理重塑,本质上是以数据驱动城市转型发展。数据流通、数据安全,以及数字技术应用中的数字鸿沟问题,成为城市数字化转型发展中的关键问题。

管理信息系统(第三版)

(一) 数据流通

数据要素的共享与流通是释放数字动能的基础。在经济、生活与治理数字化转型过程中，数字设备和数字技术的应用，使个人、企事业单位和政府部门等主体积累了海量数据，并且这些数据通常只服务于少数部门和个别领域，很少为其他人服务。而数据只有在流通与应用中才能创造价值，因而需要打破数据孤岛，促进数据流通，实现不同维度的数据融合，挖掘数据更大的潜在价值。当前数据的共享、开放、流通和应用程度还远远不够，距离最大限度发挥数据价值，实现全社会的数据共享还存在巨大的鸿沟。因此，促进数据共享与流通成为城市数字化转型的基础性问题。

(二) 数据安全

数据安全与隐私保护是保障数据要素安全合法应用的前提。企业的核心研发和经营数据事关企业生存发展，而政府公共数据和一些机密数据更是涉及国家经济和主权等领域安全，并且个人隐私也成为社会越来越关注的问题。因此，数据安全成为城市数字化转型发展首要考虑的问题。如果没有安全作为前提，数据拥有者就不敢对外提供数据，数据使用者也会担心违法使用带来风险，甚至危害国家安全。此外，对企业来说，不仅要防止数据泄露，更要防范违法违规风险。例如，欧盟制定的《通用数据保护条例》(GDPR)，如果企业违法使用数据，将会面临巨额处罚。随着城市数字化转型发展，各类数据不断被打通、共享，一旦发生泄密，很可能会涉及上亿条数据。因而，数据安全不仅是保护个人隐私、企业敏感数据、政府机密数据，还包括利用数据对生产、销售等状况进行监测，指导经营管理，控制风险，将数据作为企业健康发展的保障。

(三) 数字鸿沟

城市数字化转型需要关注数字鸿沟问题，不能忽视需求导向，为了数字化而数字化。如果数字化转型只是针对数字优势群体，让这部分人变得更强大、更便利，而对老年人、低技能等弱势群体的生活造成严重不便的影响，使这些群体变得更弱势、更边缘化，那么就会导致数字鸿沟的扩大，影响社会公平甚至和谐稳定。因此，城市数字化转型要以实现数字包容为目标，建立以人民为中心的数字化转型，把人本价值作为推动城市发展的核心取向，作为改进城市服务和管理的重要标尺，作为检验城市各项工作成效的根本标准，让技术和城市"为人而转"，而不是让城市和人"被技术转"。

参考文献：郑磊. 城市数字化转型的内容、路径与方向[J]. 探索与争鸣，2021(4)：147－152.

【拓展阅读】　如何破解数据流通与应用难题

破解数据流通和数据安全保护难题，应从技术赋能和治理升级两方面着手，充分利用和发挥各种关键技术的作用，促进技术和治理双管齐下。

1. 以技术赋能跨越数据流通障碍

现行的数据流通与应用难题，在监管制度与创新思路指导下，最终都可转化为技术实现问题。应充分发挥技术赋能作用,建设数据公共平台,推进数据所有权和使用权分离,围绕数据"可用不可见"以及"规定用途与用量"的原则,运用区块链技术、多方安全计算技术、联邦学习技术等安全隐私保护技术,有序推进政府数据开放,促进各类数据交易流通和合规利用,在保护数据安全与隐私的前提下,提升数据配置效率。

2. 以治理升级保障数据应用合规

从治理层面,加强对数据流通与应用的管理。一是以技术手段,完善数据安全、数据质量等方面的标准规范,推进政府公共数据、科学数据以及数据交易市场的规范运行。二是依托行业协会组织制度优势,通过建立自律公约或行业标准,统一数据交易的过程标准、技术标准、质量标准、定价标准,规范行业内和行业间数据交易;发挥接受媒体和社会监督作用,着力构建多方共治体系,推动数据交易监管运行机制的完善与落地。三是加强对技术的治理,坚持"科技向善、以人为本"导向,推进数据立法,在制度框架下创新技术手段,制订各类机构数据活动的技术准则,落实数据安全规约。2021 年 6 月 10 日,《中华人民共和国数据安全法》正式发布,为规范数据处理活动,保障数据安全,促进数据开发利用,保护个人、组织的合法权益,维护国家主权、安全和发展利益提供了法律依据。

第十一章　新产业、新业态与新商业模式

第89讲　VR、AR、MR 与元宇宙

近年来,以虚拟现实(VR)、增强现实(AR)和混合现实(MR)为代表的 XR 技术在国内外发展迅速。经过多年的技术储备和市场酝酿,VR、AR 与 MR 产业发展日益成熟,引起了社会广泛关注。同时,与 XR 技术密切相关的元宇宙概念也悄然兴起。

一、VR、AR 与 MR

(一) VR 简介

虚拟现实(Virtual Reality,VR)是指综合利用计算机图形系统和各种现实及控制等接口设备,在计算机上生成的、可交互的三维环境中提供沉浸感觉的技术。VR 是利用现实生活中的数据,通过计算机技术产生的电子信号生成一种模拟环境,用户借助各种各样的头戴显示器等设备,将其与各种输出设备结合,使其转化为能够让人们感受到的现象,并与数字化环境中的对象进行交互,从而产生亲临对应真实环境的感受和体验。这些现象可以是现实中的物体,也可以是通过三维模型表现出来的虚拟物体。因为这些现象不是我们直接所看到的,而是通过计算机技术模拟出来的现实中的世界,故称之为虚拟现实。

VR 的主要特征表现为:(1) 沉浸感(Immersion),即用户感觉到自己在虚拟世界的存在程度,包括感知视觉、听觉、力反馈等方面,这是 VR 技术最主要的特征;(2) 交互性(Interaction),即用户对虚拟现实中对象的可操作程度和从虚拟现实中得到反馈的自然程度,主要借助专用设备(如操作手柄、数据手套等)产生,以手势、身体姿势、语言等自然方式,实现如同在真实世界中一样操作虚拟现实中的对象;(3) 超现实(Imagination),在 VR 里,可以再造一个完全虚拟的世界,因此 VR 除了对沉浸感更好的仿真,还可以让体验者体验很多平时体验不到的场景和经历。

VR 实现的关键技术主要包括:动态环境建模技术、实时三维图形生成技术、立体显示和传感器技术、应用系统开发工具和系统集成技术等。随着 VR 技术的不断发展,各行各业对 VR 技术的需求日益旺盛,VR 技术也取得了巨大进步,并逐步成为一个新的科学技术领域。

(二) AR 简介

增强现实(Augmented Reality,AR)是一种实时地计算摄影机影像的位置及角度,并加上相应图像的技术,将虚拟三维模型动画、视频、文字、图片等数字信息,实时叠加显示到真实场景中,并与现实物体或者使用者实现自然互动的人机交互。也就是说,AR 通过技术手段,将虚拟的信息应用到真实世界,真实的环境和虚拟的物体实时地叠加到了同一个画面或空间。AR 可以利用已有的真实环境,为用户提供一种复合的视觉效果,使用户观察到的真实世界同计算机产生的虚拟场景相融合,当真实场景移动时,虚拟物体也随之发生相同变化,就好像这些虚拟物体是真的存在于真实场景中一样。AR 可广泛应用于商业场景,如某一个商场有一个 AR 衣橱,你到这里买衣服,只需要拿着衣服到一面 AR 镜子前,衣服就穿到你的身上了,你还可以转身、走动,省去了排队试衣服的环节。

管理信息系统(第三版)

AR有三大特点：（1）融合虚拟和现实，即将计算机生成的虚拟物体和信息叠加到真实世界的场景中来，实现对现实场景更直观深入的展现；（2）实时交互，使用者通过AR系统中的交互接口设备，可以实现自然方式与增强现实环境的实时交互操作；（3）3D注册，即将计算机产生的虚拟物体与真实环境进行一一对应，且用户在真实环境中运动时，也将继续维持正确的对准关系。

（三）MR简介

混合现实（Mixed Reality，MR）是VR技术的进一步发展，并结合VR与AR的优势，通过在虚拟环境中引入现实场景信息，在虚拟世界、现实世界和用户之间搭起一个交互反馈的信息回路，以增强用户体验的真实感。MR是一组技术组合，包括增强现实和增强虚拟，是合并现实和虚拟世界而产生的新的可视化环境，在新的可视化环境里，物理和数字对象共存并实时互动。

MR是合并现实和虚拟世界而产生的新的可视化环境，新的可视化环境里物理和数字对象共存，并实时互动。MR同AR一样，具有融合虚拟和现实、实时交互和3D注册的特征，并且MR真实场景和虚拟场景自然地融合在一起，发生具有真实感的交互，并且虚拟场景的显示效果接近真实场景，不容易辨别。MR的实现需要在一个能与现实世界各事物相互交互的环境中，MR的关键点是与现实世界进行交互和信息的及时获取。MR是一个快速发展的领域，并已应用于工业、教育培训、娱乐、地产、医疗等行业领域。

MR与人工智能（AI）和量子计算（QC）被认为是三大未来将显著提高生产率和体验的科技。随着人类科技的迭代发展，尤其是5G网络和通信技术的高速发展，MR的应用将得到进一步发展。

二、VR、AR、MR三者异同

VR、AR、MR三种技术都属于数字感知技术，利用数字化手段捕获、再生或合成各种来自外部世界的感官输入，从而达到一种身临其境的沉浸感和交互效果。这里主要从表现形式和技术实现两个方面对三者关系加以辨析。

（一）表现形式方面

VR是利用计算机技术，创造了一个虚拟场景，VR强调的是沉浸感，完整的虚拟现实体验，用户进入VR场景就完全置身虚拟世界，交互性是VR非常重要的方面，用户可以和整个虚拟场景交互，感觉身处一个具有完整体验的世界之中。简而言之，VR实现的是一个完全虚拟的场景。

AR是把虚拟事物叠加到现实世界，用户借助AR设备，感受到的全是真实的场景，AR把这些智能计算机设备所产生的虚拟数字层套在真实世界之上，让用户看到比以肉眼看到的世界信息更多。AR技术让用户在观察真实世界的同时，能接收和真实世界相关的数字化的信息和数据，从而对用户的工作和行为产生帮助。因此，AR场景既包含真实世界，也包括虚拟世界。VR要求尽可能多地隔绝现实，AR要求尽可能多地引入现实。

MR是把虚拟物体和现实物体都进行再次计算，把虚拟物体和现实物体混合到一起，让用户难以分辨真假，并且MR需要遵循真实世界的部分物理规则，使得人的感知器官能够很好地捕获附加的光学信息。MR和AR都要求尽可能将现场的画面融合进来，而且都需要对现场进行实时理解,然后将计算机生成的虚拟图像相关性地融合进去,因此,对现场增强是 MR 和 AR 的相同点。AR 对虚拟图像的真实感不做严格要求,但越真实越好,而 MR 对虚拟图像具有严格的真实感要求,因此 AR 的定义比 MR 更加宽泛,MR 比 AR 更加严格。

(二)技术实现方面

VR 的核心技术基本都集中在计算机图形领域,需要解决的是图像运算问题和硬件设备性能的问题。AR 的核心技术在环境识别领域,也就是程序怎么知道摄像头正在拍摄的东西是一张人脸还是一棵树,此外还需要一套算法来把虚拟的物体显示在合适的地方。在算法功能上,AR 比 VR 实现要难,但反过来对于硬件的需求反倒比 VR 要低,因为它只需要运算虚拟部分的物体,而不需要进行整个场景的渲染。MR 则需要在 VR 和 AR 技术基础上,遵循真实世界的部分物理规则,使得人的感知器官能够很好地捕获附加的光学信息。

三、VR、AR、MR 的影响

AR、VR、MR 等技术的快速发展,在一定程度上改变了消费者、企业与数字世界的互动方式。目前 AR、VR、MR 等技术已广泛应用在休闲娱乐、医疗健康、教育培训、生活服务和工业生产等领域。AR、VR、MR 应用的影响主要表现在以下方面。

(一)增强消费者体验

AR、VR、MR 技术通过对虚拟和现实世界的模拟、交互,都能给消费者带来更好的感官体验,把用户期望从 2D 世界转移到沉浸感更强的 3D 世界。如 VR 在电子商务中的运用,可以使消费者更加直观地感受产品的外观、性能等;AR 运用在商场购物,使消费者可以免去试穿、试用的烦琐;MR 在室内设计的应用,能够让人直接感受未来家的样子。

(二)拓宽工业领域实现

工业领域是目前对于混合现实技术需求最强烈的部门。随着工业 4.0、智能制造等概念的推广,越来越多的企业开始寻求智能化的工业升级技术,希望以技术赋能产业,为企业创造新的价值。混合现实技术因其可以与真实环境、真实物体进行良好结合的特性,逐渐被大家所接受,并成为提升生产力的重要工具。例如,MR 技术可以在日常工作的真实环境中为工人提供他们最为需要的信息,包括岗位操作培训、设备维护手册、IoT 数据展示,以及远程专家指导等。

(三)改变传统学习方式

AR、VR、MR 在教育培训上的应用可分成三大块:知识传授教育、技能训练和效能支持等方面。如医学院学生戴上 AR、VR 眼镜观看 3D 立体的人体结构及器官,甚至可以"取出"某一器官来做更仔细的观察。在外科手术训练中,学生或实习医生戴上 AR、VR 眼镜,通过 3D 全息解剖程序来对着虚拟尸体进行手术练习。美国军方几年前就开始使用 AR、VR 等科技来训练士兵作战、武器操作,或是维修武器、车辆等装备。戴上 AR 眼镜,运用 AR 来进行武器操作训练或装备维修可以避免误操作,同时可以提升训练及维修速度,新进士兵也可以很快上手。

四、元宇宙

2021 年被称为"元宇宙"元年,"元宇宙"成为科技圈和资本圈大热的话题。国外 Facebook、微软、英伟达等科技公司纷纷布局,国内腾讯、字节跳动等公司纷纷进入相关领域。2021 年 10 月 28 日,Facebook 正式宣布改名为 Meta,以专注于元宇宙业务,再次引爆了元宇宙概念。元宇宙(Metaverse)概念最早出现在 1992 年美国作家尼尔·斯蒂芬森的科幻小说《雪崩》中,小说描绘了一个平行于现实世界的虚拟数字世界——"元界",现实世界中的人在"元界"中都有一个虚拟分身,人们通过控制这个虚拟分身来相互竞争以提高自己的地位。

当前科技界对元宇宙并无一个公认的权威定义。从技术角度看,元宇宙是将 XR 技术、互联网、游戏、社交网络融合在一起,衍生出的下一代互联网形态。可以认为元宇宙是在传统网络空间的基础上,构建形成的既映射于又独立于现实世界的虚拟世界,把网络、硬件终端和用户囊括进一个永续、广覆盖的虚拟现实系统之中,系统中既有现实世界的数字化复制物,也有虚拟世界的创造物。

尽管对元宇宙的认识还在争论之中,但元宇宙所具有的基本特征已得到业界的普遍认可。其基本特征包括:沉浸式体验,低延迟和拟真感让用户具有身临其境的感官体验;虚拟化分身,现实世界的用户将在数字世界中拥有一个或多个 ID 身份;开放式创造,用户通过终端进入数字世界,可利用海量资源展开创造活动;强社交属性,现实社交关系链将在数字世界发生转移和重组;稳定化系统,具有安全、稳定、有序的经济运行系统。

元宇宙是一个开放、复杂且巨大的系统,它涵盖了整个网络空间以及众多硬件设备和现实条件,是由多类型建设者共同构建的超大型数字应用生态。而目前元宇宙仍处于行业发展的初级阶段,无论是底层技术还是应用场景,与未来的成熟形态相比仍有较大差距,尤其是 XR、区块链、人工智能等相应底层技术,技术局限性是元宇宙目前发展的最大瓶颈,但这也意味着元宇宙相关产业可拓展的空间巨大。随着元宇宙从概念走向现实,我国需要在技术、标准、法律等方面做好前瞻性布局。

【拓展阅读】　VR 在工业领域的应用

VR 在很多行业里都有典型应用,工业领域是非常重要的应用场景。

1. 工厂设计规划

在工厂设计阶段,通过 VR 设备,设计师与其他参与项目的人员可以虚拟地在厂房中观测与审核。这可以预知工人与工程师在工厂中是否可以舒适与高效地工作。在厂房设计阶段,设计师和管理者可以在同一环境下讨论工程布局与行走路线的布局。通过工厂的设计规划,公司可以最大化地提高生产线投产后的能效。

2. 协同设计审核

大型工业设计项目往往需要跨部门合作,例如一个大型的汽车生产线投产,就需要建筑设计团队、工业设计工程师以及市场团队合作,这种类型的大型项目往往需要多人协同设计审核,目前比较流行的 VR 协同设计软件是法国 TechViz 科技公司提供的。该公司的软件可以支持多达 50 人的协调设计审核,团队可以在不同的物理位置对同一个 3D 模型进行审核,并在审核的过程中虚拟打标签,录制视频。

3. 机械设备虚拟装配

在航天与航空行业、汽车行业以及其他工业设计领域,工程师会把精密的机械设备与工程组件在生产前进行虚拟装配。例如汽车发动机与其他组件的装配,钻井平台的机械配件的装配都需要在投产前进行虚拟装配测试。这类测试可以让工程师和设计者发现装配时可能出现的问题,例如装配时人体不能抵达装配区域,或者装配时组件设计缺陷等。

4. 生产线投产预算

通过虚拟测试工业设备组装与厂房设备投产后的使用状况,企业可以精准地预算投产需要的装配费用、人员配置费用,以及投产后的产能与收益。在通过 VR 测试后,企业可以更精准地向投资方申请资金,并高效地提升融资成功率。设备提供方甚至可以邀请投资方进行虚拟参观,以增加投资方的信任度。

5. 多重模型融合

利用 VR 软件,工业设计师可以实现两种主要的功能,其中一种是将 3D 模型融合到虚拟的使用场景中,例如在汽车设计领域,设计师可以将汽车模型融合到行驶场景中,虚拟驾驶汽车。在虚拟环境中使用 3D 模型样机,可以最大化地模拟样机并在投产前改善使用体验。

第 90 讲　短视频为什么能成为品牌标配?

从 2017 年开始,短视频充斥我们的日常生活,使人们的视听内容发生了翻天覆地的变化,并且成为互联网最重要的流量入口之一。短视频打开了品牌与消费者连接的新路径。短视频的爆发式增长,已成为品牌形象建立和内容传播的重要平台,打造"短而精致,简而生动,小而美好"的营销,成为今天企业移动互联网营销的必答题。

一、短视频的发展

短视频即短片视频,是一种互联网内容传播方式,一般是指在互联网新媒体上传播的时长在 5 分钟以内的视频传播内容。随着移动终端普及和网络的提速,短平快的大流量传播内容逐渐获得各大平台、粉丝和资本的青睐。表 1 展示了国内部分短视频应用的发展情况。我国的短视频行业发展,大致经历了萌芽期、成长期、爆发期及格局成形期几个阶段。

第一个阶段,萌芽期(2011—2013 年),该阶段涌现出一些国内短视频平台的雏形,主要包括快手、秒拍、微视(前身),用户手机视频使用率逐步提高,但体量有限,用户生成内容(UGC)视频已有一定发展的环境基础,在优酷、土豆、酷 6 等主流视频平台上,已有相当数量的拍客上传分享视频。

第二个阶段,成长期(2014—2015 年),移动网络视频渗透率不断攀升,短视频产品进入发展阶段,尽管未能形成巨大的热潮并产生现象级产品,但关注度已经逐渐攀升,移动视频的渗透率快速提升。如 2014 年由微视、美拍及秒拍发起的"全民社会摇""冰桶挑战"等活动,引起了相当大的关注和参与热潮。

第三个阶段,爆发期(2016—2017 年),国内短视频平台爆发涌现,短视频行业发展活跃,PGC、MCN 等机构入局短视频,短视频内容专业化程度提升,行业发展走向正规化。抖音、火山小视频、百度好看视频、梨视频、西瓜视频等纷纷于这个阶段上线,淘宝上线"微淘视频",同期百度推出"秒懂百科"。短视频内容数量和内容创作者数量均快速增长,MCN 机构、专业媒体人等纷纷转向短视频领域。

第四个阶段,格局成形期(2018 年至今),短视频行业发展格局逐渐成形,抖音和快手双巨头领跑,各互联网巨头平台纷纷形成自己的短视频矩阵,MCN 与短视频平台合作生态日益成熟,短视频平台的商业化加速。2018 年,百度、腾讯、阿里、微博、字节等互联网巨头持续在短视频领域发力,各互联网巨头已经基本形成自己的短视频矩阵。

表 1 国内主流短视频应用

产　品		上　线　时　间	公　司
	抖音短视频	2016 年 9 月	北京字节跳动科技有限公司
	西瓜视频	2016 年上线 2017 年 6 月改为西瓜视频	
	抖音火山版	2017 年上线	
	快手	2011 年 3 月上线 2012 年 11 月转为短视频社区	北京快手科技有限公司
	微视	2013 年 9 月	腾讯科技有限公司
	好看视频	2017 年	百度有限公司
	美拍	2014 年 5 月	厦门美图之家科技有限公司
	秒拍	2013 年	炫一下(北京)科技有限公司
	小咖秀	2015 年 5 月	

二、短视频兴起的原因

互联网时代,短视频的兴起不是偶然,其迅速发展的背后有着必然的技术与社会因素。

（一）多元化内容生产促进了短视频发展

短视频内容的生产分为 UGC 模式和 PGC 模式两类。UGC（User Generated Content）模式是指用户原创内容，UGC 模式无需投入太大的成本，UGC 的制作门槛较低，对于技术方面要求不高，所以深受"草根用户"们的喜爱。短视频制作者通过平台发布原创的视频内容后，在受众点赞、评论等互动之后，能第一时间接收提醒，对创作者作品的认同、赞赏，满足了制作者的社交需求、归属需求以及自我实现需求。在这一过程中，创作者身份不断得到认同和强化，用户对短视频这一形式的接受度和熟悉度也随之加深，将尝试性行为转化为习惯性行为。随着越来越多的观看者向创作者转化，短视频行业的第一波引流也得以实现。

PGC（Professional Generated Content）是指专业机构制作的内容，PGC 短视频内容生产更加专业，制作上更加细致精良，对于播出的短视频内容不仅有选题上的策划，更有传播途径的运营规划。专业内容生产团队对视频的专业性、策划性要求更高，它了解观看者喜欢什么样的内容，在将观看用户转化为粉丝后，又可以持续地与粉丝进行互动，持续地经营已有的有效流量。对于内容型产品而言，UGC 的作用主要是促进内容生成与流通，而内容的质量和社区的氛围决定着用户的黏性，随着短视频市场逐渐成熟，PGC 的竞争力随之凸显。尽管 UGC 共享了平台 90% 以上的内容，但是从播放量看，排名靠前的短视频中 PGC 占比达 90%。

（二）MCN 机构强化了短视频传播效果

MCN 即多频道网络（Multi-Channel Network），相当于内容生产者和平台之间的中介。MCN 不生产内容，只是将众多力量薄弱的内容创作者聚合起来建立频道，帮助他们解决推广和变现的问题，最后再以一定的比例与创作者分成。MCN 是一种多频道网络的产品形态，基本组织架构包含运营、商业变现，将 PGC/UGC 内容联合起来，在制作、交互推广、合作管理、资本等方面的有力支持下，保障内容的持续输出，可以最终实现商业的稳定变现。MCN 相较于 UGC 或者 PGC 的优势在于，MCN 机构能够最大限度地将各领域的优秀人才组织在一起，充分发挥团队之间的协同作用，从创意策划、内容筛选、方向确定、运营推广等短视频行业的每一个环节都能够有对应的专业人员来操作，在团结协作的基础上进行更加细致的分工划分。

MCN 的专业化发展，使短视频行业的内容开始向多元化的方向发展，更让内容呈现出"众生态"的现象，内容生产者不再是简单的 UGC、PGC，而是专业化联盟中具有群体性和专业化的内容生产者，MCN 机构的分工与协作，让短视频行业从个人化生产向工业化的工厂式生产迈进，促进了短视频的传播与兴起。

（三）碎片化时间利用增强了用户黏性

随着互联网的高速发展，人们娱乐的方式越来越多。最初，观看短视频只是作为人们在闲暇时用来娱乐的一种方式，人们在学习工作之余的碎片时间，利用短视频 APP 观看或者拍摄短视频。后来，随着短视频平台运营模式的探索，慢慢演变成电子商务活动的一种重要形式。与其他娱乐消费领域用户数据相比，丰富的优质内容和用户碎片化的使用习惯，共同促进了短视频用户的黏性，使用户对短视频产生依赖性。

随着碎片化时代的到来，人们的注意力也越来越稀缺。短视频能够很好地满足用户的碎片化时间需求，调动起用户在空闲时间使用软件的积极性。在内容时长上，用户更喜欢观看1～3 分钟的短视频，相比 30 秒到 1 分钟的短视频更具有内容度，同时也在用户注意力时限的合理范围内;而3~5分钟内容过长,对剧情节奏等要求较高,用户接受程度一般。

(四)社交属性满足了用户情感需求

短视频的社交属性满足了用户对于人际交往的需求,为用户搭建了信息获取和娱乐消遣的平台以及自我价值实现的需求,促进了短视频的发展。短视频APP作为典型的社会化媒体,很好地传递着社会与社交圈的信息,在资讯以及社会化新闻领域拓展着资源。短视频APP为"草根"用户提供了自主内容生产的平台,互联网的广泛传播特性更为广大用户提供了走红的机会。秒拍等各大短视频APP在推广之初,都运用了大量的明星和"草根"名人助力推广,快速地在粉丝圈内进行传播,聚焦了人们对短视频这一新兴应用的关注。

随着移动端应用的兴起,人们越来越倾向于随时随地不受限制地第一时间分享个人动态。短视频可以更加直观地满足用户的表达以及沟通需求,同时满足人们展示以及分享的诉求。通过短视频拍摄生活的片段并分享给平台内好友,或者上传至微信、微博等社交平台,实现了用户心理的满足。短视频平台提供的点赞、评论等功能,通过反馈来实现用户的社交需求,用户可以通过被点赞、转发、评论等实现成为流量网红的梦想,满足实现自我价值的需求。

三、短视频商业模式

随着短视频产业的发展,短视频平台的流量变现模式逐渐清晰,使短视频成为品牌的标配。一方面,短视频为品牌提供了良好的形象塑造平台,品牌方可以利用内容创作等形式,提升品牌的知名度,并且短视频具有的广告营销、电商营销、内容付费等商业模式,促使品牌形成更为多元化的营销体系。另一方面,品牌方与KOL以及MCN机构的合作,提升品牌的宣传流量,同时,短视频平台激发了用户的非计划性消费。以往消费模式下用户主动搜索购买产品,是"人找货"的购买模式,而短视频平台通过算法实现"货找人",将合适的产品推荐给有需要的人,让用户沉浸在这种信息推荐中,提升品牌宣传的转化效率。目前,短视频平台已形成广告营销、短视频电商和内容付费等商业模式。

(一)广告营销

广告是注意力经济下平台内部流量价值转化为商业价值的重要手段。短视频的广告营销主要靠传统广告和与原生化广告。(1)传统广告。短视频广告主要以开屏广告、横幅广告以及插屏广告为主。开屏广告是一种在App启动时展示时间短暂的全屏化广告形式,这种广告展示在应用刚刚开启时,用户的注意力非常集中,特别适合广告主进行品牌曝光宣传。横幅广告又称旗帜广告,它是横跨于网页上的矩形公告牌,当用户点击这些横幅的时候,通常可以链接到广告主的网页。插屏广告即触发式广告,在用户做出相应的操作(如开启、暂停、切换、退出)后,弹出的以图片、动图、视频等为表现形式的半屏或全屏广告。(2)原生化广告。原生化广告又分为形式原生和内容原生。形式原生即与平台浏览形式相一致的广告,通常是APP内容的一部分。内容原生即品牌和内容创作者合作,制作短视频创意广告,达到广告投放的效果,娱乐性和可接受性更强,不易引起用户反感。

(二)短视频电商

短视频电商是基于短视频内容和交互特点而形成的变现模式。短视频内容创作者将商品橱窗链接展示在视频下方,或者直接将用户吸引到自己的店铺里,用户通过动态视频全方位感受商品的各种属性(外观、功能等),激发购买欲望,通过直接点击商品链接,跳转至相应的电商平台,完成购买请求,如抖音的商品橱窗功能。

目前短视频电商发展迅猛。一方面,平台不断优化从短视频内容导入电商的消费体验,即用户在观看短视频时,平台支持用户点击相关帖片即可直接跳转到交易界面进行消费,大大缩短了电商转化的路径。另一方面,交易平台对 MCN 机构的扶持,也起到了催化作用,例如,淘宝上线 MCN 管理系统,为 MCN 提供成员管理、商业变现、数据分析等功能,对于入驻淘宝MCN 管理后台的机构而言,能够更方便地得到平台所提供的流量资源,在一定程度上,帮助MCN 机构解决了内容生产者的变现难题。

(三) 内容付费

在内容付费的驱使下,文字、语音问答付费已有诸多成功案例。2016 年底,新片场出品“电影自习室”的短视频节目尝试实行了付费制,为魔力 TV 贡献了 200 万元的收入。国内首家视频问答类产品“问视”于 2017 年 3 月上线,在该平台上,所有人都可以展示自己的视频名片并设置提问价格,用 3 分钟的视频解答自己所在专业领域的问题,其他用户可以用付费的方式围观。短视频付费对内容要求极高,随着垂直领域内容的爆发,定位在垂直细分领域的公司能够更加紧密地结合行业资源形成具有辨识度和稀缺性的价值,完成从提供信息到提供内容,最后转变为提供服务的升级。

内容付费的另一模式是打赏。打赏又分两种形式,一种是用户通过平台直接针对短视频内容的打赏,另一种是在直播时,向网红们赠送虚拟礼物,直播主要是以网红和粉丝的对话为主,具有很强的交互性,在很大程度上满足了用户的需求,可以在短时间获得流量高峰及变现。

【拓展阅读】　李子柒视频背后的品牌故事

李子柒,一位 90 后的四川绵阳姑娘,提起她就会让人们联想起美食、乡村、大自然、中国风。李子柒通过打造和宣传这些文化元素,已经成为互联网时代的顶级流量人物。时至今日,李子柒在 YouTube 平台上的订阅粉丝数超过 1 070 万,新浪微博粉丝数超过 2 500 万。2019 年底,众多权威媒体对其发文称赞:人民日报发表评论《文化走出去,期待更多“李子柒”》;新华社发表评论文章《读懂“李子柒”,此中有真意》;央视新闻在评论《我也蛮自豪,因为我就是李子柒作品背景里的一个点》中指出,没有热爱就成不了李子柒。通过短视频,她成功地将田园生活的文化内涵融入“李子柒”这个品牌符号中去了,并且输送给了对这一文化感兴趣的人群,也带动了更多的人去了解这一文化内涵。

传统的广告营销容易局限于单一地讲述品牌故事,而以短视频为载体的内容营销更致力于通过情感和角色 IP 来打动用户,建立起品牌与用户情感之间的纽带。品牌的短视频内容,往往不会刻意修饰,而是以更加场景化、生活化的内容获取用户的共鸣,同时短视频的评论区也可以带动用户和品牌方的交互,使用户更有参与感,更加认同品牌价值与文化。比如李子柒的视频内容与传统意义上的商业广告完全不同，在文化上输出田园生活、乡土美食等元素，在价值观上输出了自给自足、热爱劳动、回归自然的生活态度，这些都使得"李子柒"这一人物 IP 成为这些文化价值符号的代名词，在收获千万级粉丝的同时，成功地向大众输出这些文化价值。

第 91 讲　为什么企业热衷于快反供应链？

英国著名经济学家马丁·克里斯多夫（Martin Christopher）认为：市场上只有供应链而没有企业，真正的竞争不是企业与企业之间的竞争，而是供应链与供应链之间的竞争。供应链管理对一个企业、一个行业甚至一个国家都十分重要。市场的快速变化，导致企业预先制定的预测计划与实际市场需求产生移位。这种移位使滞销和脱销同时增长，滞销部分导致库存的积压，而脱销的部分致使客户需求不能得到满足，导致客户满足率降低。因此，企业需要根据终端市场实际需求的变化，快速调整供应链节点企业预先制定的预测计划，对市场作出快速响应。

一、快反供应链

（一）快反供应链的概念

快速反应（Quick Response，QR）是 20 世纪 80 年代美国纺织服装业发展出来的供应链管理方法，其目的是提高供应链的运作效率，更快地响应顾客多样化的需求。当时美国的服装业供应链中，95％的时间用于储存、装卸、等待加工和运输，造成了大量损失，QR 战略应运而生。QR 基于零售商与供应商之间的合作，双方通过共享 POS 系统信息，共同预测未来需求，对开发的产品进行补货或对新产品进行营销，以便对市场需求做出快速的反应。

快速反应是一种响应状态，即能够按照实时的客户要求，在合适的时间、地点向客户提供合适数量、合适价格和高质量的产品和服务，并且在这一过程中能充分利用各种资源并减少库存，其重点在于增强企业生产的灵活性。QR 是一种管理概念，旨在提高消费者满意度，并在新竞争不断加剧的环境中生存。它旨在缩短从收到订单到交付产品的交货时间，并增加现金流。

快速反应供应链是制造商为了在精确的数量、质量和时间要求条件下，为客户提供产品，将订货提前期、人力、物料和库存的花费降低到最低，同时强调系统的柔性，以满足竞争市场的不断变化，要求供应商、制造商以及分销商紧密合作，通过信息共享，共同预测未来的需求，并且持续监视需求的变化，以获得新的机会。

（二）快反供应链的特点

企业为了增加销售额和利润而不断引进新的产品，而新产品的市场需求往往不确定性大、难以预测，使企业由于缺货或库存积压而产生损失。为了应对这一难题，企业需要加强供应链的反应能力。费舍尔（Marshall L. Fisher）根据反应能力将供应链分为两类：效率型供应链和反应型供应链。效率型供应链采取各种措施降低成本,在低成本的前提下安排订单、完成生产、交付产品,使供应链中的库存最小化、生产效率最大化;反应型供应链强调快速反应,要求迅速把握需求的变化,并及时对变化做出有效反应,两种供应链的特点如表1所示。

表1　　　　　　　　　　　　　　效率型供应链与反应型供应链的特点

	效率型供应链	反应型供应链
基本目标	以最低的成本供应可预测的需求	尽可能快地对不可预测的需求作出反应,减少过期库存产品的减价损失
制造的核心库存策略	保持高的平均利用率 创造高收益,使整个供应链的库存最小化 尽可能缩短提前期成本、质量	配置多余的缓冲能力 配置零部件和成品的缓冲库存 大量投资以缩短提前期 速度、质量、柔性
产品设计策略	绩效最大化、成本最小化	采用模块化设计,尽可能延迟产品差异化

二、如何打造快反供应链

供应链管理实际上是对产品流、信息流、资金流的集成管理,快速的产品流是根本,快速的信息流是神经,快速的资金流是血液。构建快反供应链,就是要对产品流、信息流和资金流进行综合集成管理。

(一)供应链的产品流设计

产品流设计首先在于完善标准化的基本设计,提高标准化半成品的预测准确度,把差异化降到最低,缩短交货周期,提升供应链响应速度。标准化的产品流设计与多品种经营并不矛盾。标准化的基本设计,要求提高标准化半成品预测的精确度,以确保尽快生产出合适的产品。以生产毛衣为例,虽然毛衣产品可能会有几千甚至上万种,但其基本设计却远没有那么多,差异化主要表现在颜色等方面,企业可以生产相当数量的白毛衣,一旦发现某种颜色畅销,就可以将之快速染成这种颜色,通过快速的补货系统,在很短时间内发放到消费终端。

合理的库存配置,有利于实施科学管理,防止产品短缺,提高资金的利用效率,缩短订货提前期,使得企业的经营活动更为灵活。如何做好库存控制已成为企业能否成功运营的关键。比较成熟的方法是供应商管理库存(Vendor Managed Inventory,VMI),并不断监督协议执行情况和修正协议内容,使库存管理得到持续改进的合作性策略。这种库存管理策略突破了传统的各自为政的库存管理模式,体现了供应链的集成化管理思想,是一种新的、有代表性的库存管理思想。VMI在分销链中的作用非常重要,在考虑如何实行VMI时,要结合企业自身的情况,对所处供应链的特性进行具体分析。

(二)供应链的信息流控制

信息在供应链管理中的作用不言而喻,信息流的控制能通过广泛采用信息技术增加供应链透明度和提升决策速度。

1. 增加供应链透明度

信息流是供应链的神经系统,支配、驱动产品流,改善信息流是提高响应度的关键,很多供应链的问题都源于信息不畅。企业内部的不同部门、供应链上的合作伙伴之间环环相扣,信息流是把这些环节串起来的黏合剂。供应链的透明度,取决于供应链上信息流的通畅程度。信息不通畅,供应链的透明度就下降,各环节之间就产生缝隙,只能由库存来填平。以销售与运营为例,如果企业信息共享不充分,透明度不高,那么供应链运营的不确定性就会加大,而供应链的自然反应就是增加库存。不确定性会沿着供应链传递,并且逐级放大,离信息源越远,变动就越大,相应地就在供应链的各个节点产生越来越高的库存,这就是所谓牛鞭效应。

2. 提升决策速度

提升决策速度是提高信息流的基本条件,要建立标准的决策流程和方法,根据决策的重要性将决策权逐步下放,减少层层审批。通过提高信息化水平,加强实时处理,降低批处理,降低信息不对称,实现对信息流的有效管理,增加信息流的透明度,加快决策,实现信息流的快速运转。

3. 广泛采用信息技术

供应链管理的产生和发展与信息技术的高速发展和广泛应用密不可分,信息技术为供应链管理的产生和实践提供了保障。随着信息技术的进步,处理并传递大量的数据成为可能。以分布式开放系统为基础的共享数据库系统,不仅在企业内部,而且在整个供应链中可实现信息共享,业务数据不仅对顾客和供应商透明,对顾客的顾客、供应商的供应商也能够做到选择性的透明。只要供应链上贸易伙伴借助信息技术密切合作,就可以有效解决由信息失真引起的牛鞭效应。供应链管理离不开各种信息技术的应用,例如条码技术、射频识别技术、EDI技术等。此外,供应链管理中所涉及的业务衔接、采购与库存管理、运输管理等,没有信息技术作为基础是不可能实现的。

(三) 建立有章可循的供应商管理体系

供应商的响应度决定了供应链的响应度。建立供应商管理体系,是一种致力于实现与供应商建立并维持长久、紧密伙伴关系的管理思想,并通过对双方资源和竞争优势的整合来共同开拓市场,扩大市场需求和份额,降低产品前期成本,实现双赢的企业管理模式。可以从供应商分类、评估、选择、绩效管理、集成等方面,建立有章可循的供应商管理体系,见表2。

表 2   供应商管理体系构成

供应商分类	按照既定准则,对供应商分门别类,有针对性地管理和整合。
供应商评估	对供应商的质量、生产、物料和管理体系进行评估,以判断供应商的潜力。
供应商选择	基于供应商历史绩效(定性、定量)以及评估的潜力,选择合适的供应商,达成合作协议。
供应商管理	统计和管理供应商的各项绩效指标,敦促和协助供应商持续改进。
供应商集成	把优选供应商集成到研发、生产和日常运营中,以进一步降低产品和供应链成本。

(四) 与专业的第三方物流企业合作

与专业的第三方物流企业进行合作,共同建立基于快速反应机制的物流系统,对于提升企业快速反应能力具有重要的意义。核心企业只需对供应链条上的物流设施的数量、位置和功能以及运输的路径和网络构架作整体的规划,专业的第三方物流企业则为整个链条制定联合的计划,并提供完整的预测和补货策略。联合计划、预测与补货策略为供应链提供了一整套业务流程,该流程以提高产品价值为共同目标,通过与供应链各企业之间的相互协作,共享标准化的信息,制定完整的计划,开展精确的市场预测,进行有效的库存管理,根据需求及时补货,以提高整个供应链的业绩和效率。

随着物流信息化的不断发展,第四方物流逐渐登上历史舞台。第四方物流是整个物流体系的领导者,通过运用现代科技,统筹共享社会资源,形成一套整体的物流解决方案,以帮助企业达到提高物流供应效率和降低物流成本的目标,同时在物流信息、物流咨询等方面实现价值增值。这种全新的物流系统包含:快速响应前端需求,及时安排自动补货;企业和供应商进行计划协同,以便进行高频补货;优化配置物流资源以对各类物流需求与资源进行匹配;优化网络布局,合理规划运输频次;优化物流体系与供应链各环节的配合,从而全面优化运营等功能。而这些功能正是第三方物流供应商所欠缺的。第四方物流相对于当下的物流方式来说,不仅能够统筹兼顾各方资源,实现物流的高效化,同时,还能提供物流信息共享、物流咨询、物流金融等增值服务,扩大了物流产业的增值空间。

【拓展阅读】 Z公司的快反供应链案例

Z公司的供应链全过程可分为四个环节:产品组织与设计,采购与生产,产品配送,销售和反馈。所有环节都以客户为中心、以品牌为导向,步步优化,形成真正称得上灵敏、高效的供应链系统。

1. 产品组织与设计

Z公司的服装设计模式基本上是基于模仿而不是一般服装企业所热衷的原创性设计或开发,所以设计师的主要任务不是创造新产品,而是有意识地重新组合已有产品的流行元素,将其转化为"新产品",他们的工作是诠释流行而不是原创流行。

Z公司整合市面上的流行信息以孕育诞生它的新品的途径有:到巴黎、米兰等地看高级定制时装秀,从顶级设计师和顶级品牌的设计中汲取灵感,随后稍作修改转化为自己的东西;遍布世界各地的专职买手购买当地的高档品牌或主要竞争对手的当季流行产品,并迅速把样品送回总部给设计师们提供设计的参考;不放过任何时装展示会、交易会、咖啡馆、餐厅、酒吧、大学校园等场所展示的流行元素和服装细节,提供给设计师们参考;Z公司的各门店通过信息系统把销售和库存信息反馈给总部,总部根据这些信息可以分析得出畅销或滞销的产品款式特征,以便完善老款或为设计新款提供参考;各门店把销售过程中顾客的反馈意见,或者店员对款式、面料、花色的一些想法和建议,甚至是光顾Z公司门店的顾客们身上穿着的可模仿的元素等各种信息反馈给总部。以上信息被迅速返回总部后,Z公司的设计师团队会迅速重新组合流行元素,或对别人的产品进行改版设计,转化为自己的新产品系列。

2. 采购与生产

确定了设计方案并决定投产后就可以马上开始制作样衣,Z公司的仓库里备有面料和小装饰品等辅料,所以制作样衣用时很短。随即采购和生产计划人员开始制定原材料采购和生产计划,根据产品特点、投放时间长短、需求数量和速度、专业技术要求、工厂的生产能力、市场专家的意见等确定各个产品是自产还是外包。

3. 产品配送

服装成品被包装并通过质量检查后,将通过地下传送带被运送到配送中心,开始产品配送。为确保每一笔订单能够准时、准确地到达目的地,采取每小时能挑选并分拣超过 80 000 件衣服而出错率不到 0.5% 的激光条形码读取工具对服装成品进行分拣。

根据各门店下达的订单进行配送,通常收到订单后 8 小时内货物就可以被运走,每周给各门店配货两次。运输方式有飞机、轮船、卡车三种。近在欧洲的各门店由物流中心用卡车直接运送,物流中心的卡车都按固定的发车时刻表不断开往各地;利用附近的两个空运基地将货物运送到美国和亚洲,再用第三方物流的卡车送往各门店;也可先轮船再第三方物流的卡车进行运送。这样,欧洲的门店可在 24 小时内,美国可在 48 小时内,亚洲可在 48~72 小时之间收到货物。

4. 销售和反馈

Z 公司的各门店每天都会把销售信息发回总部,并根据当前库存和销售状况每周向总部发两次补货订单。总部拿到各门店的信息后,分析判断各种产品是畅销还是滞销。如果滞销则取消原定生产计划,因为在当季销售前只生产了预期销量的 15% 左右,因此可以把风险控制在最低水平。如果有产品超过 2~3 周的时间还没有销售出去,就会被送到所在国的某一门店进行集中打折处理。

如果产品畅销且总部存有相应面料,则之前留出的冗余产能可以迅速追加生产、快速补货以抓住销售机会,如果没有相应面料则停产或利用现有面料生产与畅销品相似的产品。一般畅销品最多也只补货两次,一方面减少同质化产品的产生,满足市场个性化需求;另一方面制造一些人为的"断货",以吸引消费者购买。

第 92 讲　O2O 的道路究竟应该如何走?

O2O 的概念最早起源于美国,意为从线上到线下(Online To Offline),将线下的商务机会与互联网结合,让互联网成为线下交易的平台。O2O 模式于 2011 年被引入我国,历经萌芽、发展、爆发和行业整合,目前在我国,O2O 模式已深深影响着人们的生活与消费习惯。

一、O2O 模式简介

O2O 模式是电子商务运营模式中的一种重要形式,指融合线上和线下资源,实现商品或服务的销售。随着 O2O 模式的发展,O2O 逐渐演变成四种运营模式:(1) Online to Offline,即线上交易到线下消费体验,如格瓦拉电影票务、美团预订到店用餐;(2) Offline to Online,即线下营销到线上交易,如实地活动促销、线上社群购买;(3) Offline to Online to Offline,即线下营销到线上交易再到线下消费体验,如门店旅拍体验式营销、消费者参与线上微店预订、未来外地旅游体验服务;(4) Offline to Online to Offline to Online,即线下营销线上交易,到线下消费体验,再返回线上反馈与二次消费,形成闭环,如门店旅拍消费后回线上点评,获得下一次的消费优惠价。然而,无论哪种运营模式,O2O 的核心都是线上线下融合发展,通过线上线下资源共享、优势互补,更好地满足消费者的个性化需求,提升消费者服务感受,增加客户黏性。

O2O 的核心技术在于线上支付。智能终端的普及、移动互联网发展以及消费者在线购物习惯的培养,使得全民在线购物成为可能,第三方支付的迅速推广为 O2O 交易提供了便利的网上支付手段。移动互联网络的快速发展和智能手机的广泛使用,给线上体验带来更大的便利性,消费者可以随时随地和商家建立联系和互动。例如,消费者通过美团、饿了么、携程等移动客户端,直接预订相应的商品或服务,而平台提供的微信、支付宝等支付方式,促使完成在线支付,从而锁定用户消费,实现 O2O 模式的闭环。

二、O2O 基础模式

虽然 O2O 模式已衍生出多种线上与线下融合发展的新模式,然而其基础模式只有两种,即线上到线下(Online to Offline)和线下到线上(Offline to Online)。

(一) 线上到线下

线上到线下是将线下商务机会与线上互联网结合在一起,让互联网成为线下交易前台的一种电子商务商业模式,简单来说就是"线上拉客,线下消费"。其核心理念是通过电子商务网站,把线上用户引导到现实的实体商铺中,使消费者能够在线搜寻产品和支付,在线下去享受和体验商家提供的产品与服务,如图 1 所示。

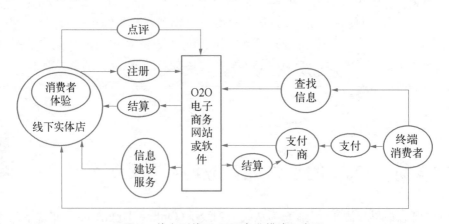

图 1　线上到线下 O2O 商业模式示意图

线上到线下模式的利益相关者主要包括四类,分别是 O2O 电子商务平台企业、消费者、线下实体店、支付厂商。其中,O2O 电子商务平台企业可以是拥有实体店的商业企业或制造类企业,也可以是独立的第三方企业,与线下实体店只是合作关系,如美团、携程等。要实现 O2O,线下企业均需在 O2O 电子商务平台注册。消费者通过 O2O 电子商务平台搜寻所需信息,然后通过平台下单、在线支付,再到线下实体店体验消费。体验完成后可能会在 O2O 电子商务平台进行评论、反馈。而在线支付的完成,必须引入第三方支付厂商,O2O 电子商务平台企业需要向支付厂商支付费用。实体店因 O2O 电子商务平台为其带来了更多的客户而增加了收益,需向网站支付佣金。在这样一个系统中,O2O 电子商务平台企业的线下实体店越多,越能给消费者提供更多的选择,同时,企业向合作实体店谈判的能力也会越强,有利于降低商品或服务的价格。消费者在实体店体验后如果满意,则可能在网站上进行评论,吸引更多的消费者加入。

(二) 线下到线上

网络购物的便利性和消费者网购习惯的养成,给线下零售体系带来巨大冲击,也给线下零售商带来生存危机。在此背景下,传统零售企业逐步转型线上市场,通过建立线上渠道,将业务逐渐向线上延伸。这种模式能够充分利用线下门店的体验优势,与线上的服务优势结合,实现"线下体验+线上销售"。与 B2C 模式相比,O2O 模式因为拥有线下实体店,可以提供实物展示和现场体验,对信赖和习惯于线下零售终端的消费者来说,这种模式比纯电商更具可信度和亲切感,更易于将线下顾客引流到线上。

传统零售企业向线上延伸并取得良好表现的是美国沃尔玛公司。沃尔玛是世界最大的连锁零售企业,连续多年在世界 500 强居于首位,在全球拥有 8 000 多家门店。自 21 世纪初传统零售业日渐萧条,沃尔玛就开始尝试在线销售。沃尔玛于 2010 年在中国推出山姆会员店网上购物服务,2015 年全资收购电商平台 1 号店,2018 年与京东建立战略合作。在美国本土,沃尔玛陆续收购几家电商企业,以此扩大网上销售业务和建立自己的电商品牌。凭借长期积累的综合优势,沃尔玛的线上扩张之路异常成功,2016 年 10 月至 2017 年 10 月的 12 个月间,沃尔玛成为在线销售额仅次于亚马逊、美国排名第二的在线零售企业。

国内苏宁电器、国美电器等都是在拥有成熟线下零售网络、高品牌知名度和庞大顾客群的基础上,拓展线上销售渠道,成功地将产品销售从线下扩展到线上,通过线上线下的协同运营,进一步巩固和扩大原有市场。

三、O2O 模式的应用场景

O2O 模式最初起源于团购网站的应用。2013 年开始,O2O 进入高速发展阶段,开始了本地化及移动设备的整合和完善,形成团购、外卖、旅游、生鲜等不同行业场景的应用。

(一) 团购平台

团购平台是国内 O2O 发展的典型方式之一。大多数团购平台采用"电子市场+优惠到店消费"模式,即消费者在线上下单并完成支付,然后凭借优惠订单凭证到实体店消费。这种模式将线上订购的便捷实惠性和线下消费的真实体验充分结合起来,特别适合必须到店消费的场景,如餐饮、健身、电影演出、美容美发等,其中餐饮美食和娱乐休闲是用户团购最多的两大种类。

(二) 在线旅游

O2O 模式在旅游行业应用较早,因为旅游业具有天然的线下服务体验特性,消费者只能去线下享受服务,而线上营销与支付,可以吸引更多消费者关注,这就决定了旅游行业非常适合运用 O2O 模式。

O2O 在线旅游模式,有助于旅游企业加强宣传与推广,利用线上平台发布各种优惠信息,吸引潜在消费者,以较低的成本为线下争取更多的客户资源,并且这种模式从产品预订到实地消费,省去了很多中间环节,降低了成本,节省了推广费用,所以在相同的服务质量下,具有较高的价格优势。企业利用在线平台,可以收集用户信息和消费大数据,考察线上推广效果,并对每笔交易进行追踪,通过大数据和人工智能技术,可以细分消费者需求,提供个性化服务,实现精准营销。此外,线上的推广和宣传可以为线下旅游产品的销售拓宽渠道,同时线下的体验和消费者反馈可以为线上的营销策略提供导向作用,充分发挥口碑营销的作用。旅游 O2O 平台具有社区性,为消费者提供信息交流平台,消费者在此分享自己的旅游经历,并提出一些有价值的建议,可以为其他消费者制订旅游计划提供参考借鉴。目前,国内比较知名的在线旅游平台有携程、马蜂窝、途牛等。

(三) 餐饮外卖

随着互联网以及餐饮业的发展,"懒人经济"成为一种经济现象,餐饮 O2O 的兴起是必然趋势。近年来我国外卖产业链逐步完善,餐饮外卖市场逐步成熟,在经历补贴大战后,外卖市场基本上形成了美团外卖与饿了么两分天下的局面。

互联网时代,外卖已不再是堂食业务的延伸,二者在服务方面存在较大差异。外卖产品消除了消费者对传统餐饮的社交与体验需求等,对商家实体店面空间和装修要求等降低,大大降低了商家成本。消费者无需知道商家的具体位置,只需通过外卖平台查找和购买,拓展了商家的经营范围。用户在外卖平台完成挑选、下单、支付,然后由商家配送或者外卖 O2O 平台自建物流进行配送,将餐品送达消费者,消费者可以通过外卖平台对菜品和配送服务点评,激励商家和平台不断提升服务质量。

(四) 生鲜配送

生鲜农产品消费具有种类繁多、品质非标准化、消费感官体验多样等特点,现场体验的优劣是影响消费者购买决策和购买持续性的重要因素,O2O 模式可以为线上顾客提供线下体验服务和其他附加服务,弥补线上购买直观体验不足的缺陷,因此,O2O 模式具有适宜生鲜电商发展的独特优势。2016 年阿里巴巴集团推出 O2O 生鲜超市——盒马鲜生,这是一种集生鲜零售、线上销售和餐饮服务于一体的 O2O 新业态,消费者既可以在实体店购买生鲜产品,带回家享用,也可以通过 APP 下单,在家享受最快半个小时送达的便捷配送服务,还可以在店面购买生鲜产品后直接在实体店进行烹饪加工,享受定制餐饮服务。这些多样化服务契合了消费者的个性化需求,因此一经推出,就受到市场青睐和消费者好评,盒马鲜生在较短时间内就实现业绩的快速增长和店铺的迅速扩张。目前,生鲜电商行业正是 O2O 平台竞争最激烈的领域,主要平台有盒马生鲜、每日优鲜、叮咚买菜、大润发优鲜等。

四、O2O 的未来发展

O2O 模式凭借其特有的"线上-线下"一体化特征,具有其他电商模式所不可替代的优势。首先,O2O 体验式的服务最大限度上满足了客户的多样化需求,通过丰富的产品和多样化服务增加了消费者忠诚度。其次,O2O 采用线上与线下相结合的模式,大大降低了整个过程的交易成本。此外,O2O 的产品服务有别于传统实体商品,不仅消除了库存的担忧,同时加速了资本流动。再者,O2O 将网络技术与大数据结合,开展"双向信息流动"。客户可以通过终端获取服务信息,企业也可以便捷地分析客户需求,从而不断完善服务。此外,信息的收集处理也有助于企业进一步开发市场。未来 O2O 可以在以下方面深入发展。

(一) 市场进一步垂直细分

O2O 消费领域可以进一步细分,除了关注传统的美食、小额消费领域之外,还有一些大宗消费领域如房产、家居、婚嫁、汽车等领域,O2O发展还有待深入。随着行业细分的深化,消费者对于O2O平台的服务质量有更高的要求,而并非有优惠就一定能获取大批忠实用户,主动互动、主动分享是O2O的亮点,不应受限于平台或者单一的互联网产品。本地企业可以提供更多的服务性消费,如餐饮、电影、健身、租车、租房等,服务性企业可以充分利用O2O模式积极拓展电子商务,让更多的消费者来店里消费。

(二)数字技术创新促进O2O服务优化

物联网技术、无人机配送、人工智能以及VR/AR等新兴技术的应用,将进一步提升O2O服务质量。例如,外卖配送平台利用物联网技术,使消费者能实时监测物流配送过程,提升消费者满意度;无人机配送能提升配送效率,降低人力成本。此外,大数据和人工智能技术可以挖掘用户个性化需求,实施精准营销和个性化推荐,VR/AR等技术的应用,能增强消费者对体验服务的感知程度,提升消费满意度。

【拓展阅读】 苏宁云商:"门店到商圈+双线同价"的O2O模式

2013年"苏宁电器股份有限公司"正式更名为"苏宁云商集团股份有限公司"。更名既是苏宁"去电器化"完成的标志,更是开启了苏宁全新的云商模式,从此步入"互联网+零售"时期。云商模式的核心是开放线上线下平台。借助实体门店和线上社交网络平台的需求信息,形成核心资源数据云;利用云计算分析客流数据,构建相应的产品结构和营销策略;引流客户到线上平台或实体店,辅之以金融云,促使购买完成;再以密集的物流云送达,并将消费体验再次反馈到社交平台,实现口碑效应。

苏宁的O2O模式,是以互联网零售为主体的"一体两翼"的互联网转型路径。苏宁利用自己的线下门店以及线上平台,实现了全产品全渠道的线上线下同价,帮助苏宁打破了实体零售在转型发展中与自身电商渠道左右互搏的现状。O2O模式下的苏宁实体店不再是只有销售功能的门店,而是一个集展示、体验、物流、售后服务、休闲社交、市场推广为一体的新型门店——云店,店内将开通免费WIFI、实行全产品的电子价签、布设多媒体的电子货架,利用互联网、物联网技术收集分析各种消费行为,推进实体零售进入大数据时代。

——资料来源:闫星宇,闫自信.苏宁云商的O2O落地模式研究[J].北京工商大学学报(社会科学版),2015,30(6):41−45.

第93讲 P2P平台是信息中介还是信用中介?

P2P网络借贷作为互联网金融模式的一种,是利用互联网提供一个信息中介平台,有效匹配投资方和借款方之间的供给和需求,丰富投资者融资渠道,对服务中小企业融资需求发挥了重要作用。然而,在P2P平台发展过程中,很多企业逐渐偏离了信息中介的轨道,陷入吸储放

管理信息系统(第三版)

贷的信用中介式发展和"庞氏骗局"乱象。为防范和化解金融风险,监管部门印发《关于网络借贷信息中介机构转型为小额贷款公司试点的指导意见》,数据显示,截至 2020 年 11 月,全国实际运营的 P2P 网贷机构已经全部"清零",至此 P2P 网贷在我国的发展画上了句号。

一、P2P 网络借贷

P2P 网络借贷是指基于第三方平台实现借款方和投资方之间的借贷交易。在此过程中,借款方提交个人基本信息和基本情况,由网贷平台基于传统征信体系和互联网征信系统进行身份信息核查,鉴别通过后,借款方在平台上发布相应的借款信息、收益设置及实施情况等信息,投资人通过浏览对比,选择适宜的项目予以投资,整个过程处于信用体系记录的监控下,有效应对和防范 P2P 网贷过程中的风险。P2P 平台在该模式中作为中间服务方存在,为借贷双方提供信息流通交互、信息价值认定和其他促使交易能够完成的服务,不作为借贷资金的债权债务方。因此,P2P 网贷是借贷双方以 P2P 网贷平台为"信息中介"进行的无抵押的新兴互联网借贷交易模式。

P2P 网络借贷最早出现在英国,欧洲最大的网络借贷平台是 Zopa。作为全球个人信贷行业的领头羊,2005 年 Zopa 创立于英国伦敦,目前提供的贷款种类主要有车辆贷款、装修贷款和债务重组。凭借先行者的优势,Zopa 如今已发展成为英国最大的 P2P 网贷平台。它提供 P2P 社区小额贷款服务,金额在 1 000～25 000 美元之间,利率完全由会员自主商定。为了降低风险,Zopa 会自动将出借人的资金分割为 50 英镑的小包,由出借人自己选择将这些小包出借给不同的借款人,借款人按月分期偿还贷款。

美国最大的网络借贷平台是 Prosper,成立于 2006 年,其贷款业务曾在 2008 年遭到美国证券交易委员会(SEC)的禁止,后来获得相应的资格,于 2009 年重新开启。2013 年 11 月 13 日,Prosper 的日成交量首次突破 527 万美元。Prosper 的撮合借贷的模式类似于拍卖,用户若有贷款需求,可在网站上列出期望金额和可承受的最大利率。在 Prosper 上,借款人可以列出 2 000 美元至 35 000 美元之间的贷款请求,潜在贷放方则为金额和利率展开竞价,而个人投资者在他们选择的每个贷款清单上至少需要投资 25 美元。Prosper 则为借款人和投资者办理贷款服务,Prosper 会从借款人处提取每笔借贷款的 1％～3％的费用,从出借人处按年总出借款的 1％收取服务费。

二、P2P 网贷在我国的发展

我国 P2P 网贷行业的发展遵循着不同于欧美市场的规律,就其发展历程而言,大致经历了萌芽发展期、快速扩张期、风险爆发期、政策调整期四个阶段。

(一) 萌芽发展期(2007—2012 年)

这个阶段以区域性信用借贷为主,市场存量 P2P 平台少,用户规模小,影响力低。2007 年 6 月,中国第一家 P2P 网贷平台拍拍贷上线,总部位于上海。此后,P2P 开始在中国生根发芽,诸多平台相继涌现,影响范围不断扩大。2011 年,行业首家第三方门户网站——网贷之家,正式上线运营。

(二) 快速扩张期(2012—2013 年)

这一阶段是以地域借款为主的快速扩张期,P2P 网络借贷平台业务基本真实。一些具有民间放贷经验的机构开始进入网贷行业,同时,一些软件开发公司开发和销售相对成熟的网络平台模板,降低了网贷创业门槛。平台主要采取线上融资线下放贷的模式,以寻找本地借款人为主,对借款人实地进行有关资金用途、还款来源以及抵押物等方面的考察,有效降低了借款风险。但由于个别平台欠缺风控,导致平台出现挤兑倒闭情况。截至 2012 年底,该阶段国内网络借贷平台达到 200 多家,月成交量达到 30 亿元。

(三) 风险爆发期(2013—2015 年)

这个阶段平台以自融高息为主,平台风险逐渐爆发。2014 年起,国家表明了鼓励互联网金融创新的态度,同时,P2P 网络借贷系统模板的开发更加成熟,行业门槛进一步降低,吸引了许多投机者,很多企业和金融巨头也尝试进入互联网金融领域。这一阶段的网络借贷平台达600 家左右,大多数 P2P 平台以高息吸引投资人,通过网络融资后偿还银行贷款、民间高利贷或者投资自营项目,加剧了平台自身风险。2013 年 10 月,部分网络借贷平台集中爆发了提现危机,问题平台大量曝出。

(四) 政策调整期(2015—2020 年)

这个阶段以规范监管为主,国家从资金存管、备案、借款额度等方面进行规范。2015 年 7月,央行等十部委颁发了第一份互联网金融监管文件——《关于促进互联网金融健康发展的指导意见》,明确了 P2P 平台的信息中介性质,明确要求 P2P 平台主要为借贷双方的直接借贷提供信息服务,不得提供增信服务,不得非法集资,网络借贷业务由银监会负责监管,平台须建立第三方存管制度。2015 年 12 月,"e 租宝"诈骗案震惊了全社会,引发网贷行业污名化,行业声誉降至冰点,直接助推 P2P 网贷行业进入"严监管"时代。2016 年 8 月,银监会等四部委联合发布《网络借贷信息中介机构业务活动管理暂行办法》,明确网络借贷的监管和业务规则等内容,划定了 P2P 网贷"13 条红线"。2018 年网贷平台密集爆雷,大量平台倒闭。2019 年国家对P2P 平台进行全面清退,部分平台开始转型。2020 年 11 月,全国 5 000 多家 P2P 网络借贷机构正式"清零"。

三、我国 P2P 平台发展乱象

P2P 网贷模式引入中国后,在发展过程中并非直接照搬国外典型模式,而是演变为具有中国特色的运营模式,如信息中介模式(拍拍贷)、对接担保公司模式(陆金服)、债权转让模式(宜人贷)等。2015—2016 年,P2P 网贷平台以每月几十家甚至上百家的数量野蛮增长,P2P 平台曾一度高达 5 000 多家,成为全球最大的 P2P 网贷市场。然而,随着规模的增长,P2P 平台发展严重偏离 P2P 借贷本质,虚假融资、虚构背景、过度营销、非法集资、资金缺乏托管、假标假合同泛滥,导致平台"跑路"、关站和失联事件频发,提现困难、"跑路"、倒闭等现象,让众人谈网贷色变。

2012 年 12 月网贷平台优易网"跑路",2015 年 7 月优易网案一审判决,成为 P2P 首例集资诈骗罪定性案件,被媒体评价为"网贷第一案"。优易网于 2012 年 8 月上线,创始人以从事中介借贷为名,在未取得金融业务许可的前提下,在优易网平台上发布虚假的"借款标",以高额利率为诱饵,吸收公众投资,最终造成约 60 名受害人高达 2 000 多万元的经济损失。而在优易网之前,P2P 网贷行业鲜有平台倒闭和"跑路"事件发生。2014 年 8 月,红岭创投被曝出现 1 亿元坏账,平台承诺将在借款到期前进行全额本金垫付,并于随后数月完成了实际垫付。与之相对的是，2014 年 11 月，贷帮网曝出 1 280 万元借款逾期事件，而贷帮网拒绝为逾期资金兜底，选择法律程序来承担相应责任。两家平台对刚兑的不同态度，引发 P2P 平台是否该去担保的争议。2015 年的 12 月 3 日，e 租宝深圳分公司涉嫌违法经营被调查，随后，e 租宝位于广东东莞、佛山、安徽、上海等地的多处办公地点接连被警方查封，e 租宝母公司安徽钰城集团被拆牌。在 e 租宝事件后，P2P 行业的声誉降至冰点。

四、P2P 平台发展定位

我国 P2P 行业发展乱象的背后，除了 P2P 平台发展模式不清、行业监管不到位以及金融环境整体发展滞后等因素之外，关键问题在于 P2P 平台的发展定位，究竟是信息中介还是信用中介的问题。

信息中介是指利用市场的不对称，依靠提供信息来获取居间盈利的机构。作为信息中介的 P2P 平台，就是为资金供需双方解决信息不对称问题，其盈利方式比较简单，通过网络信息平台，提供资金供需双方的风险评估、信息公开以及法律咨询等相关服务，并收取服务费用。信用中介是承担一定信用风险的中介机构，信用中介需要用自有资金或公众资金池给客户借款，在平台收取利息收益的同时，还需以自身为担保，承担违约风险，最典型的如商业银行。商业银行在存款与贷款的过程中起到的是信用中介的作用，银行与出借者、借款人签订的合同是直接利益合同，银行本身是参与者，承担的是信用中介的角色。

因此，P2P 平台是信息中介还是信用中介，本质区别在于 P2P 平台是否参与了借贷，是否承担违约的风险。而我国 P2P 平台在发展中出现诸多乱象，本质上是因为 P2P 平台承担了信用中介的职能。

五、后 P2P 时代的平台转型

始于 2016 年的互联网金融风险专项整治，使巅峰时期的 5 000 余家 P2P 平台，到 2020 年底"清零"，绝大多数平台彻底消失在历史舞台，只有少数平台得以转型。在 P2P 网贷行业退出和转型为主基调的大背景下，监管层多次提及引导具备条件的网贷机构向小贷公司、消费金融公司等持牌机构转型。2019 年 11 月，互金整治办和网贷整治办共同发布《关于网络借贷信息中介机构转型为小额贷款公司试点的指导意见》，明确要坚持机构自愿和政府引导、市场化和法治化处置、坚持原则性和灵活性相结合的原则，开展网贷中介转型小贷公司试点工作。

在相关政策下，部分 P2P 网贷平台积极布局转型，通过主体或者关联公司等方式，获取网络小贷牌照，并且在经营范围上分为全国性网络小贷和区域性经营小贷。例如，2020 年 5 月，厦门市地方金融监督管理局发布公告，批复"厦门海豚金服网络科技有限公司（海豚金服）和厦门禹洲启惠网络借贷信息中介服务有限公司释怀（禹顺贷）"2 家 P2P 网贷机构拟转型为小额贷款公司，在单一省级区域经营小贷业务；2020 年 10 月，江西省地方金融监督管理局批准江西东方融信科技信息服务有限公司（即新浪小贷）转型为全国经营小额贷款公司；山东国晟小额贷款有限责任公司获得青岛市地方金融监督管理局批准，成为第一家正式宣布开业的全国性网络小贷公司。

【拓展阅读】 为什么要把 P2P 网贷平台定性为"信息中介"？

　　我国金融监管政策文件都明确将 P2P 平台定性为信息中介。一方面,国内信用信息不完备,将 P2P 平台作为信用中介,面临巨大的信用风险。目前,国内信用评价体系尚未健全,根据 BCG 的《中国个人征信行业报告(2015)》,2015 年央行的个人信贷记录覆盖率为 35%,远低于美国 92% 的渗透率,与银行相比,P2P 平台更是无法直接接入央行的征信系统,虽然一些 P2P 平台和芝麻信用管理有限公司、腾讯征信有限公司等个人征信机构合作,但无论是官方征信系统还是征信机构都存在着信贷记录缺失,数据覆盖面小、数据结构与市场需求不匹配的问题。信息不对称加大了投资风险,加上 P2P 行业缺少资金实力和有效的保障机制,造成了 P2P 平台频繁"爆雷"的局面。

　　另一方面,风险控制机制不完善。英美两国在良好的信用评价体系基础上严格筛选信用评分高的高端客户,对借款人采取小额化原则,对投资人采取分散化原则,最大限度控制投资风险。然而,国内大部分 P2P 采取简单的房产抵押、风险调查,这些手段与传统金融所采用的信用调查手段大同小异,并没有跳脱传统金融手段,风控机制的不完善大大增大了"信用中介"的风险。

　　因此,为保护投资人的利益,化解网贷存量风险,在 P2P 网贷野蛮生长和不断"爆雷"事件之后,我国金融监管机构对 P2P 网贷平台实行严格的风险监管,在坚持信息中介定位的基础上,要求提高其合规审慎经营能力,严格标准,稳步推进备案准备工作,严厉打击严重违法违规平台。

第 94 讲　大数据应用的红与黑

　　如今,大数据技术已广泛应用于工业生产、商业运营以及社会治理等诸多领域,深刻影响着经济与社会的运行。一方面,大数据技术有助于实时监测企业生产运营中的异常问题,提升企业的科学决策水平,有助于发挥大数据资源优势,提供个性化产品和服务;大数据应用于政府公共管理,切实提升了精准化社会治理水平。另一方面,大数据技术同样也带来一定的社会治理困境,如爬虫滥用、用户隐私非法使用等问题。

一、大数据应用的价值

　　大数据的应用已渗透到社会生活的各个领域,从科学研究到商业应用,从政府治理到百姓衣食住行,涵盖了各行各业,给经济和社会发展带来了巨大的价值。

(一)大数据应用的经济价值

　　在工业制造领域,大数据融合了物联网、云计算和人工智能等技术,加速工业制造转型工业互联网。例如,运用大数据技术采集生产制造过程中的状态数据,可以实现设备诊断、能耗分析、质量事故分析等功能,一旦有流程出现异常,就会产生报警信号,从而实时监测生产过程;利用大数据技术,还可以建立工业生产虚拟模型,仿真并优化生产流程,从而改进生产流程。

在企业经营管理与决策中,对海量运营数据进行分析,可以实时掌握市场销售、运营和客户服务指标动态,及时改进运营决策;通过对历史数据和消费者行为数据的多维度组合,挖掘市场需求变化,进行需求预测和生产管理。在物流与供应链管理领域,运用 RFID 等产品电子标识技术、物联网技术以及移动互联网技术,帮助企业获得完整的供应链大数据,对物流供应链大数据进行分析,实现仓储、配送、销售效率的大幅提升和成本的大幅下降。此外,在商业创新方面,大数据已广泛运用于消费者画像分析,使企业能够精准了解市场偏好和产品定位,为实施精准营销以及提供个性化产品和服务提供支持。

(二) 大数据应用的社会价值

政府掌握着全社会量最大、最核心的数据,公共管理中的大数据应用,有助于提升政府公共服务能力和社会治理水平。我国将逐步实现信用、交通、医疗、卫生、就业、社保、地理、文化、教育、科技、农业、环境、安监、气象、企业登记监管等数据集开放,带动大数据增殖性、公益性开发和创新应用,充分释放数据红利。

例如,气象部门收集气象历史数据、星云图变化历史数据,以及城市规划和房屋结构等数据,构建大气运动规律评估模型、气象变化关联性分析等路径,可以精准地预测气象变化,并寻找最佳的解决方案,规划应急和救灾工作。公共卫生部门通过建立覆盖区域的居民健康档案和电子病历数据库,可以实现快速检测传染病,进行全面的疫情监测,并通过集成疾病监测和响应程序,快速进行响应。在交通大数据应用方面,通过全天候实时监测各道路车辆流动数据,利用大数据技术,识别出各个时段道路拥堵情况,对事故高发区、早晚高峰期进行实时分析,有针对性地开展指挥疏导,可以缓解城市交通堵塞,为人们出行提供极大的便利性和安全性。

二、大数据带来的问题

大数据的应用在带来巨大的经济与社会价值之外,也产生了一系列的新问题,如用户隐私信息泄露、网络爬虫滥用以及大数据应用的灰色产业等问题。

(一) 用户隐私问题

随着互联网和大数据技术的广泛应用,越来越多的企业认识到用户数据的价值和重要性,以各种直接或间接的方式收集、保存和使用用户的隐私数据逐渐成为企业一项常规的营销行为。网络时代,用户会不经意地在许多地方留下个人隐私信息,如在快递公司、电信运营商、金融理财公司等机构的用户注册信息,手机 APP 后台收集的用户信息;住宿、旅行、出行等途中留下的个人信息,以及用户有意或无意在各类网站注册的信息。用户信息泄露的途径主要包括:(1) 人为泄露,如企业内部员工泄密行为,违反公司制度规定,私下转让、发布用户信息,甚至非法贩卖而获取利益等;(2) 非法窃取,如黑客利用木马病毒或系统漏洞,非法入侵一些大型公司的数据库服务器,窃取用户数据;(3) 技术漏洞,一些企业系统本身就存在安全漏洞,导致数据泄露。

（二）网络爬虫滥用

随着互联网的发展，网络资源有大量信息的载体，如何更有效地提取并利用网络数据，爬虫技术起到关键作用。网络爬虫是一种按照一定的规则，自动地爬取万维网信息的程序或者脚本，其功能是下载网页数据。通用的网络爬虫工作原理是，在抓取网页的过程中，不断从当前页面上抽取新的 URL 放入队列，直到满足系统的一定停止条件。网络爬虫作为一种高效率收集信息与数据的方法，为企业采集海量互联网数据并进行大数据分析提供了可能。但是网络爬虫的滥用，会给一些公司或国家造成严重损失，甚至构成违法犯罪行为。

数据爬取分为合法爬取和非法爬取，对非商业网站或无任何反爬措施的商业网站进行数据爬取是合法的；若强行突破网站反爬措施进行数据收集，或爬取非公开、受法律保护的数据便是非法爬取。如果在数据爬取过程中实施了非法控制行为，可能构成非法控制计算机信息系统罪。从网站业务安全的角度，网络爬虫会造成点击欺诈以及服务器性能下降等问题。点击欺诈会给网站造成巨大的利益损失，例如，网站投放广告通常是为了触达符合网站定位的潜在消费者，而爬虫所造成的点击欺诈，使得广告的点击率虚高，导致网站承担本不应承担的点击费用。对于带宽有限的中小型网站，爬虫可能会降低网页加载速度，影响真实用户的访问体验。Aberdeen Group 以北美几百家公司数据为样本的爬虫调查报告显示，2015 年网站流量中真人访问量仅为总流量的 54.4%，其余的流量由 27% 的普通爬虫和 18.6% 的恶意爬虫构成。

三、大数据灰色产业

互联网和大数据时代，数据和流量对企业来说意味着经济利益与规模效应，企业拥有用户隐私和行为数据，可以挖掘其蕴含的巨大经济价值，而流量数据则是互联网企业生存和发展的基础，在利益驱动下，便催生了数据、流量造假，倒卖用户隐私信息，非法获取用户信息等灰色产业链。

（一）数据、流量造假

互联网经济下，用户流量意味着产品的发展潜力与市场估值，并且用户流量的"马太效应"十分明显，占据着用户流量的产品，更能赢得投资者的青睐，发挥互联网长尾效应优势，获取经济利益。因此，一些企业不惜违规操作，伪造数据和流量，从电商评论到 APP 用户活跃量，从粉丝数量到各类自媒体号、微信公众号、社交网站等平台的阅读量、点赞量、评论量都可能存在数据刷量现象，一条灰色产业链已经形成。

刷粉、刷评论、刷流量，伪造数据，营造非常火爆的景象，从而获取非法利益，已成为许多互联网公司心照不宣的潜规则。例如，为提升 APP 用户活跃量，APP 客户端频繁自启动，营造出红红火火的观感，以便进一步吹大估值、抬高股价；一部分 MCN 机构和主播通过粉丝造假来制造直播间人气火爆的假象，利用多个小账号用坑位费购买商家的产品，直播过后再陆续退款退货，以此来获取商家的坑位费与佣金分成，同时又让人无法找到虚假交易证据，让商家白白吃"哑巴亏"。据封面新闻报道，目前我国刷量平台众多，被刷流量最多的领域依次是文章阅读量、电商评价和其他。

（二）非法获取和倒卖用户信息

近些年,互联网公司的竞争日益激烈,为了提高广告投放的精准度,无论是社交媒体还是电商平台,都在竭尽全力收集用户信息。2018 年 8 月,中消协发布《APP 个人信息泄露情况调查报告》,根据调查结果,个人信息泄露总体情况比较严重,遇到过个人信息泄露情况的人数占比为 85.2%,部分受访者曾收到违法信息如非法链接等,更有甚者出现个人账户密码被盗的问题。同年 11 月,中国消费者协会发布的《100 款 APP 个人信息收集与隐私政策测评报告》,通报了 100 款 APP 个人信息收集与隐私政策测评情况,涵盖通讯社交、影音播放、网上购物、交易支付、出行导航、金融理财、旅游住宿、新闻阅读、邮箱云盘和拍摄美化等日常使用的 10 类 APP。其中竟然有多达 91 款 APP 存在过度收集用户个人信息的问题,典型方式包括隐蔽收集用户信息、误导用户同意、强制授权、过度索权,超出用户心理预期获取个人信息,账号注销困难等。

互联网时代,用户在消费、支付、流通等环节,均产生海量涉及个人信息的大数据,一些服务业行业如金融、电信、交通等,也往往掌握大量的用户数据。通过对这些数据进行分析,商家可以更准确地了解潜在客户,从而更精准地提供产品和服务,这些用户信息成为很多企业眼中的香饽饽,在利益的诱惑下,倒卖用户信息逐渐形成了完整的灰色产业链。例如,快递单贩卖的灰色产业链,只需 5 角钱,就能够从网上买到一份快递信息,部分电商平台也曾被黑客攻破,使得用户数据在网络上被贩卖。2019 年 3 月 25 日,号称中国最大的简历大数据公司巧达科技(北京)有限公司,自称拥有 2.2 亿自然人的简历、简历累计总数 37 亿份、超过 10 亿份通讯录信息,以非法手段爬取用户简历信息,并将这些数据倒卖给教培、保险、招聘等行业,以获取巨额利润,最终公司相关人员也受到了应有的处罚。

【拓展阅读】 网络爬虫的该与不该

某知名互联网公司突然发现公司的服务器连续几天压力倍增,导致公司内部系统崩溃无法访问,公司领导责令技术部尽快解决。该公司系统平时访问量一直比较平稳,但不知为何这几天系统压力突然大增,经过技术人员调查,发现了一个惊人的真相——公司客户信息被爬取,并且某个接口访问量巨大。随着技术人员的深入调查,发现的现象更加令人震惊:入侵者利用这个入口已经窃取大量的客户信息,并且所有的线索都指向一家大数据公司。这家公司的主要业务就是出售简历数据库。经核查,该公司出售的简历数据中,就含有自己客户的简历信息。技术部将此发现上报领导,公司领导开会商议后决定报案。

原来,案发前一段时间,小明接到技术部领导的需求,要求写一段爬虫批量从网上的一个接口爬取数据,爬虫开发完后测试没有问题,小明就将程序上传到了公司服务器。程序运行了一段时间后,小明对爬虫程序进行了进一步的优化,将爬虫的线程数由原来比较小的值调到一个比较大的值,从而导致前述事件的发生。那么如何合法使用网络爬虫呢?

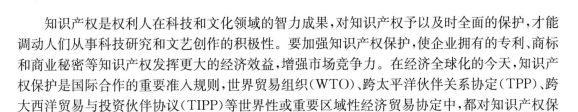

一些爬虫滥用已构成违法行为,如爬虫程序规避网站经营者设置的反爬虫措施或者破解服务器防爬取措施,非法获取相关信息,情节严重的,有可能构成"非法获取计算机信息系统数据罪"。爬虫程序干扰被访问的网站或系统正常运营,后果严重的,触犯刑法,构成"破坏计算机信息系统罪"。爬虫采集的信息属于公民个人信息的,有可能构成非法获取公民个人信息的违法行为,情节严重的,有可能构成"侵犯公民个人信息罪"。

规范使用爬虫需要注意:第一,遵守 Robots 协议,Robots 协议就是告诉爬虫,哪些信息可以爬取,哪些信息不能被爬取;第二,不能造成对方服务器瘫痪,否则相当于网络攻击,网络运营者采取自动化手段访问收集网站数据,不得妨碍网站正常运行;第三,不能非法获利,恶意利用爬虫技术爬取数据,攫取不正当竞争的优势,甚至是牟取不法利益的,则可能触犯法律。

第95讲　知识产权保护与创新

知识产权是权利人在科技和文化领域的智力成果,对知识产权予以及时全面的保护,才能调动人们从事科技研究和文艺创作的积极性。要加强知识产权保护,使企业拥有的专利、商标和商业秘密等知识产权发挥更大的经济效益,增强市场竞争力。在经济全球化的今天,知识产权保护是国际合作的重要准入规则,世界贸易组织(WTO)、跨太平洋伙伴关系协定(TPP)、跨大西洋贸易与投资伙伴协议(TIPP)等世界性或重要区域性经济贸易协定中,都对知识产权保护予以明确的规定。

一、知识产权的概念与类型

(一) 知识产权的定义

知识产权的概念由世界知识产权组织(WIPO)于 1967 年正式提出,此后"知识产权"被世界各国所承认和使用。关于知识产权的定义,目前主要有两种界定方式:列举法和概括法。列举法主要是以列举知识产权保护所涵盖的范围,从而明确知识产权的概念,而概括法则通过对保护对象的概括以及抽象叙述方式来界定知识产权的概念。《世界知识产权组织公约》对知识产权采用列举式定义,知识产权包括:

(1) 文学、艺术和科学作品;

(2) 表演艺术家的表演、唱片和广播节目;

(3) 人类一切活动领域内发明;

(4) 科学发现;

(5) 工业品外观设计;

(6) 商标、服务商标以及商业名称和标志;

(7) 制止不正当竞争;

管理信息系统(第三版)

（8）在工业科学文学或艺术领域内由于智力活动而产生的一切其他权利。

在《与贸易有关的知识产权协定》中，列举了七种知识产权形式，包括商标权、版权与邻接权、工业品外观设计权、集成电路布图设计权、地理标志权、发明专利权和未披露的信息权。

（二）知识产权的类型

从法律的角度一般认为，知识产权是一种财产权利，是指人们对其智力劳动成果所享有的专有权利，包括工业产权和著作权两大类。此外还有一种特殊的知识产权，即商业秘密。

（1）工业产权。工业产权是指人们依法对应用于商品生产和流通中的创造发明和显著标记等智力成果，在一定地区和期限内享有的专有权，是国际通用的法律术语，包括专利、商标、服务标记、厂商名称、地理标志或原产地标识等所有权的统称。

我国的专利权包括发明专利、实用新型专利和外观专利三种。其中，发明专利是指前所未有、独创、新颖和实用的专利技术或方法；实用新型是指对产品的形状、构造或者其结合所提出的适于实用的新的技术方案；外观设计是指对产品的形状、图案或者其结合以及色彩与形状、图案的结合所作出的富有美感并适于工业应用的新设计。

商标是用来区别一个经营者的品牌或服务和其他经营者的商品或服务的标记，我国商标法规定，经商标局核准注册的商标，包括商品商标、服务商标和集体商标、证明商标；商标注册人享有商标专用权，受法律保护；如果是驰名商标，还会获得跨类别的商标专用权法律保护。

地理标志或原产地是指，鉴别原产于一成员国领土或该领土的特定区域的产品的标志，该标志产品的质量、声誉或其他确定的特性应主要决定于其原产地。

（2）著作权。著作权是指创作文学、艺术和科学作品的作者及其他著作权人依法对其作品所享有的人身权利和财产权利的总称。

（3）商业秘密。商业秘密是指不为公众所知悉、能为权利人带来经济利益，具有实用性，并经权利人采取保密措施的技术信息和经营信息等商业信息。商业秘密是企业的财产权利，它关乎企业的竞争力，对企业的发展至关重要，有的甚至直接影响到企业的生存。商业秘密的确认，必须满足一定的构成要件。商业秘密的构成要件为秘密性、价值性和保密性三个方面。

二、我国及部分发达国家知识产权保护现状

目前，我国已建立起门类较为齐全的知识产权法律法规。我国知识产权制度的发展始于20世纪70年代，经历了三个发展阶段。第一阶段（1978—1990年）是恢复重建阶段。1979年，我国同时发布了《中华人民共和国专利法》《中华人民共和国商标法》以及《中华人民共和国著作权法》，知识产权法律保护体系初步搭建。第二阶段（1990—2000年）是迅猛发展阶段。在我国加入WTO之前，全面修订了《计算机软件保护条例》《中华人民共和国反不正当竞争法》《中华人民共和国植物新品种保护条例》等，力求实现知识产权国际公约要求。第三阶段（2000年至今）是战略主动期。我国先后成立"国家保护知识产权工作组""国家知识产权战略制定工作领导小组"等，并在2008年提出《国家知识产权战略纲要》，再次修订了《中华人民共和国专利法》《中华人民共和国商标法》以及《中华人民共和国著作权法》，建立符合国际知识产权发展的制度体系。

我国知识产权法律法规主要包括《中华人民共和国商标法》《中华人民共和国专利法》《中华人民共和国著作权法》《中华人民共和国反不正当竞争法》等基础法律，以及《计算机软件保

护条例》《地理标志保护规定》等制度条例,知识产权保护力度不断加大。2018 年国务院机构改革方案中,为解决商标、专利分类管理和重复执法问题,完善知识产权管理体制,将国家知识产权局的职责、国家工商行政管理总局的商标管理职责、国家质量监督检验检疫总局的原产地地理标志管理职责整合,重新组建国家知识产权局,负责知识产权保护工作和知识产权保护体系建设。

美国在 1979 年首次将知识产权战略提升到国家战略层面。美国知识产权制度相对完善,强化对技术创新者的保护力度,同时建立技术管理和转让的组织机构,技术创新的保护范围不断扩大,激发了高校、科研机构的积极性,促进技术创新和专利获取。在不断进行修改与完善的同时,美国加强知识产权保护力度,使美国建立起了完善的知识产权法律保护体系。近年来,美国在知识产权保护方面不断加码。2017 年发布《美国知识产权联合执法战略规划(2017—2019)》,2018 年发布《国家网络战略》,明确知识产权保护是数字时代经济持续增长和创新的保障。2018 年美国国会通过《外国投资风险评估现代化法案 2018》,赋予美国外商投资监管部门更大的权力,以保护对美国国家安全至关重要的技术和知识产权。

日本在 2000 年左右提出了"知识产权立国"的战略大纲,颁布施行了《知识产权基本法》,同时修订了五十余部相关法律,以促进知识产权的创造、利用与保护。2013 年 6 月,日本知识产权战略部在总结战略实施经验的基础上,根据国内外经济形势的新变化,特别是针对新兴经济体的兴起,以及数字信息全球化市场的快速发展,推出《知识产权政策愿景》,提出"内容产业立国"的新目标。近年来,为应对"数据驱动型的新型创新"等新形势,日本每年发布年度知识产权推进计划。

2008 年韩国经济受到金融危机的持续冲击,在此背景下,韩国政府出台了《知识产权强国实现战略》,积极推进《知识产权基本法》制定,实施《第一次知识产权基本计划(2012—2016)》,把加强知识产权运用和保护作为工作重点,不断加大知识产权服务力度和能力建设,推动韩国向知识产权强国转变。近年来针对新形势新问题,韩国知识产权制度进行相应的调整,发布了《第二次知识产权基本计划(2017—2021)》。

三、知识产权保护与创新

经济全球化使知识产权成为促进一国经济社会健康发展和保护区域知识创新的重要制度保障。世界贸易组织制定的《与贸易有关的知识产权协定》(TRIPS)是迄今为止在知识产权法律和制度方面影响最大的国际公约,加入世贸组织的国家和地区都有义务遵守该协定的内容。然而,对一国内部而言,知识产权保护的最终目的是促进经济社会和文化的发展,对知识产权过度保护在保护创新的同时,也会伤害创新。

(一) 知识产权促进创新的机制

知识产权战略能够通过提高企业间知识侵权的违法成本来保护企业创新,减弱创新产品的正外部性。增加企业技术的独占性,保护企业创新成果所产生的收益,能显著激发企业的创新活力。以专利为例,专利作为知识产权中保护最全面、最有效的方式,在驱动产业创新发展的过程中发挥着日益重要的作用。一方面,专利制度要求权利人将专利技术内容以专利文献的形式公开,使得技术成果加快扩散,引发公众对新技术的关注和利用动机;另一方面,专利保护的排他性,在激发和保护研究开发者积极性的同时,也迫使其他企业加快研发创新。在市场化的自我调节作用下，专利权作为纽带，可以有序引导技术资源向与之特点更加匹配的主体流动，向边际效益更高的方向流动，与此同时，还通过市场化的手段实时发送优势信号，放大外部效用，重构产业价值分配体系，激发市场竞争更加有效和有序。

（二）知识产权阻碍创新的机制

知识产权保护制度直接产生两个问题，一是阻碍技术溢出，二是增加技术投入的价格。例如，非专利授权人可以通过公开途径，获取专利技术的方法，然而，由于受到知识产权保护的约束，却并不能开展模仿创新，即使在研发中的技术落后于公开的专利，也将受到使用限制。与此同时，如果需要利用公开的专利技术，则需要支付高额的专利费用，由此也产生了专门通过发动专利侵权诉讼而获利的"专利流氓公司"，即本身并不制造专利产品或者提供专利服务，而是从其他公司、研究机构或个人发明者手上购买专利的所有权或使用权，然后专门通过专利诉讼赚取巨额利润。可见，过度的知识产权保护，也不利于模仿创新，以至于提高了企业的创新成本。

（三）提倡适度的知识产权保护

关于知识产权保护与创新之间的关系，大部分研究认为，一个国家的知识产权保护制度，应该是在产权垄断的福利损失和技术溢出的社会收益之间寻找一个均衡点。一方面，我国知识产权保护制度还落后于部分发达国家，并且各个地区执行的强度亦存在巨大差异，因此必须进一步完善知识产权相关法律法规，营造良好的制度环境，为企业创新发展助力，保障技术进步和经济发展的客观需要。另一方面，我国的知识产权法律制度在向国际规范靠拢时，也要注意防止因过分保护发达国家的知识产权，而给本国的科技进步和经济发展造成严重的障碍。要积极参与知识产权国际规范的制定与修改，并运用合理与适当的法律措施，应对不当利用知识产权对我国进行的市场和技术垄断行为。

【拓展阅读】　人工智能背景下的著作权新问题

人工智能的发展，使文艺领域的作品创作不再被人类垄断，与此同时，这也引发了这类创作能否构成作品并获得版权保护的争论。这个问题的实质不在于对作者的原创性、特定性和个性的讨论，而在于接受人工智能创作作为一种新的"作品"形式所产生的市场效应，对经济社会的可持续发展是好是坏。

如果将人工智能创作视为非作品，那么大量流入公共领域的作品将大大降低版权作品的市场需求，作者很难通过创作获得满意的经济回报，投资者对版权市场的投资行为将更加谨慎。然而，这可能导致人类作品创作行为的减少和版权产业的萎缩，人工智能将在一定程度上垄断至少某些类型的作品创作。而如果将人工智能创作视为作品，那么进入市场的版权作品将大大增加，版权市场的竞争将更加激烈和充分。这就要求著作权法一方面要区分人类作品和人工智能作品，并且分别适用不同的保护模式，另一方面要改革一些传统的机制，避免版权市场的恶性竞争。此外，更加复杂的著作权法也会增加法院审理著作权案件的司法成本。

第 96 讲　直播行业能成为新产业吗？

　　网络直播模式依靠网红成为移动互联网时代新的巨大流量入口，引起各大资本和互联网企业竞相追逐，2016 年，中国在线直播平台曾一度高达 200 多家，被称为"中国网络直播元年"。2017 年直播行业进入"洗牌期"，各大直播平台纷纷转型，直播行业向垂直细分领域渗透，"直播＋"与各产业生态结合的模式不断被探索，逐渐开启了移动互联网时代的新商业模式。

一、网络直播行业发展概况

　　在广播电视词典中，直播的定义为：广播电视节目的后期合成、播出同时进行的播出方式。对于网络直播的概念，目前没有权威统一的定义。我们认为，网络直播是一种以视频内容为载体，以网络设备为直播工具，传播者基于直播平台实时与观众沟通互动的在线交流方式。这里的传播者指的是网络主播，他们通过网络平台或移动客户端与观众进行实时互动。

　　随着互联网的发展，一些视频网站开启了实时观看和打赏的互动模式，用户可以在观看视频的同时，购买虚拟礼物进行赠送，开创了直播的纪元。然而，受当时的技术条件限制，网络直播并未普及。而移动互联网和智能设备的迅猛发展，以及"虎牙""花椒""映客"等各类直播软件的相继出现，使得网络直播开始被越来越多的人接受。随着网红经济的高歌猛进，其商业模式也在不断进化，网络直播迎来了高速发展阶段，除了一些自发入驻直播平台的个人主播外，众多专业营销团队重点打造网红主播和团队，使得网络直播平台的竞争越来越激烈。2016 年中国在线直播平台超过 200 多家厮杀混战，2017 年行业进入"洗牌期"，各大直播平台纷纷转型向垂直细分领域渗透，逐渐形成细分龙头领域的分层竞争态势。

二、网络直播的类型

　　目前，根据直播内容的类型，可将直播类型分为生活娱乐直播、游戏直播、电商直播以及教育培训直播等。各大网络直播平台也在激烈的竞争中，逐渐形成了相对细分的直播领域。

（一）生活娱乐直播

　　生活娱乐直播起源于早期的秀场类直播，也是最为人们所熟知的直播模式。此类直播以主播表演唱歌跳舞等才艺为主，随着分享与陪伴成为视频直播的新动力，生活类直播顺势而生，直播内容也是各式各样，如做饭、逛街、运动、旅行等。因为门槛较低，与网友的互动性强，生活娱乐类直播成为主播展示自己的舞台和吸引粉丝关注的流量入口，主播数量也相对较多。常见的娱乐类直播平台有花椒直播、YY 直播、映客直播等。

（二）游戏直播

　　游戏行业一直是巨头们青睐的对象，特别是电竞在全球的发展带来大量的资本涌入，平台通过知名游戏主播对游戏的直播讲解来吸引粉丝，游戏直播已逐渐成为电竞产业链中的关键一环,也是电竞产业营收的重要渠道。游戏直播的影响力正随着产业发展不断扩大,与音乐、公益等结合的"直播＋"探索也在不断促进平台生态多元化。据艾媒咨询发布的《2020—2021年中国电竞直播行业发展专题研究报告》数据,2020年中国游戏直播行业主播数量达1 394.56万人,游戏直播市场以7.6%的复合年均增长率持续增长。常见的游戏直播平台有斗鱼直播、虎牙直播、企鹅电竞、战旗直播等。

(三) 电商直播

早期的电商直播主要是一些网红主播或商家,通过直播平台详细讲解和展示商品的性能,以消除商家和消费者之间信息不对称的障碍,从而实现商品销售的目的。2020年起,各地商品购买消费向线上渠道转型,直播带货的形式也逐渐被更多人所知晓。当前的电商直播平台主要分为两类:一类是像淘宝、京东这类自带商城的直播平台,其变现方式主要以卖货为主,开发直播功能和短视频功能的目的是使自己平台形成从流量到交易的闭环。另一类如抖音、微博、腾讯直播这类内容平台,没有自有商城,主要是把流量导入商家的商城,成为流量入口,从而实现销售目的。随着抖音直播的影响力不断加大,明星、大V纷纷在抖音创建带货直播间,抖音也加速电商直播板块,进一步完善自己的生态闭环,如新东方集团旗下"东方甄选"直播电商入驻抖音平台。常见的购物类直播平台有淘宝直播、抖音、快手、拼多多等。

(四) 教育培训直播

教育培训直播是针对有知识获取需求的用户,开展培训、讲座等知识内容的直播,如文化知识讲座、财经讲座、股票知识等。在直播过程中,主播会细致入微地对直播主题进行讲解并能有针对性地回答粉丝在公屏上的提问。各大中小学也纷纷开启云课堂,老师们化身"主播",进行在线教育。常见的教育培训类直播平台有CCTalk、钉钉直播、腾讯课堂等。

三、直播平台商业模式

网络直播平台从早期的资本投入,到如今商业模式逐渐清晰,基本形成了用户打赏、广告、营销推广、付费直播以及直播电商等盈利模式。

(一) 用户打赏

最传统最常见的直播收入来自用户的打赏费用,观看直播的用户在平台付费购买礼物送给主播,主播可以对礼物进行提现,平台从中提取抽成。用户打赏在生活娱乐类直播中较为常见。

(二) 广告

直播吸引了大量的观众,平台通过在直播APP或直播间内植入广告,可以按照广告的投放或点击量结算相应的广告费用。广告可以嵌入任意类型的直播平台和直播间。

(三) 营销推广

通过营销推广实现盈利有两种模式:一是主播经营店铺,通过直播来推销商品,或为自己的店铺引流;二是主播与商家合作,推广商家的商品,获得佣金和提成。营销推广多见于电商类的直播。

（四）付费直播

用户通过付费成为直播平台的会员，或支付单场直播的入场费用来观看直播，多见于教育培训类直播。主播也可能通过向平台付费来获取更多更高级的直播服务，多见于娱乐类直播。

（五）直播带货

直播带货现已经成为一种新兴的购物方式，一些网络红人和名人直播，不断刷新直播带货纪录。直播平台则抽取相应的费用。不同的产品提成也会不同，具有一定粉丝量的主播，还需要支付一笔额外服务费。至于服务费，不同主播有不同的标准，主要根据主播或者主播公司的规定来设置。

四、直播行业面临的问题与新发展机会

（一）直播行业面临的问题

随着直播行业井喷式发展，行业存在的问题也逐渐暴露出来。

（1）内容输出质量不够理想，从业人员素质参差不齐。内容与主播应该是直播产业得以构建的基本元素。目前的直播业态不断丰富，但是在从效率和形式上探索可能性的同时并没有兼顾好质量。尽管已有相关政策文件对平台以及主播行为规范提出了要求，但各类直播中主播传递低俗、攀比、歧视等负能量信息的现象仍大量存在。进入直播行业门槛低，个人只要开通平台账户即可成为主播，而专业从业人员的筛选缺乏一定的行业标准，完全依靠企业或MCN机构，并且后续对从业者的能力培养也存在不全面等问题，容易引发直播事故。"东方甄选"电商直播的出圈，一度被认为树立了直播业态范本形象，归根结底是由于直播行业发展同质化问题所引发的形式、内容、人员创新与质量升级需求驱动。

（2）行业发展瓶颈日趋明显。随着直播行业发展趋于平稳，行业瓶颈也日趋明显，主要表现为付费率有待提升，用户增长放缓，市场主要围绕存量用户展开竞争。用户红利的消失也进一步激化直播平台在垂直市场上的竞争。当前行业主播头部效应明显，排名靠前的主播占据平台主要流量，而优质主播数量匮乏，主播差异化优势不明显，导致优质主播维护运营成本高昂。

（3）直播电商问题逐渐暴露。随着直播电商的产业链不断发展，直播电商的问题开始显现。例如，主播与MCN机构虚假交易，以此来获取商家的坑位费与佣金分成，侵害商家的利益；销售的产品质量参差不齐，售后和维权成本高，造成消费者对直播电商的信任危机；头部主播与中小主播分化效应，流量的失衡也会打破直播行业的生态系统。

目前，直播行业正处于不断规范之中，2021年4月，国家互联网信息办公室、公安部、商务部等七部门联合发布《网络直播营销管理办法（试行）》，旨在规范网络市场秩序，维护群众合法权益，促进新业态健康有序发展。2022年3月，国家互联网信息办公室、国家税务总局、国家市场监督管理总局印发《关于进一步规范网络直播营利行为促进行业健康发展的意见》，从各层面强调了直播行业健康发展要求。然而，最终的落实结果还有待时间的检验，健康产业生态离不开各主体的协同共治，直播产业的"新常态"亟须"新治理"保驾护航。

（二）直播行业发展的新机遇

新技术的发展以及人们对各类需求的升级，将为直播行业发展增添新的动力。

（1）新技术发展推动直播再加速。随着5G、VR/AR、虚拟直播等新兴技术的发展与应用深化，未来网络直播结合新技术应用，将推动直播行业的发展。例如，提升视频播放的流畅性和互动氛围的渲染效果，应用5G技术和智能终端设备增强用户体验，这些新技术的发展对直播行业发展起着巨大的推动作用。

（2）"直播＋"与产业跨界融合成趋势。在线直播具有即时性、互动性和沉浸性的特点，使直播结合其他行业发展也拥有巨大潜力。目前在线直播平台不断探索"直播＋"模式的应用，未来在线直播与其他行业的结合将继续加深，既能使其他行业内容输出具有更加多元化的特点，也有利于直播承载内容的拓展。

（3）直播行业将不断发展成为新产业。当前，直播行业最火的无疑是直播电商。消费者从依赖于搜索的目的性消费，到导购和互动，再到"云逛街"式的无目的性消费，从"人找货"到"货找人"，消费体验更加视觉化、情感化和互动化。直播形式既可以保留传统零售和批发市场原有的现场氛围，给线上消费者营造一种高性价比的消费场景，同时也具有增加店铺流量、提高转粉率、延长粉丝停留时长等优势。因此，直播可以成为零售和批发商数字化转型的一个重要环节。

随着各行各业直播布局的展开，直播监管、从业规范的不断强化，直播行业将得到进一步的发展和普及，并将发展成为一个新产业。

【拓展阅读】 直播行业风险的治理之道

"直播＋"与各产业生态结合的可能性正在被不断探索，但目前中国直播产业中相关网络视频管理体系尚不完善、直转播缺乏充分的内容审核、产业从业人员水平参差、产业监管水平有待提升等行业乱象仍存。及时、正确应对新业态、新模式中的各类风险蔓延，亟须从众治、法治、文治等方面厚植行业优质环境，更好地推动直播行业在法治轨道内良性发展，实现真正意义上的"自主就业、大众创业、万众创新"。

1. "法治"完善直转播知识产权保护

中国正在加快建设数字文化产业，相关法律建设方面应当走在前列。通过建设完善的法律法规，为直播行业发展提供明确的法律依据。优质直播内容的持续推出，应是全产业链条参与者的共识，构建良性生态的重要性日益凸显。一方面，相关立法部门要重视直转播画面版权保护，完善著作权法，将直播、转播及录播画面纳入"视听作品"的保护范围内。鼓励各地加强属地直播内容把关和运营管理，探索直播适龄提示以及分级制度。立法部门与监管部门应积极回应直转播与视频的版权纠纷，并为行业发展提供更为明确的指导。另一方面，也应注重从业人员筛选标准的制定与考核。在立法时应当平衡品牌方、直播与视频平台、主播三方面利益，避免行业垄断以及其他扰乱直转播行业有序竞争现象的出现。

2. "众治"推动行业主体接受监督，引导行业自律

促进直转播行业协会的建设，加快响应地方性乃至全国性直转播行业协会的建

设工作。建设国际化直播服务平台,逐步引导直播平台、主播等各类直转播行业参与主体加入,接受其监督监管,促进行业自律。此外,通过协会常态化举办培训班和研讨交流等活动,使各类参与主体深刻认识到自觉守法对其长期发展的重要性、必要性,使其牢固树立规范经营、诚信经营的观念,有效促进行业自律和维权意识。联合发布指导性意义的自律公约,推动行业主体主动落实责任,有利于在行业内形成规范发展的共识。建立直播创新基地,鼓励精品内容创作,加大高质量直播内容供给,推动直播关键技术自主研发。

3. "文治"增强行业文化内涵和从业者价值引领

积极引导符合新时代价值观的直播内容产出以及行业从业者的优秀文化传播责任意识。目前,中国有地区曾发布《电子竞技直转播平台管理规范》,针对主播的行为提供负面清单,但当前直转播整体仍然存在文化内涵匮乏、价值错误引领等现象。因此,应大力加强各类主播的文化培训和普法教育工作,强调直转播内容对于优秀文化内涵的传播作用,强化主播对于正确价值观的引导作用。创新"直播＋"形式,推动主播落实主体责任,积极践行社会责任。通过"直播进校园"等丰富形式推动优秀直播文化传播、优秀内容产出、优秀从业者创作。在未来虚拟数字人主播的应用上,也应从社会标准、道德标准等多层面认真考虑 AIGC 内容生产。

第 97 讲　众说纷纭电竞与电竞产业

在信息技术不断加速发展的时代,文化产业积极拥抱数字化转型。在数字文化产业的细分赛道上,电子竞技(Electronic Sports)一直是备受人们关注的焦点,2021 年 EDG 夺得英雄联盟 S11 全球总决赛冠军,再次刷新电竞赛事版权价值的关注度,电竞产业也逐渐走进主流视野。近年来,我国的电竞产业已经初步形成一个较为完整的产业链,成为快速增长的新兴产业之一。

一、电子竞技的概念与内涵

长期以来,电子竞技都没有明确而严格的定义。国家体育总局在 2003 年 11 月批准电子竞技成为我国第 99 个正式体育竞赛项目时,将电子竞技定义为:电子竞技运动就是利用高科技软硬件设备作为运动器械进行的、人与人之间的智力对抗运动。通过运动可以锻炼和提高参与者的思维能力、反应能力、心眼四肢协调能力和意志力,培养团队精神。

在理解电子竞技时需要将"电子竞技"和"电子游戏""体育运动"联系起来看。虽然电子竞技是由电子游戏发展而来的,但它却是游戏发展的高级阶段,与电子游戏有着本质区别。电子游戏侧重点在于"游戏",而电子竞技侧重点则在于"竞技",它具备传统游戏应有的特征。"电子竞技"与"体育运动"存在类似的组织化、规则化、职业化、产业化特征。电子竞技的产生与发展,可以视为从游戏到体育运动的转变过程。因此,可以将电子竞技定义的基本要素归纳为:以电子游戏为基础,以电子设备为载体,遵循统一的规则或标准,开展人与人之间的对抗。

随着信息技术和电竞产业发展,电子竞技的内涵不断拓宽,电子竞技的类别除了大多数人所理解的传统电竞,还包括电子体育和电子对抗。

电子体育是指传统体育项目的电子化,旨在利用物联网、5G、VR/AR 等技术突破传统体育项目的空间限制,实现体育运动的电子化,例如 F1 虚拟赛车大赛、FIFA 虚拟足球比赛等。电子体育不仅是以电子游戏为媒介,它更考验选手们全方位的动手与动脑能力。

电子对抗是"科技+体育"的一种新型表现形式,电子对抗强调机器与机器的对抗,现在已经涌现出许多电子对抗类的赛事和活动,如无人机竞速、机器人格斗、机器人舞蹈比赛等。数字体育是数字科技的重要表现形式,是信息技术与体育的广泛结合。这不仅展现了电子竞技运动是电子计算机技术与竞技体育完美结合的产物,同时也表明了电子竞技体育化的必然趋势。电子竞技体育化、传统体育虚拟化以及数字科技对抗化都是未来多产业融合研究的重要方向。

二、电竞和电竞产业的发展历程

电竞和电竞产业的发展经历了萌芽阶段、发展阶段和成熟阶段,以下以电竞产业标志性事件为代表,简要进行梳理。

(一)萌芽阶段(1972—1999 年)

1972 年斯坦福大学的学生被邀请参加名为"Intergalactic Space War Olympic"的 *Spacewar* 的竞赛,而赢得比赛的学生可获得由美国杂志 *Rolling Stone* 提供的一年捐款,这被认为是电子竞技的起源。这场比赛也是电子竞技第一场比赛,由此产生了世界上第一批电子竞技比赛获奖者。电子游戏网络化始于 1990 年,游戏的网络化让电竞行业开始真正得到发展。1990 年,游戏巨头任天堂举办了第一届任天堂世界锦标赛,这是历史上第一个正式的电子游戏比赛。20 世纪 90 年代末,伴随着互联网的普及,电子游戏快速发展,在全世界范围内形成了一个庞大的商业产业,随着世界游戏产业的快速发展,一项新的竞技运动——电子竞技应运而生。

(二)发展阶段(2000—2010 年)

进入 21 世纪,韩国最早推进电子竞技发展职业化、产业化,成为国家文化娱乐转型的重要步骤之一。韩国文化体育和旅游部于 2000 年成立下属机构——电子竞技协会,旨在促进和规范韩国的电子竞技发展。电子竞技的电视报道也是最早在韩国建立,韩国通过专门的 24 小时有线电视游戏频道 Ongamenet 和 MBCGame 定期播出《星际争霸》和《魔兽争霸Ⅲ》比赛。随着电竞行业的飞速发展,比赛和职业选手,甚至大型比赛开始如雨后春笋般涌现,其中,最著名的是由韩国国际电子营销公司 2000 年开始举办的世界电子竞技大赛(World Cyber Games,WCG)。2014 年,WCG 宣布停办。直至 2013 年,WCG 共举办了 14 届,中国曾三次举办WCG,分别是在成都(2009)、昆山(2012、2013)。WCG 与 ESWC(电子竞技世界杯)、CPL(职业电子竞技联盟)一起被称为世界三大电竞赛事,而 WCG 在三项赛事中的规模与影响力最大。

(三)成熟阶段(2011 年至今)

2011 年直播平台 Twitch 出现,预示着电竞产业发展进入新阶段。Twitch 由贾斯廷·卡恩(Justin Kan)和埃米特·希尔(Emmett Shear)联合创立,如今 Twitch 是世界上最成功的直播平台之一。随着 Twitch 的成功,许多国家的厂商开始建立属于自己的游戏直播平台,世界各地的玩家也可以非常便捷地在网上观看电竞内容,电竞正式进入一个大直播时代。近年来,随着游戏研发、赛事运营、赛事参与、赛事传播以及相关衍生产业的发展、成熟,电竞产业已成为一个庞大的商业产业。

"科技＋体育"是电子竞技产业发展的未来趋势。现在的电竞产业以游戏厂商为核心,主要从游戏本身的市场接受度去考量,注重经济效益。电子竞技要真正实现"科技＋体育"的最终形态,需要更多融入体育精神和健康向上的价值观念,从而被社会广泛接受。

三、电竞产业链

电子竞技产业是网络游戏产业衍生品,依托职业体育运营模式不断发展壮大。特别是近年来随着手机端口电子竞技游戏的普及,电子竞技流量出现了爆发式增长。依托电子竞技高流量,电子竞技产业不断衍生迭代,电子竞技产业进入快速成长阶段。作为互联网时代数字化产物,电子竞技产业已然成为走全球化发展道路的最大受益者。然而电子竞技产业在任何国家都是一个庞大的复杂系统,使得电竞市场蓬勃发展之下行业规范化、标准化的缺失仍为遗留问题。相较于国外电子竞技产业链的成熟,中国电子竞技产业链生态暂时呈现出力量失衡的不健康态势,仍需不断加以完善。

关于目前中国电竞产业链的组成环节,较为公认的观点是:产业链上游,主要涉及内容的授权,包括电子游戏行业和相关监管部门等;产业链中游,主要涉及衍生内容制作,包括电子竞技赛事行业、电子竞技俱乐部行业和电子竞技场馆行业等;产业链下游,主要涉及内容传播,包括直播行业、媒体行业以及电商行业等,如图 1 所示。总体表现为产业链较长,涉及多个产业部门。目前国内的电竞产业发展处于某种生态不健康的状态,即头部厂商力量过大,易形成垄断局面,缺乏一定的监管力量,具体表现在产业链的各个环节。

图 1　电竞产业链构成

四、技术进步与电竞产业未来发展

（一）电竞产业相关技术发展

我国信息网络基础设施建设加速,通信技术的创新推动互联网游戏产业深度融合:国内虚拟运营商已经全面实现 4G 覆盖,智能移动终端设备升级换代,既为电竞用户提供了更宽松的体验环境,也为开发更多的人机交互、社交场景等娱乐功能及模式、增强电竞赛事播出画面表现力和丰富电竞内容带来更多机遇。与此同时,虚拟现实技术日益完善,教学中应用虚拟现实技术已成为趋势,VR、AR 及 MR 技术作为目前虚拟现实成像领域最前沿的技术,它们在教育上的运用似乎已不再新鲜。

（二）人工智能与电子体育未来形态

科技进步层出不穷，数字技术与实体经济的融合，势必催生新产业、新业态、新模式。数字经济为人工智能推动体育产业发展提供了时代背景，人工智能技术可以带动传统应用场景向数字化转型和智慧化改造，如数字感应技术可以实时感知人体运动的生物学信息，可以在大量数据基础上深入了解人体运动能耗规律，电子竞技运动员或将拥有更加科学的训练指导。同时，人工智能技术亦可为运动现实模拟系统提供支撑，如应用数字仿真技术虚拟训练等。除此之外，随着移动通信技术不断发展，各种智能设备的研发不断成熟，身体运动型视频游戏（Motion-Based Video Game）也逐步发展起来，或为未来电子竞技的主要载体。

 【拓展阅读】 全球主要电竞游戏与赛事

电子竞技最常见的游戏类型有多人在线竞技游戏（MOBA）、第一人称射击游戏（FPS）、即时战略游戏（RTS）、格斗游戏、数字收藏卡游戏（DDCG）等若干种类，参见表1。

表1   **主要电竞游戏**

MOBA 类	RTS 类	FPS 类
英雄联盟（LOL）	自由之火 （Garena Free Fire）	使命召唤：现代战争 （Call of duty：modernwarfare）
刀塔2（Dota 2）	星际争霸2 （StarCraft II）	堡垒之夜 （Fortnite）
守望先锋（Overwatch）	皇室战争 （Clash Royale）	反恐精英：全球攻势 （Counter-Strike：global of fensive）
神之浩劫（Smite）	星际争霸 （StarCraft）	逃离塔科夫 （Escape From Tarkov）
风暴英雄 （Heroes of the storm）	魔兽争霸 （Warcraft III）	Apex 英雄 （Apex Legends）

众多游戏都有自己的赛事，下面就主要的 MOBA 类游戏、FPS 游戏和格斗游戏中较为成熟和具有影响力的职业赛事进行介绍。

1. 英雄联盟

英雄联盟赛事包括地区顶级职业联赛和国际赛事，在全球共有 12 个顶级职业联赛，分别为：

（1）北美地区的 League of Legends Championship Series（LCS）

（2）欧洲地区的 League of Legends European Championship(LEC)

（3）韩国的 League of Legends Champions Korea(LCK)

（4）中国大陆的 League of Legends Pro League(LPL)

（5）越南的 Vietnam Championship Series(VCS)

（6）土耳其的 Turkish Championship League(TCL)

（7）独联体的 League of Legends Continental League(LCL)

（8）巴西的 Campeonato Brasileirode League of Legends(CBLoL)

（9）拉美地区的 Liga Latinoamérica(LLA)

（10）日本的 League of Legends Japan League(LJL)

（11）大洋洲的 Oceanic Pro League(OPL)

（12）东南亚地区和中国台湾、香港、澳门地区的的 Pacific Championship Series(PCS)

官方的国际赛事有全球总决赛、季中邀请赛、洲际邀请赛、全明星赛。

2. 刀塔2

DOTA2 在 Ti10 后 DOTA2 职业巡回赛引入全新的赛事系统，全年比赛构成为"6个地区联赛＋3个 Major＋1个 Ti"，6个赛区分别是中国、东南亚、欧洲、南美、北美和独联体，三个 Major 均在每个赛季末举行，每个 Major 都会有 18 支参赛战队，18 支战队从各个地区的高级联赛中产生。

DOTA2 赛事中最重要的赛事是 DOTA2 国际邀请赛（The International DOTA2 Championships，简称 Ti），每年一届，由 Valve Corporation（V 社）主办，奖杯为 V 社特制冠军盾牌，每届冠军队伍及人员将记录在游戏泉水的冠军盾中。这也是全球奖金最高的电竞赛事。

3. FPS 游戏

《反恐精英》系列：反恐精英系列游戏的职业比赛集中在北美和欧洲，如 WorldCyber 游戏、CEVO、ESEA 联赛、英特尔极限大师赛、网络运动员职业联赛和电子体育联赛。

绝地求生：PUBG 电竞体系将分为九个独立赛区，每个赛区都将拥有各自一系列职业比赛，本土顶级战队汇集一堂，产生赛区冠军。包括：中国大陆（PUBG champions League，PCL）、中国港澳台（PUB GMASTER LEAGUE，PML）、北美（National PUBG League，NPL）、欧洲（PUBG Europe League，PEL）、韩国（PUBG Korea League，PKL）、日本（PUBG Japan Series，PJS），以上 6 大赛区将采用"职业联赛"体系。东南亚、拉丁美洲和大洋洲将采用"职业巡回赛"体系。在赛季中期有明星赛，赛季结束时开展全球总决赛。在这些官方比赛外，还有一系列邀请赛。

4. 格斗游戏

格斗游戏由于其特殊性，没有类似 MOBA 游戏和 FPS 游戏一样的地区联赛。它的赛事组织形式以锦标赛为主。格斗游戏赛事中最具有影响力的有日本的 Tougeki-Super Battle Opera(斗剧)，北美地区的"Evolution Championship Series"(EVO 大赛)，Capcom Cup(卡普空杯)。

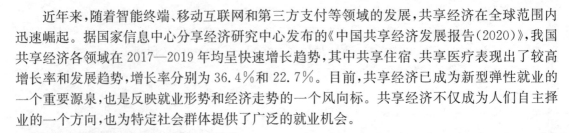

第 98 讲　共享经济走向何方?

近年来,随着智能终端、移动互联网和第三方支付等领域的发展,共享经济在全球范围内迅速崛起。据国家信息中心分享经济研究中心发布的《中国共享经济发展报告(2020)》,我国共享经济各领域在 2017—2019 年均呈快速增长趋势,其中共享住宿、共享医疗表现出了较高增长率和发展趋势,增长率分别为 36.4% 和 22.7%。目前,共享经济已成为新型弹性就业的一个重要源泉,也是反映就业形势和经济走势的一个风向标。共享经济不仅成为人们自主择业的一个方向,也为特定社会群体提供了广泛的就业机会。

一、什么是共享经济

共享经济的概念最早由美国得克萨斯州立大学社会学教授马科斯·费尔逊和伊利诺伊大学社会学教授琼·斯潘思于 1978 年提出。近年来,随着智能终端、移动互联网和第三方支付等领域的发展,共享经济得以迅速崛起。然而,对于共享经济的定义,仍存在争议。

共享经济主要是通过互联网作为媒介来实现的。一些学者认为,共享经济的本质是去中介化过程,使闲置资源可以突破信息不对称的束缚,让资源提供者能够获得更多经济效益,从而提升社会整体福利。也有学者从经济效率和可持续发展角度,认为共享经济的本质是绿色经济,即共享经济使得社会闲置资源得到充分利用,既减少资源浪费,又降低新生产产品所造成的环境污染,进而达到促进经济增长、保护生态环境的作用。有观点从闲置资源类型出发,把闲置资源分为闲置商品、闲置动产及不动产、闲置时间,而共享经济则是闲置资源所有权转让的过程。还有观点认为,共享经济的本质是人们公平享有社会资源,各自以不同的方式付出和受益,共同获得经济红利。

综上所述,共享经济是基于互联网平台,通过转让组织或个人的闲置资源,对社会闲散资源整合再利用,并从中获取收益,实现对产品和服务最大限度利用的一种经济运行模式。在共享经济模式下,消费者拥有的是资源的使用权而非所有权,共享经济是"点对点"的商业模式,通过互联网平台直接连接资源供需双方,具有去中介化的特征。

二、共享经济与分享经济

"共享经济"与"分享经济"的英文都是"Sharing Economy",有些学者认为这两个概念并没有本质的区别,都是依托互联网信息技术而迅速发展起来的新兴经济模式,只是同一个概念的不同说法。也有学者认为二者是不同的概念:共享经济一般是指以获得一定报酬为主要目的,实现物品使用权暂时转移的一种新的经济模式,其本质是整合线下的闲散物品、劳动力、教育医疗等资源,各自以不同的方式付出和受益,使人们公平享有社会资源,从而共同获得经济红利;而分享经济是指个人、组织或者企业,通过互联网第三方平台分享闲置实物资源或认知盈余,以低于专业性组织者的边际成本提供服务,并获得收入的经济现象,其本质是以租代买,资源的支配权与使用权分离。目前,关于共享经济与分享经济之间的区别,主要有以下几种观点:

(1) 共享经济是将资源分享给其他人共同来使用,并且共享经济能够改善再分配当中的公平性问题,使人们公平享有社会资源,各自以不同的方式付出和受益,共同获得经济红利。分享经济所解决的问题是,如何通过有效的再分配,提高再分配过程当中的有效性,它是通过整合新的资源来让使用者享受,将社会海量、分散的闲置资源平台化、协同化地集聚、复用与供需匹配,从而实现经济与社会价值创新的新形态,强调消费者与拥有者之间的互动和对碎片资源的有效整合。

（2）共享经济本质上是平台经济,它打破了原来的产业链及其竞争格局,实现跨界渗透和发展,从而对产业链内外的行业产生深远的影响,如滴滴出行、短租平台等。而分享经济其实是租赁经济,它只是赋予传统租赁行业新的经营方式,扩大了市场,但没有从根本上改变租赁行业的商业模式和盈利模式,因此分享经济仍然属于租赁经济的范畴,如共享单车、共享充电宝等。

我们在这里并不严格区分共享经济与分享经济的内涵,把它们统称为共享经济,根据共享的物品或服务的内容,将共享经济平台分为B2C模式的"重资产"和P2P模式的"轻资产"。共享经济与分享经济在实现方式上都是借助互联网信息平台,通过信息共享和分享使用平台自有或整合的资源,实现闲置资源的有效利用和资源配置利益最大化,这种经济模式使得人们的生活质量和效率都得以提升,体现了当前我国社会的发展理念。

三、共享经济繁荣背后的问题

近年来,我国的共享经济快速发展,在经历爆发式增长之后,种种社会问题也逐渐暴露,如野蛮生长、消费者安全与隐私、共享经济的社会治理等问题。

（1）共享经济的平台垄断。共享经济因其巨大的潜在价值而得到大量投资,并且互联网平台的规模效应会导致"赢者通吃"的现象,整个市场被两三家大企业所占据,它们对所有信息具有掌控力,极易利用垄断势力攫取超额利润。例如,2016年8月滴滴收购Uber,从而在网约车市场中占有90%以上的市场份额,随后降低了对滴滴司机的补贴,而消费者支付的租车费用又提高了,这与共享经济的初衷相违背。

（2）共享经济的运营平台机制不健全,盈利模式不清晰。很多运营平台与移动智能终端的对接、与电子商务的融合发展不足,没有建立起高效规范的运营机制。同时,平台的内容定位不清晰,产品的切入点、服务的差异化和解决用户需求等战略不明确,导致商品、服务的提供者与需求者之间的连接存在问题,制约了运营平台的发展。此外,企业盲目跟风和不顾实际的高投入,不仅阻碍了市场的健康发展,而且导致很多运营平台定位不清,没有建立起清晰可靠的盈利模式。如部分共享经济企业采取了大幅让利甚至全部免费的模式,短期看似乎消费者得到了实惠,但长久来看无法保证发展后劲,当然也不利于共享经济的持续发展。

（3）存在个人信息和隐私泄露的风险。共享经济是通过互联网平台实现供需双方的交易,平台掌握了大量用户数据（如手机号、家庭和工作地址、出行记录等）。目前我国信用体系不成熟,使得个人隐私存在被泄露的风险。同时,平台也掌握大量交易数据,平台可以对这些数据进行分析,并从中获利,比如专车平台在上下班高峰时上调价格,出现"大数据杀熟"的现象。平台也可以利用这些交易数据和用户数据与其他企业进行交易,而现行法律对数据泄露或违法使用的风险并无及时、有效的回应。

（4）存在资源浪费的情况。共享经济虽然使得闲置资源得到充分利用,但是很多企业为了争夺相关行业的话语权而进行盲目的"烧钱"大战。以共享单车为例,哈啰、青桔、美团等企业大规模投放单车和电单车,出现了供大于求的情况,不合理的投放导致单车资源未得到有效整合,单车的使用率低、损坏率过高,甚至出现了共享单车垃圾场,不仅造成资源浪费,也对环境造成污染。此外,单车的乱停乱放侵占公共空间与公共资源,也影响了社会秩序尤其是公共交通秩序。

(5) 相关法律法规不健全,缺乏政府的有效监管。由于法律法规的更新速度存在一定的滞后性,对于共享经济的商品或服务提供者没有严格的资格审核制度,为一些违法活动提供了便利。此外,共享经济中用户的事故保障制度、责任纠纷制度等也不完善,在发生危险或者产生纠纷时,法律责任主体难以界定,用户合法权益容易受损。面对共享单车挤占公共场所、未成年人骑单车引发交通事故、网约车与传统出租车之间利益的不均衡、专车涉嫌非法经营等问题,政府部门都缺乏有效的治理和相关的法律法规。

(6) 形成新的数字鸿沟。对于数字用户之外的其他社会公众,尤其是特定人群(如弱势群体)而言,现行的共享经济模式很可能造成新的数字鸿沟。在共享经济大行其道的今天,传统商业模式正在逐渐萎缩,抑或被迫接入共享经济的商业网络,使得许多与社会公众生活息息相关的服务,都必须通过共享经济模式才能提供和获得。那些无法使用或者难以使用移动互联网及相关应用的群体,无论是出于年龄原因还是身体原因,很可能被排除出共享经济的范围,由此形成新的数字鸿沟。

四、共享经济的未来发展

随着互联网和信息技术的发展,以及用户消费习惯的养成,我国共享经济发展整体上仍将呈快速发展趋势,进一步解决共享经济中暴露的问题,也将促使共享经济未来的监管和发展更加完善,主要表现在以下方面。

(一) 现有共享经济行业发展向头部集聚

共享经济本质上是利用互联网平台整合共享资源并提供信息服务,提升社会资源配置和利用效率的一种经济模式,因此,其发展模式既受到互联网长尾效应的驱动,也兼具线下服务的便利与快捷服务的影响。一些共享经济行业的盈利模式不够清晰,或单纯遵循互联网长尾效应准则,而忽视了线下服务的体验,在经历风险投资和行业野蛮生长之后,将逐渐向行业头部平台集聚。例如,共享单车市场,鼎盛时期有摩拜单车、ofo共享单车、小鸣单车、小蓝单车、优拜单车、哈啰单车等众多单车品牌,而有关市场调查报告显示,截至2019年10月,哈啰、美团(原摩拜)、青桔成共享单车主要玩家,约占95%的市场份额;共享助力车/电动自行车主要有哈啰、街兔、美团等品牌,约占市场份额的90%。

(二) 新技术应用促进共享经济创新发展

共享经济平台建立在信息技术创新基础之上,新技术的创新和应用不断促进共享经济应用场景创新和服务优化。区块链、人工智能、大数据、物联网等新技术的融合应用,将促进共享经济的创新发展。区块链技术应用于共享平台身份信息认证、交易行为记录等方面,可以增强共享平台信用机制、安全保障和知识产权保护等应用;利用物联网以及人工智能与大数据技术,可以实时掌握共享物品状态与使用记录大数据,优化资源配置效率,提升线下服务满意度。

(三) 共享经济领域和共享资源开放深化

共享经济发展,既是提升社会资源配置效率需求,也是践行我国五大发展理念内在要求。

随着人们对共享经济理念的认可,共享经济领域和共享资源开放将进一步深化。共享经济从商业服务领域向工业制造领域拓展,基于制造资源共享的社会化的研发设计、优化控制、设备管理、质量监控等服务,将成为共享制造体系建设的重要内容;依托产能共享平台的C2M模式(即Customer-to-Manufactory,顾客对工厂)将成为未来的主流,顾客需求可以直达工厂,工厂将根据顾客需求进行设计、采购、生产、交货,提升制造业企业适应市场需求变化的快速供应链反应能力。

(四) 政府监管下的共享经济规范发展

共享经济发展中的社会问题得到越来越多的关注,共享经济在政府监管下不断完善、规范发展。根据商业情景、服务模式的不同,对共享经济中的资源与服务提供方、消费者、共享平台方的权责与保护机制立法与规范管理将是重点,应进一步对共享平台进入、运营和退出机制进行规范,规范平台企业的运营管理,减少社会治理顽疾;实施"互联网+监管"和基于信用的差异化监管,对共享平台企业实施进行精准化管理。

 【拓展阅读】 满帮集团:优化增值服务探索模式创新

满帮集团利用大数据、人工智能等现代信息技术,有效整合公路物流行业资源,为"车找货、货找车"提供信息和技术支持,改变传统物流行业"小、乱、散、弱"的状况,实现公路物流提质降本增效。

1. 业务规模持续增长

截至2019年底,公司平台认证司机用户700万人,认证货主用户225万户,总用户数突破900万户,比2018年增加220万户,增长32%。无车承运业务持续稳定发展,平台交易业务月在线交易运费达到30亿元,月成交订单80万单,已服务货主20万家,司机80万人。

2. 优化增值服务

满帮深耕万亿元级市场,致力于打造产业互联网闭环,推进物流业转型升级。打通全产业链,构建全生命周期生态——打造交易闭环、提供增值服务、携手产业伙伴开展全面而深度的合作,共创智慧物流新生态。目前平台20%的司机用户会通过平台选择加油服务,保险覆盖率16%,贷款覆盖率40%,年均为司机节省费用近万元,真正成为司机的好帮手。另外,ETC业务是公司近年来一项新的增值业务。公司已与12省(区、市)高速集团合作,平台上的ETC储值卡存量用户超过200万,2019年10月平台货车ETC累计充值金额突破1000亿元,成为国内货车ETC最大的代理发卡机构。金融业务累计放贷金额90亿元,油品累计交易额114亿元。

3. 着力缓解小微企业融资难问题

依托平台丰富的大数据优势和科技手段,2019年5月,公司与中国建设银行签署战略合作协议,共同打造"综合金融服务平台",叠加建设银行金融科技的运用力量,共享数据建立信用风险模型,提供"大数据物流产业+智慧金融"的全生态链综合金融解决方案,将金融服务嵌入应用场景,让普惠金融服务惠及上千万货主与司机。2019年7月,公司平台接入央行征信系统,为货车司机打造第二张身份证。之

管理信息系统(第三版)

所以能成为央行征信系统的一部分,是因为平台基于用户基础数据叠加经营数据的场景化风控模型,已经逐渐完善并走向成熟。正是有了高完整度的独特数据及可验证的智能风控技术,平台才可以帮助过去贷不了款的货车司机建立征信记录,以征信大数据共享的方式帮助司机获得更多金融服务,降低金融服务获得成本,助推普惠金融在物流行业落地,逐步实现全国物流信用信息的互通和共享。据调查,满帮平台40%的司机通过平台选择金融服务,金融服务用户数达270万,累计放款金额175亿元。满帮"运费贷"业务于2018年底全平台上线,至今已累计为10 000多家物流企业提供相关交易服务。目前,"运费贷"累计直接授信客户超过2 000户,合计发放贷款10亿元,一定程度上缓解了中小企业以及司机群体的融资难题。

4. 深化"物联网+"应用

2019年8月,满帮集团与长沙市合作开展华中物联港建设项目。该项目是天网和地网并网、数字物流与实体物流相结合、"互联网+"向"物联网+"升级的一个新尝试,主要包括华中区总部(区域结算中心)、车后产品服务市场、车货服务营运中心、供应链/智慧云仓业务、人工智能/无人驾驶、综合服务中心、创新业务等核心板块。项目总投资预计10亿元,将依托大数据、云计算、人工智能等现代先进技术,重点发展供应链金融、无人驾驶等多种新兴业态,整合赋能线下资源,为货车司机提供ETC、新车、金融、保险等一站式服务。

5. 积极履行企业社会责任

一是"互联网+交通战备"。公司与国家交战办联合开发民用运力指挥调度系统,做到"平时能应急,战时能应战"。在宜宾地震后30分钟内,平台搜索到震中方圆200公里的22 000多辆卡车和28 000多名司机,推送路况信息,储备救援运力。二是"互联网+公共服务"。平台推出"会员行为守则",从守法经营、安全驾驶、诚实守信、合法维权、守信奖励等多方面引导规范平台会员行为。三是协助有关部门搭建"互联网+车管所",实现货车司机违章查询、罚款缴纳等功能的在线办理。四是建立物流行业互联网调解委员会,已受理43 000余件,调解成功率为97.7%。

资料来源: 国家信息中心分享经济研究中心. 中国共享经济发展报告(2020)[R].2020.

第99讲　从 B2C 到 C2B 的理念变化

在工业经济时代,商业活动主要是以大规模生产为特征的 B2C 模式,很多时候是厂家生产什么,人们就消费什么,产品由厂家生产,然后通过销售渠道推动消费者购买,很显然 B2C 模式无法满足消费者的个性化和定制化需求。在互联网时代,生产商、消费者、服务商之间是网状、协同的关系,并且以消费者为中心,基于大数据分析和信息交换,生产商可以根据消费者多样化需求生产商品,形成以"小多快"供应链为特征的 C2B 模式。

一、B2C 与 C2B 模式概念

（一）B2C 模式

B2C(Business to Customer)即企业到消费者模式,是指企业直接面向消费者提供产品和服务的一种商业模式。B2C 模式是以企业为中心,企业生产商品后,利用营销手段和销售渠道将商品销售出去。由于企业产品是大规模批量生产,有利于实施标准化生产,形成规模效应,因而,大型企业往往更具有价格和质量优势。然而,在 B2C 模式下,企业需要提前大批量生产,需要保持较高的库存和供应量,渠道和库存成本较高,并且一旦产品市场销售行情下滑,将对企业产生巨大冲击。因此,企业需要十分注重市场需求调研以及营销管理工作。

此外,B2C 也是电子商务模式的一种,是企业利用电子商城系统,直接向个人消费者提供产品或服务的电子商务活动。B2C 是相对于 C2C、B2B 等电子商务模式而言的,典型的 B2C 模式如京东商城、天猫商城等。

（二）C2B 模式

C2B(Customer to Business)即消费者到企业模式,是互联网经济时代新的商业模式。C2B 模式以消费者为中心,通常由消费者根据自身需求定制产品和价格,或主动参与产品设计、生产和定价,企业再进行定制化生产,从而满足消费者的个性化需求。目前比较成熟的 C2B 模式应用场景如个性化定制、团购和商品众筹等。

在 C2B 模式下,消费者可以主动参与到产品的设计以及生产和定价中,甚至整个商品制定的全过程,最终得到自己最满意的产品,在消费者需求和体验方面都带来前所未有的改变,使之更好地满足消费者的需求,不断提升消费者满意度。与此同时,企业采用 C2B 模式,可以在有限需求的基础上进行生产,从而有效地减少库存和积压,改变以往库存量多的问题,基本上可以做到零库存,在一定程度上就规避了生产风险,同时也提高了经济效益,减少浪费,对生产企业有着双重的效益体现。

C2B 模式下的定制化生产,意味着小批量、个性化设计与生产,与 B2C 大批量规模化生产相比,失去了规模优势,而企业在生产过程中的升级、转型也会带来一定的风险,因此,C2B 模式给传统企业组织方式带来严峻考验。企业需要实现与消费者的充分互动,以及利用外部力量形成快速反应的社会化协作网络,因而,最大限度调动内部员工的积极性,扩大内外的信息接触面,对于企业来讲就变得至关重要。

二、从 B2C 到 C2B 的动因

随着互联网和生产技术的发展,企业与用户的沟通更加便捷,面对激烈的市场竞争,一部分企业率先转变管理理念,开始实施以消费者为中心的 C2B 产品和服务提供模式,归结起来,这种转变的动因主要有以下方面。

（一）互联网和生产技术的发展

以消费者需求为中心,并不是从 C2B 模式才开始的,而是企业一直以来都在遵循和追求的目标。企业只有满足消费者的需求,才能赢得消费者的青睐,但是企业很难满足所有消费者的需求。长期以来,由于产销双方在交易过程中存在空间障碍、时间障碍、金融支付障碍和沟

通障碍等因素,导致定制的生产成本和交易成本很高。因此,消费者和生产企业退而求其次,以牺牲产品个性化换取工业化生产的低成本,这就是以生产企业为中心、少品种大批量的 B2C 模式。互联网的发展,为厂家与消费者提供了低成本、快捷、双向的沟通手段,现代物流畅达,移动支付手段便捷,以模块化、延迟生产技术为代表的柔性生产成本大幅下降,这些为生产 C2B 创造了条件。

(二) 消费者需求的变化

消费者的消费观念变化主要有两个方面的原因。一是随着生产工艺的日益成熟和企业生产能力的不断提高,产量规模的持续增长,造成传统行业的产能过剩,从而增加了消费者的选择权利。二是电子商务等互联网应用的出现和发展,增强了消费者获得市场信息的能力,从而不断打破市场双方的信息不对称,使消费者的选择权利得以真正地释放出来;同时,随着人们物质生活水平的提高,消费者已不满足于以往单一的标准化产品,对于个性化和体验式的消费诉求不断增强。

(三) 企业管理理念的转变

随着电子商务和生产技术的发展,企业线上和线下面临的市场竞争日趋激烈,企业产品如何在激烈的市场竞争中脱颖而出,成为管理者最关心的问题。企业市场营销观念的转变,经历了以生产为中心、以产品为中心、以销售为中心和以消费者为中心的发展变革阶段。在传统市场营销中,企业通过市场细分,将相近需求的顾客作为一个整体来设计、生产、销售产品,而随着社会经济的发展,消费者口味变得更加多样化,越来越注重产品的个性化。因此,企业必须适应产品从大规模批量生产转为个性化定制的转变。

三、从 B2C 到 C2B 的特征

从 B2C 到 C2B,是在互联网经济背景下,企业从以自身产品或服务提供为中心,转变为以消费者需求为中心的管理理念的转变。这种根本性的转变,表现为对消费者个性化需求的满足,设计、研发途径的创新,生产运作网络的协作以及新型营销模式的重构。

(一) 企业组织向"平台化"转变

C2B 模式下,传统企业组织方式面临着严峻考验,企业需要实现同消费者的充分互动,并利用外部力量形成快速反应的社会化协作网络。因此,最大限度调动内部员工的积极性,扩大内外的信息接触面,对于企业至关重要。近年来,全球范围内各行业领军企业正在引领组织"平台化转型"的革新浪潮。一些企业将自身重新定位为"平台",将企业掌握的多种资源和能力在内部共享,为"创意精英"或中小规模的团体赋能。企业内部竞争和创业氛围愈加浓厚,那些能更好满足消费者需求、取得良好绩效的"创意精英"或中小规模团体,将获得更强激励和更多资源。例如,在韩都衣舍企业内部,"三人小组制"孕育了数十个品牌,具有开拓精神、与消费者连接紧密的多名员工已成为品牌创始人,极大地实现了自我价值。

(二) 更好地满足消费者个性化需求

C2B 模式下,消费者中心地位得以更好体现,企业也能够更好地满足消费者个性化需求。以互联网为代表的新技术的采用,让消费者得以克服时间、空间的障碍,对产品和服务的功能、

价格、体验、交付和售后服务提出更高的要求，并且主动参与生产及交易各个重要环节。例如，企业通过互联网和社交媒体，能够及时获取消费者对产品的需求反馈，大数据分析能更加精准地分析消费者的个性化需求。依托数据连接和物联网，企业重建商品与人的连接，从功能到体验再到情感，消费者对商品的需求不断提升。C2B模式符合人们的这种追求，价格不再是竞争中最重要的指标，紧密关系、建立个人品牌将越来越重要。

（三）企业设计与研发模式的创新

与传统商业模式下企业封闭的设计、研发不同，C2B模式下，成功的企业需要最大限度地众包利用全球的设计、研发资源。不同地域、不同部门要素的组合式创新带来技术与艺术的进步，才能更好地促成这种创新的企业和个人在市场竞争中处于优势地位。随着工业互联网的推进，全球的制造网络正在成为分布式、柔性化、兼顾成本与个性化、面向互联网的制造业基础设施，制造业的服务化逐渐彰显。"全球创意、本地制造"正成为现实，企业之间的竞争逐渐成为知识与资源利用能力的较量。

（四）生产网络与营销的变化

C2B模式下，企业的生产协作网络与营销模式面临重构。C2B的成功实现有赖于生产运作网络的协作，例如，索非亚的家具定制、韩都衣舍的"多品种、小批量、快反应"，都离不开多家生产商、原材料提供者、物流服务商等如一个整体般的协调行动。企业营销模式发生根本性的变化，例如，网红的崛起，代表了新的营销趋势，网红利用视频、微博、直播平台等手段，低成本、全方位、立体、及时地展现自己的方方面面，以及背后想要表现的价值体系，快速构建品牌社区，让目标人群产生认同。此外，C2B模式下不同的平台、厂商、个人之间形成一个多赢共同体，以消费者需求的快速和深入满足为目标，通过场景化营造，获得新的交易机会。

四、C2B2C 模式

C2B2C模式是C2B的进一步改进，是指消费者到企业，再到消费者，其中，第一个C是专业用户(C1)，是标准制定者，他们根据自己独特的见解、专业的知识为企业提供制定标准的规范或者优秀的设计，从而提升服务的价值。B为企业用户，是产品或服务提供者，能够利用专业用户的设计，以及自己拥有的资源构建出更加完善的产品或服务。第二个C为普通用户(C2)，是产品或服务消费者，普通用户可以根据需求选择自己所需要的服务进行消费，如图1所示。它与C2B模式相比，强调了前期消费者的参与，由消费者发挥主动性，C2B2C模式主要变为消费者向企业提供产品信息，企业根据消费者的价值和产品进行认证后满足消费者的相关需求，对消费者进行产品价值提供，将顾客吸引到企业的价值创造过程中。

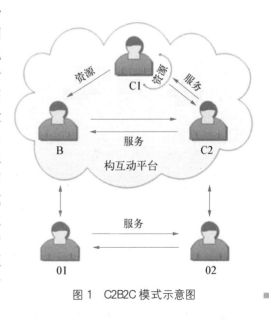

图 1 C2B2C 模式示意图

【拓展阅读】 海尔的"人单合一"模式

　　海尔集团的"人单合一"模式是由 CEO 张瑞敏提出的,意在解决互联网时代国际市场规模不断增大,所带来的日益严重的竞争、库存和生产成本等问题,并将"人单合一"模式作为海尔在全球市场上取得竞争优势的根本保证。在所谓的"人单合一"中,"人"就是指员工,"单"指的是用户价值/需求,"合一"是指员工的价值实现与所创造的用户价值合一。简而言之,"人单合一"就是每个员工都直接面对用户的需求,创造用户价值,并在为用户创造价值中实现自己的价值分享。

　　"人单合一"是海尔顺应互联网、物联网时代下"零距离""去中心化"等特征,并从企业、员工和用户三大维度进行战略定位、组织结构、运营流程和资源配置领域的颠覆性、系统性的变革,在探索实践过程中,不断形成并迭代演进的企业创新模式。

　　"人单合一"模式,还以薪酬驱动方式的根本性变革,促进了企业战略和组织模式的颠覆性转变,具体体现在企业平台化、员工创客化和用户个性化。企业平台化,即企业从传统的科层制组织颠覆为共创共赢的平台;员工创客化,即员工从被动接受指令的执行者颠覆为主动为用户创造价值的创客和动态合伙人;用户个性化,即用户从购买者颠覆为全流程最佳体验的参与者,从顾客转化为交互的用户资源。模式的转型升级同时颠覆了企业、员工和用户三者之间的关系。"人单合一"模式将企业变成一个开放的平台,让员工变成用户价值驱动的创客,把用户、员工以及利益相关方都汇聚在一个平台上,形成共创共赢共享的生态系统,促使整个商业模式重建。

第十二章　道德、安全与控制

第100讲　信息道德与从业人员道德责任

　　管理信息系统的应用,给传统的管理方式、组织体制体系带来了革命性的冲击,在实现办公自动化、提高工作效率,并较好地支持决策之外,也给组织带来了严重的道德问题。本节将探讨信息道德的概念、主要内容和参照原则。

一、信息道德

(一) 信息道德的内涵

　　信息道德是指在信息领域中用以规范人们相互关系的思想观念与行为准则。它通过社会舆论、传统习俗等,使人们形成一定的信念、价值观和习惯,从而使人们自觉地通过自己的判断规范自己的信息行为。信息道德不是由国家强制制定和执行,而是依靠社会舆论,人们的信念、习惯、传统和教育的力量来维持。信息道德并不简单地等同于道德,它的判断标准必须与信息时代大环境相吻合。

　　信息时代人类最基本的社会行为是信息行为,信息道德便是信息制造者、信息服务者和信息使用者的信息行为的规范。信息道德是在信息技术发展的前提下形成的,是人们利用计算机信息网络进行交往时,所表现出来的一种道德关系。它不同于传统的道德关系,其主要特征就是它是建立在计算机信息网络基础之上,是信息技术的派生物。信息道德以传统道德为原型,是信息时代社会伦理道德的重要内容,约束着人们在信息空间的各种行为。

　　信息道德主要涉及隐私问题、正确性问题、产权问题和存取权问题等四个方面。(1)隐私问题,应制定标准,确定需要明确保护的隐私信息的范围和内容,并采取对策进行保护。(2)正确性问题,应明确规定信息正确与否的责任人和部门,并且设置专人及部门负责监督统计信息的错误并解决由此错误带来的负面影响。(3)产权问题,应清楚信息的所有者,以及所有的信息传输渠道、信息交换的成本和预期的收益。(4)存取权问题,应确定不同的人员和部门对于信息不同级别的获取权,以保障信息安全。

(二) 信息道德规范

　　道德和法律都是约束人们在社会交往沟通中行为的社会规则。法律是由政府强制力保障实施的,严格按照法律条文执行的社会规则,而道德则只能通过潜移默化的教育,对人们的社会行为产生影响。与法律依靠国家机器作为后盾的强制力及暴力性的调节方式不同,信息道德对人们行为方式的调节是通过社会舆论的评价,以及人们的良知来完成的,这种调节能够给人一种精神上的压力,迫使其不得不遵守。与信息法律的短期效果相比,信息道德这种调节方式对人们精神的影响是深远的,能够取得长期、持久的效果。

　　对于不同的组织来说,处理道德问题并没有一成不变的定律可供参照,制定具体实施策略必须结合组织自身的特质。考虑道德问题对决策的影响,是每个企业领导者责无旁贷的任务。企业要实现稳定和发展,就要很好地建立企业的道德文化。一般情况下,企业采用的都是自上而下地建设道德文化,首先建立企业信条,然后建立道德活动程序,最后建立企业的道德规范。

企业信条是企业希望提倡的反映企业价值观的简明语言,其目的是向企业内外的人员和组织传播企业的价值观,如对客户、雇员、股东和社会的承诺等。道德活动程序主要指进行道德和精神文明教育,如新员工培训、道德审计(审核各部门如何落实企业信条)等。道德规范是在企业制度中专门用来规定道德标准的内容。

(三)信息技术与社会问题

信息技术在商业中的应用对社会产生了重大影响,同时也引发了犯罪、隐私、雇员道德、工作环境等多方面的道德问题,如图 1 所示。

除了这些问题,也应该注意到,信息技术在社会和相关领域带来负面影响的同时,也为商业领域带来了很多积极的因素。例如,采用信息技术控制业务流程管理虽然造成了失业问题,但是信息技术也改善了员工的工作环境,并能够以更低的成本生产出更高质量的产品。所以,作为商业的管理者或者具体业务操作人员,应该尽可能地使信息技术所带来的负面影响降低,并最大化其带来的有利影响。这就要求我们遵守相关的信息道德,避免技术犯罪,保护员工的信息隐私,负责任地应用信息技术。

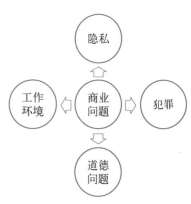

图 1　信息技术应用在商业中带来的问题

二、从业人员的道德责任

(一)商业道德与技术道德

商业道德(Business Ethics)是指管理人员在日常企业决策中必须面对的大量道德问题。表 1 列出了道德问题的一些基本类型,以及将引发严重道德后果的具体企业实践。

表 1　　　　　　　　　　　　　　　商业道德问题的基本类型

公　正	权　利	诚　实	公司权力的行使
执行官的薪水	法人法定诉讼程序	员工利益冲突	产品安全
可比价值	员工健康保护	企业信息安全	环境问题
产品定价	客户隐私	不适当礼品	撤资
知识产权	员工隐私	广告内容	公司贡献
非竞争性协议	性骚扰; 抗议行动; 平等就业机会; 股东利益; 自由择业; 举报	政府契约问题; 财务和现金管理流程; 国外可疑的企业活动	宗教组织提出的社会问题; 工厂/设施的关闭和缩减; 工作场所安全

信息技术的应用可能引发关于知识产权、客户和员工隐私、企业信息安全和工作场所等方面的道德争议，给企业带来一定程度的经济损失和社会道德压力。从业人员的道德责任，除了商业道德之外，还有管理信息系统中与技术应用相关的技术道德（Technology Ethics）问题。表2列出了从业人员技术道德的四个原则。企业在实施信息技术和信息系统时，可以将这四个原则看作基本的技术道德要求。

表2　　　　　　　　　　　　　　　　　　技术道德问题的基本原则

原　　则	具　体　解　释
均衡性	新技术带来的益处必须超过其危害或风险。此外，应该是无法找到伤害或风险较小的其他方案来实现相同或相当的收益。
知情和同意	在应用新信息技术前，组织应当了解其可能带来的影响，并同意接受风险。
公正性	组织应当公平地分配应用新技术的成本、收益和负担，并根据收益的大小分担风险。
风险最小化	即使满足上述三个原则，实施技术时也应规避不必要的风险。

（二）道德指导方针

前人在研究中发现，存在一些比原则更具体的方针，可以帮助我们以道德方式指导信息技术的应用。一方面，很多企业和组织制定了以道德方式使用计算机和互联网应该遵循的详细政策。这些政策具有很强的实用性和指导性。例如，大多数政策都规定，公司的计算机和网络属于公司资源，无论是访问内部网还是互联网，都只能用于公务。另一方面，信息系统专业人员行为准则中对于责任的陈述，比如计算机领域的专业化组织——信息技术职业联合会（AITP）制定的职业行为准则，列出了信息系统专业人员主要责任中固有的道德要求。表3给出了AITP行为准则的一部分。业务人员和信息系统专家应该自愿遵守这些准则来履行他们的道德责任，这样员工的行为就能够满足道德要求，可以避免计算机犯罪，并且提高信息系统的安全性。

表3　　　　　　　　　　　　　　　　　　AITP职业行为的部分标准

为了履行对雇主的责任，我应该：	为了履行对社会的责任，我应该：
● 避免利益冲突并让雇主知道潜在的冲突。 ● 保护委托给我的所有信息的隐私性和机密性。 ● 不误传或隐瞒与局势密切相关的信息。 ● 不为个人利益或任何未经授权的目的而使用雇主的资源。 ● 不为个人利益或个人的满足感而探索计算机系统的漏洞。	● 运用我的技能和知识让公众了解与我的专长相关的各个领域。 ● 尽我最大的能力，令相关人员以对社会负责任的方式使用我的工作成果。 ● 支持、尊重和遵守地方、州、省和联邦法律。 ● 永不误传或隐瞒与公众关注的问题或情形相关的信息，同时确保此类已知信息受到关注。 ● 不为个人利益，以非授权方式使用他人的机密知识或个人信息。

（三）IT从业人员的道德培养

信息技术的不断发展，使得道德责任的具体形式和范畴一直处于变化之中。因此，仅仅通

管理信息系统（第三版）

过制定各种具体的政策,并不能完全处理好道德问题。如何根据道德原则良好地管理自身行为,应该越来越受到重视。对从业人员的道德修养培养,应从行业监管、职业道德教育和从业人员道德自律三个层面入手。

(1)加强行业内外的监管。针对当前国内计算机专业技术人员执业活动的实际情况,借鉴各国和国际组织中计算机专业技术人员职业道德的基本要素,研究我国各项法律法规和计算机行业中现行的行为规范,形成具体统一、符合我国国情的计算机专业技术人员职业道德规范。加强计算机法律保护体系建设,将规范和章程应用到有争议的案例中,让计算机专业技术人员更直接、更具体地体会到职业道德规范的作用,以现行的伦理规范来约束自己,提高个人在行业内的信誉,促进立法机关监督的进程。

(2)加强IT从业人员职业道德教育。计算机行业内的企业、组织和协会应当为计算机专业技术人员提供技能与职业道德培训的机会,从开展计划、进行教育、实行管理、综合评价等维度来巩固和加强计算机专业技术人员职业道德教育,提升计算机行业中专业技术人员的业务水平和职业道德修养。

(3)加强从业人员职业道德自律。在从事计算机技术相关工作的过程中,计算机从业人员要逐渐培养自身的自律意识,不断增强自身的法律意识,用法律知识来武装自己,以此来对自身的行为进行约束。计算机专业技术人员要认真学习职业道德理论,在从事技术类工作时应当培养自律观念,增强法律意识,注重对行业相关法律法规知识的理解和掌握,以提高自身对新时期计算机行业职业道德要求的适应性,并以此约束自身执业行为,维护个人合法权利。

【拓展阅读】 程序员"删库跑路",公司市值蒸发超 10 亿港元

微盟是一家从事智能商业生态的互联网多元化集团企业,成立于 2013 年 4 月,2019 年在香港主板上市。微盟是中国领军的中小企业云端商业及营销解决方案提供商,同时也是腾讯社交网络服务平台中小企业精准营销服务提供商,业务涉及软件开发、广告营销,电子商务、金融、投资和大数据等。

2020 年 2 月 23 日,微盟公司的 SaaS 业务突然崩溃,而基于微盟的商家小程序都处于宕机状态,300 万家商户生意基本停摆。24 日到 25 日,仅在这一天时间内,微盟集团蒸发的市值超过 10 亿港元!

事发的第一时间,微盟收到系统监控警报,发现是 SaaS 业务服务出现故障,随后立即召集相关技术人员进行排查,发现微盟服务器遭到严重破坏。而微盟此次的崩溃时间,长达 53～125 小时。到底发生了什么,让如此体量的企业,系统说崩就崩,而且崩溃时间之长,崩溃影响之大,都已不止于舆论了。

原来,微盟是遭到了人为恶意破坏。据官方发布的公告,此人恰恰正是公司自家员工——研发中心运维部核心运维人员贺某。公告中称贺某因个人精神和生活等方面原因,在 2 月 23 日晚 18 点 56 分,通过个人 VPN 登入公司内网跳板机,对微盟线上生产环境进行了恶意的破坏。事后,微盟集团对贺某进行了追踪分析,定位到登录账号及 IP 地址,并于 2 月 24 日向宝山区公安局报案。

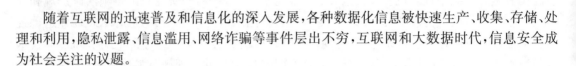

第 101 讲　信息安全知多少?

随着互联网的迅速普及和信息化的深入发展,各种数据化信息被快速生产、收集、存储、处理和利用,隐私泄露、信息滥用、网络诈骗等事件层出不穷,互联网和大数据时代,信息安全成为社会关注的议题。

一、信息安全的内涵

信息安全是一个广泛而抽象的概念。信息安全的任务是保护信息财产,以防止偶然的或未授权者对信息的恶意泄露、修改和破坏,从而导致信息的不可靠或无法处理等。信息安全的宗旨是向合法的服务对象提供准确、正确、及时、可靠的信息服务,而对其他任何人员和组织,保持最大限度的信息的不透明性、不可获取性、不可接触性、不可干扰性、不可破坏性。信息安全的基本内容包括实体安全、运行安全、信息资产安全和人员安全等。

(一) 实体安全

实体安全是保护计算机设备、设施(含网络)以及其他媒介免遭地震、水灾、火灾、有害气体和其他环境事故破坏的措施和过程。实际上,实体安全是指环境安全、设备安全和媒介安全。

(二) 运行安全

运行安全是为了保障系统功能的安全实现,提供一套安全措施来保护信息处理过程的安全。为了保障系统功能的安全,可以采取风险分析、审计跟踪、备份与恢复、应急处理等措施。

(三) 信息资产安全

信息资产安全是指防止信息资产被故意或偶然的非授权泄露、更改、破坏或使信息被非法的系统辨识、控制,即确保信息的完整性、可用性、保密性和可控性。信息资产包括文件、数据等。信息资产安全包括操作系统安全、数据库安全、网络安全、病毒防护、访问控制、加密、鉴别等。

(四) 人员安全

人员安全主要是指信息系统使用人员的安全意识、法律意识、安全技能等。人员的安全意识与其所掌握的安全技能有关,而安全技能又与其所接受的安全技能培训有关。因此,人员的安全意识是通过培训,以及安全技能的积累才能逐步得到提高,人员安全在特定环境下、特定时间内是一定的。

二、信息安全属性

信息安全的基本属性主要表现在以下 5 个方面。

(一) 完整性

完整性(Integrity)是指信息在存储或传输的过程中保持未经授权不能改变的特性,即对抗主动攻击,保证数据的一致性,防止数据被非法用户修改和破坏。对信息安全发动攻击的最终目的是破坏信息的完整性。

(二) 保密性

保密性(Confidentiality)是指信息不被泄露给未经授权者的特性,即对抗被动攻击,以保证机密信息不会泄露给非法用户。

(三) 可用性

可用性(Availability)是指信息可被授权者访问并按需求使用的特性,即保证合法用户对信息和资源的使用不会被不合理地拒绝。对可用性的攻击就是阻断对信息的合理使用,例如破坏系统的正常运行就属于这种类型的攻击。

(四) 不可否认性

不可否认性(Non-Repudiation)也称为不可抵赖性,即所有参与者都不可能否认或抵赖曾经完成的操作和承诺。发送方不能否认已发送的信息,接收方也不能否认已收到的信息。

(五) 可控性

可控性(Controllability)是指对信息的传播及内容具有控制能力的特性。授权机构可以随时控制信息的机密性,能够对信息实施安全监控。

三、信息安全威胁

信息安全威胁是指由于人为或非人为的因素,对信息资源的保密性、完整性、可用性或合法使用所造成的危险。随着计算机网络和移动互联网、云计算和大数据技术的迅速发展,信息的采集、存储、交换和传播变得非常容易,而信息在存储、共享和传输中,都有可能被非法窃听、截取、篡改和破坏,尤其是对金融、科技和军事等关键部门,一旦信息的安全性受到破坏,会导致不可估量的损失。对信息安全的威胁,可从非人为因素和人为因素两个方面分析。

(一) 灾害事件等因素导致信息系统或设备的物理破坏

信息和数据主要存储在网络信息系统和存储设备中,地震、火灾以及其他自然灾害或物理破坏等因素,会直接对信息系统和网络硬件设备造成破坏。此外,硬件设备性能的不稳定,比如服务器宕机、存储器损坏等因素,都会造成数据安全性和完整性的破坏。

(二) 人为因素对信息资源安全属性的破坏

信息安全威胁方面的人为因素,主要包括人为破坏、信息泄露、黑客攻击、网络攻击等。人为破坏是指员工或授权主体,利用合法身份对信息的安全属性进行破坏的行为,例如,企业员工因报复心理而对企业数据库数据实施的破坏行为。信息泄露是指出于利益驱动,而将数据信息贩卖、泄露给非授权群体等行为,如商业间谍行为、地下信息贩卖产业等与内部员工勾结,泄露数据信息获利。

黑客攻击和网络攻击是指主要从技术层面,对数据信息进行破坏的行为,这类常见的安全威胁包括勒索病毒、木马、蠕虫等病毒,对信息或信息系统进行攻击;通信链路安全威胁是指网络入侵者在传输线路上安装窃听装置,窃取网上传输的信号,再通过一些技术手段读取数据信息,造成信息泄露,或对通信链路进行干扰,破坏数据的完整性。此外,还有利用网络攻击工具实施的破坏行为,如安全扫描工具、监听工具、口令破译工具等。

四、信息安全实现

针对信息安全的威胁因素,需要从信息安全技术防范和法律、制度管理层面实施,保障信息安全的实现。

(一) 信息安全技术

目前,从技术层面维护信息安全,是信息安全实现的最主要工作。常用的信息安全技术包括以下几个方面。

(1) 病毒检测与清除技术。主要指及时查找发现并清理计算机和网络病毒的技术。

(2) 安全防护技术。用于防止外部网络用户以非法手段进入内部网络,访问内部资源,保护内部网络操作环境的相关技术,包含:网络防护技术(防火墙、入侵检测防御等);应用防护技术(如应用程序接口安全技术等);系统防护技术(如防篡改、系统备份与恢复技术);等等。

(3) 安全审计技术。包含:日志审计和行为审计,通过系统日志审计,评估网络配置的合理性、安全策略的有效性;追溯分析安全攻击轨迹,为实时防御提供手段;通过对员工或用户的网络行为审计,确认行为的合规性,确保信息及网络使用的合规性。

(4) 安全检测与监控技术。对信息系统进行检测和监控,避免网络流量的滥用以及有害信息传播等。

(5) 信息保密技术。利用不同的加密技术对信息进行变换,实现信息的隐藏,在信息系统的传输过程或存储过程中进行信息数据的加密和解密,从而保护信息的安全。

(6) 身份认证技术。用来确定访问或介入信息系统的用户或者设备身份合法性的技术,典型的手段有用户名口令、身份识别、PKI 证书和生物认证等。

(二) 信息安全管理措施

对实现信息安全,很多专家认为是"三分技术,七分管理"。大多数安全事件和安全隐患的发生,并非完全是技术上的原因,而往往是由管理不善造成的。因此,对于信息安全,既要从技术层面加以防范,更要完善制度管理。

(1) 加强物理设施安全保障,提升系统安全技术防范。通过使用安全产品和技术,支撑和实现安全策略,从信息安全防护、检测、响应和恢复四个方面加强信息安全保障。通过访问控制、信息系统完整性保护、系统与通信保护、物理与环境保护等安全控制措施,使信息系统具备比较完善的抵抗攻击破坏的能力。采取入侵检测、漏洞扫描、安全审计等技术手段,对信息系统运行状态和操作行为进行监控和记录,对信息系统的脆弱性以及面临的威胁进行评估,及时发现安全隐患和入侵行为并发出警告。利用事件监控和处理工具等技术措施,提高应急处理和事件响应能力,保证在安全事件发生后能够及时进行分析、定位、跟踪、排除和取证。通过建立信息系统备份和恢复机制,保证在安全事件发生后及时有效地进行信息系统设施和重要数据的恢复。

(2) 完善信息安全管理制度,加强法律措施保护。企业应设立信息安全维护部门,完善信息安全管理制度,制定信息安全操作规范,明确重要应用系统的管理人员和职责,定期对企业信息安全风险进行评估,加强对员工培训,提升员工信息安全意识。加强员工的信息安全法律、法规教育;对损害企业信息安全的行为,主动运用法律武器维护自身利益,威慑信息安全破坏行为。

【拓展阅读】《信息周刊》的信息安全调研

对于企业高管如何看待信息安全,《信息周刊》的调研与访谈结果显示,75%的被调查对象认为,信息安全是最优先事项之一,即在信息安全方面,企业领导者与信息安全小组处于同一战线。

威廉·麦克纳布(William McNabb)是 Vanguard 集团公司的执行总裁,他将公司的信息安全责任概括如下:公司掌握了几万人的资金,人们如此信任我们,我们必须全力以赴保护他们的资金。

对于信息安全,企业高管给予支持的主要原因有四个方面:

(1)信息安全事件无法作为孤立事件来处理。2005 年,DSW Shoe Warehouse 和 Choice Point 遭到网络袭击,有关 DSW 的案件中,有 140 万个信用卡号码被盗。同时,由于 Choice Point 控制系统薄弱,使得诈骗者以合法交易的方式获取了客户的记录,并窃取了客户的合法身份,致使一系列大规模的信息失窃案发生,涉及 Hannafield Bros 杂货连锁店、Moster.com 就业网、TJX 零售店以及 Heartland Payment Systems 等。这些事件使得企业高管认为信息安全不能作为孤立事件来处理。

(2)由于大量用户信息被盗取,公司面对行业数据保护的使命,其中重要的是支付卡行业数据安全标准,这需要各种安全措施以保护接收或处理信用卡业务。

(3)信息泄露的代价日益增大,企业主管看到了信息安全问题的代价有多大。2007 年美国公司为每起信息泄露付出的总代价是 630 万美元,2008 年,这个数字为 660 万美元。

(4)公司品牌和声誉方面遭受的损失很大。很难为失去顾客信任或修复品牌和声誉所付出的努力标价,没有哪位执行总裁愿意计算这个损失。

第 102 讲　信息系统面临的安全威胁

信息系统安全是指依靠有关法律法规、管理制度和保护措施,保护物理实体安全环境、计算机和通信网络设施、应用系统软件安全,实现信息系统的物理设施与数据信息安全。随着计算机和网络技术的发展,企业对信息技术的依赖程度越来越高,由计算机、网络设施和各类应用系统组成的信息系统,以及传输与存储在信息系统中的数据和信息的安全,成为现代企业信息安全的重要内容。前文已经从数据信息安全属性视角对信息安全进行了讲解,本部分将重点从信息系统安全角度,介绍信息系统面临的主要安全威胁。

一、信息系统安全管理威胁

信息系统安全管理威胁是指由于安全管理制度缺陷和人员管理等因素导致的信息系统破坏、信息不一致、信息泄露和非法使用等威胁，主要包括以下方面。

（一）安全管理机构方面

很多企业由于安全管理机构缺失或不健全，不能有效协调各方面资源，保障信息系统安全所需的人、财、物支持，以及制定统一的信息系统安全管理制度。信息系统安全从信息设备采购、应用系统开发以及 IT 运维环节，都需要系统地考虑，而安全管理机构对这方面的管理作用必不可少。

（二）安全管理制度方面

安全管理制度是对信息系统安全操作标准和规范的详细制度性安排。如对物理设备和场所的管理，对计算机和应用系统的操作规范，密码和权限的管理，对重要数据的存储、备份管理规定，以及网络访问的安全管理规范等。通过制定一系列安全操作标准和规范，避免因制度漏洞造成相应的人为损失。

（三）人员安全管理方面

人员安全管理包括信息系统安全人员配备、员工信息系统安全教育和培训，以此来提高员工的信息安全意识和信息系统安全防护技能。针对内部人员恶意破坏、权限滥用所造成的信息泄露、非授权使用等安全问题，要按照法律法规和内部管理制度严肃处理。

二、信息系统安全威胁种类

首先是信息系统物理安全威胁，包括非人为因素和人为因素造成的对信息系统硬件设备的威胁，如自然灾害、电源故障、服务器故障等因素，都会造成硬件设备损坏、数据不一致或信息泄漏。应对信息系统物理安全威胁，可以通过落实安全管理制度措施，提高设备安全性能、数据恢复技术以及异地备份等途径，降低系统运行风险。

此外还包括信息系统安全运行威胁，可分为感知执行层安全威胁、数据传输层安全威胁、应用控制层安全威胁。

（一）感知执行层安全威胁

感知执行层包含传感器、执行器、RAFID 读写器、移动智能终端等各种物理设备，主要负责感知获取物理环境数据以及执行系统控制命令。通过传感器和执行器与物理环境进行交互，对物质属性、环境状态等数据进行大规模分布式的数据获取与状态辨识，并通过数据通信层获取上层数据处理结果。感知执行层安全威胁包括：

物理攻击。物理攻击主要是指针对感知节点本身进行物理上的破坏，导致信息泄露、信息缺失等。

设备故障。设备故障是指设备由于外力、环境或者老化等原因降低或失去性能，不能正常运行。

线路故障。线路故障是指发生在节点电力线路上的故障。

电磁泄漏。设备在工作时会经过地线、电源线、信号线等线路将电磁信号辐射出去,电磁信号如果被接收下来,经过提取处理,就可恢复出原数据,造成数据失密。

电磁干扰。通过无用电磁信号或电磁骚动对有用电磁信号的接收产生不良影响,导致设备、传输信道和系统性能劣化。

拒绝服务攻击。拒绝服务攻击是指攻击者通过对网络带宽进行消耗性攻击等方法导致目标系统停止提供服务的攻击方式。

信道阻塞。信道阻塞是指通信信道被长时间占据,导致数据无法进行传输。

女巫攻击。女巫攻击是指在系统中单一恶意节点具有多个身份标识,通过控制系统的大部分节点来削弱冗余备份的作用。

重放攻击。重放攻击是指攻击者将合法用户的身份验证记录等有效数据经过一段时间后再次向信息的接收者或系统发送,获取接收者或系统的信任。

感知数据破坏。感知数据被非授权地进行增删、修改或破坏。

假冒伪装。攻击者通过欺骗系统冒充合法用户,或者特权小的用户冒充成为特权大的用户。

信息窃听。通过对通信线路中传输的信号搭线监听,或者利用通信设备在工作过程中产生的电磁泄露截取有用数据等手段窃取系统中或传输中的数据资源和敏感信息。

数据篡改。数据篡改是指攻击者将截获到的数据进行修改,然后将修改后的数据发送至接收者。

非法访问。某一资源被某个非授权的人,或以非授权的方式访问。

被动攻击。被动攻击是指攻击者通过嗅探、信息收集等攻击方法被动收集信息,不涉及数据的任何改变,检测困难。

节点捕获。节点捕获是指网关节点或普通节点被攻击者控制,可能导致通信密钥、广播密钥等密钥泄漏,危及整个系统的通信安全。

(二)数据传输层安全威胁

数据传输层由"下一代网络"提供实时通信和信息交互的支撑,主要通过互联网、专网、局域网、通信网等现有网络对数据进行传输,实现数据交互。同时数据传输层还需具有对海量信息进行智能处理和管理的能力。数据传输层安全威胁包括:

拒绝服务攻击。攻击者通过迫使服务器的缓冲区满,不接收新的请求或使用 IP 欺骗,迫使服务器把合法用户的连接复位,影响合法用户的连接等方式,使系统服务被暂停甚至造成系统崩溃。

路由攻击。路由攻击是指攻击者通过发送伪造路由信息,产生错误的路由干扰正常的路由过程。

控制网络 DoS 攻击。控制网络 DoS 攻击是指攻击者通过对网络带宽进行消耗性攻击等方法导致目标系统停止提供服务的攻击方式。

汇聚节点攻击。汇聚节点是数据传输层网络的核心节点,是内部网络与管理节点的接口。汇聚节点攻击通过对汇聚节点进行破坏,中断感知执行层与数据传输层网络之间的数据传输。

方向误导攻击。恶意节点在接收到一个数据包后,通过修改源和目的地址,选择一个错误的路径发送出去,从而导致网络的路由混乱。

黑洞攻击。恶意节点向接收到的路由请求包中加入虚假可用信道信息,骗取其他节点同其建立路由连接,然后丢掉需要转发的数据包,造成数据包丢失。

泛洪攻击。通过 Smurf 和 DDoS 等方式使数据传输层网络服务器资源耗尽,无法提供正常的服务。

陷阱门。攻击者在系统数据传输层网络中设置"机关",使得在特定的数据输入时,允许违反安全策略。

Sybil attack。是指一个恶意节点违法地以多个身份出现,对系统网络造成破坏。

Sinkhole attack。恶意节点吸引周围节点选择其作为路由路径中的点,使全部数据流经该节点,阻止基站获取完整和正确的传感数据,严重破坏网络负载均衡,使攻击者可以发起更加严重的攻击。

Wormhole attack。由两个以上的恶意节点共同发动攻击,恶意节点间的跳跃数少,容易取得路权,进而对随后的数据包进行窃听或者阻断数据传输。

Routing loop attack。路由回环攻击是指恶意节点通过修改数据路径造成数据无限循环,导致系统网络严重阻塞。

HELLO 泛洪攻击。攻击者使用能量足够大的信号来广播路由信息,使得网络中的每个节点都认为攻击者是其直接邻居,并试图将其信息发送给恶意节点。

应答哄骗。恶意节点窃听欺骗网络链路,使得发送者选择差的路径或者向失效节点发送数据,导致传输数据丢失。

错误路径选择。攻击者通过修改数据路径等方式,使得数据在错误的路径中进行传输。

选择性转发。恶意节点不全部转发收到的信息,而是在转发中丢掉部分或全部的关键信息,严重破坏数据的收集,降低网络的可用性。

隧道攻击。隧道攻击是指网络中的恶意节点共同隐藏相互之间的真实链路距离,引诱其他节点建立经过恶意节点的路由路径。

虚假路由信息。通过篡改路由信息,攻击者可以进行创建路由回环,影响网络传输,改变数据路径等一系列攻击行为。

(三) 应用控制层安全威胁

应用控制层的某些应用会收集大量的用户隐私数据,比如用户的健康状况、消费习惯等,因此必须考虑信息物理系统中的隐私保护问题。同时由于应用系统种类繁多,安全需求也不尽相同,这也为制定合适的信息物理系统安全策略带来了巨大的挑战。应用控制层的主要安全威胁包括:

用户隐私泄漏。用户的个人资料、访问记录等隐私数据由于不安全的数据传输、存储和展现,被隐私收集者获取所造成的隐私泄漏。

非授权访问。攻击者在未经授权的情况下不合法地访问系统网络数据,包括非法用户假冒合法用户进入网络系统进行操作、合法用户擅自扩大权限以未授权方式进行操作等。

恶意代码。恶意代码是指没有作用却可能具有安全隐患的代码,在广泛的定义中可以把系统中不必要的代码都看作恶意代码。

分布式拒绝服务。大量 DoS 攻击源同时攻击系统网络中某台服务器,就组成了分布式拒绝服务 DDoS 攻击,通过使网络过载来干扰甚至阻断正常的网络通信。

数据挖掘中的隐私泄露。系统应用控制层中对于海量的用户数据进行数据挖掘,根据所得数据分析结果改善应用服务,为用户提供便利,但同时使得用户个人隐私面临巨大的泄漏风险。

控制命令伪造攻击。攻击者通过伪造应用控制层中系统的控制命令,达到恶意利用系统或者破坏系统的目的。

漏洞攻击。漏洞攻击是指攻击者利用系统应用控制层中应用程序存在的漏洞对系统进行攻击。

病毒、木马。病毒和木马是系统应用控制层普遍具有的安全威胁,可能会对系统造成破坏或者窃取系统数据和用户隐私数据。

数据库攻击。数据库攻击是对系统应用控制层的常见攻击手段,主要包括口令入侵、特权提升、漏洞入侵、SQL注入、窃取备份等。

云计算服务威胁。在云计算模式下,网络安全、网络边界以及网络架构的改变为系统应用控制层带来新的安全问题。

 【拓展阅读】 企业信息安全技术体系设计

安全技术是企业信息安全体系的基础,安全技术体系的建设应根据"分级保护、整体防御、动态管理"的安全总体策略来开展。纵向从物理、网络、系统、应用、终端五个层面,横向从身份认证、访问控制、内容安全、监控审计、备份恢复五个方面综合考虑,用纵向防护与横向防护相互关联、相互支撑的技术架构,在纵横之间部署相应的安全技术措施。首先需要加强安全检测、安全防护、安全审计三大方面的技术措施建设,以提升企业对网络攻击的安全检测和防护能力,提升安全攻击的定位判断和处置响应能力。

1. 安全检测

随着互联网攻防形势的复杂化,黑客的攻击工具越来越自动化、攻击频率越来越高、攻击随意性和针对性更加难以判断,信息安全建设更加强调结合动态性、系统性特点,通过纵深防御的思路进行安全防护,在这个过程中安全检测技术的地位被重新定义,检测措施的建设时间优于防护措施,只有通过有效的安全检测才能保障安全防护的有效性。例如,加强针对互联网边界和内网安全域边界的病毒、扫描、入侵、渗透、信息外泄等攻击行为的检测,为上述攻击行为及时预警、定位排除、整改验证等提供检测和处置依据。针对内网安全域中信息资产的连接应结合业务访问关系,借助设备关系互联技术进行基于业务访问的检测和确认。

2. 安全防护

安全防护技术也在随着攻击技术的变化而发展,企业需要根据当前面临的安全形势和具体威胁,选择合适的防护设备逐步进行完善,以满足系统性的安全保障体系建设需要。例如:边界安全防护;网站系统的安全防护;内网终端的安全防护和管理;账号、认证、授权、审计四者的管理和技术平台支撑;加强移动应用开发过程中的终端企业数据加密、传输加密、数据存储的安全要求等。

3. 安全审计

安全审计对发生安全事件的事前、事中、事后能够提供既定安全审计策略的报警,对安全事件的迅速定位和故障排除有积极的意义,因此安全审计技术措施的完

管理信息系统(第三版)

善是企业满足自身业务安全稳定运行的需要。安全审计体系的建设包括针对所有信息系统的运行日志审计、所有安全设备的报警日志集中分析审计、数据库审计、运维操作审计、上网行为审计、重要业务系统业务审计、终端审计等。

——资料来源：钟征燕，韦屹.企业信息安全保障体系设计研究[J].现代信息科技,2020,4(10)：139-141.

第 103 讲　云安全及其威胁的新挑战

云计算是一种新型 Web 服务模式,计算和存储能力从桌面端转移到云端,它利用互联网的传输及计算功能,将原来放在客户端的分析计算能力转移到了服务器端。网络资源的动态伸缩是其内在本质,企业可以通过租用公有云服务的方式,提高企业运作效率和减少 IT 成本。然而"云"也是一把双刃剑,当公司应用程序迁移到云提供商平台后,对于应用程序在公司内部范围内能够接受的风险问题面临重新评估,云安全也随之进入企业安全管理的视野。

一、云安全的定义

云安全(Cloud Security)融合了未知病毒行为判断、网格计算、并行处理等技术,通过网状的海量客户端监测异常软件行为,把最新获得的木马及恶意程序交由 Server 端作分析处理并将木马病毒的解决方案发放到每一个客户端。

云安全与传统网络安全关注的都是数据、数据中心、网络等领域的问题,并且安全威胁同样来自木马、病毒和密码破译等方式,因此,从技术角度来看,云安全与网络安全并无本质的差别。但从应用的角度来看,云计算自身的虚拟化、无边界、流动性等特性,使得其面临较多新的安全威胁。同时,云计算应用导致 IT 资源、信息资源、用户数据、用户应用的高度集中,带来的安全隐患与风险也较传统应用高出很多。如何实施有效的安全审计,对数据操作进行安全监控,避免云计算环境中多客户共存带来的潜在风险、数据分散存储和云服务的开放性,以及如何保证用户数据的可用性等,这些都对现有的安全体系带来新的挑战。

云计算引起的安全事件和风险相对于传统应用要高出非常多,其原因是用户及信息资源的高度化集中。自 2009 年起,Microsoft、Amazon、Google 等 IT 企业云计算服务器发生重大安全事故使众多客户的信息服务遭受影响,这些都让业界对于云计算应用安全的忧虑与日俱增。有关云安全的研究在不断成熟当中,现有的主流研究组织有 CSA(Cloud Security Alliance,云安全联盟)和 CAM(Common Assurance Metric beyond the cloud,通用保障测量体系)。2009 年,CSA 对外发布的《云计算安全指南》(V2.1)分析了云计算当中的安全控制模型、技术架构模型,从企业用户的角度说明了安全威胁、商业隐患和理应进行的安全举措。CAM 项目是由欧洲网络信息安全局(ENISA)和 CSA 共同发起,它的目标是对云计算服务提供商的安全执行力做出评测。2011 年 CAM 项目为公有云计算的安全及隐私保护提供了安全性意见。

管理信息系统(第三版)

二、云安全的威胁

云安全的威胁主要来自以下几个方面。

(一) 云计算的滥用、恶用

云计算遭遇严峻挑战的原因之一在于它提供服务的方式是 Web 方式和宽带网络。对此，云计算服务提供商必须作出强有力的保护举措来面对云计算服务的拒绝服务攻击威胁。另一方面，按需自服务的特征要求在开通服务和变更服务这些环节更具有灵动性，服务提供商根据云计算快速弹性的特征又会被要求拥有极强的网络与服务器资源。这样，云计算服务的滥用和恶意使用就不足为奇了。2010 年，大卫·布莱恩(David Bryan)在 Defcon 会议上当众演示发动拒绝服务攻击，仅仅用了 6 美元就在 Amazon 的 EC2 云计算服务平台对目标网站完成了攻击。恶意使用的案例还有很多，例如建起僵尸网络、破解密码等都是通过云计算服务实现的。

对于云计算遭遇的安全挑战，需要强化防拒绝服务攻击能力，包括：在最初的云计算服务设计阶段深化安全意识；对第一次注册与验证过程进行严密的设计，监管协调信用卡业务当中的诈骗行径；留意自身网络有没有被当作恶意软件或垃圾邮件来源；随时查看公共黑名单。

(二) 内部员工的威胁

云计算服务是一种外包业务，随着服务的不断发展，能够接触到用户敏感数据的人群范围也在扩大，包括用户自身人员、云计算服务商管理人员和维护人员等。访问权限的拓展让心怀恶意的内部人员更容易滥用数据和服务，进行犯罪的可能性也更加高。

应对内部员工的威胁，包括：要强化对员工的安全教育；安全控制在每个业务流程都不能掉以轻心；管理供应商时应制定明确的争议条款、惩罚规定，在其发生安全事故后照章处置；要明确员工所承担的法律责任，若员工未能遵守法规，可移交司法部门依法处理。

(三) 数据泄露

云端存放有企业大量的重要数据，并且在许多威胁环境中均有让云端数据丢失或泄露的可能性，这就要求企业管理层或决策者要对云服务提供商保护数据的能力做出测试。首先，管理密钥是至关重要的。其次，就是一个宿主机上有不同客户，每个客户均会要求作法律取证，这同样会引起数据的泄露和毁坏。

为避免数据泄露，需要增强加密及检测水平(设计-运行-数据传输-数据处理-数据存储这些环节)。从合同入手，云提供商在数据处理的每个环节都要作出详细规定。制定完善的密钥生产、存储、管理及销毁措施。

(四) 未知的风险场景

信息不对称在云计算服务与用户之间表现得非常明显。首先，用户无需也没有足够资源去全方位洞悉"云"的一切，他们之所以会把本身的 IT 计算和服务外包给云服务提供商，只为解放及优化自身资源。其次，哪怕是与安全直接相关的信息，出于安全和商业秘密的考量，云计算服务提供商也不会心甘情愿对外分享，那么遇到这种情况时，大量未知的安全风险就会出现在云计算用户面前。

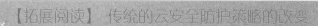

有一半的云端受访者用户表示,由于远程工作带来的需求不断增长,他们的云使用量将比最初计划的要大很多。其他受访者表示,考虑到访问传统数据中心的困难和供应链的延迟,他们的组织可能会加快迁移计划。

令人担心的是,由于云端防护漏洞百出,大多数迁移到云端的组织已经在为安全问题而苦恼。在网络安全业内人士发布的《2020年云安全报告》中,75%的受访者表示他们"非常关注"或"极为关注"公共云安全。Continuity Central 报告称,考虑到68%的受访者表示他们的雇主使用了两家或两家以上的公共云提供商来进行安全备份,这意味着安全团队需要使用多个本机工具来尝试在其雇主的云基础架构中实施安全性。

以上这些担忧共同引出了一些重要的问题,例如,为什么组织在保护云环境方面如此困难? 它们面临的挑战是什么? 组织在保护云环境时通常面临三个挑战:云配置错误、有限的网络安全监控能力和不受保护的云运行时环境。

1. 云配置错误

云配置错误是指管理员无意中为云系统部署了与组织的安全策略不一致的设置,其中存在的风险是,错误配置可能危及组织基于云的数据的安全性,不过危害程度要具体取决于受影响的资产或系统。专业一点的说法就是,攻击者可以利用其环境中的证书或软件漏洞,最终将错误配置传播到受害者环境的其他区域。攻击者利用受感染节点内的高级权限来远程访问其他节点,探测不安全的应用程序和数据库,或者只是滥用薄弱的网络控制。然后,他们可以通过将数据复制到 Web 上的匿名节点或创建一个存储网关来从远程位置访问数据,从而在不受监视的情况下窃取组织的数据。

错误配置可能很难被防护人员发现,更重要的是,大多数企业都只能使用手动方法来管理云配置,而攻击者则会使用自动化手段来寻找组织的云防御漏洞。需要注意的是,这种威胁不仅仅是理论上的。DivvyCloud(云基础架构自动化平台)在其2020 年的 Cloud Misconfigurations 报告中就写道,2018 年至 2019 年期间发生了 196起公开报告的主要由云错误配置导致的数据泄漏。这些事件公开了总计超过 330 亿份记录,相关受害者组织总共损失了 5 万亿美元。

2. 有限的网络安全监控能力

网络安全监控能力意味着组织知道该网络中正在发生的事情,其中包括连接到网络的硬件和软件以及正在发生的网络事件。但是,在有限的网络安全监控能力下,一个组织对其存在的潜在或已经出现的威胁往往缺乏意识,例如攻击者使用错误配置事件来渗透网络,安装恶意软件或横向移动感染目标进而获取敏感数据。

然而,在云中实现全面的网络安全监控并不总是那么容易。正如 Help Net Security 所指出的,管理员不能像在数据中心中通过交换机或防火墙那样轻松地访问其环境的净流量,这是因为他们不能直接访问 CSP 提供的云基础架构。相反,他们需要浏览 CSP 的产品列表。这些工具可能包含也可能不包含提供有价值(或完整)洞察力的设备相互连接的工具。这并不是云和传统数据中心在安全性方面之间唯一可见的差别,默认情况下,计算资源是分段的,这意味着管理员有时需要比 IP 地址更多的数据点来跟踪基于云的对象。它还要求管理员使用角色和策略来启用特定的连接,而不是依赖防火墙来禁止某些连接尝试。

3. 不受保护的云运行时环境

除了配置错误和糟糕的网络安全监控之外,还有运行时环境的问题。如果不受保护,云运行时环境将为恶意攻击者提供大量机会,由此攻击者就可以攻击组织。例如,攻击者可以利用组织自身代码中的漏洞,或者在运行时环境中执行的应用程序所使用的软件包中的漏洞来渗透网络。

保护云运行时环境的第一个问题是,组织有时不知道它们在云中的安全职责是什么,或者在安全管理方面缺乏相关的技能。在公共云中拥有资产的组织与 CSP 共同负责云安全。前者负责"云中"的安全性,后者负责确保"云中"的安全。有时,组织不了解此共享责任模型的含义,结果它们将难以履行这些责任,这意味着它们可能无法加强其云安全性或无法实施 CSP 可用的措施。

理解什么类型的安全工具适用于云计算也是一个问题,确保 On-prem IT 安全的工具、方法和技能在云计算中常常是行不通的,在云计算中,网络安全受到的挑战是攻击的技术要超前于安全保护的技术。最重要的是,从 On-prem 到云计算的快速发展催生了大量特定于点的解决方案,这些解决方案通常具有重叠的功能,这使得安全云实例的工作变得极其复杂。在某些情况下,组织可能会认为它们可以应用传统的杀毒软件解决方案来覆盖其云系统和数据,但是这些解决方案无法解决通常针对云工作负载的威胁。

译自:

SentinelOne. 3 Key Cloud Jecurity Challenges(Post-COVID - 19)[EB/OL]. (2020 - 11 - 09)[2023 - 04 - 01]. https://www.sentinelone.com/blog/three-key-challenges-for-cloud-security-in-a-world-changed-by-covid-19/.

第 104 讲 了解计算机病毒

计算机病毒是编制者在计算机程序中插入的破坏计算机功能或者数据,能影响计算机使用,能自我复制的一组计算机指令或者程序代码。一旦计算机感染了病毒,就会引起软件故障、系统运行缓慢、无法正常操作,以及用户信息被窃取,甚至硬件损坏等后果。例如,勒索病毒主要以邮件、程序木马、网页挂马的形式进行传播,利用各种加密算法对文件进行加密,被感染者一般无法解密,必须拿到解密的私钥才有可能破解,病毒制造者因而通过勒索用户支付赎金从中获利。

一、计算机病毒的特点

计算机病毒一般具有如下特点。

（一）传染性

传染性是病毒最基本的特征，是判断一段程序代码是否为计算机病毒的依据。计算机病毒可以通过各种渠道，从已经被感染的计算机扩散到未被传染的计算机，使被传染的计算机工作失常甚至瘫痪，病毒程序一旦侵入计算机系统就开始寻找可以传染的程序或者磁介质，然后通过自我复制迅速传播。由于目前计算机网络日益发达，计算机病毒通过网络传播的速度更加迅速，破坏性更大。

（二）破坏性

计算机病毒的破坏性表现在不仅占用系统资源，还可以删除或者修改文件或数据，加密磁盘中的一些数据、格式化磁盘、降低系统运行效率或者中断系统运行，甚至使整个计算机网络瘫痪，造成灾难性的后果。

（三）隐蔽性

计算机病毒不易被发现，这是因为计算机病毒具有较强的隐蔽性，往往以隐含文件或程序代码的方式存在，在普通的病毒查杀中，难以实现及时有效的查杀。病毒伪装成正常程序，计算机病毒扫描难以发现。一些病毒被设计成病毒修复程序，诱导用户使用，从而实现病毒植入，入侵计算机。因此，计算机病毒的隐蔽性，使得计算机安全防范处于被动状态，造成严重的安全隐患。

（四）寄生性

通常情况下，计算机病毒都是在其他正常程序或数据中寄生，在此基础上利用一定媒介实现传播，在宿主计算机实际运行过程中，一旦达到某种设置条件，计算机病毒就会被激活，随着程序的启动，计算机病毒会对宿主计算机文件进行不断辅助、修改，使其破坏作用得以发挥。

（五）可触发性

病毒因某个事件或者数值的出现，诱使病毒实施感染或进行攻击的特性称为可触发性。病毒的触发机制用来控制感染和破坏动作的频率。病毒具有预定的触发条件，这些条件可能是时间、日期、文件类型或者某些特定数据等。病毒运行时，触发机制检查预定条件是否满足。如果满足，启动感染或破坏动作；如果不满足，则继续潜伏。

二、计算机病毒的类型

根据病毒的传染方式，计算机病毒可分为文件型病毒、系统引导型病毒、混合型病毒以及宏病毒等。

（一）文件型病毒

文件型病毒主要感染计算机中的可执行文件（.exe）和命令文件（.com）。文件型病毒对计算机的源文件进行修改，使其成为新的带毒文件。一旦计算机运行该文件就会被感染，从而达到传播的目的。

（二）系统引导型病毒

这类病毒隐藏在硬盘或软盘的引导区，当计算机从感染了引导区病毒的硬盘或者软盘启动，或者当计算机从受感染的磁盘中读取数据时，引导区病毒就会开始发作。一旦加载系统，启动时病毒会将自己加载在内存中，然后就开始感染其他被执行的文件。早期出现的大麻病毒、小球病毒就属于此类。

（三）混合型病毒

混合型病毒综合了系统引导型和文件型病毒的特性，它的危害比系统引导型和文件型病毒更为严重。这种病毒不仅感染系统引导区，也感染文件，通过这两种方式来感染，更增加了病毒的传染性以及存活率。不管以哪种方式传染，都会在开机或执行程序时感染其他的磁盘或文件。所以，这种病毒也是最难杀灭的。

（四）宏病毒

宏病毒是一种寄存在文档或模板的宏中的计算机病毒。一旦打开这样的文档，其中的宏就会被执行，于是宏病毒就会被激活，转移到计算机上，并驻留在 Normal 模板上。从此以后，所有自动保存的文档都会"感染"上这种宏病毒，而且如果其他用户打开了感染病毒的文档，宏病毒又会转移到他们的计算机上。

根据网络传播和病毒破坏的特点，可将网络环境下的计算机病毒分为蠕虫病毒、木马病毒等。

1. 蠕虫病毒

蠕虫病毒具有可繁殖性，而网络缺陷则给其繁殖提供了有利的环境与条件。由于这一病毒类型可自主进行复制传播，且无需操作便能利用网络所存在的漏洞来对计算机进行控制，因此，这一病毒现阶段通常被黑客用于作为入侵计算机最为便捷的工具，究其原因主要是因为蠕虫病毒对计算机的入侵可自主完成各流程。而就计算机来看，其内部总会有一些无法发现的细小漏洞，这就给网络环境下计算机使用的安全性造成了极大的威胁。2010 年 6 月首次检测出来的专门定向攻击真实世界中基础（能源）设施的震网（Stuxnet）病毒就是一种蠕虫病毒。

2. 木马病毒

木马病毒通常被用来进行密码等信息的窃取，也是最普遍的一种病毒形式。这种病毒本身具有一定的伪装性，在计算机使用中通常以登录框的形式出现，以窃取用户登录时所使用的密码信息等。而在互联网络信息技术和科学技术飞速发展的背景下，木马病毒也变得更加复杂，除了传统的密码窃取之外，现阶段木马病毒还能利用计算机系统存在的漏洞窃取更多的信息。

3. 黑客程序

黑客程序是一种具有较强攻击性的病毒，其主要形式就是利用计算机中存在的系统漏洞实现对他人计算机的远程控制，并可直接对所控制的计算机进行系统的破坏。以往的黑客程序更多表现为一种工具形式，并不具备病毒所具备的传染性，但在互联网络信息技术飞速发展的背景下，其性质出现了明显的转变，对计算机使用的安全造成了极大的威胁。

三、计算机病毒传播途径

计算机病毒主要通过文件复制、文件传送、文件执行以及网络途径等方式进行传播。

（一）移动存储介质传播

这些存储设备主要包括软盘、光盘、U 盘等，用户之间在互相拷贝文件的同时也造成了病毒的扩散。

（二）硬件设备传播

通过不可移动的计算机硬件设备进行传播，这些设备通常有计算机专用的 ASIC 芯片和硬盘等。由于带病毒的硬盘在本地或移到其他地方使用、维修等，将感染干净的硬盘并再次扩散。这种病毒虽然极少，但破坏力却极强，目前尚没有较好的检测手段来预防。

（三）网络传播

主要通过网络应用如电子邮件、文件下载、网页浏览进行传播。网络传播目前已经成为计算机病毒传播的最主要方式。

四、计算机病毒防治

针对日益增多的计算机病毒和恶意代码，根据这些病毒的特点和病毒未来的发展趋势，国家计算机病毒紧急处理中心与计算机病毒防治产品检验中心制定了 11 条计算机病毒防治策略：

建立病毒防治的规章制度，严格管理。

建立病毒防治和应急体系。

进行计算机安全教育，提高安全防范意识。

对系统进行风险评估。

选择公安部认证的病毒防治产品。

正确配置，使用病毒防治产品。

正确配置系统，减少病毒侵害事件。

定期检查敏感文件。

适时进行安全评估，调整各种病毒防治策略。

建立病毒事故分析制度。

确保恢复，减少损失。

【拓展阅读】 2018 年国内勒索病毒年度报告

2018 年全年，受到攻击的计算机数量超过 430 万台（排除 WannaCry 后数据）。2 月的攻击量最低，11 月和 12 月则有较为明显的升高，总体上全年攻击量波动较为平稳。

2018 年活跃的勒索病毒家族以 GandCrab、GlobeImposter、Crysis 为主。仅针对

这三个家族的反勒索申诉案例就占到所有案例的 87%。由于勒索病毒的主要目标转变为对服务器系统的攻击,其传播方式也转变为以弱口令攻击为主,此外还存在 U 盘蠕虫、软件供应链攻击、漏洞攻击等方式帮助勒索病毒进行传播。勒索病毒攻击的地区以信息产业发达和人口密集地区为主,全年受到攻击最多的省份前三为广东、江苏、浙江。据统计,在 2018 年,受到勒索病毒攻击最大的行业前三分别为教育、制造业、餐饮 & 零售。

资料来源:摘自 360 安全卫士发布的 2018 勒索病毒年度报告。

第 105 讲 了解计算机犯罪

网络与信息时代,计算机在我们生活的方方面面都占据着十分重要的地位。然而同时,计算机犯罪却是信息安全面临的最大威胁之一。这里主要探讨计算机犯罪的定义和分类,以帮助大家认识和理解。

一、计算机犯罪的定义

随着计算机应用的日益普及,计算机犯罪也日渐猖獗,对企业和社会造成严重的危害。许多人利用计算机、互联网的广泛使用性、匿名性和脆弱性从事犯罪活动或实施不负责任的个人行为,从而加剧了计算机犯罪对社会的威胁。计算机犯罪对大多数企业系统的完整性、安全性造成严重威胁,这迫使企业不得不制定有效的安全措施。企业使用的主要安全技术和安全管理的现状如表 1 所示。

表 1　　　　　　　　　　企业使用的安全技术和安全管理现状

使用的安全技术	安　全　管　理
抗病毒(96%) 虚拟专网(86%) 入网监测系统(85%) 内容过滤与监控(77%) 公共有密钥基础设施(45%) 智能卡(43%) 生物统计学(19%)	在发达国家,安全支出占 IT 预算的 6%~8%。 63% 的企业已设置或计划在两年内设置首席安全官或首席信息安全官职位。 40% 的企业已经有了首席隐私官,6% 的企业计划在两年内任命一名首席隐私官。 39% 的企业承认其系统受到过某种形式的威胁。 24% 的企业已经投保了计算机风险险种,另有 5% 的企业想购买这样的保险。

计算机犯罪可分为两种类型,一是针对计算机,对其实施侵入或破坏,二是利用计算机实施有关金融诈骗、盗窃、贪污、挪用公款、窃取国家秘密或其他犯罪行为。

由 AITP 定义的计算机犯罪(Computer Crime)包括:(1) 未经授权地使用、访问、修改和破坏硬件、软件、数据和网络资源;(2) 未经授权的信息发布;(3) 未经授权的软件复制;(4) 拒

管理信息系统(第三版)

绝终端用户访问自己的硬件、软件、数据和网络资源；(5) 使用或者密谋使用计算机或网络资源，以非法获得信息或有形财产。

二、计算机犯罪的分类

(一) 黑客攻击

黑客攻击(hacking)是指不正当地使用计算机或未经授权地访问、使用网络计算机系统。黑客可能是公司外部人员，也可能是公司员工，他们使用互联网或其他网络来偷窃或破坏数据和程序。黑客非法进入计算机系统阅读某些机密文件，就算没有偷窃和破坏任何文件，却依然属于计算机犯罪范畴。

黑客常用的攻击战术如表2所示。

表2 黑客常用的攻击战术

战术名称	具 体 解 释
拒绝服务攻击	通过过多的信息请求来阻塞站点设备，黑客可以有效地关闭系统、降低系统性能甚至摧毁站点。这种过载计算机的方法有时也用于掩盖攻击。
特洛伊木马	程序内包含探测某些软件已有漏洞的指令。
缓冲区溢出	通过向计算机内存缓冲区发送大量的数据来摧毁或获得计算机的控制权。
后门	通过探测初始进入点并留下隐藏的后门，以再次进入系统，并避免被发现。
密码破解	使用破解密码的软件。
扫描攻击	对互联网进行广泛探测以确定计算机类型、服务类型和连接方式，从而黑客可以利用特定计算机或软件的弱点来发起攻击。
恶意小程序	可能会滥用用户的计算机资源、修改硬盘文件、发送伪造的电子邮件或窃取密码的一些小程序。
探测器	这种程序可以偷偷地搜索互联网上的个人数据包，截取密码或整个内容。
拨号战	自动拨打数以千计的电话号码，以发现通过调制解调器连接的终端。
逻辑炸弹	计算机程序中能够触发恶意操作的指令。

黑客可以通过监控电子邮件、Web 服务访问或文件传输来窃取密码或网络文件，或者在系统中植入为攻击敞开大门的数据。黑客还可以使用远程服务来获取网络的访问特权。所谓的远程服务就是允许网络计算机执行另一台计算机上的程序。telnet 是一种以远程方式交互使用计算机的工具，它可以帮助黑客发现某些有用信息来计划其他的网络攻击。黑客使用 telnet 可以访问计算机的电子邮件端口，如监控电子邮件信息以获取私有账户及网络资源的密码等信息。以下只是黑客在互联网上所从事的典型计算机犯罪行为的一部分。这就是加密、防火墙等互联网安全措施对电子商务及其他电子化企业应用至关重要的原因。

（二）计算机盗窃

很多计算机犯罪都涉及资金的窃取。大多数案件都属于"内部作案"，即内部员工以非授权方式进入网络，对数据库进行欺诈性修改，并抹去痕迹。当然，很多计算机犯罪都通过互联网来进行。

但是，目前大多数公司不愿意承认自己是计算机犯罪的攻击对象及受害者，或者在对外披露时刻意降低自己损失的金额，因为害怕吓跑客户，担心遭到股东们的责难。因此，计算机犯罪造成的损失比我们所知的要更严重。

（三）网络诈骗

网络诈骗是指以非法占有为目的，利用互联网采用虚构事实或者隐瞒真相的方法，骗取数额较大的公私财物的行为。网络诈骗与一般诈骗的主要区别在于它是利用互联网实施的诈骗行为，没有利用互联网实施的诈骗行为便不是网络诈骗。

网络诈骗的手段主要有：（1）通过网络病毒方式盗取别人的虚拟财产。这种情况下一般不需要经过被盗人的程序，在后门进行，速度快，而且可以跨地区传染，使侦破时间更长；（2）通过网上交友方式，待被盗者信任后再获取财物资料；（3）通过互联网虚假宣传快速发财致富，组织没有互联网工作经验的人员，以刷网络广告等手段为噱头，收敛会费进行诈骗。

"网络钓鱼"是最常见也较为隐蔽的网络诈骗形式。"网络钓鱼"是指通过使用"盗号木马""网络监听"以及伪造的假网站或假网页等手法，盗取受害者的银行账号、证券账号、密码信息和其他个人资料，然后以转账盗款、网上购物或制作假卡等方式获取利益。"网络钓鱼"主要可细分为以下两种方式：一是发送电子邮件，以虚假信息引诱受害者中圈套；二是建立假冒的网上银行、网上证券网站，骗取受害者账号密码实施盗窃。

（四）工作中的非授权使用

非授权使用计算机系统和网络可以被称作时间和资源窃贼。一个常见的例子是，员工非授权使用公司的计算机网络，包括从事私人咨询或个人理财、玩视频游戏，或者非授权使用公司网络来访问互联网。一些网络监控软件常被用来监控网络流量、评价网络容量，揭示非正当使用网络的证据。表3所示为工作中常见的非授权使用情况。

表3 工作中的非授权使用

互联网滥用	活　动
普通的电子邮件滥用	包括垃圾邮件、骚扰邮件、连锁信、诱惑信、欺诈邮件、病毒、蠕虫传播和诽谤言论。
非授权使用和访问	共享密码，未经允许而进入网络。
侵犯版权和剽窃	使用非法和盗版软件，由于侵权使组织损失巨大；复制站点和有版权的标语。
在新闻组发帖子	针对与工作无关的主题发帖子，如性话题或草坪保护建议。
传播机密数据	使用互联网来显示和传播贸易机密。

互联网滥用	活　　动
色情问题	在工作岗位访问色情网站,显示、散布和冲浪这些有害的站点。
黑客攻击	攻击网站,从拒绝服务攻击到访问组织数据库。
与工作无关的下载和上传	占用办公网络带宽来传送软件,使用传输电影、音乐和图片资料的程序。
利用互联网来休闲	在互联网上游荡,包括购物、发送电子卡和个人电子邮件、在线赌博、聊天、玩游戏、拍卖、炒股和从事其他个人活动。
使用外部 ISP	为避免被发现,使用外部 ISP 来连接互联网。
第二职业	利用网络、计算机等办公资源来组织和从事个人商务(兼职)。

为了解决计算机滥用的问题,一些公司建立了专门的团队,通过专业软件对公司的计算机用户每天访问的站点进行统计和评价,并通过专业软件阻塞和监控员工对禁访站点的访问。

(五) 软件侵权

软件侵权是指未经授权的复制、使用软件。未经授权的软件复制是违法的,因为软件是受版权法和用户许可协议保护的知识产权。在美国,商业软件包受《计算机软件侵权和伪造修正法案》等法律保护。我国的软件保护相关法律法规主要有《计算机软件保护条例》和《著作权法》。通常情况下,购买商业软件包实际上是支付了一个终端用户恰当使用该软件的许可证费用。很多公司签署了站点许可证,允许员工在特定区域复制并使用该软件的副本。此外,共享软件和没有使用版权的公共软件则允许他人合法地复制使用。

(六) 侵犯知识产权

与计算机相关的侵权对象不仅是软件,还有拥有知识产权的其他资料,包括音乐、视频、图像、文章、书籍及其他书面作品。这些知识资产非常容易遭到版权侵犯。电子版本很容易通过计算机系统获取,人们可以在互联网站点上访问并下载,或者很容易以电子邮件附件的形式传播。对等网络技术(P2P)的发展,使版权资料的电子版本更易被盗版。例如,P2P 文件共享软件支持 PC 机及其他互联网用户之间进行视频文件的直接传输。这样,此类软件在互联网用户之间建立对等网络,使他们能以电子方式交换存储在 PC 机硬盘上的数字版权资料或不受版权限制的数字音乐资料。

(七) 计算机病毒和蠕虫

计算机犯罪中最具毁灭性的例子是创造了计算机病毒和蠕虫病毒。从技术上说,病毒是一段必须插入另一程序中才能工作的程序代码,而蠕虫却是一个可以独立运行的独特程序。只要用户访问了感染病毒的计算机,或者使用了从感染病毒的计算机上拷贝的文件,无论是病毒还是蠕虫都可能把一些令人愤怒、具有破坏性的程序复制到企业的计算机系统中。因此,计算机病毒或蠕虫常常破坏内存、硬盘及其他存储设备中的内容,并在很多用户中广泛传播其破坏性。通常,计算机病毒利用互联网和在线服务通过电子邮件和文件附件,或者通过非法的、借用的软件拷贝来进入某个计算机系统。从互联网上下载共享软件是病毒的另一个传播途径。病毒先把自己复制到计算机硬盘和与计算机连接的移动设备中。病毒通过电子邮件、文件传输和其他的通信活动，或者通过来自感染病毒的移动设备传染给其他计算机。因此，用户应该养成良好的习惯，使用来源有问题的软件和文件前一定要先杀毒，以及定期使用杀毒软件来诊断和删除硬盘上感染病毒的文件。

可能携带蠕虫攻击电脑的软件还有广告软件和间谍软件。一些广告软件在完成某些功能之外，会在未经用户允许的情况下弹出其他广告。更有甚者，有些广告软件还可以搜集网络访问用户的信息，并传递给广告商，这些软件则被称为间谍软件。间谍软件搜集终端用户信息，从用户的个人信息（如姓名、地址等）到用户的网络消费习惯、社交网络账号、用户密码等隐私信息。当然，如果企业合理地使用这些间谍软件，将是一种可行的盈利模式，正确使用这些软件，不仅可以避免个人隐私的泄露，也可以使企业帮助网络用户免费获取想要的商品。可见，并不是所有的广告软件都是间谍软件。

间谍软件还有其他一些特征，它可以向用户发送用户不需要的广告信息。最常见的是，间谍软件通过监控用户的在线行为，在网络用户不知情的情况下，将广告链接添加到用户的网页中。此外，间谍软件还可能设置用户浏览器的访问主页，并将用户的访问导向间谍软件开发商的网页，进而阻止用户将设置改回原来的状态。

三、计算机犯罪的新问题

近年来计算机犯罪主要对密码、账号进行窃取，或使数据受到远程控制、系统（网络）无法使用、浏览器配置被修改等。用户密码、账号是病毒瞄准的主要资源。例如，近年出现的支付大盗、传奇私服劫持者、网购木马等木马病毒，会在窃取用户信息后，分类打包或对所窃取信息进行深度挖掘，之后出售谋取经济利益。经济利益驱动是计算机犯罪的主要因素，并且这一态势还将持续。随着信息技术的发展，计算机犯罪也带来了一些新问题。

（一）计算机犯罪的跨国性

随着社会化网络的普及，计算机犯罪的国际化趋势越来越明显。互联网络具有"时空压缩化"的特点，当各式各样的信息通过互联网络传送时，国界和地理距离的暂时消失就是空间压缩的具体表现。这为犯罪分子跨地域、跨国界作案提供了可能。犯罪分子只要拥有一台联网的终端机，就可以通过互联网到网络上任何一个站点实施犯罪活动。而且，可以甲地作案，通过中间结点，使其他联网地受害。在科技发展迅猛的今天，世界各国对网络的利用和依赖将会越来越多，因而网络安全维护变得越来越重要，也因此越来越多地受到世界各地的重视。计算机犯罪能使一个企业倒闭，个人隐私泄漏，甚至一个国家经济瘫痪。

（二）犯罪技术将不断革新

木马和蠕虫病毒凭借自身强大的变种适应能力，以及背后带来的巨大收益，将在未来很长一段时间内成为困扰用户的巨大隐患。2013 年 3 月出现的蠕虫病毒 Worm_Vobfus 及其变种，具有木马病毒的特征——连接互联网络中指定的服务器，与一个远程恶意攻击者进行互联通信。自 2009 年出现的"犇牛"（又名"猫癣"）病毒肆虐至今，像"犇牛"病毒一样利用 dll 劫持技术传播的病毒越发流行。各种后门、木马都采用此种方法运行和传播自己，劫持系统的 dll 文件种类也越来越多。随着身份认证 UsbKey 和杀毒软件主动防御的兴起，黏虫技术类型和

管理信息系统（第三版）

特殊反显技术类型木马逐渐开始系统化。这些融合了新技术的病毒令人防不胜防。

（三）云安全服务将成为新趋势

如今，采用特征库的判别法疲于应付日渐迅猛的网络病毒大军，融合了并行处理、网格计算、未知病毒行为判断等新兴技术和概念的云安全服务，将成为与之抗衡的新型武器。识别和查杀病毒不再仅仅依靠本地硬盘中的病毒库，而是依靠庞大的网络服务，实时进行采集、分析以及处理。整个互联网就是一个巨大的"杀毒软件"，参与者越多，每个参与者就越安全，整个互联网就会更安全。可以预见，随着云计算、云存储等一系列云技术的普及，云安全技术必将协同这些云技术，成为为用户系统信息安全保驾护航的有力屏障。

（四）开发病毒程序难度下降

计算机病毒可能带来巨大的收益，使得越来越多的不法分子对这种高科技手段趋之若鹜。网络的发展也令信息资源的共享程度空前高涨。一些病毒代码得以共享，甚至产生了专门编写病毒的软件结合 VB、JAVA 和 Activex 当前最新的编程语言与编程技术，用户只要略懂一些编程知识，简单操作便可产生具有破坏力和感染力的"同族"新病毒。

【拓展阅读】　非法出售 VPN 账号被判刑

近年来，越来越多的违法犯罪新闻都围绕着 VPN 产生。《人民法院报》曾发布一条微博——"一男子因出售 VPN 被判刑"，引发网友的热议。

2018 年，上海市宝山区人民法院依法公开开庭宣判，被告人戴某因提供侵入、非法控制计算机信息系统程序、工具罪一案，判处有期徒刑三年，缓刑三年，并处罚金人民币一万元。宝山区法院经审理查明，被告人戴某原在某证券管理公司从事软件开发工作，自 2016 年 4 月起，其为牟取非法利益，创建某网站，并在网站上出售 VPN 翻墙软件的账户。同时，戴某租用境外服务商的多台服务器，向所出售的账户提供可以访问国内 IP 不能访问的外国网站服务。戴某于 2017 年 10 月 10 日被抓获，截至案发，戴某共计向数百人次非法提供 VPN 服务。

此类新闻屡见不鲜。经过对法律和相关新闻的研读，其实不难发现，用 VPN 其实并不算犯罪，只有实施了不当行为，情节严重的才构成犯罪。所以又出现了一个新的问题：什么样的行为才算是情节严重呢？关于情节严重的理解，基本上可以概括为：VPN 服务提供者提供或出售大量专门用于侵入、非法控制计算机信息系统的程序、工具的；或者是所提供的工具和程序造成严重危害的。这里的重点在于"大量""侵入""非法控制"等词汇。案例中被告人通过出售 VPN 账户非法营利，且达到了数百人的传播及使用。换句话说，如果公民个人私自建立 VPN，并以此牟利达到一定数额或向他人提供该软件达到一定人次等，均属于情节严重，将受到刑事处罚。

其实 VPN 普遍存在于我们日常的生活、工作中，用户众多。但是它一直以来都游走于灰色地带，并未获得电信主管部门批准。2017 年工信部明确规定，未经电信主管部门批准，不得自行建立或租用 VPN，VPN 被正式列入监管范围。因此，非法使用 VPN 即构成计算机犯罪。

第 106 讲　黑客、红客与极客

黑客、红客与极客是网络上对一些计算机专业人士的称呼，它们的含义具有显著的区别。

一、黑客

"黑客"一词，源于英文 Hacker，原指热心于计算机技术，水平高超的电脑专家，尤其是程序设计人员。目前，黑客并没有权威的定义，黑客通常是指利用系统安全漏洞对网络进行攻击破坏或窃取资料的人，所以现在的黑客一词更多具有贬义。黑客包括以下类型：

（1）白帽黑客。白帽黑客是指通过实施渗透测试，识别网络安全漏洞，为政府及组织工作并获得授权或认证的黑客。他们也确实不会从事恶意的网络犯罪活动，他们在政府提供的规章制度下工作，因此他们也被称为道德黑客或网络安全专家。

（2）黑帽黑客。黑帽黑客通常被称为黑客，他们可以未经授权地访问别人系统和破坏别人的重要数据，他们的行为通常具有恶意，是一种计算机滥用的罪犯行为。

（3）灰帽黑客。灰帽黑客介于白帽黑客和黑帽黑客之间，他们不是合法授权的黑客，他们的工作既有好的意图，也有坏的意图。

（4）脚本儿童。脚本儿童指的是不熟练的人，他们使用其他黑客提供的脚本或下载工具进行黑客攻击，主要目的是想给朋友和社会留下深刻印象。一般来说，脚本儿童是不懂黑客技术的青少年。

（5）国家黑客。国家资助黑客是指受雇于政府从事间谍活动、社会工程、计算机入侵和/或嵌入恶意软件的人，其目的是获取机密信息并获得相对于另一国政府的优势。

（6）黑客主义者。这种黑客指的是黑客或一群匿名黑客，他们未经授权访问政府的电脑文件和网络，以达到进一步的社会或政治目的。

二、红客

红客（Honker）也是黑客的一种，通常特指以维护国家利益、维护正义，捍卫自己国家网络安全利益的中国黑客。红客象征着一种热爱祖国、坚持正义、开拓进取的精神，只要具备这种精神并热爱计算机技术的人都可称为红客。

红客与黑客都是掌握高超计算机技术的人，区别在于，黑客会滥用自己的计算机技术，黑客的行动都是在隐蔽环境下进行的；而红客则对黑客的破坏行为进行反击，二者使用的技术几乎没有区别，但红客的行动都是公开的，他们可以光明正大地运用包括法律、法规、标准、管理、技术、教育等一切手段来捍卫系统的安全。

三、极客

极客是美国俚语 Geek 的音译。随着互联网文化的兴起，极客一词含有智力超群和努力的意思，又被用于形容对计算机和网络技术有狂热兴趣并投入大量时间钻研的人。现代的极客更多是指在互联网时代创造全新的商业模式、尖端技术与时尚潮流的人。极客代表着一种对技术追求极致的精神和态度，是一种对技术的理解与信念。

极客文化,顾名思义,是以极客精神为核心而形成的一种倡导自由、专注、崇尚真理的社会文化形态。极客对自己的领域充满敬业的态度,只要是他们在意或者熟悉的领域,他们会倾尽全力去说服别人,以保证他们在这一领域的绝对权威。在商品经济非常丰富的今天,人们已经不仅仅满足于商品的单一使用价值,而是更加关注商品的个性化特征。极客永远追求创新,其独特的、不一样的精神追求恰好与今天人们的消费追求相契合,在大众媒体对极客人物大肆宣传之下,形成极客文化的传播与商业经济互推的局面。极客人物在商业上的成功,促进了极客文化的推广与传播。同时,极客文化的推广,又很大程度上促进了人们对于新产品的接触与消费。

四、常见的黑客入侵方式

黑客入侵计算机的方法有很多种,随着网络技术的发展,新的黑客入侵手段不断被发明,从而给预防工作带来一定的麻烦。这里简单列举一些常见的黑客入侵方式。

(1)口令入侵。该类入侵是指使用某些合法用户的账户和密码登录到目的主机,然后再实施攻击活动。口令入侵的前提是必须得到目的主机上一个合法的用户账户,然后再对该账户密码进行破译。

(2)植入木马。木马病毒常常夹带在别的文件或程序中,例如邮件附件、网页等,当用户打开带有木马病毒的文件或直接从网络上单击下载时,木马病毒便入侵用户的计算机并收集用户的端口地址以及端口信息,当该计算机连接到外网时,木马程序便会通知黑客。黑客在收到这些信息后,就可以利用潜伏在用户计算机中的木马程序进行破坏行为。

(3)网络欺骗。用户访问的网页被黑客篡改,例如黑客将用户要浏览网页的 URL 改写为指向黑客自己的服务器,当用户浏览目标网页的时候,实际上是向黑客服务器发出请求。

(4)网络监听。网络监听行为是一种监视网络状态、数据流以及网络上信息传输的管理工具,它可以将网络界面设定成监听模式,并且可以截获网络上所传输的信息,是一种常用的入侵手段。

(5)后门程序。一般程序完成设计之后需要去掉各个模块的后门,不过有时由于疏忽或者其他原因没有去掉,黑客就会利用穷举搜索法发现并利用这些后门,然后进入系统并发动攻击。

(6)拒绝服务。拒绝服务又叫分布式 DOS 攻击,就是集中大量的网络服务带宽,对某个特定目标实施攻击,因而威力巨大,顷刻之间就可以使被攻击目标宽带资源耗尽,导致服务器瘫痪。

(7)信息炸弹。信息炸弹是指挥一些特殊工具软件,短时间内向目标服务器发送大量超出系统负荷的信息,造成目标服务器超负荷、网络堵塞、系统崩溃的攻击手段。目前常见的信息炸弹有邮件炸弹、逻辑炸弹。

【拓展阅读】 中国红客

黑客是伴随计算机发展而诞生的,中国黑客一开始也姓"黑",而由"黑"转"红"的历史转折点正是在 1995 年中国正式接入国际互联网之后的不久。中国接入国际互联网之后,一些怀有敌意国家的黑客便一直对中国的互联网设施进行破坏,虽然中国当时的计算机技术和互联网技术都很落后,但这并不意味着中国就该被别人欺负。

第 107 讲　系统安全管理和控制

企业信息系统面临着很多重大的安全威胁。对企业信息系统的安全、质量和性能负有责任的管理和业务人员，必须重视所面临的安全威胁问题，并采取有效的措施加以应对。同企业其他重要资产一样，硬件、软件、网络和数据资源需要各种各样的安全措施来保护，以确保其质量并以对企业有益的方式来使用这些资源。本部分主要探讨安全管理和控制的内涵、建立安全管理和控制的管理框架，以及安全管理和控制的手段。

一、安全管理和控制的内涵

越来越多的企业过程离不开计算机系统的支持，一旦系统出现问题，就会遭受严重的损失。由于许多业务都是建立在网络和互联网技术基础上的，系统变得更容易受到攻击。因此，信息系统安全事故每年都以很高的比例在增加。

企业的系统中存储了员工信息，新产品开发计划、运营数据、市场战略等重要商业机密。这些数据一旦被破坏、丢失或失窃，就会带来巨大的损失。不当的安全和控制也会带来严重的法律责任。企业不但要保护好自己的信息，也需要保护好员工、客户和商业伙伴的信息。一旦出现失窃、泄露等问题，会导致代价高昂的法律纠纷。从以上角度来说，投资信息系统的安全与控制，保护企业的信息资产，会带来很高的投资回报。

（一）安全管理

安全管理的目标是让所有信息系统的处理及资源保持准确、完整和安全。有效的安全管理可以将企业及其客户、供应商和利益相关者相互连接的信息系统中的错误、欺诈和损失降到最低。如图 1 所示，安全管理是一项复杂的工作，为保护公司的信息系统资源，安全管理人员必须使用和集成各种安全工具与方法。

为快速变化的网络基础结构制定互联网安全策略，是一项巨大的挑战。企业需要考量如何平衡互联网安全和互联网访问之间的矛盾、是否拥有充足的互联网安全预算，以及内部网、外联网和 Web 应用的开发对安全架构的影响等复杂的问题，才能提出制定互联网安全策略的最佳方法。企业需要保护关键的网络连接和业务流程，以免受到外部计算机犯罪和内部不负责任员工的攻击和破坏。这需要各种安全工具和防御措施，需要协调一致的安全管理计划。

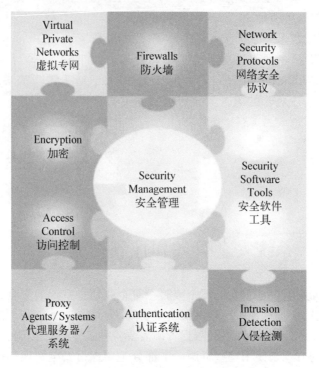

图1　信息系统安全管理的一些重要措施

（二）信息系统控制

信息系统控制是指确保信息系统活动的准确性、有效性和规范性的方法和设备。开展信息系统控制的目的是确保数据录入、处理技术、存储方法和信息输出的正确性。因此，信息系统控制应能监控和维护信息系统输入、处理、输出和存储活动的质量和安全。图2中所示的信息系统控制，可监控并维护信息系统输入、处理、输出和存储活动的质量和安全性。

信息系统控制应确保向企业系统输入正确的数据，以避免无用输入和无用输出。控制措施的例子包括口令和其他安全密码、格式化数据输入屏幕和错误报警信号。计算机软件可以包含识别错误、无效和不恰当输入数据的指令。如数据输入程序可以检查无效代码、数据字段和事务，并执行"合理性检查"程序，以确定输入数据是否超过取值范围或存在次序错误。

▌二、信息系统的安全需求

信息系统安全的需求分析应该包括全面审查和考虑适用规定与政策法令。此过程中需要解释大量的法规、法令、规定、机构的政策、政府有关保护机密信息的指南、国家标准等，比如信息系统的安全需求需要满足国家出台的《计算机安全保护条例》及相关行业标准，如《政府财政管理信息系统安全总体标准》和《政府财政管理信息系统安全保证体系》等。其目的是保证信息系统充分实现强制性规定以及相关的指南得到遵守。在信息系统的各阶段，安全需求是不

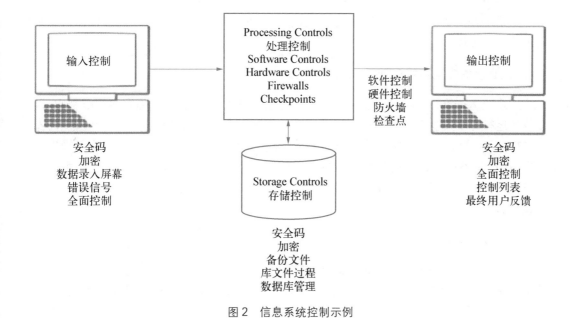

图 2　信息系统控制示例

同的,具体为:

(一) 信息系统规划阶段的安全需求

信息系统规划阶段的安全目标是明确信息系统安全建设的目的,对信息系统安全建设实施的可能性进行分析论证,设计出总体安全规划方案。信息系统规划阶段涉及的主要安全需求包括:明确安全总体方针;确保安全总体源自业务期望;描述所涉及系统的安全现状;提交明确的安全需求文档;明确风险评估准则并达成一致;描述从系统的哪些层次进行安全实现;对系统规划中安全实现的可能性进行充分分析、论证。

(二) 信息系统设计阶段的安全需求

信息系统设计阶段的安全目标是依据规划阶段输出的总体安全规划方案,设计信息系统安全的实现结构和实施方案。实现结构包括功能划分、接口协议和性能指标等;实施方案包括实现技术、设备选型和系统集成等。信息系统设计阶段的主要安全需求包括:设计方案符合系统建设规划;设计方案中的安全需求符合规划阶段的安全目标;评估用以实现安全系统的各类技术的有效性;对用于实施方案的产品需满足安全保护等级的要求;对自开发的软件要在设计阶段充分考虑安全风险。

(三) 信息系统实施阶段的安全需求

信息系统实施阶段的安全目标是按照规划和设计阶段所定义的信息系统安全实施方案,采购设备和软件,开发定制功能,集成、部署、配置和测试信息系统的安全机制,培训人员,并对是否允许系统投入运行进行批准监督。信息系统实施阶段的主要安全需求包括:确保采购的设备、软件和其他系统组件满足已定义的安全要求;确保定制开发的软件和系统满足已定义的安全要求;确保整个系统已按照设计要求进行了部署和配置,并通过整体的安全测试来验证系统的安全功能和安全特性符合设计要求;通过对相关人员的操作培训和安全培训,确保人员已具备维持系统安全功能和安全特性的能力;通过对系统投入运行前的批准监督,确保信息系统的使用已得到授权。

(四) 信息系统运行维护阶段的安全需求

信息系统运行维护阶段的安全目标是在信息系统投入运行之后,确保在运行过程中,以及信息或其运行环境发生变化时维持系统的正常运行和安全性。信息系统运行维护阶段的安全需求包括:在信息系统未发生更改的情况下,维持系统的正常运行,进行日常的安全操作和安全管理;在信息系统及其运行环境发生变化的情况下,进行风险评估并针对风险制定处理措施;定期进行风险再评估工作,维持系统的持续安全;定期进行信息系统的重新审批工作,确保系统授权时间的有效性。

(五) 信息系统废弃阶段的安全需求

信息系统废弃阶段的安全目标是确保对信息系统的过时或无用部分进行安全报废处理,防止信息系统的安全要求和安全功能遭到破坏。信息系统废弃阶段的安全需求关键是信息、硬件和软件的安全处置,防止将敏感信息泄露给外部人员。

三、建立安全和控制的管理框架

在信息系统安全和控制方面,技术提供了基础,而如果缺乏好的管理政策,即便是最好的技术,也无法带来可靠的安全性。因此,要保护企业的信息资源,需要建立一整套严格的安全政策和控制手段。ISO17799是一套系统安全与控制的国际标准,可以为企业建立安全与控制手段提供实施指引。这套标准提供了信息系统安全与控制的最佳实践,包括安全政策、企业连续计划、物理安全、访问控制、合规性、建立安全职能部门等。

(一) 信息系统控制的类型

有效保护信息资源需要一整套严密规划的控制措施。可以通过通用控制和应用控制对系统进行控制。

通用控制是指对系统的设计、安全、使用程序以及整个公司数据安全的控制。一般而言,通用控制可应用于所有的计算机应用程序,由硬件、软件和手工程序组成,创造一个整体的控制环境。通用控制包括软件控制、硬件控制、计算机操作控制、数据安全控制、系统应用过程控制和管理控制等。其中,软件控制监控系统软件,用于防止对系统程序、系统软件和应用程序的未经授权的访问。硬件控制用来确保计算机硬件安全及检查设备没有故障。计算机操作控制规范部门的工作,确保对数据存储和处理的一致性与正确性。数据安全控制保证所存储的重要商业数据文件不会被未经授权存取、破坏和改变。

应用控制是指针对系统开发过程的不同阶段进行审计,确保开发过程得到适当的控制和管理。管理控制是指用来确保组织的通用控制和应用控制,可以正确执行的一些正式标准、规则、程序和控制原则。

(二) 安全政策

企业必须制定一个一致的安全政策,在政策中考虑风险的性质、需要保护的信息资产、解决风险所需的程序与技术、应用和审核机制。

越来越多的企业开始设立一个正式的安全职能部门,由首席安全官(Chief Security Officer,CSO)负责。安全管理部门对员工进行安全培训,让管理层了解网络安全威胁,并维护所选择的安全控制工具。首席安全官负责执行公司的安全政策。安全政策由信息风险排序表、可接受的安全目标和实现安全目标的机制组成。企业最重要的信息资产是什么?企业中由谁生成和控制这个信息?对信息资产要采取什么风险管理水平?发生安全故障的频率如何?需要花巨资对偶发安全故障采取非常严格的安全控制措施吗?企业必须评估达到可接受风险水平所需的成本。系统发生故障或威胁的概率很难准确确定,导致某些影响很难量化,这是目前企业风险评估最常见的问题之一。但是对于直接安全成本和间接安全成本的预估、拨款和控制则必须受到重视。风险评估的最终成果是一份使成本最小化和保护最大化的安全控制计划。

一个安全的组织通常有可接受使用政策(Acceptable Use Policy,AUP)和授权政策(Authorization policy,AP)。AUP确定了对企业信息资源和计算设备(包括计算机、无线设备、电话和互联网等)可接受的使用方法,并明确企业在隐私保护、用户责任、个人对计算机和网络使用等方面的政策。一个好的AUP明确规定了每个用户可接受和不可接受的使用行为,并明确了一旦违反规定的后果。AP规定了不同层次的用户对信息资产的不同应用水平。授权管理系统规定,用户在何时何地可以访问网站或企业数据库的某个部分。根据事先设定的访问规则,用户只能访问授权进入的系统部分。

四、安全管理和控制的手段

(一)加密

数据加密是保护数据及其他计算机网络资源的一种重要方法。密码、消息、文本及其他数据可以采用加密编码的方式来传输,并只能由授权用户的计算机系统来解码。数据加密需要借助特定的数学算法或密钥,将数字转换为加密代码,然后传输出去,当它们到达目的地后再进行解码。最常用的加密方法是使用公有密钥和私有密钥这样一对密钥,且不同的人密钥各不相同。如可以使用接收方专有的公有密钥加密编码电子邮件,邮件传输出去后,只有接收方的私有密钥才能解密此邮件。

(二)防火墙

防火墙是控制和保护互联网以及其他网络安全的重要方法。网络防火墙可以是一个通信处理设备,典型的像路由器,或一台装有防火墙软件的专用服务器。防火墙相当于一个"门卫"系统,在企业内网与互联网或其他网络间的双向通信中,防火墙为用户提供一个过滤和安全转发访问请求的控制点。因此,它可以保护企业内部网及其他计算机网络免受攻击。防火墙将过滤所有的网络通信,检查其密码或其他安全码是否正确,并只允许授权访问进出网络。

(三)拒绝服务攻击

互联网对黑客发动的攻击的抵抗能力是极其脆弱的,尤其是分布式拒绝服务(Distributed Denial of Service,DDoS)的攻击。表1列出了组织为保护自己免受分布式拒绝服务攻击所应采取的步骤。

表1   如何防御拒绝服务攻击

步　　骤	具 体 说 明
在被控制的计算机上	制定并强化安全策略；定期扫描特洛伊木马程序和其他脆弱点；关闭不用的端口；提醒用户不要打开电子邮件附件中的.exe文件。
在 ISP 上	监控并阻止网络探测；过滤欺骗性的 IP 地址；与网络提供商保持一致的安全策略。
在受害者网站上	创建备份服务器和网络连接；限制每台服务器的连接数量；安装多个入侵监测系统和为入站流量安装多个路由器，以减少堵塞点。

（四）电子邮件监控

互联网及其他在线电子邮件系统是黑客散布病毒及入侵联网计算机系统最喜欢的渠道之一。通常情况下，公司试图通过强制手段阻止员工发布非法的、个人的或破坏性信息，而员工则认为这样侵犯了他们的隐私权。

（五）病毒防御

企业防病毒保护是信息技术的一项核心功能。几乎所有人都会给 PC 机和笔记本电脑安装杀毒软件。杀毒软件在后台运行，并经常弹出窗口来提醒用户。信息系统部门的重要职责之一就是采用集中发布和更新杀毒软件的方法来构筑防止病毒扩散的体系，还有一些公司把杀毒保护工作外包给互联网服务提供商或电信公司、安全管理公司等。

 【拓展阅读】 再了解一些安全策略和措施

容错计算机和安全监控器等软硬件工具、口令和备份文件等安全策略和程序，是保护企业系统和网络的常用安全措施。现在，这些措施已成为很多企业实施综合安全管理的部分内容。

1. 安全密码

安全管理通常使用多级口令系统。首先，终端用户通过输入自己专用的标识码或用户 ID 来登录计算机系统。然后系统要求用户输入口令以获取系统访问权。下一步，为了访问某个文件，用户必须输入一个唯一的文件名。在某些系统中，读取文件内容的密码与写文件的密码是不同的。这一特征为存储的数据资源又增加了一个保护层。为了更加安全起见，口令也可以编码或加密，以避免被窃取或滥用。此外，某些安全系统还使用了智能卡，其内含有微处理器芯片，它可以产生随机数并添加到终端用户的口令末尾。

2. 备份文件

备份文件是数据或程序的冗余副本。用户可以用文件保留措施来保护文件，即保留文件以前阶段的副本，如果当前文件被损毁，可以使用副本来重建新的当前文件。有时,为了达到控制目的,不同时段的文件副本都要保存起来。此类备份文件可以异地保存,即存储在远离公司数据中心的地方,有时是保存在远处专用的存储库中。

3. 安全监控器

系统安全监控器是对计算机系统和网络的使用进行监控,保护它们避免遭受非授权使用、欺诈和破坏的程序。此类程序提供的安全措施仅允许授权用户访问网络,如识别码和口令。安全监视器还可以控制计算机系统硬件、软件和数据资源的使用,如即时授权用户只能使用特定的设备、程序和数据文件。此外,安全程序还可以监控计算机网络的使用,收集任何企图不当使用网络的统计数据,然后生成报告以辅助管理员维护网络的安全。

4. 生物统计安全技术

生物统计安全是一个快速发展的计算机安全领域。计算机设备提供的这种安全措施可以测量每个人的不同物理特征,包括识别声音、指纹和手形,进行签名动力学分析,击键分析,视网膜扫描,人脸识别和基因模式分析。生物统计控制设备使用专用传感器来测量一个人的生物计量特征,如指纹、声音等物理特征,并将这些特征数字化,这些数字化的特征将同预先存储在磁盘上的个人特征信息进行比较。如果匹配成功,这个人就可以进入计算机网络,并获取安全系统资源的访问权。

5. 计算机故障控制

断电、电子元器件失效、通信网络出现问题、隐藏的程序错误、计算机病毒、计算机误操作和电子破坏都可能造成计算机系统故障。控制计算机故障的措施包括:选用具有自动维护和远程维护能力的计算机;使用常用的预防性硬件维护程序和软件更新管理程序;在灾难恢复组织中要包含计算机系统备份能力;在硬件和软件发生较大变化时要经过仔细的计划和周密的实施,以免发生问题;对数据中心员工进行专业培训。

6. 容错系统

容错计算机系统也可用于安全保障工作。此类系统拥有冗余处理器、外设和软件,在系统发生故障时具有故障切换能力,可以备份出现故障的部分。容错系统还提供了一种故障安全能力,即使出现较大的硬件或软件故障,计算机系统仍能以相同的能力水平继续工作。不过需要说明的是,很多容错计算机系统提供的是故障软化能力,即在系统的主要部分出现故障时,系统仍能继续工作,只不过能力有所下降。

7. 灾难恢复

一些自然或人为灾难,如台风、地震、火灾、洪水、犯罪、恐怖活动和人为错误都可能严重毁坏一个组织的计算资源,从而影响组织的正常运行。很多公司,特别是在线电子商务零售商、批发商、航空公司、银行和互联网服务提供商,即使只失去几个小时的计算能力,也会遭受巨大的损失。这就是为什么组织要开发灾难恢复程序并将其纳入灾难恢复计划中的原因。灾难恢复计划需要详细说明以下内容:参与灾难恢复工作的员工及他们各自的职责;应使用的硬件、软件和设备设施;待处理的应用的优先权。与其他公司达成协议,将其后备设施作为灾难恢复站点和组织数据库的场外存储地,也是有效开展灾难恢复工作的内容之一。

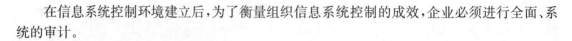

第 108 讲　了解信息系统审计

在信息系统控制环境建立后，为了衡量组织信息系统控制的成效，企业必须进行全面、系统的审计。

一、什么是信息系统审计

信息系统审计是指对信息系统有影响的所有的控制进行审查，评价其有效性。审计用来确认管理单个信息系统的所有控制措施，并评估其效能。为了达到此目标，审计人员必须对整个操作过程、物理设备、通信网络、控制系统、数据安全目标、组织架构、人事、手工处理流程和每个具体的应用都有细致而充分的了解。

审计人员的主要工作内容包括：对信息系统的关键用户进行访谈，了解他们的活动和工作程序，对系统的安全性能、应用控制、整体性控制情况进行审计和检查，并对系统的有效性和稳定性作出评估。必要时，审计人员还会跟踪某项业务在系统中的操作流程，使用自动审核软件进行测试。

信息系统审计中非常重要的一点就是对数据质量的审计分析。数据质量审计有三个途径：调查用户对数据质量的理解和认识，审查整个数据文件，以及检查数据文件中的数据。通过上述调查分析，可了解信息系统中数据的准确性和完整性。定期进行数据质量审计，企业才能掌握其信息系统中有多少不准确、不完整或模糊的信息。不准确、不及时或与其他信息源不一致的数据也会给组织信息系统的运行或企业的经济效益带来严重的问题。

二、安全审计

安全审计在信息系统审计中尤为重要。安全审计机制是一种很有价值的安全管理机制，可以通过事后的安全审计来检测和调查安全策略执行的情况以及安全遭到破坏的情况。安全审计机制是一种事后监督机制，用来检查用户行为是否符合安全政策，帮助发现系统存在的安全漏洞及安全漏洞可能被利用的方式和可能造成的后果，最后根据历史记录追究系统安全破坏者的责任。

安全审计主要应该实现以下几个目标：（1）能够详细记录所有访问行为的相关数据，并检查安全保护机制的实施结果；（2）能够发现任何具有超越自身规定权限的用户及定位其越权行为；（3）可以发现和定位用户为越过安全机制而进行的反复性尝试行为，并采取相应措施；（4）能够提供证据以表明发生了越过系统安全机制的行为或企图；（5）能够帮助发现和排除系统存在的安全漏洞。

安全审计的工作流程是：收集来自内核和核外的事件，根据相应的审计条件，判断是不是审计事件，将审计的内容按日志的模式记录到审计日志中。当审计事件满足报警阈值时，则向审计人员发送报警信息并记录其内容。当事件在一定时间内连续发生，满足逐出系统阈值，则将引起该事件的用户逐出系统并记录其内容。审计人员可以查询、检查审计日志以形成审计报告。检查的内容包括审计事件类型、事件安全级、引用事件的用户、报警、指定时间内的事件以及恶意用户表等。

三、审计的技术和方法

（一）审计跟踪

由于信息处理的虚拟化和网络化，在信息系统中，数据是动态变化的，这给审计工作带来很大的困难。但是，这也正是审计跟踪工作尤为重要的深刻缘由。

审计跟踪是指存在用来跟踪事务的信息处理完整过程的文档。当事务在源文档上出现时，追踪就开始了，而当它被转换为最终输出文档或报告上的信息时，追踪过程结束。人工信息系统的审计跟踪具有可见性。然而，计算机信息系统改变了审计跟踪的形式。现在，审计人员必须知道如何以电子方式搜索记录过去活动的文件，以追踪现代网络计算机系统的审计线索。

这种电子审计跟踪经常采用控制日志的形式，因为日志自动在硬盘或移动设备上记录了全部的计算机网络活动。在线事务处理系统、性能及安全监控系统、操作系统和网络控制程序等很多系统都具有这种审计特征。记录全部网络活动的软件被广泛用于互联网、企业内部网和外联网上。这种审计跟踪不仅能帮助审计人员检查错误或识别诈骗，还可以帮助信息系统安全专家追踪和评价黑客攻击计算机网络的线索。

（二）审计抽样

审计抽样是指从审计总体中选取一定数量的样本进行测试，并根据测试结果，推断审计对象的总体特征。

审计抽样的方法有很多种。按照抽样决策的依据不同，可分为统计抽样和非统计抽样。统计抽样（statistical sampling）是审计人员在计算正式抽样结果时采用统计推断技术的一种抽样方法，该法运用客观的方法来决定样本量大小及抽样方式。非统计抽样（non-statistical sampling）是审计人员全凭主观标准和个人经验来评价样本结果并对总体做出结论。二者最根本的区别在于，统计抽样可以量化抽样风险，而非统计抽样则不能实现。

按照总体特征不同，可分为属性抽样和变量抽样。属性抽样主要用于测试控制，估计一个控制或一组相关控制属性的发生概率。属性抽样包含三种基本方法：（1）固定样本量抽样（fixed sample-size sampling），常用于估计审计对象总体中某种偏差的发生比例。其特点是预先确定样本量，在执行抽样计划的过程中不再进行变动。（2）停－走抽样（stop or go sampling），这是在固定样本量抽样的基础上的一种改进形式。它从预计总体误差为零开始，通过边抽样边审查评价来完成审计工作，可以克服固定样本量抽样时要选取过多的样本缺点，提高审计工作的效率。（3）发现抽样（discovery sampling），是属性抽样的一种特殊形式，主要用于查找非法重大事件。其理论依据是，如果总体偏差率大于或等于某一特定比率，那么在既定的可信赖程度下，从一个足够大的样本中至少能查出一个偏差。

变量抽样根据总体的抽样来估计总体的金额或其他衡量单位，其主要目的是验证可能存在于程序或功能中的因控制失效而导致重大影响的重大金额。变量抽样法通常三种常用方法：

（1）分层单位平均估计抽样（stratified mean per unit），先对样本总体进行分层，在不同分层中进行抽样检查确定样本的平均值，根据样本平均值推断总体的平均值和总值。

（2）不分层单位平均估计抽样（unstratified mean per unit），通过抽样检查确定样本的平均值,根据样本平均值推断总体的平均值和总值。

（3）差额估计抽样(difference estimation),以样本实际价值与账面价值的平均差额来估计总体实际价值与账面价值的平均差额,再以这个平均差额乘以总体项目个数,从而求出总体的实际价值与账面价值差额。

(三) 连续在线审计

连续在线审计可以利用信息技术在不中断被审计业务系统正常运行的情况下,对业务系统的内部控制进行检查与评估,连续监测系统运作,评价系统安全性、有效性以及评价数据的真实性和完整性。目前常用的连续在线审计方法有以下几种:

（1）系统控制审计检查文件/嵌入式审计模型(SCARF/EAM)。通过在应用系统中嵌入特殊的审计软件模块,实现对系统有选择的监测,如图1所示。信息系统审计人员在认为重要的控制点上嵌入审计模块对系统中的事务进行连续监控,将收集的信息写入一个特殊的审计文件——SCARF主文件。

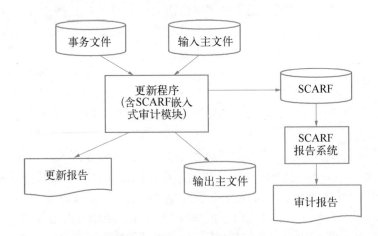

图1　系统控制审计检查文件/嵌入式审计模型

（2）整体测试法(ITF)。通过在系统中建立虚拟实体(Dummy Entity),用正常系统运行,对结果进行比较分析,判断控制,如图2所示。这种方法适用于一般测试数据不能有效测试系统控制的情况。在实施整体测试方法时要注意测试数据可能会进入被审计系统的真实数据环境。

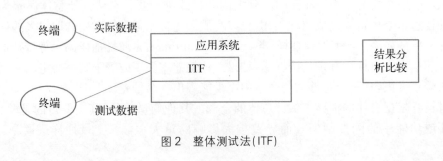

图2　整体测试法(ITF)

(四) 主要的审计工具

在进行信息系统审计时,会涉及大量的数据处理和分析工作,借助专业的审计工具,将大大提高审计工作的准确性和效率。

在审计工作中,常用的审计工具软件有以下几类:

(1) 评估安全性和完整性的工具软件。如:访问控制分析软件。

(2) 熟悉系统的工具软件。如:系统配置分析软件、流程图制作器。

(3) 评价数据质量的工具软件。如:查询工具、数据比较软件。

(4) 评估程序质量的工具软件。如:程序比较软件、测试数据生成器。

(5) 辅助审计程序开发的工具软件。如:程序生成器。

(6) 辅助生成有关审计文档的工具软件。如:文档生成器、办公软件。

还有一些与软硬件度量有关的工具,如硬件监测器、软件监测器、固件监测器、混合监测器。

四、审计报告

审计人员在审计业务完成以后,要将审计结果加以综合归纳,根据审计证据,提出审计意见,给出审计结论,向审计主管部门和被审计部分送交书面报告。这种书面报告,就是审计报告。审计报告既是审计人员对整个审计工作的总结,也是评价信息系统状况的书面证明。

审计报告模式一般采用系统主动提供与被动提供两种方式。系统主动提供就是在系统中加入控制时间,要求系统在特定的时间完成对特定时段审计结果信息的提取、整理与分析;被动提供是用户根据系统提供的审计报警信息或根据自己发现的问题信息向系统提出报告请求,系统根据提出的请求信息给出相应的审计报告。

审计报告的内容主要涉及系统的简要信息、审计结果的简单数据统计、危险等级与事件模式、用户以及工作站相关信息等。在给出简要信息的基础上根据现有的信息安全知识设定系统安全参数来推断当前系统状态,并根据数据分析结果提出相应的安全防范措施或建议。

由此可见,审计报告应该包括的主要内容如下:

(1) 总体评价系统当前的安全级别,应该给出当前系统所处的安全级别,得出低、中、高的结论,包括所监视的网络设备的简要评价。

(2) 对偶然的、有针对性的黑客入侵系统做出时间上的评估和判断。

(3) 简要总结并给出重要的建议。

(4) 详细列举安全审计过程中的步骤,此时可以提出一些审计过程中发现的问题。

(5) 对各种网络设备提出使用、维护的建议。

(6) 安全审计领域内使用的术语的介绍。

审计报告根据审计任务的不同而有所不同。因此审计报告的内容及所附资料,要根据审计任务而定。一般从格式上来说,审计报告应包含审计任务与审计范围的说明、审计结论的提出及说明、建议事项及附件等模块。

审计报告是表达"审计目标、主要审计准则内容、审计范围、审计结果及结论的工具"。撰写审计报告时,审计人员需要积极与管理者及审计委员会沟通审计结果,撰写的报告应该客观、清晰、简洁、及时和有建设性,同时报告的表达应具有逻辑性,并且条理清楚,内容充足,同时要注意报告的及时发布,以保证迅速采取正确的措施。在报告最后发布之前,信息系统审计师应该注意到组织或环境的重大改变,做好相关准备事项。

认证、访问控制、机密性和完整性等这些安全服务都是为了防止发生安全事故。然而,这些保证措施也无法确保系统服务能够正常运行。由于各种攻击行为及信息系统本身的脆弱性,系统总是会有发生安全事故的风险。因此,需要一种能够检测出安全事故或可疑事件发生的工具。安全报警的主要功能就是监督可疑用户,取消可疑用户的权限,调用更强的保护机制,去掉或修复故障网络或系统的某个组成部件。

从安全审计的角度来看,安全审计和安全报警是不可分割的。安全审计由各级安全管理机构实施并管理,并且仅仅在制定的安全策略范围内使用。但是,安全审计不能阻止安全违规行为。安全报警是由管理人员或进程发出的警告,以指示发生了异常情况,可能需要及时的行动。安全报警的目的是报告实际或明显的违背安全的企图、各种与安全相关的事件,包括"正常"事件以及报告达到一定限度后触发产生的事件。

一个与安全相关的事件会触发一个安全报警,原理上,任何网络或系统部件都能够检测出该事件。安全报警的产生是检测到任何符合已定义报警条件的安全相关事件的结果,这可能包括达到预定义阈值的情况,有些事情需要立即采取矫正行动,而另一些事件则可能需要进一步调查研究,以便确定是否采取行动。

支持安全审计和报警服务需要多种功能:

(1) 事件甄别器,提供对事件的初始分析并且确定是否将该事件转发给审计记录器或报警处理器。

(2) 事件记录器,将接收到的消息生成审计记录,且把该记录存储作为安全审计线索。

(3) 报警处理器,产生审计消息,同时产生合适的行动以响应一个安全报警。

(4) 审计分析器,检查安全审计线索,如果合适就生成安全报警和安全审计信息。

(5) 审计跟踪审查器,在一个或多个安全审计线索外再产生安全审计报告。

(6) 审计提供器,按照某些规则提供审计记录。

(7) 审计归档器,将安全审计的线索部分归档。

安全审计和报警过程包括以下几个阶段:

(1) 检测阶段:与安全相关的事件将会受到检测,包括确定已经发生可能与安全相关的事件。

(2) 甄别阶段:做出初始辨别,确定是否需要将该事件记录在该安全审计线索中,或是否需要产生报警。

(3) 报警处理阶段:发布一个安全处理报警或安全审计信息。

(4) 分析阶段:将一个安全相关事件,与在以前检测到并且由日志记录在安全线索里的事件,以及被确定的行动过程一起纳入上下文背景进行评估。

(5) 聚集阶段:将分布式安全审计跟踪记录汇集成单个安全审计线索。

(6) 报告生成阶段:从安全审计线索中产生出审计报告。

(7) 归档阶段:将安全审计跟踪记录转移到安全审计跟踪的档案中。